Inhalt

Hans Sarkowicz
Vorwort

Historischer Überblick

Aspekte einzelner Sportarten

Sportlegenden

Sport als gesellschaftliches
Phänomen

»Es gibt keinen größeren Ruhm für einen Mann, solange er lebt, als das, was er mit seinen Armen und Beinen vollbringt.«

Das ließ der griechische Dichter Homer vor rund 2700 Jahren einen seiner Helden in der Odyssee sagen – und wer heute die elektronischen wie die gedruckten Medien verfolgt, der könnte meinen, daß der Satz, erweitert auf Männer und Frauen, noch immer gilt. Die Helden des ausgehenden 20. Jahrhunderts scheinen nicht Politiker oder Computerfachleute zu sein, sondern Sportler, die im wesentlichen nichts anderes tun als ihre »Kollegen« in archaischer Zeit.

Wer schnell laufen kann, hoch springt, wie ein Fisch das Wasser durchpflügt, gekonnt nach dem Tennisball hechtet oder eine Lederkugel geschickt zwischen zwei Pfosten plaziert, der darf sich des Beifalls von Millionen sicher sein – vorausgesetzt er bzw. sie hat schon die Weihen des Medienzeitalters erhalten. Sportstars sind genauso wie Sportwettkämpfe Quotengaranten und werden von öffentlich-rechtlichen wie kommerziellen Sendern teuer eingekauft.

Die Frage, ob der Vater eines Tennisstars sportlich fair mit den Steuerbehörden gekämpft hat oder nicht, beschäftigt die Boulevardpresse ebenso monatelang wie die Fouls im Liebesleben eines Fußballspielers. Das Privatleben der Sportgrößen ist wie die Leistung selbst schon lange Teil eines global organisierten Showgeschäfts geworden, bei dem die hehren Prinzipien des sportlichen Wettkampfs – wenn sie überhaupt je gegolten haben – nur noch einen bescheidenen Rang einnehmen. Aber der ganze Medienrummel mit seinen negativen Auswüchsen konnte, bisher zumindest, der positiven Einschätzung des Sports an sich nichts anhaben.

Zwei Drittel der Deutschen, um nur eine Zahl zu nennen, treiben aktiv Sport – und auch von dem Rest ist zu vermuten, daß er sich zum überwiegenden Teil für sportliche Ereignisse interessiert. Sport ist Teil des Alltags und vor allem der Freizeit geworden, und das weltweit. Begriffe aus dem Sport gehören heute wie selbstverständlich zur Umgangssprache, auch wenn sie ihren Ursprung oft erst auf dem zweiten Blick zu erkennen geben. Und was wären Kantinen- oder Kneipengespräche ohne Fußball-

Länderspiele, Tennisturniere, Boxkämpfe oder Formel-1-Rennen? Die Bedeutung, die Sportstars und Sportereignisse für viele Menschen haben, entspricht in keiner Weise dem Wissen über die Geschichte einzelner Disziplinen oder der Diskussion über den gesellschaftlichen Stellenwert von einzelnen Sportphänomenen, obwohl gerade im Sport die historische Tradition einen besonders hohen Rang einnimmt. Wer weiß schon, wie sich einzelne Disziplinen herausgebildet haben, warum Regeln so aussehen und nicht anders oder warum sich bestimmte Sportarten besser durchsetzen konnten als andere?

Dabei ist die Sportwissenschaft mit der Sportgeschichte an den Universitäten und Hochschulen ein höchst lebendiger Forschungszweig mit zahlreichen Publikationen, über die in Fachkreisen ausführlich und zum Teil höchst kontrovers gestritten wird. Aber die Ergebnisse dieser Forschung dringen nur selten an die populäre Oberfläche.

Die Idee der Hörfunkreihe (in hr1 und hr2 des Hessischen Rundfunks) sowie des vorliegenden Buches war es deshalb, einen größeren Zuhörer- bzw. Leserkreis mit der Sportgeschichte und mit einzelnen Aspekten bestimmter Sportarten bekannt zu machen. Daneben sollten Wissenschaftler, Publizisten, Journalisten und Schriftsteller den Versuch unternehmen, aktuelle Entwicklungen zu analysieren und hinter das Geheimnis von sogenannten Sportlegenden zu kommen. Äußerer Anlaß war zudem der 50. Geburtstag des Hessischen Landessportbundes. Eine solche Sammlung von Beiträgen kann selbstverständlich keinen Anspruch auf Vollständigkeit erheben; sie will auch keine Universalgeschichte des Sports sein, aber doch ein erster Versuch, deutsche und internationale Entwicklungen nicht in einer reinen Chronik, sondern in essayistischer Form zu präsentieren. Die Grenzen des Unternehmens waren uns von Anfang an bewußt; allein über jede Epoche oder über jede Sportart lassen sich mehrbändige Werke schreiben; sie sind sogar schon geschrieben worden, vor allem im angelsächsischen Sprachraum. Aber eine knappe, erzählende Darstellung von Sportgeschichte und Sportgeschichten bis hin zum Ausblick in die Zukunft fehlte bisher.

Was wir mit der Hörfunkreihe und dem Buch leisten wollen, ist nichts mehr und nichts weniger als dies. Dazu haben wir die 31 Kapitel in vier große Abschnitte eingeteilt.

Der erste Abschnitt gibt in sieben Kapiteln einen zuverlässigen Überblick über die historische Entwicklung des Sports von den ersten Felsritzungen der Steinzeitmenschen bis zu den Olympischen Spielen des Medienzeitalters.

Im zweiten Abschnitt werden besonders interessante Aspekte aus der Geschichte einzelner Sportarten vorgestellt, ohne den Anspruch auf eine Gesamtschau zu erheben. Aus den elf Kapiteln hätten leicht hundert und mehr werden können, denn so viele Disziplinen wären es wert gewesen, genauer in Augenschein genommen zu werden. Hier mußte die Auswahl also besonders rigoros sein, um den Rahmen der Hörfunkreihe und des Buches nicht zu sprengen.

Der dritte Abschnitt ist sechs »Sportlegenden« gewidmet, die in überragender Weise ihre Disziplinen geprägt haben bzw. noch prägen. Auch hier hätten sich ohne Schwierigkeiten noch zahlreiche weitere Namen finden können. Aber die sechs Ausgewählten sind in vielerlei Hinsicht exemplarisch.

Der vierte Abschnitt schließlich ist dem 20. Jahrhundert mit seinen gewaltigen Umbrüchen und den aktuellen Diskussionen vorbehalten.

In den einzelnen Beiträgen kann es durchaus zu unterschiedlichen Bewertungen bestimmter Phänomene kommen. Meinungen, vor allem wenn sie pointiert vorgetragen werden, lösen immer Widerspruch aus. So soll es auch sein. Vielleicht wird auch der eine oder andere Beitrag dieses Buches für Diskussionen sorgen. Wir würden uns es wünschen.

Zuletzt geht noch ein ganz herzliches Dankeschön an Heinz-Dieter Sommer, von dem die Idee für die Reihe stammt, und an Renate Gessner-Gleiß für ihren unermüdlichen und energischen Einsatz bei der Realisation von Hörfunkserie und Buch.

Mai 1996   Hans Sarkowicz

Karin Dzionara
Mit Pfeil und Bogen
zum Rekord
Der Sport in den
frühen
Hochkulturen

»... Er bespannte 300 starke Bogen, um die Arbeit ihrer Hersteller zu vergleichen und den Nichtskönner vom Fachmann zu unterscheiden. Als er aber von dieser Tat zurückkam, auf die ich
eure Aufmerksamkeit gelenkt habe, betrat er seinen nördlichen
Schießplatz. Da fand er, daß man ihm vier Zielscheiben aus asia-
tischem Kupfer von einer Handbreit Dicke aufgestellt hatte.
20 Ellen Zwischenraum betrug der Abstand von einem Pfahl bis
zum nächsten. Da erschien Seine Majestät wie Month in seiner
Stärke. Er ergriff seinen Bogen und packte vier Pfeile auf einmal.
Dann fuhr er los, um auf sie zu schießen wie Month in seinem
Schmuck; seine Pfeile kamen auf der Rückseite heraus. Darauf
visierte er einen anderen Pfahl an. Es war eine Tat, die noch nie
getan worden war, von der man noch in keinem Bericht gehört
hat: Ein Pfeil wurde auf eine Zielscheibe aus Kupfer geschossen,
der aus ihr hervorkam und zur Erde fiel...«

Wer hier offensichtlich Rekorde bricht, ist der ägyptische Pharao Amenophis II., Superathlet vom Nil in der Zeit des Neuen
Reiches um 1430 v. Chr., Vorzeigesportler als Bogenschütze,
Läufer und Ruderer: »Nicht konnte man ihn im Laufen erreichen. Stark waren seine beiden Arme, ohne daß er ermüdete.
Wenn er das Steuerruder packte und am Heck seines Falken-
schiffes steuerte als Bestimmer von 200 Mann...«, wird uns
überliefert. Geschrieben steht dies auf der großen Sphinx-Stele
von Giza. Der Bericht ist wohl der ausführlichste und eindruck-

vollste, der von den Leibesübungen eines ägyptischen Königs erhalten ist. Pharao Amenophis II. – er regierte von 1439 bis 1413 v. Chr. – war ein außergewöhnlich begabter und durchtrainierter Sportler. Sein Vater, Tutmosis III., hatte großen Wert auf eine sportliche Erziehung gelegt. Für den jungen Prinzen wählte er einen engagierten Lehrer im Bogenschießen aus, den Gaugrafen Min von This, der diese ehrenvolle Auszeichnung auch in seinem Grab verewigen ließ: Zusammen mit dem Knaben Amenophis wurde er auf einem Relief abgebildet – als Lehrer, der dem Prinzen eine Lektion im Bogenschießen erteilt: Er korrigiert die Haltung des jungen Schützen und weist die Richtung für den Schuß. »Spanne deinen Bogen bis zu deinen Ohren! Mache stark deine beiden Arme... Du handelst mit deiner Kraft und Stärke«, heißt es in der Inschrift dazu. Daß der Gaugraf ein ausgezeichneter Lehrmeister war, beweisen die Berichte von Amenophis sportlichen Erfolgen.

Spannend ist auch der Bericht auf der sogenannten »Schieß-Stele«. Dokumentiert sind Treffsicherheit und Durchschlagskraft des Paradeathleten, mit denen der junge Amenophis die Rekorde seines Vaters bricht. Amenophis II. schießt vor Publikum, ein für seine Zeit sensationelles Ereignis. Hat der sportliche Wettkampf als öffentliche Unterhaltung Einzug im Alten Ägypten gehalten? Ist der Pharao nicht mehr qua Amt und Position unbesiegbar, wie es das traditionsreiche Königsdogma im Nilland von je her festgelegt hat? Mußte der Pharao vor seinen Untertanen seine Kraft und Macht unter Beweis stellen? Auf dieser »Schieß-Stele«, die im Amun-Tempel von Karnak vermauert worden war, heißt es:

»Der vollkommene Gott, mächtig an Kraft, der mit seinen beiden Armen handelt vor seinem Heer, stark mit dem Bogen; er schießt auf die Zielscheibe, ohne daß seine Pfeile fehlgehen. Er schießt auf Kupferziegel und spaltet sie wie Papyrus, ohne überhaupt an irgendeine Holzscheibe zu denken entsprechend seiner Kraft, der Starkarmige, dessengleichen es nicht gibt...«. Unter der am Boden liegenden Scheibe steht: »Die große Zielscheibe aus Kupfer vom Kupferland von drei Fingern Dicke, auf die Seine Majestät schoß. Es durchbohrte sie der Starke mit zahlreichen Pfeilen und ließ sie drei Handbreit auf der Rückseite dieser Zielscheibe herauskommen; er schoß und traf jedesmal, wenn er zielte, der Heldenhafte, der Besitzer von Kraft.

Seine Majestät unternahm dieses Vergnügen angesichts des ganzen Landes.«

Verschiedene Inschriften aus der Zeit des Neuen Reiches, als der Sport seine Blütezeit im Land der Pharaonen erlebte, haben Sporthistoriker gereizt, eine Art Rekordtabelle zusammenzustellen: Beim Bogenschießen wollte ein Pharao den anderen an Körperkraft und Geschick übertreffen. Diese Liste reicht von Tutmosis III. bis Tutanchamun.

Was bedeutet die Wertschätzung zur Schau gestellter körperlicher Tüchtigkeit? Hat der Sport die Gesellschaft am Nil revolutioniert? Hat er hier möglicherweise eine ähnlich wichtige Rolle gespielt wie später in Griechenland? Die bislang ältesten historischen Spuren über sportliche Aktivitäten haben Archäologen und Sporthistoriker im Alten Ägypten gefunden. Sind die Nilbewohner die Sport-Pioniere der Alten Welt?

Ein weiterer Wettkampf ist entfacht worden – diesmal innerhalb der Wissenschaft. Welche Rolle spielte der Sport, spielten Leibesübungen und Kräftemessen in den frühen Hochkulturen? Hatte nur die hellenische Welt Freude am Laufen oder Wagenrennen? Was bedeuteten Jagd, Bogenschießen oder Ringkampf in Ägypten, Mesopotamien oder im Alten China? Lange Zeit feierte die klassische Geschichtswissenschaft einzig die alten Griechen als Sportler und erkannte ihnen einen Sonderstatus zu. Der Kampf, der Agon, so meinte der Gelehrte Jakob Burckhardt im vergangenen Jahrhundert, habe in einzigartiger Weise das Griechentum zu seiner kulturellen Blüte gebracht. Dieses Vorurteil wird nun abgebaut. Ist doch die Forschung längst dabei, das auf die Griechen fixierte Weltbild zurechtzurücken. Gleich einem Puzzle muß das Bild des Sports in den antiken außereuropäischen Hochkulturen zusammengesetzt werden.

Freilich darf der moderne Begriff für die jahrtausendealten Phänomene nicht überstrapaziert werden. Und doch gibt es deutliche Parallelen, die es erlauben, das junge Wort »Sport« für die alte Welt zu nutzen. Die Deutschen führten es erst Anfang des 19. Jahrhunderts ein, abgeleitet von dem englischen Verb »to disport«. Das wiederum bedeutet »sich vergnügen«. Selbst der moderne Sportbegriff hatte demnach zunächst nichts mit schweißtreibendem Hochleistungstraining bis zur körperlichen Manipulation und mit schwindelerregend hohen Siegprämien zu tun. Das Kulturphänomen Sport bedeutet vielmehr ein spielerisches Kräftemessen vor Publikum mit selbstgesetzten Regeln, das der Zerstreuung dient. Freilich konnten sich nur die Menschen damit unterhalten, die genügend Muße hatten, also die Reichen und Mächtigen. Sport und Wettkampf blieben so einer privilegierten Schicht vorbehalten.

Wo aber hat der Sport seine Ursprünge? Die Frage läßt sich nicht einfach beantworten. Es gibt mehrere Wurzeln, einige weisen auf kultische und auf paramilitärische Zusammenhänge hin. Auch die Jagd ist hier zu nennen. In Felsen geritzt, auf Höhlenwänden, auf frühesten Artefakten und Knochenresten lassen sich Spuren herauslesen, die darauf hindeuten könnten, daß bereits in der Steinzeit das Jagen mehr bedeutete, als die tägliche Fleischration zu sichern. In Zeiten, als die Menschen im Mittleren Orient, in Südostasien oder in Nordafrika seßhaft geworden waren und ihren täglichen Lebensrhythmus gefunden hatten, brauchten sie nur zwei bis vier Stunden pro Tag, um ihre Nahrung zu beschaffen und zuzubereiten. In ihrer freien Zeit hatten sie ausreichend Gelegenheit, sich eine andere Beschäftigung zu suchen. In den Mußestunden entwickelte sich ihre Kultur, in der die Jagd als Wettkampf und Zeitvertreib eine wesentliche Rolle spielte. In den frühen Hochkulturen Ägyptens, Mesopotamiens und Chinas sollte die Jagd, wie wir sehen werden, diese Rolle beibehalten. Bis in moderne Zeiten, als der Begriff »Sport« erfunden wurde, gehörte die Jagd dazu – eine Sportart, die die adlige Oberschicht Englands bis ins 18. und 19. Jahrhundert als ihr Privileg zu pflegen wußte.

Freilich läßt sich jene frühe Stufe noch nicht mit der olympischen Idee der antiken Welt Griechenlands vergleichen. Der körperliche Wettkampf, das friedliche, spielerische Messen der Kräfte gilt inzwischen als Grundbedürfnis des menschlichen Wesens, ja als Antriebsfeder für die kulturelle Entwicklung schlechthin, wie der holländische Historiker und Kulturphilosoph Johan Huizinga festgestellt hat. Inzwischen sprechen Wissenschaftler vom Sport als einer »anthropologischen Konstante«. Vor allem die Untersuchung der Rolle des Sports im Alten Ägypten hat hier neue Aufschlüsse gegeben.

Heute ist der Sport populärer denn je. Seine Helden beherrschen die Schlagzeilen, das Publikum fiebert mit ihnen um den Sieg, die Sponsoren greifen tief in ihre Taschen, und die Medien wetteifern um die Übertragungsrechte. Was ist so faszinierend daran? Zahllose Erklärungsversuche ranken sich um das Wesen des Sports. Sie reichen vom Bewegungstrieb über Kanalisierung und Abbau von Aggressionen bis zu der Interpretation, beim Wettkampf die Welt des Alltäglichen mit ihren Sorgen und Nöten zu verlassen, um in eine harmonische Gegenwelt einzutauchen.

Sport und Wettkampf waren in den frühen Hochkulturen nie allein Selbstzweck. Das ist den Ägyptern, Mesopotamiern und Chinesen gemeinsam. Und doch haben wir es hier mit einem Phänomen zu tun, das existierte, lange bevor es sich die Griechen zu eigen gemacht haben. Dabei soll ihnen nicht die Rolle als Erfinder der Olympischen Spiele streitig gemacht werden, wobei nicht vergessen werden darf, daß auch die klassischen Olympischen Spiele aus einem Kult, dem Zeus-Kult, hervorgegangen sind. Interessant ist vielmehr, einer Art Grundbedürfnis nach körperlichem Wettkampf, nach Stärke, Training und Bewunderung der erbrachten Leistungen vor rund 5000 Jahren auf die Spur zu kommen.

Weit ist der Weg vom Jäger und Sammler zum Spitzensportler in der Industriegesellschaft. Die ältesten Zeugnisse sportlicher Betätigung finden wir häufig in Jagdszenen. Die Erklärung ist einfach, hier ist die Nahtstelle zwischen lebensnotwendiger Nahrungsbeschaffung, überlebenswichtiger Kriegstechnik und zweckfreiem Freizeitverhalten. Noch bevor mit Pfeil und Bogen Rekorde auf Zielscheiben aufgestellt wurden, übte sich der Mensch in der Waffenkunst. Und da dem Häuptling, später Herrscher einer Gruppe, die Rolle nur dann zukam, wenn er körperlich überlegen war, galt er ursprünglich zwangsläufig als mutigster Jäger und tapferster Krieger. Seine Macht hatte magische Kraft. Denn nur ein Günstling der Götter konnte mit großer Kraft und Geschick ausgestattet sein.

In Ägypten, in Mesopotamien und in China finden sich bereits aus frühester Zeit Belege von rituellen Jagdszenen. Mit Pfeil und Bogen wurden die Götter dargestellt. Schon aus dem siebten und sechsten vorchristlichen Jahrtausend sind im Alten Orient Darstellungen mit Pfeil und Bogen bewaffneter Männer erhalten, die Wildstiere und Hirsche jagen. Auch Keule und Fangnetz zählten zu den machtgeladenen und unüberwindlichen Waffen der Götter. Pfeil und Bogen beispielsweise sind auch die typischen Waffen des großen nordbabylonischen Gottes Ninurta. Mit ihnen bekämpft er nach den Vorstellungen der Mesopotamier den dämonischen Vogel Anzu. Doch der Vogel setzt mit einer Zauberformel die Waffe außer Kraft: »Ninurta dehnt den Bogen, er lädt ihn mit einem Rohrpfeil gegen Anzu. Doch zu Anzu gelangte er nicht; der Rohrpfeil kehrte zurück. Denn folgendermaßen schrie Anzu gegen ihn: O Rohrpfeil, der du gegen mich angingst, kehre zu deinem Röhricht zurück; o Kraft des Bogens, kehre zu deinen Wäldern zurück, kehre, o Sehne, zum Rücken des Schafes, und Feder, zu den Vögeln zurück! Die Sehne des Bogens war gelockert, die Pfeile gelangten nicht an seinen Körper.«

Jagd, Kampf, Macht und Magie wurden früh miteinander in Verbindung gesetzt. Das körperliche Kräftemessen hatte begonnen. Dabei blieben Jagd und Bogenschießen als Wettkampf im Vorderen Orient wie in Ägypten dem König und der Aristokratie vorbehalten. Sagen und Legenden berichten von Wettkämpfen mit dem Bogen bei Hofe. Die vornehme Disziplin diente zur Unterhaltung. Die Waffen waren kostbar und kunstvoll gearbeitet als Statussymbol sowie als Zeichen der Mannhaftigkeit und Potenz ihrer Besitzer. In Opferszenen der Hethiter ist überliefert, daß die Waffe selbst als göttlich verehrt wurde: Der König in seiner rituellen Eigenschaft als Jäger ist nämlich zusammen mit den Schutzgottheiten des Bogens und des Köchers abgebildet.

Nur der König besaß das Privileg, bestimmte Tiere, darunter den Löwen, zu erlegen. Der Assyrer Assurbanipal, er regierte von 668 bis 627 v. Chr., rühmte sich, einen Löwen am Schwanz gepackt und ihn mit der Doppelaxt getötet zu haben: »Ich bin Assurbanipal, der König der Welt, der König von Assyrien. In meiner königlichen Lust packte ich einen Löwen bei seinem Schweif, und auf Geheiß des Ninib und Nergal, der Götter meiner Herren, spaltete ich mit der Doppelaxt meiner Hände seinen Schädel.« Die Löwenjagd war des Königs liebster, spannendster und angesehenster Zeitvertreib. Eine der zahlreichen Löwenjagd-Darstellungen zeigt Assurbanipal zu Pferde, angesprungen von einem Löwen, dem er die Lanze ins Maul stößt. Die Tatzen des Löwen krallen sich in den Hals des Pferdes.

Schon Siegel und Reliefs aus der Frühzeit Mesopotamiens erinnern an die königliche Löwenjagd – als Symbol der Macht, als Zeugnis körperlicher Überlegenheit, ein Motiv, das sich durch die Jahrtausende der Geschichte des Vorderen Orients zieht. Daß Heldentum und Körperkraft im Kriegsfall wichtig waren, hat in archaischer Zeit die Motivation für Sport oder Wettkampf geliefert und dabei auch den rein spielerischen Charakter hervorgebracht: ein Wettschießen im Angesicht des Königs bei einem Bankett etwa. Diese Tradition lebte im Orient lange weiter: Auch die Parther und Sassaniden liebten das reine Kräftemessen mit Pfeil und Bogen. Im Mittelalter waren die Türken und Araber im Bogenschießen führend, in Europa später die Engländer. Zum Vergleich ein Rekord, den König Argisti II. um 713 v. Chr. im armenischen Hochland erzielte: Auf einer Stele ist festgehalten, daß der Pfeil 476 Meter weit flog. Im 18. Jahrhundert schoß ein Mitglied der türkischen Gesandtschaft in England seinen Pfeil sogar 900 Meter weit.

Auch in Ägypten wurden schon in vorgeschichtlicher Zeit häufig Jagdszenen mit dem Häuptling als oberstem Jäger dargestellt. Dabei ist nicht auszuschließen, daß die erlegten Tiere die besiegten Feinde symbolisieren sollten. Daneben spielten Kult und Opfer eine wesentliche Rolle. Wann die Jagd vollends zum Vergnügen der Pharaonen avancierte, läßt sich nicht genau ermitteln, doch vor allem aus dem Neuen Reich haben sich Texte erhalten, die die Jagd ausdrücklich als Freizeitsport ausweisen.

Tapferkeit, Überlegenheit und körperliche Kraft, die sich der Pharao nur im regelmäßigen Training erwerben und erhalten konnte, ließen sich am besten durch Treffsicherheit und Ausdauer auf der Großwildjagd unter Beweis stellen. Das Nilpferd blieb eine allein dem Pharao vorbehaltene Jagdbeute. Erste Dokumente der königlichen Nilpferdjagd stammen aus der Ersten Dynastie um 3000 v. Chr. Königlicher Mut gehörte dazu, ein Nilpferd zu erlegen. Auch Löwe und Wildtier gehörten allein dem König. »Er tötete sieben Löwen mit Pfeilschüssen in einem einzigen Augenblick« heißt es vom sportbegeisterten Tutmosis III. Unter Pharao Echnaton in der Amarna-Zeit um 1350 v. Chr. ließ man sogar ganze Jagdbezirke anlegen, die mit Zäunen und Gittern eingefaßt waren, während sich der Adel in den Sümpfen des Nils mit Vogelfang und Fischstechen abgab.

Schon die Fülle an Zeugnissen aus dem Alten Ägypten belegt den Stellenwert und das besondere Interesse an Leibesübungen. Dabei fällt die große Auswahl an Disziplinen auf. Neben den Kampfsportarten wie Ringen, Stockfechten und Boxen waren es vor allem Laufen, Bogenschießen, Wassersport, Wagenfahren, Reiten, Jagen, Spiel, Tanz und Akrobatik. Eine reiche Auswahl der Darstellung schönster Sportszenen, darunter allein mehr als 400 Ringer, hat sich aus der Zeit um 2000 v. Chr. in den Fürstengräbern von Beni Hasan erhalten. Wer diese Wandmalereien bewundert, wird erstaunt sein über diese höchst detaillierte Wiedergabe sportlicher Übungen. Dieser berühmte Bilderzyklus legt nahe, daß es sich beim Training der Ringer um eine militärische Übung gehandelt haben wird. In der Freizeit dagegen ist der Ringkampf vermutlich aus rein sportlichen Motiven zum Wettkampf umfunktioniert worden.

Die Mesopotamier kannten ebenfalls den Ringkampf. In dem berühmten Gilgamesch-Epos sucht Gilgamesch, Riese, Halbgott und Herrscher über die Stadt Uruk im Zweistromland, nach der Unsterblichkeit. Sein Gegner ist Enkidu. Zwischen den beiden kommt es zum Ringkampf, bei dem Enkidu der Stärkere ist, sich aber dem König Gilgamesch unterwirft. Der Kampf hat die beiden zu unzertrennlichen Freunden gemacht. So fand die Freude am körperlichen Kräftemessen schon in diesem frühen Werk ihren Ausdruck. »Ich bin der Stärkste«, heißt es im Gilgamesch-Epos. Auch an anderer Stelle finden sich Hinweise auf die Lust am Wettkampf, beispielsweise in einer altbabylonischen Hymne mit dem Ausspruch »Ich bin ein Meister mit der Schleuder und dem Schleuderstein«. Auch auf Stelen und Siegeln aus frühmesopotamischer Zeit sind vielfältige mythologische und kultische Szenen mit sportlichen Ereignissen erhalten geblieben: mit Wagenrennen, Bootfahrten oder auch Tanz.

Ein wichtiges Ereignis in Babylon war das große Neujahrsfest zu Ehren des Gottes Marduk. Die Bevölkerung beteiligte sich mit Tänzen und kultischen Kampfspielen daran. Höhepunkt des Festes war der Prozessionszug, der durch das berühmte Ischtar-Tor zum Euphrat führte. Über eine Woche lang dauerte dieses Fest, das die Babylonier als kultische Wiederholung des ursprünglichen Weltneujahrsfestes feierten. Mit Pfeil und Bogen auf seinem Kriegswagen besiegte, nach den Vorstellungen der Babylonier, der Gott Marduk das Chaos und installierte statt dessen ein ordnendes Prinzip.

Eigens eingerichtete Sportstätten gab es allerdings weder in Mesopotamien noch im Land der Pharaonen. Deshalb wäre es auch nicht korrekt, den »Großen Hof« der Anlage um die Stufenpyramide des Djoser aus der Zeit um 2600 v. Chr. in Sakkara als »älteste Sportanlage« der Weltgeschichte zu bezeichnen, auch

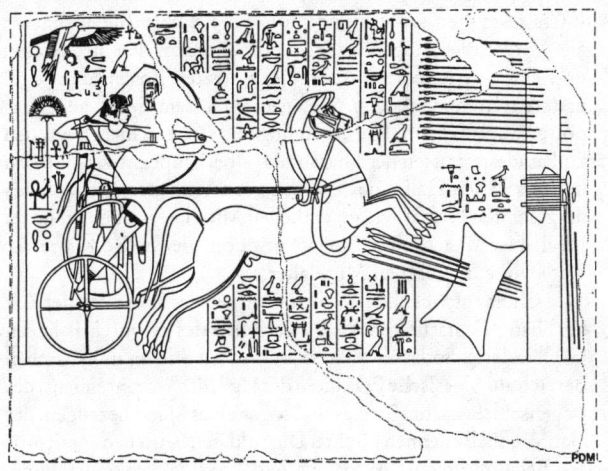

Abb. 1: Larnax, Tonsarg aus Tanagra, 13. Jh. v. Chr.
Aus: K. Demakopoulu/D. Konola, Archäologisches Museum Theben,
Athen 1981, Tf. 42.

wenn damit der Wettstreit in der Wissenschaft für einen Moment
die Nillandbewohner statt der Griechen als Sportpioniere ausweisen würde. Doch zeigt die monumentale Grabanlage des
Djoser etwas anderes: Der Pharao mußte zu Lebzeiten seine Fähigkeit als Herrscher unter Beweis stellen, nachdem er 30 Jahre
lang den Thron innegehabt hatte. Im Mittelpunkt stand dabei
seine körperliche Leistungsfähigkeit, die er durch einen Kultlauf
nachzuweisen hatte. Dieser ritualisierte Jubiläumslauf beim sogenannten »Sedfest« sollte den Pharao auf magische Weise ver-
jüngen. Dieses Ritual bedeutete indes nicht, daß der Pharao etwa
mit anderen Sprintern seine Kräfte zu messen hatte, war er doch
durch sein Amt unbesiegbar und spielte rituell die Rolle des
Schöpfergottes. Erst gut 2000 Jahre später ist ein echter Wettlauf
eines Königs belegt: Auf dieser erst kürzlich entdeckten Stele des
»Äthiopen«-Herrschers Taharqa aus der 25. Dynastie heißt es
nämlich wörtlich: »Er lief mit ihnen« – gemeint sind seine Soldaten, die er zu einem Wettlauf verpflichtet hatte – »auf dem Rük-
ken der Wüste von Memphis… in das Fajum«.
Sportlicher Held in der Zeit vor den Griechen bleibt Pharao
Amenophis II. Zuvor allerdings hatten die Hyksos um 1650

v. Chr. Ägypten erobert und im Land am Nil neue Techniken aus Vorderasien eingeführt, so unter anderem den Streitwagen und einen verfeinerten, zusammengesetzten Bogen, den sogenannten Kompositbogen. Das gab auch dem Sport neue Impulse: Wagenrennen, Pferdetraining und Bogenschießen wurden zu Paradesportarten der Pharaonen. Überhaupt entwickelte sich in der zweiten Hälfte des zweiten vorchristlichen Jahrtausends im gesamten Orient wie im östlichen Mittelmeerraum ein neues Ideal: Der Wagenkrieger spielte etwa die gleiche Rolle wie der Ritter im europäischen Mittelalter.

In China entwickelten sich erste Formen des Sports seit der Zeit der Shang-Dynastie vom 16. bis zur Mitte des 11. vorchristlichen Jahrhunderts. So lassen sich im kultischen wie im militärischen Bereich altchinesische Praktiken der Jagd, des Wagenrennens, des Bogenschießens, des Tanzes und sogar eines Spiels bezeugen, das man »Fußball« nennen könnte. Die Soldaten betrieben es mit großer Begeisterung als Ausdauer- und Geschicklichkeitstraining. Feste Regeln kamen allerdings erst später auf, zur Zeit der Han-Dynastien, die von 206 v. bis 220 n. Chr. mehr als 400 Jahre umfaßte. Die Ähnlichkeit mit den Regeln in heutiger Zeit sind verblüffend. Überhaupt sollten zur Han-Periode die Leibesübungen eine regelrechte Blütezeit erleben.

Die Pferdezucht übernahmen die alten Chinesen von ihren nördlichen Nachbarn, den Mongolen. Nicht sicher ist, ob auch der Wagen von dort stammt, der als relativ schnelles Gefährt die Kriegsführung im ganzen Land revolutionierte. Obwohl in diesen frühen Epochen wenig Zeit für den rein spielerischen Wettkampf blieb, galt die Jagd schon in der Shang-Dynastie als sportliches Vergnügen und Privileg der hohen Gesellschaft. In jeder der vier Jahreszeiten wurden große Jagden veranstaltet, sie gehörten zu den rituellen Aufgaben des Herrschers und waren oft auch mit Beutezügen verbunden. Die Teilnahme daran war Pflicht für den Adel, zugleich aber auch eine willkommene Gelegenheit, das eigene Können im Bogenschießen zur Schau zu stellen. Diese Tradition lebte weiter. Bei der Ausbildung junger Adliger wurde schließlich auf das Bogenschießen größerer Wert gelegt als auf die Kunst des Wagenlenkens. Sogar Schießwettbewerbe zwischen den einzelnen Schulen wurden ausgetragen.

Im altchinesischen Kaiserreich veranstalteten die Herrscher persönlich das »Große Bogenschießen«. So mußten die kaiserlichen Beamten der Han-Zeit zum Wettkampf antreten. Denn die besten Schützen durften als Auszeichnung an hohen Opferungszeremonien teilnehmen. Mit dem »Bogenschießen der Gäste« unterhielt der Kaiser die Feudalfürsten an seinem Hof. Wettkämpfe im Bogenschießen gehörten auch hier zum Freizeitvergnügen des Adels, die auch aus Anlaß größerer Bankette im ganzen Reich veranstaltet wurden. Dabei war der Ablauf eines solchen »Wettkampfes« bis ins Detail hinein geregelt: Von der Begrüßung der Gäste, dem Reichen von Wein und Speisen, den Trinksprüchen und der Musik bis zum Herbeibringen von Pfeil und Bogen und ihrer Ablage an ganz bestimmten Zielorten. Danach wurden die Wettkampfgruppen eingeteilt, der Meister führte die korrekte Bogen- und Schießhaltung vor, und schließlich begann das Schießritual mit meist drei aufeinanderfolgenden Durchgängen, teilweise im Takt bestimmter Melodien.

Die Punktzahl des Gewinners war dabei nebensächlich, Ziel war es vielmehr, Korrektheit in der Form und Selbstkontrolle unter Beweis zu stellen. Dieser Vorstellung von Wettstreit liegen zweifellos die ethischen und den chinesischen Staat tragenden Prinzipien des Konfuzius, er lebte etwa von 551 bis 479 v. Chr., zugrunde. Er, der Rücksicht und Selbstbeherrschung anstelle von lautem selbstgerechtem Siegestaumel lehrte, sagte: »Der Edle tritt mit niemandem in eifernden Wettstreit, denn selbst beim Bogenschießen bleibt er zuvorkommend und läßt seinem Gegner den Vortritt, wenn er zum Schießstand geht. Und wenn er unterliegt, bringt er dem Gegner den Schlaftrunk dar. So bleibt er auch in diesem Wettstreit noch ein Edler. ...Ein erfolgreicher Bogenschütze muß ein Mann von Tugend sein.«

Ringkampf, Tauziehen, Steinewerfen und Boxen trainierten die Chinesen, um ihre militärische Kampfkraft zu stärken. Hohes Ansehen genoß das Ringen. So mußten kaiserliche Ringmeister am Hof Fürsten, Prinzen und manchmal sogar den Kaiser selbst in der Kunst des Ringens ausbilden. Auch beim Tanz handelte es sich im alten China ursprünglich um eine Kampfform – beispielsweise in der Nachgestaltung mythischer Kämpfe zwischen Göttern oder zwischen Göttern und Menschen. Aus dem Tanz entwickelten sich später Heiltanz und Gymnastik.

Besonders geschätzt und gepflegt wurde die Akrobatik, eine Disziplin, in der die Chinesen bis heute berühmt und unschlagbar sind. Sie entwickelte sich als eine Art Volkskunst. Zur Zeit der Streitenden Reiche um 500 v. Chr. übten die Menschen bereits ihre Geschicklichkeit. Später, in der Han-Zeit, war die Turnkunst ein beliebtes Thema für Reliefs. Szenen akrobatischer Kunststücke mit unterschiedlichen Schwierigkeitsgraden sind erhalten geblieben. In der ältesten chinesischen Quelle zu diesem Thema beschreibt der Han-zeitliche Gelehrte Zhang Heng ein Turnfest mit Akrobaten aus dem zentralasiatischen Dulu-Reich, an dem sich der Kaiser nach einer vergnüglichen Jagd ergötzte: »Akrobaten aus dem Dulu-Reich klettern auf hohe Stangen; oder sie schlüpfen durch den engen Spalt inmitten eines Kreises von Messern, wobei sie Purzelbäume schlagen wie badende Schwalben … oder sie tanzen und ringen auf dem Seile … Darauf wird der Theaterkarren herangeholt und auf dessen Mast das lange Banner gehißt. Jünglinge zeigen ihre Fertigkeiten und verrichten auf dem Mast ihre Kunststücke. Sie lassen sich plötzlich herunterfallen und bleiben dann mit den Beinen hängen: Es sieht so aus, wie wenn etwas zerreißt und wieder vereinigt wird. Oder man glaubt hundert Pferde zu sehen, wie sie von einem Mann zusammen gelenkt werden, gleichen Schritt halten und in einer Reihe nebeneinander laufen. Die verschiedenen Arten akrobatischer Kunst am Ende der Kletterstange können nicht erschöpfend beschrieben werden.«

Noch eine frühe Hochkultur machte vor allem durch Akrobatik von sich reden: Kreta mit den berühmten Stierspringern aus dem 2. vorchristlichen Jahrtausend. Das Inselreich hatte zwar Einflüsse älterer Hochkulturen wie Ägyptens und Mesopotamiens aufgenommen, doch schuf es sich eine eigene Palastkultur, wie die rekonstruierten Gebäude nach den Ausgrabungen von Sir Arthur Evans in Knossos, aber unter anderem auch die Anlagen in Phästos und Hagia Triada eindrucksvoll belegen. Jagen, Fischen, Boxen, Ringen, Tanzen, vor allem aber Akrobatik und Stierspringen haben ihre Spuren auf der Insel hinterlassen. Stierfang und Stierspringen, möglicherweise als zwei verschiedene Sportarten zu verstehen, wurden in den Palästen veranstaltet.

Das berühmte Stierspringer-Fresko aus dem Palast in Knossos ist der wohl anschaulichste Beleg für die Bedeutung dieses kretisch-minoischen Sports. Auf dem Fresko sieht man eine Akrobatin, die den Stier bei den Hörnern packt. Ein Mann vollführt über dem Rücken des Stiers einen Salto vorwärts. Hinter dem Stier steht wiederum eine Frau, deren ausgestreckte Arme darauf hindeuten, daß sie dem Akrobaten Hilfestellung leisten will. Dieser Sport war höchst gefährlich und verlangte einen durchtrainierten Körper. Über die Technik der jungen Stierspringer ist in der Forschung viel spekuliert worden, vor allem auch anhand der zahlreichen Siegelfunde mit derartigen Darstellungen. Wahrscheinlich gab es unterschiedliche Spiel- und Sprungarten. Nach neuesten wissenschaftlichen Erkenntnissen sind solche Stierspringerdarstellungen sogar in Ägypten nachgewiesen worden. In Auaris, an gleicher Stelle, an der Pharao Ramses 300 Jahre später Piramesse, seine imposante Ramses-Stadt im Nildelta, erbauen ließ, hatten die Hyksos um 1630 v. Chr. ihre große Metropole erbaut. Auf Resten von Wandputz fanden österreichische Archäologen Fragmente von Stierspringern, deren »fliegender Galopp« dem von Kreta bis in Einzelheiten ähnelt. Kannten demnach auch die Ägypter diesen kultischen Sport? Der Ausgräber Manfred Bietak glaubt an spezialisierte kretische Gastarbeiter, die vielleicht im Gefolge minoischer Prinzessinnen zu den Hyksos nach Ägypten kamen. Und um es den Damen in der Fremde ein wenig heimisch zu machen, stattete man ihre Gemächer ähnlich aus wie daheim.

Wieder in Ägypten, soll das Märchen »Vom verwunschenen Prinzen« unseren Überblick beschließen. Aus der 19. Dynastie um 1200 v. Chr. wird von einem Königssohn berichtet, der sich mit Körperkraft im Wettstreit sein Glück zu erkämpfen suchte. Während einer Reise nach Vorderasien erhielt der abenteuerlustige Fremde seiner sportlichen Erfolge wegen eine Königstochter zur Frau. Ist hier die älteste Version eines Brautagons zu finden, mit dem auch der Ursprung der Olympischen Spiele verbunden ist? Wie dem auch sei: Der Sport – der Hochsprung – hat den Ägypter zum glücklichen Sieger gemacht: »Da schirrte man ihm einen Streitwagen an, ausgerüstet mit Waffen aller Art… So gelangte er zum Fürsten von Naharina. Der aber hatte nur ein einziges Kind, eine Tochter, für die man ein Haus gebaut hatte. Sein Fenster war 70 Ellen vom Erdboden entfernt. Er ließ alle Söhne aller Fürsten des Landes Syrien herbeibringen und sagte zu ihnen: ›Wer das Fenster meiner Tochter erreicht, dem wird sie zur Frau gegeben.‹

Da gingen sie, um hochzuspringen, wie es ihre tägliche Beschäftigung war. Der junge Mann (aus Ägypten) stand in der Ferne und sah zu; dabei war das Gesicht der Tochter des Fürsten von Naharina auf ihn gerichtet. Viele Tage danach kam der junge Mann, um mit den Fürstensöhnen hochzuspringen. Er sprang hoch und erreichte das Fenster der Tochter des Fürsten von Naharina. Sie küßte ihn und umarmte ihn an allen seinen Gliedern.«

Wolfgang Decker
**Sport bei
den Griechen**
Die Olympischen
Spiele

Der Basler Historiker Jacob Burckhardt hat gegen Ende des
19. Jh. den Begriff des Agonalen geprägt, den er als typischen
Wesenszug der griechischen Kultur des Altertums ansah. Dieses Kunstwort, das unter Zusatz einer lateinischen Endung vom
griechischen ›agón‹ (Wettkampf) abgeleitet ist, wurde nicht nur
von seinem Erfinder, sondern auch von der ihm folgenden Wissenschaft lange Zeit so verstanden, als sei der Wunsch, andere
zu übertreffen, in der Alten Welt ein gesellschaftliches und geistiges Spezifikum der Hellenen gewesen, an dem andere Völker
keinen Anteil hatten. Gerne wurde in diesem Zusammenhang
der Homervers zitiert, den Joachim Latacz so übersetzt: »Stets
sich als Bester bewähren und trefflicher sein als die anderen!«
Mit diesem agonalen Prinzip wurde die einsame Höhe der griechischen Kultur erklärt, die nach Auffassung ihrer Deuter also
das Produkt eines alle Lebensbereiche durchdringenden Kon-
kurrenzprinzips (wie wir heute sagen würden) gewesen ist, das
als Phänomen der griechischen und nur der griechischen Natur
ureigen gewesen sei. Diese einseitige Betonung des agonalen
Prinzips, das letztlich als Motor der griechischen Kultur
schlechthin und als Ferment ihrer Entwicklung angesehen
wurde, führte dazu, daß man den anderen Kulturen der Antike,
besonders denen des Alten Orients und Ägyptens, diese Qualität völlig absprach.
 Da dieses permanente Messen der Kräfte am augenfälligsten

im sportlichen Wettkampf angetroffen wurde, entstand die These, daß Sport im Altertum ein Gütesiegel der Griechen war, das ihnen eine Sonderstellung unter allen anderen Völkern der Alten Welt einräume.

Das Burckhardtsche Konstrukt, das hier nur in seinen Grundzügen angerissen werden kann, mag aus einer Zeit heraus verständlich erscheinen, als der aufkommenden Altorientalistik und Ägyptologie selbst von den Nachbarwissenschaften keine oder nur eine marginale Bedeutung beigemessen wurde. Dabei bildet auch die Klassische Philologie, die sich als Königin der Altertumswissenschaft fühlte, keine Ausnahme – im Gegenteil! Ihr wie auch der Klassischen Archäologie war daran gelegen, die griechische (und in zweiter Linie die römische) Antike zum Mittelpunkt von Bildung und Weltsicht zu erheben.

Vermutlich flossen in die Buckhardtsche These aber auch unbewußt Anregungen von Theorie und Praxis des Kapitalismus des 19. Jh. ein, der damals in hoher Blüte stand.

Inzwischen ist diese Auffassung durch jüngere Forschungsergebnisse der Altorientalistik und Ägyptologie eindrucksvoll widerlegt, die sowohl für das Niltal als auch für Mesopotamien genuine Sportkulturen nachgewiesen haben, und auch die ideologiekritisch ansetzende Sporthistoriographie, die besonders durch die Forschungen von Ingomar Weiler beflügelt wurde, hat die These vom singulären Sport der Griechen erschüttert und stark relativiert, so daß man heute auch den Sport im Altertum als anthropologische Konstante auffassen muß. Dies bedeutet jedoch keinesfalls, daß die antike Sportgeschichte damit eine amorphe Masse ist, die keine Niveauunterschiede aufweist. Es ist immer noch legitim, mit besonderer Erwartung auf die Griechen zu schauen und ihre Sportkultur als einen Modellfall der Sportgeschichte anzusehen, der als überzeitliche Größe gewertet werden darf. Und wir dürfen getrost daran festhalten, daß es im Verlaufe der Menschheitsgeschichte wohl kaum ein Volk gegeben hat, dessen Kultur stärker vom Sport durchdrungen gewesen wäre als die griechische. Dabei muß aber das Bewußtsein mitschwingen, daß die Griechen nicht nur Gebende, sondern in gleichem Maße Nehmende waren. Der orientalische und ägyptische Einfluß auf Religion und Kunst, Literatur und Wissenschaft, der erst kürzlich von Walter Burkert (und früher schon von Siegfried Morenz) überzeugend herausgearbeitet wurde – er gilt auch für den Sport, dessen Ursprung nicht bei den Griechen zu suchen ist.

Bereits zu Beginn der abendländischen Literaturgeschichte tritt der Sport in den beiden Großepen *Ilias* und *Odyssee*, die nach Einführung der (von den Phöniziern angeregten) Alphabetschrift gegen Ende des 8. Jh. v. Chr. in schriftliche Form gegossen wurden, mehrfach an entscheidender Stelle der Dichtung in ganz bestimmten Funktionen hervor. Nebenbei gesagt: das Thema Sport nimmt hier insgesamt mehr als 1500 Verse ein – gut 5% des Gesamtumfanges der homerischen Dichtung. Zwei Drittel des 23. Buches der *Ilias* sind den Leichenspielen des Patroklos gewidmet, die sein Freund Achilleus, die Zentralgestalt der *Ilias*, als Höhepunkt der Begräbniszeremonien mit wertvollsten Preisen ausstattet, die zusammengenommen einen unermeßlichen Reichtum darstellen. Der zur Eroberung Trojas vor der Stadt versammelte griechische Adel läßt sich durch kunstvolle Kessel, begehrtes Metall, kriegsgefangene Frauen oder edle Tiere anlokken, an den acht ausgesetzten Wettkämpfen teilzunehmen, die ein breites Spektrum unterschiedlicher sporthistorischer Entwicklungsstufen repräsentieren. Wohlgemerkt: man hätte seine Teilnahme auch sonst nicht versagt, galt es doch im sportlichen Wettstreit, die gesellschaftliche Position zu verteidigen oder gar zu verbessern.

Am urtümlichsten ist zweifellos der Waffenzweikampf (Hoplomachie), dessen Regel besagt, daß Blut fließen muß. Blut fließt auch beim Faustkampf und Ringkampf; es muß fließen zur Sühne für den Toten, wie Karl Meuli es an vielen Beispielen aus zahlreichen Kulturen nachgewiesen hat. Es wird sogar vergossen im Rahmen des poetisch groß angelegten Wagenrennens, das die Zuschauer am stärksten in seinen Bann schlägt. Im Kampf um den ersten Platz kommt es zu einen Unfall, der Eumelos den Sieg kostet und ihm schwere Schürf- und Platzwunden zufügt. Dem spannungsreich gezeichneten Wagenrennen sind klassische Elemente eines Sportberichts eingewoben, so daß Homers Wettkampfschilderung der gesamten antiken Epik Modell stand. Das beginnt beim Ansetzen des Wettkampfes durch Achilleus und dem Aussetzen der Preise und führt über das Losen der Startplätze, die individuelle Reaktion der Pferde, eine List des jungen Antilochos, das Anerbieten einer Wette – um nur einige Stationen des Berichts zu bezeichnen –, zum Siegentscheid durch den Kampfrichter und schließlich zur Preisvergabe. Dabei wird dem alten Nestor, in seiner Jugend ein vorzüglicher Athlet, ein Ehrenpreis verliehen, was diesen zu tief empfundenem Dank bewegt:

»Wäre ich doch so jung, und mir wäre die Kraft beständig
Wie damals, als den gebietenden Amarynkeus gestatteten die
                                                        Epeier
In Buprasion, und die Söhne setzten die Kampfpreise des
                                                        Königs.
Da kam kein Mann mir gleich, nicht von den Epeiern
Noch von den Pyliern selbst, noch den hochgemuten
                                                        Aitolern.
Mit der Faust besiegte ich Klytomedes, den Sohn des Enops,
Und den Ankaios im Ringen, den Pleuronier, der gegen mich
                                                        aufstand.
Den Iphiklos aber überholte ich mit den Füßen, so tüchtig
                                                        er war,
Und mit dem Speer warf ich hinaus über Phyleus und
                                                        Polydoros.
Nur mit den Pferden überholten mich die Aktorionen,
Die sich, an Zahl überlegen, nach vorn warfen, mir den Sieg
                                                        mißgönnend,
Weil die größten Preise daselbst noch zurückgeblieben waren.
Die waren Zwillinge: der eine lenkte beständig,
lenkte beständig, der andere trieb mit der Geißel. –
So war ich einst! Jetzt aber sollen Jüngere solche Werke
Angehen; doch mir ist not, dem traurigen Alter
Zu gehorchen. Damals aber schien ich hervor unter den
                                                        Helden!« –
                (*Ilias* XXIII 629-645, Übersetzung W. Schadewaldt)

Die Sitte der Leichenspiele wird in ihrer dichterischen Schilderung gespiegelt und als eine zu einer Realität aus der Zeit Homers erwiesen, was sie noch Jahrhunderte später war. Sie tritt beispielsweise noch beim Tode Alexanders des Großen in Babylon im Jahre 323 v. Chr. in Erscheinung. Bereits in spätmykenischer Zeit kann an ihrer Existenz kein Zweifel bestehen, wie eine Larnax, d. h. ein Tonsarkophag, aus Tanagra mit entsprechender Be-

Abb. 2: Kopf einer Siegerstatue,
vermutlich des Faustkämpfers Satyros
aus Olympia, 4. Jh. v. Chr.
Aus: B. Fellmann / H. Scheyking [Red.],
100 Jahre deutsche Ausgrabung
in Olympia, München 1972, Nr. 103.

malung zeigt, der dem Kenner der homerischen Szene wie eine
bildhafte Umsetzung seines Textes erscheint. Dieses für die frühe
Geschichte des griechischen Sports überaus wichtige Dokument
ist heute (unter der Inventar-Nummer 1) im Archäologischen
Museum in Theben (Böotien) ausgestellt. Einer der Wettkämpfe
zu Ehren des Patroklos besteht im Schleudern eines Metallklum-
pens, der Sportgerät und Preis zugleich war und mit dem Wort
›Solos‹ bezeichnet wird. Dabei handelt es sich um eine Rohluppe,
wie sie in der Bronzezeit von phönizischen Handelsschiffen im
gesamten Mittelmeer vertrieben wurde. Nach den Worten des
Epos hat Achilleus sie vom Kilikerfürsten Eetion erbeutet. Die
vermeintlich typisch griechische Sportart Diskuswerfen zeigt in

31

Gestalt des Gerätes selbst nicht nur in den Bereich des Handels des 2. Jt. v. Chr., sie verweist darüber hinaus auch auf die außergriechische Welt.

Dieser fremde Einfluß auf den Sport in homerischer Zeit, der beim Soloswerfen in der *Ilias* nur anklingt, läßt sich für ein zentrales Motiv der *Odyssee* gänzlich verantwortlich machen. Die Irrfahrten des Odysseus nach der Eroberung von Troja enden erst nach weiteren zehn Jahren mit der Rückkehr auf seine Heimatinsel Ithaka, wo in der Zeit der Abwesenheit des Inselkönigs ein gefährliches Machtvakuum entstanden war, das nach einer Entscheidung in der Frage der Herrschaft drängt. Niemand rechnet mehr mit Odysseus, der die Insel zwanzig Jahre zuvor verlassen hat und als verschollen gilt. Der treuen Gattin Penelope bleibt endlich nichts anderes übrig, als dem Drängen der Freier nachzugeben. Sie setzt – wenn auch widerwillig – einen Wettkampf im Bogenschießen an, dessen Sieger ihre Hand und damit auch das Königsamt erhalten soll, *locus classicus* eines *Brautagons*, der in der Weltliteratur auch anderenorts vorkommt. Der geforderte Meisterschuß hat Generationen von Homererklärern vor unlösbare Probleme gestellt, war doch der Text der im 21. Buch geschilderten Episode im Sachlichen nicht nachvollziehbar. Wie sollte es ballistisch auch möglich sein, einen Pfeil mit einem Bogenschuß durch einen Schußkanal zu befördern, der aus den hintereinander angeordneten Stiellöchern von 12 Äxten gebildet wurde? Bereits nach wenigen Metern mußte der Abfall des Pfeils, gemessen an seiner Abschußhöhe, so beträchtlich sein, daß die vorgegebene Aufgabe technisch nicht zu lösen war. Seitdem wir Nachrichten über die Leistungen der ägyptischen Könige im Bogenschießen auf kupferne Zielscheiben kennen, die vornehmlich für die 18. Dynastie und hier besonders für Amenophis II. (1438–1412 v. Chr.) überliefert sind, fällt es leicht, eine Beziehung zwischen beiden Phänomenen herzustellen. Pharao demonstriert das Durchschießen von viereckigen Kupferplatten, deren Ränder stark eingezogen waren, so daß sie der Form einer griechischen Axt ›pelekys‹ glichen, wie sie noch zur Zeit Homers verwendet wurde. Das ägyptische Motiv des 15. Jh. v. Chr. wanderte in mykenischer Zeit durch die mündliche Überlieferung von Generationen von Sängern, die das um Odysseus zentrierte ägäische Seefahrermärchen tradierten, bis sein Urbild nicht mehr verstanden wurde und es bei der schriftlichen Fixierung der

Odyssee im späten 8. Jh. v. Chr. in gekünstelter Weise »rationalisiert« wurde. Das Verständnis für die Funktion des Motivs Bogenschießens blieb hingegen erhalten: Wie der ägyptische König seine Leistungen in dieser Disziplin als Qualifikation seines Amtes öffentlich demonstrieren muß, so nimmt Odysseus mit dem Schuß durch das Metall sein altes Königsamt vor aller Augen neu in Besitz. Bezeichnend ist, daß Odysseus den Schuß im Sitzen abgibt, was auf das Thronen des Herrschers anspielt.

Bei Homer werden sportliche Traditionen aus dem Alten Orient, Ägypten und der ägäischen Welt gebündelt und an die griechische Welt des 8. Jh. weitergegeben. Zu dieser Zeit – so die antike Überlieferung – entstand an der westlichen Peripherie der griechischen Welt im Tale des Alpheios, wo dieser Fluß vom Kladeos gespeist wird, ein Kultfest zu Ehren des Gottes Zeus, der auf dem thessalischen Olymp thront. Nach diesem Sitz des Obersten der Götter wurde der Ort des neuen Festes sowie das Fest selbst genannt: die Olympien – die heute im Deutschen gebräuchliche Form ›Olympische Spiele‹ geht auf die lateinische Vermittlung des griechischen Begriffes zurück – in Olympia in der Nähe von Elis, das sich in historischer Zeit gegenüber der mykenischen Siedlung Pisa in der Organisation des Kultfestes und der damit verbundenen Wettkämpfe durchzusetzen vermochte. Der gelehrten antiken Konstruktion, daß bei Gelegenheit der Olympien bereits im Jahre 776 v. Chr. hier zum ersten Mal Sieger aufgezeichnet worden seien, ist nicht nur deshalb mit Skepsis zu begegnen, weil die Einführung der Alphabetschrift zu diesem Zeitpunkt in Griechenland noch nicht stattgefunden hatte, sondern weil sich auch aus archäologischer Sicht Indizien einer stärkeren Frequentierung der Stätte erst für das späte 8. Jh. v. Chr. gewinnen lassen. Auch ist erst für diesen Zeitpunkt ein Stadion nachweisbar. Über die Anfänge des Olympischen Sportfestes läßt sich heute somit nichts Genaues sagen. Wenngleich sich das Jahr 776 v. Chr. also anzweifeln läßt, ist es auffällig, daß der wichtigste Lokalmythos, der um den Heros Pelops kreist, den Anschein erweckt, daß in ihm historische Ereignisse gespiegelt seien, die sich auf die mykenische Zeit des 2. Jt. v. Chr. beziehen. Seinen künstlerisch höchstrangigen Ausdruck hat dieser Pelopsmythos in der Figurenkomposition des Ostgiebels des Zeustempels aus dem 5. Jh. v. Chr. erhalten, wo die Situation unmittelbar vor der alles entscheidenden Wagenwettfahrt zwischen dem König und Brautvater Oinomaos und dem jungen Herausforderer aus der Fremde meisterhaft eingefangen ist. Nach jüngsten Forschungen von Ulrich Sinn hat Olympia in früher Zeit eine wichtige Rolle als Orakelstätte der Westgriechen gespielt, die sich im Zuge der Gründung von Kolonien in Sizilien und Unteritalien seinen Rat einholten, bevor es zu dem untrennbaren Begriffspaar »Heiligtum und Wettkampfstätte« (Hans-Volkmar Herrmann) verschmolz, unter dem es im weiteren Verlauf seiner Geschichte berühmt wurde. Die angestrengten Rekonstruktionen seiner alten sportlichen Tradition ließen sich im übrigen unter dem Eindruck der Neugründung weiterer panhellenischer Sportfeste zu Beginn des 6. Jh. v. Chr. verstehen, deren Konkurrenz man fürchten mußte. Solche gelungenen Versuche fanden in Delphi, der berühmtesten Orakelstätte des Altertums, im Poseidonheiligtum am Isthmos bei Korinth sowie in Nemea, einem weiteren Kultort des Zeus auf der Peloponnes, statt. Wenngleich alle genannten Orte gegenüber den zahlreichen anderen griechischen Sportfesten eine Sonderstellung einnahmen, war ein Sieg in Olympia eindeutig am höchsten angesehen. Der Dichter Pindar, unter dessen erhaltenem Werk die Oden auf Sieger an diesen vier großen Agonen hervorragen, drückt dies etwa folgendermaßen aus:

»Aber der Ruhm aus einem Sieg bei den olympischen Spielen in der Bahn des Pelops leuchtet weithin. Dort kämpft die Schnelligkeit der Füße und die kräftige Anstrengung, die alle Mühen bezwingt. Wer hier siegt, kann das übrige Leben süße Ruhe haben um Kampfpreise.«

(Pindar, *Olympien* 1, 93-99, Übersetzung E. Dönt)

Pindar, der in der ersten Hälfte des 5. Jh. v. Chr. dichtete, ist der Künder der mit dem Aufkommen der Demokratie untergehenden Wertewelt der alten Aristokratie, die bis zu diesem Zeitpunkt die meisten Olympiasieger gestellt hatte. Auch in der Folgezeit war ein Sieg in Olympia in erster Linie Ziel der neuen Oberklasse der *Polis*, in der die Wertvorstellung des Adels in wenig veränderter Form weiterlebte. Selbst in der Spätantike läßt sich die ungeschmälerte Beteiligung der *jeunesse dorée* an den Wettkämpfen beobachten, und es basiert auf ideologischer Voreingenommenheit sowie gewaltsamem Umgang mit den Quellen, wenn eine Phase des Professionalismus für die Spätzeit angesetzt wird, der sich aus der Unterschicht rekrutiere und Schuld am Niedergang der Olympien trüge. Hier steht der Amateurgedanke des 19. Jh. Pate, der in der Antike kein Vorbild hat. Die Antithese Professionalismus versus Amateurismus fand deshalb nicht statt, weil niemand es unmoralisch fand, für sportliche Höchstleistung Geld zu nehmen, wie es ja auch für andere Darbietungen vor Zuschauern selbstverständlich war. Abgesehen davon konnte sich nur der finanziell Unabhängige die erforderliche Durchführung eines Trainings leisten, während ein Mitglied der Unterschicht seinen Lebensunterhalt verdienen und sich in der Regel keinen Verdienstausfall leisten konnte.

À propos Zuschauer. Sie sind seit Anbeginn konstituierendes Element des sportlichen Geschehens. »Das Publikum ist der eigentliche ›Nährboden‹ des Agons…«, wie Siegfried Laser es ausdrückt. Ihr Einfluß auf das sportliche Geschehen konnte kampfentscheidend sein, wie es von Polybios für das Faustkampffinale der Olympien des Jahres 212 v. Chr. geschildert wird, in dem sich der amtierende Olympiasieger Kleitomachos aus Theben und der von Ptolemaios IV. Philopator aufgebaute Herausforderer Aristonikos gegenüberstanden. Anfangs galten nämlich die Sympathien der Zuschauer dem Schwächeren, der den Favoriten arg bedrängte und an den Rand einer Niederlage brachte:

»In diesem Augenblick soll Kleitomachos etwas zurückgetreten sein, kurz Atem geschöpft und sich dann an das Publikum mit der Frage gewandt haben, was sie sich eigentlich dabei dächten, daß sie für Aristonikos Partei nähmen und ihn nach Kräften moralisch unterstützten; ob sie etwa daran zweifelten, daß er den Kampf den Regeln entsprechend führe, oder vergessen hätten, daß er, Kleitomachos, jetzt für den Ruhm der Griechen, Aristonikos für den des Königs Ptolemaios einstehe; ob sie es lieber sähen, daß ein Ägypter den Kranz in Olympia davontrage und die Griechen besiege oder daß ein Thebaner, ein Boioter, als Sieger im Faustkampf der Männer ausgerufen werde. Nach diesen Worten des Kleitomachos soll ein solcher Stimmungsumschwung eingetreten sein, daß nun umgekehrt Aristonikos mehr von den Zuschauern als von Kleitomachos niedergekämpft wurde.« (Polybios, *Historien* XXVII 9, 2-13)

Kehren wir zurück zu den Siegern. Ihr Nimbus war so groß, daß ihnen selbst todeswürdige Vergehen nachgesehen werden konnten, wie es im Falle des Rhodiers Dorieus geschah, der als Gegner der Athener im Peloponnesischen Krieg in ihre Gefangenschaft geriet und von ihnen nicht nur verschont, sondern sogar freigelassen wurde. Im gleichen Atemzuge muß allerdings hinzugefügt werden, daß die Spartaner nicht soviel Feingefühl entwickelten. Sie vollzogen an ihrem Feind in einer anderen Phase desselben Ringens der griechischen Großmächte unbeeindruckt die Todesstrafe, als sie seiner habhaft wurden. Dorieus stammte aus edelstem Geschlecht und war dreifacher Periodonike im Pankration, einer brutalen Disziplin, die Faustkampf und Ringkampf in sich vereinte. Der mit dem Titel ›Peridionike‹ umschriebene sportliche Erfolg bedingte je einen Erfolg in den herausragenden vier Wettkämpfen in Olympia, in Delphi, am Isthmos von Korinth und in Nemea, den großen panhellenischen Festspielorten. Übertragen auf die heutige Sportpraxis, würde man am besten den ›Grand Slam‹ im Tennis mit dieser Auszeichnung vergleichen – zumindest für den Zeitraum, als die Kontinente durch den Flugverkehr einander noch nicht so nahegerückt waren, daß ihre Überbrückung heute weniger Anstrengung bedarf, als es die oft schwierigen antiken Reisebedingungen bedeuteten. Auf diese wird noch näher einzugehen sein.

Es ist schwer zu sagen, wer der erfolgreichste antike Athlet war, da die sportlichen Leistungen als solche nicht überliefert sind und hier auch unterschiedliche Gütekriterien miteinander verglichen werden müßten. Ohne diesen Gedanken hier zu vertiefen, wird jeder die Leistung eines Milon aus der unteritalienischen Stadt Kroton (heute noch: Crotone) nachvollziehen können, der gegen Ende des 6. Jh. v. Chr. sechsfacher Olympiasieger im Ringkampf (und darüber hinaus sechsfacher Periodonike) war. Das bedeutet konkret, daß er 20 Jahre lang seine Spezialdisziplin absolut beherrschte. Verständlich ist es ebenfalls, wenn sich um seine Person Legenden rankten wie etwa diejenige, daß er einen Stier mit einem Schlag zwischen die Hörner getötet und an einem Stück verspeist habe. Außerdem soll er seine bronzene Siegerstatue, die gewiß mehrere Zentner wog, eigenhändig in die Altis von Olympia getragen haben.

In dieser Hinsicht steht ihm der etwa eine Generation jüngere Kampfsportler Theogenes von der Insel Thasos in nichts nach, als dessen Vater Herakles persönlich angesehen wurde und dem nach seinem Tode kultische Verehrung zuteil wurde. Anlaß dazu boten seine einmaligen Erfolge im Faustkampf, die noch 150 Jahre nach seiner athletischen Blütezeit von seiner Heimatstadt Thasos durch Restaurierung einer Inschrift seiner Siegerstatue in Delphi der Mitwelt mitteilenswert erschienen:

»Noch niemals hat Thasos einen solchen Mann (wie dich) hervorgebracht, Sohn des Timoxenos, und von den Hellenen hast du dir erworben bei weitem den größten Ruhm ausdauernder Stärke. Denn noch nie wurde in Olympia je ein und derselbe Mann bekränzt als Sieger sowohl im Faustkampf als auch im Pankration und in Pytho (= Delphi) fiel dir von drei Kränzen einer kampflos zu; dies hat kein anderer Mann (je) geschafft; an neun Isthmiaden (gelangen dir) zehn Siege, denn zweimal rief (dich) der Herold aus im (Zuschauer-)rund, (dich), dem es als einzigem unter den Erdenbewohnern (dort) am selbigen Tage zu siegen vergönnt war im Faustkampf und Pankration; neunmal auch (hast du) in Nemea (gesiegt), Theogenes. Deine persönlichen Siege (belaufen sich auf) eintausenddreihundert, und niemals – so verkünde ich – bist Du in zweiundzwanzig Jahren im Faustkampf besiegt worden.«

(Delphi, Inv. 3538 = Ebert, Siegerepigramme 118)

Die hier erwähnten 1300 Siege, die auch durch die literarische Überlieferung gestützt werden, sind bei der Länge der Karriere des Theogenes ohne Zweifel denkbar. Umgerechnet würden sie besagen, daß der thasische Athlet etwa alle zwei Wochen an einem Faustkampfturnier teilgenommen hätte. Da man hierbei die teilweise zeitaufwendigen Reisen zu berücksichtigen hat, konnte sich Theogenes in der Wettkampfsaison, die von April bis September dauerte, schwerlich anderen Beschäftigungen außer dem Sport gewidmet haben.

Die Tatsache, daß jeder Olympiasieger das Recht hatte, eine Statue von sich aufzustellen, hatte zur Folge, daß das Heiligtum von Olympia geradezu einem Wald antiken Sportlerruhms glich, der sich vornehmlich um das kultische Zentrum, den Zeustempel, gruppierte. Mit Ausnahme von wenigen Fragmenten – darunter der Portraitkopf eines Faustkämpfers, der dem attischen Bildhauer Silanion zugeschrieben wird – hat sich nichts mehr davon erhalten, da die Bronzefiguren bequeme Rohstofflieferanten in einer Zeit wurden, als der Glaube an Zeus versiegt war. Der griechische Schriftsteller Pausanias, dessen im späten 2. Jh. n. Chr. verfaßte *Beschreibung Griechenlands* ausführlich auf Olympia und seine Wettkämpfe eingeht, vermittelt bei der Abhandlung der ca. 200 von ihm ausgewählten Statuen den Eindruck, daß die hier versammelten Objekte ein Freilichtmuseum der Entwicklung der griechischen Plastik von der archaischen Zeit bis in die römische Kaiserzeit abgaben, mit den führenden Künstlern der jeweiligen Epochen. Hans-Volkmar Herrmann schreibt dazu: »Die Früh- und Hochklassik des 5. Jh. ist mit so berühmten Namen wie Onatas, Kalamis, Pythagoras, Myron, Phidias, Polyklet besonders glanzvoll vertreten. Bei den spätklassischen Meistern dominiert die Polykletschule…, weiterhin finden wir… schließlich den großen Lysipp.«

Was war es, was Olympia (und die zahlreichen anderen griechischen Orte mit Sportfesten) so anziehend machte, daß man die Strapazen vieltägiger Reisen zu Wasser und zu Lande auf sich nahm, um in der glühenden Sommerhitze im Tal des Alpheios eine Woche lang an Opfern teilzunehmen und den Wettkämpfen zuzuschauen? Es war mehr als reines Publikumsinteresse, das jedoch nicht für gering erachtet werden sollte. Man traf sich als Angehörige einer gemeinsamen Kultur, die Tausende von Kilometern auseinander wohnen konnten. Man opferte den gemeinsamen Göttern, man diskutierte in der trotz aller dialektischen Unterschiede gemeinsamen Muttersprache. Man steckte gemeinsame Interessen ab. Und man gab sich dem gemeinsamen Faible hin, ein großes Sportfest unmittelbar zu erleben, das über das Niveau der vielen lokalen Agone weit hinausging. Dazu kam ein gemeinsames Festmahl, das die Reisestrapazen vergessen ließ.

Das griechische *Gymnasion*, das als Institution in Massilia (Marseille) genau so funktionierte wie in Alexandreia/Antiocheia (heute Ai Khanoum in Afghanistan) oder an den Küsten des Schwarzen Meeres ebenso bekannt war wie in den griechischen Siedlungen Oberägyptens, war die Stätte der breitensportlichen Vorbereitung, während ein ausgeklügeltes *Training* die Spitzensportler heranbildete. Die einzige vollständig erhaltene trainingswissenschaftliche Schrift der griechischen Antike, die von dem Sophisten Philostratos im 3. Jh. n. Chr. verfaßt wurde, gibt von der einstigen Blüte des Genos nurmehr einen schwachen Abglanz, aber sie läßt dennoch die Höhe dieser Spezialliteratur erahnen. Philostratos kritisiert das sogenannte Tetradensystem, eine offenbar bevorzugte Trainingsmethode seiner Zeit, die auf stereotype Art und Weise einen Vier-Tage-Rhythmus wiederholte, der wie bei einer Sinuskurve verlaufende, täglich wechselnde Trainingsintensitäten verlangte. Wurde die Methode unflexibel gehandhabt und verabsolutiert, konnte sie im Extremfall zum Tode führen, wie es mit dem Olympiasieger Gerenos geschah, dessen unverständiger Trainer diesen nach einem von der Siegesfeier stammenden Unwohlsein nicht pausieren ließ. Im übrigen sind uns mit etwa einem Dutzend relativ wenig Todesfälle vom antiken griechischen Sport überliefert, was bei der Brutalität der Kampfsportarten überrascht. Vermutlich kam es bei Faustkampf und Pankration, wo bis zur Kampfunfähigkeit gefightet wurde, häufig zu kampflosen Siegen oder der frühzeitigen Aufgabe des Unterlegenen. Dennoch mußte man mit solchen Athleten rechnen wie dem Boxer Agathos Daimon aus Alexandria mit dem Spitznamen ›Kamel‹, der bereits Sieger bei den Wettkämpfen in Nemea war, als er in Olympia im Alter von 35 Jahren den Tod fand. Seine in Form eines Distichons abgefaßte Grabinschrift kündet von seiner Besessenheit, unbedingt einen Sieg landen zu wollen:

»Er starb hier im Stadion während des Faustkampfes, nachdem er Zeus Sieg oder Tod gelobt hatte.«

Die besten Athleten mußten einen Monat vor den Olympien in Elis erscheinen, wo sie sich unter den Augen der Kampfrichter einem letzten Training (und vermutlich auch Ausscheidungskämpfen) zu unterziehen hatten. Es waren Läufer (Stadionlauf, Lauf über zwei Stadien, Langlauf, Waffenlauf), Kampfsportler (Faustkampf, Ringkampf, Pankration) sowie Fünfkämpfer, deren Wettkampf (Pentathlon) aus den Disziplinen Diskuswerfen, Weitsprung, Speerwerfen, Lauf und Ringkampf bestand. Dieser erste Mehrkampf der Sportgeschichte wurde nach dem Prinzip des ›dreifachen relativen Sieges‹ entschieden, nicht nach einem Punktsystem, wie es heute der Fall ist.

Nicht anders als heute kamen dagegen gelegentlich Bestechungsversuche im antiken Spitzensport vor. Wir sprachen schon vom Ansehen eines Olympiasieges, so daß es nicht ver-

Abb. 3: Panathenäisches Stadion Athen, 4. Jh. v. Chr.
1895 zuletzt restauriert, Austragungsort
der ersten Olympischen Spiele der Neuzeit 1896
(Foto W. Decker).

wundert, wenn ein solcher auf betrügerische Weise angestrebt wurde. Pausanias hat eine *chronique scandaleuse* der seit dem Jahre 388 v. Chr. aufgedeckten Fälle zusammengestellt. Die Athleten, die dieses Vergehens überführt wurden, hatten horrende Strafgelder zu entrichten, aus denen bronzene Standbilder des Zeus *(Zanes)* hergestellt wurden, die ganz bewußt als Warnung am Eingang des Stadions plaziert waren und ihren Anlaß auf beigegebenen Inschriften erklärten. Ihre Basen haben sich bis heute erhalten. Eine verzweifelte Anstrengung der Athener beweist die Empfindlichkeit der Strafe; sie sandten ihren damals fähigsten Unterhändler Hypereides nach Elis, um die ihrem Bürger Kallippos an den 112. Olympien (332 v. Chr.) auferlegte Buße herunterzuhandeln – ein vergebliches Unterfangen.

Neben den athletischen Disziplinen, die im Stadion ausgetragen wurden, gab es ein nicht weniger entwickeltes hippisches Programm, welches aus Wagenrennen und Reiten bestand. Wie bei den athletischen Bewerben, an denen nur Männer teilnehmen durften, waren auch die hippischen Wettkämpfe in zwei Altersklassen eingeteilt: Fohlen und ausgewachsene Pferde. Die Hauptattraktion war ohne Zweifel das Rennen mit dem Viergespann, in dem sich traditionell die Abkömmlinge der führenden griechischen Familien versuchten. Wie wir von Alkibiades wissen, der im Jahre 416 v. Chr. sieben Gespanne in Olympia laufen ließ, um einen Erfolg zu erzwingen, konnte ein Olympiasieg im Wagenrennen in politisches Kapital umgemünzt werden. Sein Strategenamt, für das ihn sein Olympiasieg prädestinierte, geriet Athen jedoch in der schmählich gescheiterten sizilischen Expedition zum Verhängnis. Das Gepräge der hippischen Agone an sich wurde in Olympia noch durch einen raffinierten Startmechanismus des dortigen Hippodroms, das bis heute noch nicht wiedergefunden worden ist, unterstrichen. Aus seinen Gelassenen liefen nicht nur die Pferde der spartanischen Königstochter Kyniska, die zu Anfang des 4. Jh. v. Chr. zweimal siegte (nur als Besitzer von Pferden konnten Frauen Olympiasieger werden), sondern auch die Pferde von sizilischen Tyrannen und von Philipp II., dem Vater Alexanders des Großen, aber auch das Gespann des späteren Kaisers Tiberius, der 4 v. Chr. in Olympia siegte. Wenn man sich vorstellt, wie aufwendig der Transport von Pferden und des zu ihrer Unterhaltung nötigen Trosses etwa über See waren, kann man sich ein Bild von der gesellschaftlichen Klasse machen, die hier alleine an den Start gehen konnte.

Die Durchführung der Olympien war durch einen *Festfrieden* gewährleistet, der eine ungehinderte Anreise von Festgesandten, Athleten und Zuschauern nach Olympia und ihre Rückreise auch durch Feindesland garantierte. Er wurde – abgesehen von kleineren Zwischenfällen – normalerweise von allen respektiert, anderenfalls hätten die Olympien nicht ohne weiteres mehr als 1000 Jahre Bestand gehabt. Daß selbst im 4. nachchristlichen Jahrhundert – entgegen der bisherigen Forschungsmeinung – noch durchaus mit einem regen sportlichen Leben in Olympia zu rechnen ist, bezeugt eine am 12. 9. 1994 in Olympia gefundene Bronzetafel (Inv. 1148) mit zahlreichen Namen von Athleten aus dieser Zeit, die in Kürze von ihrem Entdecker Ulrich Sinn zusammen mit Joachim Ebert publiziert werden wird. Das Edikt des oströmischen Kaisers Theodosius I. aus dem Jahre 393 n. Chr., das die heidnischen Kulte verbot, muß die Olympien demnach noch in ihrem Mark getroffen haben.

Ingomar Weiler
**»Du sollst nicht
in den Circus gehen«**
Sport bei den
Römern

Im modernen Bild vom nüchternen Römer der Antike, dessen
weltgeschichtliche Bestimmung gerne im Politischen, im Rechts-
wesen, in seiner bäuerlich-praktischen Natur und seiner Inge-
nieurskunst gesehen wurde und wird, fehlen oft spielerische und
wettkämpferische Züge. Man hat diesen ›Schulbuchrömer‹ seit
Jacob Burckhardt, und das heißt schon seit mehr als hundert Jahren, gerne mit dem agonalen, d. h. dem Wettkampf sich hingege-
benen Griechen polarisiert, und es hat auch nicht an Versuchen
gefehlt, den Römern das sportliche Engagement überhaupt ab-
zusprechen. In der Nachfolge des Basler Kulturhistorikers hat
Victor Ehrenberg gemeint: »Dieses Volk der reinen Politik und
des reinen Rechtes, und d. h. der unbedingten Zweckhaftigkeit,
dieses im Grunde seines Wesens und auch in den Vornehmsten
seiner Aristokraten durchaus bäuerliche Volk hatte für schöne
Zwecklosigkeit und ritterliche Kampflust, ja schon für das bloße
Hervortreten einzelner kein Organ... In Rom verdarb das Agonale.« Daß dies nicht ganz zutrifft, wollen die folgenden Überlegungen zeigen.

Das ›Freizeitprogramm‹ im römischen Alltag läßt sich zumindest in vier große Bereiche untergliedern, für die lateinische
Autoren den Begriff der *spectacula* gebrauchten: 1. Die Zirkusspiele *(ludi circenses)*, 2. Die athletischen Wettkämpfe, 3. (mit
Einschränkung) Die Gladiatorenspiele und Tierhetzen *(venationes)* und 4. Die Körperübungen im Umfeld der Thermenanlagen.

1. Die Zirkusspiele: Damit sind im Gegensatz zum modernen Verständnis vor allem die Wagenrennen, die *ludi circenses*, gemeint. Als Gradmesser für die Popularität dieser Wettkämpfe erweist sich allein schon die Zahl und die Dimensionen der Rennbahnen. In der Metropole Rom existierten dafür mehrere Rennbahnen, seit republikanischer Zeit der *Circus Flaminius* auf dem Marsfeld und der *Circus Maximus*, wozu später dann noch weitere Circusanlagen in Rom und anderen Städten kamen. Im *Circus Maximus* mit einem Fassungsraum von 150-250000 Zuschauerplätzen und der aufwendigen Architektur fanden die populärsten Spiele statt. Bei einem normalen Wettrennen, das über sieben Runden ging, hatten die Pferde annähernd 4000 m zu durchlaufen. Da in der Kaiserzeit die Zahl der Wettbewerbe stetig zunahm, mußten die Rundenzahlen zwangsläufig verringert werden. Zur Zeit des Augustus gab es pro Wettkampftag 12 Rennen, Caligula erhöhte sie auf 34, und unter den flavischen Kaisern erreichte man die dreifache Zahl. Vierer- und Zweiergespanne (*quadrigae* bzw. *bigae*), aber auch Dreier-, Sechser-, Achter- und Zehnergespanne zählten zum Programm. Im Umfeld der *ludi circenses* erlangten in der Kaiserzeit die Wettkampfparteien, die sogenannten *factiones*, Berühmtheit. In ihre Kompetenz fielen die Beschaffung der Rennpferde, der Wagenlenker (*aurigae*, *agitatores*), der Trainer und der Ausrüstung. Diese *factiones* bezeichneten sich nach Farben, an denen die fanatischen und rivalisierenden Anhängerclubs auch ihre Wagenlenker erkennen konnten. Gab es zunächst die Rote und die Weiße Partei, so kamen schließlich noch weitere Farben dazu: die Grünen, Blauen sowie die Goldenen und Purpurnen. Wettleidenschaft und Zuschauerausschreitungen, die sich auch in bedenkenlosem Vandalismus gegen Behörden und Gebäude richteten, kennzeichnen den Fanatismus der Anhänger ebenso wie Abwerbungsversuche erfolgreicher Wagenlenker durch diese Clubs. Iuvenal (11, 194ff.) mokierte sich über diese Sportbegeisterung der Römer und vergleicht die Enttäuschung der Anhänger beim Ausbleiben eines erhofften Sieges mit der Stimmung in Rom mit dem *dies ater*, dem Schwarzen Tag, nach der Vernichtung der römischen Armee in der Schlacht von Cannae. Von Kaiser Caligula, einem Anhänger der Grünen, heißt es, er habe einem Wagenlenker seiner Partei zwei Millionen Sesterzen geschenkt, die Pferde und Wagenlenker der Gegenpartei vergiften lassen und

für seinen Lieblingshengst Incitatus am Tag vor dem Rennen der ganzen Nachbarschaft durch Soldaten Schweigen gebieten lassen, damit das Rennpferd nicht in seiner Ruhe gestört werde (Sueton, *Caligula* 55). Und über Nero, seit Jugendjahren ein ›Pferdenarr‹ und ›Fan‹ der Grünen, erfahren wir, daß er selbst zunächst in eigenen Gärten, dann im *Circus Maximus* und schließlich in Olympia als Wagenlenker aufgetreten sei (Sueton, *Nero* 22). Der Fanatismus der Anhänger der Blauen und Grünen trieb in Rom wunderliche Blüten: So beroch man z. B. den Mist der Rennpferde, um Qualität und Verdaulichkeit des verwendeten Futters zu kontrollieren. Von der Verhexung gegnerischer Pferde und ihrer Wagenlenker zeugen antike Fluchtafeln. Nicht die sportliche Leistung war es, die diese Besessenheit der Anhänger bewirkte. Der Sieg der eigenen Farben war es, was zählte. Plinius sagt in seinem 9. Brief: »Sie favorisieren den Dreß, den Dreß lieben sie.« Die Attraktivität der Wagenrennen wurde übrigens durch den Usus, bei Spielen im Circus wie im Amphitheater auch Geld- und Nahrungsspenden an das Volk zu verteilen, zusätzlich gesteigert. Iuvenal hat dafür das Schlagwort *panem et circenses* geprägt. Die besten der *aurigae* in der Kaiserzeit, hochqualifizierte Berufsathleten, genossen hohes Sozialprestige und bezogen Preisgelder, die durchaus mit den Gagen von Spitzensportlern im 20. Jahrhundert vergleichbar sind. Wen wundert's daher, daß Fanatiker erfolgreich versuchten, prominente Wagenlenker von anderen Farbenparteien abzuwerben. Inschriften dokumentieren dies. Einer der antiken ›Megastars‹, der Lusitanier Caius Appuleius Diocles, startete insgesamt 4257 mal und errang 1462 Siege für alle vier großen Farben und kassierte dafür über 35 Millionen Sesterzen. Das war kein Einzelfall. Flavius Scorpus und Pompeius Musclosus brachten es auf 2048 bzw. 3559 Siege. Sogar der in der Arena mit 20 Jahren verunglückte Marcus Aurelius Mollicius, von Geburt aus Sklave, errang in seiner kurzen Karriere für alle vier *factiones* schon 125 Siege. Die Begeisterung für die Wagenrennen hielt lange an, trotz der Mahnungen des Kirchenschriftstellers Tertullian (150-230), der vor allem in seiner Schrift *De spectaculis* diese wegen ihrer Nähe zu heidnischen Kulten kritisierte und in den Farben der *aurigae* einen Ausdruck des Götzendienstes, der *idololatria* (c. 9), sah. Daher sein Rat an den Christen: »Du sollst nicht in den Circus gehen« (c. 3).

2. Die athletischen Wettkämpfe, häufig auch als *certamina Graeca* bezeichnet, denen gegenüber in der Republik viele Römer große Reserven angemeldet hatten, fanden in der Kaiserzeit zusehends mehr Beachtung. Sei es, daß die panhellenischen Stätten in Griechenland selbst Roms Aufmerksamkeit anzogen, sei es, daß in Süditalien, seit Kaiser Domitian auch in Rom, Stadien entstanden, in denen die traditionellen Sportarten der Griechen kultiviert wurden. Gemeint sind damit in erster Linie leicht- und schwerathletische Disziplinen, Wagen- und Reitbewerbe sowie die Wettbewerbe der Musiker, Poeten und Redner. Das berühmte Horazische Paradoxon (*epistula* 2, 1, 156f.), demzufolge mit dem Sieg Roms über Griechenland die hellenistische Kunst Italien eroberte, gilt auch für den Sport. Ausgerechnet unter dem so rombewußten Augustus setzt seine Rezeption ein. Der Sieger von Aktium organisierte gymnische, hippische und musische Agone im neugegründeten Nikopolis. Sein Adoptivsohn und Nachfolger Tiberius sowie Germanicus wurden als Olympioniken im Wagenrennen gefeiert. Aber auch Waffenkämpfe, Boxen, Ringen, Laufen, Diskus- und Speerwerfen, Springen und andere Bewerbe zogen das Interesse römischer Jugendlicher immer mehr auf sich. Im Jahr 60 wurden die *Neronia* als *certamina Graeca* ins Leben gerufen; ihr Schicksal war mit dem Tod des Kaisers besiegelt. Aber unter Domitian kam es zur Gründung eines *Agon Capitolinus*, der bis weit ins 4. Jahrhundert hinein ausgetragen wurde und dessen Wettkampfprogramm nach klassischem Vorbild organisiert war. Diese dem Range nach den panhellenischen Agonen gleichgestellten periodischen Spiele umfaßten die schwerathletischen Disziplinen, Boxen, Ringen und Pankration sowie Laufen, Diskus- und Speerwerfen, und musische Konkurrenzen in lateinischer und griechischer Poesie, Rhetorik und Instrumentalmusik. Als Kuriosum dabei registriert der Kaiserbiograph Sueton (*Domitian* 4), daß sich am Stadionlauf sogar auch *(vero… etiam)* Mädchen beteiligten. Apropos Frauensport in der römischen Kaiserzeit: Einige Streunotizen auf Inschriften und – wohl nicht ganz zufällig – bei den Satirikern informieren über Athletinnen, Wagenlenkerinnen und ›Möchtegern‹-Gladiatorinnen. Die 30 000 Plätze für Zuschauer im Stadion Domitians, dessen Grundriß sich heute noch in der Piazza Navona wiederholt, lassen auch das rege Publikumsinteresse an diesem *certamen Capitolium* erkennen. Tacitus (*annales* 14, 21) spricht aus-

drücklich von Forderungen des Volkes, die Magistrate mögen *certamina Graeca* durchführen. Daß im Zeitalter der philhellenischen Kaiser des 2. Jahrhunderts den athletischen Wettkämpfen große Aufmerksamkeit gewidmet wurde, versteht sich wohl von selbst. Die kaiserliche Stiftungen nahmen zu. Nach dem Vorbild Olympias und Delphis wurden isolympische und isophythische und weitere griechische Agone gegründet; Kaiser wie Hadrian, Antoninus Pius, die Severer und mancher Soldatenkaiser engagierten sich dabei. Auch kam es zur Gründung ökumenischer und anderer Athletenvereine, zu deren Zielen es gehörte, die agonistischen Termine zu koordinieren, ferner für ausgediente Berufssportler eine Versorgung sicherzustellen und die Gewährung von Privilegien durch die kaiserliche Kanzlei zu erwirken. Unter Traian wurde Rom Sitz einer dieser Organisationen, die mit teilweise erheblichem bürokratischem Aufwand ausgestattet wurden. Auf Inschriften und Papyri erhaltene Urkunden vermitteln vor allem Einblick in die Vereinsaktivitäten. Aus ihnen ist zu ersehen, daß es unter den Sportlern und Vereinsfunktionären zahlreiche ›Privilegienritter‹ gab, denn Diokletian sah sich genötigt, per Edikt (*Codex Iustinianus* 10, 54) Einschränkungen zu verfügen. Nur wer mindestens dreimal bei heiligen Agonen gesiegt habe, wovon ein Sieg in Rom selbst erzielt worden sein mußte, sei zur Befreiung von den üblicherweise als große Belastung empfundenen *munera civilia* berechtigt. *In summa*: Die griechischen Athletenagone ergänzten im Kaiserreich zusehends die traditionelle römische Freizeitkultur. Man spricht von einem regelrechten ›Agonistik-Markt‹ für Athleten, von mehr als dreihundert verschiedenen Agonen, für die ein eigener ›agonaler Kalender‹ aufgestellt werden mußte, damit die Wettkämpfer termingerecht von einer agonistischen Veranstaltung zur nächsten reisen konnten.

Kritische Stimmen zu den *certamina Graeca* betrafen vor allem die Schwerathleten, ihre Freßsucht und ihr Lasterleben. Philostrat, Verfasser der einzigen vollständig erhaltenen antiken Monographie über den Sport, *perì gymnastikês*, schreibt um etwa 200 n. Chr. über die Konsequenzen dieses auf Zwangsdiät und Luxus basierenden Lasterlebens (c. 44 f.): »Eine solche Üppigkeit … gab den Athleten sogar Anstoß zu Gesetzwidrigkeiten in Geldsachen und zum Kauf und Verkauf der Siege; denn die einen verkaufen gar ihren Ruhm, wie ich glaube, weil sie viel brauchen, die anderen müssen sich einen mühelosen Sieg kaufen, weil sie ein weichliches Leben führen… Von diesem Verderbnis vermag ich die Trainer nicht freizusprechen. Sie kommen nämlich mit Geld versehen zum Training, leihen den Athleten zu höherem Zinsfuß, als er bei Kaufleuten zur See üblich ist, und nehmen keine Rücksicht auf den Ruhm des Athleten, sondern raten ihnen zu Kauf und Verkauf und suchen nur ihren eigenen Vorteil, sei es nämlich im Wucherdarlehen an Kauflustige, sei es im Einkassieren nach erfolgtem Handel. Soviel mag über die Schachernden gesagt sein; denn sie verschachern gewissermaßen die Tüchtigkeit der Athleten, indem sie ihren eigenen Vorteil wahrnehmen.« Diese Vorwürfe gegenüber dem Sport waren nicht neu. Intellektuelle haben anscheinend immer schon mit Neid auf die Popularität der Athleten geschaut. Es verwundert daher nicht weiter, wenn auch Kirchenschriftsteller diese Argumentationen übernahmen und sie noch um den theologischen Aspekt erweiterten. Hier waren es vor allem die Boxer, Ringer und Pankratiasten, über deren Unförmigkeit und berufsbedingte Freßsucht sich die Autoren mokierten und deren *vanitas* (Eitelkeit) sie ihnen vorwarfen. Tertullian (*De spectaculis* 18) konnte es einfach nicht gutheißen, daß Menschen mit »Fausthieben und Fußtritten, Ohrfeigen sowie jeglicher Art von dreistem Verhalten« das menschliche Antlitz verunstalteten, das ja das Ebenbild Gottes (*divina imago*) sei. Er machte die Christen darauf aufmerksam, daß er bei keiner Gelegenheit überflüssige Läufe, Würfe und noch überflüssige Sprünge akzeptiere und beschloß diesen Gedankengang mit einem Seitenhieb auf die Ringerkunst, die er ein ›Werk des Teufels‹ (*palaestrica diaboli negotium*) nannte, nicht ohne noch hinzuzufügen: Die ersten Menschen habe der Teufel zu Boden gedrückt.

3. Die Gladiatorenspiele und Tierhetzen *(venationes)*: In der Kaiserzeit kämpften Gladiatoren und Tierhetzer zumeist in den Amphitheatern. Die architektonische Krönung dieser Bauform, das Colosseum, ist so eng mit der Geschichte und den Geschikken Roms verknüpft, daß Beda Venerabilis noch im Jahr 731 glauben wollte: »Solange das Colosseum steht, steht auch Rom. / Wenn das Colosseum fällt, wird auch Rom fallen. / Wenn Rom untergeht, wird auch die Welt untergehen.« Ob bei Gladiatorenkämpfen noch von ›Sport‹ oder ›Spiel‹ gesprochen werden darf,

ist keineswegs so selbstverständlich, wie es die meisten Sporthistoriker tun. Nicht sportlicher Charakter, sondern besondere Brutalität kennzeichnet diese Kämpfe im Amphitheater. Michael Grant hat in seinem Gladiatorenbuch über das »unerhörte Maß« an Grausamkeit gesprochen und diese Veranstaltungen zusammen mit dem Nazismus als »die beiden schlimmsten Erscheinungen«, bezeichnet, »die es je gegeben hat«. Die *munera gladiatoria*, wie sie offiziell hießen, hatten die Römer schon in der hohen Republik entweder von den Samniten oder Etruskern übernommen, wo angeblich Zweikämpfe auf Leben und Tod bei Begräbnissen ausgetragen wurden. Aus diesem Ritus soll sich eine völlig säkularisierte Form römischer ›Unterhaltungskultur‹ entwickelt haben. Es hat den Anschein, als ob das Abschlachten von Mensch und Tier zum Gaudium der Zuschauer dabei im Vordergrund stand. Von Caesar wird berichtet, daß er 320 Gladiatorenpaare bei einem Fest auftreten ließ, und sein Adoptivsohn Augustus rühmte sich, bei seinen Spielen etwa 10000 Gladiatoren eingesetzt zu haben. Die gleiche Zahl ist für die Festlichkeiten anläßlich des Dakersieges von Kaiser Traian überliefert. Diese Gladiatoren rekrutierten sich in erster Linie aus Kriegsgefangenen. Bei anderen Veranstaltungen wurden auch verurteilte Verbrecher, freiwillig Angeworbene, Sklaven und Freigelassene in die Arena geschickt. Man unterschied einzelne Gladiatorenkategorien, und zwar solche, die zu Fuß mit Krummsäbel, geradem Schwert, Dreizack, Speer, Lasso oder Netz, Pfeil und Bogen, mit großem oder kleinem Schild kämpften, von jenen, die als Reiter oder auf einem Streitwagen auftraten. Nicht immer standen sich Paarungen mit gleicher Ausrüstung gegenüber. Für den Zuschauer lag der ›Unterhaltungswert‹ oft gerade in der Chancenungleichheit der Kontrahenten. Monotonie des Tötens war anscheinend nicht gefragt. Der Variantenreichtum konnte auch noch auf andere Art gesteigert werden: So kämpften in der Arena auch »Familienväter, die zwar in gutem Ruf standen, aber durch irgendein körperliches Gebrechen auffielen« (Sueton, *Caligula* 26), oder Negerinnen, Frauen gegen Neger, Frauen gegen Zwerge und Zwerge untereinander. Kaiser Commodus, angeblich in tausend erfolgreichen Arenaauftritten erfahren, soll nach einem Bericht des Cassius Dio (73, 20) eine Gigantomachie inszeniert haben, bei der man »alle Leute in der Stadt, die durch Krankheit oder sonstwie durch Unfall ihre Füße verloren hatten, zusammenholte, ihnen um die Knie so etwas wie Schlangenkörper band und statt Steinen Schwämme zum Werfen geben ließ«, ehe sie der Kaiser eigenhändig »mit Keulenschlägen erledigte«. Andere zum Auftritt Verurteilte hatten in theatralischen Inszenierungen alte Mythen darzustellen, so das Flammenkleid der Medea, den an den Felsen geschmiedeten Prometheus (als öffentliche Kreuzigungsszene), die Entmannung des Attis, Pasiphae und den Stier, den Todessturz des Ikarus oder das Zerreißen des Orpheus durch Tiere, die Tötung der Dirke durch einen Stier, die Verkohlung des Armes des Mucius Scaevola – um nur einige der Perversitäten zu erwähnen, bei denen sich die Zuschauer ›amüsieren‹ konnten.

Das ›normale‹ Gladiatorenspiel – wenn diese Formulierung überhaupt angebracht ist – wurde mit Scheingefechten eröffnet. Darauf folgten die Einzel- oder Mannschaftsbewerbe der verschiedenen Waffenträger. Das Leben der Besiegten und Verwundeten lag dabei bekanntlich in Händen des Spielveranstalters oder – was Ausdruck einer besonderen Gunst sein sollte – der Zuschauer. Der nach unten gewendete Daumen erinnert noch an das makabre Ritual. Gegen Passivität oder Feigheit bedienten sich die Organisatoren der Kämpfe der Peitschen oder glühender Eisen. Das Publikum wollte man nicht langweilen. Von einem Tumult zweier rivalisierender Zuschauergruppen im Amphitheater von Pompei berichtet Tacitus (*annales* 14, 17): Bei einem *gladiatorium spectaculum* im Jahr 59 n. Chr. kam es zu einem Zuschauerskandal, der mit harmlosen Neckereien und Beschimpfungen begann, worauf die Streitparteien zu Steinen und schließlich zu Waffen griffen, mit dem Resultat, daß sie ein beachtliches Blutbad mit zahlreichen Toten anrichteten. Die Folgen dieser ›kleinstädtischen Ausgelassenheit‹ *(oppidana lascivia)*: Rom verordnete eine zehnjährige Sperre des Amphitheaters.

Eine der wenigen kritischen Stimmen der Antike über die Gladiatorenkämpfe verdanken wir Seneca, der das brutale Zuschauerverhalten entrüstet kommentierte: Anfeuerungsrufe wie »Töte, schlag zu, brenne ihn! Warum läuft er so zimperlich ins Schwert? Warum tötet er nicht tollkühn genug? Warum stirbt er ohne Begeisterung?« empörten den Philosophen, der auch mehrmals vom Suizid einzelner Gladiatoren berichtete. Gesetzlich verboten wurden diese Kämpfe im Jahr 325, zunächst im Osten des Reiches, unter Honorius, dann auch im Westen. Christliche Proteste hatten diese Entwicklung wohl beeinflußt.

Auch die Tierhetzen haben so gut wie nichts mit sportlichen Ereignissen zu tun. Die Gruppe der *bestiarii* und *venatores*, d. h. der Tierhetzer respektive Jäger, betrat die Arena zu Kämpfen, die eher einem Abschlachten gleichkamen, wenn man beispielsweise den Berichten über die Eröffnung des flavischen Amphitheaters Glauben schenken darf. Darin heißt es, daß 9000 zahme und wilde Tiere, an einem einzigen Tag sogar 5000 getötet wurden, ein Massaker, an dem auch Frauen aktiv beteiligt waren. Vom schon erwähnten Spektakel Traians erfährt man, es seien damals an die 11 000 Tiere abgeschlachtet worden. Und Commodus rühmte sich, an einem einzigen Tag 100 Bären, sämtlichen Haustieren, die ihm nahe kamen, ferner einem Flußpferd, einem Tiger und einem Elefanten den Garaus gemacht zu haben. Wie bei den Gladiatoren kämpften auch hier gleiche und ungleiche Paare gegeneinander, so Kraniche gegen Kraniche, Elefanten gegen Elefanten, aber auch der Büffel gegen den Elefanten oder der Elefant gegen das Rhinozeros. Mit Stacheln, Feuer und eigens trainierten Hunden reizte man die Tiere entsprechend, um ›spannende‹ und genügend grausame Schauspiele bieten zu können. Daß Menschen mit bloßen Fäusten etwa gegen Bären anzutreten hatten, paßt genauso in die Dramaturgie dieser Tierhetzen wie der Nervenkitzel, den die Verurteilung von Verbrechern zur Hinrichtung durch wilde Tiere bei den Zuschauern auslöste. Für »wißbegierige Ärzte« wie Celsus und Galenus boten sich dabei zwar willkommene Gelegenheiten, ihre anatomischen Kenntnisse durch den Anblick »zerrissener Glieder« und »ungeheurer Wunden« zu erweitern, mit Sport hatte das aber, wie gesagt, weniger zu tun als mit einer Zuschauermentalität, die heute von Stierkämpfen her bekannt ist.

4. Die Körperübungen im Umfeld der Thermenanlagen: Für die Finanzierung der aufwendigen Badeanlagen Roms und ihre Erhaltung haben sich die Kaiser stets zuständig gefühlt. Das zählte wohl auch zu den Maximen ihrer *panem-et-circenses*-Politik. Schon in spätrepublikanischer Zeit hatte Sullas Sohn Faustus »einen Gladiatorenkampf zur Erinnerung an seinen Vater veranstaltet und das Volk auf glänzende Weise bewirtet. Kostenlos«, so heißt es expressis verbis bei Cassius Dio (37, 51), »habe er ihm

auch Bäder und Öl geschenkt.« Nero, Titus, Traian, vor allem aber Caracalla und Diokletian, später noch Konstantin, haben dann als prominente Bauherren und Sponsoren mit außerordentlich hohen Geldsummen diese Form der Freizeitkultur in den komfortablen Bädern weiter ausgestaltet. Diese den heutigen Fitnesszentren nicht unähnlichen Institutionen umfaßten neben den eigentlichen Räumlichkeiten für Dampf-, Wasser-, Kalt-, Warm- und Wannenbädern mit fein abgestuften Wassertemperaturen, die sowohl das Schwitzen wie auch die kalte Dusche ermöglichten, auch regelrechte Schwimmbecken *(piscinae, natationes)*, Sportplätze, Übungshallen, Kommunikations- und Rekreationszentren, Gärten, Promenaden, Gymnastikräume, Palästren und Ballspielplätze. Die athletischen Übungen in der Palästra und die verschiedenen Ballspielarten, deren gesundheitlichen Wert Galenus in einer eigenen Abhandlung betonte, zählten dabei zusammen mit dem Schwimmen und Tauchen zu den bevorzugten Körperübungen und Wettkämpfen. Die Thermen boten also zahlreiche Anreize für Sport und Spiel. Darüber hinaus standen für zusätzliche Bedürfnisse der Körperkultur, Hygiene und für Mußestunden Frisiersalons, Massage- und Kosmetikräume, gelegentlich auch Bibliotheken und regelrechte Museen zur Verfügung. Es hat den Anschein, als habe man diese großen öffentlichen Freizeitanlagen errichtet, um Iuvenals wohl berühmtes Postulat erfüllen zu können: *orandum est ut sit mens sana in corpore sano*, also: »So mußt du beten um einen gesunden Verstand in einem gesunden Körper« (10, 356). Wer freilich die Klagen Senecas kennt, der es als Pech empfand, in der Nähe eines Bades zu leben, sieht auch andere Facetten dieser römischen ›Freizeittempel‹: »Ich wohne gerade über einem Bad; stell dir das Stimmengewirr, das Geschrei in allen Tonarten vor, am liebsten möchte man taub sein! Ich höre das Ächzen der Leute, die mit Hanteln turnen; sie stoßen kurze Pfiffe aus und keuchen angestrengt. Wenn jemand still daliegt und sich massieren läßt, höre ich das Klatschen der Hand auf seinem Rücken: jeweils einen anderen Laut, wenn der Schlag mit der flachen oder mit der hohlen Hand gegeben wird. Wenn dann noch jemand kommt, der nicht mit dem Ball spielen kann, ohne zu schreien, und die Schläge mit lauter Stimme zu zählen beginnt, ist es ganz aus. Dazu kommen dann die Streitsüchtigen, der Dieb, den man auf frischer Tat ertappt hat, der Schwätzer, der sich an seiner eigenen Stimme berauscht; und dann die Taucher, die sich ins Schwimmbecken stürzen, daß das Wasser nach allen Seiten klatschend aufspritzt. Aber diese Leute lassen wenigstens ihre natürliche Stimme ertönen. Doch vergiß nicht den Haarauszieher, der jeden Augenblick im Falsett seine Dienste anpreist und nur still ist, wenn er jemandem die Haare ausreißt; dann aber beginnt sein Opfer zu zetern. Ganz zu schweigen von dem Geschrei der Getränke-, Wurst- und Pastetenhändler sowie der Laufburschen der Kneipen, die umherziehen und ihre Ware anbieten, jeder in einer anderen Tonart« (*epistula* 56). Gemütlicher wird es in den zahlreichen privaten Badeanlagen zugegangen sein. Die meisten der von Plinius dem Älteren gezählten 170 Badeanstalten in Rom (*naturalis historia* 36, 1) werden zu dieser Kategorie gehört haben. Bei dieser Zahl blieb es nicht. Spätantike Stadtverzeichnisse nennen 858 bzw. 956 Anlagen in Rom. In Konstantinopel sind für das 5. Jahrhundert acht Thermen und 153 Privatbäder bezeugt, Alexandria besaß angeblich 1561 Bäder und selbst eine Provinzstadt wie Pompei verfügte neben zahlreichen Privatbädern über zwei öffentliche Anlagen; eine dritte war zur Zeit des Vesuvausbruches gerade im Bau. Diese Katastrophe von 79 n. Chr. hat auch für ein Detail des Badebetriebs die Augen geöffnet: Die Thermen waren auch abends oder in der Nacht offen, man fand nämlich über 1000 Öllampen. Die Eintrittsgebühren, das *balneaticum*, hat erstmals Agrippa als Ädil übernommen und damit den Gratisbesuch dieser kostenaufwendigen Anlagen ermöglicht. Viele Kaiser sind ihm darin gefolgt. Dennoch besitzen wir Informationen, wonach die Männer ein *quadrans*, d. h. einen Viertel As, zahlten und Kinder freigingen (was nicht überall der Fall war) oder in Provinzbädern Männer einen halbes As, Frauen einen As für das Bad zu entrichten hatten, während Freigelassenen, Sklaven, Knaben und Soldaten freier Eintritt gewährt wurde. Bis ins zweite nachchristliche Jahrhundert scheint das gemeinsame nackte Baden von Männern und Frauen, das manche der überlieferten Skandalgeschichten ausgelöst haben mag, erlaubt gewesen zu sein, denn erst Kaiser Hadrian (117-138) verordnete die Trennung der Geschlechter (HA 18). Ob der Hexameter *balnea, vina, Venus corrumpunt corpora nostra / sed vitam faciunt* (CIL VI 15258) mit seiner propagierten Einsicht, daß ›Wein und Weib‹ den Körper korrumpierten, auf die Existenz gemischter Bäder *(balnea mixta)* anspielte oder ob darin epikureische Lebensbejahung ihren Ausdruck fand, sei dahingestellt, zur Badekultur scheint dieser Verseschmied ein klar positives Bekenntnis abgelegt zu haben. Im Unterschied zu den Sportveranstaltungen in Stadion und Circus boten die Thermen weniger Raum für das dort zu registrierende weitgehend passive Zuschauerverhalten; die Besucher der Bäder waren in der Regel auf eigene körperliche Aktivität bedacht, sei es, indem sie trainierten, sei es auch, daß sie Ballspiele oder athletische Wettkämpfe austrugen.

Was die beiden Kategorien, Athletik und Wagenrennen auf der einen Seite, Badebetrieb auf der anderen, verbindet, ist der Umstand, daß sie keineswegs Ausdrucksformen römischer Nüchternheit und Zweckgebundenheit sind, will man die Funktion der Badeanlagen nicht auf Gesundheitspflege und Kräftigung des Körpers für die Lebensbewältigung reduzieren. Nur auf den ›ersten Blick‹, so meint Johann Huizinga in seinem nach wie vor höchst lesenswerten *Homo Ludens*-Buch »scheint die altrömische Gesellschaft viel weniger Spielzüge zu zeigen als die hellenische« (1938/1990, 190). Der ›zweite Blick‹, so möchte ich abschließend feststellen, belehrt uns eines anderen.

Heidi Linden
**»Und manche trugen
sie tot vom Platz«**
Sport bei den
Ureinwohnern
Amerikas

»Auf solche manier spilen die Indianer mit ainem aufgeblassen
bal mit dem hindern On die Hend an zu Rieren auf der Erdt, haben auch ain hardt leder vor dem hindern, darmit er vom bal den
widerstreich Entpfacht, haben auch solich ledern hentschuch
an.« (Leyenaar/Parsons 1988, S. 110)

Mit diesen Worten beschreibt der Zeichner Christoph Weiditz im Jahre 1529 ein Bild zweier mexikanischer Ballspieler, die
sich in ungewöhnlicher Pose, einander den Rücken zukehrend,
mit dem Gesäß einen offensichtlich hochelastischen Ball zu-
spielen.

Diese erste Sportberichterstattung über einen altindianischen
Wettkampf aus dem Blickwinkel eines Augenzeugen der sogenannten »Alten Welt« entstand am Hofe Kaiser Karls V. in Spanien. Hernán Cortez, der Konquistador Mexikos und Eroberer
des sagenumwobenen Aztekenreiches, hatte von seiner ersten
Reise in die »Neue Welt«, neben Gold und verschiedenen Früchten wie der Tomate und der Kartoffel, als besondere Kuriosität
auch eine Ballspielmannschaft mitgebracht, die ihre Künste mit
einem Ball ungewöhnlicher Sprungkraft darbot und von Weiditz
bei dieser Gelegenheit beobachtet wurde. Der Begriff Indianer
hatte sich bereits in Weiditz' Zeiten zur Bezeichnung der Be-
wohner des amerikanischen Kontinentes fest im Sprachgebrauch
eingebürgert, obwohl er eigentlich einem Trugschluß des Seefah-
rers Christoph Kolumbus entstammte. Dieser hatte, als er im

Jahre 1492 im Auftrag der spanischen Krone auf dem westlichen
Seeweg Indien erreichen wollte, zufällig und ihm selbst zunächst
unbewußt einen bislang unbekannten Kontinent entdeckt. Erst
1507 erkannte sein Landsmann Amerigo Vespucci nach weiteren
Fahrten entlang der süd- und mittelamerikanischen Küste, daß
die entdeckten Ländereien einen eigenständigen Kontinent bildeten. Mit seinem Vornamen stand er Pate für einen Kontinent,
der in den folgenden Jahrzehnten Eroberer und Missionare an-
lockte und der aufgrund seiner Reichtümer, seiner Fremdartig-
keit und Gefahren der Inbegriff von Paradies und Hölle zugleich
war: Amerika.

Eigentlich war die »Neue Welt« nur für die Europäer des ausgehenden Mittelalters neu oder unbekannt, hatten sich doch auf
diesem Kontinent Kulturen entwickelt, die in vielfacher Hinsicht in ihren Errungenschaften ebenbürtig, nur eben anders
waren. So war der Kalender der astronomisch versierten Maya
genauer als der des Abendlandes. Auch bezogen auf den Sport,
können wir vor dem Kenntnisstand der heutigen Archäologie
die Existenz eines organisierten Sportbetriebes bis in das zweite
vorchristliche Jahrtausend nachweisen. Und so steht auch heute
noch der Besucher der Ruinen von Chichen Itzá, einem der
Höhepunkte einer jeden Mexikorundreise, vor den Ringen des
großen Ballspielplatzes der einstigen Maya-Metropole und ist
gleichsam von der Geschicklichkeit, die die Sportler beim Ziel-
schuß auf die Ringe besessen haben müssen, wie von der Religiosität der begleitenden Opferrituale, die in Bildfriesen an den Sei-
tenbanden des Platzes festgehalten sind, beeindruckt. Doch der
Sport der Ureinwohner Amerikas bietet ein weitaus breiteres
Spektrum. Allein die Größe dieses Kontinents, vom Nordpol bis
hinunter nach Feuerland, und die enorme Zeitspanne von 2000
v. Chr. bis heute machen es schwer, den Sport der Indianer in seiner Gesamtheit zu betrachten. Abhängig von den geographi-
schen Gegebenheiten, von arktischer Kälte und Eis bis zu feuch-
tem Urwaldklima, haben sich unterschiedliche Sportarten entwickelt, wie besondere Formen des Eiscurlings bei den Eskimo
oder Bogenschießwettbewerbe bei den Regenwald-Bewohnern.
Außerdem bilden die Indianer in bezug auf ihren Entwicklungs-
stand keine homogene Gruppe. Die herrschende Klasse von
Hochkulturen, wie die Maya, lebte in großen Städten und war in
der Lage, große steinerne Sportstätten zu bauen, während Jäger

und Sammler aufgrund ihres nichtseßhaften Lebensstiles nicht minder interessante, aber materiell weniger aufwendige Sportarten hervorbrachten. Zwei Disziplinen springen bei der Betrachtung des altamerikanischen Sportes jedoch ins Auge und sind in nahezu allen Kulturen beobachtbar: der Lauf und das Ballspiel. Blitzlichtartig soll hier die unterschiedliche Ausprägung dieser Sportarten in verschiedenen Regionen vorgestellt werden. Obwohl unser Wissen auf den Gebieten der Archäologie und Ethnologie größer geworden ist, ist der Besucher altmexikanischer Ballspielanlagen oder der Tourist, der Zeuge eines der noch gepflegten Laufrituale der Indianer Nordamerikas wird, auch heute noch von der Religiosität und Feierlichkeit des indianischen Sportes überrascht, so wie die vermeintlichen Entdecker vor 500 Jahren.

Kehren wir noch einmal zu Weiditz und dem mittelamerikanischen Ballspiel zurück. Die eigentliche Attraktion, die die Geschwindigkeit dieses im ganzen mittelamerikanischen Raum verbreiteten Spieles ermöglichte, war die Beschaffenheit des Balles. Weiditz unterliegt jedoch der Vorstellungskraft seiner Zeit und spricht von einem aufgeblasenen Ball, wie man ihn zum damaligen Zeitpunkt in Europa nur in Form einer mit Luft gefüllten Schweinsblase kannte. In Wirklichkeit aber hatte man sich in Mittelamerika schon lange ein Verfahren zunutze gemacht, um aus Naturkautschuk, der in Fülle an der mexikanischen Golfküste und der Pazifikküste des heutigen Guatemalas wuchs, einen hochelastischen Vollgummiball herzustellen, dessen Qualität in Europa erst 1840 durch die Erfindung des Vulkanisierens erreicht wurde. Die Regeln dieses seit dem zweiten Jahrtausend v. Chr. durch kleine Tonfiguren belegten Spieles sind nicht mehr vollständig rekonstruierbar. Bildliche Quellen zeigen, daß es verschiedene Varianten gab, wobei die bekannteste Form eine Art Prellball auf einem Platz mit Grundriß einer römischen I gewesen sein muß. Zwei Mannschaften oder zwei einzelne Spieler versuchten, den Ball ohne Einsatz der Hände so in der gegnerischen Hälfte zu plazieren, daß er nicht regelgerecht zurückgespielt werden konnte. Schräge, gemauerte Seiteneinfassungen ermöglichten es den geschickten Spielern mit dem Stoß eines riesigen gepanzerten Brustgurtes, so bei den Maya des mittelamerikanischen Regenwaldes, oder eines festen Hüftjoches, so bei den Azteken des mexikanischen Hochlandes, das Aufprallen des Balles auf dem Boden zu verhindern. Von diesem Geschick berichtet der spanische Chronist Durán um 1570:

»Einige spielten mit größter Sorgfalt dieses Spiel, und sie taten dies so anmutig, daß es sehenswert war... Sie benutzten einen sonderbaren Ballstoß, bei dem sie den Ball kurz vor seinem Aufprall von oben kommend sahen und so schnell das Knie oder das Hinterteil zum Stoß ansetzten, daß sie den Ball mit außergewöhnlicher Geschwindigkeit zurückspielten. Von diesen Ballstößen erlitten sie großen Schaden an den Knien und Muskeln, wurde ihnen der Hüftknochen zerquetscht und manche trugen sie tot vom Platz, da der Ball sie derart in die Magengrube getroffen hatte, daß sie mit Atemstillstand zu Boden stürzten und daran starben.« (Durán 1964, S. 37)

Die Tragweite sportlichen Treibens unter Einsatz des Lebens läßt nach einer besonderen Motivation oder einem religiösen Hintergrund des Spieles fragen. Betrachtet man die Lage vieler Ballspielplätze, die stets fester Bestandteil des sakralen Zentrums waren und mit reich verzierten Reliefs und großzügigen Tempelaufbauten versehen waren, verdichtet sich der Eindruck, daß das Ballspiel mehr als ein reiner Zeitvertreib war. Und fürwahr berichten die spanischen Geschichtsschreiber von Zeremonien und kultischen Handlungen, selbst von Massenopfern auf dem großen Ballspielplatz von Tenochtitlan, der Hauptstadt des Aztekenreiches, dem heutigen Mexiko-Stadt. Bei derartigen, in den Augen der Spanier abergläubischen und heidnischen Handlungen, ist es nicht verwunderlich, daß das Spiel kurzerhand untersagt wurde. Um 1585, also bereits 50 Jahre nach der Eroberung, waren alle intakten Ballspielplätze abgetragen. Auf dem *teotlachco*, dem Ballspielplatz der Götter von Tenochtitlan, erhebt sich heute die katholische Kirche. Die Haltung der Spanier, die vom Papst nur aufgrund der Missionierung der vermeintlichen Heiden das Recht für ihren Eroberungszug erhalten hatten, ist nachvollziehbar, aber durch das abrupte Ende und die Verbrennung zahlreicher Kultbücher durch die heilige Inquisition wird uns das Verständnis für die tiefere Symbolik und den religiösen Hintergrund des Spiels für immer verborgen bleiben. Mündlich übertragene Mythen und die steinernen Zeugnisse einer Kultur, die bereits vor der Ankunft der Spanier niedergegangen war und deren Tempel bereits vom Urwald überwuchert waren und so bis in unsere Tage konserviert blieben, vermögen den Verlust zu überbrücken. Die Maya und einige Kulturen der Pazifikküste und der Golfküstenregion hinterließen uns eine Vielzahl kunstvoll ausgeschmückter monumentaler Steinskulpturen, die Ballspieler in Opferhandlungen zeigen. Dem heutigen Betrachter mag beim Anblick vielfacher Enthauptungspraktiken die Begeisterung am sportlichen Wettkampf schwinden, doch der mythologische Hintergrund und die zahlreichen lebensspendenden Aspekte und Fruchtbarkeitssymbole der Reliefs zeigen, daß der Tod nur als eine notwendige Übergangsphase begriffen wurde, um neues Leben zu schaffen. So wie das gesäte Maiskorn in der Erde stirbt, um eine junge Maispflanze hervorzubringen, dient Menschenleben dem Fortbestand der Welt, dem Fortlauf der Himmelskörper und der Fruchtbarkeit der Felder. Das Bild spritzenden Opferblutes, das sich in Blüten und reichverzierte Ranken aufzweigt, ist nur vor dem Hintergrund einer besonderen Weltsicht zu verstehen. Das von Dualismus, also von der Gegenüberstellung von Trockenheit und Fruchtbarkeit, von Tag und Nacht und von Leben und Tod geprägte Weltbild des mesoamerikanischen Menschen fand im Ballspiel und seinen begleitenden Opferhandlungen eine optimale rituelle Aufarbeitung. Der tiefere Sinn ist dabei wohl weniger in der Ermittlung eines Siegers zu suchen. Das Ballspiel und die begleitenden Opferpraktiken ermöglichten es dem Menschen in erster Linie, Verbindung zur Götterwelt aufzunehmen und so auf lebensnotwendige Zyklen und den Erhalt der Welt einzuwirken.

Das nächste Großreich, das von den Spaniern auf der Suche nach Gold erobert wurde, war das der Inka, das alte Peru, das 1532 im Handstreich von Francisco Pizarro eingenommen wurde. Obwohl die Quellen zum Sport nicht in der Breite und der spektakulären Form vorliegen wie bei den Maya und Azteken, spielte auch hier körperliche Fitneß eine wichtige Rolle, mußten die männlichen Nachkommen der Herrscherfamilie, die allein den Namen Inka tragen durften, ihre Leistungsfähigkeit in verschiedenen Disziplinen, wie dem Lauf, dem Speerwurf sowie dem Hoch- und Weitsprung, unter Beweis stellen. Mit zirka 16 Jahren unterzogen sich die jungen Inka in einem eigens dafür hergerichteten Haus einer Reifeprüfung, die nicht zuletzt der Überprüfung ihrer Wehrtauglichkeit diente. Von ihren Lehrmeistern wurde ihnen strenges Fasten auferlegt. Dann folgte ein Langstreckenlauf, der unter großer Anteilnahme der Öffentlichkeit stattfand. Der Geschichtsschreiber Garcilaso de la Vega, 1539 als Sohn einer Inka-Prinzessin und eines spanischen Konquistadors geboren, berichtet:

»Wenn das Fasten vorbei war und man die Neulinge mit etwas mehr Nahrung gestärkt hatte, prüfte man die Behendigkeit ihrer Person, zu welchem Behuf man sie von dem Berg namens Huanacauri (den sie für heilig hielten) bis zur Festung der nämlichen Stadt laufen ließ, was nahezu anderthalb Leguas (ungefähr 8^1/$_2$ km) waren, und dort war ein Zeichen aufgestellt, eine Art Banner oder Fahne, und der zuerst Ankommende war damit zum Hauptmann aller anderen gewählt. Viel Ehre ward auch dem zweiten, dritten und vierten, selbst noch dem zehnten der Behendesten zuteil; dementsprechend galten als ehrlos und durchgefallen diejenigen, denen beim Lauf die Luft ausgegangen war oder die aufgegeben hatten. An der Laufstrecke standen die Eltern und Verwandten der Läufer, um diese anzufeuern und ihnen Ehre und Schmach vor Augen zu führen und ihnen zu sagen, sie sollten sich lieber zu Tode laufen, als unterwegs zu verzagen.« (Garcilaso 1986, S. 227f.)

Die besondere Bedeutung des Laufes wird verständlich, beachtet man die Größe des Inka-Reiches, das innerhalb von 250 Jahren vom Hochtal Cuzcos durch straff geführte Feldzüge bis an die Nordgrenze Equadors und bis zum Río Maule in Mittel-Chile erweitert wurde. Reittiere waren im alten Peru unbekannt, und so entwickelten die Inka ein Kommunikationssystem von Botenläufern, um ihr zentralistisch geführtes Großreich regierbar zu halten. Diese Berufsläufer, auch *chasquí* genannt, wiesen sich durch eine besondere Leichtfüßigkeit aus und übermittelten in einer Art Relaissystem, im Abstand von mehreren Kilometern an den Hauptwegen auf Nachrichten wartend, ihre Botschaften über Aufstände oder besondere Vorkommnisse in den Randbezirken des Reiches in kürzester Zeit bis in die Andenmetropole Cuzco. Dies erfolgte mündlich, denn ein komplexes Schriftsystem war unbekannt, wenngleich statistische Erhebungen über Ernte- oder Viehbestände auch mit einer Art Knotenschrift, die aus unterschiedlich gefärbten und geknoteten Schnüren bestand, überbracht werden konnten.

Während der Sport bei den Inka in erster Linie zweckmäßigen Aspekten wie der militärischen Erziehung und dem Nachrichtenlauf diente, überwiegen bei weitaus älteren Kulturschichten

Perus kultische Motive des Sportes. Der Geistliche Francisco de Avila berichtete um die Wende vom 16. zum 17. Jahrhundert aus der Provinz Huarochirí, dem Hinterland Limas, von einem Wettlauf uralter Tradition anläßlich der Pariacaca Verehrung im Juni. Die Prozession auf einen Berg, wo man sich zum Gebet niederließ, erfolgte in Form eines Wettlaufes. Die Teilnehmer trieben dabei ein männliches Lama vor sich her, denn das erste Lama, das mit seinem Herrn auf dem Berg ankam, sicherte seinem Besitzer besonderes Wohlwollen des Gottes. Ein Hügel als Ziel eines Wettlaufes wurde auch beim Akhaytaymitafest, das zur Zeit der Reife der Palta-Frucht in einer anderen Region Perus gefeiert wurde, genutzt. Der besondere Fruchtbarkeitsaspekt dieses Laufes liegt in dem Umstand, daß jeder Mann, der eine Frau überholte, an Ort und Stelle mit ihr den Beischlaf ausübte, ein Aspekt, der in ähnlicher Form auch aus anderen Kulturen bekannt ist.

Ein besonderes Rätsel geben uns die Mochica auf, die ihre Blütezeit zwischen 200 und 600 n. Chr. an der Küste Nordperus erlebten. Sie haben uns ihr Vermächtnis in Form riesiger Palastruinen, reichverzierten Schmucks und einer Vielzahl von Keramikgefäßen hinterlassen. Ein zentrales Motiv dieser kunstvoll ausgeschmückten Krüge, die die wichtigste Quelle für das Studium ihres Alltags und ihrer Kulthandlungen darstellen, sind Läufer, die kleine Säckchen in der Hand halten und durch die trockene und nur mit wenigen Tillandsienpflanzen bewachsene Landschaft sprinten. Ihr reichverzierter Kopfschmuck läßt unmißverständlich zwei Gruppen oder Mannschaften voneinander unterscheiden. Viele Läufer sind als mythische Wesen mit tierähnlichen Attributen wie Flügeln und katzenartigen Gesichtern gezeigt. Mit ernster Miene und im hastigen Laufschritt streben sie einem Tempel oder einem Priester entgegen. Woraus die Botschaft in ihren Säckchen bestand, anläßlich welcher Feier und aus welchen Beweggründen sie diesen Wettlauf vollzogen, werden wir wohl niemals ausreichend ergründen können.

Bleiben wir beim Thema des Wettlaufes, wenden uns aber einer weiter im Süden liegenden Region zu. Im ostbrasilianischen Hochland hat sich eine recht eigentümliche Variante, nämlich die des Klotzlaufes, bis in unsere Tage erhalten. Das Wohngebiet der halbnomadischen Jê, die im Savannengebiet des ostbrasilianischen Plateaus aus einfachen Hütten kreis- und hufeisenförmige

Dörfer anlegten, wurde erst im 19. Jahrhundert erschlossen. In Form eines Staffettenlaufes tragen zwei Mannschaften oder einzelne Läufer bis zu 100 kg schwere Klötze über mehrere Kilometer auf präparierten Wegen in das Dorf. Die aus dem Holz der Buriti-Palme geschnitzten Klötze, die, wenn sie als zu leicht galten, extra noch einmal in Wasser zu tauchen waren, wurden innerhalb der eigenen Mannschaft weitergereicht. In den 50er Jahren wurde der britische Anthropologe David Maybury-Lewis von den Sherente unvermittelt in ein solches Rennen eingebunden, welches ihm auch körperlich das Gewicht vor Augen führte, das diese Gruppe von Jägern und Sammlern ihrem Sport beimißt:

»Die rissige Rinde des Palmstammes bohrte sich in meine Haut, und es fühlte sich an, als ob Knochenteile von meiner Schulter absplittern. Ich hatte beobachtet, daß die Sherente den Klotz meist hinter der Schulter auf einem Stück Tierhaut zwischen Nacken und Rücken trugen. Ich versuchte sie zu imitieren, aber ich schien dort kein Polster zu haben, wenigstens nicht in ausreichendem Maße. Während ich darüber nachdachte, stolperte ich und wäre beinah gestürzt. Es durchfuhr mich der Gedanke, daß ein Sturz mit diesem Klotz sicherlich einen Knochenbruch zur Folge haben würde. Von da an achtete ich darauf, wo ich hinlief und hörte auf, mir Sorgen um den Schmerz in meiner Schulter zu machen. Ich war noch damit beschäftigt, den Klotz hin- und herzurücken und fragte mich, ob ich ihn jemals bequem halten könne, als ein junger Mann, der wieder zu Atem gekommen war, vorpreschte und mir seine Schulter anbot. Ich fühlte, daß der Ehre Genüge getan war und überließ ihm den Klotz. Zusammen mit den anderen Klotzläufern trottete ich in das Dorf und setzte mich, um wieder zu Atem zu kommen, auf einen der Klötze, die sich auf der Plaza sammelten.« (Nabokov 1981, S. 97)

Der Wettlauf hat auch bei den brasilianischen Indianern nicht den Stellenwert eines rein sportlichen Wettkampfes oder eines Freizeitvergnügens. Auch hier ist er fester und wesentlicher Bestandteil ihrer religiösen Feste, wie dem Kriegertanz- oder Maskenfest, oder den Reifefeiern, die die männlichen Jugendlichen in den Kreis der Erwachsenen führen. Der Klotz wird dabei als Symbol der Toten bzw. als Verkörperung der Ahnen selbst verstanden. Durch dieses Medium treten die Läufer mit den Ahnen in Verbindung, lassen sie aktiv am Leben teilhaben, ein Zustand, der insbesondere für die jugendlichen Läufer als lebensbedrohlich und ernst verstanden wird. Die Mannschaften sind nicht willkürlich zusammengestellt, sondern rekrutieren sich aus den beiden Stammeshälften des Dorfes, die bei den Timbira in eine östliche Seite, die Sonnenaufgangsleute, und eine westliche, die Sonnenuntergangsleute, unterschieden werden. Das Klotzrennen ermöglicht den Gruppenhälften über die Verbindung mit der Welt der Toten und dem Unerklärbaren hinaus zeremonielle Spannungen auszutragen. Durch ihre besondere Vorstellung des Weltganzen, in der jede Handlung, die von der einen Hälfte ausgeführt wird, ihre Entsprechung, ihr Ziel und ihre Begründung in Vertretern der anderen Hälfte findet, ist der bloße Lauf, die Bewegung an sich und nicht der Sieg wichtig. Der Ethnograph Curt Nimuendajú, der in den 30er Jahren bei den Timbira arbeitete, erläutert diesen uns so fremden Charakter:

»Und nun kommen wir zu einem Punkt, der für die Neu-Brasilianer unverständlich bleibt und zu den wirklichen Motiven dieses indianischen Spieles führt: Der Sieger und die anderen, die bis zum Schluß ihr Bestes gegeben haben, erhalten nicht ein Wort des Lobes, noch werden die Verlierer und überrundeten Läufer dem geringsten Tadel unterworfen; es gibt weder triumphierende noch unzufriedene Gesichter. Der Sport selbst ist das Ziel und nicht die Befriedigung persönlicher oder gemeinschaftlicher Eitelkeit. Nicht eine Spur von Eifersucht oder Feindseligkeit ist zwischen den Mannschaften zu spüren. Jeder Teilnehmer hat sein Bestes gegeben, weil er dies in einem Klotzrennen so möchte. Die Frage nach Sieger oder Verlierer ist so unbedeutend wie die Frage nach demjenigen, der bei einem Bankett das meiste gegessen hat.« (Nabokov 1981, S. 96)

Staffelläufe einer in zwei Gruppen oder Clane geteilten Stammesgesellschaft sind auch heute noch in einem so hochentwickelten Staat wie den USA zu beobachten. Fernab von touristischem Trubel treffen sich alljährlich am 15. September die Jicarilla-Apachen am malerisch gelegenen *Stone Lake* See in New Mexico zu ihrem Stammesfest, das zum Ende des Erntezyklus und vor dem Einbruch des Winters, der sich bereits mit seinen ersten kalten Nächten ankündigt, gefeiert wird. Bereits Tage zuvor beginnt die Anreise, schlagen die sonst weitverstreut und in kleinen Gemeinschaften lebenden Indianer ihre *tipis* auf oder errichten ihre traditionellen Laubhütten. Höhepunkt des mehrtägigen Lagers, das seit jeher dem Handel, religiösem Zeremoniell, politischer Zusammenkunft und nicht zuletzt auch der Brautschau dient, stellt ein Staffellauf der beiden Clane dar. Nach Tagen der Vorbereitung, bei denen die Läufer ausgetestet und in ihren auf der Rennbahn gegenüberliegenden Zeremonialhütten vorbereitet werden, legen die sonst wie andere Teenager lebenden jungen Läufer T-Shirt und Jeans ab. Vom Trommelklang und Gesang der Clan-Ältesten begleitet, treten sie am Morgen des letzten Tages barfuß, nur mit einem Lendenschurz bekleidet und mit Lehmzeichen und Federflaum als Zeichen der Leichtfüßigkeit versehen, aus ihren Hütten zum Lauf an. Mehrfach ziehen die beiden Gruppen in Form einer Prozession über die Rennbahn zur Zeremonialstätte der gegnerischen Mannschaft und fordern diese mit immer lauter werdendem Gesang und imponierenden Gesten heraus. Unter Anteilnahme des gesamten Stammes, der früher auf Pferden, heute auf der Ladefläche ihrer Autos sitzend das Rennen verfolgt, eifern sie im Lauf dem mythischen Vorbild der Sonne und des Mondes nach, die vor Urzeiten in vier aufeinanderfolgenden Jahren beim Lauf entschieden, welche Lebensmittel den Menschen in dem betreffenden Jahr gegeben werden sollten. Die Sonne wurde mit der Jagd und den tierischen Lebensmitteln in Verbindung gebracht und wird im Lauf vom Clan der *olleros*, der Bergbewohner verkörpert, während die *llaneros* und Prairiebewohner dem Mond nacheifern, der den Anbau von Nutzpflanzen unterstützt.

Das Rennen, das von lauten Anfeuerungsrufen begleitet wird und in dem jeder Läufer zum Besten verpflichtet ist, endet, sobald eine Mannschaft mehr als eine halbe Bahnlänge Vorsprung hat. Doch so groß die Anspannung der Zuschauer und der Eifer der Athleten ist, das Rennen zu gewinnen, so unbedeutend ist bei Abbruch des Wettkampfes durch die Schiedsrichter auch hier die Frage nach Sieger oder Verlierer. Alle haben durch ihre Teilnahme am Rennen dem Gemeinwohl des Stammes gedient und geholfen, die Versorgung der Lebensmittel auch im nächsten Jahr zu sichern. Und so endet die abschließende Prozession der beiden Parteien von ihren Hütten zur Mitte der Laufbahn mit der Verteilung von Lebensmitteln, heute zumeist Süßigkeiten, die über die Menge geschleudert werden und die beide Parteien unter lautem Gejohle und Lachen zu erheischen suchen.

Staffelläufe sind nur eine Form des Phänomens Lauf der nordamerikanischen Indianer. Jeder Stamm hat entsprechend seiner Lebensweise eigene Formen entwickelt. Die Tarahumara, ein seit jeher für ihre Ausdauerleistungsfähigkeit bekanntes Volk, stoßen bei ihren Läufen durch die karge und unwirtliche Landschaft Nordmexikos eine kleine hölzerne Kugel vor sich her. Der Wettlauf zweier benachbarter Dörfer wird oft über Monate vorbereitet und von wilden Spekulationen begleitet, was den Trainingszustand der Läufer betrifft, der mal übertrieben, mal untertrieben wird, um die Wetteinsätze zu erhöhen. Denn es handelt sich um einen Wettlauf im wahrsten Sinne des Wortes, bei dem der Familienschmuck, kostbare Gürtel und Röcke, selbst ganze Existenzen aufs Spiel gesetzt werden.

Bei den Zuñi aus New Mexico war bis vor wenigen Jahren ein ähnliches Sportspiel bekannt. Statt einer Kugel trieben sie im Frühling zwischen Weizen- und Maisaussaat ein kleines geschnitztes Stöckchen vor sich her. Zum einen hatten sie zu diesem Zeitpunkt Zeit und Muße, dem Sport zu frönen, zum anderen dienten die Läufe der Sicherung des lebenswichtigen Regens, der in diesem trockenen Landstrich selten, aber plötzlich hereinbricht, ebenso schubweise wie das Stöckchen, das man als imitierende Handlung beim Wettlauf vor sich herstößt.

Die Papago, die Wüstenbewohner Arizonas, unternahmen noch bis zur Mitte dieses Jahrhunderts einen besonders mühseligen Pilgerlauf an die Pazifikküste, um sich mit Salz zu versorgen, aber auch um junge Krieger einer außergewöhnlichen und freiwilligen Prüfung zu unterziehen. Die jungen Initianten liefen, ohne Wasser zu sich zu nehmen, in der prallen Sonne am Ufer entlang und warteten bei dieser manchmal tödlichen Mission auf eine Vision, wie sich ihr zukünftiges Leben gestalten würde. Bei der Rückkehr ins Dorf wurden diese Männer besonders geachtet und erhielten nicht unerhebliche soziale und religiöse Funktionen.

Auch in nordamerikanischen Gemeinschaften ist und war der Lauf als Erziehungsmaßnahme zu Tugenden wie Arbeitsamkeit und Strebsamkeit sehr beliebt. So wie der Stammesgott »Erzählender Gott« die himmlischen Zwillinge, die die mythische Unterwelt von den Monstern befreiten, allmorgendlich trainierte, so werden auch heute noch viele Jugendliche vom Stamm der Navaho von ihren Vätern und Großvätern geweckt, um im Morgengrauen sommers wie winters im Wettlauf gegen die aufgehende Sonne anzutreten. Sie sollen dabei für das Leben trainiert werden, das den Langsamen und Faulen bestraft und den Fleißigen und Strebsamen, der von Tag zu Tag weitere Strecken zurücklegt, bis die Sonne über dem Berggipfel aufgeht, mit Reichtum belohnt. Doch was früher mit traditionellen Zielen wie dem Erwerb von Ziegen oder der Bestellung eines großen Ackers und damit unabdingbar mit körperlicher Fitneß verknüpft war, hat in der modernen Industrienation an Bedeutung verloren. Beschränkt auf kleine Reservate hat sich die Lebensweise der Indianer verändert, liegen im Vergleich zu weißen Jugendlichen das Bildungsniveau niedriger und Arbeitslosigkeit, Drogenkonsum und Selbstmordrate deutlich höher. Die Organisation »Wings of America« hat es sich zur Aufgabe gemacht, diesen Teufelskreislauf zu durchbrechen, und zwar mit dem traditionellen Lauf und seinen Erziehungszielen zu Strebsamkeit und Dauerhaftigkeit. Bereits über die ganze USA verteilt, organisiert sie Camps und Programme für indianische Kinder und Jugendliche und vermittelt über das gezielte Lauftraining nach altindianischen Traditionen ein wiedererstarkendes Selbstwertgefühl und die Bereitschaft, über die körperliche Fitneß hinaus strebsam in Schule und Beruf zu sein, um somit seinem Dorf oder der indianischen Gemeinschaft zu dienen. Und wirklich zeigt sich nach einigen Jahren, daß bei den geförderten Sportlern ein überdurchschnittlicher Leistungswille auch in Schule und Hochschule besteht. Die ersten Läufer der Wings-Generation nehmen auf den Langstrecken bereits Spitzenplätze in den amerikanischen Ranglisten ein. Phillip Castillo, einer der hoffnungsvollsten Talente, ist das beste Beispiel für den ständigen Balanceakt zwischen Tradition und modernem Wettkampf. Mit dem Ziel, bei olympischen Wettkämpfen teilzunehmen, startet er auch bei großen Wettbewerben mit zwei Lehmstreifen seiner Heimaterde auf den Wangen und zieht sich vor dem Start zu einer Meditation mit einer Feder, die langen Atem verspricht, zurück. Insbesondere bei den Langstreckendisziplinen zahlt sich mentale Stärke aus, und dort, wo unsere Spitzensportler mit autogenem Training auf einen Wettkampf vorbereitet werden müssen, sind indianische Läufer in der Lage, Kraft aus der Natur zu schöpfen. Zunächst mögen uns diese Praktiken in einem modernen Stadion sonderlich erscheinen, aber vielleicht ist es genau dieser Einklang mit der Natur, den der Mensch der Industriegesellschaft vermißt und den er sich durch bioenergetische Diäten und mühselige Besuche von Fitneßkursen künstlich herzustellen sucht.

Wenden wir zum Abschluß unserer Betrachtung den Blick auf ein Ballspiel, das vorrangig von Gruppen der nördlichen Region und dem heutigen Kanada gespielt wurde. Den uns bekannten Namen Lacrosse erhielt das Spiel altindianischen Ursprunges von französischen Kolonisten, die den nördlichen Teil des Kontinentes besiedelten und beim Anblick der Schläger an Bischofsstäbe, französisch *crosiers*, erinnert wurden. Bei diesem Spiel wurde ein aus Holz oder Tierleder geformter Ball mit hockeyähnlichen Schlägern, die sich am unteren Ende in ein kleines Netz aufweiten, ohne Bodenkontakt auf das jeweils gegnerische Tor, das aus einzelnen Pfählen, Matten oder Ringen bestand, gespielt. Der französische Indianerbeauftragte Nicolas Perrot wurde 1667 von den Miamis, die in Michigan lebten, bei seiner Ankunft mit einem solchen Spiel begrüßt. Er berichtet:

»Mehr als zweitausend Personen versammelten sich mit ihrem Krummstab auf einer großen Ebene. Ein hölzerner Ball von der Größe eines Tennisballes wurde in die Luft geschleudert und von diesem Moment an lag von der konstanten Bewegung der Schläger ein Geräusch in der Luft, das dem von Waffen während einer Schlacht glich. Die eine Hälfte der Wilden versuchte, den Ball über die Länge des Feldes nach Nordwesten zu befördern, während die andere ihn nach Südost zu schlagen versuchte. Der Wettbewerb, der eine halbe Stunde währte, war dubios.« (Culin 1975, S. 569)

Catlin berichtete 1841, als er Augenzeuge eines über Monate im voraus geplanten Spieles bei den Chotaw geworden war, von einem derart erhitzten Spielverlauf, bei dem es zu Knochenbrüchen gekommen war und der aufgewirbelte Prairiestaub den Zuschauern mehrere Minuten jeglichen Blick auf das Spiel verwehrt hatte. Im Vergleich zum mexikanischen Ballspiel wurde das Lacrosse nicht verboten, sondern entwickelte sich unter Einfluß europäischer Einwanderer vom indianischen Spiel, dem Heilungskräfte zugesagt wurden und das anläßlich von Regenzeremonien gespielt wurde, zu einem modernen Sport. Mit standardisiertem Spielfeld und festem Regelwerk hat sich das Spiel zum kanadischen Nationalsport entwickelt. 1908 war es sogar bei den

Olympischen Spielen zugelassen und erfreut sich mittlerweile aufgrund seines von Schnelligkeit und Geschicklichkeit geprägten Charakters auch über die kanadischen Landesgrenzen hinaus wachsender Beliebtheit. So hat sich ein Spiel altindianischer Tradition 500 Jahre nach der Entdeckung des amerikanischen Kontinentes einen Platz im weltweiten Sportgeschehen sichern können. Seines altindianischen Sinnzusammenhanges, der von Religiosität geprägt und eng mit der Verantwortung gegenüber der Natur und der Gesellschaft verwoben war, ist es dadurch jedoch endgültig beraubt.

Peter Moraw
**Von Turnieren
und anderen
Lustbarkeiten**
Sport im
Mittelalter

Das Wort »Sport«, das jedermann mit der modernen Welt in Verbindung bringt, stammt weder aus der Neuzeit noch aus dem antiken Griechenland der Olympiaden. Es stammt aus dem Mittelalter. Man trifft zuerst auf das lateinische Verbum »disportare«, das »sich zerstreuen« oder »sich vergnügen« heißt. Daraus entwickelte sich im älteren Französisch das Hauptwort »desport« (»Zerstreuung«, »Vergnügen«, »Erholung«), das man schließlich in England in die Wortform »sport« gefaßt hat. Den Engländern verdankt man bekanntlich auch viele Elemente des heutigen Sportbetriebs und der heutigen Sportauffassung. Von der Insel kam das Wort – wohl zuerst 1828 – nach Deutschland. Ein solcher langer Weg ist nicht ungewöhnlich; er läßt sich auch in ganz anderen Lebensbereichen aufzeigen, zum Beispiel in der Politik.

Wörter und Sachen hängen nicht so eng zusammen, daß man aus deren Verknüpfung hundertprozentige Erklärungsmodelle entwickeln könnte. Aber man erhält wichtige Hinweise. Ganz sicher war es auch beim Sport so, daß nicht das spektakuläre Einzelereignis, gar als Import von weither, sondern der breite, eher unauffällige Fluß des Geschehens im heimischen Kulturbereich am besten erklärt, wie es zum heutigen Stand der Dinge gekommen ist. Das heißt für das Thema »Sportgeschichte«: Nicht die Neueinrichtung der Olympischen Spiele im Jahr 1896 nach antikem Vorbild, sondern die lange eigene Geschichte der körperlichen Bewegung und von alledem, was im weitesten Sinn dazugehörte, ist am wichtigsten. Ohnehin war die Erneuerung der olympischen Idee mit einer Anzahl von Mißverständnissen verbunden.

Die Besinnung auf die heimische Sportgeschichte des Mittelalters und der Neuzeit heißt allerdings nicht, daß man ganz einfach fortlaufend erzählen könnte, was von Anfang an zum Thema zu sagen sei. Im Gegenteil: Selten trifft man auf einen besonderen, ziemlich schmalen Ausschnitt aus dem großen Feld der Vergangenheit, der so problematisch ist wie die Geschichte des Sports. Dafür genügt es nicht, sportkundig oder gar nur sportlich zu sein. Viel wichtiger ist es, daß man umzugehen gelernt hat mit dem schwierigen Gegenüber von »ganz kleinem Ausschnitt« und »großem Ganzen« im Bereich der älteren Geschichte. Noch wesentlicher ist die Fähigkeit, die Besonderheiten und die Grenzen perspektivischen Fragens und Antwortens angesichts weit zurückliegender Tatbestände zu beherrschen. Oder mit anderen Worten: Wir führen aus heutiger Sicht Elemente zu einem Ganzen zusammen, das die ins Auge gefaßte Vergangenheit gar nicht als Ganzes begriffen hat. Das überwölbende Wort »Sport«, wie wir es verstehen, gab es im Mittelalter nicht; es gab auch keinen Ersatz dafür. Die »sportlichen« Elemente von damals gehörten statt dessen gänzlich anderen, sehr verschiedenen Zusammenhängen an und wiesen gänzlich andere Funktionen auf als heute.

Die fatale Eigenschaft der Geschichtskunde, daß das Auffinden und Aneinanderreihen von Einzelheiten keine Garantie dafür bietet, daß sie auch angemessen verstanden werden, tritt hier hervor. Im Mittelalter und in der frühen Neuzeit trifft man in der Tat auf zahlreiche Nachrichten, die »Sportliches« mitzuteilen scheinen. Dieses mutet uns im Prinzip bekannt, wenn auch schlichter oder weniger durchorganisiert an als heute. »Man war eben noch nicht ganz so weit«, so scheint man kommentieren zu können. Beachtet man aber den Zusammenhang, in den diese Fakten seinerzeit eingeordnet waren, so erweist sich dieser immer wieder als befremdlich und verwirrend. Gerade diesen Umstand aber muß man ernst nehmen. Er wird zur Grundlage des Versuchs, Sport historisch zu verstehen. Sonst bleibt ältere Sportgeschichte naiv und hält ernsthaftem Anspruch nicht stand. Daher kann man beispielsweise dem bloßen Registrieren der Information, daß schon der Sagenheld Siegfried nach Auskunft des Nibelungenliedes annähernd in die Vorgeschichte des Kugelstoßens gehöre, keinen hohen Wert beimessen. Hingegen handelt es sich dann um etwas wissenschaftlich Beachtenswertes, wenn man dieselbe Aussage als ein Argument unter mehreren verwertet: etwa für das schlichte Erziehungsideal und das urtümliche Wettbewerbsverhalten der früh- und hochmittelalterlichen Aristokratie.

Die Haupteigenschaften modernen Sporttreibens sind vielgestaltig und scheinen sich eher voneinander zu entfernen als zusammenzurücken. Jedenfalls gehören einerseits dazu die private Freizeitgestaltung oder auch Gesundheitspflege durch zweckfreies Bewegungshandeln, in der Nähe spielend-spielerischen Tuns, und andererseits der hochprofessionalisierte internationale Leistungswettbewerb in immer stärker kommerzialisierter Form. Beide Extreme kann man verbunden sehen durch das Gebot, bestimmte formale Regeln und die Regel der Fairneß zu beachten, und durch die Teilhabemöglichkeit von jedermann – mit Ausnahme sehr weniger teurer Sportarten – ungeachtet seines Standes und Geschlechts, sofern er nur körperlich dazu in der Lage ist. So hat man im Sport geradezu etwas Demokratisches gesehen. Gern vernachlässigt man bei alledem den Tatbestand, daß eine ansehnliche Zahl dieser und anderer Merkmale des Sports sehr jung ist, kaum älter als die Nachkriegszeit.

Es erhebt sich nun folgende Frage: Bieten sich – ausgehend von jenen Wesenszügen des modernen Sports – in der Nachbarschaft bewährte Denkmodelle an, die den Fluß von »Sportgeschichte« und Sportgeschichte bis hin zur Gegenwart erklären helfen? Denkbar wären Verständnishilfen aus der historischen Anthropologie, aus der allgemeinen Zivilisationsgeschichte in der Art von Norbert Elias oder entsprechende spezielle Anstrengungen, wie das Bemühen Johan Huizingas um die Geschichte des Spiels oder August Nitschkes um die Geschichte der menschlichen Bewegungen vom Tanz bis zum Zweikampf. Kann man also Sportliches in die Urphänomene des Menschseins einreihen, wenn es solche gibt, oder sollte man eine Entwicklung von roher Kraft zu deren Bändigung und Läuterung aufzeigen?

Die kurzgefaßte Antwort lautet so: Man wird sich durch mancherlei fruchtbare Gedanken dieser Autoren bereichern lassen, man wird für die Zukunft hoffen, daß auf diesen Feldern weitere

Abb. 4: Buchmalerei, Zürich um 1310/1340.
Der Burggraf von Lienz
übt sich im Steinstoßen
– Auf Pergament.
Aus: Große Heidelberger Liederhandschrift
[Codex Manesse], Heidelberg,
Universitätsbibliothek,
Cod. Pal. Germ. 848 fol. 115 R.
Archiv für Kunst und Geschichte, Berlin

Fortschritte erzielt werden, und man freut sich über die Zerstörung alter Klischees, etwa des Klischees vom statischen Mittelalter und von der dynamischen Neuzeit oder vom fehlenden Individualismus des Mittelalters. Doch scheint kein tragender Gedanke auffindbar, der einer fortlaufenden Geschichte des Sports in Mittelalter und Neuzeit Halt und Verbindlichkeit zukommen ließe. Es bleibt also beim bescheidenen Versuch, in der Vergangenheit zuerst diejenigen jeweiligen Rahmenbedingungen aufzusuchen, die Sportliches und Nichtsportliches gleichermaßen geformt und unterworfen haben. Denn diesen Bedingungen muß man größere Wirkung zusprechen als vielleicht wünschbaren durchgehenden Kraftlinien einer »langen« Sportgeschichte.

Die sicherlich wichtigste dieser Rahmenbedingungen ist die zwingende und prägende Zuordnung des »sportlichen« und des nichtsportlichen Tuns im Mittelalter zu den maßgeblichen sozialen Gruppen, in der Hauptsache entweder zum Adel oder zum städtischen Bürgertum oder zu den Landbewohnern. Daß es Brücken von einer Gruppe zur anderen – aber allein in Gestalt der Nachahmung von unten her – gegeben hat, bestätigt nur diese Situation. Von Stand zu Stand und zusätzlich von Standort zu Standort kam es dabei zu spezifischen »sportlichen« Handlungsformen, von denen noch die Rede sein wird. Die soziale und lokale oder bestenfalls regionale Prägung und Zuordnung dieses »Sports« ist jedenfalls dessen erstes Kennzeichen. Daß es oben in der sozialen Pyramide auch zu »sportlichen« Modeströmungen über Europa hinweg gekommen ist, hat an der entscheidenden Wirkkraft der kleinen Gruppe und des kleinen Raumes nichts geändert. Zweitens waren bezeichnend die häufigen Grenzverwischungen zwischen »Sport« und »Nicht-mehr-Sport«. Als typisch für den Adel kann gelten die Grenzverletzung zwischen unblutigem »sportlich«-kämpferischem Wettstreit nach vorher festgelegten Regeln im Turnier einerseits und dem blutigen Kampf andererseits, in der Stadt zwischen »Sport« und obrigkeitlich verordneter Verteidigungsübung und auf dem Dorf zwischen ländlichem Spiel und allerlei Ausschreitungen, wenn man den gern bauernfeindlichen Quellen trauen darf. Warum war das so? In den Augen der Zeitgenossen galt als Ertrag jenes gruppen- und ständespezifischen »Sports« nicht die körperliche Übung, sondern ein geistiger Akt: die Einübung und nachdrückliche Demonstration der Identität der Gruppe, des Standes oder der Lokalität. Dies sollte dem Stadtteil innerhalb der Stadt dienen, der Stadt unter anderen Städten, dem Dorf oder Kirchspiel gegenüber den Nachbarorten, dem Adelsbund unter anderen Bünden, dem Herrn der Adeligen angesichts anderer Herren und vielleicht auch dem Adel gegenüber seinem Herrn. Von gleicher Funktion und Wirksamkeit wie solches »sportliche« Tun war das festliche Mahl, die Prozession oder der Festzug und die exklusive Tanzveranstaltung, alle oft räumlich und zeitlich eng benachbart zum »Sport« abgehalten. Beachten wird man schließlich, daß derartiges Handeln auch dem »Profil« solcher Gruppen zugute gekommen ist, die in der sozialen Ordnung von heute kaum mehr wahrgenommen werden: So wetteiferten, feierten oder »demonstrierten« Unverheiratete gegen Verheiratete in Stadt und Dorf. Man scheint auch gelegentlich exzessive

»sportliche« Akte Jugendlicher ausdrücklich zugelassen zu haben – zeitweilig freilich nur –, wohl um ein Ventil zu schaffen. Neben der gruppenbezogenen Aussage des »Sports« und seiner »Partnerveranstaltungen« stand jedenfalls als ein weiteres Merkmal das Interesse von Herrschaft und Obrigkeit.

Freie Zeit war seinerzeit wie heute eine maßgebliche Rahmenbedingung für sportliches Tun. Der Adel gilt dank der Arbeit seiner Untertanen als im höchsten Maß abkömmlich. Bei ihm war die Übung des Körpers das Hauptstück der Jugenderziehung und blieb dann wesentlicher Teil der Existenz des Erwachsenen. Im Frieden stellte das höfische Fest den Höhepunkt dieses Seins dar. Für Bürger und Bauern boten Sonntage und kirchliche Festtage die praktisch einzige Möglichkeit für Feste. Die Anzahl der Festtage war wenigstens im deutschen Spätmittelalter ungefähr so groß wie die Zahl der ebenfalls arbeitsfreien Sonntage. So scheint die Freizeit in der Stadt von damals kaum geringer gewesen zu sein als heute, abzüglich des Urlaubs. Man bevorzugte die schöne Jahreszeit; denn das allermeiste an »sportlicher« Übung fand im Freien statt. Ball(spiel)häuser nach westeuropäischem Vorbild erbaute man – noch ganz selten – erst am Ende des Mittelalters, sie waren ein Privileg der Feinsten. Zumeist genügte die Wiese vor dem Stadttor.

Das Fest nun, so unterschiedlich es auch abgelaufen sein mag, bot den wichtigsten Rahmen für die sportliche Betätigung. Wiederum vermochten die Beteiligten und die davon Erzählenden dieses sportliche Tun nicht isoliert zu sehen von beliebiger Kurzweil anderer Art. »Sportliches« hatte keinen eigenen Rang und keine besondere Funktion. Entgleisungen hier und dort wurden in derselben Weise bewertet. Auch das Fest sollte personenbezogen und zugleich lokal sein, das heißt der Ehre Gottes, des gerade gefeierten heimischen Heiligen, des besuchenden Königs oder des nahen Fürsten dienen. Somit konnte es auch keine übergreifend notierten Sportleistungen oder Sensationen geben, es sei denn, daß man sich später der Zahl der besuchten Turniere rühmte oder daß ein schweres Unglück geschehen war. Auch die reichlich ausgesetzten Preise, ob wirklich nach der erbrachten Leistung oder nur zur Ehrung des hohen Gastes verteilt, sollten etwas Lokales und Anlaßbezogenes sein. So hat gewiß auch niemand erwogen, Laufen, Springen und Steinstoßen als weitgespannte Rekord-Disziplinen oder auch insgesamt als Leichtathletik zusammenzufassen. Warum sollte der Gewinn beim Preisschießen, beim Würfelspiel oder in der Festlotterie (die sich am Ende des Mittelalters zu verbreiten begann) etwas anderes sein als beim Wettlauf? Auch das Fest war ein oder gar das besonders wichtige Abbild des sozialen Gefüges und der sozialen Ordnung, es war das zeitgemäße Massenmedium. Preisträger und Gewinner bestätigten dieses Gefüge.

Kritik an Grenzüberschreitungen aller Art äußerte in erster Linie die Kirche, also auch gegenüber dem »Sport«. Feste, zumal das so beliebte Kirchweihfest, waren eben auch Ausdruck der gottgewollten Ordnung. Luxus, Müßiggang, Trunksucht, Vernachlässigung kirchlicher Pflichten und Körperverletzung waren stets latente Bedrohungen des Miteinanders der Menschen. Seit dem Alten Testament und den Kirchenvätern gab es auch eine lange Tradition der Abwertung des bloß irdischen Tuns, als Ablenkung vom eigentlich Wichtigen. Auch hierbei, unter den verschiedenen Versuchungen, denen der Erdenmensch ausgesetzt ist, hat man »Sportliches« ein- und zugeordnet und nicht als etwas Eigenes identifiziert.

Es lohnt sich, mit dem Erzählen vom »Sport« dort zu beginnen, wo man am meisten weiß, beim Adel. In einer Kriegergesellschaft, wie sie der Adel in erster Linie darstellte, hatte Sportliches eine besondere Funktion und einen eigentümlichen »Stellenwert«. Von den ersten Nachrichten über germanische Völker bei antiken Autoren bis zu den Erziehungshandbüchern des endenden Mittelalters für Adelige wurde das Körpertraining als Voraussetzung des Erfolgs und des Überlebens hervorgehoben. Leibesübung kann man gewiß nicht einfach mit Waffenübung gleichsetzen, doch enthält diese schon bei Tacitus ohne Zweifel auch sportliche Momente: einerseits in Gestalt des Übergangs zu Spiel und Tanz zur Unterhaltung der Zuschauer und andererseits in Gestalt des Wettbewerbs mit bestimmten Regeln. Beides schuf eine vom Waffenernst künstlich abgegrenzte Welt. Jede Idealisierung wäre indessen ein Fehler; harte Lebensbedingungen und kämpferische Existenzformen legten Betrug und Verrat als ergänzendes Handeln nahe, um den Erfolg auf jeden Fall zu sichern. Im idealen Fall war man allerdings in guter Absicht dabei. Der Geschichtsschreiber Nithard berichtet im 9. Jahrhundert davon, daß die Karolingerkönige persönlich zur Übung an Reiterspielen teilnahmen, die zahlreiche Zuschauer angelockt hätten. Albertus Magnus, der große Philosoph und Kirchenmann, lobte im 13. Jahrhundert das Reiterspiel, weil es zur Verteidigung des Vaterlandes nützlich sei. Kaiser Maximilian war am Ende des Mittelalters körperlich so gut trainiert, daß er als Turnierkämpfer, Jäger und Bergsteiger bemerkenswerte athletische Leistungen vollbrachte. Der Wandel der Zeiten kündigte sich darin an, daß er – wie es zu seinem Ruhm ausdrücklich heißt – allen Ständen, nicht nur dem Adel in deren je eigener körperlichen Befähigung gewachsen gewesen sei.

Obwohl kein Zweifel daran bestehen kann, daß es längst und weiterhin heimische Reiterspiele des schwertführenden Adels gegeben hat, ist der Import des Turniers im 12. Jahrhundert aus Nordfrankreich ein besonderes Datum für die vornehmste Etage der deutschen Sportgeschichte. Davon darf man dann sprechen, wenn akzeptiert ist, daß der »Sport« von damals und der gegenwärtige Sport gewisse Elemente gemeinsam und andere, seinerzeit und heute ebenso wichtige, *nicht* gemeinsam haben.

Das Turnier ist das am besten bekannte »sportliche« Spektakel des Mittelalters. Für die Relativierung der Anteile des Sportlichen daran ist allerdings schon bezeichnend, daß der Mitimport ganz anderer als sportlicher Phänomene wesensnotwendig dazugehörte, vor allem der Import des »Gesamtkunstwerks« Rittertum mit seinen durchaus auch künstlichen, ja irrealen, auch widersprüchlichen Wesenszügen.

Rittersein war etwas Exklusives. Der Nachweis der Exklusivität war das wichtigste Ziel des Turniers. Das Sportliche an ihm war nur ein Teil eines weitaus umfassenderen Gefüges von Verhaltensweisen. Weder war das Sportliche führend noch ist es recht isolierbar. Aber es war ein mit großem Aufwand dargestellter und gut sichtbarer Teil dieses Gefüges. Kaum weniger wichtig als im modernen Massensport waren dafür die Zuschauer, nur in viel stärker aktivierter Funktion. Ohne Zuschauer hätte das Turnier seinen Sinn als Statusnachweis und wennmöglich als Ort der Statusverbesserung verloren.

Der Adel war seiner Natur nach, damals wie heute, gestuft. Das ebenso Attraktive wie Künstliche am Rittersein schien wenigstens im staufischen 12. Jahrhundert dieses, daß die Zulassung zum Turnier etwas war, was der *ganze* Adel unterschiedslos teilen sollte, sogar die im Kaiser-, Kirchen- und Fürstendienst gerade erst aufsteigende ehrgeizige Gruppe der sogenannten Ministerialen. Sie waren von Geburt her unfrei. So gesehen wurde das Turnier auch in der Zeit des höchsten Glanzes, in den späten Jahren Kaiser Friedrich Barbarossas, von Rissen durchzogen. War die Welt wirklich in Ordnung, wenn die Kaisersöhne ebenso als Ritter galten wie ein Habenichts, der nur gut reiten und fechten konnte?

Das Turnier kennt zwei Hauptformen, die beide viel vom Körper forderten. Die erste war das Gegeneinanderreiten zweier geschlossener Reiterverbände mit dem Versuch, die gegnerische Front zu durchbrechen, dann zu wenden und von hinten wieder durchzudringen. Die Frage, ob dabei Kriegswaffen oder zum »sportlichen« Gebrauch ungefährlich gemachte Waffen, stumpfe Schwerter, verwendet werden sollten, ist nie endgültig geklärt worden. Die Kirche hat Widerspruch gegen das tatsächlich lebensgefährliche »Spielen« mit scharfen Waffen und gegen das Turnier insgesamt eingelegt, aber ohne viel Wirkung. Zu verlockend waren das Kräftemessen und die Chance, mit einem einzigen Akt aus der Anonymität und aus einem oft ärmlichen Leben herauszutreten. Todesfälle und Verwundungen kamen oft vor, auch unter sehr hochgestellten Personen, die auf dem Turnier eigentlich nichts dazugewinnen konnten. Daraus kann man zuverlässig auf die »sportliche« Faszination des Turniers schließen.

Die zweite Hauptform ritterlichen Kräftemessens war der Tjost, der Zweikampf zweier Reiterkrieger um den Siegesruhm, zuerst mit der Lanze und dann mit dem Schwert, zu Pferd und dann zu Fuß. Von beiden Kampfesweisen unterscheiden kann man schließlich das allein auf Bewegungsformen, die die Zuschauer entzücken sollten, abzielende Reiterspiel in der Art der orientalischen Fantasia, bei uns Buhurt genannt. Es war als einziges »sportliches« Ereignis seiner Art unproblematisch. Man bewältigte im ganzen nicht die zutiefst widersprüchliche Situation eines im Idealfall friedlich-freudvollen Hoflebens, das einer Kriegergesellschaft aufgepfropft war, deren gewaltsame Tugenden jederzeit gebraucht werden mochten.

Die enorme Anziehungskraft des Turniers für die adelige Welt erweist sich auch an seinem langen Leben, das über das Mittelalter hinaus andauerte, und an seiner Wirkung über die höfischritterlichen Kreise hinaus. Die Adelsturniere mit der größten Teilnehmerzahl dürften erst ganz am Ende des Mittelalters in oder vor größeren Städten ausgefochten worden sein; unwiderstehlich schien, wie wir noch hören werden, die Faszination des Turniers auch für die führenden städtischen Familien. Seit dem 14. Jahrhundert formierten sich in Süddeutschland Ritterbünde als Turniergesellschaften. Die Angehörigen des niederen Adels fanden ihre soziale Mitte in solchen, nach außen und unten exklusiv abgeschlossenen Gebilden. Insofern kann man von einem Wachstum des sportlichen Elements bei den Turnieren sprechen, als nach und nach, ähnlich wie beim modernen Sportfechten, eine spezielle Schutzausstattung entwickelt wurde. Sie war nur noch für den Turniersport, wie man nun sagen kann, nicht mehr für den Ernstfall tauglich. Auch die Größe der Pferde und die Länge der Lanzen wurden immer mehr anzugleichen versucht. Manche Lanzen hatte man zum dekorativen Zersplittern besonders präpariert. Man darf sich aber nicht darüber täuschen, daß auch ein solcher Sport die hergebrachte Sozialhierarchie streng beachtete. Als Pfalzgraf Philipp bei einem Turnier am Kölner Alten Markt im Jahr 1487 König Maximilian aus dem Sattel hob, war ihm dies außerordentlich peinlich; in aller Öffentlichkeit bat er sogleich den anwesenden kaiserlichen Vater um Vergebung – für einen eigentlich nicht gestatteten faux pas gegenüber dem sozial Überlegenen. Wirklich sportlich war man eben noch nicht. Bankett, Tanz und Musik, untrennbar dazugehörig, machten auch aus dem Turnier ein »Gesamtkunstwerk«, dessen sportliche Anteile dadurch weiter reduziert wurden.

Zur Übung und Unterhaltung im Wettkampf und eher noch intern pflegte der Adel auch solche Disziplinen, die wir heute Leichtathletik und Ballspiele nennen würden. Laufen, Springen, Werfen und Stoßen dürften eine sehr alte Tradition haben. Selbst das Tanzen entbehrte sportlicher Merkmale nicht ganz. Vom Schwimmen ist dagegen kaum je die Rede.

Besonders interessant sind die Ballspiele, weil sie an einen Tatbestand erinnern, den wir noch kaum beachtet haben: Bei fast allen adeligen oder auch-adeligen Sportarten sind Zeugnisse aus Süd- und Westeuropa wesentlich früher, reichhaltiger und anspruchsvoller als Zeugnisse bei uns. Das kann kein Zufall sein. Wie die Stadtgesellschaft war auch die Adelsgesellschaft in Landschaften älterer Zivilisation und längerer Tradition, vor allem auf dem alten Boden der römischen Antike, kultivierter und »moderner«. Ballspiele mit unterschiedlich präparierten Bällen schei-

Abb. 5: Handball: »Der Ballmeister«.
Kupferstich von Christoph Weigel
(1654-1725).
Aus: Abbildung und Beschreibung
der gemeinnützlichen Hauptstände,
Regensburg 1698.
Archiv für Kunst und Geschichte, Berlin.

nen sehr weit verbreitet gewesen zu sein und waren auch ein königlicher Zeitvertreib. Man kannte durchaus das Fußballspiel,
wenngleich mit bei weitem nicht so normierten und streng ange-
wandten Regeln wie heute. Viel feiner war das Abspielen des
Balls mit der flachen Hand oder mit Schlägern und Stöcken. Daraus entwickelten sich einerseits tennisartige Spiele, andererseits
Spiele in der Manier von Hockey. Beide Varianten waren durchaus höfisch. Der Vorläufer des Tennisschlägers war offenbar,
nach dem Fachwort zu schließen (von »raquette« zu englisch
»racket«), französischer Herkunft. »Tennis« war wohl das erste
Spiel, das von gehobenen Kreisen auch in der schlechten Jahreszeit in eigenen Ballhäusern realisiert wurde. Daran konnten auch
Damen teilhaben. Besonders hochentwickelt war, auch schon
mit allen Folgen von leidenschaftlicher Erregung der Zuschauer,

das Ballspiel in den großen Städten Norditaliens mindestens vom 13. Jahrhundert an. Beim großen, aus ganz Europa beschickten Konzil von Konstanz (1414-1418) spielten deutsche Besucher zur Überraschung der Ausländer mit schellenbehangenen Bällen. Auch das Golfspiel scheint mittelalterlichen Ursprungs zu sein; man sucht seinen Anfang in den Niederlanden des 14. Jahrhunderts.

Das offenbar ohne soziale Schranken betriebene Kegeln, in sehr unterschiedlicher Weise gespielt, war weit verbreitet; in Deutschland liegt der erste Beleg noch vor 1300. Wie bei den Ballspielen wurde auch gern um Geld gekegelt. Früher als bei uns kannte man Geschicklichkeits-Kugelspiele für Erwachsene in Süd- und Westeuropa; die noch heute geläufigen Namen (boccia, boule, bowls) sind mittelalterlichen Ursprungs. Billard war vor 1500 in Frankreich bekannt, bei uns erst im 16. Jahrhundert. Es wanderte aus der freien Natur unter das Dach; das grüne Tuch auf dem Billardtisch wird zuerst 1492, im Jahr der Entdeckung Amerikas, erwähnt.

Städte gab es in Deutschland an Rhein, Mosel und Donau schon vor der Jahrtausendwende. Die übrigen kamen vor allem im 12. und 13. Jahrhundert hinzu. Von diesem Säkulum an kann man von einer städtischen Kultur in der Art sprechen, daß auch Alltagsphänomene wie die hier gesuchten in das Licht der Überlieferung traten. Immer sind die Zeugnisse zufällig, doch sagen sie in ihrer Häufung – vor allem im europäischen Vergleich – einiges Wichtige aus. Von zwei Hauptfaktoren »sportlichen« Lebens in der Stadt war im Vorbeigehen schon die Rede, vom Trieb zur Nachahmung adeligen Tuns, wovon ganz im allgemeinen die städtische Oberschicht geprägt war, und von der besonderen Intensität des Lebens in der Stadt im Vergleich zum eher isolierten Hausen auf der Burg. Weil nirgends so viele Leute, vor allem so viele Wohlhabende, wohnten wie in der Stadt, suchten die prächtigsten Turniere des Kaisers, der Fürsten und der Ritter die großen Städte auf. Friedrich Barbarossa hatte 1184 mit Mainz begonnen. Die Unterbringung und Versorgung der Teilnehmer und der Zuschauer war nur so realisierbar. Damit wurden die Städter zur Imitation höfischen Verhaltens geradezu eingeladen.

So konnte das städtische Fest im günstigsten Fall ein Doppelgesicht annehmen: Man war zugleich volksnah und herrschaftsnah. Der bekannte Tatbestand, daß die ersten Familien der großen Städte adelsnah oder adelsgleich waren oder werden wollten, erhielt hier seine konkrete Ausformung. Dieses generationenlang auch politisch wichtige Problem wurde unterschiedlich gelöst: Während am Niederrhein auch städtischer Adel an Turnieren teilnehmen konnte, zog man in Süddeutschland vor allem im 15. Jahrhundert eine scharfe Grenze. Dies führte dazu, daß die jungen Leute der städtischen Oberschicht ihre eigenen Turniere ausriefen, in Nürnberg seit 1446. Das allererste Turnier unter städtischer Regie oder Mitregie ist aus dem Jahr 1280 von Magdeburg überliefert, vorher gab es dergleichen nur in Nordfrankreich und Flandern. Unerreicht blieben allerdings die Wettkämpfe der norditalienischen Städte mit ihrer einmaligen Urbanität, wovon mancherlei noch heute und nicht nur als Touristenattraktion weiterlebt. Da sich die Militärtechnik von solchen adeligen oder quasi-adeligen Unternehmungen immer mehr wegbewegte und der »moderne« Krieg der Infanterie und der bezahlten Kämpfer vor der Tür stand, trat der gesellschaftliche Charakter jener Veranstaltungen immer stärker hervor. Man könnte auch sagen: Sie wurden »sportlicher«.

Interessanter noch mögen jene Sportarten sein, die man direkt mit der städtischen Lebenswelt in Verbindung bringen kann. Auf Bürgerfesten beeindruckt zunächst die große Vielfalt solcher Sportarten. Sie sind abgesehen vom Nachahmungstrieb vor allem zwei Motivbündeln zuzuordnen, die aus ganz verschiedener Richtung auf das moderne Thema »Sport« treffen: zum einen von der Stadtverteidigung und von der Stadtidentität her und zum anderen vom Bedürfnis nach Spiel und Unterhaltung.

Man mag pointiert vom Schieß*sport* mit Bogen und Armbrust und zuletzt mit Feuerwaffen (bei uns seit 1472) sprechen, unverkennbar ist aber der ernste militärische Hintergrund. In der Tat war ständiges Üben an der Schußwaffe ein Preis städtischer Freiheit. Man schoß auf kreisförmige Scheiben oder auf hölzerne Vögel, 1485 in München aus knapp 100 Meter Entfernung. Oft gab es je Wettbewerb mehrere hundert Teilnehmer. Stadt und Bürgerschaft trieben hier großen Aufwand und entfalteten prächtige Formen der Repräsentation. Es bestanden zahlreiche Schützengilden und ähnlich benannte Vereine. Preisschießen mit hohen Gewinnen waren Höhepunkte des Festbetriebs. Benachbarte Städte wurden zwecks Solidarisierung eingeladen. Auf dem langen Weg zur schweizerischen Eidgenossenschaft des 15. und

16. Jahrhunderts haben Begegnungen von Schützenvereinen eine politische Rolle gespielt.

Rechts und links vom Schützenbetrieb barg das städtische Fest eine Fülle weiterer Wettbewerbe in sich, die man zum Teil sportlichen Disziplinen von heute zuordnen kann: Leichtathletisches, Ringkämpfe, Ballspiele, Tanzen, Messerwerfen und andere Wurfspiele, das schon erwähnte Kegeln, Brett-, Karten- und Würfelspiele. In süddeutschen Städten des 14. und 15. Jahrhunderts sind Wettläufe von Mädchen um Kopftücher und Schürzen bezeugt. Das sportliche Umgehen mit dem Wasser hingegen lag so fern wie etwa das Boxen oder der Schilauf: Zu dem berühmten Ruderwettbewerb Venedigs (mindestens seit 1315) scheint es bei uns kein Gegenstück zu geben.

Zum Schluß kommen wir kurz zum bäuerlichen »Sport« auf dem ländlichen Fest, worüber man am wenigsten weiß. Fahrende Sänger erzählen gelegentlich davon, Selbstzeugnisse und Überreste fehlen. Das Motiv der Lustbarkeit war wohl das erste und stärkste, auch das Wetteifern um den ersten Rang war ein Stück Unterhaltung. Vermutlich war der Siegespreis beim Tanz am meisten begehrt. Wenn man beim reiterlichen Ringelstechen – noch heute in Norddeutschland praktiziert – oder im Pferderennen den Sieg davontrug, so war dies ein sehr ferner Anklang an das Turnier der Ritter. Laufen, Springen, Werfen, Stoßen und Ballspiele sind bezeugt. Gegenüber der Vorstellung, gerade auf dem Land seien uralte, anderswo verlorengegangene Übungen aus ferner Vorzeit erhalten geblieben, sollte man zurückhaltend sein.

Wie ist es nach dem Mittelalter mit der Sportgeschichte weitergegangen? Gewiß nicht geradlinig und übersichtlich. Noch jahrhundertelang blieben sportliche Elemente leitenden Motiven und formenden Rahmenbedingungen von anderswoher unterworfen. Es gab auch keine geradlinige Geschichte fortschreitender Emanzipation jener Elemente von ihrer andersartigen Umwelt. Man wird vielmehr annehmen, daß die weitverbreitete Repression des 16. und 17. Jahrhunderts jene Spielräume wieder eingeschränkt hat, die sich am Ende des Mittelalters, im 15. Jahrhundert, erweitert zu haben schienen. Man muß Geduld haben in der Geschichte des Sports.

Arnd Krüger
**»Vom Ritual zum
Rekord«**
Auf dem Weg
zur Sport-
leistungs-
gesellschaft

Die Antwort auf die Frage nach den Anfängen des modernen Sports ist nicht ganz einfach, denn manche Elemente des modernen Sports hat es auch schon im Mittelalter gegeben. Das Ritterturnier ist ein gutes Beispiel für diesen Wechsel in der Denkweise zwischen dem wilden Mittelalter und der systematischen, rationalen Neuzeit. Im älteren Massenturnier, dem Bohurt, kämpfte eine große Zahl von Rittern gleichzeitig beritten und zu Fuß auf einem großen unregelmäßigen Platz gegeneinander – bei dem es aber auch schon bestimmte Regeln gab. Im Sinne des Fair Plays und der Ritterlichkeit wurde dafür gesorgt, daß sich die Blüte der Ritterschaft nicht gegenseitig umbrachte. Anders war es dann im jüngeren Tjost. In dieser Turnierform wurden die Zufälligkeiten weitgehend beseitigt. Es kämpften immer nur zwei Ritter gegeneinander. Sie waren durch eine Schranke voneinander getrennt und ritten mit der langen Lanze aufeinander zu, um sich aus dem Sattel zu heben.

Bald schon gab es ganz konkrete Punktewertungen, durch die geregelt war, wo man treffen durfte und wo nicht, wie man gewinnen konnte, wenn man den Gegner nicht aus dem Sattel hob. Das Reglement des Earl of Worchester von 1466 hat sich am längsten gehalten. Es sah sowohl Pluspunkte als auch Minuspunkte vor.

Die Herolde, die nicht nur zum Turnier riefen, sondern auch als Punktrichter fungierten, kann man in ihrer Rolle gar nicht hoch genug einschätzen, denn durch sie haben wir nicht nur das exakte Regelwerk, sondern können anhand der Punktezettel auch noch heute den Verlauf der Turniere gut rekonstruieren. So zählte ein Brust- oder Armtreffer einen Punkt, ein Kopftreffer zwei, und es gab drei Punkte, wenn man den Gegner aus dem Sattel warf. Ein Punkt wurde abgezogen, wenn man nur den Sattel traf, zwei Punkte, wenn man die Barriere in der Mitte traf, drei Punkte, wenn das noch einmal passierte. Wir wissen auch, was verboten war. Wer zum Beispiel das Pferd des Gegners tötete – egal ob aus Versehen oder absichtlich –, mußte ihm das eigene für den weiteren Kampf zur Verfügung stellen und konnte keinen Preis mehr gewinnen – nicht einmal als Sieger des Turniers. Man konnte zwar noch weiterkämpfen, aber das Pferd des Gegners zu töten galt als so unritterlich, daß man von den Preisen ausgeschlossen war.

Die Vorstellung, wie wir sie noch heute im Tennis oder Tischtennis haben, daß man zwei Punkte Vorsprung haben muß, um zu gewinnen, kommt ebenfalls aus dieser Zeit, da man zwischen Siegen und klaren Siegen unterschied. Vom Prinzip her mußte beim Turnier jeder gegen jeden kämpfen, aber die einzelnen Kämpfe wurden ausgelost. Ähnliche Regeln haben wir heute noch bei den Olympischen Spielen und Weltmeisterschaften im Ringen, wo man auch nicht sofort ausscheidet, sondern erst, wenn man eine bestimmte Anzahl von Negativpunkten angesammelt hat.

Selbst der Schwarze Ritter, der bis zum Ende des Kampfes seinen Helm nicht abnahm, mit einem neutralen Schild ohne Wappen kämpfte, kommt im Regelwerk vor. Wenn am Ende des Kampfes Punktgleichheit bestand, war derjenige Sieger, der am längsten seinen Helm aufbehalten hatte.

Darin bestand auch gerade die Leistung. Auf Eisen kann man im Sommer – der Hauptturnierzeit – bei starker Sonneneinstrahlung Spiegeleier braten. Unter dem Helm war es extrem heiß. Wer dieser Hitze, ohne zu klagen, standhielt und dabei auch noch gut kämpfte, galt als ein ganzer Kerl. Dies nahm so extreme Formen an, daß bei den großen Turnieren im Hundertjährigen Krieg zwischen England und Frankreich die Helden reihenweise an Hitzschlag starben. Sie hatten auf Punktsieg gesetzt, statt mit einem quasi K.-o.-Sieg frühzeitig alles klar zu machen.

Als erstes Kriterium für den modernen Sport muß man daher

das *rationale Denken* festhalten. Aber man kann an den Herolden des Ritterturniers auch den Trend zur *Bürokratisierung* als ein weiteres Element sehen.

Aber insgesamt veränderte sich in der frühen Neuzeit der gesamte Zugang zu einer Sportart. Das kann man ganz gut an den Büchern zum Schwimmen im 16. Jahrhundert zeigen. In der ersten schriftlichen Schwimmlehre von Nikolaus Wynmann, seinem *Colymbetes sive de arte natandi* von 1538, ist Schwimmen immer noch mit den Besonderheiten des Mittelalters bedacht, als Schwimmen noch als Gottesurteil betrachtet wurde. Wer gefesselt über Wasser blieb, war verhext und konnte guten Gewissens verbrannt werden. Wer unterging, war zwar tot, aber als Gerechter gestorben. Für Wynmann ist Schwimmen noch immer unnatürlich. Die Schwimmtechniken sind kaum vorhanden. Das Buch ist in Dialogform geschrieben und knüpft auch so an die Antike an.

Beim Schwimmen kann man zwei Phänomene erkennen. Zunächst eine Tendenz zur *Säkularisierung*. Es ist aber nicht nur die Reformation, sondern auch die *rationale Behandlung* des Schwimmens als erlernbare Kunst, durch die ein solches Gottesurteil wie im christlichen Mittelalter keinen Bestand mehr hatte. Everad Digby machte mit seinem *De Arte Natandi* in Cambridge 1587 den Anfang.

Dabei war das Schwimmenkönnen natürlich nicht neu. Man sollte meinen, daß immer schon geschwommen wurde. Schon die Germanen werden bei Caesar als gute Schwimmer dargestellt. Caesar selbst soll auch ein guter Schwimmer gewesen sein. Man muß allerdings die Antike und das frühe, germanisch geprägte Mittelalter der Heldenepen vom christlich geprägten unterscheiden. Im antiken Griechenland galt jemand als ungebildet, der weder schwimmen noch lesen konnte. Das römische Ideal orientierte sich lange daran, ehe die Römer immer bequemer wurden und lieber baden als schwimmen gingen.

Für die Germanen war schwimmen ganz selbstverständlich, aber sie haben keine Schwimmlehre hinterlassen. Bei den von ihnen beschriebenen Wettkämpfen ging es fast immer um Ausdauer im Schwimmen. Das Schwimmen von einer Ostseeinsel zur nächsten oder über Flüsse war wichtig. Bei Wettkämpfen ging es darum, wer am längsten unter Wasser die Luft anhalten konnte.

Digby konnte auf solche germanischen Kenntnisse zurück-greifen, aber er beschrieb Schwimmen nicht als Brauchtum, son-dern er entwickelte eigentlich eine *Biomechanik des Schwim-mens*. Sein Lehrbuch ist dann auch für 300 Jahre unübertroffen. Mit der französischen Übersetzung Thévenauts haben die Solda-ten Napoleons 200 Jahre später noch Schwimmen gelernt und waren darin allen europäischen Armeen überlegen.

Digby, der selbst ein guter Schwimmer war, machte empiri-sche Experimente im Wasser. Von ihm gibt es die ersten Überle-gungen zum spezifischen Gewicht des Menschen, er schrieb von Auftrieb und Wasserverdrängung. Seine Lehrweise, mit Auf-triebshilfen Wassersicherheit zu erlangen, dann die Hilfen nach und nach abzubauen, gilt noch heute als die sicherste Methode, nur daß er Strohbündel benutzte, und man heute für Kinder mit Luft gefüllte Schwimmflügelchen verwendet, aus denen man bei besserer Wassersicherheit die Luft herausläßt. Er beschreibt auch die verschiedensten Kunststücke, die man im Wasser ma-chen kann. Es gibt in seinem Buch sogar einen Holzstich, auf dem er sich im Wasser die Zehennägel schneidet. Auch hier ha-ben wir wieder alle Elemente der Rationalität.

Als Professor Digby nach dem Element des Wassers das Ele-ment der Luft erforschen wollte, machte er hierzu mit seiner Po-saune Echoexperimente im Kreuzgang seines Klosters. Das war dann seinen Klosterbrüdern doch zu viel, und sie schmissen ihn 'raus – vielleicht hatten sie auch einfach nur Angst, daß er sich schließlich dem Element des Feuers zuwenden würde und ihnen nicht nur die Mittagsruhe nehmen, sondern auch noch das Dach über den Kopf abbrennen würde. Immerhin war Everad Digby Empiriker.

Die *funktionale Rollendifferenzierung* ist als viertes Element des modernen Sports sehr wichtig. Bei den Turnieren war sie noch nicht sehr ausgeprägt. Sieg und Niederlage im Turnier und im wirklichen Leben waren eigentlich identisch. Der Sieger konnte manchmal wirklich die Fürstentochter als Preis gewin-nen und damit ein Reich. Erst in der Spätzeit des Turniers im 16. und 17. Jahrhundert hatte man Turniersportler, die wie die heu-tigen Profis von Turnier zu Turnier zogen und von ihren Erfol-gen lebten.

Die funktionale Rollendifferenzierung kann man ganz gut am Fußball erklären. Im englischen Raufspiel, bei dem im Mittelalter ganze Dörfer gegeneinander spielten, gab es weder Rationalität noch Rollendifferenzierung. Die hat erst Giovanni Bardi 1580 in Florenz eingeführt. Die Fußballregeln des florentinischen Calcio legten fest, wie man sonntags nach der Kirche vor Santa Croce zu spielen hatte. Seit der Zeit ist ein Fußballplatz viereckig und 100 x 50 Meter groß. Jede der beiden Mannschaften hatte 15 Spieler, die als Ausputzer, Verteidiger, Mittelfeldspieler und Stürmer eine ganz klare Rollenvorgabe einhalten sollten.

Engländer und Italiener spielten trotzdem lange Zeit ganz verschieden Fußball. Die unterschiedlichen Herkünfte zeigten sich bis in die jüngste Zeit auch in den unterschiedlichen Spielanlagen und der verschiedenen Bedeutung des Rugbys. An den Regeln kann man auch den Unterschied zwischen britischem Kampffußball und italienischem ballverliebten Standfußball ablesen. Bei den britischen Fußballschlachten der Dörfer gegeneinander gab es gelegentlich auch Tote. Jeder wollte mit seinem Leben verhindern, daß seinem Dorf die Schmach angetan und der Ball vom Gegner vor der Kirche niedergelegt wurde.

Anders war dies vor Santa Croce. Im seidenen Sonntagsgewand nach der Kirche schmiß man sich nicht auf den Platz. Aber auch der Sport selbst war schon einen Schritt weiter in Florenz. Schon bei Bardi ist klar, daß die Welt von Spiel und Sport nichts mit der realen Welt zu tun hat:

Die Mannschaften kamen nicht aus bestimmten Stadtteilen oder Familien, sondern wurden immer wieder neu zusammengestellt. Das wurde schon beim festgeschriebenen Gang auf das Spielfeld sichtbar, bei dem die Abwehrspieler beider Mannschaften gemeinsam, die Stürmer gemeinsam usw. einmarschierten, um zu zeigen, daß es um ein schönes Spiel – aber nicht um Leben und Tod ging.

In der hierarchischen Renaissance-Gesellschaft von Florenz kam es auch häufig vor, daß Lehnsherr und Lehnsmann und vielleicht auch noch dessen adliger Page am Spiel in unterschiedlichen Mannschaften beteiligt waren. Bardi schrieb nun fest, daß die Unterstellungsverhältnisse, die außerhalb des Spielfelds gelten, auf dem Spielfeld ruhten.

Wir können von dem Regelwerk noch etwas ableiten: Mit der Moderne wird auch ein Hang zur *Quantifizierung* deutlich. Das haben wir natürlich schon bei der Punktezählung im Turnier.

Aber Bardi schreibt für Fußball fest, daß Tore entscheiden – und nicht die durch Punktrichter festgelegte Schönheit der Spieler und des Spiels. Es kam nicht mehr darauf an, besonders schön für die Galerie zu spielen, sondern allein der zählbare – meßbare – Erfolg gab den Ausschlag. Zählen und das Ausklammern des Spiels aus dem täglichen Leben gehören zusammen. Wenn der oberste Fürst früher mitspielte, hatte seine Mannschaft natürlich gewonnen, denn wer würde es wagen, für sich zu reklamieren, schöner als der König zu spielen? Da es nun aber um das Spielen ging und nicht mehr um eine Vermischung von Ernst und Spiel, konnte sich jeder guten Gewissens auf den Sieg über einen Ranghöheren freuen, – ohne daß das gesellschaftliche Gefüge gleich in Frage gestellt wurde oder das Spiel in Blutrache enden mußte.

Diese Verliebtheit in das Zählen ging so weit, daß man beim Real Tennis, dem Hallentennis der Klöster und Höfe, eine so komplexe Zählweise entwickelt hatte mit so vielen Möglichkeiten, Extrapunkte zu machen, daß man schließlich bei Hofe Berufsschiedsrichter einsetzen mußte, um mit dem Problem der gesicherten Quantifizierung fertig zu werden, ein weiteres Beispiel für die Bürokratisierung – an dem man allerdings auch sehen kann, daß die Tradierung von Gebräuchen, die irgendwann ihren Sinn verlieren und an deren Ursprung sich hinterher niemand mehr erinnern kann, auch ein Phänomen des Sports ist. Real Tennis wurde zunächst in den Innenhöfen der Klöster gespielt. Damit hatten die Dächer eine Funktion, da alle Kreuzgänge überdacht waren. Dann gab es Sonderpunkte, wenn man in offene Fenster traf. Es gab Glasfenster, die vorher als spielbeendendes Aus definiert wurden. Wenn eine Scheibe zu Bruch ging, war das Spiel beendet und derjenige, von dem der Ball ins Aus gebracht worden war, hatte das Spiel verloren. Wer den Ball aber nur über die Mauer schlug, hatte zwar den Punkt verloren, aber nicht das Spiel. Später wurden die Regeln stärker standardisiert. Schließlich spielte man nicht nur in den Höfen, sondern auch in den Städten, in sogenannten Ballhäusern. Hallentennis ist somit älter als Lawn Tennis.

Es war zunächst auch in den Ballhäusern noch immer Real Tennis, das heißt, man baute nun innerhalb der Halle die typischen kleinen Dächer nach, die früher über den Kreuzgängen gewesen waren. Selbst die kleinen Giebelfenster wurden für die Sonderpunkte eingebaut. Auch Squash hat hier seinen Ursprung, da man natürlich versuchte, den Ball auch mit Bande zu spielen. Rasentennis mit wesentlich einfacheren Formen kam erst viel später auf.

Es dauerte allerdings bis zum Ende des 19. und dem Beginn des 20. Jahrhunderts, ehe in ganz Europa nach denselben Regeln gespielt wurde.

1555 veröffentlichte Antonio Scaino sein Ballspielbuch und beschrieb dabei bereits sechs verschiedene Arten von Hallenrückschlagspielen. Bei Scaino sehen wir übrigens dasselbe Problem der funktionalen Rollendifferenzierung. Scaino war Berufsschiedsrichter beim Herzog von Ferrara. Da er bei einem Spiel gegen seinen Herrn pfiff, hatte er sehr viel Ärger und schrieb daraufhin die Regeln genau auf: Scaino war aber nicht nur als Schiedsrichter Profi, sondern auch ein guter Spieler gewesen sein. Zumindest sind seine Überlegungen über das optimale Verhältnis von Schlägerlänge zur Größe der Schlagfläche modernste Biomechanik.

Wenn wir heute von *Quantifizierung* sprechen, meinen wir natürlich auch modernste Meßtechnik. Heute messen wir in Hundertstel von Sekunden. Quantifizieren kann man aber nicht nur mit der Stoppuhr. Quantifizierung muß man sich als einen Prozeß vorstellen. Der Mensch will eben nicht nur alles noch schneller machen als die Generationen zuvor, sondern den Fortschritt auch noch genau bestimmen. Dabei ist man immer von den Möglichkeiten und den Denkweisen der Zeit ausgegangen. Es war aber eben keine lineare Mathematik in der Renaissance, wie wir sie seit Descartes in Europa haben, sondern es war eine an Proportionen orientierte Geometrie. Erst mit Descartes macht es überhaupt Sinn, eine Stoppuhr zu erfinden, da man sich nun Zeit als einen meßbaren Strahl vorstellte.

Am weitesten fortgeschritten zeigte sich die rationale Quantifizierung natürlich bei den Profis. Die Berufsathleten der Renaissance waren die Gilde der internationalen Gaukler, die die fürstlichen Höfe Europas mit ihren Kunststücken bedienten. Besonders berühmt war Archangelo Tuccaro – ein Italiener am Hofe des französischen Königs Karl IX. Sein *Trois Dialogue de l'exercise de sauter et voltiger en l'air* von 1599 ist das beste Lehrbuch des Bodenturnens und der Akrobatik bis in die zwanziger Jahre dieses Jahrhunderts geblieben, weil sein Denken schon völlig modern war.

Tuccaro schrieb eine Biomechanik der Akrobatik auf der Grundlage der Geometrie. Heute würde man wahrscheinlich ein Modell aus der Algebra verwenden, würde mit Hochfrequenz-kameras die Bewegung aufzeichnen, digitalisieren und mit dem Computer auswerten. Aber für Salti und andere Drehbewegun-gen des Bodenturnens sind geometrische Modelle gut anzuwen-den und für den, der nach dem Buch turnen will, didaktisch viel einsichtiger als lineare.

Daß von diesem Buch in Deutschland recht wenig bekannt ist, liegt an der Entwicklung im 19. Jahrhundert. Mit den Büchern des Turnvaters Jahn verloren viele der früheren Veröffentlichun-gen in Deutschland an Bedeutung. Bei Jahn ging es ja nicht um das Zirkusturnen von Profis, sondern um die Fitneß der akade-mischen Jugend. Jahn wollte den Guerillakrieg gegen Napoleon. Die Guerilla war gerade vorher in Spanien im Freiheitskampf ge-gen Napoleon erfunden worden. Dafür brauchte man keinen Schraubensalto in der Manege von einzelnen Experten, sondern Fitneß, Mut und Geländebeherrschung von möglichst vielen. Seit dieser Zeit haben wir auch die Trennung zwischen dem Ge-räteturnen als der edlen Turnkunst, die man als Schulsport für alle praktizieren kann – und der Zirkusakrobatik für die Profis –, auch wenn im Spitzensport zirkusreife Nummern vorgeführt werden.

Da das Deutsche Turnen außerdem auch noch national und anti-französisch geprägt war, wurden solche Bücher wie das von Tuccaro in Deutschland nur noch von den wenigen Experten be-nutzt. In Dänemark zum Beispiel sah dies ganz anders aus. Dort wollte man sich gerade im turnerischen Übungsgut von den Deutschen absetzen. Tuccaro diente deshalb bis in dieses Jahr-hundert hinein als ein Lehrbuch für Sprungübungen.

Tuccaro ist somit wieder ein Beispiel für *Rationalität* im Sport, aber auch für Verweltlichung, denn der Salto mortale grenzte ja vom Anspruch her an Zauberei. Man kann bei Tuccaro auch die Anfänge des Rekordwesens sehen. Er war in der Lage, durch zehn Reifen zu springen – Weltrekord. Die Regeln waren an den europäischen Höfen festgeschrieben. Ausgewachsene Männer mußten Schulter an Schulter stehen, jeder hielt einen Reifen in der Hand. Durch diese Reifen wurde von einem Sprungbrett mit Anlauf gesprungen, ohne die Reifen zu berühren. Der *Rekord*, der vorher von einem Berufskollegen gehalten wurde, stand bis dato nur bei acht Reifen, die von acht Männern gehalten wurden. Das war dann bei Tuccaro immerhin eine Hechtrolle über acht Meter, da man zu den sechs Meter Schulterabstand noch vor und hinter den Reifen Platz rechnen muß, um die Höhe zu erreichen.

Mit acht Metern kann man auch heute noch Deutscher Meister im Weitsprung werden. Muß eine solche Weite deshalb nicht kritisch hinterfragt werden?

Wichtig für die Anerkennung von Leistungen, damals wie heute, ist eine Autorität, die sie zum Rekord macht. Die *Bürokratie* muß glaubhaft und korrekt sein. Damals kam die Autorität entweder von der Kirche oder vom König. Der französische König hatte den Sprung gesehen und bezeugt. Heute nimmt man vereidigte und geschulte Kampfrichter, die ein Rekordprotokoll unterschreiben, das dann von einem Sportverband anerkannt wird. Die Sportverbände sind erst ein Phänomen des späten 19. und frühen 20. Jahrhunderts, als man im Zeichen der Demokratisierung die Autorität der Fürsten nicht mehr brauchte und sie durch eine andere Stufe von Bürokratie ersetzte.

In Tuccaros reich bebildertem Buch haben wir auch ein Bild von seinem Rekordsprung. Hierbei wird deutlich, daß er einen Saltoweitsprung gemacht hat. Diese Sprungtechnik wurde in den 1970er Jahren in den USA vom Biomechaniker James Hay als Nonplusultra mit Computersimulation auch entwickelt. Tuccaro hatte somit 270 Jahre Vorsprung vor der modernsten Biomechanik.

Der Unterschied war der, daß er den Sprung damals erfinden konnte, ohne daß ihm jemand widersprach, während die identische Saltoweitsprung-Technik von Hay nach nur einer Saison vom Internationalen Leichtathletikverband wieder verboten wurde, da das Verletzungsrisiko zu groß war. Man darf nicht vergessen, daß Tuccaro ein Meister seines Faches war, der als absoluter Profi Theorie und Praxis aufs beste verband. Er kannte das Risiko, zumal er auf Marmorboden sprang und nicht in eine Sandgrube.

Es zeigt sich also in der Renaissance ein Trend zum exakten Messen und zu einem Rekordwesen. Diesen Verhaltenswandel kann man auch bei den Schützenfesten sehen. Die mittelalterlichen Schützengilden hatten sich als ein Zusammenschluß von Gleichen gebildet, die dann doch sehr schnell auch sehen wollten, wer denn nun der beste war. Da aber alle eigentlich gleich waren – zumindest als Bürger –, war die Frage des Schützenkönigs so etwas wie ein Gottesurteil.

Man schoß auf einen bunten hölzernen Vogel auf einem hohen Mast. Dieser wurde manchmal als Kuckuck, später häufig als Papagei bezeichnet. Es genügte nicht, ihn irgendwie zu treffen. Man mußte ihn so unter einem bestimmten Winkel treffen, daß dieser Vogel herunterfiel. Der Zufall war das Gottesurteil.

Im Zuge der *Säkularisierung* und *Quantifizierung* wurde der Vogel durch eine Zielscheibe mit Ringen und Punkten ersetzt. Nicht mehr der eine Glückstreffer war entscheidend, sondern die konstante meßbare Leistung. Bei den Ringen auf der Schützenscheibe braucht man keine Stoppuhr. Das Zählen hat sich bis heute nicht verändert. Allerdings ist die alte Form des Königsschießens erhalten geblieben – und auch solche Sportarten wie Darts, bei denen man Elemente des Zufalls und der Rationalität kombiniert hat.

Natürlich gab es in der Renaissance nicht nur Schützenfeste, bei denen man den örtlichen Schützenkönig ausschoß, sondern auch viele andere, die man einfach wie große Volksfeste organisierte. Es wurde nicht nur vorher exakt beschrieben, auf welche Entfernung, mit welcher Waffe auf welche Scheibe zu schießen war, sondern natürlich auch, welche Preise es zu gewinnen gab. Bei den Ritterturnieren gewann häufig nur der erste, schließlich ging es wirklich manchmal um die Gunst einer schönen und vornehmen Frau. Das Schützenfest war aber das Fest der Bürger. Da zählte eben auch noch der Dreißigste etwas. Außerdem gab es die Träger des Weitest-Preises für den am weitesten angereisten Schützen und des »Sau-Preises«: dem schlechtesten Schützen wurde zum Gespött der Zuschauer ein Schwein ausgehändigt.

Das war die Zeit, in der man als Strafe an den Pranger gestellt und angespuckt wurde, in der man öffentlich ausgepeitscht werden konnte. So gab es bei den Schützenfesten auch den »Pritschenmeister«. Der war einerseits der oberste Schiedsrichter – wie der Herold beim Ritterturnier. Er hatte aber auch eine Pritsche, eine Klatsche wie der Kasper im Puppenspiel, nur in beachtlicher Größe, und mit dieser bestrafte er leichtere Vergehen der Schützen, aber auch der Zuschauer. Seine Kleidung und Kappe wiesen ihn als Narren aus, aber er trug auch Stegreifgedichte vor, sorgte für die Einhaltung der Regeln und publizierte hinterher die Ergebnisse.

Erst im 19. Jahrhundert wurden die Kampfrichter bierernst. Der Schiedsrichter war dann häufig beim Spiel der Schüler ein Lehrer und der durfte nicht den Narren spielen. Der Pritschenmeister hatte genügend Autorität von der Stadt verliehen bekommen, daß er sie getrost in einer spaßigen Form ausüben konnte.

Allan Guttmanns benennt in seinem Buch *Vom Ritual zum Rekord* sieben Elemente des modernen Sports, nämlich die schon vorgestellten fünf:

- Säkularisierung
- Rationalität
- Quantifizierung
- Rollenspezialisierung
- und bürokratische Organisation

und dazu:

- das Streben nach Rekorden und
- der Versuch, Chancengleichheit zu erzielen.

Das Rekordstreben hatten wir auch schon ansatzweise bei Tuccaro. Im großen Stile setzte es aber erst im ausgehenden 19. Jahrhundert ein – und gleich mit einem Extrembeispiel, an dem man die Probleme der dauernden Rekordversuche ablesen kann. Zwischen 1878 und 1890 wurde in großen Hallenveranstaltungen versucht, den Weltrekord im Sechstagelaufen zu Fuß zu unterbieten. Im Zuge der Feiertagsheiligung blieb der ganze Sonntag ausgespart, also lief man von Sonntag Mitternacht bis Samstag Mitternacht. Wer eine Pause machte, war selbst schuld. Die Hallen in London und New York waren ausverkauft, die Profiläufer verdienten fürstlich an den Eintrittsgeldern. Dabei gab es auch die ersten Frauenwettkämpfe. Der Weltrekord der Männer wurde in nur 12 Jahren in solche Höhen getrieben, daß er nicht mehr verbesserungsfähig war.

Gleich zu Beginn überbot man die 600 km, steigerte sich schnell auf 900 km in sechs Tagen und der Rekord blieb dann bei 1003 km durch George Littlewood stehen. Als dieser Rekord nicht mehr verbessert werden konnte, blieben bald die Zuschauer weg, denn Dauerlauf in der Halle über solche Distanzen ist wenig spannend. Erst später kamen die Sechstagerennen mit dem Fahrrad auf, bei denen man bald mit Punktejagden Elemente der Spannung einführte, um aus der Monotonie des Nur-Rekordversuchs herauszukommen. Erst hundert Jahre später konnte der Grieche Janis Kouros den ältesten der Leichtathletikrekorde um wenige Kilometer überbieten. Littlewood und Kouros sind immerhin 167 km am Tag jeweils eine Woche lang gelaufen.

Das Symbol für die *Rekordjagd* ist jedoch immer noch Paovo Nurmi, der erfolgreichste Leichtathlet aller Zeiten, der 12 Olympiamedaillen (davon 9 goldene) gewann, 22 Weltrekorde unterbot und schließlich immer mit der Stoppuhr in der Hand lief, da er als Konkurrenten nur noch die Uhr anerkannte.

Die von Guttmann für die Moderne geforderte *Chancengleichheit* ist immer noch nicht erreicht. Vielleicht muß man sie sich auch als ein Streben nach Chancengleichheit vorstellen. Alle Versuche, den Sport noch weiter zu standardisieren, den Zufall aus dem Sport zu verdrängen, gehören hierher – wie auch die Vorstellung des Fair Play.

Zwar ist durch den Quasi-Profisport die ökonomische Chancengleichheit erreicht. Aber die Fragen der medizinischen Betreuung und des Dopings beeinträchtigen heute die Chancengleichheit weiterhin, und durch die Globalisierung des Sports gibt es auch keine Chancengleichheit zwischen Nord und Süd, den reichen und den armen Ländern.

Auch im Gesundheits- und im Breitensport haben sich die Probleme nicht verändert, sondern nur die Dimensionen. Zu Beginn des 19. Jahrhunderts unterschied GutsMuths, der große Pädagoge in Schnepfenthal, zwischen der natürlichen und der künstlichen Gymnastik. GutsMuths hatte seinen Rousseau gelesen. Die natürliche Gymnastik waren für ihn die ganzheitlichen Übungen des ›guten Wilden‹ im Urwald.

Die künstliche Gymnastik unterteilte GutsMuths in vier Motivrichtungen: Man könne
- athletische Gymnastik (das ist der Wettkampfsport)
- medizinische Gymnastik (das ist der Gesundheitssport)
- kriegerische Gymnastik (das ist der unselige Wehrsport, der gerade in der deutschen Geschichte immer wieder eine wichtige Rolle gespielt hat)
- und schließlich pädagogische Gymnastik (also den Schulsport) betreiben.

Für GutsMuths ist zwar die pädagogische Gymnastik die wichtigste, daher wird er als der Vater des deutschen Schulsports angesehen, aber auch für die anderen Richtungen hat er wichtige Beiträge verfaßt.

Seit den Griechen der Antike sind Leibesübungen und Medizin aufs engste verbunden. So etwas wie die Bewegungstherapie hat es seit 2000 Jahren gegeben, nur daß wir heute mit unseren modernen rationalen und quantifizierenden Methoden viel genauer sagen können, welche Bewegungsformen man in welchem Umfang betreiben muß, um nicht nur eine gesundheitliche Wirkung zu erhoffen, sondern eine meßbare Wirkung zu erzielen.

Die sieben Prinzipien des modernen Sports lassen sich somit auch im Gesundheitssport identifizieren, auch wenn wir diese Methoden nicht direkt von den Griechen und GutsMuths übernommen haben. Für die Entwicklung waren im 19. Jahrhundert vor allem Per Henrik Ling und sein Sohn Hjalmar in Schweden wichtig. Ihre schwedische Gymnastik stellt eigentlich den Kern des heutigen Gesundheitssports dar. Das Denken ist auch etwas anders als beim eigentlichen Sport. Im Wettkampfsport möchte ich besser sein als meine Gegner, im Extremfall besser als eine abstrakte, anderswo erzielte Leistung, als ein Rekord.

Im Gesundheitssport messe ich mich nur mit mir selbst. Natürlich gibt mir der Arzt oder der Bewegungstherapeut am Anfang ein paar Richtzahlen vor, aber dann vergleiche ich mich nur noch mit mir selbst – zumindest sollte man das. Aber in unserer Leistungsgesellschaft ist der Vergleich mit anderen so üblich, daß Vergleiche mit sich selbst eher langweilig erscheinen.

Als Coubertin 1894 die Olympischen Spiele der Neuzeit ins Leben rief, setzte er sich kritisch mit den Leibesübungen seiner Zeit auseinander. Er kannte damals drei Richtungen:

– Den englischen Sport mit seinem Wettkampf und Rekordwesen,
– die schwedische Gymnastik mit dem Wunsch nach Gleichgewicht zwischen Belastung und Entlastung und schließlich
– das deutsche Turnen. Das war für ihn schlicht der Krieg. Coubertin lehnte den Gesundheitssport mit der Forderung nach Mens sana in corpore sano ebenso ab wie den Wehrsport und forderte den friedlichen Wettkampf.

Durch seinen Wahlspruch der olympischen Bewegung »Schneller – Weiter – Höher« wurden auch die Maxime der Leistungsgesellschaft angesprochen.

Eigentlich waren alle Elemente schon frühzeitig angelegt. Aus dem Wunsch nach *Chancengleichheit* und *Objektivität* der Leistungen ergibt sich zwangsläufig, daß die Bedingungen immer stärker standardisiert werden. Der französische Sportsoziologie Pierre Parlebas hält den Drang nach Standardisierung für das einzige wesentliche Element, das im 20. Jahrhundert hinzugetreten ist. Dasselbe haben wir aber auch in der Gesamtbetrachtung der Gesellschaft: Die Globalisierung bewirkt eine Anpassung von Maßen und Gewichten, von Schrift und Fernsehnormen – sie bewirkt aber eben auch, daß man in der Leichtathletik durch Kunststoffbahnen den Zufall noch weiter herausdrängt, im Hockey durch Kunstrasen, daß man bei großen Wettkämpfen möglichst gleiche Sportgeräte nimmt. Beim Tennis werden viel häufiger als je zuvor die Bälle ausgetauscht, mit dem Tiebreak wurde die Möglichkeit geschaffen, die Spieldauer stärker zu normieren.

Wenn man dem Karlsruher Sportsoziologen Hans Lenk folgt, dann werden wir im Sport die Leistungsgesellschaft jedoch nie erreichen. Seiner Überzeugung nach dominiert im Sport nicht das Leistungs- sondern das Erfolgsprinzip, d. h., nicht allein die Leistung zählt, sondern wie man sie verpackt und verkauft.

Horst Ueberhorst
**Die Olympischen
Spiele der Neuzeit**
Eine kleine
Chronologie

Lange bevor der Franzose Pierre de Coubertin mit dem von
ihm 1894 organisierten Kongreß in der Pariser Sorbonne den
Anstoß gab, ein Olympisches Komitee zu gründen und internationale Olympische Spiele im Wechsel von vier Jahren auszutragen, waren nationale Olympische Spiele in Griechenland,
England und Schweden entstanden, die Coubertin kannte.
Einen besonderen Einfluß hatte auf ihn der Engländer Astley
Cooper, der angelsächsische Spiele unter Einbeziehung der
USA und Commonwealth-Staaten schaffen wollte. Sie sollten
eine Verbindung von künstlerischen, sportlichen und techni-
schen Wettbewerben sein.

Gleichwohl wirkte stärker noch als diese Wegbereiter des modernen Olympismus die Ausgrabung deutscher Archäologen
unter der Leitung von Ernst Curtius in Olympia. Bei diesen Gra-
bungen wurden zwischen 1875 und 1881 die Ruinen des Zeus-
und Heratempels sowie Altis, Palästra und Gymnasion freige-
legt, später sogar das Stadion rekonstruiert. So bezeugte Coubertin 1908: »Nichts in der Geschichte des Altertums hat mich
nachdenklicher gestimmt als Olympia... Deutschland hatte das
ausgegraben, was vom alten Olympia noch vorhanden war.
Sollte Frankreich nicht die alte Herrlichkeit wiederherstellen?«

An dem von Coubertin 1894 organisierten Kongreß in der
Sorbonne nahmen 79 Vertreter aus 13 Nationen teil, um Fragen
des Amateurwesens und der Wiedererweckung der Olympi-

schen Spiele zu diskutieren. Entgegen Coubertins Planung, erste Olympische Spiele in Paris auszutragen, setzte sich der Grieche Demetrios Bikelas mit seinem Vorschlag durch, Olympische Spiele bereits *1896* in seinem Heimatland zu veranstalten. Ferner einigte man sich auf folgende Modalitäten: Vierjahresrhythmus der Spiele, Gleichheitsgedanke aller Sportarten, Wechsel des Austragungsortes, Gründung eines Internationalen Olympischen Komitees.

Nach anfänglich großer Begeisterung in Griechenland erwies sich die organisatorische Vorbereitung als äußerst schwierig. Die griechische Regierung wollte die Spiele zurückgeben, denn sie glaubte, dem damit verbundenen Aufwand nicht gewachsen zu sein. Coubertin erkannte die Gefahr, die den Spielen drohte, und reiste nach Athen, wo er öffentlich an den griechischen National-stolz appellierte. Als der griechische Kronprinz dann die Leitung des Organisationskomitees übernahm und ein klar strukturiertes Aktionsprogramm durchsetzte, wurde die Krise überwunden. Zudem stiftete Georgios Averoff, ein reicher Kaufmann, eine Million. Drachmen für die Rekonstruktion des Panathenäischen Stadions. Gleichwohl gab es politisch motivierte Spannungen: Die Franzosen wollten nicht teilnehmen, wenn eine deutsche Mannschaft käme. Dr. Willibald Gebhardt, dem ersten deut-schen IOC-Mitglied, gelang es, einige Turner als »Schwarze Riege« nach Athen zu bringen, wo sie große Erfolge erzielte (6 Goldmedaillen). Die Deutsche Turnerschaft hatte mit deren Ausschluß gedroht.

Die II. Olympischen Spiele *1900* in Paris brachten manche Enttäuschung, weil sie ganz im Schatten der Weltausstellung standen und von vielen als Teil eines sensationellen Jahrmarktbe-triebs angesehen wurden. Zwischen Gebhardt und Coubertin gab es zudem Spannungen, als dieser sich bei Coubertin darüber beschwerte, daß es diskriminierende französische Äußerungen über die deutsche Mannschaft gegeben hatte.

Mit ähnlichen Problemen wie in Paris wurden auch die Orga-nisatoren der III. Olympischen Spiele in St. Louis *1904* konfron-tiert, wo die Spiele ebenfalls in die Weltausstellung einbezogen waren.

Hinzu kamen rassistische Diskriminierungen mit den »an-thropological days«: Tage, an denen die Wettbewerbe den Ne-gern, Ainos, Türken und Syrern vorbehalten waren.

Verärgert über die Amerikaner, die eine IOC-Entscheidung für Chicago als Austragungsort nicht akzeptiert hatten, war Coubertin nicht nach St. Louis gekommen. Er verzichtete ebenso auf eine Teilnahme an den »Zwischenspielen« in Athen 1906, um die Veranstaltung dort nicht aufzuwerten. Dennoch wurden diese Spiele zum ersten sportlichen Höhepunkt und wiesen den Weg aus der Krise. Dies zeichnete sich noch deutlicher ab, als die Spiele von London 1908 zu einem bemerkenswerten Erfolg wurden und erheblich zur Festigung der olympischen Idee beitrugen. Dennoch gab es auch hier Probleme wie tätliche Auseinandersetzungen zwischen amerikanischen Sportfunktionären und britischen Kampfrichtern.

Die entscheidende Wende brachten die V. Olympischen Spiele von Stockholm 1912. Sie übertrafen an Intensität der Vorbereitung, sachkundiger Organisation, Bau von Wettkampfstätten u. a. alle bisherigen Spiele und wurden trotz der sich verschärfenden politischen Spannungen in Europa zu einer eindrucksvollen Demonstration für die völkerverbindende olympische Idee. Sich abzeichnende Schwierigkeiten waren durch einen Flaggenkompromiß beseitigt worden. Danach sollte ein Wimpel in den tschechischen und finnischen Farben im Siegesfalle über der österreichisch-ungarischen bzw. russischen Flagge gehißt werden. Böhmen-Mähren war damals Teil von Österreich-Ungarn und Finnland vom zaristischen Rußland.

Zu den Olympischen Spielen gehören seit 1912 auch die Kunstwettbewerbe, denn nach den Vorstellungen Coubertins sollten Kunst und Sport gleichrangig an den Olympischen Spielen beteiligt werden. Deshalb hatte er schon 1906 eine Konferenz über Wissenschaft und Kunst einberufen, in der seine Vorstellungen akzeptiert wurden. Folgende Kunstwettbewerbe kamen bei den olympischen Spielen in Stockholm zur Austragung: Literatur, Musik, Malerei, Bildhauerei und Baukunst. Obwohl das Interesse daran zunahm und die Zahl der Wettbewerbe von 5 auf 14 Disziplinen stieg, wurden sie 1948 vom Programm abgesetzt und in Kunstausstellungen umgewandelt. Deren hohe Bedeutung wird bei den jeweiligen Spielen erkennbar.

Während der Stockholmer Spiele wurde Berlin einstimmig für die Austragung der Olympischen Spiele 1916 gewählt. Mit der pompösen Einweihung des Deutschen Stadions 1913 war eine imposante Wettkampfstätte für die Austragung dieser Olympi-

Abb. 6: Athen (Griechenland):
Erste Olympische Spiele der Neuzeit 1896
(6. bis 14. April). Disziplin: Tauziehen.
Archiv für Kunst und Geschichte, Berlin.

schen Spiele geschaffen worden. Aber 1916 tobte die Schlacht um Verdun.

Die Olympischen Spiele in Antwerpen *(1920)* und Paris *(1924)* fanden ohne deutsche Beteiligung statt. Deutschland und andere ehemalige »Feindstaaten« wurden nicht eingeladen. Es war eine Mißachtung des olympischen Friedensgedankens. Erstmals waren in Antwerpen die Spiele mit dem olympischen Eid eröffnet worden. *1924* in Chamonix und *1928* in St. Moritz fanden die ersten Olympischen Winterspiele statt. An den Spielen in Amsterdam *1928* nahmen dann wieder Deutsche teil, die mit Lina Radke-Batschauer im 800-m-Lauf und Freiherr v. Langen in der Dressur Goldmedaillen errangen.

Auf dem IOC-Kongreß in Prag 1925 erklärte Coubertin seinen Abschied vom IOC; sein Nachfolger wurde der Belgier de Baillet-Latour.

Die Olympischen Sommer- und Winterspiele in Los Angeles und Lake Placid *(1932)* fanden im Schatten der Weltwirtschaftskrise statt. Rudolf Ismayr wurde Sieger im Gewichtheben. Eine Karikatur im »Simplicissimus« zeigt einen Athleten, der die Weltkugel stemmt. Darunter die Unterschrift: »Deutschland hat bei den Olympischen Spielen eine Goldmedaille im Gewichtheben gewonnen. Kein Wunder, da es eine Welt von Elend zu tragen gewohnt ist.«

Auf dem 28. Kongreß des IOC 1930 in Berlin hatte sich das deutsche NOK um die Austragung der Olympischen Spiele *1936* in der alten Reichshauptstadt beworben. Die Entscheidung fiel mit 43 gegen 16 Stimmen eindeutig zugunsten Berlins aus. Auf der IOC-Sitzung in Wien (7.-11. 7. 1933) vergab das IOC die Olympischen Winterspiele an die gemeinsamen Bewerber Garmisch und Partenkirchen und bestätigte nochmals Berlin als Austragungsort für die XI. Olympischen Spiele 1936. Damit sollten in Deutschland erstmals Olympische Spiele stattfinden.

Das deutsche Organisationskomitee stand unter der Leitung von Dr. Theodor Lewald, der Deutschland seit 1924 im IOC vertrat, und dem agilen Generalsekretär Dr. Carl Diem. Beide hatten das ehrgeizige Ziel, die Olympischen Spiele 1936 zu einer »Lehr-Olympiade« für die Welt zu machen.

Die entscheidende Frage stellte sich allerdings: Wie würde die mächtig anwachsende NSDAP, die mit zunehmender Radikalisierung zur stärksten Partei geworden war, sich im Falle einer nationalsozialistischen Regierungsbildung verhalten? Bisher hatte sie dem internationalen Sportverkehr und den Olympischen Spielen gegenüber eine rigoros ablehnende Haltung eingenommen. Die Gründe dafür lassen sich in drei Punkten kurz zusammenfassen:

1. Die kosmopolitische Idee der Olympischen Spiele sei mit der am deutschen Volkstum orientierten nationalsozialistischen Weltanschauung nicht vereinbar.
2. Die Ausrichtung der Olympischen Spiele könne den Eindruck erwecken, als würde Deutschland das »Diktat von Versailles« anerkennen. Ein sportlicher Wettkampf mit Angehörigen von »Feindvölkern« verstoße wider deutsches Ehrgefühl.
3. Eine Teilnahme an den Olympischen Spielen bzw. deren Ausrichtung nach dem IOC-Reglement würde aus rassischen Gründen nicht in Frage kommen, denn Juden und Neger könnten nicht gleichwertig mit anderen Völkern und Rassen anerkannt werden.

Aber Ende 1932 deutete sich eine gemäßigte Haltung der NSDAP bzw. ein Wandel an, so daß der IOC-Präsident über das deutsche IOC-Mitglied Karl Ritter v. Halt, selber in der NSDAP, bei Hitler anfragen ließ, ob im Falle einer nationalsozialistischen Machtübernahme politische Schwierigkeiten zu erwarten seien. Hitler gab ihm die insgesamt positive, wenn auch recht allgemein und unverbindlich gehaltene Antwort, »daß er die Frage der Durchführung mit großem Interesse betrachte«. Gleichwohl wollte der kluge Jurist Dr. Lewald sichergehen und gründete am 24. 1. 1933 mit einer Eintragung ins Vereinsregister das Organisationskomitee für die Olympischen Spiele 1936. Eine Woche später kam Hitler an die Macht und wurde Kanzler eines »Kabinetts der nationalen Konzentration«. Lewald nahm unmittelbar darauf Kontakt mit der neuen Reichsregierung auf, um endgültige Klarheit über die Haltung der NSDAP zu gewinnen. Bei einer Unterredung am 16. 3. 1933 gab Hitler sein grundsätzliches Einverständnis zur Austragung. Das Reich übernahm eine Finanzgarantie. Dennoch attackierte die NS-Presse im April 1933 Lewald heftig, der ›Halbjude‹ war. Er setzte sich zur Wehr und beschwerte sich in der Reichskanzlei. Auf Anweisung Hitlers wurden tags darauf die Angriffe eingestellt. Weit problematischer aber war, daß mit der Auflösung des Deutschen Reichsausschusses für Leibesübungen (DRA), dem Dachverband des bürgerlichen Sports, auch der ihm untergeordnete Deutsche Olympische Ausschuß nicht mehr existierte. Ohne ein solches Gremium war aber keine Teilname an den Olympischen Spielen nach der IOC-Satzung möglich. Ein neuer Ausschuß, der dem Reglement des IOC entsprach, mußte gegründet werden.

Dem IOC blieb solche turbulente Entwicklung nicht verborgen. In Wien (7.-9. 6. 1933) bestand noch die Möglichkeit, die Olympischen Spiele an eine andere Stadt zu vergeben. In mehreren Schreiben drückte der IOC-Präsident den drei deutschen Mitgliedern sein Mißtrauen gegenüber der Politik der deutschen Regierung sowie der neuen Sportführung aus und drängte auf folgende Garantieerklärung: 1. Die deutschen IOC-Vertreter behalten im NOK die Verantwortung für die Organisation der Olympischen Winter- und Sommerspiele. 2. Die olympischen Regeln werden eingehalten. 3. Die Teilnahme deutscher Juden innerhalb der deutschen Mannschaft wird zugesichert. Die ersten beiden Garantien wurden sofort gegeben, die dritte Zusage schließlich durch Reichsinnenminister Dr. Frick nach mehrfachen Kontakten mit der Reichskanzlei, war er doch sicher, daß Juden sich nicht qualifizieren könnten. Denn um den Eindruck der Gleichbehandlung der Juden zu verstärken, gab der ihm unterstellte Reichssportführer »Richtlinien für den Sportbetrieb von Juden und Nichtariern« heraus. Bei den Vorbereitungslehrgängen konnten sich dann angeblich keine Juden qualifizieren.

Daß die dem IOC gegebenen Zusagen nur Lippenbekenntnisse waren, wird deutlich in der Unterredung des amerikanischen IOC-Mitglieds General Sherrill mit Hitler am 24. 8. 1935 in München. Sherrill hatte die Absicht, die öffentliche Meinung in den USA zu beschwichtigen, sobald er eine Zusage von Hitler erhielte, daß wenigstens ein(e) Jude/Jüdin in die deutsche Olympiamannschaft aufgenommen würde. Um so mehr war er überrascht, als Hitler erklärte, Juden könnten nicht für Deutschland starten, da sie aus deutschen Sportvereinen ausgeschlossen seien, sie hätten aber das Recht, sich selbst sportlich zu organisieren. Als dann Sherrill auf die Möglichkeit anspielte, die Olympischen Spiele Deutschland zu entziehen, erwiderte Hitler, er könne von seinem Standpunkt nicht abgehen. Bei einer von Amerika ausgehenden Boykottbewegung werde Deutschland auch seinerseits nicht mehr an Olympischen Spielen teilnehmen, sondern »rein deutsche Spiele veranstalten«. Erst als Sherrill an eine von Reichsinnenminister Dr. Frick unterschriebenen Erklärung erinnerte und diese ebenso wie eine Stellungnahme von Reichssportführer v. Tschammers eingeholt wurde, lenkte Hitler scheinbar ein; hatte ihm doch der Reichssportführer versichert, *er* stelle die Olympiamannschaft auf, und da werde kein Jude dabei sein. Hitler ließ daraufhin Sherrill wissen, man habe ihm die Erklärung gezeigt. Danach beachte (!) Deutschland die olympischen Bestimmungen. Nicht nur Sherrill, auch IOC-Präsident de Baillet-Latour gab sich mit dieser Version zufrieden. Dann aber erreichte der Antisemitismus seinen Höhepunkt mit der Verabschiedung der »Nürnberger Gesetze« am 15. 9. 1935. Nun sah sich auch IOC-Präsident de Baillet-Latour gezwungen, ein persönliches Gespräch mit Hitler zu führen. Nach der Unterredung am 15. 11. 1935 schien sich das Klima zu verbessern: Dann wurden am 18. 12. 1935 die Fechterin Helene Mayer und der Eishockeyspieler Rudi Ball, beide sogenannte ›Halbjuden‹, die weiterhin das volle Reichsbürgerrecht besaßen, für die Olympiamannschaft nominiert, nicht aber die »Volljüdin« Gretel Bergmann, obwohl sie sich im Hochsprung für die deutsche Olympiamannschaft qualifiziert hatte. Die amerikanische Mannschaft war schon unterwegs!

Die Verabschiedung der Nürnberger Rassengesetze führte in den USA zu einer Protestwelle und zu Boykottdrohungen, die insbesondere von starken Gruppen innerhalb der amerikanischen Sportverbände (AAU) getragen wurde. In Europa waren es Linksintellektuelle und Angehörige der Arbeitersportbewegung, die zum Boykott aufriefen. Den Organisatoren der Spiele und der NS-Propaganda gelang es indes, mit Friedensbeteuerungen die Boykottbewegung zu unterlaufen. Mit der knappen Entscheidung in den USA, eine Olympiamannschaft nach Garmisch-Partenkirchen und Berlin zu schicken, war die Durchführung der Spiele gesichert und der Boykott abgewandt. Sportlich und organisatorisch gestalteten sich die Olympischen Winterspiele als gelungener Auftakt für Berlin, aber der Einmarsch deutscher Truppen am 7. 3. 1936 in die entmilitarisierte Zone des Rheinlands, ein Bruch des Locarno-Vertrages, brachte danach eine weitere Krise. Doch Hitler kalkulierte richtig: Die Friedensbereitschaft der Westmächte war größer als die Bereitschaft zu einem militärischen Risiko.

Die Olympischen Spiele von Berlin wurden bereits bei den Eröffnungsfeierlichkeiten zu einem spektakulären Ereignis. Diem hatte einen Fackelstaffellauf von Hellas nach Berlin organisiert, ebenso ein Festspiel verfaßt – »Olympische Jugend« –, das in seiner Zentrierung auf Heldenkampf und Totenklage seine politische Dimension offenbarte. Das Festspiel war ganz im Sinne der NS-Ideologie, d. h. sportlicher Wettkampf und im Krieg wirkende Kräfte wurden gleichgestellt. Der Friedensgedanke war damit ad absurdum geführt.

Einiges von dem, was in enger Zusammenarbeit mit dem Propagandaministerium gestaltet worden war, wurde zum festen Ritual der Olympischen Spiele, so die Olympische Hymne, die Olympiaglocke, der Fackellauf, das Jugend- und Studentenlager, der Olympische Kongreß. Es kann kaum bezweifelt werden, daß der große Erfolg der beiden Spiele systemstabilisierend wirkte. Während das deutsche Volk seitdem eine nahezu uneingeschränkte Bereitschaft zeigte, die Staatsführung Hitlers anzuerkennen, wertete dieser die sportliche Überlegenheit Deutschlands als »Beweis« seiner Herrenrassentheorie. Dadurch, daß er sich nur zwei Wochen nach dem feierlichen Abschluß des olympischen »Friedensfestes« in einer Denkschrift zum Vierjahresplan klar zur politischen und militärischen Kriegsvorbereitung bekannte (1. Die deutsche Armee muß in vier Jahren einsatzfähig sein. 2. Die deutsche Wirtschaft muß in vier Jahren kriegsfähig sein.), wird der zentrale Standort der Olympischen Spiele von 1936 in der von aggressiven Akten und Friedensbeteuerungen bestimmten Politik erkennbar. Mit der Erhöhung der Wehrpflicht von einem Jahr auf zwei Jahre (1937) und dem bereits erwähnten Auftrag an die Wehrmacht, in vier Jahren kriegsbereit zu sein, wurde unter weiterer Täuschung der Weltöffentlichkeit im Kern die von der Mehrheit des deutschen Volkes mitgetragene Revisionspolitik zur Aggressionspolitik, auch wenn diese sich, für alle Welt sichtbar, erst mit dem Einmarsch deutscher Truppen in Böhmen und Mähren (15. 3. 1939) vollzog.

Vollends aber wird die Zweckfunktion der Spiele für die nationalsozialistischen Machthaber deutlich in den »Lehren«, die daraus gezogen wurden. So hieß es ein Jahr nach den Olympischen Spielen von Berlin: »Das einzig sportlich zu bewertende Großvolk ist Deutschland, und die sämtlichen als mehrfach positiv zu bewertenden Kleinvölker bilden eine Gruppe engster wirtschaftlicher und kultureller Abhängigkeit von Deutschland… Die sportlich positiv zu bewertenden Völker sind also nichts anderes als der deutsche Kulturkreis…«

Es kann nach all dem kein Zweifel daran bestehen, daß der Sport im nationalsozialistischen Deutschland ein Politikum war und den Olympischen Spielen von 1936 im Machtkalkül Hitlers eine Schlüsselfunktion zukam. Am Vorabend der Berliner Olympischen Spiele hatte das IOC mit der Wahl Tokios und Sapporos einen mutigen Schritt getan, indem es die Sommer- und Winterspiele 1940 erstmals nach Asien vergab. Die harte japanische Kriegsführung in China löste dann in den westlichen Demokratien eine Protestbewegung aus. Carl Diem erklärte damals wider besseres Wissen: »Die Olympischen Spiele sind ein Fest des Sports und haben mit nichts anderem zu tun.« Die Repräsentanten der olympischen Bewegung mußten sich dann eines Besseren belehren lassen, als die japanische Regierung durch Streichung der finanziellen Zuschüsse und durch politischen Druck die Rückgabe der Spiele erzwang. Daraufhin vergab das IOC

1938 die Spiele an Finnland. Aber diese Spiele waren mit der sowjetischen Aggression Ende 1939 und dem Gewaltfrieden von Moskau sowie mit der deutschen Invasion in Skandinavien in April 1940 zum Scheitern verurteilt. Erst mit den Spielen von St. Moritz und London 1948 wurde ohne Beteiligung Japans und Deutschlands ein Neubeginn gewagt. Die UdSSR konnte noch nicht an diesen Spielen teilnehmen, da ihre Forderungen – u. a. Ausschluß Franco-Spaniens aus der olympischen Bewegung – vom IOC nicht erfüllt wurden. Gleichwohl trugen die Spiele von London erheblich zur Normalisierung des Sportverkehrs nach dem Zweiten Weltkrieg und zur Kontinuität der Spiele bei. Noch stärker wurde dies bei den Spielen von Oslo und Helsinki 1952, die Feste der Gastlichkeit waren. Deutsche Sportler konnten erstmals wieder teilnehmen und gewannen bei den Winterspielen drei Goldmedaillen. Mit der Präsenz russischer Sportler begann dann der »Wettkampf der Systeme«, das Bemühen der Sowjetunion, sportliche Erfolge als Beweis für die Überlegenheit ihres Systems zu werten.

Die Spiele von Cortina, Stockholm und Melbourne 1956 waren Spiele in Zeiten wachsender politischer Spannungen. Zwar gab es große Leistungen – so z. B. die des Österreichers Toni Sailer, der in drei alpinen Wettbewerben siegte, die Goldmedaille von Helmut Bantz im Pferdsprung, der Sieg deutscher Reiter beim Jagdspringen im Preis der Nationen und der von Hans-Günther Winkler auf »Halla« in der Einzelwertung. Aber über den Spielen von Melbourne lagen die Schatten des Ungarnaufstandes und der Suezkrise, so daß mehrere Länder aus politischem Protest ihre Teilnahme an den Spielen abgesagt hatten. Demgegenüber gab es bei den Olympischen Spielen von Rom und Squaw Valley 1960 keine direkten politischen Spannungen, sieht man von den schwierigen Ausscheidungskämpfen für eine gesamtdeutsche Mannschaft ab. Rom brachte sportliche und festliche Höhepunkte; ergänzend zum olympischen Programm wurden ein Festspiel, Kunstwettbewerbe und die Vorführung mittelalterlicher Spiele (Brückenkampf zwischen Venedig und Pisa, Ritterturniere aus Bologna) sowie das traditionelle Fußballspiel (Calcio) der Florentiner im Circus Maximus geboten. So bezogen die Veranstalter geschickt die antike Tradition der Stadt in das moderne Sportfest ein, wie z. B. beim Marathonlauf, der über die Via Appia führte und beim Konstantinsbogen endete.

Eine gesamtdeutsche Mannschaft war nach schwierigen Ausscheidungswettkämpfen nach Rom geschickt worden. Sie errang beachtliche Erfolge. Gleichwohl hielten die innerdeutschen Spannungen auch nach den Spielen an. Eindrucksvolle Leistungen mit dem Gewinn der Goldmedaille zeigten die deutschen Ruderer, Ingrid Krämer mit dem Doppelsieg im Kunst- und Turmspringen, Heidi Schmidt im Fechten, Wilfried Dietrich im Freistilringen, Armin Hary im 100-m-Lauf und der 18jährige Peter Kohnke im Gewehrschießen.

Bei den Winterspielen in Squaw Valley/USA, meisterhaft organisiert und hervorragend in ihrem technischen Ablauf, gab es spannende Kämpfe in den nordischen Wettbewerben, insbesondere bei den Ski-Staffelläufen. Georg Thoma siegte in der Nordischen Kombination, Helmut Recknagel im Spezialsprunglauf.

Die Olympischen Spiele von Tokio *1964* waren die ersten auf dem Boden Asiens. Sie wurden vom Tenno, dem japanischen Kaiser, eröffnet. Das olympische Feuer trug ein 19jähriger Student ins Stadion, der am Tage des Abwurfs der Atombombe auf Hiroshima 1945 geboren worden war. Düsenjäger schrieben die fünf olympischen Ringe an den blauen Himmel. Die Spiele waren perfekt organisiert; es gab zahlreiche Weltbestleistungen und olympische Rekorde. Abebe Bikela aus Äthiopien konnte seinen Sieg von Rom im Marathonlauf wiederholen. Erstmals bei Olympischen Spielen wurde Judo in vier Gewichtsklassen ausgetragen. Den turnerischen Zwölfkampf gewannen die Japaner knapp vor den Russen. Im Schwimmen dominierten die Amerikaner. Der Russe Iwanow siegte zum drittenmal im Einer-Rudern, und die deutsche Mannschaft gewann ebenfalls zum drittenmal hintereinander den Preis der Nationen im Jagdspringen. Die Spiele von Tokio und die ebenfalls erfolgreichen Olympischen Winterspiele von Innsbruck 1964 ließen zeitweise die Eskalation des Vietnamkrieges und die Kubakrise, die beide Weltmächte an den Rand eines Weltkrieges geführt hatte, vergessen.

Auch die Spiele von Mexico *1968* fielen in eine schwere politische Krisenzeit: In Vietnam tobte der Krieg mit unverminderter Härte, im Nahen Osten erreichten die Spannungen zwischen Israel und seinen arabischen Nachbarn einen neuen gefährlichen Höhepunkt; in Europa verschärfte sich die Ost-West-Konfrontation durch den Einmarsch der Truppen des Warschauer Paktes in die Tschechoslowakei.

In Mexico-City kam es am Vorabend der Spiele zu Studentenunruhen, die vom Militär blutig niedergeschlagen wurden. Das IOC geriet in den Sog der Politik, als es unter dem Druck einer Boykottdrohung der meisten afrikanisch-arabischen Staaten seine frühere Entscheidung zurücknahm und Südafrika wegen Rassendiskriminierung von den Spielen ausschloß. Aufgrund des IOC-Beschlusses von Madrid 1965 zogen zwei deutsche Mannschaften getrennt ins Stadion ein. In Mexico wurde entschieden, daß auch künftig beide Nationalfahnen getragen bzw. gehißt und beide Nationalhymnen gespielt werden sollen.

Die Spiele verliefen trotz der Spannungen fast reibungslos und wurden zu einem farbenfrohen olympischen Fest. Einen Eklat gab es lediglich mit der Black-Power Demonstration einiger farbiger Athleten. Das augenfälligste war der »Aufbruch Afrikas«. Die Erfolge der afrikanischen Sportler führten dazu, daß der Einfluß der farbigen Völker auf das IOC und die Organe des internationalen Sports verstärkt wurden. Die Höhenlage (2000 m) und die Tartanbahn bewirkten eine ungeahnte Leistungssteigerung, aber auch den Einsatz von Sauerstoffmasken wegen völliger Erschöpfung von Athleten.

Die Olympischen Winterspiele in Grenoble 1968 verhinderten demgegenüber wegen der dezentralen Anlagen – trotz der perfekten Organisation – das Erlebnis der Einheit bei den Zuschauern. Herausragender Skiläufer war der Franzose Jean Claude Killy mit drei Olympiasiegen.

Die Olympischen Spiele von München 1972 übertrafen der Breite des sportlichen Angebots nach die bisherigen. Erstmals waren alle 21 olympischen Disziplinen vertreten. Damit hatte sich seit 1896 (Athen) die Zahl der Wettbewerbe verdoppelt. Zur Attraktion wurde das auf einem Stahlnetz ruhende große Dach aus lichtdurchlässigem Kunststoffmaterial, das einen Teil des neuen Sportzentrums überspannte. Mit spektakulären Schauvorführungen im Stadion und um das Stadion sowie zahlreichen Kunstausstellungen wurde ein ebenso reiches wie anspruchsvolles Kulturprogramm geboten.

Mit der Fertigstellung von modernen U- und S-Bahnstrecken konnten auch die Verkehrsmittel in den Dienst der Spiele gestellt werden. Herausragende Sportler waren der Schwimmer Mark Spitz (USA) mit sieben Goldmedaillen und der Finne Lasse Viren, der den 5000- und 10000-m-Lauf gewann.

Es sollten entsprechend der Eröffnungsfeier heitere Spiele werden, doch der Terrorakt des »Schwarzen September«, der Mord an 13 israelischen Sportlern durch arabische Terroristen, setzte dem ein Ende. IOC-Präsident Avery Brundage sprach auf der Gedenkfeier zu Ehren der Toten sein historisches Diktum: »The Games must go on!«

Bei den ersten Olympischen Winterspielen in Asien, die in Sapporo stattfanden, kam es, bezogen auf den Österreicher Karl Schranz, zu heftigen Auseinandersetzungen um dessen Amateurstatus. Er wurde beschuldigt, Profi-Sportler zu sein, und deshalb von den Spielen ausgeschlossen.

Boykottdrohungen und politische Spannungen gab es auch am Vorabend der Olympischen Spiele von Montreal 1976. Die Volksrepublik China drohte der kanadischen Regierung ernste Konsequenzen an, wenn Taiwan als »Republik China« starten würde. Einen Kompromißvorschlag des IOC, die Mannschaft Taiwans solle hinter der Olympiafahne unter dem Namen »Taiwan« ins Stadion einmarschieren, lehnte diese ab und verzichtete damit auf eine Teilnahme. Des weiteren forderte der Oberste Afrikanische Sportrat, Neuseeland von den Spielen in Montreal auszuschließen, da es gegen Südafrika ein Rugby-Länderspiel bestritten hatte. Abgesehen davon, daß Rugby keine olympische Disziplin war und somit kein Anlaß zum Protest bestand, konnte sich auch der Ostblock mit Rücksicht auf die Olympischen Spiele in Moskau 1980 einen Protest nicht leisten und gab seine ursprüngliche Unterstützungsbereitschaft für die afrikanischen Staaten auf.

Herausragendes sportliches Ereignis war die Wiederholung des Münchener Doppelsiegs von Lasse Viren, Finnland! Die DDR kam zu großen Medaillenerfolgen, rückte dicht an die UdSSR heran und verdrängte die USA auf den dritten Platz.

Die Ausrichtung der Olympischen Winterspiele 1976 in Innsbruck verlief ohne Komplikationen. Rosi Mittermayer gewann zwei olympische Goldmedaillen und den Skiweltpokal der Damen. Erfolgreichste Nation war die Sowjetunion mit 13 Goldmedaillen.

Die Olympischen Sommer- und Winterspiele von Moskau und Lake Placid 1980 waren stark belastet durch den Einmarsch sowjetischer Truppen in Afghanistan. Mit großer Mehrheit verurteilte die Vollversammlung der UNO die Invasion. US-Präsident Carter verkündete einen Olympiaboykott, falls sich die UdSSR nicht innerhalb eines Monats aus Afghanistan zurückzöge. Bundestag und Bundesregierung in Bonn schlossen sich der amerikanischen Boykottempfehlung an, und schließlich verzichtete nach langer Diskussion auch das NOK für Deutschland auf eine Olympiateilnahme. Die Vertreter von 15 westeuropäischen NOKs beschlossen in Rom, nur unter bestimmten Bedingungen an den Moskauer Spielen teilzunehmen.

Sie wurden dennoch ein sportlicher Erfolg, und das sowjetische Organisationskomitee hielt sich streng an die Regeln. Die Sportler der DDR blieben mit 47 Goldmedaillen nicht weit hinter der Sowjetunion.

Dem Teilboykott der Olympischen Spiele von Moskau war mit den Winterspielen in Lake Placid das Bemühen der Amerikaner um eine Verlegung oder Absage der Sommerspiele vorausgegangen. Das IOC entsprach aber nicht dem vom amerikanischen Außenminister vorgetragenen Boykottwunsch, sondern sprach sich eindeutig für die Abhaltung der Spiele in Moskau aus und ermöglichte dadurch eine ungestörte Durchführung der Winterspiele. Allerdings zeigten sich einige organisatorische und technische Mängel in Lake Placid. Erfolgreichster Teilnehmer war der Eisschnelläufer Eric Heiden (USA), der fünf Goldmedaillen gewann.

Eine Neuorientierung gegenüber jeglichem Boykott gab es bereits bei dem IOC-Kongreß in Baden-Baden 1981. In dem vom deutschen IOC-Vizepräsidenten Berthold Beitz vorgelegten Papier heißt es: »Olympische Spiele sind ein universelles Sportereignis, an denen teilzunehmen eine Auszeichnung ist, keine Pflicht.« Damit wurde das Problem entschärft.

Erstmals in der Geschichte der olympischen Bewegung gab es 1984 in Los Angeles privatwirtschaftlich organisierte Olympische Spiele, ohne Regierungshilfe, Lotterie und Schenkungen. Die Spiele wurden weitgehend aus den Fernsehübertragungsrechten finanziert und organisiert und von einer Busineß-Gruppe unter Leitung von Peter Ueberroth »gemanaged«, computermäßig erfaßt und von IBM »verarbeitet«. Die Sportstätten von 1932 waren modernisiert und ein Schwimmbad sowie ein Velodrom gebaut worden. Die Spiele fanden eine große Resonanz, zahlreiche neue Rekorde wurden aufgestellt. Zudem machten sie eines deutlich: Allen Demonstrationen nationalen

Überschwangs, aller Kommerzialisierung, allem politischen Mißbrauch zum Trotz hatte die Welt den Blick nicht abgewandt von diesen Spielen. Sie blieb von ihnen fasziniert, weil der Mensch im Mittelpunkt der Spiele stand, weil Versagen und Triumph, in Grenzbereiche weisende Leistungen, festliche Freude und kühnes Erproben neuer Formen im Individuellen sichtbar wurden. Damit hatte Olympia eine Zukunftschance, wie es auch die sechs Bewerbungen um die Austragung der Olympischen Spiele für 1992 zeigten.

Die Vergabe der Olympischen Spiele *1988* an Seoul erfolgte zu einer Zeit, als es im »Land der Morgenstille« innenpolitisch schwere Auseinandersetzungen wegen der unter Kriegsrecht in Kraft getretenen Verfassung gab. In deren Folge kam es zu brutalem Vorgehen der regierenden Partei gegen demonstrierende Studenten und dem Blutbad in Kwangju. Erst als der Chef des olympischen Organisationskomitees und Vorsitzender der Regierungspartei, Roh Tae Wo, die Regierung übernahm, entspannte sich die Lage, zumal hochschulpolitische Freiheitsrechte gewährt wurden. Nordkorea versuchte dennoch, die labile Lage auszunutzen, und bot vom Norden und Süden gemeinsam organisierte Olympische Spiele an. IOC-Präsident Samaranch, der einen Olympiaboykott befürchtete, reagierte taktisch klug, als er die Vertreter der beiden NOKs zu Gesprächen nach Lausanne einlud, obwohl diese ergebnislos verliefen. Auch weitere Verhandlungen blieben erfolglos, bis ein Ereignis zu einer dramatischen Wende führte. Als der nordkoreanische Geheimdienst durch eine Bombenexplosion eine südkoreanische Verkehrsmaschine über dem Dschungel von Birma zum Absturz brachte und dabei alle Insassen ums Leben kamen – eine Agentin gestand, die Bombe gelegt zu haben –, da hatte der Boykott keine Chance mehr, und Südkorea verweigerte jede Verhandlung mit Nordkorea über eine gemeinsame Ausrichtung der Spiele.

Die Arena des 100 000 Zuschauer umfassenden Olympiastadions wurde bei der Eröffnungsfeier in einen »Tempel des Friedens« von gigantischem Ausmaß verwandelt. Symbolisch wurde der Dreiklang von Himmel, Erde und Mensch zum Thema der Feier gemacht und die Wiedervereinigung aller Menschen in den prachtvoll leuchtenden Farben rot, blau, gold und weiß von 14 000 Darstellern in ihren verschiedenen Landestrachten demonstriert. Das olympische Feuer trug Südkoreas 76jähriger

Nationalheld Kee-Chung-Sohn ins Stadion. Bei den Olympischen Spielen 1936 in Berlin hatte er als »Japaner« starten müssen – Korea war damals von Japan besetzt – und war unter dem Namen Kitei Son Sieger im Marathonlauf geworden. Mit tanzenden Dämonen im Stadion wurden am 17. 9. 1988 die Olympischen Spiele eröffnet – in einer Metropole westlichen Stils. 35 Jahre zuvor war Seoul als Folge des Koreakrieges eine Trümmerstadt gewesen. Zum letzten Mal marschierten zwei deutsche Mannschaften ein. Bei den Wettkämpfen war die Schwimmerin Kristin Otto (DDR), erst 22 Jahre alt, mit 6 Goldmedaillen am erfolgreichsten. Auch die Leichtathleten der DDR errangen zahlreiche Siege. Insgesamt übertrumpften die DDR-Athleten die der USA und der UdSSR. Aber auch die Teilnehmer und Teilnehmerinnen der Bundesrepublik kamen zu beachtlichen Erfolgen. So gab es einen vollständigen Triumph der Fechterinnen, holte sich der Deutschland-Achter wieder olympisches Gold, konnte Nicole Uphoff im Einzel und in der Mannschaft je eine Goldmedaille in der Dressur erringen und zusätzlich gab es noch Gold im Jagdspringen und in der Vielseitigkeitsprüfung. Sehr eindrucksvoll war die Schlußfeier mit den Tempelgesängen und dem Symbol der hereingetragenen Milchstraße, auf der die Weltkugel in den Kosmos rollte. Vier Jahre später sollte nach der Wiedervereinigung eine gesamtdeutsche Mannschaft die Bundesrepublik in Barcelona repräsentieren.

Nach Aussagen des deutschen IOC-Mitgliedes Thomas Bach hat Barcelona 1992 in vielerlei Hinsicht Maßstäbe gesetzt; so mit dem Olympischen Dorf, das am Meeresstrand lag, mit der harmonischen Symphonie der besten Stimmen der Welt bei der Eröffnungsfeier, mit der Anwesenheit der Südafrikaner, die nach Beseitigung der Apartheid wieder dabei waren, und mit der gesamtdeutschen Mannschaft, die ein überzeugendes Bild der Gemeinsamkeit bot. Überschattet waren die Spiele allerdings vom Krieg im einstigen Jugoslawien. Eindrucksvoll war der Weg des olympischen Feuers von Olympia nach Barcelona. In der Altis von Olympia entzündet, wurde es von dort nach Athen gebracht, dann zu Wasser und zu Land zur Costa Brava; von hier wurde es 5000 km durch alle Regionen Spaniens getragen, von Reitern und Radfahrern ebenso transportiert wie von Auto-, Motorrad- und Rollstuhlfahrern. Auch IOC-Präsident Samaranch und Spaniens König trugen kurz die Fackel. Nach 50 Tagen wurde das Feuer auf einem Segelschiff von Mallorca nach Barcelona gebracht, wo Hunderttausende die Ankunft feierten. Ein Pfeil wurde mit der Fackel angezündet, den ein renommierter Bogenschütze, spanischer Sieger bei den Paraolympics, aus 60 m unter dem Jubel der Zuschauer in die gasgespeiste Schale schoß und damit die Flamme neben dem Marathontor entzündete.

Einerseits wurden bei dem Festakt historische Erinnerungen geweckt und gefeiert, hatte doch vor 500 Jahren Columbus Amerika entdeckt; andererseits gab es die politische Bedrohung, befürchtete man Anschläge der baskischen ETA. U-Boote überwachten den Küstenstreifen und Hubschrauber den Luftraum.

Der damalige DSB-Präsident Hans Hansen bilanzierte aus deutscher Sicht die Spiele von 1992: »Die deutsche Olympiamannschaft hat sowohl in Albertville als auch in Barcelona ein überzeugendes Bild der Gemeinsamkeit gegeben. Die deutsche Mannschaft gab keinen Anlaß zur Kritik.« Durch ihr Auftreten sei der schwierige Prozeß der deutschen Vereinigung positiv beeinflußt worden.

Die Jahrhundertspiele von Atlanta *1996,* überschattet von einem Bombenanschlag im Olympiapark, brachten einen sensationellen Weltrekord im 200-m-Lauf der Männer. Michael Johnson, der auch die 400 Meter gewann, spurtete die Strecke in 19,32 Sekunden. Mit dem Sieg im Weitsprung erzielte Carl Lewis seine neunte Goldmedaille bei Olympischen Spielen. Erfolgreichste Nation wurden wieder einmal die Vereinigten Staaten, gefolgt von Rußland und Deutschland, das mit seinen Kanuten, Ruderern, Schützen und Reitern für herausragende Ergebnisse sorgte. Überraschend waren die zahlreichen Erfolge der »kleinen« Nationen und das insgesamt sehr gute Abschneiden Afrikas.

Im Hinblick auf die mediale Zukunft der Olympischen Spiele erklärte IOC-Präsident Samaranch: »Jeder Mensch auf der Welt hat das Recht, die Olympischen Spiele im Fernsehen zu sehen, ohne dafür bezahlen zu müssen.« Und zu den organisatorischen Mängeln bei Sicherheit, Kommunikation und Verkehr merkte er an: »Ich mag es nicht, wenn Olympische Spiele von einer privaten Gesellschaft organisiert werden wie in Atlanta. Meine Überzeugung ist, daß sich an der Organisation der Spiele auch die Stadt, die Gemeinde und das Land beteiligen müssen, wenn es funktionieren soll.«

Herbert Heckmann
**Der Faustkampf
als edle Kunst**
Boxen

Sicherlich haben die Menschen ihre Streitigkeiten schon in vorgeschichtlicher Zeit mit den Fäusten ausgetragen, sind doch die zur Faust geballten Hände die natürlichste Waffe des Menschen. Um 1500 vor Christus soll auf Kreta der Boxkampf schon als Sportart bekannt gewesen sein. Die Griechen übernahmen diese Kampfsportart, als sie in der Ägäis heimisch wurden. Flavius Philostrat, der um 170 n. Chr. geboren wurde und in Athen studierte, berichtet in seinem Werk über die Gymnastik von den Anfängen des Boxkampfes:

»Der Faustkampf ist eine Erfindung der Lakedaimonier und fand einst Eingang bei den barbarischen Bebrykern, und am besten übte ihn Polydeukes aus, weshalb die Dichter ihn aus diesem Grunde besangen. Es boxten aber die alten Lakedaimonier aus folgendem Anlaß. Sie hatten keine Helme, und sie betrachteten auch den Kampf mit solchen nicht als landesüblich, sondern den Helm ersetzte der Schild, wenn ihn einer zu tragen verstand. Um nun die gegen das Gesicht gerichteten Schläge zu parieren, übten sie den Faustkampf und suchten das Gesicht auf diese Weise abzuhärten. Im Laufe der Zeit aber gaben sie den Faustkampf wie das Pankration auf, indem die es für schimpflich hielten, sich an solchen Wettkämpfen zu beteiligen, bei denen die Gefahr besteht, daß, wenn ein einziger sich ergibt, Sparta dem Vorwurf der Feigheit verfallen ist.«

Dieser etwas abstruse Bericht darf nicht so ganz ernst genommen werden. Die alten Griechen liebten das Anekdotische. Philostrat stützte sich mit Sicherheit auf den mythischen Boxkampf zwischen dem Lakedaimonier Polydeukes und dem Bebryker-fürsten Amykos. Daß die Lakedaimonier die Erfinder des Faustkampfes gewesen seien und daß die Bebryker ihn übernommen hätten, läßt sich zweifellos aus dem Mythos herleiten. Darin wird die kunstgemäße Gymnastik über die auf rohe Kraft basierende Kampfweise der barbarischen Bebryker gestellt. Andere Autoren sahen in dem siegreichen Polydeukes den Erfinder des Faustkampfes. Wie auch immer: Bemerkenswert an diesen Ursprungserzählungen ist, daß sie auf mythische Zeiten zurückgehen. In Homers *Ilias* findet sich die Schilderung von Faustkämpfen, die von den Griechen anläßlich der vor Troja veranstalteten Leichenfeiern ausgetragen wurden. All das beweist, wie früh sie den Zweikampf mit den Fäusten schon kannten, den sie übrigens auch mit dem Ringkampf verbanden. Dies nannten sie das Pankration, das Philostrat genauer beschreibt:

»Ausgerüstet war man beim Faustkampf ehemals auf folgende Weise: Die Finger wurden in einen Riemen gewickelt. Dabei ragten sie aus dem Riemen soweit hervor, daß sie, wenn man sie schloß, die Faust bilden konnten. Zusammengehalten wurden sie durch ein Band, das man als Halt am Unterarm befestigt trug. Jetzt hinwiederum verfährt man anders; denn man gerbt die Haut sehr fetter Rinder und verfertigt einen scharfen, vorragenden Schlagriemen, der Daumen aber beteiligt sich zur Vermeidung übermäßiger Verwundungen nicht mit den andern Fingern am Schlage, damit nicht die ganze Hand kämpfe. Daher verbannte man die Riemen aus Schweinsleder von den Sportplätzen, da man die Wunden davon für schmerzhaft und schwer heilbar hält.«

Der Faustkampf gehörte seit 688 v. Chr. und das Pankration seit 652 v. Chr. zum Programm der Olympischen Spiele. Größe und Kraft entschieden meist den Kampf, Onomastus von Smyrna soll einer der ersten überragenden Faustkämpfer gewesen sein. Man kämpfte nicht um Geld, sondern allein des Ruhmes wegen. In der Zeit der römischen Emporkömmlinge, die Petron beschrieb, ließen Reiche kräftige Sklaven gegeneinander kämpfen und wetteten.

Zum Training benutzten die Kämpfer Geräte, die dem heutigen Punchingball ähnlich waren. Daß beim Faustkampf auch die

Füße in Aktion traten, lassen Darstellungen auf Amphoren vermuten. Nach welchen Regeln geboxt wurde, wissen wir nicht. Eine ungefähre Vorstellung erhalten wir aus den Schilderungen bei Schriftstellern. Offensichtlich drängten die Kämpfer mit dem Schienbein gegen den Unterschenkel des Gegners, um ihn zum Zurückweichen und Darbieten einer Blöße zu bewegen. Schon Homer pries die Fertigkeiten erfahrener Faustkämpfer, und Theokrit schilderte den schon erwähnten Kampf zwischen Polydeukes und Amykos in poetischer Ausführlichkeit. Um eine ausgetüftelte Technik haben sich die Griechen wohl nicht bemüht. Sie kannten keine Runden, wie sie heute zum Boxkampf gehören. Es wurde vielmehr so lange gekämpft, bis einer aufgab. Bei den Olympischen Spielen fanden der Faustkampf wie das Pankration die besondere Aufmerksamkeit der Zuschauer. Leider ist der Katalog der Olympischen Spiele, den Aristoteles zusammenstellte, nicht überliefert. Aus Fragmenten wissen wir, daß er den Leukaros aus Arkanien als den ersten nannte, der die Athleten in Pankration ausbildete. Vitruvius verdanken wir die Beschreibung eines Gymnasiums, in dem auch die Faustkämpfe ausgetragen würden. Es enthält ein großes Perstyl, einen von Säulen umgebenen Platz von zwei Stadien, das sind 371 Meter, umsäumt auf drei Seiten von einfachen Säulengängen, auf dem nach Süden von einem doppelten, in dem sich das Ephebeion befand, der Übungsplatz für die Epheben (das sind die nach Eintragung in das Gemeindebuch ihres Demos für volljährig und bürgerlich selbständig erklärten Männer, was in Athen in der Regel im 18. Lebensjahr stattfand).

Frauen hatten zu diesen Gymnasien keinen Zutritt. Sie waren auch von Olympischen Spielen als Zuschauerinnen ausgeschlossen. Pausanias berichtet bei Erwähnung des Felsens Typaion unweit von Olympia, daß von diesem die Frauen hinabgestürzt wurden, die dabei ertappt worden waren, sich als Zuschauerinnen bei den Olympischen Spielen eingeschlichen zu haben.

Was zunächst lediglich Amateurkämpfe waren, wurde bald einzig und allein von Berufsathleten ausgetragen. Im kaiserlichen Rom erfreuten sie sich größter Beliebtheit. Sie hatten eine Clique von Parteigängern, die sie anstachelten. Die Athleten deckten sich auf Leben und Tod zur Belustigung auch der Zuschauerinnen mit Schlägen ein. Im Museo delle Terme ist die Bronzestatue

Abb. 7: Übung am Korykos,
einem mit leichten Stoffen gefüllten Sack,
dem frühesten Punching Ball.
Abbildung auf der Ficoronischen Ziste,
einem etruskischen Behälter
für Toilettengerät.

eines Faustkämpfers zu bewundern, der alle Merkmale eines modernen Profiboxers besitzt: die plattgeschlagene Nase sowie die
notorischen Blumenkohlohren. Er sitzt leicht vornübergebeugt
und erschöpft wie nach einem schweren Kampf.

Mit dem Untergang des römischen Imperiums verebbte die
Begeisterung für Gladiatorenspiele und somit auch für den
Faustkampf, von dem in den Chroniken nicht mehr die Rede ist.
Erst 1681 berichtete ein Engländer von einem volkstümlich gewordenen Wettkampf, der mit den Fäusten ausgetragen wurde.
Ob dieser Faustkampf nun durch die Lektüre antiker Autoren
wieder sportliche Praxis geworden oder ob man in England von
ganz allein darauf gekommen war, läßt sich nicht mehr ausmachen. Zweifellos wurden im Laufe des Mittelalters Streitigkeiten
immer wieder mit den Fäusten ausgetragen, aber zu einem Wettkampf nach gewissen Regeln kam es nicht.

Das englische Zeitwort »to box« in der Bedeutung von »mit
den Fäusten kämpfen« ist seit 1694 verbürgt.

Das Aufkommen des Boxkampfes, vor allem in London, verdankt sich der Wettlust der Engländer. So ermunterte man schlagkräftige Männer aus den verschiedenen Stadtteilen, gegeneinander anzutreten, und wettete auf den, den man für den Favoriten hielt. Auf Taktik kam es nicht an. Man drosch mit bloßen Fäusten aufeinander los, bis einer die Nase voll hatte. Selbst Ringen war bei diesen Kämpfen möglich, wie beim griechischen Pankration. Lag einer endlich am Boden, schrien die Wettgewinner lauter als der Sieger des Boxkampfes. Ein gewisser James Figg, der eine Fechtschule leitete, hatte mit seinen Fäusten so viel Erfolg, daß er es um 1719 zum Champion von England brachte. Nach ungefähr 15 Jahren Championships mußte er sich dem wendigen Italiener Tito Alberto di Carni geschlagen geben. Dieser italienische Sieg wurde nachgerade als nationale Schande angesehen. Die Engländer konnten jedoch mit Genugtuung zur Kenntnis nehmen, daß die folgenden Champions Landsleute waren. Jack Broughton, ein zweihundert Pfund schwerer Engländer, war der erste, der dem Boxkampf eine halbwegs sportliche Note verlieh. Er war zwischen 1734 und 1740 Champion und verlor 1750, schon etwas in den Jahren, gegen den mit faulen Tricks kämpfenden Jack Slag, der sich in Wirtshausschlägereien ausgezeichnet hatte. Broughton hatte sich mit seiner noblen Technik einen Namen gemacht, wenn er auch nicht auf das Ringen verzichtete. Er gilt heute als der Urheber des modernen Boxkampfes. Er selbst nannte seine Trainingsschule »The Mystery of Boxing« – diese absolut englische Kunst.

Die Boxleidenschaft der Engländer, in der sich die Wettlust mit der Begeisterung über einen guten Kampf verband, wurde auf dem Kontinent zunächst als typisch angelsächsische Schrulle belächelt. So liest man in der Nummer 16 der *Vossischen Zeitung* aus dem Jahre 1788:

»London, den 22. Januar. Vorige Woche hatten wir wieder 5 Boxereien, allein die des Juden Mendoza und Schlächter Humphrys bleibt auf lange Zeit die merkwürdigste. Der überwundene Jude hat sich gleich nach dem Gefecht von dem Doktor Saffort besichtigen lassen, der ihm öffentlich das Zeugniß gegeben hat, der Schlächter habe ihn so zuschanden gestoßen, daß er nicht im Stande gewesen, das Gefecht länger fortzusetzen.«

Dies scheint der erste Fall eines ärztlichen Beistands bei einem Boxkampf gewesen zu sein. Mendoza, der nur 160 Pfund wog, aber von großer Wendigkeit war und eine bewundernswerte Beinarbeit leistete, bestach durch eine schnelle Linke, mit der er seine Gegner auf Distanz hielt. Er konnte gegen die stärksten Boxer Sieger bleiben, verlor jedoch seinen Titel an John Jackson, den man Gentleman Jackson nannte. Wie Mendoza erwies sich auch Jackson als vorzüglicher Lehrer. So hat auch Lord Byron bei ihm das Boxen gelernt und seinem Lehrer gar einen Zweizeiler gewidmet, was wahrscheinlich die erste poetische Würdigung eines Boxers in der Neuzeit ist:

> »And men unpractised in exchange knocks
> Must go to Jackson ere they dare to box.«
> (Aus: Hints from Horace)
> (Und Männer noch ohne Praxis im Schlagaustausch
> Müssen zu Jackson gehen, ehe sie zu boxen wagen.)

Daß man in Deutschland auch weiterhin kein Verständnis für den englischen Boxkampf aufbrachte, für den sich sogar die Lords nicht zu gut waren, verrät die Notiz in der Nummer 136 der *Haude-Spenerschen Zeitung*, Berlin 1789:
»Zur Schande der Policei haben zu Banbury zwei Kerls, Johnson und Perry, eine öffentliche Faustschlägerei gehalten. Die Menge der Zuschauer vom vornehmen und geringen Pöbel war unglaublich, und über 30000 Pfund Sterling sind dabei verwettet worden. Wollte man auch diese Narrheit verzeihen, so wird doch Niemand das Betragen des dasigen Stadtmajors, eines Holzhändlers, billigen, der, an Statt die beiden Faustschläger in Verhaft zu nehmen, die Unverschämtheit gehabt hat, ihnen eine große Bühne dazu aufzubauen, und sich dafür eine ansehnliche Summe bezahlen zu lassen.«
Der Boxkampf avancierte schon im England des 18. Jahrhunderts zur beliebtesten Sportart, bei der auch die Wette nicht zu kurz kam. Freilich war es mit der englischen Fairneß noch nicht so weit her. So hat Gentleman Jackson in seinem Kampf gegen Mendoza sich nicht anders zu helfen gewußt, als mit einer Hand die langen Haare seines Gegners zu ergreifen, um auf diese Weise den Kopf Mendozas für den entscheidenden Schlag festzuhalten. Doch darf nicht unerwähnt bleiben, daß Jackson sich um einen ordentlich Verlauf des Boxkampfes bemühte. Der erste Pugilistic Club – Boxerklub – wurde in seiner Schule gegründet. Sir Henry

Smith präsidierte beim ersten Treffen und konnte eine ganze Reihe boxbegeisterter Lords begrüßen.

Tom Cribb, der Jackson als Champion folgte, festigte seinen Ruf der Unbesiegbarkeit, als er zwei schwarze Sklaven aus Amerika besiegte: Bill Richmond und Tom Molineaux. Richmond war übrigens der erste Amerikaner, der mit seiner Boxkunst sich auch in England einen Namen machte. Im Jahr 1839 kämpfte James Burke gegen William Thompson nach festen Regeln, die verlangten, daß der Ring 24 feet im Quadrat messen und von Seilen begrenzt sein müsse. Ging ein Boxer zu Boden, half man ihm auf und führte ihn in seine Ecke. War er dann außerstande, in die Ringmitte zurückzukehren, um den Kampf wieder aufzunehmen, wurde er bis 8 ausgezählt und für besiegt erklärt, »not up to stratch«, wie der Schiedsrichter ausrief. Kicken, mit dem Kopf stoßen, den Daumen ins Auge des Gegners drücken sowie Tiefschläge galten als foul, waren also nicht erlaubt. Diese sogenannte Londoner Regeln garantierten über fünfzig Jahre den fairen Verlauf eines Boxkampfes. Indessen hatte sich der Boxsport auch in Amerika durchgesetzt. John C. Heenan, ein gutaussehender Fighter, der selbst Frauen zu Boxfans machte, gab sich nicht mit dem Titel Champion der Vereinigten Staaten zufrieden und forderte den englischen Champion Tom Sayers heraus. Der Kampf kam tatsächlich zustande und fand im April 1860 in Farnborough/England statt. Heenan brachte 195 Pfund auf die Waage, Sayers dagegen nur 149, doch gelang es dem ebenso tapferen wie schnellen Engländer, seinem amerikanischen Gegner 42 Runden standzuhalten, bis das Publikum den Ring stürmte und den Kampf beendete.

Von einem der ersten Boxkämpfe, die auf dem Kontinent ausgetragen wurden, findet sich in der *Bibliothek der Neuesten Weltkunde* aus dem Jahre 1833 unter dem Titel »Ein Boxer-Zweikampf, seine Regeln, sein Fortgang und sein Ende« ein längerer Bericht. Ort des Boxdramas war eine Wiese in der Nähe von Charenton-Saint-Maurice. Nur gewisse privilegierte Personen, Verehrer des alten, ruppigen Boxstils, waren geladen. Ungewißheit darüber, wie das französische Gesetz auf einen solchen Boxkampf reagieren würde, trieb die Veranstalter und das geladene Publikum zur Heimlichkeit. Die beiden Boxer, »Berühmtheiten des britischen Pugilats«, waren der erlauchte Swift, der in seinen drei letzten Kämpfen seine Gegner entseelt zu Boden gestreckt hatte, sowie der furchtbare Adam, ausgezeichnet durch 24 Kämpfe, wovon er in 21 den Sieg errungen. Es wurde hoch gewettet. Der Bericht des Kampfes verrät noch nicht die Routine eines Reporters, sondern gleicht eher einer Theaterkritik, die besonders auf die Dramaturgie achtet.

»Kenner bemerkten mit Bewunderung, daß in dem Augenblicke, wo die beiden Boxer sich genähert hatten, es Swift bei einem Haar gelungen war, Adam in Chancery zu stellen. Man bezeichnet mit diesem Worte das Verfahren, wodurch es einem Boxer gelingt, den Hals seines Gegners mit seinem linken Arm zu umspannen, den Kopf solchergestalt festzuhalten und denselben durch wiederholte Schläge so zuzurichten, daß jener alle Besinnung verliert. Die Benennung Chancery ist diesem Meister-Kunstgriff deshalb beigelegt worden, weil der unglückliche Kämpe in solchem Falle sich fast in demselben Zustande befindet, wie ein armer Prozeßführender, der einmal in einer Gerichtskanzlei sich befindet, die er nur hartmitgenommen wieder verlassen kann.«

Zur Beschreibung des Boxkampfes benutzte der Autor der Reportage Bilder menschlicher Misere. Das Ende des Kampfes sieht er gar wie den Schluß einer Tragödie. Von termini technici noch keine Spur.

»Adam war sehr aufgeregt und hatte alle Fassung verloren. Das war es, was Swift, der immer ruhig, immer Meister seiner Wut blieb, erwartete. Während sein Nebenbuhler außer Atem ihn niederzuwerfen sich bemühte, machte er einen Sprung, entschlüpfte dadurch dem vierschrötigen Athleten, hob ihn mit dem linken Arm in die Höhe, gab ihm zugleich mit der rechten Faust einen gewaltigen Schlag auf die Schläfe und warf ihm zum Entsetzen der Zuschauer, wie beim Beifallgeschrei der Wettenden, sogar seiner Gegner, die ihre Bewunderung nicht unterdrücken konnten, mitten auf den Platz.

Der Schlag war entscheidend. Einem Hiob oder Lazarus nicht unähnlich, mit blutenden, zerrissenen Wunden auf allen Seiten, mit fast erloschenen Blicken, konnte Adam, als er wieder aufgerichtet wurde, sich kaum auf den Beinen halten. Ein letzter Schlag zwischen die Augen traf ihn nur noch wie armes Schlachtvieh, das jedes Widerstandes unfähig, zu Boden stürzte. Er behielt kaum Kraft genug zu murmeln, daß er sich ergebe. Dann sank er ohnmächtig seinem Sekundanten in die Arme.«

Die endgültigen Regeln für den Boxkampf faßte der 8. Marquis of Queensbury 1867 aus den schon bestehenden Regeln zusammen. Daran hat sich bis zum heutigen Tag so gut wie nichts geändert. Seit 1882 wurden gepolsterte Handschuhe verlangt, um die fürchterlichen Verletzungen durch die bloße Faust zu verhindern. Auch setzte sich die Technik mehr und mehr durch, und die Anwendung brutaler Kraft fand kaum noch den Beifall des kundigen Publikums. Der Boxkampf kam endlich zu sportlichen Würden und erlangte internationale Beachtung.

John L. Sullivan, der mit 24 Jahren den amerikanischen Titel im Schwergewicht gewann, trug 1892 den Kampf mit bloßen Fäusten aus. Was ihn als »barenuckle Champion«, als Kämpfer ohne Boxhandschuhe, auszeichnete, war seine große, rücksichtslose Kraft und sein gnadenloser Punch. Diesen Kampf im Jahre 1892 gegen »Gentleman Jim« Corbett, den er nach den neuen Queensbury-Regeln austrug, verlor er. Jetzt triumphierte nicht mehr die rohe Gewalt. Der Boxer mußte auch eine Strategie haben. So zeichneten Technik, Reaktionsfähigkeit, Schnelligkeit, Beinarbeit und ein waches Auge den Champion aus. »Gentleman Jim« Corbett behielt fünf Jahre den Titel und bewies, daß das Boxen auch ein recht lukratives Geschäft sein kann.

Jetzt kam auch in Deutschland Interesse für den Boxsport auf. So liest man in der sechsten Auflage von *Meyer's Großem Konversations-Lexikon*, daß das Boxen als gesunde nützliche Leibesübung Beachtung verdiene. Es stehe, was körperliche Ausbildung betreffe, auf höherer Stufe als das Ringen und namentlich das Fechten.

Es waren nicht zuletzt ökonomische und soziale Gründe, die das Boxen in Amerika so populär machten. Unter den Iren, die durch Hungersnöte gezwungen waren, in die Vereinigten Staaten auszuwandern, gab es nicht wenige, die in ihrer neuen Heimat mit den Fäusten ihr Glück zu machen suchten. Vor 1910 beherrschten sie fast alle Klassen, vom Schwergewicht bis zum Bantamgewicht. Unterdrückung in den großen Städten ließ sie die Fäuste schwingen. Terry McGovern, »Philadelphia« Jack O'Brien, Mike (»Twin«) Sullivan und sein Bruder Jack, Packey McFarland, Jimmy Clabby, Jack Britton sind die Namen, die noch heute den Iren in Amerika in den Ohren klingen. In diesen Zeiten der Armut und Unterdrückung war der Boxkampf ein

Abbild des wirklichen Lebens, und man gab den letzten ver-
dammten Dollar aus, um dabeisein zu können.

Nicht anders war es mit den Schwarzen, die aus der Verachtung der Weißen und aus sozialer Not und Abhängigkeit heraus-
wollten. Auch sie lernten es, die Fäuste zu ballen, und hofften,
sich einen Weg nach oben freizuboxen (»to fight their way to the
top«). Es kam regelrecht zu einem schwarzen Boxingboom. Joe
Gans, ein Leichtgewichtler aus Baltimore, war nicht nur ein be-
gnadeter Boxer, sondern auch ein heller Kopf, der sich nicht von
den windigen Managern manipulieren ließ. Jack Johnson gewann 1908 als erster Schwarzer den Titel eines Worldchampions
im Schwergewicht. Bald dominierten die Schwarzen in der amerikanischen Boxszene, die immer auch ein gutes Geschäft ist, allerdings nicht immer zugunsten der Boxer. Doch gab es Zeiten,
in denen weiße Boxer sich schlichtweg weigerten, gegen einen
schwarzen Gegner anzutreten. So verzichtete John L. Sullivan
auf einen Kampf gegen Peter Jackson, und Jack Dempsey wollte
nicht mit Harry Wills in den Ring steigen. Joe Louis, der 1937
den Titel im Schwergewicht gewann und unbesiegt abtrat, war
der erste schwarze Boxer, der auch von Weißen akzeptiert
wurde. Zweifellos stellten bislang die Schwarzen die besten
Fighter in der Boxgeschichte, allen voran den überragenden
Cassius Clay, der sich später Muhammad Ali nannte, einen eleganten, reaktionssicheren Boxer mit tänzelnder Beinarbeit, der
jeden Punch des Gegners zu ahnen schien. Auch er – wie viele andere – leidet heute unter den Folgen der Schläge, die er dann doch
einstecken mußte. Neurologische Schäden bleiben in einer Bo-
xerkarriere nicht aus. Dem Japaner Yoshida verdanken wir eine
Studie, die der Frage nachgeht, welche Kräfte beim Boxhieb am
schlagenden Teil insbesondere bei Trainierten frei werden. Er
maß auf elektrischem Wege die Kraft des Boxhiebs bei 50 Berufs-
boxern im Mittelgewicht. Im Durchschnitt wurden 140 kg bei
der rechten Geraden, 146 kg beim rechten Haken, 131 kg bei der
linken Geraden und 140 kg beim linken Haken gemessen. Die
mittleren Werte von 50 Amateurboxern vergleichbarer Klassen
lagen rund 40 kg niedriger. Bei völlig ungeübten jungen Männern
wurden noch um ca. 30 kg niedrigere Werte ermittelt. Maximale
Werte ergaben sich bei Cassius Clay mit 190 kg.

Aufgrund dieser Werte stellte man die Forderung nach einem
Verbot des Boxsports auf, eine Meinung, der sich viele Neurolo-

gen anschlossen. Dazu ist es bis zum heutigen Tage nicht gekommen. Tatsache bleibt, daß nur wenige ihre Laufbahn als Profiboxer ohne Gehirnschäden überstehen können. Max Schmeling, der 1930 den Titel im Schwergewicht gewann, hat es verstanden, die Boxkunst mit einer klugen Lebenskunst zu verbinden. Er trat rechtzeitig ab und behielt seine Gesundheit. Ihm ist es gelungen, schon zu Lebzeiten eine Legende zu werden. Die meisten Boxer verschwanden nach ihrer Profilaufbahn in der Versenkung, und nur noch ihre Kämpfe bleiben den Fans in der Erinnerung. Von dem Geld, das sie sich erkämpft hatten, war meist am Ende ihres Lebens nichts mehr vorhanden. John C. Heenan erhielt für einen Fight lediglich $ 2500 und den Meisterschaftsgürtel, Mike Tyson fordert heute für einen Kampf über zehn Millionen. Der Boxsport ist eine Travestie auf den rücksichtslosen Kapitalismus geworden. Untersuchungen haben ergeben, daß die Unempfindlichkeit gegenüber Störungen in einem positiven Zusammenhang mit dem Vermögen des Boxers steht, Methoden der Selbstregulierung anzuwenden und mit der Eigenschaft, selbständig zu handeln. Das heißt: Hier wird die bewußte Regulierung der Handlungen, Gedanken und Gefühle, die das Bestreben, den Kampf bis zum Ende zu führen, und das Selbstvertrauen stärken, zum treibenden Element in dem System. Der Erfolg erweist sich nicht zuletzt als eine Folge der Einstellung des Boxers.

Eine nicht unwesentliche Rolle spielt beim Boxkampf das Publikum, das erst während des Fights zu einer homogenen Masse wird, selbst wenn es aus den verschiedensten Gesellschaftsklassen kommt. So schreibt der Amerikaner T. Furst in seiner Studie »Der Boxer und sein Publikum«:

»Das Boxpublikum wird volkstümlich als ein barbarisches Kollektiv beschrieben, widerhallend von blutdürstigen Schreien, die nach brutaler Vernichtung eines der Wettkämpfer verlangen. Spontane Zurufe wie ›Bring ihn um!‹ oder ›Mach ihn fertig!‹, die man aus Zuschauermunde hört, lassen sich auf eine tropismatische Reaktion zurückführen, ausgelöst durch Treffer, die eine Entscheidung oder das mögliche Ende des Kampfes signalisieren. Diese Reaktionen werden noch unterstützt durch die konzentrierte Aufmerksamkeit und die ihr zugrundeliegenden hohen Erwartungen des Publikums. Die Qualität des Boxkampfes fördert die ständige Erwartung einer vorzeitigen Entscheidung, besonders wenn es sich um ein aktionsreiches Gefecht handelt.

Der Umstand, daß das Publikum nicht über die von Runde zu Runde erfolgende Punktwertung der Kampfrichter und des Ringrichters informiert wird, trägt weiterhin zur spannungsgeladenen Atmosphäre des Kampfes bei. Folglich ist das Publikum geradezu prädestiniert für spontane Spannungsentladungen, die sich durch die Ungewißheit über den Ausgang des Kampfes entwickeln. Diese kognitive Spannung wird noch intensiviert, wenn ein Kampf lebhaft ist, d. h. ein ständiger und anhaltender Schlagabtausch stattfindet.«

So hat der Boxkampf etwas von einem Drama, an dem das Publikum selbst teilnimmt, mitbangt, mittriumphiert oder mitverliert.

Wie anders dachten die alten Griechen, die den Faustkampf als eine gymnastische Übung verstanden, die der Seele und dem Körper guttue. Aber Hand aufs Herz, wem fallen solche hehren Gedanken ein, wenn er einen harten Fight sieht – und sei es auf dem Bildschirm des Fernsehers? Da geht es einzig und allein um den Kampf, koste es, was es wolle. Doch hat man auch die Möglichkeit, das Ganze als eine blutige Parodie auf den menschlichen Erfolgswillen zu sehen.

Michael Gross
**Von der Badekultur
zur Freizeit-
gesellschaft**
Schwimmen

Der Mensch ist nicht für das Wasser geboren. Er ist ein »Land-
tier«. Aber gerade deshalb übt das Wasser, das zweite Element,
auf ihn besondere Anziehungskraft aus. Gehört doch das
Schwimmen nicht zu den Fähigkeiten, die dem Menschen ange-
boren sind oder die er, wie das Laufen, mit der Zeit natürlicher-
weise erlernt.

Insofern ist anzunehmen, die Fähigkeit zu schwimmen könnte
von Anbeginn der Menschheit eine große Faszination ausgeübt
haben und wäre eng mit der kulturellen Entwicklung verknüpft.
Thesenhaft formuliert: Erst ein Mensch, der schwimmen kann,
ist wirklich ein Mensch, da er selbsttätig zu den naturgegebenen
Anlagen sich eine weitere Kunst der Körperbewegung angeeig-
net hat. Das stimmt und stimmt wiederum nicht. Denn selbstverständlich sind auch Nichtschwimmer Menschen.

Im Ernst: Einerseits besteht die Vermutung, das Wasser
könnte seit Jahrtausenden auf den neugierigen Menschen eine
besondere Faszination ausüben; andererseits ist es aber eine Tatsache, daß auch heute noch – besonders in Ländern mit viel Wasser, so zum Beispiel rund um das Mittelmeer – die Zahl der
Nichtschwimmer relativ groß ist. In Massen schreckt Wasser
vielleicht ab, wirkt bedrohlich tief, unheimlich. Nicht umsonst
sollen seit Urzeiten in den finsteren Tiefen böse Geister oder gar
Schreckgespenster ihr Unwesen treiben – so zumindest der
Aberglaube vieler Kulturen und Religionen, angefangen von der

griechischen Mythologie bis hin zum schottischen Loch Ness, in dem nach wie vor ein Monster »wohnen« soll.

Angesichts dieser vermeintlichen Gefahren in offenen Gewässern wundert es kaum, daß die Menschen schon immer an Land Wasserbehälter fertigten. Temperatur und Menge hatte man so bestens im Griff. Ägyptische Pharaonen frönten genauso dem Badespaß in altertümlichen Wannen, wie heutzutage gestreßte Manager im »Jacuzzi«, dem modernen sprudelnden Heißbad, Entspannung suchen. Legendär die römischen Thermen, die das Baden zur Massenkultur emporhoben. Stillos muten dagegen heutige Spaßbäder an, die mit reichlich technischem Schnickschnack für erholsamen Zeitvertreib sorgen wollen.

Nach dem ersten Boom ist die Euphorie über die neue Lust am Baden mittlerweile abgeebbt. Denn viele Menschen merken: Baden ist nicht Schwimmen – und Schwimmen kann man eben nicht in ovalen Becken oder runden Whirlpools. Die Kulturgeschichte des Schwimmens ist offenbar mit dem Baden verknüpft, ist aber von der Badekultur zu unterscheiden. Statt das Planschen näher zu betrachten, liegt deshalb der Schwerpunkt nunmehr auf der Fortbewegung des Menschen im Wasser – und zwar aus eigener Kraft, ohne Hilfsmittel.

Welcher Mensch konnte als erster laufen und wo lebte er? Diese Frage wird nie mit letzter Gewißheit zu klären sein. Ebensowenig wird nachvollziehbar sein, wann Menschen erstmals im Wasser »Gehversuche« unternahmen. Vielleicht war es sogar, bevor sie das Laufen lernten: Vor einigen Millionen Jahren hat sich ein noch krabbelnder Vorfahre in einen See gleiten lassen und ist losgekrault, um sich neue Nahrungsquellen zu erschließen. Warum nicht? Der Antrieb: »Survival of the fittest«.

Aber die Frage, wann und wo zuerst geschwommen wurde, ist müßig. Sicher wurde zu den Zeiten der Naturvölker gebadet, getaucht und geschwommen – allein schon, um zu jagen, zu flüchten oder neue Lagerplätze zu finden. Gesichert ist, daß man bereits in der Jungsteinzeit einfache Formen des Heißluftbades kannte, ganz zu schweigen von den bronzezeitlichen Hochkulturen des Alten Orients. Und wenn damals Menschen, überwiegend zu kultischen Zwecken, das Wasser extra erhitzten, pflegten sie bestimmt auch die Fortbewegung im Wasser.

Wichtiger ist die Frage, wann das Schwimmen den Menschen

berichtenswert erschien, also über die reine Fortbewegung hinaus eine kulturelle Bedeutung erlangte. Um 3200 v. Chr. entstand in Ägypten ein Siegelzylinderabdruck, der einige Schwimmer zeigt. Sie bewegen sich durch die Fluten im Wechselschlag, offenbar schon damals und auch heute die gebräuchlichste, da einfachste und schnellste Form des Schwimmens – das Kraulen. Prinzen, Söhne und Zöglinge des ägyptischen Adels erhielten Schwimmunterricht. Auch ohne Überlieferung ist anzunehmen, daß die Schüler ihre neu erlangten Fähigkeiten im zumindest spielerischen Wettstreit prüften. Und sicherlich genossen die besten Schwimmkünstler in einem Land, in dem Wasser sehr knapp und daher für das gesamte Volk von großer Bedeutung war, einige Anerkennung.

Auch assyrische Krieger kraulten durch Euphrat und Tigris, in vollem Gewand, wie ein Relief beweist. Nichtschwimmern dienten aufgeblasene Fellsäcke als Schwimmhilfen. Andere Darstellungen auf Wand- und Vasenmalereien zeigen Schwimmer in der Seitenlage. Auch der Kriechstoß, den Tiere häufig anwenden, wurde bevorzugt. Sogar Schwimmbäder entstanden: Am Unterlauf des Indus, in der Stadt Mohenjo-Daro, weisen Ruinen auf ein Hallenbad hin, das um 2500 v. Chr. Gäste zum Schwimmen einlud.

Natürlich handelte es sich nicht um eine 50-Meter-Bahn moderner olympischer Ausmaße. Vielmehr zeigen die Beispiele, daß alle altertümlichen Hochkulturen von Ägypten über Persien bis nach Indien und Japan eins gemeinsam hatten: Das Wasser, die großen Ströme und natürlichen Thermalquellen wurden verehrt. In den unterschiedlichen Religionen gab es übereinstimmend genaue Vorschriften für das Waschen und Baden. Nicht zuletzt wurde das Wasser als Elixier zur Heilung angewandt. Diese kulturelle Bedeutung des Elements steigerte sich weiter in den Epochen der griechischen und römischen Kulturblüte.

Der Dichter Musäus schildert in einem Epos die wohl bekannteste, allerdings tragisch verlaufene Schwimmleistung der Antike: Hero wies Nacht für Nacht ihrem Geliebten Leander aus Abydos mit einer Fackel den Weg durch die Fluten des Hellespont. Einmal erlosch jedoch im Sturm die Fackel, und Leander ertrank in der Dunkelheit im Meer. Beim Anblick des angespülten

Leichnams stürzte sich die verzweifelte Hero von ihrem Turm in den Tod.

Auch heutigen Langstreckenschwimmern würde die Leistung des Leander zum Ruhme gereichen. Doch im Griechenland der Antike besaß das Schwimmen scheinbar nicht die Bedeutung wie andere Sportarten. In den kultisch geprägten Spielen von Olympia gab es keine Disziplin Schwimmen, die sicherlich eingeführt worden wäre, wenn das Schwimmen auch kulturell die Bedeutung anderer Körperertüchtigungen, wie Laufen, Ringen oder Boxen, erlangt gehabt hätte.

Statt dessen wurden in Olympia die Thermen (griechisch »thermos« = warm und »thérmai« = heiße Quellen) zu Orten für Entspannung und Kurzweil, aber auch zu Stätten sozialer Begegnungen und religiöser Reinigungsrituale. Olympia war dabei kein Einzelfall. Hellenistische Turnanstalten besaßen häufig angegliederte Badeanstalten. Schon damalige Thermen zeichneten sich durch die Vielfalt im Angebot aus, das von Bürgern jeden Geschlechts und Alters üblicherweise gemeinsam genutzt werden konnte. Die Sitzwannen-Bäder, die seit der Zeit Homers nachweisbar sind und gut ausgestattete Privathäuser auszeichneten, wurden ergänzt durch runde Schwitz- und Kaltbäder sowie »größere Becken«, in denen ein paar Züge geschwommen werden konnten, die aber kein Standardmaß besaßen. Gerade einmal zwölf Quadratmeter maß das 1,38 Meter tiefe Becken in Olympia. Schwimmen als Sport existierte bei den Griechen nicht.

Nichtsdestoweniger gehörte die Fertigkeit zu schwimmen für die Griechen zu den Grundfähigkeiten eines kultivierten Menschen. Nicht nur für die Spartaner war das Schwimmen Teil der körperlichen Grundausbildung. Platon fragt rhetorisch in seinen Gesetzen: »Wird man Leuten, die das Gegenteil von weise sind, die, wie das Sprichwort sagt, weder schwimmen noch lesen können, ein Amt übergeben?« In Homers Epen machen die Helden häufig von kalten und warmen Bädern Gebrauch; so suchten die Skythen vor der Belagerung Trojas erst einmal ein Dampfbad auf. Jedoch schwimmen die Helden vergleichsweise selten und dann zumeist, um etwaigem Verderben zu entkommen. So auch Odysseus, dessen Floß durch einen Sturm des Poseidon zertrümmert wird, so daß er schwimmend die Phäakeninsel erreichen muß. Sein üppiges Pensum: drei Tage Meerschwimmen. Kühn auch die Flucht der Griechen vor den Karthagern von Sizilien im Jahr 379 n. Chr. Immerhin 50 sollen die sechs Kilometer breite Meerenge von Messina nach Italien, die noch heute für ihre tückische Strömung bekannt ist, bewältigt haben (wobei 200 den Sprung in das Meer gewagt haben sollen). Daß fast jeder Grieche schwimmen lernen mußte, bewährte sich spätestens in den berühmten Seeschlachten der Perserkriege: Die Griechen schwammen einfach, wie Herodot berichtet, »wenn ihr Schiff unterging und sie nicht von Feindeshand fielen, nach Salamis an Land«.

Die Römer kannten ursprünglich nur das private Bad im Haus (lavatrina). Der Kontakt mit dem Griechentum führte zur Übernahme öffentlicher Bäder (balnea), die zu einem luxuriösen Badewesen entwickelt wurden, das bis heute seinesgleichen sucht. Zumindest eine kleine Anlage besaß jede Stadt, Villa oder sogar Militärstation. Eine technische Innovation machte die Entstehung zum Teil gigantischer römischer Thermenkomplexe möglich: Die Heizung durch die sogenannten Hypokausten sorgte für eine optimale Regulierung der Wärme und machte auch stundenlange Aufenthalte zu einem unbeschwerten Vergnügen. Ursprünglich wurden die Thermen durch große Feuerbecken erwärmt. Im ersten Jahrhundert v. Chr. perfektionierten die Römer die Technik der Wand- und Fußbodenheizung – eben die Hypokausten, deren Luftdurchlaß in den Hohlräumen regulierbar war, so daß jeder Raum und jedes Becken gleichmäßig auf eine bestimmte Temperatur aufgeheizt werden konnte. Beste Bedingungen zum Schwimmen, könnte man glauben.

Schwimmen zählte zur Grundausbildung römischer Legionäre. »Das Schwimmen und seine Anwendung muß im Sommer jeder Neuling in gleicher Weise lernen. Nicht immer können nämlich Flüsse auf Brücken überschritten werden«, berichtet Vegetius, Finanzminister unter Kaiser Theodosius I. Und nicht nur die Soldaten, auch das übrige Personal, vom Reiter bis zum Troßknecht, sollten schwimmen können. Denn selbst das Baden in Flüssen sei gefährlich, so Vegetius, wenn der Strom während der Schneeschmelze aus den Ufern trete. Die Kunst zu schwimmen für die Römer also eine reine Überlebensleistung? Tatsächlich konnte auch bei den Römern von Schwimmsport keine Rede sein. Legendär die Berichte über nachgespielte Seeschlachten im gefluteten Colloseum zu Rom. Aber von Schwimmwettkämpfen, zum Beispiel eine Stadionrunde Freistil als Sprint oder zwanzig Runden für die Langstrecke, ist kein Bericht überliefert. Hingegen hat es in den gefluteten Amphitheatern Vorführungen gegeben, die mehr an Synchronschwimmen erinnern: Szenen aus Göttersagen, Nymphenreigen oder sogar, dann doch Schwimmen, die nachgestellte tragische Geschichte des Leander. Schwimmen war insofern den Massen willkommen, wenn es der Unterhaltung diente. Und unterhaltsam ist das brave Hin- und Herschwimmen in Zeiten der Gladiatorenkämpfe gewiß nicht gewesen.

Konsequent konnte auch die private Ausübung des Schwimmens wenige Römer begeistern, weshalb in den monumentalen Thermen auch keine Schwimmmöglichkeiten geschaffen wurden. Die riesigen Becken – in den Titusthermen maß der »Haupt-Pool« 70 mal 40 Meter – waren maximal brusttief. Tauchen und Springen waren somit generell ausgeschlossen, und Schwimmen konnte nur derjenige, der sich seinen Weg zwischen anderen Gästen, die im Gespräch durch das Wasser wateten, bahnte.

Die Thermen waren eben keine Sportstätten, vielmehr ein Mittelpunkt des kulturellen und gesellschaftlichen Lebens. Man kann ohne Übertreibung von einer Badesucht nach Luxus sprechen, die sich im kaiserlichen Rom breit machte. Die Spaßkultur in den Thermen entsprach dem repräsentativem Lebensgefühl, das bereits in den Gebäuden zum Ausdruck kam. Die Thermen des Diocletian und Caracalla zeugen noch heute von der damaligen Baukunst und ungehemmten Lebenskultur. Über 3000 Personen konnten sich gleichzeitig, ohne Anstehen, vergnügen. Hunderte von Alabasterwannen, Tausende Sitzmulden in den Becken – da konnte sich jeder Gast sein individuelles Badeerlebnis schaffen. Die Thermen mußten die Dimensionen heutiger Erlebnisbäder weit übertreffen, um die verschiedenen Funktionen vom Baden über das Schwitzen zur Körperpflege und Körperfitneß bis hin zu Vorführungen, Restauration für Trinkgelage und Bibliotheken unter ein Dach zu bringen. Einige zehntausend Quadratmeter Grundfläche benötigten die Baumeister für die meist zentrisch angelegten Gewölbekompositionen, die nacheinander durchwandelt werden konnten. Alles natürlich aus feinstem Marmor, säulenverziert und angefüllt mit edlen Standbildern. Der römische Badegast erwartete, so richtig verwöhnt zu werden. Und ihre Kaiser strebten danach, ihren Untertanen Luxustempel zu schaffen, indem sie die Thermenanlagen ihrer

Vorgänger in Prunk und Ausmaßen übertreffen wollten – ob Nero oder Titus, ob Carcalla oder Diokletian.

In den römischen Thermen konnte man es aushalten, stunden- oder gar tagelang. Hier wurde Politik gemacht, der römische Klatsch ausgetauscht, eben alles diskutiert, was dem Römer wichtig oder aktuell erschien. Die Thermen sind Monumente für die Dekadenz der Römer. »Welche Fülle von Standbildern«, schreibt Seneca, »die bloß zum Schmuck aufgestellt sind, um da- mit zu protzen! Welche Fülle von Wasser, das über Stufen rau- schend hinabgleitet!« Zum Höhepunkt verbrauchten die Bäder Roms rund 750 Millionen Liter Wasser – täglich! Andererseits verkam das Zentrum des Römischen Reichs zusehends zu einer Kloake. Die Kultur der Thermen war kulturlos, sprich ein Do- kument kultureller Barbarei, die nur auf dekadenter Hochstape- lei beruhte. Insofern wundert es eigentlich, daß an den Überfluß, den die Thermen in Rom praktizierten, zu keiner Zeit mehr an- geknüpft wurde. Denn über einen Mangel an repräsentativen Kulturformen klagt die Menschheitsgeschichte keinesfalls. Frankreichs Ludwig XIV. hätte durchaus ein Badeschiff bauen können, das Kaiser Caligula für sich konstruieren ließ, auf dem Bogengänge aus Zedernholz, mit Reben umrankt, und Obst- bäume die Becken und Wannen umgaben.

Die Römer brachten ihre Badekultur in fast jeden Winkel Euro- pas. Wohin die römischen Legionen vorstießen, überall bauten sie Festungen – und Thermen. Wie in Trier, deren beide Haupt- becken von 20 mal 12 Meter sich mit denen in Rom durchaus messen konnten. Zunächst wurde in der byzantinischen und dann auch in der muslimischen Kultur versucht, an römische Vorbilder anzuknüpfen. »Deine Stadt ist erst eine vollkommene Stadt, wenn es in ihr ein Bad gibt«, rät Abu Sir dem muslimischen König. Stärker als kulturelle Bedingungen beeinflußte die Lehre des Islam von der rituellen Reinheit den Besuch von Bädern. Und da im Mittelalter nicht jedes Haus über ein eigenes Bad ver- fügte, war der Bau öffentlicher Bäder eine Herrscherpflicht.

Insgesamt brachte das Mittelalter keine Weiterentwicklung der Bade- oder gar der Schwimmkultur, obwohl in der Welt der nordischen Saga das Langstreckenschwimmen, das Tauchen, das Schwimmen in voller Rüstung oder mit anderen auf dem Rücken Erwähnung findet. Das Schwimmen gehörte, wie schon bei den

Ägyptern, Griechen oder Römern, zur Grundausbildung und zu den sieben Künsten der Ritter. Kaiser Karl der Große und Otto II. sollen gute Schwimmer gewesen sein. Hingegen ertrank Barbarossa bekanntlich 1190 im Fluß Kalykadnos in Kleinasien. Über Jahrhunderte entscheidend für die Entwicklung des Badens und Schwimmens waren die asketischen Auffassungen der Kirche. Kindern und Frauen wurde Schwimmen zeitweise sogar verboten. Das Zusammenbaden der Geschlechter war allgemein verpönt. Deshalb gerieten die mittelalterlichen, privatwirtschaftlich organisierten Badestuben in den Ruf, den Frohsinn bordellmäßig zu fördern und die Ausbreitung von Seuchen zu erleichtern. Den Badern wurde nicht nur in Breslau anno 1486 verboten, Dirnen Aufenthalt zu gewähren. Auch bei Martin Luther klingt die Verachtung durch: »Er heißt mich einen Bademagds Sohn.«

Trotz der Bekämpfung auch im Zeitalter der Reformation und des Pietismus ließ sich das Schwimmen nicht völlig unterbinden, auch nicht mit den ständig wiederholten Hinweisen auf die vielfältigen Gefahren, bis hin zum Ertrinken. Schwimmen gehörte zu den Freizeitbeschäftigungen vieler Menschen, besonders im einfachen Volk, wie Ennen in der Geschichte der Stadt Köln berichtet: »Andere tummeln sich im Rhein und üben sich in der edlen Schwimmkunst.« Nicht von ungefähr erschien daher 1538 das erste Schwimmbuch. Brust- und Rückenschwimmen, Wassertreten, Tauchen, Rettungsschwimmen und Wasserspringen werden geschildert. Anfängern wird bereits das Trockenschwimmen empfohlen, um Unfälle und Ertrinken zu vermeiden. Das Buch war jedoch ein Tropfen auf den heißen Stein der Propaganda gegen das Baden und Schwimmen, die als ungesund und unschicklich verschrien blieben. Nicht nur in der Schulordnung des Hamburger Johanneums wurde im 15. bis 17. Jahrhundert das Schwimmen aus Sorge um das leibliche Wohlergehen der Schüler verboten. Selbst im ancien régime Frankreichs, das meinte, sich alles leisten zu können, wurde auf repräsentative Bäder verzichtet, obwohl auch dem »Sonnenkönig« das Wasser wichtig war – aber eben nur für die Springbrunnen, Kaskaden oder Kanäle in seinen monumentalen Parkanlagen. Schwimmen war schlicht nicht gesellschaftsfähig, galt weithin als ungesund, gefährlich, unmoralisch, eher eine Belustigung niederer Stände. Noch der junge Goethe kritisierte die Brüder Stolberg, die, seiner Meinung nach, zu ausgiebig das Baden unter freiem Himmel pflegten. Allerdings gestand er in »Dichtung und Wahrheit«, der Versuchung eines kühlenden Bades selbst nicht immer widerstanden zu haben und sich »im klaren See zu baden mit meinen Gesellen vereinte«. Kaum verwunderlich also, wenn in Deutschland an der Wende zur Moderne keine Bäder und daher auch keine Schwimmkultur existierten.

Noch 1736 wurde in Baden durch Erlaß sämtlichen Rektoren und Lehrern befohlen, ihre Schützlinge »vor dem so gemeinen und als höchst gefährlichem und ärgerlichem Baden« zu warnen und Übeltäter zu bestrafen. Ein letztes Rückzugsmanöver der Kritiker. Im Zeichen der Aufklärung erlangten auch Leibesertüchtigungen wieder Anerkennnung und Bedeutung, wozu auch das Schwimmen als eigenständige Bewegungsform gehörte, die dem Individuum Unabhängigkeit von Naturgewalten verleiht.

»Schwimmen müssen alle Knaben lernen«, schrieb der englische Arzt und Philosoph John Locke in seiner Schrift »Einige Gedanken über die Erziehung der Kinder«.

Und 1758 forderte Johann Bernhard Basedow in seinem Ratgeber »Praktische Philosophie für alle Stände«, Kinder auch an das Schwimmen zu gewöhnen. Konsequent führte er wenige Jahre später am Philanthropin in Dessau das Schwimmen als eigenständige Ausbildung ein. Den endgültigen Durchbruch schaffte das Schwimmen jedoch erst durch Johann Christoph Friedrich GutsMuths, der unmißverständlich in der Vorrede seines »Kleinen Lehrbuch der Schwimmkunst zum Selbstunterricht« schreibt: »Bisher ist das Ertrinken Mode gewesen, weil das Schwimmen nicht Mode ist.« Ausführlich erörtert er die Notwendigkeit, Schwimmen zu lernen. GutsMuths fordert: »Das Schwimmen muß Hauptstück der Erziehung werden.« Gesagt, getan, gibt er umfassende Anleitungen für den Unterricht. Trokkenschwimmübungen propagiert er, und als Hilfe für die ersten Bewegungen im Wasser führt er die Schwimmangel und den Schwimmgürtel ein.

Trotz der Bemühungen von GutsMuths dauerte es einige Jahrzehnte, bis das Schwimmen in der gesamten Bevölkerung anerkannt und wieder verbreitet war, um neben Seebädern und Flußbadeanstalten, Badeschiffen und Binnenseen auch neue Schwimmstätten zu errichten. Mitte des 19. Jahrhunderts wurden in Deutschland die ersten Hallenbäder gebaut, wie 1855 die Schwimmhalle an der Schillingsbrücke in Berlin. Und 1867 konnte sich Hannover bereits zweier Hallenbäder rühmen. Fast zwangsläufig entstanden mit der Aufwertung des Schwimmens als sinnvoller Maßnahme zur Körperertüchtigung auch Gedanken, diese neue Schwimmkultur weiterzuentwickeln. Vorreiter war erneut GutsMuths, der genau schilderte, wie Wettkämpfe geplant, vorbereitet und organisiert werden sollten. Dazu gehörte natürlich auch die Festlegung der Disziplinen und Strecken. Letztlich, damit sich die Schwimmer auch vergleichen konnten, war der steigenden Nachfrage entsprechend auch die Entwicklung von Organisationsstrukturen notwendig. Vereine und Verbände wurden gegründet. 1886 fanden sich 31 Vertreter aus neun Vereinen zusammen, um den Deutschen Schwimmverband zu konstituieren.

Das Schwimmen im 20. Jahrhundert ist geprägt von Olympia und dem sportlichen Wettkampf. Schnell zu schwimmen wurde endgültig wichtiger als schön zu schwimmen. Rekorde wurden geführt, Rekordschwimmer wurden zu Idolen. Der Berliner Georg Zacharias trug sich als erster Deutscher in die Weltrekordlisten ein. 8:30 Minuten benötigte der Olympiasieger von 1904 für 500 Meter Brust, einer nicht nur damals exotischen Strecke. Denn olympisch wurde diese Distanz nie. Vier Schwimmdisziplinen entwickelten sich, zuletzt das Delphinschwimmen, das auch vom deutschen Brustschwimmer »Ete« Rademacher mit »erfunden« wurde – einfach aus dem Bestreben, schneller zu werden. Statt die Arme unter Wasser vor den Körper zu führen, wurden sie über dem Wasser nach vorne geworfen. Später fiel die Beingrätsche dem Kick-Beinschlag »zum Opfer« – der heutige Schmetterlingsstil hatte sich ausgebildet. Die letzte, nicht nur stilistische Innovation im Schwimmen.

Dem »Schneller, höher, weiter«, entzog sich auch das Schwimmen nicht – im Gegenteil. In einer Sportart, in der wie kaum einer anderen Zeiten das Maß aller Dinge sind, konnte sich das Leistungsprinzip vollständig ausbreiten. Und das bedeutete während des »Kalten Krieges« ein optimales Spielfeld der politischen Systeme. Die Folge dieses repräsentativen Wettstreites, der für den ehemaligen Ostblock elementare Bedeutung genoß, die eigene Überlegenheit zu beweisen, war auch der Mißbrauch von Doping-Mitteln. Unabhängig von den verheerenden körperlichen Auswirkungen des Dopings: Die Philosophie des Siegens um jeden Preis verhinderte die Entwicklung einer Schwimmkultur. Schwimmen als Selbstzweck hatte, sofern es dies je gegeben haben sollte, endgültig ausgedient. Der Kapitalismus steht dabei dem Sozialismus wenig nach – wenn auch auf eine ganz andere Weise, nämlich der kommerziellen Verwertung.

Spätestens seit »Franzi« für Deutschland krault, hat der Kommerz auch das Schwimmen entdeckt – oder ist es doch nur die Frau van Almsick? Denn eins ist klar: Schwimmen gehört bei Olympischen Spielen zwar zu den sogenannten »Kernsportarten«. Aber außerhalb dieser einen Woche, die nur alle vier Jahre wiederkehrt, fristet Schwimmen nach wie vor ein Schattendasein, neben den »Nationalsportarten« Fußball und Tennis in Deutschland – und nicht nur hier. In keinem Land der Welt ist Schwimmen zur Sportdomäne avanciert, obwohl die elegante Bewegung im Wasser viele Menschen fasziniert. Demgegenüber steht die Entwicklung, daß das Schwimmen für die immer mehr sich durch das Leben sitzende Menschheit körperliche Kompensation bieten soll.

In unserer Gesellschaft wird die kulturelle Bedeutung des Schwimmens vom Nutzen der Bewegung überlagert. Die Krankenkassen preisen Schwimmen an – es sei gut für die Gelenke und den Rücken. Schwimmen halte den Kreislauf fit, ohne belastende Knochenarbeit. Die Kosten für die Behandlung von Zivilisationsschäden sollen eingedämmt werden. Kurz: Schwimmen tut den Menschen gut und kann deshalb Milliarden sparen.

Doch die Gesundheitspflege ist nicht das einzige treibende Element dafür, daß Schwimmen einen wesentlichen Teil moderner Lebenskultur darstellt. Zwei Drittel aller Deutschen geben an, regelmäßig schwimmen zu gehen. Tatsächlich gehen Millionen Deutsche jährlich in Schwimmbäder, fahren an Binnenseen und legen sich ans Meer. Doch wozu? Nicht wegen ihrer Fitneß. Man will vor allem Spaß haben, von Sprungtürmen oder Badeinseln springen, sich an den Strand und in die Sonne legen. Zeitgenossen werden fast wie Aussätzige behandelt, wenn sie im überfüllten Schwimmbad einige Bahnen wirklich schwimmen wollen. Also ist das Baden wichtiger als das Schwimmen? Sind wir am Ende des 20. Jahrhunderts am Ursprung der Mensch

Wasser-Beziehung angelangt – dem rituell gepflegten Bade: früher in Tempel und Wannen aus Religion und heute in Freizeitparks und Whirlpools aus trendbewußter Passion?

Es gibt keine Schwimmkultur mehr. Schwimmen paßt nicht in die hedonistische Freizeitgesellschaft. Es ist zu anstrengend. Denn ohne eigene Körperarbeit passiert (außer etwaigem Ertrinken) nichts, im Gegensatz zum Rad- oder Skifahren, wo man zumindest temporär dahingleiten kann. So wird den Kindern schwimmen gelehrt, einzig deshalb, damit sie nicht ertrinken. Die Freude an der harmonischen Bewegung und die Sehnsucht, den Einklang von Natur und Mensch im nassen Element zu erfahren, haben keine Bedeutung. Schade eigentlich: Schwimmen kann so schön sein.

Adolf Furler
**Partnerschaft
von Mensch und Tier**
Pferdesport

»Du bist, o Pferd, so erschaffen,
daß dir nichts verglichen werden kann.
Alle Schätze dieser Erde liegen in deinen Augen.
Überall auf Erden sollst du glücklich sein
und einhergehen vor allen Geschöpfen.
Meine Feinde sollst du unter deine Hufe werfen,
meine Freunde sollst du auf dem Rücken tragen.
Fliegen sollst du ohne Flügel,
siegen sollst du ohne Schwert.«

Diese Ode, die dem Propheten Mohammed zugeschrieben wird,
zeugt von seinem besonderen Verhältnis zum arabischen Pferd,
das er, gemessen an damaligen Verhältnissen, in großem Stil
züchtete. Viele Suren des Korans erhalten Vorschriften für den
pfleglichen Umgang mit dem edlen Wüsten-Vollblut, das über
Jahrtausende hinweg jede andere Rasse an seinem Adel teilhaben
ließ und das in weitestem Sinne als Urtyp des modernen Sport-
pferdes gilt.

Der Sport mit dem Pferd ist die einzige heute bedeutende
Sport-Partnerschaft von Mensch und Tier. Der Erfolg in diesem
Sport gedeiht nur dann, wenn Mensch und Tier im Einklang ste-
hen – und wenn es dem Pferd dabei gutgeht. Nur ein in jeder
Hinsicht gut gehaltenes und gut behandeltes Pferd bietet dem
Menschen im Sattel sein Maximum an Leistung. Dieses auf

Eigennutz basierende Argument ist der überzeugendste Beleg, daß die große Mehrzahl der modernen Sportpferde ein recht gutes Leben hat.

Daß der vierbeinige Partner dabei mehr als »Sportgerät« mißbraucht, denn als Sportkamerad geachtet werde, ist eine von Kritikern immer wieder geäußerte, im wesentlichen aber nicht zutreffende Behauptung. Sie gewinnt auch durch unbeeindrucktes und häufiges Wiederholen nicht an Wahrheitsgehalt, obwohl das seltene Auftreten gewisser Auswüchse nicht bestritten werden darf. Daß die meisten Menschen ihre Pferde aus Sympathie, ja gar aus Liebe bestmöglich behandeln, wollen manche Tierschutzvertreter nicht gelten lassen.

In den letzten Jahrtausenden hat das Pferd eine so bedeutende Rolle gespielt, daß der Einfluß jedes anderen Lebewesens nächst dem Menschen auf die Geschichte schlicht verblassen muß. Um diese Rolle voll erfassen zu können, müßte man eigentlich die Existenz des Pferdes nachträglich löschen, also so tun, als hätte es Pferde nie gegeben. Wäre das möglich, müßte die Weltgeschichte neu geschrieben werden. Denn ohne Pferde wären die großen Völkerwanderungen zumindest zu ihrer Zeit nicht möglich gewesen. Die Hunnen z. B. hätten Asien nie so schnell verlassen können, Alexander der Große wäre vielleicht nie so groß geworden, das Römische Reich nie so gewaltig, und Amerika gehörte möglicherweise immer noch den Indianern, zumindest hätte es nie so schnell von Weißen besiedelt werden können. Die Welt wäre ohne Pferde sehr viel länger klein geblieben, und vielleicht würden wir entwicklungsmäßig erst das Jahr 1696 schreiben – 300 Jahre zurück in der Geschichte; beweisbar ist das zwar nicht, aber doch recht logisch.

Wie alle Lebewesen benötigte das Pferd zur Entwicklung viel Zeit, etwa 65 Millionen Jahre, bis es zwischen dem 8. und 3. Jahrtausend vor Christus im mittelasiatischen Raum domestiziert wurde. Erstaunlich ist, daß als eines der ersten Ergebnisse dieser Domestikation Pferde nicht geritten, sondern vor einen Wagen gespannt wurden, wovon die verschiedensten Mythologien Zeugnis geben. Der griechische Sonnengott Helios fährt im goldenen Wagen über den Himmel, bei den Germanen ist es Trundholm und bei den Indern im brennenden Sonnenwagen die Göttin Indra.

Obwohl der Streitwagen in der Antike zur wichtigsten offensiven Kriegswaffe wurde, womit spätestens ca. 1600 vor Christus der bis ins 20. Jahrhundert anhaltende Einfluß des Pferdes auf die Weltgeschichte begann, waren es die Reiterheere Alexanders des Großen, deren Beweglichkeit immer wieder schlachtentscheidende Bedeutung hatte. Und seinen berühmten Rapphengst Bucephalos durfte nur Alexander selbst reiten, ihn liebte er über alle Maßen.

Pferde sind zutraulich und freundlich, sie gaben dem Menschen alles; ihre Arbeitskraft, ihre Schnelligkeit, ihre Ausdauer, ja sogar ihr Leben. Und sie verhalfen ihm zu Macht, Ansehen und imposanten Auftritten. Ob Kaiser, Könige, Feldherren oder Staatsmänner – sie alle ließen sich zu Pferde porträtieren, um ihre Erscheinung aufzuwerten, sich selbst höher zu stellen. Die Geschichte ist voll von Anekdoten und Überlieferungen im Zusammenhang mit Pferden. So wird dem exaltierten römischen Kaiser Caligula nachgesagt, er habe sein Lieblingspferd Incitatus zum Konsul von Rom ernannt, ihm einen Stall aus Marmor und eine Krippe aus Elfenbein bauen lassen und ihn mit einer kostbaren Kette von Orientperlen geschmückt. Mag sein, daß dies übertrieben und schwer glaubhaft klingt, aber mit dem Namen Caligula verbinden sich ja noch ganz andere Geschichten.

Geht man nun dem Ursprung des Pferdesports nach, so stößt man auf eine völlig homogene Vermischung von

– Schulung für den Krieg,
– Leistungsprüfung der Pferde vor dem Hintergrund einer Zuchtplanung und
– Wettbewerb zum Zwecke der reinen Selbstbestätigung.

Diese drei elementaren Motive sollten bis in die Neuzeit prägend bleiben. Selbst der militärische Aspekt, obwohl in den letzten Jahrzehnten bedeutungslos geworden, ist in vielen Fragmenten bis heute immer noch erhalten geblieben. Davon zeugen nicht zuletzt terminologische Überbleibsel – nehmen wir nur einmal die Bezeichnung »Military« – oder auch ganze Strukturen – wie die olympische Disziplin »Moderner Fünfkampf«.

Der militärische Aspekt war es auch, der den Pferdesport, insbesondere den Rennsport, zum *ältesten organisiert betriebenen* Sport werden ließ, ihm vor allem aber in zahlreichen Ländern und über Jahrhunderte hinweg die hochmögende und massive Unterstützung von Monarchen und Regenten einbrachte. Das führte dazu, daß dieser Sport nicht nur ein erstaunliches Alter hat, sondern auch einen konkurrenzlosen Fundus an Traditionen. Ja, der Pferdesport, besonders der Galopprennsport, infiltriert sogar bis heute den Sprachgebrauch. Denn Vokabeln und Redewendungen wie »der Favorit« oder »die Nase vorn haben«, »aufs falsche Pferd setzen«, »Kopf an Kopf« und »unter ferner liefen« stammen natürlich vom Turf, genau wie der für alle möglichen Ereignisse verwendete Name der noch heute existierenden englischen Adelsfamilie Derby. Dabei hatte der 12. Earl of Derby im Jahre 1780 allein der bedeutendsten Prüfung für dreijährige Vollblutpferde seinen Namen gegeben. Und das auch nur, weil ein geworfenes Goldstück auf die Seite fiel, die er gewählt hatte. Die andere Seite gehörte Sir Charles Bunbury, einem Landedelmann, der zum Ausgleich mit seinem Pferd Diomed das erste Derby von Epsom über eineinhalb Meilen gewann.

Aber zurück zu den Wurzeln des Pferdesports, der als historischer Wettkampf schon in der griechischen Gesellschaft zwischen 1600 und 1200 vor Christus zu finden ist. Die ersten Streitwagen-Rennen des Abendlandes wurden nicht nur zum Zeitvertreib, sondern vorwiegend zu festlichen Anlässen, wie Kulthandlungen, Hochzeiten und Totenfeiern, abgehalten. Wagenrennen waren ein Mittel der aristokratischen Selbstbestätigung. Später, im 5. Jahrhundert vor Christus, nahmen die panhellenischen Spiele einen großen Aufschwung, weil die Rennen auch weiteren Bevölkerungskreisen zugänglich gemacht wurden. Obwohl es an Belegen fehlt, wird heute angenommen, daß die Menschen damals bereits damit begannen, auf den Ausgang der Rennen Wetten abzuschließen. Schon hier könnten also die ersten Ursprünge für die noch heute weltweit gültige Finanzierung des Galopp- und Trabrennsports durch den Wettbetrieb liegen. Später kam es im römischen Circus Maximus und weiteren sechs Rennbahnen, die über ganz Rom verteilt waren, bei den spektakulären Wagenrennen zu ersten Auswüchsen, auch was die Zahl und die Höhe der abgeschlossenen Wetten betraf.

Erstaunlich lang zog sich der Wandel von den vorchristlichen Wagenrennen zu Rennen unter dem Reiter hin. Bei den Olympischen Spielen der Antike dauerte es zum Beispiel bis zur 54. Austragung im Jahre 564 vor Christus, ehe Rennen mit gesattelten Pferden zu den Spielen gehörten. Doch bei allen Völkern der Antike setzten sie sich schließlich durch: bei Ägyptern und Chinesen ebenso wie bei Japanern und Indern, Persern und Mongolen, Griechen und Römern. Kaum saß der Mensch auf dem Pferderücken, spielte auch schon sein Ehrgeiz eine Rolle. Jeder wollte schneller sein als der andere, und bis hin zu organisierten Galopprennen war es nur ein kleiner Schritt. Als erste spannten die Araber ein Band quer über eine abgesteckte Rennpiste und führten damit den Urtyp der heutigen Startmaschine ein.

Die Reiterspiele der vorchristlichen Zeit beschränkten sich aber nicht allein auf die Rennen, auch zahlreiche andere Spiele, wie vor allem Polo, entwickelten sich schon damals. Die Vokabel »Sport«, abgeleitet vom lateinischen Wort disportare – sich vergnügen – war hier bereits voll angebracht.

Bis ins 17. Jahrhundert hinein war der Sport mit Pferden, ausgeübt damals fast ausschließlich als Parforcejagden hinter der Meute sowie besonders als Galopprennen auf der Flachen und über Hindernisse, der einzige Sport überhaupt. »Sport« war in seinem Mutterland das Synonym für Galopprennsport, was seinen Ausdruck darin findet, daß Englands bis heute führende Galoppsportzeitung den globalen Namen *The Sporting Life* führt – ähnlich Deutschlands älteste periodische Sportpublikation, die Galoppsportzeitung *Sport-Welt*.

Aber wir wollen nach der Reihe gehen und widmen uns deshalb zunächst noch einmal dem Circus Maximus. Pferde und Lenker gehörten zu ihrer Zeit bestimmten Zirkusparteien (fractiones) an. In der Kaiserzeit gab es deren noch vier – die weiße, die blaue, die rote und die grüne –, die später sogar politisiert wurden. Die Parteinahme für die Renngesellschaften führte so weit, daß im Byzantinischen Reich Umsturzversuche im Hippodrom begannen. Etwa um 542 nach Christus verbündeten sich zum Beispiel die grüne und die blaue Fraktion gegen den oströmischen Kaiser Justinian.

Außer den Wagenrennen etablierten sich im Circus auch andere Disziplinen, die man als Vorformen des Voltigierens verstehen muß, so das Auf- und Wiederabspringen vom galoppierenden Pferd und das Wechseln von einem auf das andere Pferd in vollem Galopp. Die Reiter waren zum Teil bereits Professionals.

Bei den Germanen hatte sich zunächst eine fast ausschließlich militärisch geprägte Form der Reiterei mit geschickter Zäumung und schwerer Panzerung gebildet. Ihr stand der asiatisch geprägte Typus des Angriffsreiters auf wendigen, beweglicheren Pferden gegenüber, was jahrhundertelang die militärische Entwicklung prägte. Selbst das ritterliche Turnierwesen des hohen Mittelalters, also von 1000 bis 1300, war nach Meinung der Historiker kein Reitsport im heutigen Sinne. Die Turniere mögen mehr Manövern als Sportfesten geglichen haben, doch ob sich das hundertprozentig sauber trennen läßt, mag dahingestellt sein. Teilnehmen durfte jedenfalls nicht jeder geschickte Krieger, sondern nur der ehrenhafte Adelige. Aber es gab auch verarmte Ritter, die als »Chevalier tourneur« praktisch einem Beruf nachgingen und von Turnier zu Turnier zogen, um ihren Lebensunterhalt zu bestreiten.

Im 16. Jahrhundert erfolgte die Rückbesinnung auf die Ansätze der klassischen Reitkunst des Altertums und ihre Fortentwicklung zu höchsten Graden. Reiten als Kunst – Reiten als purer Selbstzweck. Damals wurden manche der noch heute beachteten Grundsätze des Dressursports entwickelt. Die hohe Schule und die höfische Pferdehaltung des Barock entwickelten all das fort, bevor sie im 18. Jahrhundert die Abkehr von den teils rohen zuvor angewendeten Methoden brachte. Während der Regentschaft Friedrichs des Großen entstand eine Lehre der Reiterei, deren wichtigste Ausbildungsziele Schnelligkeit, Wendigkeit, Gehorsam und Geländesicherheit waren. Die Universitäten lösten die Ritterakademien als Zentren der klassischen Reiterei ab, mit Reitlehrmeistern im Range von ordentlichen Professoren. Dagegen kam es im 19. Jahrhundert wieder zu einer Dominanz der militärischen Bedürfnisse. Verlangt waren vielseitige, geländetaugliche und einfach zu lenkende Kavalleriepferde, demzufolge hatte die praktische Grundausbildung des Reiters einen höheren Stellenwert als die Schulsprünge der klassischen Reitkunst. Maßgebend für die Vermittlung der Reitkunst wurden statt der privaten oder fürstlichen Akademien nunmehr die Kavallerieschulen, wie zum Beispiel jene berühmte im französischen Saumur mit dem Namen »Cadre Noir«.

Ende des 19. und Anfang des 20. Jahrhunderts gab es wesentliche Entwicklungen vor allem im Renn- und im Springsport, in dem sich der vornübergebeugte, den Pferderücken entlastende Sitz nach und nach durchsetzte. Auch wenn bis zum Zweiten Weltkrieg das Militär die Bedingungen vorgab, so trat der sportliche

Aspekt doch mehr und mehr in den Vordergrund. Der Galoppsport, insbesondere der Hindernisrennsport, wurde erstaunlicherweise zu einem äußerst bedeutenden Element der Offiziersausbildung. Über ganze Zeiträume hinweg war der Hindernissport fast sogar reiner Offizierssport. Prägende Figur wurde ein großer Rennreiter, der General von Rosenberg, der als Hauptaufgabe des Reitens die Geländereiterei rennsportlicher Prägung sah – allerdings ohne die klassische Dressurkunst dabei zu vernachlässigen. Ab Ende der zwanziger Jahre erlangte die neugegründete Kavallerieschule Hannover dominierenden Einfluß. Dort wurde der charakteristische und über Jahrzehnte so erfolgreiche »deutsche Springstil« entwickelt. Er ist die Synthese des »leichten Sitzes« italienischer Prägung und der dressurmäßigen Vorbereitung der Springpferde. Populär ausgedrückt versammeltes Reiten und ein, wie man sagt, »heruntergerittener« Kopf, der erst kurz vor dem Sprung freigegeben wird. Das Pferd taxiert das Hindernis dabei in Ruhe, es rast nicht mit einheitlich hoher Geschwindigkeit durch den Parcours, sondern es springt konzentriert und mit explosionsartig freigegebener Kraft. Auch wenn dieser Stil in der jüngeren Zeit vielleicht etwas nivelliert worden ist, so bildet er noch immer ein Grundelement des unvergleichlichen internationalen Erfolges der deutschen Springreiter über die Jahrzehnte hinweg.

Soviel zur Geschichte der Reiterei. Zur Geschichte des Reitens als Sport ist vor allem noch anzumerken, daß das sportliche Element neben allen anderen schon früh mindestens unterschwellig beteiligt war: beim Speerzielwerfen der alten Griechen, bei allen anderen Speerspielen in Osteuropa, beim Polo, beim Palio von Siena, beim Scharlachrennen von Nördlingen und bei den Galopprennen auf der Münchener Theresienwiese. Sicher waren dies alles Vorformen des Reitsports – mehr konnte es nicht sein, denn der Sport im heutigen Sinne wurde erst im 19. Jahrhundert »erfunden« oder, sagen wir besser, definiert.

Als »Sport« begannen die Engländer zu Beginn des vorigen Jahrhunderts schon die Gesamtheit ihrer Leibesübungen zu bezeichnen, die sich von allen bisherigen Formen der Leibeskultur, wie dem damaligen Turnen und der schwedischen Gymnastik, durch wesentliche Merkmale unterschieden. Diese Merkmale waren das *Leistungsprinzip* (mit einem rationalen System von leistungsfördernden Maßnahmen), das *Konkurrenzprinzip* (das den Aufbau eines *organisierten Wettkampfwesen mit festen Regeln* bedeutete) und das *Rekordprinzip*. (Unter Letzterem versteht man die exakte Darstellung der sportlichen Leistungen mit Hilfe quantitativer Daten.)

Das alles war im Denken der damaligen Gesellschaft völlig neu. Dabei gab es interessante Parallelen und Verbindungen zwischen der »Versportung« und der Industrialisierung der Arbeitswelt. Ganz wesentlich war, daß sich *Leistungs- und Konkurrenzverhalten* im 19. Jahrhundert in allen Lebensbereichen weit mehr als bisher als Prinzipien des gesellschaftlichen Lebens durchsetzten. Nicht hinwegzudenken war außerdem die Tatsache, daß die wirtschaftlichen Verhältnisse sich mehr und mehr so gestalteten, daß die materiellen Voraussetzungen für so etwas wie Sport überhaupt gegeben waren.

Es ist kein Wunder, daß der Galopprennsport im wahrsten Sinne des Wortes für den Sport zunächst der Vorreiter wurde. Das entspricht dem von allen kulturellen Strömungen und Gedankenbewegungen völlig unabhängigen Leistungsprinzip in der Tierzucht, um die es beim Galoppsport als Zuchtauslesemechanismus für die Vollblutzucht nun einmal geht. Nur mit den besten Individuen hat es Sinn zu züchten, und wer die besten sind, das muß durch Leistungsprüfungen ermittelt werden. Um darauf zu kommen, mußten die am Vollblutpferd Interessierten natürlich nicht erst auf die Veränderung kultureller Strömungen warten; das hatten sie schon viel früher gemerkt. Der Zielpfosten, jener völlig unbestechliche Richter, hatte ihnen schon von Anfang an als Maßstab der sportlichen Leistung gedient.

Der Rennsport selbst könnte zurückgehen auf Julius Cäsar, der im »Gallischen Krieg« beschreibt, wie seine Truppen bei der Landung in England 55 v. Chr. auf miteinander kämpfende Pferde trafen. Mit ihrem Heer brachten die Römer auch sehr schnelle orientalische Hengste auf die Insel, Rennpferde, denn Rennen bedeutete auch damals schon schnell zu laufen, um als erster anzukommen. Jeder Römer, der einmal einen Rennwagen im Circus Maximus gesteuert hatte, wußte, daß nur der gewinnen konnte, der schnelle orientalische Pferde hatte. Alle anderen wurden immer geschlagen. Auch auf der englischen Insel pflegten die Römer das Prinzip der absoluten und nicht der relativen Geschwindigkeit. Um als erste das Ziel zu erreichen, gingen die Pferde, die vor die Rennwagen gespannt wurden, immer gestreckten Galopp. Während der vier Jahre, die Kaiser Lucius Septimus Severus von 206 bis 210 n. Chr. im damaligen Ebucarum, dem heutigen York, verbrachte, organisierten seine Truppen, was historisch abgesichert ist, höchst populäre Pferderennen in Weatherby, in der Nähe von York. Und sechs Jahrhunderte später mahnte Erzbischof Cuthbert von Canterbury auf der Synode von Abingdon an der Themse die Gläubigen seines Sprengels, sie sollten an Himmelfahrt und zu Pfingsten, statt sich Kneipereien hinzugeben und Pferderennen abzuhalten, besser in die Kirche gehen, um Predigten und Lithurgien anzuhören.

Im 12. Jahrhundert wurden unter Heinrich I. über das vom Islam eroberte Spanien viele arabische Pferde zu Zucht- und Rennzwecken importiert. Dieser Epoche entstammt auch der älteste noch erhaltene cisalpine Rennbericht vom Pferdemarkt in Smithfield. 1209 werden Rennen in Newmarket notiert, 1377 berichten die Chronisten von einem Match zwischen dem späteren König Richard II. als Prince of Wales und dem Herzog von Arundell. 1511 finden Rennen in Chester, 1522 in Hattington und später in Croyden statt. Schriftliche Belege für die Anfänge eines organisierten Pferdesports in England liegen in vielen Archiven. Interessant ist ein Brief des Baldassare Castiglione, Botschafter des Herzogs von Mantua am Hofe Heinrich VIII. 1533 empfiehlt Castiglione seinem Herrscher, er möge, um sich bei Heinrich beliebt zu machen, diesem zwei Geschenke zukommen lassen, woran jener große Freude hätte, ein Bild Raffaels und einige Rennstuten orientalischer Abstammung aus dem herzoglichen Gestüt bei Turin, dem damals besten und bekanntesten ganz Italiens. Denn schon um 1500 waren Rennen auf dem Appenin hochmodern, und Heinrich VIII. wurde durch Castiglione nicht nur stets gut unterrichtet, sondern beim Erlaß strenger Vorschriften für Zucht und Rennen auch beraten.

Unter der großen Königin Elisabeth gingen Zucht und Rennsport stark zurück. Die Monarchin hatte keine Freude am Reiten und wandte sich statt dessen dem Ausbau ihrer Flotte zu. 1575 ließ der Graf von Leicester, Hauptstallmeister der Königin, einen Neapolitaner als Consigliere kommen, Signore Prospero D'Osma, um von diesem anerkannten internationalen Fachmann für Pferdesport und Pferdezucht zu hören, wie man die heruntergewirtschafteten Gestüte Ihrer Majestät wieder zu voller Blüte führen könnte.

Bis zum 17. Jahrhundert hatte man in England jedes nur erdenkbare Terrain für die Abhaltung von Pferderennen genutzt, dann reformierte der sportbegeisterte Jakob I. die Rennen und schuf spezielle Turfplätze in Chester, Stratford, Entfield und Croydon. 1605 wurden vor Jakob auf dem heute zu den berühmtesten Rennplätzen Englands zählenden Turf von Newmarket Rennen abgehalten, 1634 dortselbst der erst Gold Cup entschieden. Oliver Cromwell, Gegenspieler Karls I., verbot die Rennen 1658, sieben Jahre später gab sie Karl II. wieder frei.

1726 datiert der erste Rennkalender, veröffentlicht von John Cheny. Von diesem Tage an ist das Buch mit den Rennresultaten jedes Jahr regelmäßig erschienen, zuerst in England, später in allen anderen Ländern der Welt. 1750 wird der englische Jockeyclub gegründet, 1778 ist das Jahr des ersten englischen Klassikers, des St. Leger, dem ein Jahr später die Oaks folgen, das englische Stuten-Derby. Die Krönung aller Rennen für dreijährige Hengste und Stuten wird 1780 das englische Derby. 1793 erscheint erstmals das wichtigste Buch des internationalen Rennsports, das *General Stud Book* der Herren Weatherby, in dem die Namen von etwa hundert Mutterstuten und ebenso vielen Deckhengsten verzeichnet sind, die bewiesen hatten, Rennsieger zu produzieren. Die im ersten Band dieses Gestütsbuches verzeichneten Tiere erhielten den Namen »Thoroughbred«, was soviel heißt wie »vollkommen durchgezüchtet«, und von den Franzosen und Italienern nicht ganz korrekt mit *pure sang* bzw. *puro sangue* übersetzt wurde. Den Namen Vollblut darf nur *das* Pferd tragen, dessen Vorfahren lückenlos auf die Stuten und Hengste zurückgehen, die im Band I des *General Stud Book* eingetragen sind. Rennkalender und *Stud Book* sind die größte und zuverlässigste Informationsquelle, die es im Pferdesport weltweit je gegeben hat. Mit dem ersten kann man den Lebenslauf eines Vollblüters lückenlos darstellen, mit dem zweiten zuverlässig seine Vorfahren über mehr als 200 Jahre zurückverfolgen. Und zwar jeden Vollblüters, mag er in Deutschland laufen, in Rußland, in der äußeren Mongolei oder in Argentinien. Der Pferderennsport ist international.

Deutschland sah das erste Galopprennen mit Vollblütern englischer Zucht Anfang August 1822 im mecklenburgischen Bad Doberan, nicht weit weg vom berühmten Ostseebadeort Heiligendamm und von Rostock.

Zur Entwicklungsgeschichte des Sports mit den Pferden gehört zwingend auch der Trabrennsport, der ebenfalls auf einer reinen Leistungszucht basiert. Traber werden zum erstenmal bei der Eroberung Britanniens durch die Römer erwähnt, sie finden Pferde vor, die sie aufgrund ihrer starken Trabveranlagung *Tormentor* nennen. Diese Traber dürften die Vorfahren der englischen Norfolker sein, von denen die Geschichte seit 1100 berichtet.

Organisierter Trabrennsport wurde einhergehend mit der reinen Leistungszucht Anfang des 19. Jahrhunderts in den USA betrieben, später in Rußland mit den berühmten Orlow-Trabern und auf dem westeuropäischen Kontinent mit dänischen Pferden, holländischen Harddravern, finnischen Kleppern und kalibrigen Franzosen aus der Normandie, mit denen auch heute noch große Rennen für Satteltraber, also Trabreiten, abgehalten werden.

Etwa parallel zum Rennsport verlief die Entwicklung des *Reitens*, das ursprünglich die Verständigung zwischen Reiter und Pferd mit primitivsten Mitteln war. Erste Hinweise einer Schulung sind die Reitanweisungen, die der griechische Geschichtsschreiber Xenophon 300 v. Chr. verfaßte. Er war einer der ersten Hippologen, der Wesentliches über Zucht, Zäumungen, Stallungen und Rennen aussagte. In seinen Rennberichten sind auch schon Trainer erwähnt, deren Kunst für damalige Verhältnisse auf einem außerordentlich hohen Niveau gestanden haben muß. Aber auch Plato und Sokrates diskutierten eifrig das pferdesportliche Geschehen. Von einer Reitschulung in höherem Sinne kann man in der Moderne jedoch erst seit 1532 sprechen, als in Neapel die Reitakademie Griso gegründet wurde und in Frankreich Antoine de Pluvinel, der Stallmeister Ludwig XIII., die Reitkunst erblühen ließ.

Als früheste Reit*sport*-Veranstaltung der Moderne betrachten Historiker die erste Royal Dublin Horse Show am 15. April 1864. Zum Programm dieser auch heute noch alljährlich im August stattfindenden pittoresken Veranstaltung gehörten damals zwei Springprüfungen: der »high leap« und der »wide leap«. Sie sollten Aufschluß über die Eignung der Pferde für die Fuchsjagd erbringen. Noch früher allerdings errichtete Richard Tattersall 1760 die nach ihm benannte Vorführungsarena in London, um dort Pferdeschauen, Horse Shows, abzuhalten, derer

sich bald der Sport bemächtigte. Es folgte Frankreich, das an Reiterspielen ein besonderes Gefallen gefunden hatte und seine Jeu
de barres umwandelte zum ersten »Concours hippique« im Jahre
1866, und dann Österreich-Ungarn mit Dressur- und Spring-
Preisreiten ab 1873. Der Begriff Concours hippiques wurde so
auch von Deutschland übernommen. Erste Turniere fanden auf
der Berliner Trabrennbahn Westend statt, die schon 1889 eröffnet worden war. Durch die Gründung der Wochenzeitschrift *Le
Sport universel illustré* wurde 1894 erstmals eine Plattform für internationale Kontakte geschaffen, als deren Ergebnis sich sehr
bald eine nationale und auch eine länderübergreifende Struktur
von Leistungsprüfungen des Reitsports bildete.

In Deutschland kam es 1894 zur Gründung der »Bayerischen
Campagne-Reiter-Gesellschaft«, die ein Jahr später ihr erstes
Reitturnier durchführte. Bald fand Ähnliches in Frankfurt,
Hamburg, Köln und Berlin statt. Zu Beginn des 20. Jahrhunderts
kam es auch zu den ersten Militaryprüfungen.

Mit den sozialen und ökonomischen Veränderungen wandelte
sich gegen Ende des 19. Jahrhunderts allmählich auch das Frau-
enbild – mit der Folge, daß auch das Damenreiten von dieser Zeit
an seinen Aufschwung nahm. Dabei wurde vor allem in England,
lange aber auch in Deutschland, der Seitwärtssitz im Damensat-
tel trotz der geringeren Sicherheit und schlechteren Balance fa-
vorisiert, bis er 1928 zumindest auf Wettkampfebene verschwand.

1912 war der Reitsport olympisch geworden, 1920 gab es auch
ein kurzes Olympia-Intermezzo des Voltigierens. Seit 1953 existieren Weltmeisterschaften im Springen, denen 1966 solche in
der Dressur, 1970 in der Military und 1972 im Fahrsport folgten.
Heute, in einer Zeit, in der die Bedeutung des Pferdes zu Arbeits-
zwecken fast auf null geschrumpft ist, werden in Deutschland
noch rund 600 000 Pferde gehalten, die Zahl der Reiter kann man
nur schätzen, auf vielleicht eineinhalb bis zwei Millionen. Allein
die 5986 Reitervereine haben 680 960 Mitglieder. Nicht weniger
als 88 749 lizenzierte Reiter nahmen 1995 bei 3663 Turnieren in
Deutschland an 79 706 Wettbewerben teil.

Neben den großen reitsportlichen Disziplinen Dressur, Sprin-
gen und Military, neben dem schon so alten Voltigieren und dem
Rennreiten haben sich mit den Jahren noch zahlreiche andere
Reitweisen oder Reittechniken etabliert oder sind aus dem Aus-

land nach Deutschland gekommen. Auch sie werden überwiegend als Sport betrieben. Dazu gehören die Iberische Reitweise mit mehreren Unterformen sowie die beliebten Spezialdisziplinen des Reitsports mit Islandpferden, namentlich der Tölt und der Rennpaß. Immer beliebter wird auch in Europa das Westernreiten, das im 17. Jahrhundert im spanischen Teil Amerikas aus den praktischen Anwendungen der Cowboys mit ihren großen Viehherden entstand. In den riesigen Weiten konnten nur die Cowboys zu Pferde das Hüten der Rinder übernehmen, worauf zum Beispiel die Wettbewerbsdisziplin des Reinings zurückgeht, bei der enorme Wendigkeit des Pferdes und Gehorsam bei sparsamster Hilfengebung das Ziel sind. Ein weiterer wichtiger Schwerpunkt ist der Trail. Pferde haben möglichst selbständig Hindernisse wie Tore, Brücken und Bodenstangen zu überwinden.

Weltweit betrachtet, reiten erheblich mehr Menschen im Westernsattel als in den europäischen Reitstilen. Sie alle – Western-, Klassik- oder Freizeit-/Freistilreiter – haben sich einem Sport verschrieben, der ein sehr ungewöhnlicher ist. Es geht nicht nur um die Leistung des Menschen allein, sondern um seine Partnerschaft mit einem anderen Lebewesen. Einem Lebewesen, das sich ihm gar nicht und dem er sich nur beschränkt mit Worten mitteilen kann. Parallel zu dem Begriff der »ungenauen Wissenschaft« könnte man dies als »ungenauen« Sport bezeichnen. Das ist wohl eine seiner Schwächen, vielleicht aber auch gerade der besondere Reiz. Demgegenüber steht jedenfalls als besondere Stärke die Natürlichkeit dieses Sports. Endomorphine, Verspannungen, krankhafter Ehrgeiz, was auch immer viele Sportler mit manchmal negativen Folgen völlig durcheinanderbringt – der Reiter hat einen Partner, der nicht schreiben und lesen kann, ja, nicht einmal sprechen, der ihn aber auf seine Weise immer wieder dazu bringt, »auf dem Teppich zu bleiben«. Das Sportpferd trägt seinen Adel ohne Hochmut, es bietet dem Menschen seine Freundschaft ohne Mißgunst, und es ist schön, ohne eitel zu sein. Seine Anmut paart sich mit der Kraft, und seine Stärke wird gebändigt durch die Sanftmut. Wenn es dient, dann stets ohne Knecht zu sein, wenn es siegt, dann ohne Feindschaft. Auf seinem Rücken liegt unsere Geschichte, wir sind seine Erben.

Reiten ist nicht nur ein ganz normaler Sport, sondern einer mit integriertem, starkem Naturerlebnis. Für viele auch mit Therapiecharakter, denn manchmal sind Pferde eben doch die klügeren Menschen.

Sie sind die Boten einer Erkenntnis, die Else Frobenius in folgende Worte gekleidet hat: »Die Natur bringt den Menschen ins Gleichgewicht. In ihr gesundet er an Körper und Seele. In ihrem Walten erkennt er die unverbrüchliche Gesetzmäßigkeit des Seins.«

Walter Kuchler
**Pioniere
und Rebellen**
Skilauf

»Erinnerst du dich noch an die unaussprechlichen Gefühle, die
wir hatten, als wir damals unsere Schwünge über die Hänge zogen?« Wenn ein solcher Satz im politischen Leitartikel einer
großen deutschen Tageszeitung wie der FAZ vorkommt, dann
verrät er uns auch etwas über die Rolle von Skigeschichten in unserem Leben. Wenigstens im Leben der Skifahrer unter uns. Man
könnte darüber ins Grübeln kommen. Man stößt über Geschichten auf Geschichte und unvermittelt stehen auch Gegenwart und
Zukunft einer Sportart im Raum.

Wann gab es überhaupt die ersten Skifahrer?

Sport wird meist als ein Phänomen unserer Zeit begriffen und
beschrieben. Aber ein Blick auf die Antike zeigt uns bereits, daß
viele Sportarten – und die Art und Weise ihrer Ausübung – tief in
der Geschichte verwurzelt sind. Für die Geschichte des Skilaufs
kann sogar behauptet werden, daß dieser Sport für viele Menschen der Urzeit eine Voraussetzung des Überlebens und Voraussetzung der Kultur war.

Wie kann man den Winter in Sibirien überleben?

Wie kommt man durch den Schnee? Wie besucht man den
Nachbarn? Wie jagt man das Wild?

In diesem Sinne schreibt Hans Findeisen:

»Wir können erklären, daß die wichtigste Erfindung der arkti-
schen Völker der Schneeschuh ist, der ihnen die größte Beweglichkeit verschafft.«

Wir haben zwei gute Zeugnisse, die den Ski und seinen Gebrauch vor 5000 Jahren bezeugen.

Da ist einmal das berühmte sogenannte »Skihaserl« von Rödöy. In einer Höhle dieser norwegischen Halbinsel findet sich unter vielen Felszeichnungen auch die Darstellung einer Hasenjagd auf Ski. So interpretiert man das Bild, das einen Jäger auf überlangen Ski zeigt, der sich zur Tarnung – oder als Zauber? – ein Hasenfell übergestülpt hat, so daß er selbst seine Hasenohren weit nach oben spitzt.

Ebenso alt dürfte der Moorfund eines Ski sein. In Hoting in Schweden fand man einen flachen, nicht allzulangen Ski, der offensichtlich mit Steinwerkzeugen bearbeitet war.

Viele Felszeichnungen mit Skiläufern gibt es auch am Weißen Meer und am Onegasee. Raudonikas, der diese Zeichnungen 1937 dokumentierte, schreibt zu der Darstellung von sieben Skiläufern mit je einem Stock in der Hand:

»Dieses Bildchen, eine Felsritzung aus Zalavrouga am Weißen Meer in Rußland, scheint von Lebenslust überzusprudeln.«

Haben wir hier nicht einen ersten Hinweis, daß Ski auch ein Spiel- und Sportgerät waren?

Die Steinzeit war jedenfalls auch eine Skizeit. Dennoch bleibt die Frage: Wo war der Erfinder? Wo gab es die ersten Ski? Felszeichnungen und Moorfunde helfen uns hier nicht weiter. Eine Antwort darauf aber geben uns die Sprachforscher.

Sie bestätigen die Theorie des Grönlandforschers Fridtjof Nansen – von dem noch die Rede sein wird –, daß das Ursprungsland in der Gegend um das Altaigebirge und um den Baikalsee zu suchen ist. Von hier aus zogen die finnisch-ugrischen Völker in die skandinavischen Länder.

Skifans von heute interessiert natürlich auch die Frage, wie die ersten Ski wohl ausgesehen haben und wie weit weg davon unsere heutigen High-Tech-Produkte sind. Eine klare Antwort ist hier schwer zu finden. Der Ski ist in Länge und Form durch die Jahrtausende immer wieder variiert worden. Von 3 Meter langen bis zu 190 Zentimeter kurzen und manchmal noch kürzeren finden wir Zeugnisse. Sie sind mal schmal, mal breiter, mal mehr, mal weniger aufgebogen. Gelegentlich finden sich sogar Ski, die vorne und hinten aufgebogen sind. Die originellste Lösung ist ein ungleiches Skipaar mit einem langen Gleitski und einem kurzen fellbezogenen Abstoßski, letzterer Ondur genannt. Der Läufer benutzte sie wie einen Kinderroller: Auf dem einen stehend, schob er mit dem Ondur an. Diese Variante wird in Skandinavien beinahe bis in unsere Zeit tradiert.

Die Forscher sind sich in Urfragen über zwei Dinge einig: Zum einen: Dem Ski als Gleitholz gingen die Schneereifen oder Trittlinge voraus. Mit dieser vergrößerten Auftrittsfläche konnte man über die Pulverschneeflächen Sibiriens gehen. Zum anderen: Trittlinge und Ski wurden nicht nur zum Gehen über den Schnee, sondern auch zum Durchqueren von Sümpfen benützt.

Chinesische und persische Geschichtsschreiber erzählen über die Schneelaufkunst ihrer nördlichen Nachbarvölker. Der Skihistoriker Erwin Mehl konstatiert als älteste Erwähnung des Skifahrens in Europa die Berichte des byzantinischen Geschichtsschreibers Prokopius im sechsten Jahrhundert über die »Skrid-Finnen«, was soviel heißt wie Schreitfinnen. Ebenso erwähnt Paulus Diakonus im 8. Jahrhundert in seiner Langobardengeschichte den Skilauf der Finnen. Richtig ausführliche Berichte liegen uns aber erst aus dem Spätmittelalter und der beginnenden Neuzeit vor, meist in Form von Reisebeschreibungen.

Skifahren ist auch eine göttliche Kunst. Das wußten die modernen Skiläufer bis in die 5oer Jahre hinein. Damals hing fast an jeder Skihose oder an jedem Anorak die Plakette des Skigottes Ull. Ull immer dargestellt auf Ski mit Pfeil und Bogen. Er war unter den Ski-Asen, den Skigöttern, direkt zuständig für das Skifahren, das er natürlich als bester beherrschte. Ull heißt übrigens Herrlichkeit und Pracht. In der Sagensammlung *Edda* heißt es 1222 über ihn: Er »ist ein so guter Bogenschütze und Skifahrer, daß es niemand mit ihm aufnehmen kann. Er ist auch schön zum Ansehen, als Kriegsmann gerüstet wie er ist. Man ruft ihn an beim Zweikampf«.

Neben Ull und anderen Ski-Asen kennen wir auch die schöne Skigöttin Skadi. Über sie wird berichtet:

»Skadi ist eine richtige Tochter der winterlichen Berge. Ihr Vater ist der Frostriese Thiazzi. Beide hausen in der Bergburg Thrymheim. Vor ihr zieht sie mit ihren Schneeschuhen auf die Jagd.«

Vor allem Ull und Skadi verkörpern Skifahren als göttliche Kunst. Beide sind steinzeitliche Götter, ihr Wirken reicht jedoch

bis in unsere Zeit: Viele Ortsnamen in Skandinavien sind Wort-
verbindungen mit ihren Namen. Und Skandinavien selbst? Klar,
daß die Skigöttin Skadi dahintersteckt.

Großes Wissen über die Bedeutung und Wertschätzung des
Skifahrens verdanken wir den Annalen über nordische Könige
und den isländischen Sagas. Es gehörte ganz offensichtlich in der
Zeit von 800 bis 1200 n. Chr. zu den Eigenschaften eines Königs,
daß er nicht nur ein guter Krieger, sondern vor allem auch ein guter Skiläufer war.

Als König Harald von Norwegen z. B. beim Julfest, Weihnachten also, Spiele veranstaltete und sich umsah, bemerkte er:
»Was ist das dort auf den Bergen, das einherrast wie ein Wir-
belwind? Ist das etwa ein Mann auf Schneeschuhen?« Es war tatsächlich der Skiläufer Vighard. Und der König sagte, wie der Bericht erwähnt, »das müsse ein gewaltiger Mann sein«.

Ein anderes von vielen Beispielen der Königsgeschichten ist
ein Wortstreit zwischen dem König Sigurd und dem König Ey-
stein, bei der letzterer betont:
»Aber auf die Schneeschuhe... verstehe ich mich besser als
du.«

Die interessanteste der sagenhaften Skiläufergeschichten dieser
Zeit bringt uns auch den ersten Bericht über die Skifahrtechnik:
König Harald der Harte, der von 1046 bis 1066 lebte, war wegen
des Skilaufens eifersüchtig auf Heming Aslakson. Dieser galt allgemein als der bessere Skifahrer. Der König veranstaltete ein er-
zwungenes Schaulaufen auf einem Hang über einer Klippe, bei
der Heming zu Tode kommen sollte. Obwohl Heming ein-
wandte, daß der Hang fast schneefrei, vereist und steinig sein,
mußte er starten.

»Heming klomm nun den Berg in die Höhe, trat oben auf seine
Schneeschuhe und fuhr dann den Berg hinab. Jäh raste er herunter. Es war fast ein Wunder, daß es kein Todessturz ward. Doch
blieben die Schneeschuhe fest an seinen Füßen haften. Nun kam
er herab zum Standort des Königs und seiner Mannen. Am
äußersten Rande der Klippe stemmte er seinen Skistab ein und
faßte Fuß auf dem äußersten Felsvorsprung.«

Heming hat sich übrigens später gerächt. Bei einer Schlacht in
England tötete er König Harald mit einem Pfeilschuß.

Alle ambitionierten Langläufer von heute kennen zwei große Skirennen der skandinavischen Geschichte: den Birkenbeiner- und den Wasalauf.

1206 retteten die beiden Birkenbeiner Thorstein Skevla und Skjervald Skrukka auf Ski das zweijährige Königskind Hokon. In einem schweren Schneesturm brachten sie es nach Österdal vor Verfolgern in Sicherheit. Heute laufen alljährlich viele Tausende diese Strecke ab.

Der Schwede Gustav Erikson Wasa probte 1522 den Aufstand gegen die dänischen Besatzer. Die Schlacht am Neujahrstag schien verloren. Wasa mußte von Mora ins Gebirge fliehen. Die Sache wandte sich jedoch zum Guten, und zwei Boten folgten ihm 85 km nach Sälen. Die beiden Männer liefen, bis sie zum Schluß nur noch mit Hemd und Hose bekleidet waren, aber sie erreichten Wasa mit ihrer guten Nachricht. Wasa wurde schließlich schwedischer König und der Wasalauf war damit begründet.

Die danach aufkommende Reformation bescherte uns dann das erste »Skibuch«, wenn wir die *Geschichte der mittnächtigen Völker, ihrer Sitten und Gebräuche* von Olaus Magnus etwas übertrieben so bezeichnen dürfen. Dieses Buch ist es wert, näher betrachtet zu werden.

Olaus Magnus war Erzbischof von Uppsala und ging im Zuge der Reformation der skandinavischen Länder ins Exil nach Rom. Vielleicht gelangweilt in der mediterranen Welt, vielleicht getrieben davon, den Römern endlich seine ferne Heimat verständlich zu machen, schrieb er – in lateinischer Sprache – 1555 das erwähnte Buch. Offensichtlich war es ein Erfolg, denn es wurde rasch ins Deutsche übersetzt und in den nächsten einhundert Jahren mehrmals aufgelegt. In dieser Geschichte der nordischen Völker werden Ski- und Eislauf oftmals erwähnt und beschrieben und in wunderbaren Holzschnitten dargestellt. Diese sportlichen Künste waren ganz offensichtlich selbstverständlicher Alltag. Ski und Schneereifen werden bei der Jagd, beim Kirchgang, in kriegerischen Zusammenhängen, beim Vergnügen auf dem Eis usw. gezeigt.

Viele heutige Skibücher greifen in ihren historischen Einleitungen gerne auf die Bilder des Erzbischofes bzw. seines Illustrators zurück. Dabei sollte man die Darstellung der Ski aber als »künstlerisch« betrachten, dann der Holzschneider hatte wahrscheinlich nie selbst einen Skifahrer gesehen. Die darge-

stellten Ski sind faßdaubenartig – Schnabelschuhen nicht unähnlich – aufgebogen, und der Läufer steht unmittelbar auf ihrem Ende.

Einen weiteren Hinweis auf frühe Skifahrtechniken erhalten wir
durch eine Reisebeschreibung von Francesco Negro aus Ra-
venna, der in Schweden 1663-1665 selbst das Skifahren auspro-
bierte und als besonders erwähnenswert festhielt:

»Der Fahrer kommt aus der Fahrt in den Stand, indem er den
Körper nach der einen Seite neigt und dadurch einen Bogen beschreibt, bis er quer zum Hang steht.«

Von den zahlreichen Reise- und Skiberichten der folgenden
Jahrhunderte greifen wir nur einen besonders interessanten heraus. Freiherr Johann Weichard von Valvasor schrieb 1689 ein
vierbändiges Werk: *Die Ehre des Herzogtums Krain*. Krain war
die Gegend südlich von Laibach, heute Lubljana. In diesem Buch
berichtet Valvasor, »wie die crainerischen Bauren über die hohen
Schneeberge fahren, ihre Geschwindigkeit und Behendigkeit auf
solcher Fahrt.«

»In einem jeden Augenblick wissen sie allen dem, was ihnen
auf dem Wege entgegen steht auszuweichen; es sey gleich ein
Baum oder großer Stein-Fels oder sonst dergleichen etwas. Es ist
ihnen kein Berg zu gähe noch so häufig mit großen Bäumen be-
wachsen, daß sie nicht denselben auf diese Weise sollten hinab-
fahren können.«

Valvasor ist offensichtlich voller Bewunderung. Und er hat
den Blick für die Skitechnik:

»Denn sie winden und krümmen solche ihre Abfahrt Schlan-
genweise, wann ihnen was verhinderliches im Wege steht. Ist
aber der Weg ganz frey, unverwachsen und unanstößig, so gleiten sie fein Schnurgerad hinunter und zwar alleweil so stehend
und hinten an den Stecken gelehnt; an welchen der Mensch sich
mit solcher Krafft und Stärke so fest und steif hält, als ob er kein
Glied am Leibe oder gar kein Gelenk hette.«

Immer mehr Berichte und Zeugnisse aus dem asiatischen, vor
allem russischen und dem skandinavischen Raum vergrößern
unser Wissen in Detailfragen wie der Ausrüstung und geben uns
einen Eindruck vom Skialltag. Ein kleines Beispiel hierfür sei aus
dem Reisebericht von Knud Leem, der 1767 in Kopenhagen erschien, angeführt. Dort heißt es über den Skilauf der Lappen:

»Die kleinen Kinder können kaum gehen und schon kriechen sie zu den Hügeln, stellen sich auf die Schneeschuhe und fahren die Hänge herunter. So gewöhnen sie sich von Kindesbeinen daran.«

Man kann keine Skigeschichte skizzieren, ohne die Rolle der Soldaten anzusprechen. Die Ausbildung von Skisoldaten und die Führung von Kriegen auf Ski durchzieht die skandinavische, aber auch die russische und polnische Geschichte bis ins 19. Jahrhundert. Dieser eher problematische Zweig der Skigeschichte tangiert uns heute noch. Nur einige Hinweise dazu:

Eine erste Skianleitung in deutscher Sprache: Der norwegische Oberst Emahusen schrieb 1733 *Exercices vor eine Compagnie Schii-Leuffers auff den Schühen*. Deutsch deshalb, weil es auch die Exerziersprache war. Allerdings werden von der Skitechnik nur die Aufstiegsarten und das Wenden angesprochen.

Die Dolomitenfront im Ersten Weltkrieg: Späh- und Kampftrupps auf Ski, Ausbau von Skifabriken, großangelegte Schulungen von Offizieren und Soldaten sowie der Export des Skilaufs an die türkische Front mit Bau einer Skifabrik in der Türkei sind einige Stichworte. Besonders breitenwirksam aber wurde eine Aktion nach dem Kriege, als man die großen übriggebliebenen Skibestände an die bayerischen Turn- und Sportvereine verteilte.

Der Rußlandfeldzug im Zweiten Weltkrieg: Im Winter 1941/42 mußten in Deutschland alle Ski abgegeben werden. Sie wurden weiß angestrichen – so sah man viele auch noch in den 50er Jahren – und an die Ostfront gebracht. Wieder kam es wie im Ersten Weltkrieg zur Schulung vieler Soldaten. Der Kaukasus wurde durch Gebirgsjäger erobert und besetzt. Der Elbrus auf Ski bestiegen. Erstmals kam es bei diesen Aktionen auch zu einer größeren Erprobung des sogenannten Kurzski.

Erfreulicherweise gilt das griechische Wort vom »Krieg als dem Vater aller Dinge« für den Skilauf nicht. Dennoch hat vor allem der Erste Weltkrieg in Österreich und Deutschland dazu beigetragen, aus einem Sport von akademischen Skiclubs und eher elitären bürgerlichen Ursprungsvereinen einen Breitensport zu machen.

In den 60er Jahren des vorigen Jahrhunderts war es in Telemarken, einer Landschaft südwestlich von Oslo, zu einer Entwicklung gekommen, die uns die heutige Form des Skisportes beschert hat. Wohl unter dem Einfluß des sich ausbreitenden Sportgedankens aus England kam es zum wettkampf- und spielorientierten Skilauf.

An drei Namen kann die neue Entwicklung festgemacht werden: Sondre Auversen Nordheim, der 1825 geboren wurde, und an seinen Schülern Torjus und Mikkel Hemestveits. Sie waren im Springen die ersten Weitenjäger und beherrschten einen Stopschwung ohne Stockhilfe. Während im übrigen Land kantenparallele Ski benutzt wurden, hatten sie Ski mit einer deutlichen Taillierung. Eine Tatsache, die uns heute in der Zeit von Radial- und Carvingski wieder auffällt. Den Ski dieser Bauart nannte man übrigens von nun an bis heute auch Telemarkski.

Die drei Skiasse zogen in Morgedal Schauveranstaltungen auf und betrieben schon eine Art Skischule. Bald holte man sie in die Hauptstadt Kristiania, dem heutigen Oslo, wo die Zeitung *Afterblad* 1881 die ersten Skikurse ausschrieb. An diese erste Welle spielerisch-sportlichen Skilaufs erinnern heute noch die Holmenkoll-Veranstaltungen in der Nähe Oslos. Die drei Pioniere wanderten übrigens nach Amerika aus.

Für heutige Skifans interessant ist der skitechnische Innovationsschub der von Morgedal und Kristiania ausging. Zwei Formen, die man anfangs nicht reinlich unterschied, führten aus der Schußfahrt nach dem Aufsprung in die Kurve: der Telemark, bei dem in Ausfallstellung der bogenäußere Ski vorgenommen wurde, und der Kristiania, bei dem der bogeninnere Ski in die Kurve vorauszog.

Vielleicht wäre das eine norwegische Entwicklung geblieben, wenn nicht das Buch *Auf Schneeschuhen durch Grönland* von Fridtjof Nansen ganz Europa erregt hätte. 1890 erschienen, bereits 1891 ins Deutsche übersetzt, machte dieses Buch die Möglichkeiten des Sportgerätes Ski weiten Kreisen bewußt. Die Zeit der Skiclubgründungen begann. Der Berliner Max Schneider importierte norwegische Ski in großen Mengen nach Deutschland. Verbände formierten sich. Damit aber brach auch die Zeit der großen Persönlichkeiten, der bewußten Pioniere und der erfolgreichen Rennläufer an. An ihren Namen können wir die gesamte moderne Entwicklung aufzeigen.

Mathias Zdarsky gehört dazu, als eine wahrhaft historische Gestalt. Als einstmals erfolgreicher und gefeierter Turner hatte er sich nach einem Kunststudium in München nach Lilienfeld, genauer auf den Weiler Habernreith, in der Steiermark zurückgezogen. Ohne Anleitung und ohne selbst vorher einen praktizierenden Skiläufer gesehen zu haben, machte sich Zdarsky eigene Ski, entwarf über 200 Bindungen und erfand, erforschte und konzipierte eine eigene Skitechnik. Mit seinen verhältnismäßig kurzen Ski und einem kräftigen Einstock beherrschte er bald sturzfrei und flott steilste Hänge.

Mathias Zdarskys Buch *Die Lilienfelder Skilauf-Technik* erschien 1887 in Hamburg. Es sollte noch jahrzehntelang in vielen Auflagen verbreitet werden und spaltete die mitteleuropäische Skiszene sofort in zwei große Lager: in die neuen »Alpinen« um Zdarsky und in die tonangebenden »Deutschnorweger« um den unermüdlichen Wilhelm Paulcke. Der Streit sollte mehr als 10 Jahre dauern. Letztlich führte er dazu, daß die Entwicklung vom Laufen zum Fahren ging. Zdarskys Schüler Bilgeri faßte die Positivseiten beider Lager in seinem Buch *Der alpine Skilauf* 1910 zu einem historischen Kompromiß zusammen.

Von nun an ging es immer wieder um die einzige Frage: »Wie komme ich um die Kurve?« Die Norweger hatten mit Telemark und Kristiania den Grund gelegt, Zdarsky hatte den Stemmbogen und den Stemmschwung beigesteuert. Es begannen die Ausdifferenzierungen beispielsweise in gestemmte, gerissene parallele und in gescherte Kristianias. Eine Reihe verschiedener Telemarkschwünge entstanden, beispielsweise mit und ohne Stock, mit oder ohne Rücklage usw. Damit aber sind wir schon bei der Entwicklung nach dem Ersten Weltkrieg.

Am Arlberg war eine junge Skilehrerpersönlichkeit herangereift, die durch ihr Fahrkönnen, durch ihre umsichtige Art und ihr Lehrgeschick auffiel. Der Filmer Arnold Fanck aus Freiburg im Breisgau holte sich Hannes Schneider als Demonstrator und schuf mit ihm zusammen das großartige Buch *Wunder des Schneeschuhs* und den Film *Der weiße Rausch*. Diese zwei großen Medienerfolge Mitte der 20er Jahre stachelten, ähnlich wie Nansens Buch, das Skifieber in Europa weiter an. Schneider wurde schließlich auch der Botschafter des Skilaufs in Japan, wo noch heute Skihänge nach ihm benannt sind. Aber das weitere Schicksal von Schneider wirkt traurig und bedrückend. 1938 wurde er in St. Anton von den ortsansässigen Nazis in »Schutzhaft« genommen und nach Innsbruck ins Gefängnis gebracht.

Abb. 8: Skispringen: der Norweger
Sverre Jensen bei einem Sprung
von 42,5 m während der
Harzer Skimeisterschaft, um 1920.
Archiv für Kunst und Geschichte, Berlin.

Erst nach einer Vereinbarung mit der amerikanischen Botschaft in Deutschland kam er wieder frei, mußte sich aber verpflichten, nach Amerika auszuwandern. Unterstützt von einem amerikanischen Millionär eröffnete und betrieb er dort eine nicht sehr erfolgreiche Skistation. Vom Heimweh nach dem Krieg sogleich zurückgetrieben, starb er schon bald.

Skitechnisch tobte Mitte der 20er Jahre der Kampf um den absolut parallelen Schwung. Gibt es ihn, den ganz »reinen« Schwung, rein von jeder abweichenden Stellung der beiden Ski. Ein Mann der Praxis löste diese für Theoretiker anscheinend schwierige Frage: Toni Seelos aus Seefeld in Tirol. Er selbst erzählte gerne, wie ihm das gelungen war, wie er sich immer engere Tore gesteckt hatte, um schließlich nur noch mit enggeführten, vollkommen parallelen Ski durchschlüpfen zu können. Von 1927 bis 1937 siegte er in jedem Rennen, bei dem er antrat. Zehn Jahre unbesiegt! Ein Erfolg, der vor und nach ihm niemandem gelang. Aber warum gewann er nicht die Olympiade 1936?

Ganz einfach. Nachdem allen Beteiligten und Zuständigen klar war, daß Seelos die Olympiade abkassieren würde, schuf man so etwas wie eine »Lex Seelos«: Seelos war doch auch Skilehrer – und Skilehrer verdienen mit dem Skifahren Geld – also war er kein Amateur!

Toni Seelos lebt noch. Bis vor wenigen Jahren führte er noch die Geschäfte seiner Skischule in Seefeld.

In Deutschland gab es Mitte der zwanziger Jahre Ärger. Ein Eislaufexperte, Dr. Fritz Reuel, wollte mit der Eislauftechnik die Skilauftechnik revolutionieren. Gescheit, belesen und gut auch als Praktiker präsentierte er seine *Neuen Möglichkeiten im Skilauf*. Aber er hatte die Rechnung ohne die Funktionäre gemacht. So läßt man sich nicht von einem Außenseiter ins Konzept pfuschen! Reuel mußte sich, was die Funktionärsszene trefflich beleuchtet, die Zulassung zur Lehrwarteprüfung gerichtlich erstreiten. Was blieb von seinen Ideen?

Heute sehen wir Fritz Reuel als den Vater des Trickskilaufes. Das Schwungfahren auf dem Innenski, seine Einbeintricks und seine Walzer wurden das Fundament einer neuen Art des Spielens auf Ski.

Ärger auch in der Schweiz. Josef Dahinden, Skischulleiter in Davos, hatte zu viele Einfälle und zeigte zuviel Engagement. Schon 1924 brachte er das Element des Gegendrehens, wie es die Wedler noch heute praktizieren, in die Skitechnik ein. Und er schrieb und schrieb. Schöne, anregende Bücher. Wieder ein Funktionärsfall also! Man nahm ihm sein schweizerisches Skilehrerpatent ab und schloß ihn aus der Skilehrerschaft aus. Einsam, mit immer neuen Büchern und Filmen zog er von da an durch die Länder und begeisterte das Publikum für seine, für eine sehr emotionale Art des Skilaufens. Sein letztes Buch *Skimambo* erschien 1957 in Deutschland.

Hier aber einmal ein gutes Ende einer leidigen Funktionärswirtschaft: Zu seinem 90. Geburtstag, Mitte der 80er Jahre, erschien eine große Delegation des Schweizer Interverbandes mit Geschenken – und mit seinem Skilehrerausweis, den man ihm 60 Jahre zuvor abgenommen hatte.

Noch ein Rebell! Der junge Innsbrucker Toni Ducia wurde mitten in der Wirtschaftsrezession von 1932 mit seinem Ingenieursstudium und mit seiner Skilehrerausbildung fertig. Was tun? Fast zufällig verschlug es ihn mit seinem Freund Reindl als Trainer zum Skiklub Paris. Innerhalb von zwei Jahren entwickelte er dort eine neue Skifahrtechnik und schrieb darüber ein hervorragend aufgemachtes Buch.

Herzstück: Man drehe den Rumpf zurück, damit die Beine die Ski drehen!

Aber auch eine kleine Zeitbombe war in seiner Theorie versteckt. Fast so nebenbei bemerkte er, was uns heute umtreibt:

Man kann den Wechsel von Innenski und Außenski auch schon vor der Kurve machen, so daß die Kurve auf den neuen Kanten fast automatisch abläuft.

Ducia war Erfinder und wich von den heiligen Lehren seiner Heimat, der Arlbergtechnik, ab. So ein Mann mußte gemaßregelt werden. Ein Beamter des Wiener Kultusministeriums und der Heimleiter von St. Christoph am Arlberg saßen über den aus dem Ausland Herbeizitierten zu Gericht. Er sollte widerrufen. Aber Ducia blieb standhaft – und im Ausland!

Ein Medizinprofessor, Eugen Matthias, erkannte, wie interessant und revolutionär die Lehre des Skischulleiters Giovanni Testa von St. Moritz war. Zusammen waren sie sich einig: Drehen und Gegendrehen ist ein natürlicher Bewegungsablauf! Nur wenig zeitversetzt zu Ducia kamen sie zur gleichen Überzeugung. Sie griffen das »Wedeln«, das seit einigen Jahren herumgeisterte, auf und banden es in ihr System ein. Aber wieder wurde Originalität bestraft. Nach Dahinden der zweite schweizerische Skandal!

Nach vielen Verleumdungen und Verdächtigungen bekam Giovanni Testa durch den Gemeinderat von St. Moritz den nach schweizerischen Gesetzen möglichen Ortsverweis. Ende 1945 sollte er mit seiner Familie den Ort verlassen.

Wenn, ja wenn in einem seiner letzten Kurse nicht zwei Züricher Anwälte gewesen wären, die schnell das böse Spiel, das man mit Testa trieb, durchschauten. In wenigen Tagen hatten sie alles juristisch für ihren Lehrer abgeklärt: Die Verleumder wurden zum Schweigen gebracht, und der Gemeinderat mußte seinen Beschluß zurücknehmen.

Giovanni Testa lebt heute noch als einstmals erfolgreicher Skilehrer, Sportartikelhändler, Hotelier und als inzwischen angesehener Bürger in St. Moritz.

Erst Schüler von Ducia, dann Rückkehr zur Rotationstechnik und zu Toni Seelos: so wurde Emile Allais 1937 Weltmeister. Seine Verdienste liegen auf mehreren Gebieten: Entwicklung der Methode française, einer Rotationstechnik in stärkster Vorlage und unter Schwungauslösung mit Anfersen der Ski, dem sogenannten ruade. Gründung der ersten französischen Skistation Courchevel noch vor dem Kriege. Schließlich Aufbau des argentinischen Skigebietes Portillo.

Emile Allais war ausnahmsweise einmal ein durchweg erfolgreicher Pionier. Schließlich – so könnte man urteilen – hat er 1947 auch eines der schönsten Skibücher gemacht: *Methode Française de Ski – Technique Emile Allais.*

Über 30 Skibücher stammen aus der Feder von Carl Joseph Luther. Er war Schriftleiter der bekannten Zeitschrift *Der Winter*, Lehrwart des Deutschen Skiverbandes und Leiter von Hunderten von Skilehrgängen. Von 1912 bis in die 50er Jahre publizierte er.

Sein Einfluß auf die Entwicklung des Skisports ist im einzelnen schwer abzuschätzen. Es war ein stetiges, umsichtiges Einwirken. Es dürfte kein Fehlurteil sein, wenn man ihn als die wichtigste Figur der deutschen Skigeschichte betrachtet. Er tat dabei eigentlich nie etwas Spektakuläres, aber er trug alle Schritte der Entwicklung mit und machte sie publik.

Aufsehen erregte dagegen Arwed Moehn, während des Zweiten Weltkriegs bestellter Reichslehrwart und Leiter des Fachamtes Skilauf für Deutschland und Österreich, 1950 mit seinem revolutionären Lehrplan, in dem er sich zum Pistenskilauf bekannte. Er forderte gegen Bremsen und Rutschen den Gleitskilauf. Er attackierte die Bogenschule. Er wandte sich gegen Unterrichtsmethoden, die vornehmlich im Fehlersehen und im Korrigieren bestanden.

Im Rückblick kann man zu diesem Buch sagen: Vor Moehns Lehrplan von 1950 kann auch heute noch nicht jeder Skilehrer und nicht jede Unterrichtsstunde bestehen.

Die neue Beinspiel- oder Wedeltechnik brachten Prof. Stefan Kruckenhauser und Franz Furtner dreimal, 1952, 1953 und 1955, vor das internationale Publikum. Erst ausgelacht, übten aber beim dritten Mal die Kongreßteilnehmer von Val d'Isere noch am gleichen Tag die neue, schlangengleiche Wedeltechnik. Mit einem Schlag hatte sie dann die internationale Welt erobert – mit

Ausnahme von Frankreich und der Schweiz. Aber auch diese konnten sich nur einige Jahre gegen die neue Art zu schwingen sperren. Das Wedeln in seiner faszinierenden Ausstrahlung unterwanderte ihre Klientel und zwang die Funktionäre auf Kurs.

Fast 30 Jahre lang hatte das »System Kruckenhauser« Bestand. Die Skiwelt wedelte. Sicher gab es Variationen: Umsteigen oder Parallelschwingen, Hoch- oder Tiefauslösung. Aber das Prinzip blieb immer gleich: Die Beine drehen die Ski in und um die Kurve.

In mehr als 40 japanischen Städten wurde »Kruck«, wie er mit Spitznamen hieß, Ehrenbürger. Nur ein Hinweis, wie erfolgreich dieser Mann war.

Aber auch die Skizeiten wandeln sich. Waren es bis in die 50er Jahre vornehmlich Persönlichkeiten mit großer Konzeptionskraft, die die Entwicklung des Skilaufs und der Skilauftechnik trugen, so scheinen von da ab mehr und mehr die Rennläufer die Entwicklung zu steuern:

Jean Claude Killy, der Alleskönner, der schon nicht mehr eindeutig der Beinspieltechnik zuzuordnen ist. Die großen Abfahrer Karl Schranz, Franz Klammer und Bernhard Russi, die bereits die Position Ei, die moderne Abfahrtshocke, durch die Kurven durchhalten konnten. Der brillante Südtiroler Techniker Gustavo Thöni, der später Tombas Erfolgstrainer werden sollte, spielte wie kein anderer bisher mit dem Einsatz der Skikante. Prägend für das Verständnis modernen Skifahrens wurden vor allem: der Schwede Ingemar Stenmark, der sich im Slalom und Riesentorlauf mehr und mehr von den verdrehten Körperstellungen löste und die Kurven frontal anging. Der Slowene Roc Petrovic, der für die Übergangszeit von der Kruckenhauserschen Wedeltechnik zur modernen geschnittenen Radialtechnik steht. Die Deutschen Frank Wörndl und Christa Kinshofer, die sowohl in der alten wie in der neuen Technik erfolgreich waren. Ähnlich prägend für alte und neue Fahrweisen waren Pirmin Zurbriggen und der unermüdliche Kämpfer bis heute Marc Giradelli. Die Seriensiegerin Vreni Schneider, die voll auf die Kreuzkoordination in der Körperarbeit setzte. Von den erfolgreichen Fahrern unserer Tage sei nur der Ausnahmefahrer Alberto Tomba erwähnt, gegen den die übrigen Athleten anrennen, um ihm hier und da in den technischen Disziplinen einen Sieg zu entreißen.

Über 100 Jahre blieb der Skilauf eine Erfolgssportart. Er etablierte sich als beliebter Breiten- und Natursport. Immer neue Gebiete wurden erschlossen. Und obwohl nicht einmal ein Prozent der Alpenfläche von Aufstiegshilfen und Pisten erschlossen und bedeckt ist, wird über die Naturbelastung durch diesen Sport heftig diskutiert. Seit der Landschaftsschutzgesetze von 1972 in Bayern und vieler neuen Gesetze auch in der Schweiz und Österreich geht es weniger um neue Erschließungen, sondern mehr um sinnvolle Auslastung der alten Gebiete.

Dem entspricht offensichtlich auch das allgemeine Bedürfnis, denn seit den 70er Jahren ist die Zahl der Skisportler nicht mehr gewachsen. Diese hatte sich damals bei sechs Millionen eingependelt.

Gründe dafür gibt es gleich mehrere. Zu erkennen ist z. B. eine gewisse Verschiebung vom Alpinsport zum Skilanglauf. Im Bereich des Skilaufs in den Schulen, den sog. Skilagern, ist der Rückgang besonders deutlich. Außerdem ist ein großer Teil der Jugend vom Snowboarden, das sie als alternative Sportart zum klassischen Skilauf auffaßt, fasziniert. Sicher spielt hier auch die Expansion der sog. Erlebnissportarten eine Rolle.

Der gegenwärtige Einschnitt ist so groß, daß man wirklich von einer neuen Zeit des Skifahrens sprechen kann. Wir erleben einen Umbruch in der Skitechnik und revolutionäre Entwicklungen beim Ski selbst.

So verspricht beispielsweise das Programm des Sport- und Skilehrerverbandes SPORTS den Skifahrern ein neues und gesteigertes Vergnügen. Danach ist Skifahren leichter erlernbar geworden. Eine gute Verträglichkeit wird garantiert. Eisplatten sollen ihre Schrecken verlieren. Mehr Sicherheit und mehr Kontrolle des Tempos sind angesagt. Die Senioren werden länger fahren als je zuvor. Und das alles bei gesteigerter Sportlichkeit!

Und so sehen die Fakten aus: Die guten alten Telemarkski aus der Mitte des 19. Jahrhunderts, von denen gesprochen wurde, haben ein neues Entwicklungsstadium erreicht. Dr. Spazier von Kneissl und Matjez Sarabon von Elan konnten einen völlig neuen Skityp auf den Markt bringen, den Carver oder Radialski. Die Taillierung wurde verstärkt. Am Taillierungsverlauf, also an den Kurven im Ski, wird gearbeitet, gebastelt, wird experimentiert. Man spricht von ellipsoiden und zykloiden Kurven. Man kombiniert Kurven und gerade Strecken. Man variiert die Kantenwinkel und man strukturiert Kanten und Beläge. Man optimiert die Ski mit zusätzlichen Platten unter der Bindung. Wie ein Fieber hat diese Entwicklung inzwischen alle Produzenten erfaßt, und alle bringen sie nun innovative und höchst interessante Ski auf den Markt. Es gibt keinen Produzenten mehr, der nicht einen sog. Carver-Ski im Angebot hätte. Die Zukunft scheint weit offen zu sein.

Dazu kommt die neue Skitechnik, wie sie uns die Rennfahrer längst vorexerzieren. Sie baut auf eine völlig neue Handhabung des Ski auf: Nicht mehr die Ski einfach überlisten, entlasten und drehen, sondern die Ski fahren lassen, heißt die Devise. Schrittwechsel und auf die Kante kippen! Den ganzen Schwung auf der Taillierung schneiden.

Das neue Zusammenspiel hat aus dem alten Skifahren plötzlich wieder eine sehr junge Sportart gemacht. Wenigstens skitechnisch gesehen hat es sich dem Snowboardfahren angenähert. Mit Radial- oder Carvingtechnik legen sich alle in die Kurven. Und sie genießen das neue Gleiten, die weite Innenlage, den scharfen Zug auf der Kante und die Beschleunigung aus der Kurve.

Für die Skifahrer scheint wirklich eine neue Zeit angebrochen zu sein, die zeigt, wie eine alte Sportart jung geblieben ist.

Hans-Jürgen Zeume
»Mit festem Willen und offenen Augen«
Turnen

Auf den bronzezeitlichen Felszeichnungen von Bohuslän in Schweden, die um 1800 vor der Zeitrechnung entstanden, ist die Darstellung eines Überschlag rückwärts zu finden, der heute den populären Namen Flickflack trägt. Jeder Junge oder jedes Mädchen, das ihn das erste Mal erfolgreich zeigt, darf sich von diesem Tag an als getauft betrachten und Turner oder Turnerin nennen.

Der wohl älteste Sprung über das Pferd, heute eine attraktive Disziplin des Turnens, ist uns aus dem westgermanischen Kulturkreis um das 2. Jahrhundert vor unserer Zeitrechnung überliefert. Der Teutonenkönig Teutobod soll über sechs nebeneinandergestellte Ponys gesprungen sein. Dieser Sprung ist als Königssprung in die germanische Mythologie eingegangen.

Die Römer des klassischen Altertums benutzten bereits den Pferden nachgebildete hölzerne Gestelle, um an diesen das Auf- und das Absitzen mit und ohne Waffen zu üben. Diese Urform des Pauschenpferdturnens ist von dem römischen Schriftsteller Flavius Renatus Vegetius aus dem Jahre 375 unserer Zeitrechnung durch schriftliche Zeugnisse belegt. Das römische Holzpferd scheint also das älteste Turngerät in der Geschichte der Körperkultur zu sein. Die heutigen Pauschen waren ursprüngliche Sattelwülste, und das dem Pferd nachgebildete Holzgestell war zur Polsterung mit Sackleinwand und Leder überzogen.

Im klassischen Altertum wurde von Gauklern und Gymnasten berichtet, die durch ihre Bodenturnkünste beim Publikum

in hohem Ansehen standen. Im Mittelalter waren die Gaukel-
künste feste Bestandteile höfischer und bürgerlicher Feste, von
fahrenden Leuten, lustigen Gesellen und Schaustellern dargebo-
ten, die Kopf- und Handstände, Rollen, Überschläge, Salti und
manches mehr zeigten.

Der Berühmteste unter ihnen war Archangelo Tuccaro, der
auch jenen Überschlag rückwärts vollführte, den Forscher an
den schwedischen Felswänden gefunden hatten. Tuccaro war be-
stallter Springer am Hofe von König Karl dem Neunten von
Frankreich und gab 1599 auch für die Nachwelt ein dreibändiges
Werk heraus. In diesem zeigte er anschaulich, wie man einen
Überschlag seitwärts turnt, im Volksmund noch heute schlicht
Rad genannt, wie man einen Arabersprung vollführt, den heute
Wissenschaftler als Rondat bezeichnen, er zeigte Luftrollen vorwärts und rückwärts, die man auch schlichter mit Salto be-
schreibt. Und er zeigte den Überschlag rückwärts, der erst 100
Jahre nach ihm den schönen französischen Namen Flickflack er-
hielt und wie Peitschenhiebe oder Ohrfeigen klingt.

Der Berühmteste, der all die Erfahrungen der Geschichte sam-
melte und neu in das gesellschaftliche Leben einbrachte, war im
18. Jahrhundert der Thüringer Pädagoge und Aufklärer Friedrich GutsMuths. Seine Philosophie: »Unsere Zöglinge sollen
Kraft in die Muskeln bekommen, starke Hände, Schenkel und
Beine haben, auf hohen Standpunkten sollen sie nicht schwin-
deln, in bedenklichen Lagen bei anscheinender Gefahr sollen sie
nicht mutlos werden.« Er richtete in Schnepfenthal seinen Turnplatz ein und baute dabei auf die Erfahrungen von Johann Bernhard Basedow, der die antike Gymnastik wiederentdeckt hatte,
aber seinen Zöglingen auch das Ringen, das Rudern, das
Schwimmen, das Wandern und das Ballwerfen zur Ertüchtigung
empfahl. Bekannt wurde der Dessauer Fünfkampf, bestehend
aus Laufen, Springen, Balancieren, Klettern und Tragen, womit
der Grundstein für unser heutiges Turnen gelegt war. Guts-
Muths forderte seine Zöglinge später auf: »Man treibe Gymnastik, um zu leben, aber lebe nicht, um Gymnastik zu treiben.« Im
heutigen Zeitalter, da auch das Turnen immer stärker von der
Professionalisierung ergriffen wird, sollte man sich daran erinnern.

Der Berühmteste, der wesentliche Inhalte der Geschichte der
Körperkultur verknüpfte und sie in seinem Vaterländischen

Turnen einbrachte, war Friedrich Ludwig Jahn (1778-1852), zugleich ein glühender deutscher Patriot. 1811, genau am 19. Juni, eröffnete Friedrich Ludwig Jahn in der Hasenheide im Süden der Stadt Berlin seinen vaterländischen Turnplatz, um dort die jungen Burschen zu ertüchtigen, um mutig in den Kampf gegen die napoleonische Fremdherrschaft ziehen und den Weg zur Errichtung eines deutschen Nationalstaates einschlagen zu können.

An Mittwoch- und Sonnabendnachmittagen gehörte danach der Turnplatz zumeist den jungen Burschen. Die Turner trafen sich in der Stadt, von dort aus marschierten sie mit Gesang in die Hasenheide und turnten sich ein. Diese freie Beschäftigung nannte man Turnkür, die sich als Begriff bis in die heutige Zeit erhalten hat. Auf dem ersten Turnplatz der Welt, der auch diesen Namen trug, stand ein zehn Meter langer Schwebebaum, von Jahn dem Balancierbaum Basedows nachempfunden, den dieser 1774 erstmals vorgestellt hatte. Er ersetzte das Wort balancieren durch schweben. Mehr als hundert Jahre später fand dieser als schwedische Erfindung Einzug ins weltweite Frauenturnen, wenn auch auf fünf Meter Länge reduziert. Das Pauschenpferd hatte sich Jahn von GutsMuths abgeschaut, das von diesem 1804 präsentiert worden war. Indes führte er die eisernen Pauschen ein. Die Jahnschen Holzpferde hatten damals noch einen Kopf und einen Schweif. Jahn nannte sie Schwingel, das Holz war mit Leinwand überzogen. 1865 entwickelten Schweizer Turner die Bügelpauschen, an denen heute noch geturnt wird.

Theodor Körner, einer der mutigsten deutschen Schriftsteller in der Befreiungsbewegung gegen die napoleonische Fremdherrschaft und ein glühender Turnanhänger, schrieb über Jahn: »Sein Hauptverdienst ist es, durch die Einführung von Reck und Barren den Anstoß gegeben zu haben zu der Ausgestaltung des an Ausdruck und Formenschönheit so reichen Geräturnen.« Indes irrte der Patriot Jahn, als er seinen vielfältigen Gymnastikformen einen deutschen Namen, Turnen, gab. Er leitet sich nämlich nicht vom ritterlichen Turnier ab, sondern ist lateinischen Ursprungs. Tornare heißt nichts weiter als drechseln, drehen. Mit Turnen bezeichnete Jahn die Gesamtheit aller nützlichen Leibesübungen.

1813 fiel Theodor Körner im Befreiungskampf. Er erlebte das erste deutsche Turnfest 1814 nicht mehr, ein Jahr nach der siegreichen Völkerschlacht bei Leipzig. Die Turner trugen als Tracht eine grauleinene Jacke und ebensolche Beinkleider, dazu Halbstiefel, die bis über die Knöchel reichten, und zum Überziehen einen sogenannten deutschen Rock, der bei den Turnfahrten auch als Mantel benutzt wurde. Die Turntracht sollte dauerhaft sein und alle Körperbewegungen ermöglichen. Der Ausweis der Turner war eine geprägte Ledermarke.

Der 31. März, der Jahrestag des Einzuges der Verbündeten in Paris, wurde von Jahn zum Tag des Anturnens bestimmt, der 18. Oktober, zur Erinnerung an die Völkerschlacht bei Leipzig, zum Tag des Abturnens. Doch von 1819-1842 war das Vaterländische Turnen in Preußen verboten; Jahn zur unerwünschten Person erklärt. Er war mit seinem Denken den Herrschenden gefährlich geworden, weil er sich auch gegen die Kleinstaaterei wandte. Er galt als »gefährlicher Demagoge«.

Auch ohne Jahn, der zunächst eingekerkert und dann nach Kolberg verbannt war, entwickelte sich das Turnen weiter, wenn es auch nicht mehr als Begriff benutzt werden durfte. Sein Schüler Ernst Eiselen machte aus der Not eine Tugend und eröffnete die erste Turnhalle der Welt. Er entpolitisierte das Turnen, um mit der monarchischen preußischen Staatsmacht nicht in Kollision zu geraten. Er schuf mit dem Bock, der Streckschaukel, dem Rundlauf und den Hanteln neue Geräte und Übungsformen. Leider wurde das Turnen durch die von ihm eingeführten Formvorschriften hölzern und steif, er nahm ihm auch die Fröhlichkeit und die Ungebundenheit der Hasenheide. 1833 gründete Eiselen in Berlin die erste Mädchenturnanstalt, in der er aber mehr Heilgymnastik für Kranke und Schwache betrieb.

Das erste Mädchenturnbuch stammt übrigens von einem Schweizer. 1829 stellte Phokion Heinrich Chias (1782-1854) seine »Kalisthemie« vor, den Titel hatte der Theoretiker aus dem griechischen Kalos für schön und stenia für Kräftigkeit abgeleitet. Er forderte die Mädchen auf, ihre Übungen im Freien zu zeigen und nicht in dumpfen Hallen. Indes lehnte er das Spielen und das Tanzen ab.

Gleich Eiselen in Berlin war in Dresden Adolf Ludwig Werner aktiv, der dort 1831 die erste gymnastische Anstalt für Mädchen gründete und dafür von der Universität in Jena den Doktorhut verliehen bekam.

Doch der Weg bis zur Anerkennung der Mädchen und Frauen

in der deutschen Turnerbewegung war noch weit. Das erste Mal durften sie 1898 beim Turnfest in Hamburg mitmachen, aber da noch außerhalb des Programms. Sie erregten viel Aufsehen, obwohl ihre Übungen nicht so spektakulär waren. So zeigten sie nur ein Aufhocken auf das Pferd mit anschließendem Niedersprung – und zogen sich auch damit den Unwillen derjenigen zu, die das Frauenturnen noch immer als Zirkus- und Varietékünste ablehnten. Trotz dieser Schmähungen und kritischer Vorurteile, auch seitens der katholischen Kirche, die im Frauenturnen sittliche Verstöße vermutete, ging die Frauenbewegung ihren selbstbewußten Weg.

Einer der großen Gegner des Frauensports war auch der Wiederbegründer der olympischen Bewegung, der französische Baron Pierre de Coubertin. Als er am 5. April 1896 nach 1503 Jahren in Athen seine ersten Olympischen Spiele der Neuzeit abhielt, durften Frauen nicht mitmachen. Er nannte ihre Auftritte auf den sportlichen Schauplätzen unästhetisch, unpraktisch und unkorrekt. Doch auch er konnte die Entwicklung nicht aufhalten. Es dauerte aber bis 1919, ehe die Frauen in der deutschen Turnbewegung ihren eigenen Fachausschuß erhielten. Beim Turnfest 1923 in München traten 9000 Frauen in den allgemeinen Freiübungen auf. Keine Kirche und kein Baron hielt sie mehr auf. 1928 gewannen die Niederländerinnen in Amsterdam die erste olympische Goldmedaille im Frauenturnen an den Geräten. Deutsche Turnerinnen waren damals nicht dabei. Noch nicht. 1936 errangen sie in Berlin die Goldmedaille im Mannschaftskampf; die heute noch bekannten Geräte Sprungpferd, Stufenbarren, Schwebebalken und Bodenturnen waren erstmals in dieser Einheit ausgeschrieben.

Bereits 1881 war die Internationale Turnföderation FIG gegründet worden, deren erster Präsident der Belgier Nicolas J. Cuperus wurde. Heute zählt die FIG an die 100 Mitgliedsländer und trägt seit 1934 regelmäßig ihre Weltmeisterschaften aus. Der Föderation gehören auch Sportgymnastinnen, Akrobaten, Aerobictänzer und Trampolinspringer an. 1953 fand in Rotterdam die erste Welt-Gymnaestrada statt, um die nichtprofessionellen Könner der Straße auf einer gemeinsamen Bühne zu vereinigen. Deren Begründer, der Niederländer Johan Heinrich François Sommer, wurde selbst zum Inbegriff, wie man sich durch das

Turnen im Jahnschen Sinne »frisch, fromm, fröhlich, frei« halten kann. Er wurde nämlich 101 Jahre alt.

Der älteste noch lebende Turn-Olympiasieger ist Leon Stukelj. Am 12. November 1898 ist er im slowenischen Nove Mesto geboren worden. Stukelj wurde Olympiasieger 1924 in Paris, er nahm auch an den Spielen 1928, 1932 und 1936 teil. Stukelj, der in Maribor lebt, das auch ein Zentrum des alpinen Skisports ist, studierte Jura und arbeitete als Richter. Den Slowenen zeichnet noch heute hohe Vitalität aus, bei einem geregelten Tagesablauf, täglichen Spaziergängen mit einer speziellen Atemtechnik, abgestimmter Kost mit viel Gemüse und Früchten und ab und zu auch einem Gläschen Wein. Und eingebunden in sein tägliches Programm sind ein paar Klimmzüge an den Ringen, die seit Jahrzehnten wie ein Markenzeichen im Türrahmen des Schlafzimmers hängen. Die Ringe waren als Turner sein liebstes Gerät.

Heikki Savolainen ist der Turner der olympischen Geschichte, der in der längsten Zeitperiode an den Spielen teilnahm. Der Finne turnte 1928 in Amsterdam das erste Mal, war 1932, 1936 dabei. Dann tobte der Krieg, die Spiele 1940, 1944 fielen aus. In London 1948 war er wieder dabei, und als 54jähriger gewann er 1952 in Helsinki, in der Hauptstadt seines Landes, noch einmal mit der finnischen Mannschaft die Bronzemedaille. Er starb 1994 als 87jähriger. Selbst Vater von fünf Kindern hatte er sich bis ins hohe Alter eine erstaunliche Frische erhalten. Jeden Abend machte er sein kleines Turnprogramm von drei bis fünf Minuten. Mit gymnastischen Bewegungen versuchte er vor allem Rückgrat, Schultern und Arme beweglich und geschmeidig zu halten. Als fünfmaliger Teilnehmer an Olympischen Spielen, bei denen er immer eine Medaille gewann, gehört der Arzt zu den Ausnahmesportlern unseres Jahrhunderts. »Ich habe mich schon von der Kindheit an für die Geschichte der Antike und ihrer Körperkultur interessiert. Für mich waren die Olympischen Spiele das Ziel, das Motiv, Sport zu treiben, mit Herz und mit Leidenschaft«, bekannte er im hohen Alter.

Als Savolainen 1948 in London turnte, schaute ein junger Deutscher auf ihn, der den Trainerdress der Engländer trug. Während des faschistischen Raubkrieges wurde das frühere Mitglied der deutschen Kernmannschaft, das eigentlich an den Olympischen Spielen 1940 und 1944 teilnehmen wollte, als Fallschirmjäger an die Front geschickt. In Lyon kam er in englische

Gefangenschaft. Und dort erinnerte man sich der Fähigkeiten des Deutschen. 1952 in Helsinki, als Savolainen das letzte Mal an den Spielen teilnahm, turnte er als 32jähriger das erste Mal selbst mit, und 1956 in Melbourne gewann er die olympische Goldmedaille im Pferdsprung. Helmut Bantz, der Sport studierte und später als Dozent an der Kölner Sporthochschule wirkte, lebt übrigens in einer Straße, die den Namen Friedrich Ludwig Jahns trägt. »Die Olympiahose der Engländer hängt als Erinnerung an die Spiele von 1948 noch heute in meinem Schrank.«

Aage Storhaug ist zwar »erst« einer vom Jahrgang 1939, aber in seinem Heimatland, wo die Helden des Sports eigentlich die Wintersportler sind, eine Legende. Seine besondere Besessenheit verdeutlicht ein berühmt gewordenes Bild, das ihn bei einem kühnen Salto vom Heuboden des elterlichen Bauernhofs zeigt. Die Grundlagen seines Könnens erwarb er sich zusammen mit seinem Vater in der Scheune, die zu einem Turnboden umfunktioniert war. Er trainierte, so erzählen es die Leute dort noch heute, wie ein Wolf. Und in dem Dörfchen Klepp, rund dreißig Kilometer von Stavanger entfernt im Südosten Norwegens, kennt man sich wie auch anderswo in der Welt in einem Dorf sehr gut. 17 Jahre war er alt, als man ihn wegen seines Talents, das sich ohne direkte Hilfe ausgebildeter Trainer entfaltete, in den norwegischen Juniorenkader aufnahm. Bei den Europameisterschaften 1965 belegte der Autodidakt einen sensationellen fünften Platz im Mehrkampf. »Mit einem festen Willen und mit offenen Augen kann man viel machen. Ich wollte immer das probieren, was ich bei den Wettkämpfen an Neuem und Interessantem sah. Es dauerte zwar alles etwas länger, aber ich trainierte so lange, bis ich es geschafft hatte.« Am Ende seiner Laufbahn war er zwölfmaliger norwegischer Meister im Mehrkampf, wofür er jedesmal einen Pokal von König Olav dem V. erhalten hatte. Später wirkte Storhaug, der Pädagogik und Sport studiert hatte, als Nationaltrainer, heute kümmert er sich um Talente im Osloer Turnverein.

Im gleichen Maße wie bei den Turnern die Olympischen Spiele 1952 in Helsinki neue Perspektiven öffneten, weil mit dem Eintritt der UdSSR neue Leistungshöhen erreicht wurden, gab es auch bei den Turnerinnen eine neue Entwicklung, die die ungarischen Frauen auslösten, mit ihren herausragenden Könnerinnen Agnes Keleti und Margit Korondi. Beide waren aber auch sehr politisch denkende Frauen, die nach der Niederschlagung des Volksaufstands 1956 Ungarn verließen. Agnes Keleti ging nach Israel, Margit Korondi in die USA. Eine ähnliche Entscheidung für ihr Leben traf die Tschechoslowakin Vera Caslavska, die größte Konkurrentin der sowjetischen Turnerinnen in den sechziger Jahren. Nach dem gewaltsamen Ende des »Prager Frühlings« 1968 wurde sie zur unerwünschten Person erklärt. Sie arbeitete später in Mexiko als Nationaltrainerin und nach ihrer Rückkehr als Trainerin an der Basis mit den Kleinsten. Mit der politischen Wende 1989 wurde sie Beraterin von Präsident Vaclav Havel und Präsidentin des Nationalen Olympischen Komitees ihres Landes.

Die herausragende und zugleich eine der sympathischsten Turnerinnen der fünfziger und sechziger Jahre war Larissa Latynina, die von den Weltmeisterschaften 1954 bis 1966 in der sowjetischen Auswahlriege stand, später Nationaltrainerin und Organisatorin der olympischen Turnwettbewerbe 1980 in Moskau war. Sie ist ein typisches Beispiel der neuartigen Förderung von Talenten in unserem Jahrhundert. Entdeckt von einem Turntrainer im Ballettsaal des Kulturhauses ihrer Heimatstadt Cherson in der Ukraine, widmete sie sich bald ausschließlich dem Turnen. 16jährig kam sie auf ein Sportgymnasium in Kiew, das die besten Talente der Ukraine erfaßte. Ihr Lehrmeister wurde der Turnprofessor Alexander Mischakow. Er führte sie bei den Olympischen Spielen zwischen 1956 und 1964 zum Gewinn von neun goldenen, fünf silbernen und vier bronzenen Medaillen: »Es ist doch egal, welchen Sport sie wählen«, sagt sie heute. »Ich war in der Schule nämlich auch eine begeisterte Leichtathletin. Ich turne heute nicht mehr, aber laufen gehe ich jeden Tag.«

Ein einschneidender Wechsel im Frauenturnen wird durch zwei Sportlerinnen markiert, die vor allem auf die Akrobatik setzten: zum einen Karin Janz aus der DDR und zum anderen Olga Korbut aus der UdSSR. Die beiden Siegerinnen bei den Olympischen Spielen 1972 in München, bei denen sie einen speziellen politischen Klassenauftrag zu erfüllen hatten, arbeiteten nach Beendigung ihrer Laufbahn als Ärztin bzw. als Trainerin und setzten sich sehr kritisch mit Entwicklungen auseinander, deren Wegbereiter sie mit ihren Trainern waren. Die Turnerinnen wurden immer kleiner, immer jünger. Man hat mitunter medizinische Eingriffe vollzogen, den Wachstumsprozeß der heranwachsenden Mädchen zu beeinflussen. Erst nach den Olympischen Spielen 1996 in Atlanta wurde das Mindestalter im Frauenturnen von 15 wieder auf 16 Jahre erhöht. Um selbst die 15 zu unterwandern, hatte man in der UdSSR bei der späteren Weltmeisterin Olga Bitscherowa und in Rumänien bei der späteren Olympiasiegerin Ecaterina Szabo das Geburtsjahr um ein Jahr zurückdatiert.

Wie die Turner, so wurden mehr und mehr auch die Turnerinnen von geschäftstüchtigen Managern als Objekte auserkoren, in ihren Shows aufzutreten. In den USA sorgte die Silbermedaillengewinnerin bei den Weltmeisterschaften 1970 im Balkenturnen, Cathy Rigby, für Schlagzeilen, als sie vor großem Publikum Auszüge aus ihrer Übung nackt turnte. Letztendlich blieb das jedoch die Ausnahme; kleine Turnerinnen in den Shows wurden alsbald von Grazien wie der Belorussin Swetlana Boginskaja abgelöst. Ähnlich wie im Eiskunstlaufen hängte der eine oder andere Star noch ein paar Jährchen an, um kräftig Geld zu verdienen. Mit den politischen Veränderungen in Osteuropa tat sich nun auch ein schier unendliches Reservoir von Könnerinnen auf. Eine, die mit besonderem Geschick agiert, ist die heute in Kanada lebende rumänische Turnkönigin Nadia Comaneci, einst Hätschelkind im goldenen Käfig des Diktators Ceausescu. Aus diesem entflohen, baute sie sich mit ihrem guten Namen eine neue Existenz auf und zeigte gelegentlich als alternder Star noch die eine oder andere turnerische Übung.

Das Ende des Kalten Krieges und der Ost-West-Teilung hat auch die Situation in Deutschland grundlegend geändert.

Mit der Gründung zweier deutscher Staaten, erst der BRD, dann der DDR, waren auch zwei Turnbewegungen entstanden. Ein letztes Mal hatten sich die besten Turner aus Ost und West im Juli 1949 auf der Waldbühne im Westteil Berlins getroffen, dem Austragungsort der olympischen Turnwettbewerbe 1936. Leider waren zu dieser Schauveranstaltung vier Turner aus der siegreichen deutschen Olympiariege von 1936 nicht erschienen: Alfred Schwarzmann, Willi Stadel, Innozenz Stangel und Konrad Frey. Liebling des Publikums war der Leunaer Alfred Müller, damals schon 43jährig, der frühere deutsche Meister im Reckturnen. Nach seiner Barrenübung setzte orkanartiger Beifall ein, und Müller wurde herausgefordert, seine Übung noch einmal zu zeigen. Ein Jahr später gab es keine gesamtdeutsche Mannschaft mehr. Die Müller-Riege turnte nun schon gegen die aufstrebende Mannschaft der UdSSR, und auch die Städtevergleiche, die es nach 1945 noch gegeben hatte, wie etwa Hamburg-Berlin-Leipzig, fanden nicht mehr statt. In beiden Staaten bildeten sich selbständige Turnbewegungen aus. Während sich jene im Westen die bürgerlichen Traditionen und die Turnfeste zum Vorbild nahm, orientierte sich jene im Osten an den Traditionen des Arbeitersports und an den Erfahrungen in der UdSSR. Während im Westen vor allem die Ausprägung der Persönlichkeit im Mittelpunkt stand, aber auch die Gesellichkeit im Verein, strebte man im Osten nach Erfolg um jeden Preis mit dem Ziel, die Überlegenheit seines selbsternannten Sozialismus-Modells zu belegen. Den Primat der Förderung genoß der Leistungssport; der sogenannte Volkssport der breiten Masse fand nicht die materielle Unterstützung. Die Ausstattung der öffentlichen Turnhallen zum Beispiel stand in keinem Verhältnis zu den Sportstätten, in denen die Olympia- und WM-Kandidaten fast den ganzen Tag über ein ganzes Jahr trainierten.

Die organisatorische Trennung der Turnverbände in West- und Ostdeutschland hatte schon früh eingesetzt.

Am 13./14. September 1947 war die Gründung des Deutschen Arbeitsausschusses Turnen, kurz DAT, in Northeim vollzogen worden. Doch zur Gründung des Deutschen Turner-Bundes kam es nach zwischenzeitlichem Einspruch der Alliierten erst am 2. September 1950 in Tübingen. Vorsicht war geboten, denn allzusehr hatte sich die deutsche Turnerschaft in den braunen Jahren mißbrauchen lassen. Im Osten Deutschlands verlief die Entwicklung etwas anders, obwohl man auch hier unter strengster Kontrolle der Besatzungsmacht stand. Aus der Sektion Turnen des Deutschen Turn- und Sportbundes formierte sich am 3. Mai 1958 in Berlin schließlich der Deutsche Turn-Verband, kurz DTV. Ein Jahr zuvor hatte sein erster Präsident Erich Riedeberger im siebenten Anlauf vom FIG-Kongreß aus Zagreb nach Berlin vermelden können, daß seine Sektion Mitglied der Weltföderation geworden war. Bei den sechs Malen zuvor hatten die Vertreter des DTB immer wieder erfolgreich interveniert. Während der DTB 1955 erster Gastgeber des Coupe d'Europe der Turner war, richtete der DTV 1961 in Leipzig den gleichen Wettbewerb für die Turnerinnen aus. Den Höhepunkt des kalten

Sport-Krieges, in dem auch die Turnbewegung einbezogen war, erlebte man bei den Weltmeisterschaften 1966 in Dortmund. Um Flagge und Hymne des anderen deutschen Staates nicht zeigen bzw. nicht abspielen zu müssen, wurde auf diesen Zeremonienteil allgemein verzichtet.

»Vor dem Mauerfall war für mich der Osten im Prinzip zu«, sagte Eberhard Gienger, Weltmeister 1974 in Reckturnen, kurz nach der Vereinigung beider deutscher Staaten. Für die damals noch bestehende DDR-Sportzeitung *Deutsches Sportecho* hatte er auf der »Mauer« Handstände fotografisch zelebriert. Gienger engagierte sich danach sehr im deutschen Vereinigungsprozeß. Er half zum Beispiel, daß das Turnier der Meister in Cottbus überlebte, eine der weltweit populärsten Turnveranstaltungen. Bei den Weltmeisterschaften 1974 in Warna hatte er einen großen Kampf mit Wolfgang Thüne um die Krone im Reckturnen ausgetragen und diesen deutsch-deutschen-Zweikampf für sich entschieden. Thüne setzte sich ein Jahr später bei den Europameisterschaften in der Schweiz von seiner Mannschaft und seiner Republik ab und war seitdem aus allen offiziellen Dokumenten der DDR gestrichen – wie zuvor auch Klaus Zschunke und Renate Schneider. Er ging in den Westen, ihr wurde in einem stalinistischen Gerichtsprozeß Spionage vorgeworfen. Indes gab es aber auch nach der Vereinigung die Erinnerung und die neue Skepsis, die man schon einmal bei den Weltmeisterschaften 1962 in Prag erlebt hatte. Die frühere Olympiateilnehmerin und DTB-Frauenturnwartin Irmgard Förster verbot damals ihren Turnerinnen, die Übungen der Weltbesten aus der UdSSR, der CSFR und der aufstrebenden DDR zu filmen, also auch die von Larissa Latynina, Vera Caslavska und Ingrid Föst, die damals als Siebente beste DDR-Turnerin war. Mit Letzterer verbindet sich noch eine andere Episode. Gemeinsam mit Vera Ewald, Gattin eines DDR-Sportführers, sollte sie die BRD-Frauenriege bei den Olympischen Spielen 1956 in Melbourne verstärken. Wochen zuvor mußte sie – wegen Schwangerschaft – absagen. Kurz darauf sagte die DDR-Seite auch die Teilnahme von Vera Ewald ab. Eine Begründung gab es nicht. Ursache war – wieder Schwangerschaft. Darauf entschied die BRD-Seite, ganz auf einen Start ihrer Frauenriege in Melbourne zu verzichten. Die starre Haltung ihrer Frauenwartin, sich der dynamischen Entwicklung des Weltturnsports anzupassen, führte dazu, daß 1960 und 1964 ausnahmslos Turnerinnen der DDR die gemeinsame deutsche Olympiariege repräsentierten.

Eine große deutsche Tradition sind seit dem Jahnschen Treffen 1814 in der Hasenheide die Turnfeste, die man in beiden deutschen Staaten auch nach der Teilung pflegte. Nach deutschem Modell erblühten auch die Turnfeste in der Tschechoslowakei und in China. In der Form der Welt-Gymnaestrada erlebten sie eine Internationalisierung. 1975 fand die Veranstaltung erstmals in Berlin statt. Da die Organisatoren auch das rassistische Südafrika eingeladen hatten, das weltweit geächtet war und nicht an Olympischen Spielen teilnehmen durfte, zogen die osteuropäischen Länder ihre Teilnahme zurück. Zwanzig Jahre später kam Südafrika mit einer für alle Hautfarben, Religionen und Ansichten offenen Mannschaft und wurde stürmisch im Berliner Olympiastadion begrüßt, wie auch die gemeinsame deutsche Abordnung. Im Organisationskomitee arbeiteten Vertreter aus ganz Berlin. Auch FIG-Präsident Juri Titow, ein früherer sowjetischer Olympiasieger, hatte einen deutlichen Sinneswandel vollzogen. Noch 26 Jahre zuvor, als er das erste Mal dieses Straßen-Turnfest auf kleinen Bühnen in der Schweiz erlebt hatte, war er sicher gewesen, daß sich diese Art Garten-Party nicht durchsetzen werde. Mittlerweile hat sie mehr Teilnehmer als die Olympischen Spiele, so daß sich selbst IOC-Präsident Juan-Antonio Samaranch zur Abschlußfeier der Berliner Veranstaltung einfand.

»Gymnaestrada« ist übrigens ein künstlich geschaffenes Wort. »Gymna« verweist auf die Verbindung zum Turnen und zur Gymnastik. »Estrada« als Bühne oder Straße soll die Möglichkeiten verdeutlichen, aktuelle und zukünftige Entwicklungen des allgemeinen Turnens zu präsentieren, in die auch der Tanz und die Musik eingebettet sind. Ihre Wurzeln hat die Gymnaestrada in den nationalen Turnfesten des 19. Jahrhunderts. Aus Anlaß des 100. Todestages des schwedischen Gymnastikexperten Pehr-Henrik Ling gab es 1939 erstmals in Stockholm ein internationales Turnfest. Der Niederländer Johan Heinrich François Sommer griff nach dem Ende des Zweiten Weltkrieges den Gedanken auf und entwickelte ihn weiter. Aufgrund seiner Anregungen nahm die FIG 1950 das Weltturnfest in ihr offizielles Programm auf. Da der Niederländer auch den Begriff Gymnaestrada prägte, gilt er heute als Vater dieses Turnfestes. Gastgeber der Premiere war Rotterdam im Jahre 1953. Es war damals ein zaghafter Versuch, Turnen für große und kleine Gruppen vorzustellen, Vergleiche mit anderen Systemen zu ziehen und eine Verständigung auf turnerisch-gymnastischer Ebene zu suchen. Die Idee umkreiste mit Erfolg den ganzen Erdball, obwohl die osteuropäischen Länder nur zaghaft ihren Freizeitsportlern die Teilnahme erlaubten. So auch die DDR. Das hat sich mit der politischen Wende natürlich geändert. Die nächste Welt-Gymnaestrada wird Ling zu Ehren 1999 im schwedischen Göteborg stattfinden. Persönliches Bewegungserlebnis, individuelle Körpererfahrung, Gesundheit und Fitneß standen für die 24000 Teilnehmer in Berlin im Mittelpunkt. Deren Hauptanliegen, einen Beitrag zum physischen, psychischen und sozialen Wohl aller Beteiligten zu leisten, fühlen sich auch die Schweden verbunden. So werden sie zum Beispiel wirtschaftlich schwächeren Ländern eine kostenlose Teilnahme gewähren.

Einer der Besucher der Berliner Gymnaestrada war ein 80jähriger Herr, der zu Ehren Jahns den Weg von Rotterdam in die deutsche Hauptstadt auf sich genommen hatte: Stefan Flatow.

1933 hatte er Berlin und sein Land in Furcht vor den braunen Horden verlassen müssen. Er ist der Sohn des deutschen Turn-Olympiasiegers Alfred Flatow, der, wie sein Bruder Felix, die Schrecken des Konzentrationslagers Theresienstadt nicht überlebte. Zwei jüdische Turner, zwei, die 1896 auch den Mut hatten, trotz staatlicher Repression und denen des eigenen Verbandes an den ersten Olympischen Spielen der Neuzeit in Athen teilzunehmen. Als Sieger später geächtet zu werden, das schmerzte.

Der alte Herr erzählt, daß man in Deutschland bereit ist, Wiedergutmachung zu leisten, eine Turnhalle im Schwäbischen Land wurde jüngst nach seinem Vater und seinem Onkel benannt. Er hat jedoch auch erfahren, daß es in seiner alten Geburtsstadt immer noch Bürger gibt, die eine Flatow-Allee verhindern wollen.

Stefan Flatow berichtet, daß er noch immer turne und 1991 in Amsterdam mit großer Freude die Welt-Gymnaestrada erlebt habe und nun, 1995, gern nach Berlin zum zehnten Fest gekommen sei, in seine Geburtsstadt, die mit ihrer reichen Geschichte immer eine Reise wert sei. Auch wenn mitunter die Erinnerungen schmerzen. Er schaut hinauf zum Denkmal des Turnvaters und sprach es gelassen aus: »Es ist sehr wichtig, daß man wie Jahn auf die Jugend einwirkt. Aber Jahn war doch damals auch erst 33, jung, und er veränderte eine ganze Welt. Hören wir heute auch öfters auf die Jugend. Sie muß die Zukunft meistern, die Vergangenheit, das sind wir.«

Es ist der letzte Tag des großen Turnerfestes. Es mag so heiß sein wie 184 Jahre zuvor, als dieser Friedrich Ludwig Jahn seinen, den ersten Turnplatz der Welt eröffnete. Die nationalen Turn-Präsidenten reden vor den Reportern aus aller Welt bei einer wichtigen Konferenz von Geld und Logistik und daß das Wetter hätte drei Grad weniger heiß sein können, auch davon, daß man bei deutschen Turnfesten künftig die Kinder mitmachen lassen sollte. Spricht da bei ihnen schon eine Ahnung mit?

Einer sagt dem Repräsentanten der Weltföderation, er fürchte, der Jahnsche Turnplatz werde zum Museum der Turngeschichte. Er habe beim Turnfest kaum jemanden an einem der alten Geräte gesehen, an Schwingel und Barren, an Reck und Schwebebaum. Auch dem Repräsentanten, der auf große Worte verzichtet, ist dies aufgefallen. Aber, so sagt er, hier und da in der Schweiz gebe es noch Vereine, die diese alte Jahnsche Kunst pflegen würden.

Tags darauf fliegen die Teilnehmer in ihre Heimatländer zurück. Irgendwann, so versprechen sie, wollen sie in die vereinigte Stadt ans Denkmal des Turnvaters wiederkommen. »Oder wir schicken unsere Kinder und Enkelkinder.«

Heiner Gillmeister
Von Caesarius
von Heisterbach
bis Gottfried
von Cramm
Tennis

Frage an Radio Eriwan: Stimmt es, daß das Tennisspiel aus England stammt, auf Rasen gespielt und erst möglich wurde, nachdem man den mit Luft gefüllten Gummiball und die Rasenmähmaschine erfunden hatte? Antwort: im Prinzip ja; aber gespielt wurde zuerst auf Pflastersteinen, und die Tennisbälle waren nicht mit Luft gefüllt, sondern mit dem Haar der bunten Kuh. Außerdem fand das Ganze nicht in England statt, sondern in Frankreich. Und schließlich hieß das Spiel nicht einmal Tennis, sondern »jeu de la paume«.

»Jeu de la paume«, wörtlich übersetzt: das ›Ballspiel mit der flachen Hand‹, ist einer von vielen Namen, die das Tennisspiel im Mittelalter besaß. Die erste Nachricht von ihm stammt ausgerechnet von einem Deutschen, Caesarius von Heisterbach. Caesarius, ein Mönch des Zisterzienserordens, erzählt in seinem *Dialogus miraculorum* von einem Pariser Studenten namens Pierre, der einen Pakt mit dem Teufel schloß. Spätestens seit Gretchens Faust weiß man, daß in solchen Fällen der Mensch im allgemeinen den kürzeren zieht. So auch Pierre. Dessen Seele wird am Ende von einer Rotte zottiger Dämonen in die Hölle entführt. Aber damit nicht genug. Dort unten angekommen, formieren sich die Beelzebuben zu zwei Tennisteams und beginnen mit einem grausamen Spiel: »Die auf der einen Seite standen, trieben die arme Seele nach Art des Ballspiels (»ad similitudinem ludi pilae«) voran, die auf der anderen Seite nahmen die durch die Luft segelnde [Seele] mit den Händen in Empfang.« In ihrer Bosheit versäumten die Teufel nicht, ihren Spielball mit ihren spitzigen Klauen zu traktieren, dies, nach Caesarius, eine unvorstellbare Marter.

Die hier geschilderte Moritat aus dem Pariser Studentenleben fällt in die Mitte des 12. Jahrhunderts. Das Spiel, bei welchem der Ball zwischen zwei offenbar vielköpfigen Mannschaften mit den Handtellern hin- und hergeprellt wurde, ist zweifellos eine Form des mittelalterlichen Tennisspiels, wenngleich Caesarius in seinem Bericht keinen der damals dafür üblichen Namen verwendet. Woher aber, wenn schon nicht gleich aus der Hölle selbst, stammt dieses Spiel? Weder unser erster Gewährsmann, Caesarius, noch sonst ein mittelalterlicher Chronist sagt uns zu dieser Frage auch nur ein Sterbenswörtchen.

Wir müssen daher nach anderen Wegen suchen, um unsere Neugier zu befriedigen. Da ist zum Beispiel die Tennissprache. Warum eigentlich heißt Tennis Tennis? Der Ruf »tenez!« [sprich: tenéts] fand im alten Frankreich ursprünglich im ritterlichen Turnier Verwendung. Bevor die turnierende Ritterschar gegen ein – oft nur in ihrer Vorstellung vorhandenes – Burgtor anritt, um es gegen ein zahlenmäßig ebenbürtiges Team zu erobern, wurde dieser Kampfruf der Attacke vorausgeschickt. Er bedeutete soviel wie ›Haltet eure Stellung‹! Eine Art Turnierersatz für das einfache Volk war das Fußballspiel, ein Zeitvertreib, bei dem das Kampfspiel der Herren Ritter deutlich Modell gestanden hatte. Hier ersetzte ein mit Heu ausgestopfter Lederball den sich durch das Tor kämpfenden geharnischten Reiter. Zwei Dinge aber wurden beibehalten: der Ruf »tenez!«, welcher den Angriff auf das Tor einzuleiten hatte, und die bei jedem Turnier übliche Rauferei, von der das heutige Rugbyspiel noch eine gewisse Vorstellung gibt. Dieser Teil der Lustbarkeit, der mit zerrissenem Gewand, einem Veilchen auf dem Auge und nicht selten mit gebrochenen Gliedmaßen einherging, blieb nun einem zahlenmäßig großen Teil der mittelalterlichen Bevölkerung auf unverantwortliche Weise vorenthalten: den Klerikern. Ihnen hatte nämlich eine allzu engherzige Obrigkeit die Teilnahme an den Fußball genannten öffentlichen Raufhändeln strengstens untersagt. Und so sannen denn die geistlichen Herren, solchermaßen ihrer Lebensqualität beraubt, auf Abhilfe. Sie zogen sich mit dem geliebten Fußballspiel in die Abgeschiedenheit ihrer Klöster zurück. Dort bildete der Kreuzgang den idealen Austragungsort für ein zünftiges Match, wobei die Öffnungen des den Klosterhof umgebenden und mit einem Schrägdach versehenen Wandelgangs als Tore herhalten mußten. Mit der Zeit entsagten die Fratres den gröberen Formen des Handgemenges und entwickelten ein etwas kultivierteres Spiel, bei welchem es auf ein akkurates Schlagen des Balles und große Behendigkeit ankam und auch das Verhalten des Balles, anders als im Fußball, einer gestrengen Ordensregel unterworfen wurde: geschlagen werden durfte nur nach dem ersten Aufspringen des Balles – der gepflasterte Innenhof des Klosters half selbst dem trägen Stopfball aus Tierhaar auf die Sprünge – oder »à la volée«, ›aus dem Flug‹. Überbleibsel aus dem Turnier blieb jedoch der Ruf »tenez!«, der jedem Service vorauszuschicken obligatorisch war und welcher dem Spiel schließlich seinen Namen gegeben hat.

Vor allem die Wortgeographie liefert für die hier skizzierte Entwicklung zahlreiche Hinweise. Vom Norden Frankreichs aus, aus der Normandie und der Pikardie, hat sich das Spiel seit dem 12. Jahrhundert in alle Himmelsrichtungen verbreitet, ja, die spanischen Eroberer haben es sogar bis nach Südamerika, ins ferne Mexiko, nach Kolumbien und Ekuador transportiert. Zuallererst aber ist es offenbar die Kanalküste entlang zu den dort auf ihren Terpen hausenden Friesen gewandert. Formen dieses »Friesentennis« wurden bis um die Jahrhundertwende im sog. Saterland im südwestlichen Oldenburg und bis heute im niederländischen Friesland (Zentrum ist hier das ehemalige Universitätsstädtchen Franeker) sowie auf der Insel Gotland gespielt. Gerade die Varianten des Friesentennis tragen einige besonders altertümliche Züge. Allen gemeinsam ist die Bezeichnung für das Spielfeld, die von dem altfranzösischen Terminus für das Turnierfeld, »parc«, abgeleitet ist. Alle zeigen die Ausdrücke »unten« und »oben« für die beiden Spielhälften, die sowohl für die volkstümlichen Formen des Fußballspiels – etwa beim traditionellen Shrovetide Football in Ashbourne im englischen Derbyshire – als auch für das mittelalterliche Turnier charakteristisch waren: Die Burgen, die es zu erobern galt, hatten ja in aller Regel eine strategisch günstige Höhenstellung eingenommen! Nur beim Spiel der Insel Gotland darf der Ball auch mit den Füßen weiterbefördert werden; dies ein deutlicher Fingerzeig, daß Fußball und Tennis ursprünglich Vettern waren. Die größte Kuriosität der Friesenspiele aber ist die: Während selbst im Hochland von Kolumbien der in sein traditionelles Pelotaspiel versunkene Indio Sieg oder Niederlage – darin dem Umpire in Wimbledon völlig gleich – nach Fünfzehnerpunkten berechnet, ist eine derartige Zählweise den Friesen völlig unbekannt geblieben. Dies liegt nicht daran, daß das Volk der Friesen auf dem geistigen Niveau des Grundschülers stehengeblieben wäre und erhebliche Schwierigkeiten mit dem Zehnerüberschreiten gehabt hätte. Vielmehr war, als das Tennisspiel die Friesen erreichte, dessen seltsame Zählweise noch nicht erfunden worden. »15«, »30«, »45«, so zählen zum erstenmal drei englische Geschütze, die zur Artillerie König Heinrichs V. gehören und im Jahre 1415 mit den Bürgern der von ihrem Herrn und Meister belagerten französischen Stadt Harfleur ein ziemlich makabres Tennismatch austragen. Als Bälle fungieren dabei schwere Steinbrocken, welche die »London«, »Messenger« und »The King's Daughter« genannten Kriegsmaschinen – Ahnen der »Dicken Berta« – auf Heinrichs Geheiß auf die französischen Verteidiger hinniederregnen lassen. Dies alles erzählt ein englisches Gedicht mit dem Titel »Die Schlacht von Agincourt«, in welchem ein Motiv ausgestaltet wird, welches der gebildete Tennisfan aus Shakespeares Historiendrama *Heinrich V.* kennt, dort aber nicht weiter ausgeführt wird. Die Friesenspiele sind also mindestens so alt wie das Gedicht, wahrscheinlich aber noch wesentlich älter. Im übrigen gehen die Fünfzehnerpunkte vermutlich auf den »gros denier tournois« zurück, eine französische Münze, die zu Beginn des 14. Jahrhunderts fünfzehn Pfennige wert war und das Vorbild für unseren Groschen abgegeben hat. Dies war vermutlich in alter Zeit der Spieleinsatz (englisch »set«), der bei jedem verlorenen Punkt gezahlt werden mußte. Der Gedanke, daß das Tennisspiel ein Exerzitium einfacher Klosterinsassen war, erklärt manche Ungereimtheit und widerspricht keineswegs der oft vertretenen Auffassung, Tennis sei nicht nur die Königin aller Spiele, sondern auch das Spiel der Könige gewesen. Natürlich im Kloster, wo sie ihre Erziehung genossen, haben die adeligen Zöglinge des Mittelalters zuerst mit ihm Bekanntschaft gemacht. Auf ihre heimischen Burgen und Schlösser zurückgekehrt, hatten die jungen Herren nichts Eiligeres zu tun, als sich höchstdaselbst ihren privaten Tenniscourt einzurichten. Er war Punkt für Punkt eine ge-

Abb. 9: Interieur eines
französischen »Jeu de Paume« mit einer
den Cours unterteilenden Schnur.
Sie ist mit Fransen versehen,
die durch heftiges Wedeln
anzeigen sollten, wenn ein Ball –
statt, wie gefordert, darüber hinweg –
unter ihr hindurchgesegelt war.
Aus: Le jeu royal de la paume, 1632.
Bibliothèque Nationale,
service fotografique, Paris.

naue Kopie jener Stätte, auf der sie die erste Matchpraxis gewonnen hatten: ein halbierter Klosterhof, bei dem auch eine umlaufende Schrägdachattrappe nicht fehlen durfte. Ihrer bedurfte es
nämlich für das kuriose Service, bei welchem der Ball zunächst
auf das Dach der Längsgalerie geschnippelt werden mußte. Das
Spiel konnte nicht beginnen, bevor er nicht von dort in das gegnerische Spielfeld hinuntergekullert war. Das heute noch vor allem in den angelsächsischen Ländern gespielte Real Tennis (in

Amerika »Court Tennis«, in Australien »Royal Tennis« genannt) ist ein direkter Nachfahre des »königlichen Spiels« von einst. Und im Hampton Court, dem ehemaligen Palast Heinrichs VIII. vor den Toren Londons, sowie im Falkland Castle in der schottischen Grafschaft Fife können noch heute historische Anlagen aus dem 16. Jahrhundert besichtigt werden, wenn man Glück hat sogar ein »match in progress«, wobei die zum Teil kuriosen Regeln, die dabei zur Anwendung gelangen, dem Tennis-Normalverbraucher einiges Kopfzerbrechen bereiten dürften.

Vor diesem Hintergrund ist es nicht weiter verwunderlich, wenn auch die erste Nachricht über das Tennisspiel in Deutschland mit einem Kloster in Zusammenhang steht. Im Jahre 1450 setzte in der Domstadt Köln ein Bruder des Ordens vom Heiligen Kreuz den Schlußstrich unter ein Werk, das in der zeitgenössischen Kölner Mundart abgefaßt ist. Sein lateinischer Untertitel, »Moralis explicatio lusus pilae palmariae«, ›moralische Auslegung des Spiels mit der flachen Hand‹, verrät, daß wir es hier mit einer in der Zeit äußerst beliebten literarischen Form zu tun haben: der Spielallegorie. Der Zweck des Buches, die Übersetzung einer flämischen Vorlage, ist klar. Hier wurde versucht, mit Hilfe des damals sicher auch in Köln beliebten Ballspiels einer moralischen Lebensweise, vor allem unter Richtern, Schöffen und anderen Justizbeamten, das Wort zu reden. Nach Deutschland ist das ehemalige Klosterspiel auf drei verschiedenen Wegen gelangt. Die Hansestädte des Nordens bis hinunter nach Köln errichteten ihre Tennisanlagen, »Katzbahn« oder »Katzenspiel« genannt, nach Vorbildern aus dem flandrisch-niederländischen Raum. Die Mitte Deutschlands wurde von französischen Ballmeistern in der Kunst des Ballschlagens unterwiesen, während die Tenniszentren Österreichs in Prag, Salzburg und Wien – hier wie im deutschen Süden als »Ballhaus« bezeichnet – italienischen Einfluß verraten. Kennzeichen des Spiels in der Katzbahn wie im Ballhaus sind zwei neuerliche Errungenschaften: der mit Schafsdarm bespannte Tennisschläger und eine Schnur, die, Vorläufer des heutigen Netzes, nunmehr den Court in zwei Hälften teilt und das Spiel, wie jeder Tennisspieler weiß, nicht gerade einfacher macht.

In Köln wie in Hamburg enden die ersten Experimente mit gewerbsmäßig betriebenen Tennisanlagen frühzeitig – und mit einem handfesten Skandal. In Köln wird die Pflegestätte des rheinischen Ballspiels auf Anordnung des Rats im Jahre 1562 kurzerhand abgebrochen. Was war geschehen? Die dortigen Jünger des Racket-Spiels hatten mit Zoten und allerlei moralischem Unrat versehene Flug-Zettel über die Mauer ihrer Katzbahn auf den dahinterliegenden Konvent der frommen Nonnen von St. Nazareth hinabsegeln lassen.

Im protestantischen Hamburg hatte der verwerfliche Schnickschnack erst gar keine Chance. Als im Jahre 1556 dem Rate zu Ohren kam, daß man auf einigen Höfen vor den Toren der Stadt dabei sei, ein bis dato unbekanntes »katzespeel« (»ein ungewontlich speel«) einzurichten, sah er schon die Jugend der Stadt ins Verderben gestürzt. Im Bestreben, schon den Anfängen zu wehren, wurde das Spiel in Acht und Bann geschlagen. Jeder, der bei dessen Ausübung erwischt wurde, hatte ein saftiges Bußgeld in Höhe von zehn Joachimstalern zu gewärtigen. Zehn Jahre später, 1567, als sich der Tennis-Ungeist offenbar trotz aller Verbote wieder regte, wurde das Bußgeld gar auf stolze 500 Taler erhöht und denen, die in ihren Hinterhöfen heimlich an einem Katzspiel werkelten, mit sofortigem Abbruch desselben gedroht. Im Spiegel der Geschichte mutet diese hanseatische Ballprüderie freilich seltsam an. Wahrscheinlich hätten sich die biederen Hamburger Stadtväter im Grabe umgedreht, hätten sie geahnt, daß ihre honorige Stadt dereinst durch die Umtriebe eines ihrer Kaufmannssöhne zur Wiege des deutschen Tennissports werden würde.

Im Süden war es offenbar Kaiser Ferdinand I., der sich als erster für Tennis begeisterte. Er errichtete 1525 sein erstes Ballhaus in Wien, in unmittelbarer Nähe seiner Burg. Die Stelle ist später als Ballhausplatz bekanntgeworden. Als es schon im ersten Jahr seines Daseins ein Raub der Flammen wurde, hat man gleich nebenan auf dem Michaelerplatz ein neues hochgezogen. Ballhaus Nummer drei, ein besonders schmuckes überdies, folgte ein Jahrzehnt später. Von ihm ist bekannt, daß es 1776 unter Kaiser Joseph in das österreichische Nationaltheater umgewandelt wurde. Es war dieses alte Ballhaus, in welchem Haydn 1797 dem Kaiser Franz zum Geburtstag seine »Volkshymne« vordirigierte. Zu ihren Klängen dichtete Hofmann von Fallersleben bekanntlich 1841 den noch fehlenden Text hinzu. Dieser hob an mit den Worten: »Deutschland, Deutschland über alles…« Die Tatsache, daß selbst so stolze Ballhäuser wie das kaiserliche in schnöde Theatersäle umgewandelt wurden, ist ein deutliches Symptom für den Niedergang des altehrwürdigen Ballhausspiels.

Die Französische Revolution hatte den allgemeinen Niedergang des Spiels der Aristokraten weiter beschleunigt, bis sich im Winter des Jahres 1873 ein englischer Offizier namens Walter Clopton Wingfield seiner annahm. Allerdings ließ er nicht viel davon übrig. Wingfield verzichtete auf nahezu alles, was den Charme und die Intellektualität des alten monastischen Spiels ausgemacht hatte. Er behauptete, Tennis könne auf Gras und sogar auf Eis gespielt werden, und beraubte das Spiel seines schützenden Mauer- und seines komplizierten Regelwerks. Wingfield ließ es im Grunde bei jenem äußerst banalen Plong-Plong bewenden, mit welchem ein kleiner Ball von einem Feld in ein anderes geschlagen wird, und diese Form des Tennis für das eher schlichte Gemüt verkaufte er, nachdem er sie sich zuvor noch hatte patentieren lassen, zusammen mit einem schmalbrüstigen Regelheft und in Kisten abgepackten Netzen, Rackets und Bällen an das englische Bürgertum. Zwei Umstände kamen ihm dabei zustatten: ein Ball, der auch auf weichem Rasen genügend große Sprünge machte, und große Areale kurzgeschorener Rasenflächen, die auf den Landsitzen der Vornehmen seit einiger Zeit keine Fraktion mehr hatten. Durch die Erfindung des Amerikaners Charles Goodyear war nämlich die Fabrikation luftgefüllter Gummibälle möglich geworden, und die Wiesen standen leer, weil die englische Gesellschaft des albernen Krocketspiels überdrüssig geworden war, für das die Rasenteppiche ursprünglich gedient hatten.

Der erste Club, der seinen Sitz im Londoner Vorort Wimbledon hatte, war folgerichtig zunächst kein Tennis-, sondern ein Krocketclub, der im Jahre 1868 gegründete All England Croquet Club. Dieser Club veranstaltete im Sommer 1877 ein Turnier, in welchem der erste Tennismeister von ganz England ermittelt werden sollte. Von den dabei zu erwartenden Einnahmen sollten die Reparaturkosten für die in Diensten des Clubs stehende Rasenwalze bestritten werden. Aus diesem Benefiz-Spiel für eine Rasenwalze wurde schließlich das berühmteste Tennisturnier der Welt, und die zu diesem Zweck überarbeiteten wingfieldschen Tennisregeln haben im wesentlichen bis auf den heutigen Tag Bestand. In Kisten verpackte wingfieldsche Tennis-Sets gelangten im Reisegepäck wohlhabender Briten alsbald auch auf den europäischen Kontinent und ins kaiserliche Deutschland. Das Auftragsbuch der Londoner Firma French & Company verrät, daß bereits im Juli des Jahres 1874 der englische Viscount Petersham eine Kiste mit dem neumodischen Gesellschaftsspiel in das Bad Homburger »Royal-Victoria-Hotel« orderte. Dafür, daß die Kiste auch tatsächlich angekommen ist, lieferte ein gewisser Herbert Hankey Ende der 1890er Jahre so etwas wie einen Beweis. Hankey, ein ehemaliger hoher Beamter der britischen Krone in Indien, gab nämlich zu Protokoll, in den Siebzigern zusammen mit einer Lordschaft auf dem Rasen eines Homburger Hotelgartens die ersten Linien für ein Tennisfeld gezogen zu haben. Sei dem, wie ihm wolle: Das Städtchen Bad Homburg am Fuße des Taunus ist zweifelsfrei der erste Platz, an dem im deutschen Vaterland des Tennisspiels zelebriert wurde. Das Bad Homburger Stadtarchiv hütet auch das vermutlich älteste Tennisfoto der Welt, das im Gegensatz zu anderen alten Tennisbildern mit einer überaus wichtigen Information aufwartet. Der Schnappschuß zeigt nicht nur die für die wingfieldsche Urform des Tennis charakteristische Stundenglasform des Tenniscourts – eine ziemlich absurde, aus patentrechtlichen Gründen geborene Idee des Majors; er enthält auch eine aufschlußreiche, handgeschriebene Randnotiz, welche das Jahr dieses Tennisereignisses auf deutschem Boden, 1876, angibt und die im Bilde festgehalten Personen beim Namen nennt. Dadurch erfahren wir, daß ein schottischer Adeliger, Sir Robert Anstruther, der fünfte Baronet des Hauses Anstruther, das Tennisspiel in Bad Homburg eingeführt hat. Der Verfasser der für die deutsche Sportgeschichtsschreibung so wichtigen Randnotiz war im übrigen ein zwölfjähriger Knirps, Sir Roberts Sprößling Arthur Wellesley. Glücklicherweise hat dessen Sohn Peter die Handschrift seines Vaters noch identifizieren können, bevor er in der Stadt Hanover im amerikanischen Bundesstaat New Hampshire vor wenigen Jahren für immer die Augen schloß.

Der erste Deutsche, der nach verschiedenen britischen Präludien die Geschicke des Spieles hierzulande maßgeblich beeinflussen sollte, war Carl August von der Meden, der Sohn einer Familie Hamburger Versicherungskaufleute und Makler. Von der Meden war in jungen Jahren auf einer sog. Kavalierstour in England hängengeblieben, hatte sich dort mit einer Frankfurterin vermählt und später in der Londoner City ein Handelskontor eröffnet. Daneben hatte er in den Flecken Teddington und Hampton Wick im Londoner Süden das Leben eines englischen Landjunkers geführt. Auf seinen Fahrten mit der »London & South Western Railway« war er in den 1870er Jahren tagtäglich an der Anlage des All England Croquet Club vorbeigefahren, und es ist keineswegs ausgeschlossen, daß er auf diese Weise 1877 das erste Turnier von Wimbledon miterlebt hatte, das dort in unmittelbarer Nähe des Gleisstranges zum Austrag gelangte. Jedenfalls lernte von der Meden auf der Insel nicht nur das Tennisspiel kennen, sondern er nahm von dort auch die Gewißheit mit, daß er seinem geliebten Sport im deutschen Vaterland nur dadurch einen dauerhaften Erfolg würde sichern können, wenn ihm die Organisation von Turnieren im Stile der All England Championships gelänge. Nachdem er mit seinem Londoner Geschäft in den Konkurs gegangen und in seine Vaterstadt zurückgekehrt war, bot sich ihm dazu bald reichlich Gelegenheit.

Vor den Toren Hamburgs hatten sich in den 1880er Jahren zwei Schlittschuhclubs gebildet, der »Eisbahnverein vor dem Dammtor« und der »Eisbahnverein auf der Uhlenhorst«. Wie vielerorts in Deutschland wurde unter Mitgliedern beider Clubs der Wunsch laut, es auf den von ihnen in Pacht genommenen Wiesenflächen während der Sommermonate auch einmal mit dem neumodischen englischen Tennisspiel zu versuchen. Im Uhlenhorster Verein, dem kein Geringerer als der Reeder Carl Laeisz präsidierte, wurde zu diesem Zweck am 14. April 1889 eine Kommission gebildet, der ein Engländer namens Fawcus und Carl August von der Meden angehörten. Letzterer ergriff die sich ihm bietende Chance sogleich beim Schopf. Seine erste Amtshandlung bestand darin, sich die Dienste eines gewissen A. Boursée zu sichern. Dieser seltsame Kauz hatte sich erboten, zu einem bescheidenen Tagessatz von sechs Mark und gegen Bezahlung eines Eisenbahnbillets dritter Klasse bei der Anlage von Tennisplätzen behilflich zu sein, die er nach einem von ihm selbst ausgetüftelten Verfahren aus dem schwarzen Basaltabrieb preußischen Chausseepflasters herzustellen pflegte. Von der Medens Absicht war klar. Weder in der Hansestadt noch sonstwo in Deutschland hatte sich jenes Wetter einstellen wollen, das in England einen so prachtvollen, Turnierwochen überdauernden Rasen gedeihen ließ. Also mußte ein anderes Geläuf her, wenn er sich den Gedanken an ein »deutsches Wimbledon« nicht gleich aus dem Kopf schlagen wollte. Das deutsche Wimbledon kam 1892 auf der Anlage des Uhlenhorster Eisbahnvereins endlich zustande, obwohl in Hamburg gerade die Cholera grassierte. Für die erstmals ausgetragene Meisterschaft der Deutschen hatte der Reeder Laeisz einen Pokal im Werte von 700 Mark gestiftet. Auch Österreicher waren zu diesem Wettbewerb zugelassen. Anders als in der großen Politik hatte man im Tennis die großdeutsche Lösung offenbar noch nicht ganz aufgegeben. In den Jahren, die folgten, erlangte das Uhlenhorster Turnier vor allem durch einen Sohn aus altem mecklenburgischen Landadel eine große Berühmtheit. Sein Name war Viktor Felix Graf Voß-Schönau. Der bebrillte Mecklenburger, dessen Markenzeichen ein um den Kopf geschlungenes Handtuch war, das ihn vor der starken Transpiration seiner Kopfhaut schützte, war der Kammerherr der Großherzogin von Mecklenburg-Schwerin, der Zarenenkelin Anastasia. Ein schweres Leiden ihres Gemahls, des Erbgroßherzogs Friedrich Franz III., brachte es mit sich, daß Voß die Wintermonate in Cannes verbringen mußte. Dort pflegte die großherzogliche Familie in der »Villa Wenden« Quartier zu nehmen, einem hochherrschaftlichen Haus, auf steilem Felsen hoch über dem Mittelmeer gelegen. Zufällig war Cannes auch das Refugium der englischen Zwillinge Ernest und William Renshaw, der oftmaligen Wimbledon-Champions, und auch der berühmteste Tennislehrer dieser Zeit, der Ire Burke, war nicht weit; er pflegte im Winter im nahegelegenen Nizza seine Zelte aufzuschlagen. Von Burke in die Geheimnisse des Tennisspiels eingeweiht und von den Renshaws in vielen Matches auf den Courts des Hotels Beau Site mit dem nötigen Schliff versehen, stieg Voß für ein Jahrzehnt zum einsamen Tennishelden Germanias auf. 1896 konnte er nach dreimaligem Gewinn – so waren damals die Usancen – sogar die Laeiszsche Trophäe für immer in seinen Besitz bringen. Nach der Jahrhundertwende geriet der einst Gefeierte allerdings fast völlig in Vergessenheit. Er starb nahezu unbemerkt während der Olympischen Spiele von 1936 und wurde auf seinem Gut Groß-Gievitz am Müritzsee in der voßschen Familiengruft beigesetzt. Jetzt, nach der Wende, kann dort das Grab des ehemaligen deutschen Champions wieder besichtigt werden. Sein Pokal ruht dagegen – den Blicken der Öffentlichkeit weitgehend entzogen – im Safe einer Braunschweiger Bank.

1896, also vor hundert Jahren, wurde von Walter Howard,

einem langjährigen Hamburger Turniergast aus London, für eine erstmalig ausgetragene Meisterschaft der Frauen eine Silberschale als Preis ausgesetzt, eine Trophäe, bei der offenbar die dem Fernsehzuschauer von Steffi Grafs Triumphen her bekannte Rosenwasserschale Wimbledons Modell gestanden hatte. Für die Herren war, nach dem dritten Erfolg des Grafen Voß, ebenfalls ein neuer Pokal fällig geworden, für den wiederum der Reeder Laeisz tief in die Tasche griff. Beide Preise galten neuerlich für offene Meisterschaften, und das bedeutete, daß für deutsche Bewerber ein Traum auf lange Zeit ausgeträumt war: der Traum, einen dieser Preise gewinnen zu können. Weder ein Graf Voß, der alles überragende Tennisspieler der wilhelminischen Ära, noch gar seine Standesgenossin und Deutschlands beste Spielerin dieser Zeit, die Gräfin Clara von der Schulenburg-Angern, reichte auch nur entfernt an die Klasse der Briten heran. Von der zweiten Hälfte der neunziger Jahre an wurden deutsche Meisterschaften ausschließlich von Briten gewonnen. Ausnahmen gab es nur dann, wenn diese einmal nicht durch ihr Spiel, sondern durch ihre Abwesenheit glänzten. Bei den Herren unterbrach nur einmal ein Amerikaner, Clarence Hobart, und zweimal – 1901 und 1902 – der junge Franzose Max Decugis die Serie britischer Erfolge. Zwei Briten vor allem wurden für Germanias Streiter zu einem wahren Alptraum: eine englische Miss namens Elsie Lane, Tochter eines ehemaligen Beamten der britischen Krone in Indien, und Major Josiah George Ritchie, »dessen Vorsicht bei der Wahl seiner Eltern« – wie es der Redakteur des *Prager Tagblattes*, Dr. Rosenbaum-Jenkins formulierte, »ihn als Gentleman-Sportsman leben« ließ, der nichts tat »als Tennisspielen und Rudern«. Beide Vertreter des Empire waren Anhänger eines sturen Sicherheitstennis. Ritchies Spiel wurde von seinem berühmten neuseeländischen Kontrahenten Anthony Wilding verächtlich als »old wife's game« charakterisiert. Elsie Lane besaß eine Rückhand, die von einem uncharmanten Zeitgenossen als Schöpfkelle bezeichnet wurde. Ihre Lieblingsspeise waren in der Tat Ballwechsel, bei denen der Ball fünfzig bis sechzig Mal hin- und hergelöffelt wurde, aus denen sie aber stets als Siegerin hervorging. Als ihr 1905 beim Hamburger Turnier ein Doppelfehler unterlief, bemerkte ein kundiger Turniergast voller Sarkasmus: »Dann stirbt sie bald.« Daheim auf der Insel ihren risikobereiten und draufgängerischen Landsleuten meist unterlegen, heimsten

Abb. 10: Bad Homburger Tennis-Idylle um 1895.
Original-Farbholzschnitt von Fritz Gehrke (1855-1916).
Mit freundlicher Genehmigung des Museums
im Gotischen Haus, Bad Homburg v. d. H.
Foto: Bernhard Langendorf, Bad Homburg.

die beiden hierzulande insgesamt acht Meistertitel ein: Elsie deren drei, ihr Landsmann Ritchie gar deren fünf. Die Folge davon war, daß sowohl die silberne Meisterschale des Mr. Howard als auch der zweite Laeisz-Pokal auf die Insel entführt wurden. Beide Kleinodien deutscher Tennisgeschichte sind seither verschollen, und kein deutscher Verbandsfunktionär hat sich je darum gekümmert, ihrer wieder habhaft zu werden.

Wegen Zwistigkeiten der beiden Hamburger Eisbahnvereine wurden die Meisterschaften von Deutschland von 1898 bis 1901 in Bad Homburg ausgetragen. Das führte bei den Turniergästen von der Insel zunächst zu Irritationen. Ein bekannter irischer Champ, der in Hoek van Holland im falschen Zug nach Hamburg saß, antwortete auf die besorgte Frage eines Schaffners, ob nicht Bad Homburg das Ziel seiner Reise sei: Bad Homburg? Nein, Homburg ohne das ›Bad‹, denn, soviel er gehört habe, sei Homburg keineswegs ›bad‹, sondern im Gegenteil ganz prima (›jolly good‹)! Schon 1894 hatte sich die Homburger Kurverwaltung unter ihrem Kurdirektor Ferdinand von Schoeler die Dienste von der Medens für die Organisation eines eigenen Tennisturniers gesichert, und nach einem glänzenden Start konnte sich die Homburger Tennisveranstaltung als gesellschaftliches Großereignis auf dem europäischen Kontinent etablieren. Die Meisterspieler von den Britischen Inseln – allen voran die Gebrüder Reginald und Lawrence Doherty, die vollendetsten Gentlemen und Sportsmen der Zeit – gaben sich dort ebenso selbstverständlich ein Stelldichein wie die gekrönten Häupter Europas. Im Schatten der die Courts umgebenden Bäume, behaglich in die für Homburg charakteristischen Rohrstühle zurückgelehnt, saßen dort bei Tee und Tennis die kaiserlichen Hohenzollern, der russische Großfürst Michael und seine Schwester Anastasia, der Prince of Wales – der nachmalige Georg VII. – und Friedrich Krupp, der Stahlmagnat. Letzterer erbat sich nach einem seiner Besuche von »Professor« Noß, dem Platzwart-Faktotum und Herrscher über die in Blau und Rot gekleideten Homburger Balljungen, sogar die Rezeptur für Homburgs »Gravelle-Plätze«, wie er sie nannte, die sich Noß natürlich in Hamburg besorgt hatte. Als der »Professor« im Jahre 1897 das Zeitliche segnete, »erfand« sein Nachfolger Friedrich Becker die ziegelrote Tennisplatzdecke, indem er mit einer Kugelmühle einen Haufen ausrangierter Blumentöpfe der Kurgärtnerei zerbröselte und auf die bis dato schwarze Platzoberfläche streute. Mit diesem Trick beseitigte Becker ein für allemal den einzigen Nachteil der Bourséeschen Basaltauflagen, der darin bestand, die Jünger des Weißen Sports binnen weniger Minuten in Schornsteinfeger zu verwandeln.

1904, am Ende eines Jahrzehnts Homburger Turniere, zollte Robert Hessen, ein Doktor der Medizin aus Lahr, Gründungsmitglied des Deutschen Lawn-Tennis-Bundes, ein glänzender Literat und Kenner des Sports, den Homburgern dieses Lob:

»Hier pflegen auch dem schon Vorgeschrittenen die Augen erst darüber aufzugehen, was Tennis eigentlich sein kann und ist. Die Glätte der Abwicklung in den Konkurrenzen, diese selbstverständliche Fairneß, dieser glänzende Stil, diese phänomenalen Leistungen wirken beruhigend, reduzierend auf alle heimischen Eifersüchteleien und Einbildungen. Für jeden Sehenden ist die Distanz vom eigenen Club enorm, und wenn an unseren berühmtesten Spielplätzen Form und Leistungen an die großen internationalen Turniere Homburgs erinnern, liegt das nicht zum

wenigsten an der Benutzung dieses für uns unschätzbaren Vor-
bildes.... Aber auch ... durch seine schöne idyllische Natur wie
die tadellose Anlage und Behandlung der Plätze, durch die seit
Jahren in den bewährten Händen von Charles A. Voigt liegende
Turnierleitung, vom Ansetzen der Paare bis zum Druck der Programme sind jene Veranstaltungen eine wirkliche Hochschule,
und nur ein sehr betrüblicher Mißklang mischt sich für uns ein:
daß den Deutschen selbst, in deren Heimat das Ereignis stattfindet, keine Lorbeeren im Wettkampf beschieden waren.«

Sehr zu Recht betonte der Mannheimer Arzt die Verdienste
eines heute völlig Vergessenen: des Amerikaners Charles
Adolph Voigt. Voigt, 1869 im kalifornischen San Jose geboren,
hatte es nach Lehr- und Wanderjahren in Frankreich, Deutschland, Italien und Südafrika nach Magdeburg verschlagen, wo er
als »Beamter« der Gruson-Werke tätig wurde, einer zum Krupp-
Konzern gehörenden Waffenschmiede. 1895 durch die Verfas-
serschaft eines kuriosen Tennislehrbuchs entsprechend qualifiziert, hatte er sich dann jedoch auf den Beruf eines Tennisjourna-
listen geworfen, der seine Berichte ebenso in Deutsch wie in
Englisch oder Französisch abzufassen verstand. Bald machte
sich der umtriebige Yankee auch als Turnierdirektor unentbehr-
lich. Das Homburger Turnier ohne ihn, das wäre – mit der
Stimme eines Zeitgenossen – wie »*Hamlet* ohne Prinz« gewesen.
In Homburg regierte er, von seinem angestammten Sitz im dortigen Hotel »Métropole« aus die Fäden spinnend, fast anderthalb
Jahrzehnte lang, von 1896 bis 1910. Voigt gebührt nicht zuletzt
die Ehre, die Idee für den Davispokal geboren zu haben, auch
wenn der Stifter des Pokals sie später als seine ureigene ausgab.
Der Einfall sei ihm im Jahre 1899 gekommen, so Davis dreißig
Jahre später, nachdem er es vom Tennisspieler bis zum Kriegsmi-
nister der USA und zum Gouverneur der Philippinen gebracht
hatte, als er nach einer Tennistournee ins kalifornische Monterey
in den Osten zurückkehrte und in der Zeitung einen Bericht über
den Admiral's Cup gelesen hatte, die Weltmeisterschaft der Seg-
ler. 1912 veröffentlichte Voigt jedoch in der englischen Zeitschrift *Lawn Tennis and Badminton* einen Artikel, in dem er
glaubhaft versicherte, er sei es gewesen, der dem Millionärssohn
aus St. Louis den Tip gegeben habe. Bei einem Provinzturnier im
amerikanischen Niagara-on-the-Lake im Jahre 1896 war ihm der

junge Davis aufgefallen, der nicht nur über ein ausgezeichnetes Repertoire von Tennisschlägern, sondern außerdem über unzählige Dollars verfügte. Angesichts dieses Tatbestandes hatte Voigt die berechtigte Frage aufgeworfen, ob nicht ein Mensch mit seinen Möglichkeiten etwas zur Förderung des Tennissports tun könne. Etwa dadurch, daß er einen internationalen Preis stiftete. Die Geschichte hat gezeigt, daß sich Davis tatsächlich nicht lumpen ließ. Daß er sich aber an den wackeren Charles Adolph Voigt nicht mehr erinnern mochte, hatte einen Grund. In Niagara hatte der Millionär nämlich weniger durch seine Tenniskunst als durch einen heftigen Flirt mit einer blonden Provinzschönheit von sich reden gemacht. Daher wohl tischte er der Nachwelt später jene rührselige Geschichte von einer Freundschaftstour in den amerikanischen Westen auf, die in alle Tennis-Handbücher Eingang gefunden hat. Der eigentliche Erfinder des Daviscup starb einsam und von der Tenniswelt unbemerkt im Juli 1929 in London, einen Tag nach dem Finale von Wimbledon. Sein Name ist in keine Enzyklopädie aufgenommen worden. 1901, in den letzten Tagen des alten Jahres, gründeten die Vertreter der Hamburger Eisbahnvereine die Hamburger Lawn-Tennis-Gilde. Ziel der Aktion war es, den noch ahnungslosen Bad Homburgern die Titelkämpfe um die Tennismeisterschaften von Deutschland wieder zu entreißen. Die Überrumpelung gelang so vollkommen, daß aus Homburg nicht einmal zaghafte Proteste laut wurden. Ab 1902 fanden die deutschen Meisterschaftsturniere, um eine Meisterschaft im Herrendoppel vermehrt, wieder an der Elbe statt, und zwar im jährlichen Wechsel auf den Anlagen auf der Uhlenhorst und vor dem Dammtor, dem heutigen Rothenbaum, wobei die Uhlenhorster den Anfang machten. Der im gleichen Jahr anläßlich des traditionellen Berliner Pfingstturnieres gegründete Deutsche Lawn-Tennis-Bund verbriefte 1924 in seinen Statuten den Hamburgern sogar das Recht, auf immer und ewig das Meisterschaftsturnier austragen zu dürfen. Im Falle der Damen bedeutete »auf immer und ewig« freilich nur bis zum Jahre 1979. In diesem Jahr wurde das Damenturnier wegen finanzieller Schwierigkeiten an den Berliner Lawn-Tennis-Turnier-Club »Rot-Weiß« verschachert, ein Handel, den man heute in der Hansestadt wahrscheinlich ebenso bitter bereut, wie den nur mit großer Mühe wieder rückgängig gemachten Exodus nach Homburg vor hundert Jahren. Am traditionsreichen Rothenbaum kämpfen die Damen leider nicht mehr um die Silberschale des Mr. Howard, sondern neuerlich um einen Pokal mit dem so überaus anheimelnden Namen Rexona.

Der Deutsche Lawn-Tennis-Bund wurde im übrigen von dem Engländer George W. Hillyard auf den Weg gebracht. Hillyard hatte bereits Erfahrung mit der Gründung von Verbänden. Im Jahre 1888 hatte er mit Eifer die Gründung der britischen Lawn-Tennis-Association betrieben, weil er den allmächtigen All England Club daran hindern wollte, weiterhin die Meisterschaften der Ladies auszurichten. Bei diesen pflegte nämlich die Hillyard frisch vermählte Blanche Bingley aufzutreten, eine außergewöhnliche Spielerin, die als Mrs. Hillyard in den Jahren 1897 und 1899 so nebenbei auch zwei deutsche Meistertitel auf ihr Konto brachte. Der eifersüchtige Hillyard verfolgte mit der Gründung der Association den Plan, die Meisterschaft der Töchter Britanniens irgendwo in die Provinz zu verlegen, dorthin, wo seine Blanche – anders als in Wimbledon – den Blicken einer vielköpfigen Schar von Gaffern entzogen wäre. Hillyards Mitwirkung bei der Gründung des Deutschen Lawn-Tennis-Bundes war dagegen eher unfreiwillig. Er und eine Gruppe befreundeter Spieler waren im Herbst des Jahres 1901 einer Einladung des Königs von Portugal gefolgt. Die wahrhaft königliche Bewirtung, die den englischen Gästen dabei zuteil wurde, hatte ihren Niederschlag in äußerst farbigen Berichten in der damaligen Regenbogenpresse gefunden. Nun traf es sich, daß derselbe Hillyard ein Jahr zuvor in Bad Homburg zum zweiten Male deutscher Champion geworden war, in einem Event, der, wie alle Meisterschaften dieser Zeit, nur Amateuren reinsten Wassers vorbehalten war. Ein Aufschrei war die Folge. Nicht genug damit, daß die Briten seit eh und je die Regale mit Kaiserdeutschlands Meisterpokalen leerfegten. Jetzt stellte sich offenbar heraus, daß sie sich ihre Reisen bezahlen und von ihren Gastgebern obendrein noch aushalten ließen. Durch ein derartiges Verhalten stellten sie sich auf eine Stufe mit den Professionals, den Tennislehrern, der Paria unter den Tennisspielern, die sich im Gegensatz zum Gentleman Player (deutsch: Herrenspieler) mit Tennis ihr tägliches Brot verdienten. Verdächtigungen wurden geäußert, ob nicht auch den illustren Teilnehmern der Homburger Turniere derartige, eines Herrenspielers unwürdige Vergünstigungen gewährt worden waren. Der Ruf nach einer übergeordneten Instanz wurde laut, durch welche die weltbewegende Frage entschieden würde, ob ein Spieler den Status eines Amateurs besäße oder nicht. Die heftig geführte Diskussion weitete sich in der Folge auch auf andere ungelöste Fragen aus: ein einheitliches Regelwerk zur Durchführung von Turnieren und die Schaffung einer deutschen Tennissprache. Der Bund wurde schließlich gegründet, die Fragen gelöst, aber das Faktum bleibt, daß der Verband seine Entstehung im Grunde einer Spritztour englischer Tennisspieler verdankt.

Bei der Entstehung der Fédération Internationale de Lawn-Tennis (F. I. L. T.) im Jahre 1913 spielten dafür die Deutschen eine wichtige Rolle. Die Weltorganisation konstituierte sich aus den Mitgliedern einer Kommission, die erstmalig 1912 in Paris eine Weltmeisterschaft auf Hartplätzen organisiert hatte. Die Gründungsversammlung der Fédération am 1. März 1913 in Paris wurde von Dr. Hans Oskar Behrens geleitet, der zwei Jahrzehnte zuvor auf der Uhlenhorst für Papa von der Meden die Bälle aufgesammelt hatte. Der sprachgewandte Delegierte des Deutschen Lawn-Tennis-Bundes entledigte sich seiner Aufgabe mit Bravour. Einer der unter seinem Vorsitz gefaßten Beschlüsse barg indessen den Stoff für einen langwierigen Konflikt in sich. Im Mutterland des Lawn Tennis betrachtete man das Turnier von Wimbledon als Weltmeisterschaft der Tennisspieler. Diese Ansicht wurde nunmehr von der Weltorganisation sanktioniert. Die Vereinigten Staaten beschlossen daraufhin, dem Verband fernzubleiben. Sie waren gegen jede Form von Privilegien für den sportlichen Erbfeind und pochten darauf, daß mit weit größerem Recht der Daviscup die Bezeichnung Weltmeisterschaft verdiene. Erst 1923, nachdem die Briten ihren Alleinanspruch aufgegeben hatten und, damit alle Seiten zufriedengestellt waren, gleich vier »Weltmeisterschaften« – die sog. Grand Slam-Turniere – ins Leben gerufen wurden, konnten die USA zum Beitritt bewogen werden. Tragischer Begleitumstand für die Deutschen: Sie, die nicht zuletzt den Weltverband aus der Taufe gehoben hatten, waren als die Verursacher des Ersten Weltkrieges geächtet und ausgebootet worden. Jetzt, als der große Kuchen in Gestalt der Grand Slam-Turniere verteilt wurde, standen sie letztlich mit leeren Händen da.

Das Gründungsjahr der F. I. L. T. markierte auch den großen Wendepunkt der Tennisgeschichte. Die ersten vier Jahrzehnte seit Wingfields Erfindung waren eine vergleichsweise friedliche Zeit gewesen. 1900, während des Boxeraufstandes, war der Brite Guy Dering, der »1. Secretair« der britischen Botschaft in Berlin und der Hauptstadt bester Tennisspieler, in der Stadt Peking eingeschlossen gewesen. Zwei Jahre später hätte Dr. Flavelle, sein Landsmann, der als Feldarzt im Burenkrieg Dienst tat, beinahe das Rothenbaumturnier und somit eine deutsche Vizemeisterschaft verpaßt. Aber dies waren im Grunde Lappalien, durch welche die Tennisgemeinde im Vaterland eher amüsiert denn betroffen gemacht wurde. Mit dem Ausbruch des Ersten Weltkrieges wurde alles anders.

Des Kaisers erster Tennissoldat, der das Zeug hatte, die angelsächsische Hegemonie zu durchbrechen, war ein Sohn des Elsaß, Otto Froitzheim. Im Jahre 1907 hatte er am Hamburger Rothenbaum in Jungsiegfried-Manier den zähen englischen Drachen Ritchie besiegt und das Paradox geschaffen, nach einem runden Jahrzehnt als erster Deutscher eine deutsche Meisterschaft zu erringen. 1912 erkämpfte der inzwischen stilistisch ausgereifte Straßburger in Paris die bereits erwähnte Weltmeisterschaft auf Hartplätzen, und nach einem großartigen Fünfsatzkampf in der Herausforderungsrunde von Wimbledon gegen den australischen Hexenmeister Norman Brookes schien 1914 ein deutscher Erfolg auch im Mekka des Tennis nur noch eine Frage der Zeit. Durch seine große Leistung gegen Brookes ermutigt, entschloß Froitzheim sich, nachträglich für den Daviscup zu melden. Mit seinem Partner Oskar Kreuzer traf er im Allegheny Country Club in der Nähe von Pittsburgh auf das Team von Australasien, zwei Tage bevor Deutschland dem zaristischen Rußland den Krieg erklärte. (Damit die Deutschen nicht sogleich zu den Waffen eilten, hatte der amerikanische Turnierdirektor am dritten Wettkampftag eine Nachrichtensperre verhängt.) Wahrscheinlich in Gedanken bereits an der Front – sowohl Froitzheim als auch Kreuzer waren Reservisten, Froitzheim sogar Offizier –, verloren die Deutschen gegen einen obendrein übermächtigen Gegner mit 0:5. Dennoch blieb die Atmosphäre zwischen den Spielern freundlich und kameradschaftlich. »Er werde«, frotzelte der Star des gegnerischen Teams, Anthony Wilding, kurz vor Froitzheims Abreise, »sich mit Otto auf den Courts von Bad Homburg – wo die beiden oft aufeinander getroffen waren – zur Abwechslung ein Duell mit

Bayonetten liefern.« Dazu sollte es nicht kommen. Froitzheim und Kreuzer wurden mit der »America«, einem italienischen Dampfer, dem sie sich anvertraut hatten, vor Gibraltar aufgebracht. Den Rest des Krieges verbrachten sie in britischen Internierungslagern, vornehmlich mit der Anlage von Blumenrabatten und eines privaten Tennisplatzes beschäftigt. Den Neuseeländer und ehemaligen Cambridge-Studenten Wilding, der sich freiwillig zum Dienst an der Waffe gemeldet hatte und der eine Batterie mit drei Dreipfünder-Geschützen befehligte, traf ein Volltreffer in einem Unterstand bei dem Dorf Neuve-Chapelle westlich von Lille, in den er sich zum Schlafen zurückgezogen hatte. Deutschen Berichten zufolge hatte der Captain der Royal Marines sich sein Geschütz sogar selbst besorgt, um sozusagen auf eigene Rechnung mit dem Kaiser Krieg zu führen.

Froitzheim war auf lange Sicht der einzige, dem ein Sieg in Wimbledon oder ein Erfolg im Daviscup zuzutrauen gewesen wäre. Der Krieg und der sich daran anschließende Ausschluß deutscher Tennisspieler vom internationalen Geschehen hat dies letztendlich verhindert. Der neue Hoffnungsträger war nach über einem Jahrzehnt zur Abwechslung wieder ein Mann von Adel: Baron Gottfried von Cramm, 1909 geborener Sproß einer hochherrschaftlichen Familie, ein Großneffe des Generals der Kavallerie Götz Freiherr von König, der bis zum Ersten Weltkrieg die berühmte, unter dem Patronat des Kaisers stehenden Homburger Offizierssturniere geleitet hatte. Nachdem er seine Kindheit abseits vom Kriege auf dem elterlichen Schloß Brüggen bei Alfeld verbracht hatte, begann der Aufstieg des talentierten Jungen 1928, als der Jurastudent in den Berliner Renommierclub LTTC »Rot-Weiß« eintrat. Ins Rampenlicht trat er erstmals 1932, als er – in der vierten Runde des Daviscup – am Hundekehlensee »Bunny« Austin bezwang, den Wimbledonfinalisten und den Mann, welcher den heiligen Rasen von Wimbledon in Shorts zu betreten wagte. Von Cramm hatte damit sein Scherflein zum deutschen Gesamtsieg beigetragen, der freilich in erster Linie einer heroischen Leistung seines Clubkameraden Dr. Daniel Prenn zu verdanken war, der Nr. 1 im deutschen Tennis. »Danny« Prenn, als Sohn jüdischer Eltern in Wilna geboren und in St. Petersburg aufgewachsen, war mit seiner Familie ein Opfer der Oktoberrevolution geworden und nach langen Irrfahrten in Berlin gestrandet. Schon 1929 hatte

Prenn auf der Anlage des LTTC »Rot-Weiß« durch zwei Einzelsiege – unter anderem über Austin – dem deutschen Daviscupteam zum Sieg über England und damit erstmals zum Einzug in das Interzonen-Finale verholfen. Nun aber übertraf er sich selbst und alle Erwartungen, als er beim Spielstand von 2 : 2 nach einem 2 : 5-Rückstand im 5. Satz den in die Weltspitze aufgestiegenen Briten Fred Perry bezwang. Die Presse überschlug sich. »Noch heute faßt man sich an den Kopf und fragt: Ist das wahr?«, schrieb die *Berliner Zeitung am Mittag*, »Hat der schlanke, blonde v. Cramm nicht den Wimbledon-Finalisten Austin vernichtend geschlagen? ... Und Perry, der v. Cramm abgehängt hatte, wie er wollte, und sich den Berlinern als neuer Weltstar präsentiert hatte – der gleiche Perry ist 48 Stunden nachher von Prenn mit Aufbietung aller Kraftreserven bezwungen worden?« Noch nicht einmal ein Jahr später erwähnte dieselbe Presse den Helden von Berlin mit keinem Wort mehr. Die Nazis hatten inzwischen die Macht übernommen und den berüchtigten Arierparagraphen erlassen, der Nichtariern eine Vorstandstätigkeit in Sportverbänden und die Teilnahme an repräsentativen Wettkämpfen untersagte. Die jüdischen Vorstandsmitglieder des Deutschen Tennis-Bundes legten daraufhin ihre Ämter nieder, die Nummer Eins des deutschen Tennis übersiedelte mit seiner jungen Frau nach London – eine, wie sich später herausstellte, lebensrettende Maßnahme. Auf den zweiten Platz im deutschen Daviscup-Team rückte indessen der Arier Henner Henkel. Die germanischen Tennisrecken von Cramm und Henkel leisteten in der Folge Erstaunliches. Beide siegten, was weder Becker noch Stich auch nur im entferntesten gelang, auf der an die Physis höchste Anforderungen stellenden roten Asche von Roland Garros – von Cramm 1934 und 1936, Henkel 1937 –, aber der größte Triumph blieb beiden versagt: der Titel in Wimbledon und der Gewinn des Daviscups. Und doch waren beide Trophäen zum Greifen nahe gewesen. 1937 zerplatzte zunächst der Traum vom Daviscup. Auf dem Rasen von Wimbledon – in einem Match, das von vielen auch heute noch als das Match des Jahrhunderts apostrophiert wird, hatte von Cramm den Amerikaner Donald Budge im alles entscheidenden Match beim Stand von 4 : 1 im fünften Satz am Rande der Niederlage, doch Budge gewann das Match und den Cup – der anschließende Sieg der USA gegen die nach Perrys Wechsel ins Profilager geschwächten Briten wäre auch für die Deutschen reine Formsache gewesen. Die Niederlage gegen Budge hatte für von Cramm jedoch auch persönliche Konsequenzen. Am 5. März 1938 wurde der Baron, gerade von einer mehrmonatigen Welttournee zurückgekehrt, in einer Nacht-und-Nebel-Aktion von der Gestapo verhaftet. So wie es vorher Daniel Prenn geschehen war, verschwand sein Name wie von Zauberhand aus den Gazetten. Angeblich wegen einer homosexuellen Beziehung zu dem Juden Manasse Herbst, der daraufhin von dem Deutschen das Geld zur Flucht ins Ausland erpreßt haben sollte, wurde der Tennisbaron zu einer Gefängnisstrafe verurteilt. Es war ein Akt der Willkür, den die braunen Machthaber – nach heute einhelliger Meinung – gegen einen Gewinner des Daviscup nie gewagt hätten. Am 16. Oktober, als das Tennisjahr 1938 vorüber war, wurde von Cramm, vermutlich auf Intervention Görings, wegen guter Führung vorzeitig aus der Haft entlassen. Nun kam, nach drei Finalteilnahmen 1935, 1936 und 1937, für den »besten Tennisspieler, der nie Wimbledon gewann«, die letzte und zugleich beste Gelegenheit, dieses Diktum zu widerlegen. Der unbezwingbare Donald Budge, der 1938 als erster Sterblicher den Grand Slam gewonnen hatte – so waren die gesammelten Meisterschaften von Australien, Frankreich, Wimbledon und im amerikanischen Forest Hills nach einem Ausdruck aus dem Whist-Spiel neuerlich getauft worden –, dieser Donald Budge war ebenfalls Professional geworden. Für den deutschen Gentleman Player par excellence schien der Weg nun frei. Von Cramm präsentierte sich in bester Form beim traditionellen Aufgalopp zur großen Bewährungsprobe von Wimbledon, dem Turnier im Londoner Queen's Club, das er souverän gewann. In Wimbledon aber siegte ein anderer, der Amerikaner Robert L. Riggs, dem von Cramm noch im Halbfinale von Queen's mit 6:0 und 6:1 eine wahre Lektion verpaßt hatte. Von Cramms Tragik: das Fachamt Tennis im Reichssportbund, die nach Auflösung des Deutschen Tennis Bundes federführende Instanz, hatte den Baron nicht für das Wimbledon-Turnier gemeldet. Daß die bösen Nazis die Schuld am endgültigen Scheitern des deutschen Tennis-Idols tragen, wird den Biographen von Cramms vor allem hierzulande gern und bereitwillig geglaubt. Verblüffen muß allerdings die Klarheit der Riggsschen Niederlage im Queen's Club einerseits, und andererseits die Tatsache, daß der Amerikaner in Wimbledon nicht nur den Einzeltitel holte, sondern auch im Doppel und im Mixed gewann – eine in der Tat einmalige Leistung. Tatsache ist, daß Bobby Riggs sich nach der Pleite von Queen's im Eilschritt zu den Londoner Buchmachern begeben hatte, um mit ihnen Wetten über sein Abschneiden in Wimbledon abzuschließen. Nach seinem Dreifachsieg kassierte der als Zocker berüchtigte Riggs die Summe von 21 600 britischen Pfund, nach damaligem Kurs ein Vermögen. Aus dem Tennisamateur Riggs war mit einem Schlage ein gemachter Mann geworden, auch wenn der große Batzen Geld für die Dauer des Zweiten Weltkrieges im Safe einer Londoner Bank schmoren mußte, und Riggs im fernen Amerika manches Stoßgebet gen Himmel schickte, auf daß die Royal Air Force eine Invasion der Deutschen verhindern möge. Die Wahrheit also ist, daß der Schelm Riggs das Queen's Match gegen von Cramm kaltschnäuzig »geschmissen hatte«, um seine Wettchancen bei den Buchmachern zu erhöhen, und daß Gentleman von Cramm, der 1939 immerhin die Dreißig ansteuerte und wahrscheinlich über den Zenit seines Leistungsvermögens schon hinaus war, vermutlich auch dieses Mal seinem Ruf als »gracious looser«, als würdevoller Verlierer, treu geblieben wäre, was seinem Ruf aber eher genützt als geschadet hätte. Sogar der mit der gesellschaftlichen Elite nicht eben zimperlich umgehende *Spiegel* stimmte vor nicht allzulanger Zeit in das Lob des negativen Helden ein: »Der mangelnde Wille zum Sieg um jeden Preis war es wohl, der von Cramm zum unbestritten elegantesten und anmutigsten Spieler aller Zeiten machte. Wie er, auch als es nicht mehr allgemeiner Brauch war, in lange weiße Baumwollhosen gekleidet, scheinbar ohne jede Hast dem Ball zueilte, wie er schwungvoll und doch bar jeglichen sichtbaren Kraftaufwandes den Schläger führte – welch ein Unterschied zu dem Vernichtungs-Tennis von heute, bei dem zwei in Hemdchen von äußerster Geschmacksferne gewandete Bürschchen auf dem Platz herumberserkern, dabei stöhnen wie ein von Koliken geplagtes Stück Vieh…« In der Tat, deutsche Siege, in Wimbledon wie im Daviscup, sind am Ende Sache dieser Bürschchen geworden…

Christoph Bausenwein
**Vergnügen
für die Gentlemen**
Fußball

Es ist nicht besonders schwer, zu verstehen, worum es beim Fußball geht. Der ehemals bekannte Trainer Dettmar Cramer hat das
Wesentliche mit den Worten auf den Punkt gebracht: »Fußball
selbst ist ja geradezu primitiv: Tore verhüten, Tore schießen, das
ist alles.«

Betrachtet man die Geschichte der Spielregeln des Fußballs,
dann sieht die Sache freilich schon etwas komplexer aus. Seit dem
Jahre 1314 waren in Großbritannien Spiele bekannt, die als Football bezeichnet wurden. Daß man sie »Football« nannte, ist allerdings einigermaßen seltsam. Denn diese Spiele, die bis ins letzte
Jahrhundert hinein weit verbreitet waren, hatten mit dem heutigen Fußball nicht allzuviel zu tun. Es war damals nämlich, dem
Namen zum Trotz, nicht üblich, den Ball mit dem Fuß zu kik-
ken.

Im Jahre 1829 gab ein Mann namens Stephen Glover folgenden Augenzeugenbericht über eines der letzten Football-Mat-
ches nach alter Art, das in der englischen Stadt Derby stattfand:

»Das Spiel beginnt auf dem Marktplatz, wo die Parteigänger jeder Gemeinde gegeneinander aufgestellt werden; dann, ungefähr
um Mittag, wird ein großer Ball in ihre Mitte geworfen. Diesen
versuchen sogleich einige der stärksten und aktivsten Männer jeder Partei zu ergreifen. Der Rest der Spieler schließt sich unver-
züglich über ihnen zusammen, und schon hat sich eine dichte

Masse geformt. Es ist dann das Ziel jeder Partei, die Menge in die Richtung des für sie bestimmten Tores zu zwingen. Der Kampf um den Ballbesitz... ist gewalttätig, und die Bewegung dieser menschlichen Welle, die sich ohne die geringste Bekümmernis um Konsequenzen auf- und niedersenkt, ist ungeheuerlich. Gebrochene Schienbeine, Schädelbrüche, zerrissene Jacken und verlorene Hüte gehören noch zu den geringeren Unfällen dieses fürchterlichen Wettkampfs, und häufig passiert es, daß Personen in Folge des enormen Drucks hinfallen und kraftlos und blutend zwischen den Füßen des sie umringenden Mobs liegenbleiben.«

Warum man solche Spiele als »Football« bezeichnete, ist bis heute nicht eindeutig geklärt. Zu vermuten ist, daß sich der Name auf die Größe des Balles bezog – er hatte meist etwa einen Durchmesser von ca. einem Fuß –, und nicht auf die Art und Weise, wie man ihn bewegte.

An kriegerische Auseinandersetzungen erinnernde Wettkämpfe in der Art des beschriebenen Derbys, die zwischen verschiedenen Gemeinden, Dörfern, Sippen und anderen Gemeinschaften ausgetragen wurden, waren kein Privileg der britischen Inseln. Ähnliche Raufspiele, die zumeist zu festlichen Anlässen der ländlichen Bevölkerung ausgetragen wurden – besonders beliebt war etwa der Fastnachts-Termin – finden sich auch im mittelalterlichen Frankreich unter der Bezeichnung *Soule* oder in Italien, wo sie unter dem Namen *Calcio* bekannt waren. Auch die Römer und Griechen kannten solche Ballschlachten, in denen auf rituelle Weise Konflikte beigelegt wurden.

Jahrhundertelang hatten sich diese gewalttätigen Bräuche trotz permanenter Verbote durch die Obrigkeit, die in ihnen immer schon die Gefahr eines Aufruhrs gewittert hatte, als eine der beliebtesten Vergnügungen des Volkes halten können. Doch als im Zuge der Industrialisierung die herkömmlichen dörflichen Gemeinschaften und mit ihnen die traditionellen Feste ihre soziale Verbindlichkeit eingebüßt hatten, verschwanden auch die dazugehörigen Ballspiele von der historischen Bildfläche. Auch in England, wo die primitiven Football-Spiele besonders weite Verbreitung gefunden hatten, waren sie bis zu Beginn des 19. Jahrhunderts nahezu vollständig ausgerottet. Das beschriebene Match in Derby war eines der letzten seiner Art.

Dennoch wurde England, wie allgemein bekannt, zum Mutterland des modernen Fußballs. Möglich war dies, weil sich hier, anders als sonst in Europa, auch Adel und Bürgertum an den Spielen des Volkes beteiligt hatten. Seit dem 15. Jahrhundert war es durchaus üblich, daß sich die Kinder der Oberschicht, während sie ihre Ausbildung in einer der Eliteschulen erhielten, mit den Jugendlichen aus dem Nachbardorf zu volkstümlichen »Ballschlachten« trafen. Dann, als die Ausübung dieses rauhen Brauchtums im öffentlichen Raum verboten war, standen die vornehmen Schüler der *Public Schools* plötzlich alleine mit dem Ball da. So entwickelten sie, hinter den Mauern ihrer Internate weitgehend abgeschottet von der Gesellschaft, vollkommen neue Formen des Ballspiels. Gelöst von seinen traditionellen Wurzeln und unter dem Einfluß von aristokratischen Verhaltensweisen und bürgerlichen Normen verwandelte sich dann das rauhe Spiel allmählich in einen nach festen Regeln durchgeführten sportlichen Wettkampf.

Solange sich ihre Lehrer nicht dafür interessierten, waren die Ballwettkämpfe, die die Zöglinge von Schulen wie Eton, Harrow, Winchester, Charterhouse und Rugby in eigener Regie und in Anlehnung an regionale Gepflogenheiten austrugen, kaum weniger wild als die, die außerhalb der Schulen strafrechtlich verfolgt wurden. Zivilisierter wurden sie erst, als es seit dem Beginn des 19. Jahrhunderts im Zuge von Reformen zu ersten schriftlichen Regelentwürfen kam, mit deren Hilfe die Lehrer versuchten, die Spiele der Schüler unter ihre Kontrolle zu bringen. Die Tugenden für die künftigen Führungskräfte des britischen Empire – Selbstbeherrschung, Pflichtbewußtsein, Gruppenloyalität, Gerechtigkeit – sollten gefördert werden, indem man aus dem rauhen, regellosen Kampf einen disziplinierten, am Prinzip des Fair play orientierten Sport machte.

Aus der historischen Distanz betrachtet wirken diese Erziehungs-Institutionen, die ein nach außen abgeschottetes Eigenleben führten, wie Laboratorien, in denen die unterschiedlichsten Varianten des Ballspiels erprobt wurden. Warum man nun in Rugby das sogenannte *Running Game* bevorzugte – ein Spiel, bei dem der Ball in erster Linie getragen, nicht aber mit dem Fuß gestoßen werden mußte – in anderen Schulen hingegen – etwa in Eton oder Harrow – das dem heutigen Fußball viel näherkommende *Dribbling Game*, läßt sich nicht restlos aufklären. Einige Forscher meinen, daß es die räumlichen Verhältnisse gewesen seien – etwa die Enge des zur Verfügung stehenden Spielfelds und die Härte der Böden –, die dazu geführt haben, daß man an manchen Schulen das balltechnisch anspruchsvollere und weniger verletzungsträchtige Dribbling bevorzugt habe. Wichtiger als solche Überlegungen ist aber wohl der Hinweis, daß die Grundidee des Fußballs – das Stoßen eines Balles mit dem Fuß – vermutlich einem Spiel entlehnt war, das sich in der Renaissancezeit unter italienischen Adligen, insbesondere in Florenz, großer Beliebtheit erfreute. Dieser *Gala-Calcio*, der sich vermutlich aus bestimmten Varianten des Ritterturniers entwickelt hatte, unterschied sich nämlich von den Volksspielen vor allem dadurch, daß das Werfen des Balles mit offener Hand als »dumme und unschöne Art« verpönt war. Diejenigen, die mit ihren Händen nichts anfaßten, was mit Arbeit zu tun hatte, empfanden offensichtlich gerade das Spiel mit dem Fuß als besonders vornehm.

Woher die Idee des Fuß-Kicks auch immer kam, Tatsache ist jedenfalls, daß es zwar ganz unterschiedliche Ballspiele waren, die sich an den Public Schools entwickelten, daß sie aber alle unter dem Sammelbegriff »Football« firmierten. In Anbetracht dieser Sachlage kann man sich vorstellen, wie problematisch es war, wenn sich die ehemaligen Schüler, nun Studenten geworden, an den Universitäten von Cambridge und Oxford wiedertrafen und dort miteinander »Football« spielen wollten.

Logischerweise setzte man sich immer wieder zusammen, um aus den unterschiedlichen Regeln ein einheitliches »Football«-Spiel herauszudestillieren. Und als man dies versuchte, trat offen zu Tage, daß sich das beim Rugby übliche Tragen des Balles nicht vereinbaren läßt mit Spielweisen, die ihren Reiz gerade aus dem Verbot des Handspiels beziehen.

Im Jahre 1863 kam es dann zum Bruch zwischen den Vertretern des *Running Game* und des *Dribbling Game*. Studenten hatten die dem heutigen Fußball sehr nahe kommenden *Cambridge Rules* entworfen, und deren zentrale Normen waren dann auch die Grundlage jenes Regelentwurfes, den die im gleichen Jahr tagende Gründungsversammlung der *Football Association* ausarbeitete. Die zahlenmäßig unterlegenen Anhänger des Rugby konnten sich mit ihren Vorstellungen nicht durchsetzen. So traten sie aus der Football Association aus und gründeten wenig später ihren eigenen Verband, die *Rugby Union*.

Ausschlaggebend bei dieser historischen Auseinandersetzung war allem Anschein nach, daß die meisten Mitglieder der zivili-

sierten Oberschicht eine weniger brutale und ästhetisch anspruchsvollere Variante des Football-Spiels bevorzugten. Jedenfalls empfanden einige Schüler aus Harrow, die 1857 den FC
Sheffield gründeten, ausgerechnet das »Spiel ohne Hand« als besonders gentlemanlike. Als ein Spielprinzip hatten diese Gründer
des ersten Fußballklubs festgelegt, daß man zur deutlichen Demonstration des Fair play mit weißen Handschuhen und einem
Zweischillingstück in den Händen anzutreten habe. Waren die
Handschuhe nach dem Spiel schmutzig oder war das Geldstück
verloren, so galt dies als ein Zeichen für nicht regelgerechtes,
unvornehmes Verhalten, das eines Gentleman unwürdig sei.

Der Fußball, so geht aus diesem knappen historischen Abriß
hervor, war in seinen Gründerjahren ein exklusives Freizeitvergnügen für die Oberschicht. Erst allmählich drängten immer
mehr Arbeiter in die Vereine, und je mehr sie das taten, desto
mulmiger wurde es den vornehmen Herren, die bislang das Monopol auf das neue Spiel besessen hatten. Die Verantwortlichen
im britischen Fußballverband waren gar der Ansicht, daß man
künftig mit »nicht-gentlemanhaften« Verhalten auf den Fußball-
plätzen zu rechnen habe, und führten daher den Schiedsrichter
und Spielstrafen wie Freistoß und Platzverweis ein.

Nicht wenige sahen in dieser Entwicklung das Ideal des Fair
play in Frage gestellt. Als 1891 der Strafstoß eingeführt wurde,
meinte C. B. Fry, einer der berühmtesten Gentlemen-Kicker jener Zeit:

»Es ist eine Beleidigung des Ansehens von Sportsleuten, wenn
sie unter einer Regel spielen müssen, die unterstellt, daß die Spieler ihrem Gegner absichtlich ein Bein stellen, treten und schlagen
und sich benehmen wie üble Kerle der gewissenlosesten Sorte.
Ich behaupte, daß die Linien, die den Strafraum markieren, eine
Schande für das Spielfeld einer Public School sind.«

Daß Kritiken dieser Art ohne Konsequenzen blieben, ist darauf zurückzuführen, daß die gesellschaftliche Elite im Spitzenfußball schon nichts mehr zu melden hatte. 1883 hatte mit Black-
burn Olympic erstmals ein Arbeiterclub den Cup der britischen
Football Association gewonnen. So war denn auch die weitere
Entwicklung des Spiels nicht mehr eine Angelegenheit von Studenten, die es als Freizeitsport betrieben, sondern von – zunächst
vor allem aus Schottland importierten – Arbeitersportlern, die
als Profis gegen den Ball traten. Die Gentlemen waren nicht

mehr konkurrenzfähig, denn mit ihrem von unkoordinierten Dribblings geprägten Spiel hatten sie keine Chance gegen das durchaus schon modern anmutende, klug aufgezogene Kurzpaßspiel, wie es beispielsweise die Spieler von Preston Northend zeigten, die Ende der 1880er Jahre von Sieg zu Sieg eilten.

Unter der Regie von Arbeiterprofis wurde der Fußball zu einem Spiel, das auf systematischem Aufbau und disziplinierter Teamarbeit beruht, und dadurch gewann er erst jene Ästhetik, die für Zuschauer so reizvoll ist. Im Jahre 1898 schilderte ein deutscher Betrachter die Faszination des Kombinationsspiels mit den Worten: »Es giebt in der That keinen schöneren Anblick, als zu sehen, wie der Ball von einem Ende des Feldes in hohem Bogen zum andern fliegt, dann durch die Stürmer langsam über das Feld dicht am Boden herüberkommt, hier durch geschicktes Spielen einem daherrennenden Gegner entkommt, dann vielleicht vom Flügel zum Centrum, von diesem auf den anderen Flügel wandert oder einem hinten anschließenden Halbspieler, der günstiger steht, übergeben und endlich dicht an die feindliche Goallinie gebracht wird.«

Als der deutsche Fußballpionier Philipp Heineken dies schrieb, war der Fußball bereits dabei, auf der ganzen Welt Leidenschaften zu entfesseln. Während er allerdings in Deutschland, wie in anderen Ländern auch, noch in den Kinderschuhen steckte, war in England schon längst ein neues Zeitalter eingeläutet worden. Unterstützt von fortschrittlichen Reformern, die sich um die Volksgesundheit sorgten, hatte das Spiel Eingang in die Grundschulen gefunden, und darüber hinaus hatten immer mehr Jugendliche in den Hinterhöfen und auf den Straßen der Arbeiterviertel der Industriestädte entdeckt, welchen Spaß es macht, einem runden Leder hinterherzujagen. Fußball war nicht mehr ein spezielles Vergnügen für eine gebildete Minderheit, sondern er war zur elementarsten Leidenschaft der großen Mehrheit avanciert. Salopp ausgedrückt: Das Volk, insbesondere die Arbeiterjugend, hatte sich den Fußball, der in seinen traditionellen Varianten verboten worden war, wieder zurückerobert.

Die Fußballvereine, die gegen Ende des letzten Jahrhunderts überall auf der britischen Insel wie Pilze aus dem Boden schossen, waren wohl die wirkungsvollste Antwort auf das Problem, wie die Menschen in den anonymen Industriestädten zu neuen gemeinschaftlichen Orientierungen kommen konnten. Wohnviertel, Betrieb, Kneipe und Kirche waren die zentralen sozialen Institutionen, und um diese herum entstanden denn auch die neuen Kicker-Gemeinschaften. Während die aktiven Fußballer auf dem Spielfeld und in der Vereinskneipe neue Freunde und einen Ausgleich für das monotone Einerlei im Industriebetrieb fanden, sorgte der Zuschauersport Fußball dafür, daß sich die Menschen in einer unübersichtlich gewordenen Gesellschaft etwas leichter zurechtfinden konnten. In gewisser Weise boten die Fußballstadien, die sich seit der Einführung des freien Samstagnachmittags mit den neuen Freizeitmassen füllten, einen Ersatz für die Sinneinheit, die einst die regelmäßigen Feste des Jahreslaufs garantiert hatten. Indem die Menschen, auf den Rängen dicht zusammengedrängt, mit »ihrer« Mannschaft bangten und hofften, fanden sie einen Teil jener sozialen Orientierung und Geborgenheit wieder, die im Übergang von der ländlich-bäuerlichen zur städtisch-industriellen Gesellschaft verlorengegangen war.

Die Wandlung des Fußballs von einem nahezu zuschauerlosen Oberschichts-Spiel zu einem wilden, lauten, zügellosen Massenereignis für die Arbeiterschaft vollzog sich in einem geradezu dramatischen Tempo. Nur 2000 Gentlemen-Zuschauer hatten das Cup-Finale von 1872 sehen wollen, 1901 barst der Londoner Crystal Palace, gefüllt mit 111 000 Zuschauern, aus allen Nähten. Von den alten Herren des Spiels zeugten nur noch die Tribünen, die sich nun wie »bourgeoise Inseln« in einem Meer von Arbeitergesichtern ausnahmen.

Ähnliches geschah dann, natürlich mit einigen Jahren Verspätung, auch in anderen Ländern. Lockte das erste Endspiel in Deutschland, das im Jahr 1903 zwischen dem VFB Leipzig und dem DFC Prag ausgetragen wurde, lediglich 1500 Zuschauer an – Leipzig gewann übrigens mit 7 : 2 –, so strömten nach dem Ersten Weltkrieg regelmäßig Zehntausende zu den Endrundenspielen um die deutsche Meisterschaft.

Seit den 20er Jahren ist der rasante und abwechslungsreiche Fußball das populärste Freizeitvergnügen der arbeitenden Massen in ganz Europa. Und bis heute gilt wohl für die meisten Zuschauer das eindrucksvolle Lob des Stadion-Erlebnisses, das sich in einem 1928 verfaßten Buch des britischen Romanciers John Boyton Priestley findet:

»Er verwandelte uns in Mitglieder einer neuen Gemeinschaft, in Brüder für eineinhalb Stunden, denn wir waren nicht nur jeder für sich der dröhnenden Maschinerie dieses armseligen Lebens entflohen, das sich zusammensetzt aus Arbeit, Löhnen, Mieten, Arbeitslosenunterstützung, Krankengeldern, Versicherungskarten, keifenden Frauen, kränklichen Kindern, schlechten Chefs, faulen Arbeitern, sondern wir waren all diesem gemeinsam mit den meisten unserer Kameraden und Nachbarn, mit der halben Stadt entronnen; und da waren wir nun, miteinander schreiend, einer dem anderen auf die Schulter schlagend, und tauschten untereinander unser Urteil aus wie die Herren dieser Welt, nachdem wir uns durch ein Drehkreuz den Weg in eine andere und weit prächtigere Art des Lebens erkämpft hatten, das zwar quälend war vor Konflikten und dennoch herrlich und begeisternd in seiner Kunst.«

In einem ansonsten in der Regel recht langweiligen Leben bietet der Fußball seinen Fans nicht nur für den Augenblick eine außergewöhnliche Unterhaltung, Spannung und Dramatik, sondern er verschafft auch die Möglichkeit, nach dem Spiel endlos über das sagenhafte Können der Künstler des Rasens zu diskutieren. In der Saison 1927/28 war es Dixie Dean, der den herausragenden Gesprächsstoff lieferte: In 39 Spielen für den FC Everton hatte er nicht weniger als 60 Tore erzielt. Wenig später machte auch der erste Trainer im großen Stil Schlagzeilen. Herbert Chapman, bereits mehrmals Meister mit Huddersfield Town, revolutionierte im Jahr 1930 den Fußball mit der Erfindung des WM-Systems und eilte anschließend mit Arsenal London von Sieg zu Sieg.

Auch auf dem Kontinent gab es zu dieser Zeit schon Stars. So war der Engländer Dixie Dean gern gesehener Gast in der Sebaldusklause zu Nürnberg, wo er den legendären »Club«-Torhüter Heiner Stuhlfauth besuchte, der damals schon ein Idol der Jugend war. Beim 1. FC Nürnberg hatte vorübergehend auch der Ungar Alfred Schaffer gespielt, ehemaliger Meisterspieler des MTK Budapest, der auf seinen Tourneen nach dem Ersten Weltkrieg jeden Gegner geschlagen hatte, wie er wollte. Schaffer, von der Sportpresse nicht nur wegen seines außergewöhnlichen Könnens, sondern auch wegen seines ausgeprägten Selbstbewußtseins zum »Fußballkönig« ernannt, war wohl der erste große Star des kontinentalen Fußballs.

Bewunderung und Faszination lösten die »Stars des grünen Rasens« also schon zu einer Zeit aus, als der Fußball noch weit davon entfernt war, wie eine professionelle Show inszeniert zu werden. Als der dunkelhaarige Ballvirtuose Andrade bei der Olympiade 1924 mit der damaligen Superelf aus Uruguay Furore machte, schwärmte ganz Paris von dem geschmeidigen Tänzer aus Südamerika. Und als Anfang der 30er Jahre das österreichische »Wunderteam« ganz Europa in Erstaunen setzte, rühmte man die genialen Schach- und Winkelzüge des Dirigenten Matthias Sindelar:

»Er hatte sozusagen Geist in den Beinen, es fiel ihnen, im Laufen, eine Menge Überraschendes, Plötzliches ein, und Sindelars Schuß ins Tor traf wie eine glänzende Pointe, von der aus erst der meisterliche Aufbau der Geschichte, deren Krönung sie bildete, recht zu verstehen und zu würdigen war.«

Natürlich gab es auch damals schon einige Kritiker, die in Anbetracht solch übertriebener Verehrung nur fassungslos den Kopf schütteln konnten. Im Jahr 1924, als Alfred Schaffer gerade ein Engagement bei der berühmten Wiener Austria hatte, schrieb ein Kolumnist im *Neuen Wiener Journal*:

»Es wird immer nur von den Stars geredet, von ihrem Befinden, von ihrer Form, ihren Familienangelegenheiten, ihren Freuden und Schmerzen, ihren Wünschen und Beschwerden. Werden die Chancen eines Kampfes erörtert, so lautet die erste Frage, ob er oder die Lieblinge des betreffenden Vereins mittun werden, in welcher Verfassung sie sich befinden und ob alle ihre Forderungen bewilligt sind. Die anderen neun bis elf Mitglieder der Mannschaft erwähnt man gar nicht, von ihnen setzt man ohne weiteres voraus, daß sie ihre Pflicht erfüllen werden.«

Lange Zeit, bis in die 60er Jahre hinein, hatte der Starkult freilich, vergleicht man ihn mit der heutigen Situation, recht bescheidene Ausmaße. Nicht der internationale Superstar gab in den Stadien den Ton an, sondern der Spieler, auf den die Anhänger stolz waren, weil er einer von ihnen war. Die Fußballer stammten meist aus derselben Gegend und demselben Milieu wie ihre Fans, und selbst wenn sie englische Profis waren, verdienten sie in der Regel kaum mehr als ein durchschnittlicher Arbeiter. Die Klammer um Akteure und Anhängerschaft war die Identifikation mit dem Verein und der Region, die er repräsentierte. Im Erfolg wurde der herausragende Spieler zum lokalen Helden, der nach dem Spiel noch in die Kneipe kam, um in seiner Fußball-Gemeinde zu feiern.

Solange der soziale Kontakt zwischen den Akteuren auf dem Rasen und den Zuschauern noch funktionierte, konnte man im Fußballstadion noch etwas spüren vom Geist des wilden Volksfußballs, als die Dorfgemeinschaft denjenigen als »Ballhelden« feierte, der sich im rauhen Spiel am besten hatte behaupten können. Noch zu Zeiten eines Stanley Matthews oder eines Uwe Seeler waren die Spieler wirklich Vertreter ihrer Anhänger. Seeler konnte noch »Uns Uwe« sein, weil ihn etwas mit dem Publikum verband. Und kaum einer der heutigen Stars würde wohl zu seinem Abschied Worte wählen, wie sie Matthews fand:

»Der Fußball war gütig zu mir. Aber das wichtigste von allem war, daß er mich mit Tausenden von wahren Freunden beschenkte. Sie stehen jede Woche auf den Rängen.«

Heute, da einzelne Fußballer Millionen verdienen und in überregionalen Fanclubs organisierte Anhänger von Bayern München die internationalen Stars dieses Vereins umjubeln, sieht das Verhältnis von Spielern und Fans ganz anders aus.

Der Ursprung des modernen Starkults liegt unter anderem darin, daß sich die Fußballer von ihrem Milieu entfernten. Seit den 40er Jahren hatten sich für die englischen Berufsspieler neue Horizonte aufgetan, als sie sich als Teil der nun im großen Stil entstehenden Show- und Unterhaltungsindustrie zu erkennen begannen. Für Fußballprofis waren fortan nicht mehr die Arbeiter, sondern die Angehörigen der Unterhaltungsindustrie die entscheidende Bezugsgruppe. Der erste Superstar des englischen Fußballs, der neben den Beatles und den Rolling Stones die Seiten der Popmagazine füllte, war der langhaarige George Best. Von dem britischen Stürmer, der 1968 mit Manchester United den Europapokal der Landesmeister gewann, hieß es, daß er »mit gleicher Geschicklichkeit mit dem Ball wie mit den Frauen und den Millionen« jongliert habe.

Seit dem Aufkommen solcher Fußball-Millionäre, die sich nun nicht mehr nur als Spieler, sondern auch als Persönlichkeiten vermarkten ließen, wurde der Fußball zu einem Showgeschäft, dessen Nennwert vom Kurs seiner Stars bestimmt wird. Auch wenn es vorher schon gut verdienende Profis gegeben hatte – Alfredo di Stefano etwa, den Meisterspieler von Real Madrid, das Ende der 50er Jahre Europapokalsieger in Serie gewesen war –, auch wenn es vorher schon Helden gegeben hatte, von denen der Fußball gesellschaftsfähig gemacht worden war – Stanley Matthews etwa, der 1965 von der Queen den Ritterschlag erhalten hatte –, so begann die Epoche des Fußballs als Unterhaltungsereignis wohl erst, als sich die Unterhaltungs- und Popkultur im großen Stil entwickelte. Sie setzte sich in Deutschland fort mit dem »Kaiser« Franz Beckenbauer, der mit seinem eleganten Spiel den Fußball vom Geruch des Arbeiterschweißes befreite, oder mit seinem Gegenspieler Günter Netzer, der als »blonder Rebell« einen Hauch von künstlerischer Extravaganz garantierte. Von Maradonna, der launischen Diva, über den Zöpfchenträger Roberto Baggio bis zu Jürgen Klinsmann, den Strahlemann des deutschen Fußballs, verkörpern Stars heute vor allem eines: eine Ausstrahlung, die sich verkaufen läßt.

Wenn heute die Tricks und Finessen genialer Könner, die rasanten Kombinationen von Supermannschaften und die dramatischen Höhepunkte der Spitzenspiele ein Millionenpublikum in Begeisterung versetzen können, dann hat das nicht nur mit der Faszination Fußball selbst zu tun, sondern auch mit der Vermarktung des Sports. Die Entwicklung des Fußballs zum Massenphänomen war ohne eine immer tiefere Verkoppelung des Sports mit den Mechanismen des Geldes und der Medien nicht möglich.

Seit im Jahre 1888, kurz nach der Zulassung des Profitums, die englische Liga eingeführt wurde, die regelmäßige Spiele und damit zugleich auch eine solide finanzielle Basis für das neue Fußballgeschäft garantieren sollte, war auch schon die Presse zur Stelle, um die Ereignisse entsprechend aufzuwerten. Unzählige Sportzeitschriften und Fußball-Sonderseiten in den Tageszeitungen sorgten für die notwendige Werbung und Drumherum-Information. Der *Blackburn-Evening-Express* beispielsweise gab an den Spielsamstagen nicht weniger als vier Fußball-Sonderausgaben heraus: Um 5.40 Uhr einen Vorbericht, um 6.30 Uhr ein Special, um 7.00 Uhr ein Extra Special und um 7.45 Uhr eine Ausgabe »Last Football«.

Ohne eine intensive Aufbereitung in der Presse wäre es wohl kaum möglich gewesen, daß der Fußball in den 20er Jahren zum zentralen Freizeit-Thema der Arbeiter aufsteigen konnte. Während die Berichterstattung in den Zeitungen die Fußballzirkel in den Arbeiterkneipen mit Diskussionsstoff fütterte, sorgte dann

Abb. 11: Fußballweltmeisterschaft 1954 in Bern,
Schweiz gegen England (0:2):
Ein Schweizer Verteidiger tritt den Ball, nur um zu sehen,
daß Englands Torhüter Broades den Ball mit dem Kopf abfängt.
Transglobe Agency, Hamburg.

vor allem das Radio dafür, daß sich in zunehmendem Maß auch
Mittelklasse-Schichten für das Spiel zu interessieren begannen.
Die erste Radio-Übertragung eines Cup-Finales im Jahre 1927
war ein Ereignis, das kaum jemanden in Großbritannien unberührt ließ. Ähnlich war es im Jahr 1954, als nach dem berühmten
Schuß von Helmut Rahn der vierfache »Tor!«-Schrei des Rund-
funkreporters Herbert Zimmermann von kaum jemandem in
Deutschland ungehört blieb. In einem Erinnerungsbuch über
den deutschen Triumph von Bern heißt es:

»Das waren große Tage für den Rundfunk! Ein solches Millio-
nenheer von Hörern kannten die Sportreporter nie vorher. Ein
wahres Fußballfieber hatte die Menschen befallen, und von Spiel
zu Spiel stieg, je weiter sich die deutsche Elf durchkämpfte, die
Fieberkurve, steil und unaufhaltsam. In den abgelegensten Dörfern und Gehöften, in ihren Heimen, bei Bekannten, im Auto, in
Gaststätten und in Krankenhäusern erlebten die Hörer mitgeris-
sen die Spiele in den Schilderungen der Reporter, die mit ihrer
Aufgabe wuchsen.«

Zugleich war die WM 1954 auch ein Meilenstein in der Geschichte des Fernsehens. Fritz Walter, Max Morlock, Helmut Rahn und ihre Mitspieler hatten dafür gesorgt, daß sich der Verkauf von Fernsehgeräten in der Bundesrepublik um sage und schreibe 50% steigerte. Dank des Fußballs ist das Fernsehen in Deutschland populär geworden, und bis heute ist der Fußball das, was die Menschen beim Fernsehen am meisten interessiert. Der Europapokal, 1957 erstmals ausgespielt, etablierte den Fußball als Fernseh-Ereignis, und die Weltmeisterschaften von 1966 und 1970 präsentierten die Spiele vor einer bis dahin beispiellosen Welt-Gemeinde. Beim Endspiel 1994 saßen weltweit drei Milliarden Menschen gleichzeitig vor dem Fernseher, um am selben Ereignis teilzuhaben.

Trotz solch erstaunlicher Erfolgszahlen ist das Medienereignis Fußball immer auch Zielscheibe heftiger Kritik gewesen. Schon in den Anfangsjahren des englischen Profifußballs empfanden einige die reißerischen Fußballberichte in der Presse als dem wahren »Geist« des Spiels widersprechend; als es die ersten Radioübertragungen gab, fürchteten nicht wenige, daß die Zuschauer ausbleiben könnten, und als das Fernsehen die Berichterstattung rund um den Fußball zu dominieren begann, malten viele die Gefahr an die Wand, daß es künftig nur noch »Geisterspiele« vor leeren Rängen geben könnte.

All das traf nicht ein. Nie wurde soviel wie heute über den Fußball berichtet, und trotz alltäglicher Fußball-Berieselung durch die Mattscheibe sind die Stadien gegenwärtig so gefüllt wie kaum je zuvor. Dennoch hat sich natürlich seit den Zeiten der Oberliga einiges geändert. Damals war der Fußball ein Ereignis, zu dem sich vor allem ein Arbeiterpublikum hingezogen fühlte, das sich am mangelnden Komfort auf den Stehplätzen nicht störte. Der Fußball der 90er Jahre ist nicht mehr ein Sport für die arbeitende Klasse, sondern eine Show für Konsumenten aus allen Bevölkerungskreisen. Fußball ist kein proletarisches Vergnügen mehr, sondern ein Geschäft, in dem die Interessen der Werbung allmählich den »richtigen« Sport in den Hintergrund drängen.

Heute ist der Fußball zu einem lukrativen Unternehmen geworden, das längst nicht mehr nur aus den Zuschauereinnahmen, sondern vor allem aus Fernsehgeldern, Sponsoring und dem Verkauf von Fanartikeln finanziert wird. Heute stehen nicht mehr Leute mit schmalem Geldbeutel im Stadion, denen das Mitgehen mit ihrer Mannschaft das wichtigste ist, sondern es sitzt ein Publikum darin, das für sein Geld gute Unterhaltung geboten haben will. Heute geht es im Fernsehen nicht mehr wie noch zu Zeiten der *Sportschau* um seriöse Informationen, sondern der Fußball wird in einer Sendung wie *ran* gleich einer Seifenoper präsentiert, bei der die Drumherum-Unterhaltung mindestens genauso wichtig ist wie das Ereignis selbst.

Eingeklemmt zwischen dicken Werbeblöcken und leicht konsumierbarem Small talk gerinnt das Spiel zu einer professionell aufbereiteten Unterhaltungs-Ware, die mit der 90minütigen Nonstop-Fußballspannung im Stadion immer weniger zu tun hat. Selbst Live-Übertragungen geraten immer mehr in den Sog wirtschaftlicher Interessen. Viele Vorschläge, die angeblich den Unterhaltungswert des Spiels steigern sollen – zum Beispiel eine Nettospielzeit von 60 Minuten oder feste Auszeiten – machen es sicherlich nicht attraktiver, sondern zielen darauf ab, noch mehr Raum für die Einschaltung von Werbeblöcken zu erhalten.

Wie es mit dem Fußball weitergehen wird, steht noch in den Sternen. Wird auch in der Bundesliga bald Ähnliches geschehen wie im Mai 1967 in den USA, als man dort, angeregt durch den großen Fernseh-Erfolg der WM in England, eine Profiliga einführte? 11 der 21 Freistöße, die Schiedsrichter Peter Rhodes in dem live übertragenen Spiel Toronto gegen Pittsburgh pfiff, erfolgten im Auftrag der Fernsehgesellschaft CBS, die Zeit für die Einspielung von Commercials gewinnen wollte. Müssen wir damit rechnen, daß der Fußball dereinst komplett fernsehgerecht geplant, daß er nach einem vorab ausgetüftelten Script in Szene gesetzt wird? Schon 1974 malte Alfred Behrens in seiner Satire über die »Fernsehliga« aus, wie ein dramaturgisch präsentierter Fußball aussehen könnte, und ließ einen Jungprofi jammern:

»Nach der Pause, das war im drehbuch so festgelegt, kriegten wie eine starke viertelstunde, in der wir toll aufspielten. Aber laut regieanweisung durften wir nur ein tor machen aus unseren vielen chancen.«

Wie auch immer es mit dem Fußball weitergehen wird – vorläufig gilt, was das Fernsehen betrifft, immer noch das Resümee von Ernst Huberty:

»Der Fußball liefert Unterhaltung und Spannung frei Haus, ohne Buch und Regie. Ein Krimi mit Täter, ohne Kommissar. Die Unterhaltungschefs werden aufatmen, denn ihnen sind längst die Ideen ausgegangen.«

Und insgesamt gilt, daß der Fußball, solange sein Regelwerk im Kern unangetastet bleibt, nichts von der Faszination verlieren wird, die er nun seit über hundert Jahren auf so viele Menschen ausübt. Und selbst wenn sich die Medien-Show Fußball irgendwann einmal totlaufen sollte, bleibt den aktiven Fußballfans immer noch die Lust am einfachen Spiel, das jederzeit und überall auf der Welt begonnen werden kann, sofern nur irgendein ballähnlicher Gegenstand zur Verfügung steht.

Ulrich Kaiser
**Alles – nur keine
schottische
Erfindung**
Golf

Golf ist ein Spiel der Irrtümer. Das betrifft nicht nur seine Ausübung, die so leicht aussieht: Hier ein Ball – dort ein Loch – kein
störender Gegner – einfacher geht's nicht. Dabei gibt es keinen
komplizierteren Bewegungsablauf als den Golf-Schwung.

Golf ist ein geruhsames Spiel – auch das ist falsch: Es erfüllt
beispielsweise alle Kriterien der Sucht: Das Verlangen nach immer höherer Dosis – Entzugserscheinungen – Persönlichkeits-
veränderungen – Störungen zwischenmenschlicher Beziehungen.

Ortega hat gesagt, Golf ist anders. Anders als was? Vielleicht
ist es angebracht hier schon gleich zu Beginn darauf hinzuweisen: Im Golf gibt es Witze – richtige, golf-originelle Witze, so
wie es Witze über Politiker, Rassen, Religionen, Krankheiten,
Technik gibt. Kein anderer Sport hat eigene Witze. Aber ob
Ortega das gemeint hat?

Selbst die weit verbreitete Geschichte dieses Spiels unterliegt
einem Irrtum: Es heißt immer wieder, Golf sei eine Erfindung
der Schotten. Das paßt ganz gut, denn die Schotten galten als
skurril – genau wie das Golfspiel. Es hat eine ganze Weile gedau-
ert, bis dieses Weltbild erschüttert wurde. Nicht in Schottland
wurde Golf erfunden, sondern in den niederländischen Provinzen.

Hier muß eine Einschränkung erfolgen: Natürlich ist es un-
richtig, bei der Entwicklung irgendeines sportlichen Spiels von

einer »Erfindung« zu sprechen. Im alten Ägypten, in Griechenland und selbstverständlich auch in China haben sie sich mit Spielen die Zeit vertrieben, bei denen irgendeine Kugel durch irgendeinen Schläger fortbewegt wurde. Aber Golf?

Selbst die Fragmente von Schlägern, die man vor erst vierzig Jahren beim Ausbau der U-Bahn in Amsterdam ausgrub, wären als alleiniger Beweis noch nicht stichhaltig. Die Legende berichtete zuviel von Hirten, die mit ihrem Stab einen Schafsküttel oder einen Stein in ein Kaninchenloch bugsierten. Wahrscheinlich haben sie es aus Langeweile sogar getan – aber war das Golf? Ähnlich wäre dann auch ein Jagdgesetz aus dem Jahre 1338 aus der Gegend von Frankfurt am Main zu beurteilen: Die Schäfer erhielten Weiderecht so weit in den Wald hinein, wie sie einen Stein mit einem Schlag zu treiben vermochten. Die Lage des Steins wurde durch größere Hirtensteine markiert, die angeblich heute noch zu finden sind. Aber was hat die Erweiterung der Viehweide mit einem sportlichen Spiel zu tun?

Bleiben wir in Holland: Grob gesagt unterteilt sich die Geschichte des Golfspiels in drei Epochen: Da ist zunächst zwischen den Jahren 1300 und 1700 die Entwicklung des Colf mit »C« geschrieben in den Niederlanden – es handelte sich um das sogenannte lange Spiel, bei dem man aber nicht über geregelte Spielbahnen schlug, sondern eher querfeldein vom einen Stadttor zum anderen, von der Kirchentür bis zu einem markanten Baum. Ab etwa 1700 entwickelte sich daraus das Kolf mit »K« geschrieben, das man auf kurzen Bahnen spielte – beispielsweise in Wirtshäusern, so wie etwa das Kegeln. Die Gilde der Schmiede gründete 1730 in Utrecht einen Kolf-Club, der heute noch besteht. Dazwischen lag irgendwann um 1450 der Zeitpunkt, an dem die Schotten das Spiel aufnahmen und schließlich in eine Form führten, die heute das am meisten verbreitete Spiel der Welt bestimmt.

Bleiben wir noch einmal in Holland: Das, was da als angeblich erstes aufgezeichnetes Colfspiel ausgetragen wurde, fand im Jahr 1297 am zweiten Weihnachtsfeiertag statt. Der Holländer Steven van Hengel legt in seinem Band »Wie der Golfball fliegen lernte« diesem Ereignis einen Mord und seine ziemlich grausame Vergeltung zugrunde. Dabei spielt das Rittergut Kronenburg in der Nähe von Loenen aan de Vecht eine Rolle. Fast 550 Jahre – bis 1831 – wurde dieses Spiel ausgetragen. Dann wurde das Schlößchen Kronenburg abgerissen, und damit verschwand eines der Ziele – wenn man so will, verschwand ein Loch. Steven van Hengel, dem die Erforschung der Golfgeschichte ein jahrzehntelanges Hobby war, erklärt, daß zwei Mannschaften mit je vier Spielern jeweils einen Holzball mit Holzschlägern vor sich her trieben. Das Spiel begann vor dem Gericht in Loenen und hatte an der Küchentür von Kronenburg sein erste Ziel. Insgesamt ging es über vier Spielbahnen, die zusammen etwa viereinhalb Kilometer lang waren. Was heißt hier Spielbahnen: Man spielte natürlich querfeldein. Daß man es im Winter tat, hat eine ganz logische Erklärung: Im Sommer hätte man auf den bebauten Feldern und Äckern sehr schnell den Ball verloren und sich außerdem auch noch den Ärger der Bauern zugezogen.

In diesem Zusammenhang wäre darauf hinzuweisen, daß viele der Gemälde der niederländischen Meister Szenen auf dem Eis darstellen, die als Vorläufer des Eishockeyspiels gedeutet wurden – Männer und Kinder mit Schlägern, die einen Ball schlagen. Es ist wohl näher der Wirklichkeit, hier die Vorgänger des Golfspiels zu vermuten.

Wie so oft in der Geschichte sind es die überlieferten Verbote, die überhaupt erst auf das Vorhandensein einer Straftat aufmerksam machen. In Haarlem, in Schiedam, in Leeuwarden, in Utrecht gab es diese Verbote. Sie wurden nicht selten aufgehoben, wenn die Mitglieder des Magistrats selber Gefallen an dem Spiel fanden. Andere Städte wiederum legalisierten längst bestehende Gewohnheitsrechte, indem sie den Spielern offiziell ein Gelände zur Verfügung stellten – Antwerpen, Amsterdam, Delft, den Haag oder Leyden gehörten dazu. Neben Verboten und Geboten sind es Verträge der Kaufleute, aus denen zu ersehen ist, daß die Zünfte der Ball-Produzenten und Schläger-Macher florierten. In Leyden wurde 1660 die Gilde der Schlägermacher gegründet – zwei Bürger aus Delft besaßen das vertraglich abgesicherte Vorrecht, neun Jahre lang die gesamte Ball-Produktion aus Goirle zu kaufen. Ein erheblicher Teil davon wurde exportiert – zum Beispiel nach Schottland.

Das Spiel – egal, ob mit »C« oder mit »K« geschrieben – verschwand in den niederländischen Provinzen nach 400 Jahren fast von heute auf morgen um die Jahrhundertwende 1700. Die am meisten einleuchtende Erklärung für dieses Verschwinden liegt noch in der Vermutung, daß es auf einmal nicht mehr Mode war, mit wettergegerbten Gesichtern herumzulaufen – die Gesellschaft zog sich in die Salons zurück und pflegte in vornehmer Blässe einen anderen Lebensstil.

Zu diesem Zeitpunkt hatte man aber das Golfspiel längst nach Schottland gebracht. Es sind wohl die Fischer und Kaufleute gewesen, die an der britischen Ostküste hinaufzogen und diesen Zeitvertreib mitbrachten. Als Beweis dafür könnte man die Tatsache ansehen, daß die ersten Golfplätze in Schottland in den Hafenstädten entstanden. Die erste schriftliche Aufzeichnung stammt aus dem Jahr 1457 – und natürlich handelt es sich um ein Verbot. In einem »act of parliament« wurde das Spiel, das sich hier »gouf« nannte, von James I. untersagt. Die nachfolgenden James III. und James IV. wiederholten diese Verbote in den Jahren 1470 und 1491. Man sollte hier einfügen, daß das Fußballspiel bereits 1424 von James I. mit einem solchen Verbot belegt worden war. Die Gründe waren immer die gleichen: Das sinnlose Spiel, das weder der Wehrertüchtigung noch dem Handel diente, sondern ausschließlich der Volksbelustigung, sollte ersetzt werden durch das Bogenschießen, das Fechten mit dem Schwerte oder der Lanzenreiterei. Bemerkenswert bleibt dabei allerdings die Sinnesänderung von James IV., der im Jahre 1502 bei einem Bogenmacher in Perth Bälle und Schläger kaufte, und zwei Jahre später ein Match mit dem Earl of Bothwell austrug. Letztere Daten wurden durch Schriftstücke überliefert, die genauso dauerhaft sind wie amtliche Verbote – nämlich Quittungen und Eintragungen in die Geschäftsbücher.

Die Provinzen der Niederlande und die Grafschaften an der schottischen Ostküste pflegten sehr gute Beziehungen schon zu einer Zeit, in der vom Golfspiel keine Rede war. Zwischen den Herrscherhäusern gab es verwandtschaftliche Beziehungen, die bis ins zwölfte Jahrhundert zurückreichen. Diese manchmal verzwickten Verwandtschaftsverhältnisse führten über eine allerdings kurze Zeitspanne von nur dreizehn Jahren sogar dazu, daß Wilhelm III. von Oranien gleichzeitig als Wilhelm II. König von Schottland war. Beide Länder haben heute noch das gleiche Wappen – einen roten Löwen auf goldenem Feld. Es gibt viele weitere Beweise für solche Gemeinsamkeiten. Oben auf den Shetland- und Orkney-Inseln gibt es Friedhöfe mit holländischen Namen. Andererseits dienten schottische Söldner in den Niederlanden. Im holländischen Flecken Veere wurde der schottische Wollmarkt eingerichtet. Der bischöfliche Sitz St. Andrews wurde von 1350 bis 1581 jeweils zwei Wochen im April zu einem Treffen der Handelsleute aus den Niederlanden. Bis ins 17. Jahrhundert hinein gehörten beispielsweise Golfbälle zu den kostbarsten Exportartikeln von Holland nach Schottland – Bälle aus Holz zunächst, später auch aus Lederhüllen, die mit Federn ausgestopft waren. Andererseits floß um 1650 ein Strom von Golfschlägern zurück nach Holland. Schließlich noch ein Hinweis auf das Ursprungsland des Golfspiels, obgleich er streng historisch auf wackeligen Beinen steht: In den Niederlanden gibt es seit 1500 mehr als 450 Gemälde und Bilder, auf denen Golfspieler dargestellt werden – die erste Golf-Abbildung aus Schottland stammt erst aus dem Jahre 1746. Was das Wackelige an diesem Hinweis anbetrifft: In Holland gab es Maler – in Schottland nicht.

Der plötzliche Niedergang des Spiels im holländischen Mutterland um 1700 hatte offensichtlich keinen großen Einfluß auf die Entwicklung – Schottland hatte längst die Rolle einer guten Amme übernommen. Es wäre nun aber falsch anzunehmen, die Einwohner hätten das Land im Norden der britischen Insel mit Spielbahnen und Golflöchern versehen und einen Volkssport betrieben. Erst 1850 hatte sich Golf bis zur Westküste Schottlands ausgebreitet. An der Ostküste waren es um die gleiche Zeit höchstens ein paar tausend Spieler – wenn überhaupt. Daß diese überschaubare Anzahl schon 1860 auf die Idee kam, zum ersten Mal »offene Meisterschaften« auszutragen – »the Open«, wie man sie heute bezeichnet – war wohl weniger einem Pioniergeist zuzuschreiben, als vielmehr der Lust auf ein öffentliches Wettvergnügen. Wer konnte denn wissen, daß hier die heute älteste Sportmeisterschaft der Welt entstand? Es war immerhin zu einer Zeit, als die Regeln des Fußballs oder des Tennis noch nicht aufgeschrieben waren.

Ach ja, die Regeln: Endlich muß in diesem Zusammenhang der Name der Stadt St. Andrews fallen. Stadt ist ein bißchen viel gesagt: St. Andrews hat um die fünfzehntausend Einwohner und besteht hauptsächlich aus zwei Straßen. Dazu kommt die eindrucksvolle Ruine der Kathedrale, die dort von 1159 bis 1318 stand und ihren Niedergang den Auseinandersetzungen um die Religion zu verdanken hat. Die Grausamkeiten, die dabei begangen wurden, haben dafür gesorgt, daß die Geister der Verstorben dort heute noch herumspuken – so beschwören es die Einheimischen vor allem nach dem Genuß des in der Tat hervorragenden Whiskys, der in der Gegend gebrannt wird. St. Andrews ist Hafen, Seebad und Bischofssitz in der Grafschaft Five, die an der Nordseeküste liegt. Bestimmend für das Stadtbild sind heute vor allem zwei Dinge: Der über die Stadt verstreute Campus der bereits 1410 gegründeten Universität – der ältesten in Schottland. Und natürlich der »Royal and Ancient Golf Club«. Golfplätze haben alle eine kurze Charakterisierung. Darin steht unter anderem das Entstehungsdatum und auch der Architekt, der die Spielbahnen in die Landschaft legte. Der »Old Course« von St. Andrews kann mit diesen Daten und Namen nicht dienen – sie verschwinden in grauer Golf-Vorzeit. Die Einwohner erklären gern, daß es Gottvater selber war, der hier Hand anlegte beim Bau des Platzes.

Immerhin ist es einer seiner Stellvertreter auf Erden gewesen, dem man die erste Erwähnung dieses Spiels an diesem Ort verdankt – in diesem seltenen Falle ist es kein Verbot: Im Jahre 1553 bestätigte der Erzbischof von St. Andrews das Recht der Einwohner, auf den Wiesen vor der Stadt Golf zu spielen. Wie gesagt: Er bestätigte lediglich ein Gewohnheitsrecht – niemand weiß, seit wann es schon bestand – niemand vermag zu sagen, wann es denn die niederländischen Fischer und Kauffahrer hier hinauf verschlug und wann sie Schläger und Bälle mitbrachten.

Vom Zeitpunkt des Gebots des Erzbischofs anno 1553 gibt es fast zweihundert Jahre lang sehr viele Beweise verschiedenster Art für das Golfspiel. Hinter jeder der Schriften steht eine eigene Geschichte. So wurde zum Beispiel im Jahre 1567 Königin Mary von Schottland stark kritisiert, weil sie am ›Seton House‹ golfspielend gesehen wurde – nur zwei Wochen nach dem Tode ihres Gatten Lord Darnley, an dessen Hinscheiden sie allerdings nicht ganz unbeteiligt war. In Leith wurde 1592 ein Verbot ausgesprochen, diesem Spiel am Sonntagvormittag während der Kirchzeit nachzugehen. 1608 war der Bazillus nach England vorgedrungen, denn es steht vermerkt, daß der Prince of Wales auf dem Gelände von Royal Manor in der Nähe von Greenwich Golf spielte. 1620 wurde zum ersten Male der sogenannte »feathery ball« erwähnt – eine Revolution: Bisher hatte man meistens mit Holzkugeln gespielt – jetzt gab es die mit Federn ausgestopfte Lederhülle. Einem Manne namens James Melvill wurde das Monopol zur Herstellung dieses Balls garantiert und zwar für so lange, wie er den Preis von Fourpence pro Stück einhalten konnte. 1629 war wohl die Geburtsstunde des Caddies, denn in der Ausgabenliste des Marquis von Montrose steht ein Posten von vier Shillings, die er an den Jungen bezahlte, der seine Schläger trug. 1658 wurde Golf zum ersten Male in London gespielt, und zwar auf den »Up Fields« am Vincent Square im Stadtteil Westminster. Schließlich sollte man auch noch das große Match in Leith aus dem Jahre 1724 erwähnen, das von vielen Zuschauern besucht wurde. Das Match wurde zwischen Alexander Elphingstone, einem Sohn von Lord Balmerino, und Captain John Porteous von der Stadtgarde aus Edinburgh ausgetragen, und es ging um die kaum vorstellbar hohe Summe von 20 Guineas, also 21 Pfund. Leider wurde der Sieger nicht überliefert.

Bei all dem bleibt ein wichtiger Umstand zu bemerken: Es gab noch keine geschriebenen Regeln. Auf jeder Wiese, die für dieses Spiel hergerichtet worden war, golfte man nach eigenen, handgestrickten Vorschriften, die sich meistens nach den landschaftlichen Gegebenheiten richteten – Bäume, Gräben, Dünen, Löcher, Gewässer. Die Plätze hatten sechs, acht, zwölf oder auch zwanzig Löcher, und von einem Standard konnte keine Rede sein. Man betrieb auch aus diesem Grunde deshalb keineswegs das heute übliche Zählspiel, bei dem die für den gesamten Kurs benötigten Schläge zusammengezählt werden. Es gab gar keine andere Möglichkeit als das Lochspiel, bei dem am Schluß eben der gewann, der die meisten Löcher für sich entschieden hatte.

Das System der Clubs, nach dem die Mitglieder auf einem eigenen Gelände spielen können, war unbekannt. Es gab Spielgemeinschaften oder Gesellschaften, die man etwas leger auch als Stammtischrunden bezeichnen könnte, die sich an manchen Tagen auf einem Kurs zusammenfanden, um ein Spielchen auszutragen. Alle Golfkurse waren zu jener Zeit in Schottland das, was man heute öffentliche Plätze nennt.

Um eine solche Gesellschaft handelte es sich auch bei der »Honourable Company of Edinburgh Golfers«. Diese Ehrenwerte Gesellschaft trug ihre Spiele auf dem Platz in Leith aus. Mangels anderer Kommunikationsmittel schickte man einen Laufburschen in die Häuser, der mitzuteilen hatte, wann man sich treffen wollte. Aufgrund der Anmeldungen wurde es dann auch möglich, in einem Gasthaus ein Dinner zu bestellen. Man geht wohl nicht ganz fehl in der Annahme, daß dieses gemeinsame Essen nach dem Spiel mit den entsprechenden Getränken zumindest genauso wichtig war wie das Spiel selbst. 1771 schrieb Tobias Smollett in seiner Novelle »The Expedition of Humphrey Clinker« über das, was er in Leith erblickt hatte: »Die Einwohner von Edinburgh geben sich einem Spiel hin, das sie Golf nennen. Sie benutzen kuriose Schläger, die mit Horn besetzt sind, und schlagen kleine Bälle aus Leder, die mit Federn ausgestopft sind. Sie schlagen diese Bälle mit solcher Kraft von einem Loch zum anderen und erreichen dabei unglaubliche Distanzen. Wenn es das Wetter erlaubt, sieht man Menschen aller Schichten, Richter und Kaufleute in ihren Hemden, wie sie dem Ball mit außerordentlichem Eifer folgen. Es sind alles Gentlemen von großer Unabhängigkeit, die sich an diesem Spiel amüsieren, ohne jemals durch Krankheit oder Ärger daran gehindert zu werden. Sie gehen niemals ins Bett, ohne den größten Teil einer Gallone Rotwein im Bauch zu haben.«

Im Jahre 1744 beschlossen die Mitglieder jener ehrenwerten Gesellschaft aus Edinburgh, Regeln aufzuschreiben. Es waren insgesamt dreizehn Regeln, die die Basis für die noch heute gültigen Vorschriften bildeten. Anlaß für diese Niederschrift war ein Turnier um einen von der Stadt Edinburgh gestifteten silbernen Schläger. Es siegte übrigens ein Chirurg namens John Rattray. Wenn man so will, war dieses die erste wirklich registrierte Club-Meisterschaft der Welt.

Zehn Jahre später, genauer am 14. Mai 1754, gründeten zweiundzwanzig noble Herren aus der Grafschaft Five den St. Andrews Club, von denen es heißt, sie seien nicht nur gute Golfspieler, sondern auch gute Bogenschützen gewesen. Es handelte sich in der Tat um Grafen, Barone, Lords, hohe Richter, hohe Offiziere, Universitäts-Professoren, Parlamentsabgeordnete, Kaufleute. Da kein Mensch damals wußte, was ein Copyright war, übernahmen sie die dreizehn Regeln der »Honourable Company« aus Edinburgh nahezu wortgetreu. Der geistige Diebstahl hat beide Teile nicht weiter gestört. Die Gruppe aus Edinburgh, der man zugestehen muß, der älteste Golfclub der Welt zu sein, blieb ein Verein ohne Golfplatz. Bis 1830 war man auf den fünf Löchern in Leith ein Club innerhalb des Clubs, dann zog man nach Musselburgh und blieb hier bis 1891. Anschließend nahm man Quartier auf dem traditionsreichen Kurs von Muirfield, wo man heute noch residiert.

Diese Residenz wird außerordentlich diskret vorgenommen. Irgendwann spielen sie Golf – natürlich bedient man sich jetzt des Telefons und nicht des Laufburschen. Man trägt auch nicht mehr die seinerzeit üblichen Club-Uniformen, sondern schlichtere Umgangsgarderobe. Das Dinner nebst Getränken ist geblieben. Man hat viele alte Clubs in Schottland mit der Freimaurerloge in Verbindung gebracht. Es gibt nicht wenige Anzeichen, die dafür sprechen – unter anderem auch das Fehlen jeglicher Weiblichkeit bis zum heutigen Tag. Alle Clubs, die in jenen Jahren entstanden, besitzen Journale, die praktisch seit der Gründung lückenlos jede Sitzung und jede dort getroffene Entscheidung nachweisen. In manchen Clubs fehlen allerdings ausgerechnet die allerersten Protokolle, in denen das formuliert wurde, was wir als Statuten bezeichnen würden.

Während sich die »Honourable Company of Edinburgh Golfers« aus der Geschichte entfernte, wurde St. Andrews zu einem Gral dieses Spiels. Auf der Grundlage der dreizehn mehr oder minder aus Edinburgh geklauten Regeln wurden weitere Vorschriften und Grundsatzentscheidungen aufgebaut. Die Dogmen aus St. Andrews wurden zum Gesetz. Bis 1764 beispielsweise hatte der ›Old Course‹ hier 22 Löcher, die man dann auf 18 reduzierte. Diese achtzehn Löcher wurden zur Regel für jeden Golfplatz in der Welt.

Die Autorität des Clubs von St. Andrews, die man nicht unbedingt angestrebt hatte, aber auch keineswegs streng ablehnte, erhielt 1897 auch offiziellen Charakter. König William IV. hatte dem Club schon 1834 gestattet, sich als »Royal and Ancient« zu bezeichnen; seither waren immer wieder andere Clubs mit der Bitte an St. Andrews herangetreten, die Führungsrolle zu übernehmen. Man zierte sich nicht länger. Das fiel um so leichter, da sich in der Zwischenzeit das Spiel um die ganze Welt verbreitet hatte. Fast immer waren die Gründungen britischem Einfluß zuzuschreiben – eine logische Folge des Empire und seiner Kolonien. In Kalkutta entstand der erste Golfclub außerhalb Großbritanniens im Jahre 1829. In Australien spielte man 1851. Im französischen Pau entstand 1856 der erste richtige Golfkurs auf dem europäischen Kontinent. In Amerika hatten britische Soldaten schon während der Revolutionskriege um 1779 Golf gespielt, aber die offizielle Gründung eines Verbandes geschah erst 1894. Der amerikanische Verband hatte selbstverständlich nie die Absicht, seine Geschicke von einer übergeordneten Behörde in einem schottischen Städtchen namens St. Andrews lenken zu lassen. Der »Royal and Ancient Golf Club of St. Andrews« übernahm also die Regelgewalt auch gegen den amerikanischen Verband. Die Auseinandersetzungen zwischen beiden Institutionen dauerten bis in die nahe Vergangenheit. Sie betrafen die Einführung neuer Bälle, die Größe dieser Bälle, die Einführung stählerner Schäfte am Schläger und auch grundsätzliche Regeln – beispielsweise, wie bei einem ins Aus geschlagenen Ball zu verfahren sei. Erst 1951 kam es zu einer gemeinsamen Konferenz. Jetzt trifft man sich alle vier Jahre, um zu möglichst gleichlautenden Entscheidungen zu kommen.

Allerdings ist durch diese Konkurrenz eine seltsame Konstellation entstanden: Es gibt keinen übergreifend regierenden Weltverband wie in jeder anderen Sportart. Als man sich 1990 durchaus ernsthaft mit dem Gedanken beschäftigte, Golf in das Programm Olympischer Spiele aufzunehmen, gab es aus diesem Grunde keinen kompetenten Gesprächspartner für das Internationale Olympische Komitee. Es war nicht der einzige Grund, warum diese Idee scheiterte, aber immerhin auch einer der entscheidenden.

Die großen Meisterschaften hatten längst ohne die Institutionen begonnen. Der Club in Prestwick an der Küste von Ayrshire hielt es für eine gute Idee, im Frühjahr 1860 ein Turnier auszuschreiben, welches eine »offene Meisterschaft« sein sollte. Der eigentliche Grund lag im Ableben eines Mannes namens Alan Robertson; er hatte jahrelang als der ungekrönte Meister gegolten, und jetzt suchte man einen Nachfolger. Es meldeten sich insgesamt acht Teilnehmer, die allerdings alle eine wichtige Voraussetzung für eine »offene« Meisterschaft nicht erfüllten: Es handelte sich um Berufsspieler – ein wirklich »offenes« Championat hätte auch den Amateuren Zutritt gestatten müssen. Dieses Manko wurde zu spät bemerkt und erst ein Jahr später, bei der zweiten Austragung, behoben. Wie auch immer: Am Mittwoch, dem 17. Oktober 1860, spielte man drei Runden auf dem Zwölfloch-Kurs von Prestwick, und es siegte Willie Park aus Musselburgh mit 174 Schlägen vor Tom Morris, dem Älteren, mit 176 Schlägen. Der Sieger erhielt einen recht kostbaren, mit Gold, Silber und Edelsteinen verzierten Gürtel, der allerdings als Wanderpreis gedacht war; erst drei Siege in ununterbrochener Reihenfolge sollten den Besitz bringen. Das schaffte schließlich Tom Morris, der Jüngere, in den Jahren 1868 bis 1870, was zur Folge hatte, daß 1871 kein »Open Championship« stattfand – man hatte keinen Preis. Die kleine goldene Karaffe, um die man noch heute spielt, entsprang schließlich einer Stiftung der Clubs in St. Andrews, Prestwick und Musselburgh. Bis zum Jahre 1904 wechselten diese drei sich in der jährlichen Ausrichtung der Meisterschaft ab. Erst danach wurde der Kreis der Schauplätze auf ein rundes Dutzend erweitert. Die Verwaltung der »Open« blieb jedoch immer bei St. Andrews.

Das ist der Anfang der Geschichte dieses Spiels, das sich wie kein anderes ausbreitete und unter anderem auch eine gewaltige Zubehör-Industrie nach sich zog. Die alten Schlägerschmieden in Holland oder auch in Schottland spielen längst keine Rolle mehr. Golfschläger kommen fast ausschließlich aus den USA oder aus Japan – das gleiche trifft für die Bälle zu, die jährlich in Milliardenauflagen gekauft, zerschlagen und verloren werden. In den Vereinigten Staaten gibt es etwa 23 Millionen Golfspieler. Deutschland hängt mit stark steigender Tendenz mit einer runden Viertelmillion Spielern irgendwo im Mittelfeld einer solchen Tabelle – weit hinter den zwei Millionen Briten oder den fünf Millionen Japanern, aber einigermaßen gleichauf mit Schweden, Franzosen, Spaniern oder Italienern.

Wenn die Deutschen tatsächlich einen besonderen Sinn für Komplikationen besitzen, so wird dieser sicherlich auch durch die Geburt dieses Spiels bewiesen. Die Frage, wo denn nun zuerst Golf gespielt wurde, erhielt ihre Bedeutung erst kürzlich, als es galt, Jubiläen zu feiern. 1889 spielten englische Gäste im Kurpark von Bad Homburg Golf – aber in Wiesbaden gab es 1893 wohl die erste Gründung eines Clubs. Welches Datum soll man nun als Geburtstag ansehen? Sicher ist, daß es zunächst die britischen Gäste in den berühmten Bädern waren, die das Spiel ins Land brachten, gefolgt von den Kaufleuten in Bremen, Hamburg oder Kiel. Mit den Regeln hatten auch die Deutschen zu Beginn ihre Schwierigkeiten. In Bad Homburg stellte man Startlisten nach dem sozialen Status der Spieler auf, in Leipzig tat man das nach dem Alter, in Baden-Baden nach dem Handicap, wie es heute allgemein üblich ist.

Zur Gründung eines Deutschen Golf Verbandes kam es erst am 26. Mai 1907 im Uhlenhorster Fährhaus in Hamburg. Ganze sieben Clubs gehörten zu den Gründungsmitgliedern: Der Club zur Vahr in Bremen, der Berliner Golf-Club, der Hamburger Golf-Club, der Gaschwitzer Golf-Club, der Hamburger Golf-Club Wentorf-Reinbek, der Golf-Club Kitzeberg und der Golf-Club Baden-Baden. Wie es heißt, war die eigentliche Gründungszeremonie nach einer guten Stunde beendet. Der Hamburger Kaufmann Johann Vincent Wentzel wurde der erste Präsident. Anschließend begab man sich frohgemut zum Lunch.

Natürlich wollten auch die Deutschen ihre »Open«. Präsident Wentzel vergab diese Meisterschaft nach Oberhof in Thüringen, wo man aber kein Geld hatte. Der Club in Baden-Baden wollte einspringen und erhielt dafür auch fünftausend Mark von seinem Präsidenten William Roosevelt, einem Neffen des US-Präsidenten. Daraus entwickelte sich ein wunderbarer Streit, der damit endete, daß der Club in Baden-Baden aus dem Verband austrat und 1911 die ersten »German Open« ohne den Verbandssegen ausrichtete. Es siegte der Brite Harry Vardon, der seinerzeit zu den berühmtesten Spielern der Welt gehörte. Ein Jahr später gewann der nicht minder berühmte Brite John Taylor. Mr. Roosevelt hatte das Preisgeld auf zehntausend Mark verdoppelt. Der Deutsche Golf Verband verweigerte immer noch seinen Segen, wodurch man sich in Baden-Baden aber keineswegs stören ließ. Dann gab es den Ersten Weltkrieg, und die Menschen hatten andere Sorgen. Erst 1926 wurden die dritten »German Open« ausgetragen – und es dauerte schließlich sogar bis 1981, ehe diese Meisterschaften zum ersten Mal von einem Deutschen gewonnen wurden. Sein Name ist Bernhard Langer.

Nach 1945 waren die Golfplätze in den östlichen Provinzen Deutschlands verloren und im Westen wurden sie zunächst von den Besatzungssoldaten beansprucht. Als der Deutsche Golf Verband 1950 seine internationale Anerkennung zurückerhielt, gab es 32 Clubs – 1970 waren es hundert – jetzt, Mitte der neunziger Jahre, sind es rund 450. Es wäre übertrieben, von einem Boom zu reden, aber ohne Zweifel gibt es eine kräftige Welle, die unter anderem auch von der Stillegung landwirtschaftlich genutzter Flächen durch die Europäische Gemeinschaft profitiert. Das ist ein Effekt, der sicherlich kaum in der Absicht der Europa-Politiker lag.

Das ist zunächst einmal der vorläufige Schlußpunkt in der Geschichte eines Spiels, dessen Harmlosigkeit kaum zu übertreffen ist: Hier ein Ball und ein Schläger – dort ein Loch in der Erde, in das der Ball hinein soll – sonst nichts. Die Komplikation ergibt sich wohl gerade aus dieser Schlichtheit, die einem Außenstehenden so schwer vermittelbar ist – die Gründe dafür liegen im Psychologischen. Es gibt ein Sprichwort, das man natürlich ebenfalls den Schotten zuschreibt, weil es den skurrilen Charakter so schön trifft: Golf ist keine Sache auf Leben und Tod – Golf ist wichtiger.

Winfried Joch
Vom Amateur zum
Kleinunternehmer
Leichtathletik

Die Geschichte der Leichtathletik ist eine Geschichte großer Namen und überragender Athleten. Aus Deutschland z. B.: Hanns Braun, Rudolf Harbig, Manfred Germar, Willi Holdorf, Ulrike Meyfarth, Dieter Baumann. Wer – außer ein paar Fachleuten – kennt die Zeiten, die sie liefen, die Höhen, die sie sprangen, oder die Weiten, die sie warfen?

Die nationalen Größen stehen in einer Reihe, bunt gemischt, mit den internationalen. Einige von ihnen sind zum Synonym für Laufen geworden und waren in ihrer Zeit Garanten für sportliche Erfolge: Nurmi, Jesse Owens, Emil Zatopek, Carl Lewis. Aber auch über ihr eigentliches Metier hinaus stehen viele für Selbstbewußtsein *und* Bescheidenheit, für Zivilcourage, Charakterstärke und Fairneß. Als 1968 während des ›Prager Frühlings‹ die russische Armee in der Tschechoslowakei die alte Ordnung wiederherstellte, stand der Berufsoffizier Zatopek auf der Seite der Reformer, gegen die politischen Unterdrücker. Er riskierte viel. Und er nahm die Degradierungen, die ihm danach zuteil wurden, mit der ihm eigenen Souveränität und Gelassenheit hin. Er war sich sicher, daß er auf der richtigen Seite gestanden hatte.

Glänzend sind diejenigen widerlegt, die mit ihrer Kritik am Rekord- und Leistungsstreben, das nirgends so auffällig wie in der Leichtathletik ist und sie prägte, meinten, »der springende Mensch (würde) hinter der Weite, die er springt, der rennende

hinter der Zeit, die er für eine Strecke braucht«, verschwinden.[1]
Die Wirklichkeit ist ganz anders: Die Zahl, die gemessenen Wei-
ten und Höhen, die Meter und Sekunden bedeuten wenig; der
Name ist alles. Ohne den Athleten, der die Zeiten, Weiten und
Höhen im sportlichen Wettkampf erreicht, markieren sie bloß
Positionen, dokumentieren bestenfalls Tagesaktualität. Der
Rekord hat für die Geschichte der Leichtathletik keinen Er-
klärungswert.[2] Es gibt auch keine ›Rekorde für die Ewigkeit‹.
Aber in unserer Erinnerung bleiben die Menschen – über den
Tag hinaus.

Rudolf Harbig –
oder: Kein Tag wie jeder andere

Am 6. August 1950 hatte der 36jährige Alfred Dompert von den
Stuttgarter Kickers seine dritte Deutsche Meisterschaft im
3000-m-Hindernislauf (9:28.6) gewonnen. Er wurde der
1. Preisträger des neu gestifteten »Rudolf-Harbig-Gedächtnis-
preises«, der auf Initiative von Dr. Karl Ritter von Halt und dem
»Club der alten Meister« als Wanderpreis seitdem jährlich zur
»Auszeichnung eines in Haltung und Leistung über viele Jahre
herausragenden Athleten« verliehen wird.[3]

Alfred Dompert hatte bei den Olympischen Spielen 1936 völlig unerwartet die Bronze-Medaille gewonnen und dabei seine
alte Bestleistung (9:27.2) um genau 20 Sekunden verbessert
(9:07.2). Er war kein strahlender Held der Aschenbahn, vielmehr
ein ziemlich unauffälliger Athlet, der erst 1937 zu seinem ersten
Deutschen Meistertitel kam, dem 1947 ein zweiter folgte.[4] Daß
er nach dem Zweiten Weltkrieg seine Athleten-Laufbahn fortsetzen konnte, war dem Namensgeber des Preises, Rudolf Harbig, nicht vergönnt. Rudolf Harbig war am 5. März 1944 an der
Ostfront bei Kiew gefallen.

Während eines Länderkampfes Deutschland gegen Italien
hatte Rudolf Harbig am 15. Juli 1939 über 800-m gegen Mario
Lanzi mit 1:46.6 einen Weltrekord gelaufen, mit dem er berühmt
geworden ist. Erst 20 Jahre später[5] unterbot Paul Schmidt von
OSV Hörde diese Zeit (1:46.2). Paul Schmidt, wie Rudolf Harbig selbst sechsmal Deutscher Meister über 800-m (1956, 1957,
1958, 1960, 1961, 1962), wurde später Trainer des Deutschen
Leichtathletik-Verbandes und führte 1983 seinen Schützling

Willi Wülbeck bei den ersten Weltmeisterschaften der Leichtathletik in Helsinki als Weltmeister zum bis heute gültigen DLV-Rekord (1:43.65).

Rudolf Harbig war 1934 bei der Suche nach dem »unbekannten Sportsmann« als Leichtathlet entdeckt worden. Nichts deutete zunächst auf seine enormen Fähigkeiten als Mittelstreckler hin. Er war kein Talent, »das auf den ersten Blick bestach. Niemand prophezeite dem jungen Mann eine große Karriere (...). Behutsam kam Harbig voran, wie tausend andere auch. Fortschritte und Rückschläge lösten einander ab«.[6] 1936 wurde er aber bereits Deutscher Meister über 800-m (1:54.1), schied jedoch bei den Olympischen Spielen schon im Vorlauf aus.[7] Und dann kam der Sommer 1939: Weltrekord über 800-m und vier Wochen später, am 12. August 1939 in Frankfurt, Weltrekord über 400-m (46.0). Wer – bis heute – hätte das nachmachen können? Der Kubaner Alberto Juantorena kam dem, wenn man so will, mit seinem Doppel-Olympiasieg 1976 in Montreal über 400- und 800-m noch am nächsten.[8]

Hans Beger, später lange Jahre in Berlin als Journalist der Leichtathletik eng verbunden und Clubkamerad von Rudolf Harbig, schrieb zum 8. November 1963, dem Tag, an dem Rudolf Harbig 50 Jahre alt geworden wäre: »Rudolf Harbig ist nicht tot... Tot ist nur, wer vergessen ist...«[9] Stadien, Sporthallen und Straßen erinnern heute an ihn; in Dresden gab es jahrelang das Harbig-Sportfest; und neuerdings fährt ein ICE-Zug mit dem Namen »Rudolf Harbig«[10].

Unvergessen ist auch ein anderer Großer auf der 800-m-Strecke: Hanns Braun aus München: Olympiateilnehmer 1912; dreimal Deutscher Meister über 400 m; Rekordhalter über 800-m in 1:54.9, bis Otto Peltzer mit der Weltrekordzeit von 1:51.6 ihn am 3. Juli 1926 in London ablöste.[11] Da war Hanns Braun schon 8 Jahre tot, gefallen im Oktober 1918. Ihn ehrten die Münchener mit dem später so traditionsreichen »Hanns-Braun-Sportfest«, und der DLV widmete ihm den »Hanns-Braun-Gedächtnispreis«[12], dessen erster Träger 1921 Karl Ritter von Halt wurde.

Am 6. August 1950 kreuzten sich bei der Preisverleihung für Alfred Dompert die Bahnen dieser Athleten: Der beiden Gefallenen des Ersten und Zweiten Weltkrieges, Paul Schmidts und des damals noch nicht geborenen Willi Wülbeck[13], zusammengeführt vom ehemaligen Zehnkämpfer Karl Ritter von Halt als Initiator des Harbig-Preises, Landsmann und Freund von Hanns Braun.

Die Geschichte der Leichtathletik ist geprägt von großen Athleten und unverwechselbaren Persönlichkeiten, gebündelt wie in einem Brennglas, auf einen einzigen Punkt gerichtet, ein einziges Datum: Der 6. August 1950, kein Tag wie jeder andere.

Jim[14] Thorpe – oder: Sir, Sie sind der König der Athleten

1912 war für die Leichtathletik ein besonderes Jahr: Der internationale Leichtathletik-Verband (IAAF) wurde gegründet und der Schwede Edström zu seinem ersten Vorsitzenden gewählt.[15] Außerdem fanden in Stockholm die V. Olympischen Spiele statt, die damit ihren eigentlichen Durchbruch erlebten. Es waren die Spiele des »zum erstenmal«[16],
– zum erstenmal beteiligten sich Athleten aus allen fünf Erdteilen,
– zum erstenmal stand eine elektronische Zeitmessung zur Verfügung,
– zum erstenmal wurde der Zehnkampf ausgetragen.
Bei der Siegerehrung des Zehnkampfes, die der schwedische König vornahm, sagte Gustav V. zum Sieger Jim Thorpe: »Sir, Sie sind der König der Athleten.« Er gab damit das Motto, das die Zehnkämpfer bis heute ehrt und die Leichtathletik als ›Königin‹ der Olympischen Spiele‹ auszeichnet.

Im olympischen Wettkampf trafen der deutsche Karl Ritter von Halt – im Fünfkampf ausgeschieden, im Zehnkampf Achter –, später langjähriger Präsident des Deutschen Leichtathletik-Verbandes und bewährt in vielen internationalen Ämtern, und der Amerikaner Avery Brundage – Fünfter im Fünfkampf –, später lange Jahre Präsident des Internationalen Olympischen Komitees (IOC), aufeinander. Aber nicht sie beherrschten die Olympische Szene in Stockholm, sondern Jim Thorpe, der den Fünf- und Zehnkampf gewann, später aber wegen Verstoßes gegen die Amateurregeln disqualifiziert wurde. Karl Ritter von Halt schrieb über ihn im DSB-Jahrbuch 1913[17]: »Kein anderer außer Thorpe hätte den Sieg im Zehnkampf verdient... Er stand so überlegen über uns Mitkonkurrenten, daß wir es lebhaft bedauert hätten, wenn ihm irgendeine Übungsart mißlungen wäre. Wir bewunderten ihn, wir verehrten ihn wegen seiner erstaunlichen Vielseitigkeit. In ihm, dem Indianer Thorpe, sollen wir das Ziel unseres Strebens erblicken.« Die Leistung betrug – nach heutiger Wertung – 6575 Punkte[18]; zur Zeit steht der Weltrekord von O'Brien (USA) bei über 8800 Punkten.

Ekkehard zur Megede, ein Journalist vom Berliner *Tagesspiegel*, schrieb später über Jim Thorpe: »Er hatte in den Jahren 1909 und 1910 für ein monatliches Honorar von 60 Dollar Baseball gespielt... Nun gut, das durfte er nicht. Aber als er es tat, wußte er nichts von Olympischen Spielen, nichts von Goldmedaillen, olympischen Prinzipien und einem Amateurparagraphen. Nie machte er den Versuch, jene Baseball-Jahre zu verschweigen, auch dann nicht, als man ihn bei seiner Jugendsünde ertappte. Er nahm die späte Disqualifikation hin, ohne aufzumucken, ohne sich zu rechtfertigen. Er blieb fair, wie er immer fair auf dem Sportplatz war. Diese Reaktion machte ihn auch menschlich groß«.[19]

Die Leichtathletik ist trotz aller Wandlungen des Sports und der olympischen Bewegung, trotz einer Vervielfachung des olympischen Programms bis heute Kernsportart der Olympischen Spiele geblieben. Große Athleten haben ihren Nimbus mitgeprägt, Nurmi (5mal Gold) 1924 die Spiele in Paris, Jesse Owens (4mal Gold) 1936 die Berliner Spiele. Die Deutsche Leichtathletik glänzte 1936 mit ihren Werfern, die in drei von vier Disziplinen die Goldmedaille errangen. Karl Hein, der Olympiasieger im Hammerwurf (56,49 m), wurde 1956, also 20 Jahre später, noch einmal Zweiter bei den Deutschen Meisterschaften (52,84 m). Die Frauen errangen in fünf von sechs Disziplinen Medaillen. Auch hier waren die Werferinnen mit Goldmedaillen im Diskuswerfen durch Gisela Mauermayer aus München und im Speerwerfen durch Tilly Fleischer aus Frankfurt am erfolgreichsten.

Eine Domäne der Deutschen war über viele Jahre der Zehnkampf: Hans-Heinrich Sievert war 1934 Weltrekordler, Willi Holdorf wurde Olympiasieger (1964), Werner von Moltke Europameister (1966), Kurt Bendlin Weltrekordler (1967 mit 8317 Punkten), Guido Kratschmer erreichte 1976 die Silbermedaille und wurde 1980, als Deutschland die Moskauer Spiele boykottierte, um den Lohn einer – wie er es bis heute sieht – sicheren Goldmedaille gebracht.[20] Das Dreigespann Kratschmer, Hingsen und Wenz gehörte Anfang der 80er Jahre zur internationalen Elite. Bei Olympischen Spielen, Welt- und Europameisterschaften war allerdings der Engländer Daily Thompsen stets den entscheidenden Tick besser.[21]

Der Amerikaner Bob Matthias muß noch in der Reihe der Nachfolger Jim Thorpes erwähnt werden. Es gibt drei Gründe, ihn und seine Leistungen besonders zu würdigen:

– Matthias war 1948 der jüngste Zehnkämpfer, der Olympiasieger wurde (geb. 1930); und er hatte beim Olympiasieg erst den dritten Zehnkampf seines Lebens absolviert;
– Matthias war der erste, der seinen Olympiasieg im Zehnkampf wiederholen konnte (1948 und 1952)[22];
– Matthias war ein zarter Junge und als Schüler eher unterentwickelt. Statur und physische Substanz entsprachen überhaupt nicht dem Ideal des Zehnkämpfers.[23]

Aber auch das gehört zur Leichtathletik: Große Leistungen sind häufig nicht in erster Linie das Resultat überragender körperlicher Konstitution, sondern vor allem das Ergebnis zielstrebiger und kontinuierlicher Arbeit an sich selbst.

Weltweiter Aufschwung – oder: Vom Amateur zum ›Kleinunternehmer‹[24]

Die Leichtathleten haben sich von Anfang an international orientiert: Die Maßsysteme entwickelten die Engländer; für den Leistungsstand wurde der Weltrekord die wichtigste Zielgröße; die Vereine und die nationalen Verbände förderten durch Vergleichswettkämpfe, internationale Meisterschaften, Länderkämpfe und grenzüberschreitende Clubwettkämpfe die internationalen Kontakte. 1921 begann für die Deutsche Leichtathletik das Länderkampfprogramm mit der Schweiz. 1926 fand der erste Länderkampf mit Frankreich statt, 1929 folgte, nachdem Deutschland wieder zu den Olympischen Spielen (1928) zugelassen war, England.[25] Die Frauen starteten international erstmals 1926 in Paris und hatten ihren ersten Länderkampf am 14. August 1928 im Londoner Standfort Bridge[26], unmittelbar nach den Olympischen Spielen, bei denen Lina Radke-Batschauer in Weltrekordzeit über 800-m (2:16,8) die Goldmedaille gewann.

Nach dem Zweiten Weltkrieg dauerte es sechs Jahre, bis Deutschland wieder ins internationale Leichtathletikgeschehen eingreifen konnte[27], 1951 mit fünf Länderkämpfen.

Die Länderkampf-Entwicklung und der damit verbundene Aufschwung der Leichtathletik lassen sich zahlenmäßig gut belegen: von 1921 bis 1942 gab es insgesamt 83 Länderkämpfe mit deutscher Beteiligung, von 1951 bis 1963 176, dazu noch 11 Juniorenvergleichskämpfe gegen Frankreich (4) und Polen(7).[28] Was Frankreich und England in den 20er Jahren auf der Länderkampfebene für Deutschlands Leichtathleten bedeutet hatten, war die UdSSR in den 50er Jahren. In Augsburg kam es 1958 zum ersten Länderkampf, den die DLV-Athleten sensationell gewannen. Der »Held von Augsburg« war Ludwig Müller aus Kassel, der die für unschlagbar geltenden russischen Langstreckenläufer sowohl über 5000- als auch über 10000-m besiegen konnte.

Danach ist die internationale Leichtathletik-Entwicklung verstärkt von den Europa-Cup-Wettkämpfen (seit 1965), dem Europa-Cup der Mehrkämpfer (seit 1973) und dem Welt-Cup (seit 1977) geprägt worden.

Gesteuert wurde und wird diese Entwicklung von der IAAF, die 1912 von 17 Ländern – darunter auch Deutschland, das seit 1898 mit der »Deutschen Sportbehörde für Athletik« (DSBfA) einen eigenständigen Verband hatte –, gegründet worden ist.[29] Mittlerweile repräsentiert die IAAF 206 Mitgliederverbände.[30]

Diese IAAF, der u. a. Carl Diem (1912-1921), Karl Ritter von Halt (1932-1946, seit 1926 schon in der Regel-Kommission), Max Danz (seit 1952, seit 1976 Vizepräsident und seit 1981 Ehren-Vizepräsident) und dann von 1981 bis zu seinem Tode 1993 August Kirsch, die langjährigen Präsidenten des Deutschen Leichtathletik-Verbandes, als Council-Mitglieder angehörten, ist – bis heute – (dem Namen nach) ein Amateurverband. Das doppelte A steht für »Amateur-Athletic«.

Die Amateurbestimmungen waren wichtiger Bestandteil der Leichtathletik und bildeten von Beginn an den Kern der Startzulassungen. Zu denen, die damit in Konflikt gerieten, gehörten neben Jim Thorpe (über den schon berichtet wurde), auch Nurmi (am Ende seiner glanzvollen Läuferkarriere) und Armin Harry, der als bisher einziger Deutscher in Rom 1960 eine olympische

Goldmedaille im 100-m-Lauf gewann und zuvor in Zürich mit 10.0 Weltrekord erreicht hatte. Seit den 60er Jahren sind diese Amateurregeln schrittweise aufgeweicht und schließlich ganz außer Kraft gesetzt worden. Den Todesstoß – ganz offiziell – hat ihnen Willi Daume versetzt, der als Vorsitzender der Zulassungskommission des IOC auf dem Kongreß in Baden-Baden 1981 die letzte Hürde, das Startverbot für Berufssportler bei Olympischen Spielen, aufhob.[31]

Seit den 70er Jahren konnte sich bei solchen Voraussetzungen auch in der Leichtathletik eine Art »Kleinunternehmer-Mentalität« herausbilden. In einigen Fällen werden heute in einer Saison durch Startgagen Millionenbeträge erwirtschaftet, die dann noch durch lukrative Werbeverträge entsprechend aufgebessert werden können. Die internationalen Sportfeste, zu denen die Weltklasse-Athleten jährlich nach Europa kommen und als Wettkampftroß durch die Lande tingeln, sind Unternehmungen geworden, die professionell arbeiten und über Etats verfügen, die von denen eines mittelständischen Unternehmens nicht weit entfernt sind. Dies zeigt sich insbesondere an den Städte-Marathons, die das heutige Spektrum der Welt-Leichtathletik exemplarisch repräsentieren: eine Mischung aus Weltklasse und Breitensport, Show und Kommerz, Werbung und internationaler Vermarktung.

Die großen Leichtathletik-Nationen waren in den 20er Jahren Finnland, Schweden und Norwegen. Die Langstreckenläufe wurden geprägt vom Ausnahmeläufer Nurmi, später von Gunder Hägg, der in den 40er Jahren die Weltrekorde über 1500- und 5000-m hielt, und dann Lasse Vireen, dem Olympiadoppelsieger von München (1972) und Montreal (1976) über 5000- und 10000-m, nicht zu vergessen die beiden norwegischen Langstreckenläuferinnen Grete Waitz und Ingrid Christiansen. In den 50er Jahren war die große Zeit der »Tschechischen Lokomotive«, Emil Zatopek, und des Engländers Gordon Pirie, der zeitweise von Gerschler, dem Trainer und Entdecker Rudolf Harbigs, trainiert wurde. Und heute sind es die Kenianer, Äthiopier und Algerier, die auf den Langstrecken dominieren.

Die asiatischen Länder waren früh nur durch die Japaner vertreten: 1925 hatten sie gegen Deutschland in Tokio einen ersten Länderkampf, 1932 und besonders 1936 bei den Berliner Olympischen Spielen waren sie im Dreisprung (Gold und Silber) und

Marathonlauf (Gold und Silber), dazu im Stabhochsprung und Weitsprung besonders erfolgreich. 1960 machte der Taiwanese Yang Chuan-Kwang auf sich aufmerksam, als er im Zehnkampf dem US-Amerikaner Johnson bei den römischen Spielen einen unvergeßlichen Zweikampf lieferte. Die Chinesen sind aber erst im zeitlichen Umfeld der Weltmeisterschaften von 1993 richtig ins internationale Rampenlicht getreten, spektakulär vor allem mit ihren Langstrecken-Frauen, aber auch im Kugelstoßen und Speerwerfen, wo sie schon 1991 zwei Weltmeisterinnen stellten.

Nach dem Zweiten Weltkrieg waren die Länder des ›Ostblocks‹ sehr erfolgreich, allen voran die DDR, von der noch zu berichten sein wird. Aber auch die UdSSR mit dem Langstreckler Kuz, dem Hochspringer Brummel, dem Speerwerfer Lusis, dem Sprinter Borsow, mit ihren Zehnkämpfern um Awilow und dessen langjährigem Trainer Fred Kudu. Ihre Länderkämpfe gegen die USA gehörten damals zu den spektakulärsten Leichtathletikereignissen und wurden zu regelrechten Hegemonie-Entscheidungen stilisiert. Bei den Polen überragte lange der Dreispringer Jozef Schmidt, der 1960 mit 17,03 m als erster Mensch die 17 m übersprang, und Irina Szewinska, die bei Olympischen Spielen zweimal Gold, zweimal Silber und zweimal Bronze gewann, dazu über 200- und 400-m Europameisterin und Weltrekordhalterin war. Italien glänzte in den letzten Jahren mit den Langstreckenläufern und -gehern und hatte mit Pietro Minea einen Ausnahmesprinter, dessen Weltrekord über 200-m in 19.72 (1979) noch immer gültig ist. Die Engländer sind – von allen europäischen Ländern am meisten – eine Laufnation geblieben, die kontinuierlich mit herausragenden Mittelstrecklern die internationale Leichtathletik bereichern. Ungebrochen ist auch durch das ganze Jahrhundert die Dominanz der USA. Gemessen an den Weltrekorden, an Olympischen Medaillen und Weltmeistern sind sie unübertroffen. Ihr Rekrutierungssystem durch die Universitäten sowie ein großer Anteil farbiger Athleten und Athletinnen sichern diese Vormachtstellung. Der »Jahrhundert-Rekord« von Bob Beamon mit 8,90 m im Weitsprung (1968) geht ebenso auf ihr Konto wie die technischen Neuentwicklungen im Kugelstoßen durch O'Brion, den Olympiasieger von 1952 und 1956, oder Dick Fosbury, der die Hochsprungtechnik revolutionierte. Auch die Entwicklung des biegsamen Glasfiberstabes beim Stabhochsprung erfolgte in den USA, auch wenn im letzten

Jahrzehnt der Russe Bubka in der Leistungsentwicklung alle überflügelt hat.

Wie sich die internationalen Gewichte verteilen, zeigt das Weltmeisterschaftsresultat von 1991: USA (10 Weltmeister) vor UdSSR (9, davon 6 Frauen), Deutschland (5, davon 4 Frauen) und Kenia. England (4 x 400-m Männer und 10000-m Frauen), Finnland (Speerwurf Männer), Frankreich (400-m Frauen), Italien (20 km Gehen) und die Schweiz (Kugelstoßen Männer) spielen nur noch am Rande eine Rolle, Norwegen und Schweden unter den großen Leichtathletik-Nationen der Gegenwart (fast) keine mehr.

Höhen und Tiefen, Licht und Schatten – oder: Der Tod einer Athletin

Unter den internationalen Veranstaltungen der letzten Jahrzehnte rangieren aus deutscher Sicht die Münchner Olympischen Spiele (1972), die Europameisterschaften 1986 und die 4. Weltmeisterschaften 1993, jeweils in Stuttgart, verständlicherweise ganz oben. Ulrike Meyfarth, die 1972 als 16jährige den Hochsprung gewann, wiederholte diesen Sieg nach 12 Jahren (1984) und wird darin nur von Al Oerter übertroffen, der das Diskuswerfen von 1956 bis 1968 gewann. Die sportlichen Erfolge waren es aber in erster Linie nicht, die Glanz verbreiteten, sondern die Resonanz, die diese Veranstaltungen beim Publikum gefunden haben. Leichtathletik war in jenen Tagen im öffentlichen Bewußtsein die Sportart Nr. 1 in Deutschland.

Die Olympischen Spiele in Helsinki 1952 und die Europameisterschaften in Bern 1954 waren nach dem Zweiten Weltkrieg die ersten internationalen Großveranstaltungen, an denen Deutschland wieder teilnehmen durfte, zunächst nur die »West«-Deutschen, dann seit den Olympischen Spielen in Melbourne 1956 auch die Athletinnen und Athleten des DVfL der DDR in einer ›gemeinsamen‹ deutschen Mannschaft. Bei den Europameisterschaften 1966 (Budapest) startete die DDR erstmals als ›selbständige Mannschaft‹. Das Ende dieser Entwicklung repräsentierte die Europameisterschaft 1990 in Split. Im Bericht dazu schrieb Robert Hartmann: »Das letzte Hurra. Der letzte Seufzer. Lauter letzte Augenblicke. Das Gradski-Stadion in Split... hatte sich nach dem Wettbewerb um die 4 × 400-m-Staffel geleert, als die Mannschaft der DDR aus dem Marathon-Tor auf die rote Kunststoffbahn hinauslief, winkend und lachend, der Kugelstoßer Ulf Timmermann und der Zehnkämpfer Christian Schenk trugen die Fahne vorne weg mit den Symbolen des Hammers, Zirkels und Ehrenkranzes... Die Deutschen gingen aufeinander zu. Das schien das selbstverständlichste nicht zu sein... Und plötzlich wurden die beiden nationalen Tücher miteinander verknotet, und wieder ging es auf eine Ehrenrunde, und die mitgereisten Freunde der Leichtathletik würden noch in der gleichen Nacht... sagen, die Reise habe sich allein deswegen gelohnt«.[32]

Ein Bild mit Symbolgehalt war schon der Einzug der DLV-Mannschaft bei der Eröffnung gewesen. Der Sportwart des Deutschen Leichtathletik-Verbandes, Prof. Dr. Manfred Steinbach, führte die Mannschaft an. Steinbach war in den 50er Jahren – aus Halle stammend – für die DDR gestartet und gehörte 1956 bei den Olympischen Spielen in Melbourne der gemeinsamen deutschen Mannschaft an. Vier Jahre später startete er bei den Olympischen Spielen in Rom für den (»westdeutschen«) DLV und wurde mit 8,00 m Vierter im Weitsprung. Nach seiner Leichtathletik-Karriere war er von 1973 bis 1993 ununterbrochen Mitglied des Präsidiums des Deutschen Leichtathletik-Verbandes[33].

Es war ein weiter Weg, den die DDR-Leichtathletik in den rund 40 Jahren ihrer Existenz zurückgelegt hat. Am Anfang standen die Auseinandersetzungen um eine gemeinsame deutsche Mannschaft; fast am Ende – oder besser: an einem Ende, das keiner zu diesem Zeitpunkt als solches erkennen konnte – stand 1988 der erste (und einzige) Länderkampf zwischen dem DVfL und dem Deutschen Leichtathletik-Verband. Sportlich gab es für den DLV – das wußte jeder – nichts zu gewinnen. Die Niederlage fiel dennoch drastischer aus, als viele erwartet hatten: Bei den Frauen gab es nur einen DLV-Sieg (Hochsprung), bei den Männern lediglich fünf (von 21 Disziplinen). Gerd Holzbach schrieb im Sportinformationsdienst: »Der erste Leichtathletik-Länderkampf mit der DDR hat die hohen Erwartungen nicht erfüllt: Für die deutsch-deutschen Beziehungen gab es... weniger Fortschritte als erhofft...«[34] In der Diskussion über das ›Für‹ und ›Wider‹ über ›zu früh‹ oder ›überflüssig‹ ist nur eines sicher: Ein

›später‹ wäre nicht möglich gewesen. Und insofern bleibt dieser Leichtathletik-Länderkampf im Juni 1988 zwischen der Bundesrepublik Deutschland und der DDR ein historisches Ereignis, das auch ein Stück Deutscher Geschichte repräsentiert.

Das Jahr davor, 1987, war ein schlechtes, ein schlimmes Jahr für die Deutsche Leichtathletik. ›Schlecht‹ war es, weil die Weltmeisterschaften in Rom ein katastrophaler Mißerfolg waren, nur drei Medaillen und eine langanhaltende Kritik in allen Medien – auch in den inneren Verbandszirkeln.

›Schlimm‹ war das Jahr, weil die Siebenkämpferin Birgit Dressel (geb. am 4. Mai 1960), Vierte bei den Europameisterschaften 1986 in Stuttgart, im April – nicht ganz 27 Jahre alt – starb. Birgit Dressel war eine ›typische‹ Leichtathletin: Sie kam aus einer Leichtathletik-Familie, ihre Eltern arbeiten noch heute im Bremer Verband. Sie war seit der Schülerklasse aktiv und besonders erfolgreich im Hoch- und Weitsprung. Sie war keine Überfliegerin, sondern erarbeitete sich ihre Erfolge mit Freude an der sportlichen Bewegung, mit Trainingsfleiß und mit großer Unterstützung aus ihrem sozialen Umfeld. Sie war immer vorne mit dabei, bei Deutschen Jugend- und Juniorenmeisterschaften, bei Junioren-Länderkämpfen, aber sie stand nie in der ersten Reihe. Dann kam ihr großer Erfolg 1986. Sie hatte einen Fuß in die Tür zur ganz großen Leichtathletik gesetzt; der Weg zur Weltklasse lag vor ihr; sie war im besten Athletenalter; die Weltmeisterschaften 1987 und die Olympischen Spiele 1988 waren ihre großen sportlichen Ziele. Und dann kam der frühe Tod: Eine Häufung von Medikamenten *(Polypragmasie)* löste den Schock aus, den der Körper nicht mehr verarbeiten konnte. Mitten aus dem Training, unfaßbar für ihre Mainzer Clubkameraden und den ganzen DLV.

Der Tod der Athletin ist auch so kommentiert worden: Es dürfe der Pharmaindustrie nicht gestattet sein, den Körper der Athleten als Experimentierfeld zu mißbrauchen.[35] Das war aber nicht das Problem: Das Problem ist, daß der Athlet – und sein sportliches Umfeld – bei seinem Streben, die Grenze der individuellen Leistungsfähigkeit auszuloten, ohne sie zu überschreiten, den eigenen Körper nicht zum Experimentierfeld grenzenloser Inanspruchnahme machen darf und lernen muß, die Signale des Körpers zu respektieren. Die Leichtathleten sind sich dieser Gratwanderung bewußt geworden. Was bleibt, ist die Erinnerung an eine tote Athletin und ein geschärftes Bewußtsein für Verantwortung.

Bei den Olympischen Spielen in Seoul 1988 löste die Disqualifikation des Sprinters Ben Johnson nach 1988 eine breite Dopingdiskussion aus. Es hatte den Anschein, als sei Doping in der Hochleistungsathletik die Regel geworden. In der internationalen Leichtathletik wurde der Verdacht des »flächendeckenden Dopings« der DDR zum Anlaß genommen, das gesamte Leistungssport-System in Frage zu stellen. So schwierig die Lösung des Problems im Detail auch sein mag – der Weg ist eindeutig vorgezeichnet: Besinnung auf die selbstverfaßten *Regeln* und konsequente Nutzung des verbandlichen *Kontrollrechts*.

Wertewandel – oder: Was die Leichtathletik stark gemacht hat

Die bei den Olympischen Spielen 1912 besonders erfolgreichen Amerikaner boten für Carl Diem den willkommenen Anlaß, zur Vorbereitung auf die Olympischen Spiele 1916 den Amerikaner Alvin Kraenzlein als Leichtathletik-Trainer nach Deutschland zu holen: Verbesserung der sportlichen *Techniken*, Orientierung am *Weltniveau* und wissenschaftlich begründete Systematik bestimmten fortan das *Training*, ein zentraler Begriff und eine Wertorientierung für die Leichtathletik. Josef Waitzer[36], der zur Studienkommission gehörte, als Carl Diem die amerikanischen Trainingsbedingungen studierte, wurde 1925 der erste deutsche Leichtathletik-Lehrer; er gehörte noch als Lehrwart dem DLV-Gründungsvorstand an, der am 12. November 1949 in München unter dem Vorsitz von Max Danz gewählt wurde. Toni Nett[37] setzte später diese Arbeit fort. Er legte eine international und wissenschaftlich beachtete leichtathletische Trainingslehre vor und gründete in den 50er Jahren den Europäischen Leichtathletik-Lehrer-Verband. Investitionen in eine qualifizierte Leichtathletik-Lehre als Basis für erfolgreiche Trainings- und Trainerarbeit sind seit Kraenzlein in großer Kontinuität ein besonderes Anliegen des Deutschen Leichtathletik-Verbandes geblieben.

Obwohl die Leichtathletik mit ihrer Wettkampforientierung dem Leistungsprinzip verpflichtet ist, gab es schon früh eine

Vielzahl breitensportlicher Aktivitäten. Die nahe Verbindung der athletischen Wettkämpfe zu den Volksbelustigungen – ein Rest davon hat sich im »Dreibeinlaufen« und »Sackhüpfen« noch längere Zeit in Rahmenprogrammen der Leichtathletik gehalten[38] – und insbesondere in Süddeutschland zu den »volkstümlichen Übungen«, die vor allem in den Turnvereinen gepflegt wurden, legt diesen breitensportlichen Bezug nahe. Die Bemühungen, Leichtathletik populär zu machen, fanden hier Anknüpfungspunkte; Straßenmärsche, Staffel-[39], Wald- und später Volksläufe bildeten eine geglückte Einheit von Leistungs- und Breitensportveranstaltungen. In den 60er Jahren setzte sich unter dieser Prämisse eine neue Laufbewegung durch. Otto Hosse wurde 1964 der ›Erfinder‹ des Volkslaufs, des populärsten Kindes der leichtathletischen Laufbewegung. Als erster deutscher Fachverband publizierte der DLV 1974 ein Breitensport-Programm, zu dem neben den Laufformen auch Mehrkampfabzeichen und Mannschaftsmeisterschaften, Senioren-Bestenkämpfe, Mannschafts-Mehrkämpfe der Schüler und Jugendlichen sowie das Volkslaufabzeichen gehören.[40]

Die Leichtathletik hatte immer auch eine besondere Beziehung zur Jugenderziehung und zur Schule. Es wundert deshalb nicht, daß auf beiden Gebieten schon früh vielfältige Initiativen entwickelt wurden. Namentlich in Norddeutschland spielten die Übungen des Laufens und Springens im Kanon der schulischen Leibesübungen eine besondere Rolle. Es paßt in diesen Kontext, daß 1920 der Lehrer Johannes Steffen, der in Lübeck an seiner Schule die Leichtathletik und die sportlichen Prinzipien als besonders bedeutsame Pfeiler der schulischen Jugenderziehung verankert hatte, zum 1. Vorsitzenden und Jugendwart der DSBfA gewählt wurde. Seit den 20er Jahren gab es leichtathletische Wettkämpfe für Kinder und schon am Ende des 19. Jahrhunderts vereinzelt – namentlich in Berlin – leichtathletische Schülerwettkämpfe.[41]

Heute haben sich die Akzente verlagert: Der Anteil der Jugendlichen im DLV stieg zwar von 10% (1911) auf derzeit 40%[42]; aber – glaubt man offiziellen Untersuchungsergebnissen[43] – immer weniger wollen wirklich Leichtathletik treiben. Und in den Schulen haben andere Sportarten der Leichtathletik längst den Rang abgelaufen. ›Wertewandel‹ ist das Schlagwort, das solche Veränderungen erklären soll, und eine verwöhnte Jugend[44], die nur Lust statt Leistung will, Selbstbestimmung und Körpererfahrung über Trainingserfahrung stellt, neue Herausforderungen sucht, die Leichtathletik aber dafür nicht in Anspruch nimmt.

Der Mode-Trend ist auf das Spaß-Motiv fixiert, das sich von den für die Leichtathletik charakteristischen Merkmalen ›Leistung‹ und ›Können‹, ›Training‹ und ›Wettkampf‹ als ein ›Wert an sich‹ vollständig abgekoppelt hat. Das daraus resultierende gähnende Loch völliger Sinnentleerung gefährdet die Leichtathletik in ihrer Substanz. Was dann bleibt, ist entweder eine neue Variante von Volksbelustigung, der Athlet als eine Art Zirkusartist und Unterhaltungskünstler, oder eine sportive Subkultur, die sich am eigenen Outfit ergötzt und sportliche Aktivität nur als Instrument schnellen Lustgewinns begreift.

Es hat in der fast 100jährigen Geschichte der organisierten Leichtathletik viele Athleten und Athletinnen gegeben, die *mehr* konnten als nur Laufen, Springen und Werfen, aber auch das *konnten* sie: Schnell laufen, weit und hoch springen, weit werfen. Das hat die Leichtathletik zu einer bedeutenden Sportart gemacht, und das ist ausschlaggebend dafür, daß man sich heute noch lohnend mit ihrer Geschichte auseinandersetzt.

Jürgen Emig
Das Fortbewegungs-
mittel als
Wettkampfgerät
Radsport

Fast alle Geschichten um das Lauf- oder Fahrrad beginnen mit dem badischen Forstmeister Karl-Friedrich Christian Ludwig Freiherr Drais von Sauerbronn. Aber so einfach ist es nicht mit dem Fahrrad. Seine Geschichte ist verschlungen, verläuft nicht gradlinig und oft parallel, wobei eines sicher ist, sie begann viel früher, als viele erwarten.

Wenn am 3. Juliwochenende das größte Radsportspektakel der Welt, die Tour de France, auf der Pariser Prachtmeile, den Champs Elysées zwischen dem Place de la Concorde und dem Triumphbogen, zu Ende geht, wird die Szenerie überragt vom ältesten bisher bekannten Hinweis auf die Fortbewegung mit dem Rad. Auf dem Obelisk im Zentrum des Place de la Concorde, einem Geschenk des ägyptischen Statthalters Mehmed Ali an Karl X. im Jahre 1829, ist ein heute stark verwittertes Motiv erkennbar, das die Ursprünge des Fahrrads zurückversetzt in die Jahre um 1300 v. Chr. Zu dieser Zeit ist der Obelisk in Luxor am rechten Nilufer in Oberägypten entstanden. Das 220 Tonnen schwere und 23 Meter hohe Monument, dessen Hieroglyphen dem Götterkönig Ammon und Pharao Ramses gewidmet sind, läßt einen Mann erkennen, der auf einem Tragbalken sitzt und sich auf zwei hintereinander laufenden Rädern einspurig offensichtlich vorwärtsbewegt. So schließt sich der Kreis, kaum erkannt von den enthusiastischen Radsportfans, die das Finale der Tour im Herzen der Lichterstadt Paris verfolgen, das buntschillernde Feld auf der Jagd nach dem letzten Etappensieg, nach oft knapp 4000 Kilometern, die auf Fahrrädern zurückgelegt werden, die dem neuesten Stand der Technik entsprechen, das Gewicht immer mehr reduziert, ohne die notwendige Stabilität zu verlieren, die bei den rasenden Abfahrten in Alpen und Pyrenäen die entsprechende Sicherheit gibt.

Der Hang des Menschen, Wege zu finden, um sich schneller und leichter fortzubewegen als es ihm seine natürliche Möglichkeiten durch Gehen oder Laufen gestatten, ist sicherlich so alt wie die Menschheit selbst, und somit sind diese archäologischen Ursprünge des Fahrrades eher als Konsequenz der auch heute noch weit verbreiteten Bequemlichkeit des homo sapiens zu bezeichnen, also ein Teil der Logik menschlicher Entwicklungsgeschichte.

Diese Überlegungen erklären auch eine oft verwirrende Parallelität von Entwicklungen, vor allem im 18. und 19. Jahrhundert, wobei eine Skizze des legendären Leonardo da Vinci nicht vergessen werden sollte, die auf der Rückseite eines Manuskriptes ein funktionstüchtiges Fahrrad zeigt, sogar mit einer Gliederkette. Die Echtheit dieser, der Zeit weit vorauseilenden Beschreibung wird zwar bezweifelt, aber sie konnte bis heute auch nicht wissenschaftlich widerlegt werden.

1813 konstruierte unser Forstmeister und späterer Professor der Mechanik, Drais von Sauerbronn, die lenkbare Laufmaschine – auch als Draisine bekannt. Um das Jahr 1760 soll allerdings durch den Stellmacher Michael Kassler in Braunsdorf im Merseburger Land ebenfalls eine lenkbare Laufmaschine – also lange vor Drais – gebaut worden sein, aus Holz und die Räder mit Eisenreifen beschlagen, aber um diese Laufmaschine ranken sich erhebliche Zweifel, ob sie wirklich um das Jahr 1760 entstanden ist.

Eines steht allerdings fest: die europäische Entwicklung des Fahrrades verlief zeitgleich in Deutschland, Frankreich und England.

Die Idee der mühelosen Fortbewegung auf einer Maschine durch die eigene Kraft des Fahrers mündete zum Ende des 18. Jahrhunderts in die genial einfache Entwicklung des Fahrrades. So ist es kein Wunder, daß dieses Prinzip im Laufe eines knappen Jahrhunderts nacheinander von mindestens drei Erfindern dreier Nationalitäten realisiert wurde. Neben Karl Freiherr von Drais

(1785-1851) waren es noch der Franzose Pierre Michaux (1813-1883) und der Engländer James Starley (1830-1881). Wir folgen allerdings, weniger aus chauvinistischen denn historischen Beweggründen, dem größten Teil der Geschichtsforscher in Sachen Zweirad mit der Festlegung auf Karl Freiherr von Drais als einem der ersten, dem die Idee kam, einen – wie auch immer auf zwei Rädern befestigten – Sitz mit den Füßen fortzubewegen. Drais war 33 Jahre alt, als er sein Laufrad am 12. Januar 1818 als Patent anmeldete und eine relativ schnelle Entwicklung einleitete, die in den edlen Rennmaschinen des ausgehenden 20. Jahrhunderts ihren vorläufigen Höhepunkt erreicht hat.

Da die Laufräder allein noch kein Fahrrad ausmachen, oder zumindest nur dessen primitivste Form, bedurfte es weiterer technischer Innovationen zur Entwicklung des späteren Massenfortbewegungsmittels. 1840 brachte der schottische Schmied Kirkpatrick MacMillan zum ersten Mal an einer Laufmaschine Trethebel an, wobei über ein Kurbelgestänge das Hinterrad angetrieben wurde; so gut funktionierend, daß MacMillan die rund 70 Kilometer lange Strecke zwischen Courthill und Glasgow an einem einzigen Tag zurückgelegt haben soll! Da sich aber der schottische Trethebelantrieb nur schwer vereinfachen und weiterentwickeln ließ, war es schon fast zwangsläufig, daß die nächste Entwicklungsstufe zum Antrieb des gelenkten Vorderrades direkt an der Achse über die im Prinzip auch heute noch üblichen zwei versetzten Tretkurbeln führte. Auch hier gibt es eine interessante Parallelentwicklung – 1845 durch den sächsischen Mechaniker Mylius, wobei die gleiche Erfindung auch dem Schweinfurter Moritz Fischer mit 1853 zugesprochen wird und dem Franzosen Ernest Michaux 1861. Der Name Fischer ist eng verbunden mit der Geschichte des Fahrrades. Nach der Pedalentwicklung durch Moritz Fischer gründete dessen Sohn Friedrich im Jahre 1884 die erste deutsche »Velociped-Guss-Stahl-Kugelfabrik« und begründete damit die später weltweit führende Schweinfurter Kugellagerindustrie.

Aber mit der Hinzufügung der Tretkurbel war die Entwicklung des Fahrrades natürlich bei weitem noch nicht beendet. 1865 konstruierte der Franzose Louis Sergent die Gliederkette, die den Antrieb vom Vorder- auf das Hinterrad verlegt. 1888 gelang dem Schotten Dr. John Boyd Dunlop mit der Entwicklung des luftgefüllten Reifens eine fast epochale Erfindung. Als der

Deutsche Ernst Sachs die Freilaufnabe 1903 auf den Markt brachte, war Karl Freiherr Drais von Sauerbronn bereits 52 Jahre tot, und das Gefährt hatte fast schon seine heutige Form erreicht. Das Fahrrad eröffnete neue Dimensionen, die Überbrückung langer Distanzen, die bisher nur mühsam mit Pferd oder Kutsche zurückzulegen waren; es setzte von den Anfängen seiner Entwicklung an bis zum heutigen Tage Trends, nicht nur in der Mode, und wurde zum Bestandteil kulturhistorischer Entwicklungen der industriellen Gesellschaft.

Trotzdem ist das Fahrrad in der Geschichte menschlicher Fortbewegungsmittel das Gerät mit der geringsten Lobby. Dies mußte schon Freiherr von Drais schmerzlich spüren. Die mächtigen Pferdehändler waren es, die ihm letztlich die Anerkennung in Deutschland so schwer machten. Daß Drais den Erfolg seiner Erfindung nicht umsetzen konnte und 1851 verarmt starb, hatte allerdings auch politische Hintergründe. Die Verbreitung des Laufradfahrens in Deutschland scheiterte nicht zuletzt am preußischen Turnverbot aus dem Jahre 1820. Bis 1884 waren alle Freiluftsportarten untersagt, so daß die wenigen Laufmaschinen in Turnhallen und Scheunen verschwanden.

Die von Michaux entwickelte Tretkurbel an der Vordernabe, also die Entwicklung des Laufrades zum Fahrrad, machte das Gerät gesellschafts- oder besser salonfähig, zum Trendsport wie heute Rollerskating. Das Fahrrad eroberte die Metropolen, und nachdem es zum guten Pariser Ton gehörte, sich mit dem Hochrad auf den Champs Elysées zu vergnügen, wurde das Fahrrad zum Renner auch auf der Weltausstellung 1867 in Paris. Der aus heutiger Sicht kuriose Irrweg der Fahrradentwicklung über das Hochrad hat dennoch eines bewirkt: das Zweirad wurde in kürzester Zeit populär, und die Fahrradindustrie avancierte in Deutschland, Frankreich und England zu einem mächtigen Wirtschaftsfaktor. Nachdem sich die zwei gleich großen Räder wie schon bei der Draisine wieder durchgesetzt hatten, gelang dem Fahrrad um die Jahrhundertwende endgültig der Durchbruch. In rund 70 Jahren hatten sich drei Konstruktionsmerkmale durchgesetzt, wie wir sie heute noch kennen: die zwei gleich großen Räder, dazwischen der Sitz und der Hinterradantrieb mit der Kettenübersetzung. Das Niederrad machte sogar der Eisenbahn, der Straßenbahn und den Pferdedroschken mächtig Konkurrenz. Nebenbei wurde es auch noch zum Volkssport Nummer eins – und dies alles hatte gute Gründe: aus eigener Kraft, vor allem ohne nennenswerte Betriebskosten, also von der Anschaffung abgesehen, umsonst, Reisen durchzuführen, zum Arbeitsplatz zu gelangen und lange Distanzen zu überwinden. Dies alles vermittelte ein nie dagewesenes Gefühl der Freiheit und Unabhängigkeit. Die Bedeutung des Fahrrades während der Krisenzeiten des Ersten Weltkrieges bis hinein in die dreißiger Jahre braucht aus dieser Sichtweise nicht weiter erwähnt zu werden. Das Fahrrad war bis zum Zweiten Weltkrieg das wichtigste individuelle Verkehrsmittel auf der ganzen Welt – das Fahrrad sozusagen als der erste Volkswagen. In den Kriegsjahren hatte das Gefährt sogar existentielle Bedeutung; die Automobile waren meist konfisziert und die öffentlichen Verkehrsmittel lahmgelegt, das Benzin ohnehin rationiert. Die Selbstversorgung der deutschen Bevölkerung in den vierziger Jahren und vor allem auch in der ersten Nachkriegszeit wäre ohne das Fahrrad undenkbar gewesen.

Der allmähliche Wandel der Industrie- in die Konsum- oder Wirtschaftswundergesellschaft der fünfziger Jahre drängte das Fahrrad ins gesellschaftliche Abseits. Das Auto als äußeres Zeichen des Wirtschaftswunderwohlstandes machte den Drahtesel zum »Arme-Leute-Gefährt«. Das unmotorisierte Zweirad verkam sozusagen in den sechziger und siebziger Jahren zum Kinderspielzeug, bis schließlich durch ein neues Umwelt- und Gesundheitsbewußtsein Anfang der achtziger Jahre in Verbindung mit der Ölkrise das Fahrrad wieder in Mode kam und erneut gesellschaftsfähig wurde. Dieser Trend hat sich in den neunziger Jahren noch verstärkt, und die einfachste und gesündeste Art der Fortbewegung aus eigener Kraft ohne zu laufen hat ein Höchstmaß gesellschaftlicher Funktionalität erreicht und hat in unseren Metropolen durch den Vorzug, im immer dichter werdenden Verkehr die schnellste Fortbewegungsart zu sein, sogar neue Berufsbilder geschaffen wie den Fahrradkurier. Zwischenzeitlich vergessen und verrostet, konnte sich das Fahrrad nach zwei Jahrhunderten seinen Platz in der Gesellschaft zurückerobern.

Ob Automobile oder römische Kampfwagen, Flugzeuge, Boote oder Pferde, eines haben menschliche Fortbewegungsmittel gemeinsam: Sie wurden sehr schnell zum Gegenstand des sportlichen Ehrgeizes und zum Objekt der Wettkampfidee. Schon der gute alte Drais rannte sitzend 111 Kilometer von

Leipzig nach Dresden in 7 Stunden, also mit dem für damalige Verhältnisse phänomenalen Stundenmittel von 16 Kilometern, in Anbetracht der schlechten Wege und der darüber holpernden mit Eisen beschlagenen Holzräder der Draisine. Am 20. April 1829 nahmen vor den Toren Münchens 26 Fahrer am ersten auf deutschem Boden bekanntgewordenen Radrennen über 4,5 Kilometer teil, wobei der Sieger 31,5 Minuten benötigte; also erheblich langsamer war als Drais zwischen Leipzig und Dresden!

Auch mit dem Hochrad wurde fleißig gespurtet und gefightet; ob in Leipzig, Berlin oder Paris und Amiens, überall in Europa fanden zumeist Bahnrennen statt, da das sturzanfällige Hochrad für die Straße alles andere als das geeignete Sportgerät war. Dennoch, im April 1884 startete der Amerikaner Thomas Steven zu einer wohl einmalig gebliebenen sportlichen Höchstleistung – er umrundete die Welt: von San Francisco nach Boston, per Dampfer über den Atlantik, von Paris quer durch Europa bis Istanbul, über den Nahen Osten und nach einer weiteren Schiffspassage die Durchquerung Indiens, von Kanton bis Shanghai, über Nagasaki nach Yokohama und nach 35 000 Kilometern per Schiff wieder zurück nach San Francisco. Ende des 19. Jahrhunderts gründeten sich die ersten nationalen und internationalen Sportverbände, wie die Union Cycliste Internationale (UCI), die 1893 in Chicago im Rahmen der Weltausstellung die ersten Radweltmeisterschaften im Sprint der Amateure durchführte. Im gleichen Jahr stellte ein gewisser Henri Desgrange in Paris den ersten Stundenweltrekord mit 35,325 Kilometern auf – selbstverständlich auf einem Niederrad. Noch fünf Jahre zuvor hatte der damals erst 17jährige Frankfurter August Lehr in Berlin den »Kaiserpreis« über 10000 Meter auf dem Hochrad und die Europameisterschaft gewonnen. 1894 wurde August Lehr in Antwerpen erster deutscher Radweltmeister im Sprint.

Im selben Jahr startete das erste der heute noch gefahrenen sogenannten klassischen Straßenradrennen: Lüttich-Bastogne-Lüttich, damals mit Start und Ziel in Spa. Es wurde vom Belgier Léon Houa gewonnen, mit einem Stundenmittel von 25,15 Kilometern bei einer Gesamtdistanz von 223 Kilometern! Die Geschichte von Paris-Roubaix, der Fahrt über die Kopfsteinpflaster der Hölle des Nordens, begann 1896 mit dem bisher einzigen deutschen Sieg durch den Münchner Josef Fischer, der die 280 Kilometer mit einem Stundenmittel von 30,2 Kilometern bewältigte – eine unglaubliche Leistung vor dem Hintergrund der Strecke und der Materialbeschaffenheit der Räder. 1896 holte der Hamburger August Goedrich, beim ersten olympischen Straßenrennen in Athen, den zweiten Platz und die Silbermedaille. Schon in diesem frühen Stadium sportlicher Wettkämpfe gab es die Spezialisierung auf die Bahn oder die Straße.

Das wohl faszinierendste Kapitel des Radsports wurde im Jahre 1903 durch den Journalisten und erfolgreichen Rennfahrer Henri Desgrange aufgeschlagen – die Tour die France, die sich bald zu einem der herausragendsten sportlichen Ereignisse des 20. Jahrhunderts entwickelte. Im November 1902 war die Idee bei einem Frühstück in der Pariser Taverne Zimmer, dem heutigen »Le Madrid« geboren worden, als Geo Lefèvre den Direktor der Zeitschrift *L'Auto*, Henri Desgrange, davon überzeugte, eine 6-Tage-Fahrt in Etappen als Verbindung der wichtigsten Städte Frankreichs zu organisieren. Die beiden konnten nicht ahnen, daß sie eines der mitreißendsten Sportereignisse der Geschichte kreierten, das härteste Rennen der Welt, ja, wenn man so will, eines der letzten Abenteuer des Sports in alljährlicher Wiederholung. Am 1. Juli 1903 um 15.16 Uhr war es soweit, in Montgeron/Villeneuve St. Georges, auf den groben Pflastersteinen der Route de Corbeil. Das Feld der 78 Fahrer versammelte sich zum erstenmal zu einem Tourstart vor dem legendären Café »Le Réveil Matin«. 90 Jahre später, am 25. Juli 1993, starteten an gleicher Stelle vor dem Café, das heute noch denselben Namen trägt, 136 Fahrer zur letzten Etappe in Richtung Champs Elysées, zur Tour d'honneur für Miguel Indurain, der zum drittenmal in Folge gewinnen sollte. Aber bleiben wir in den faszinierenden Gründerjahren des Profiradsports, in denen es noch kein gelbes Trikot gab, zwischen den sechs Etappen ein bis drei Ruhetage lagen und die Starts bis auf eine Ausnahme in den Abend- und Nachtstunden zwischen 21.00 und 5.00 Uhr morgens erfolgten. Maurice Garin gewann die erste Tour mit einem nie erreichten Vorsprung von 2 Stunden und 49 Minuten. Den letzten, respektive 21., denn nur so viele kamen am 19. Juli 1903 im Parc des Princes in Paris an, distanzierte Garin um 64 Stunden, 47 Minuten und 22 Sekunden. Das war Radsport in seiner archaischen Form, wobei das Stundenmittel Garins nach 2.428 Kilometern respektable 25,679 Kilometer erreichte. Der Radsport hatte mittlerweile auch den amerikanischen Kontinent erobert. Seit Ende des 19. Jahrhunderts gab es in New York mit großem Erfolg ausgetragene 6-Tage-Rennen. 1907 gewann dort mit Walter Rütt, zusammen mit dem Holländer Stol übrigens, zum erstenmal ein Deutscher. Das 6-Tage-Fieber schwappte 1909 auch nach Deutschland über, wo zum erstenmal vom 15. bis 21. März in Berlin am Zoologischen Garten ein 6-Tage-Rennen ausgetragen wurde. Ein Jahr später, 1910, gab es einen weiteren historischen Einschnitt während der Tour de France. Zum erstenmal standen Hochgebirgsetappen auf dem Programm – die Pyrenäen. Der spätere Gesamtsieger, Octave Lapize, gewann auch die erste Bergwertung auf dem Portet d'Aspet auf der Etappe von Perpignan nach Luchon. Zwei Tage später gab es erstmalig eine sogenannte Königsetappe mit den heute noch legendären Pyrenäen-Riesen Peyresourde, Aspin, Tourmalet und Aubisque auf der Fahrt von Luchon nach Bayonne. Auf dem Dach der Tour 1910, dem 2115 Meter hohen Tourmalet, gewann zwar Lapize die Bergwertung, aber nicht die wohl eigentümlichste Sonderprämie in der Geschichte der Tour; die ging an seinen Landsmann Garrigou, der als einziger Fahrer den Tourmalet überquerte, ohne mit den Füßen den Boden zu berühren. Dafür bekam er 100 Francs. Bei der Tour 1910 wurde auch zum erstenmal der Besenwagen kreiert, dessen Aufgabe darin besteht, die Fahrer einzusammeln, die das Rennen aufgegeben haben. Am 26. Juli 1914, eine Woche bevor Deutschland Frankreich den Krieg erklärte, ging das erste Kapitel der Tour de France zu Ende, unterbrochen durch den Wahnsinn des Ersten Weltkrieges, der in allen europäischen Ländern den Radsport im Nerv traf. Die Tour wurde erst 1919 fortgesetzt. In Deutschland war 1915 das letzte Radrennen veranstaltet worden, die 234 Kilometer »Rund um Berlin«. Danach wurde das Material knapp, Eisen und Stahl rationiert, die Gummireifen wurden eingesammelt, und die Jugend der Völker kämpfte sinnlose Schlachten, darunter auch bekannte Radsportler, viele davon kehrten aus dem Krieg nicht mehr zurück.

1919, im ersten Nachkriegsjahr, gründete sich der »Bund Deutscher Radfahrer« (BDR), der allerdings erst 1926 Wiederaufnahme in den internationalen Verband UCI (Union Cycliste Internationale) fand, nachdem Deutschland nach der Niederlage im Ersten Weltkrieg auch sportlich geächtet worden war. So hatten 1921 bei den ersten Amateur-Straßen-Weltmeisterschaften in Kopenhagen keine deutschen Fahrer starten können. Erst 1927 war der BDR wieder voll anerkannt und richtete sogar wieder Weltmeisterschaften aus: für die Straßenfahrer auf dem Nürburgring und für die Bahnfahrer in Köln-Müngersdorf und Wuppertal. Der Nürburgring erlebte die erste Weltmeisterschaft, bei der Profis und Amateure gemeinsam an den Start gingen. Es siegte der große Italiener Alfredo Binda, der zwei Jahre zuvor zum erstenmal den Giro d'Italia gewonnen hatte, ein Erfolg, den er noch viermal wiederholen sollte. Die Tour erlebte in den zwanziger Jahren ihre heroische Zeit. Eugène Christophe erkämpfte sich mit 37 Jahren das gelbe Trikot und brach sich zum drittenmal während einer Tour-Teilnahme im Hochgebirge die Gabel, diesmal bei der Abfahrt des Galibier in den Alpen. 1913 geschah ihm das gleiche Malheur im Tourmalet in den Pyrenäen. Er trug das defekte Fahrrad zu Fuß über 14 Kilometer nach Sainte Marie de Campan, wo er in vier Stunden ohne jede Hilfe in einer Schmiede die Gabel eigenhändig reparierte. Eugène Christophe ist eine der vielen Legenden des Mythos Tour de France.

Erst zu Beginn der dreißiger Jahre machte der deutsche Radrennsport international von sich reden. 1932 wurde der Berliner Kurt Stoepel 5. beim Giro d'Italia und nur einige Wochen später 2. bei der Tour, die mittlerweile mit Nationalmannschaften gefahren wurde. Stoepel mußte sich nur dem Franzosen André Leducq geschlagen geben. Die Leistung von Stoepel wurde nie mehr erreicht. Der Kölner Hennes Junkermann wurde 1959 vierter und ein Jahr später fünfter bei der Tour. Der Frankfurter Didi Thurau sorgte 1977 zum letztenmal mit einem fünften Platz und 16 Tagen im gelben Trikot für Furore beim größten Radrennen der Welt. Aber gehen wir noch einmal zurück in die dreißiger Jahre; sie brachten auch die letzte große technische Innovation um das gute, alte Fahrrad – die Entwicklung der Gangschaltung. Es ist kaum zu glauben, daß seit 1910 in den Alpen und Pyrenäen und davor schon in den Vogesen, ganz zu schweigen von den Apennin-Etappen des Giro d'Italia, die Teilnehmer dieser schweren Rundfahrten mit starrer Nabe an den Start gingen. Die Giganten der Landstraße, eine Bezeichnung, die diese Sportler wahrhaft verdienen, drehten auf der Paßhöhe das Hinterlaufrad herum, nachdem sie nämlich beim Anstieg auf der Kettenseite ein größeres Zahnrad benutzt hatten, legten sie nun das kleinere Ritzel in die Kette, um bei der Abfahrt und auf den flachen Passagen mit einer Kurbelumdrehung mehr Raumgewinn erzielen zu können.

Nach der Machtübernahme der Nationalsozialisten mußte sich der BDR auflösen und wurde mit 34 weiteren Verbänden in den Deutschen Radfahrer-Verband zusammengefaßt. Die in den USA kreierten 6-Tage-Rennen schmeckten den neuen Machthabern nicht mehr. Vielleicht wegen dieses anrüchigen Hauches von Freiheit und Anarchie, der über den rauchgeschwängerten Hallen liegt. Wie dem auch sei, Gustav Kilian und Heinz Vopel, die erfolgreichste 6-Tage-Mannschaft mit einer ungeheuren Popularität, gingen 1934 in die »neue Welt«, wo sie über 30 Six-Days gewinnen sollten. 1937 zeichnete sich der nächste Waffengang ab und gleichzeitig auch der nächste schwere Rückschlag für den deutschen Radsport, der sich gerade anschickte, international in die erste Reihe zu fahren. 1937 trug Erich Bautz das gelbe Trikot der Tour de France, ein Jahr später gewann Willi Oberbeck die erste Etappe der Tour, die 1939 zum letztenmal vor dem Zweiten Weltkrieg ausgetragen wurde. Die Ende August begonnenen Weltmeisterschaften in Mailand mußten wegen des Kriegsbeginns am 3. September abgebrochen werden. Albert Richter, einer der schnellsten Sprinter der Welt, hatte bereits das dann nicht mehr ausgetragene Finale erreicht. Aber was war das schon gegen den wirklich tragischen Moment im Leben eines der schnellsten Radfahrer seiner Zeit, als Richter nämlich versuchte, wenige Wochen nach der Weltmeisterschaft in Mailand, Nazi-Deutschland per Zug in Richtung Schweiz zu verlassen. Bei Weil am Rhein, kurz vor der Grenze, wurde er von der Gestapo aus dem Zug geholt. Vor die Alternative gestellt, einem Verfahren als Deserteur vor einem Kriegsgericht entgegen zu sehen oder den Freitod zu suchen, erschoß sich Albert Richter. Offiziell wurden ihm Devisenvergehen vorgeworfen. Während des Krieges war die Tour de France zu einer siebenjährigen Zwangspause verurteilt. Der Giro d'Italia ruhte zwischen 1940 und 1946. Die Karrieren großer Sportler wurden jäh unterbrochen, wie die des Gino Bartali, der 1938 die Tour gewonnen hatte und diesen Erfolg 1948 wiederholte. Beim Giro d'Italia siegte er ebenfalls vor und nach dem Krieg insgesamt dreimal. Oder Fausto Coppi, der die Tour 1949 und 1952 gewann sowie den Giro insgesamt fünf-mal im Zeitraum von 1940 bis 1953.

Vor allem der deutsche Radsport brauchte Jahre, um sich vom Schock des verheerenden Zweiten Weltkrieges zu erholen. Die Wiederaufnahme in den Weltverband UCI erfolgte erst 1951. Die Teilnahme an der Weltmeisterschaft in Mailand wurde zum Debakel, aber bereits ein Jahr später, bei den Olympischen Spielen 1952 in Helsinki, erkämpften sich Eddy Ziegler im Straßenrennen und Werner Potzernheim bei den Sprintern jeweils eine Bronzemedaille, und in Luxemburg wurde der Schwenninger Heinz Müller Profi-Weltmeister, als erster Deutscher, ein Riesenerfolg, da zudem noch Ludwig Hörmann den dritten Platz belegte. Der WM-Sieg Müllers wurde nur noch zweimal wiederholt – 14 Jahre später auf dem Nürburgring durch Rudi Altig.

Die Tour de France und später der Giro d'Italia erlebten nach dem Kriege eine ungeheure Renaissance. Der beschriebene Imageverlust des Fahrrades im Zuge des Konsumrausches minderte in keinster Weise die Begeisterung für die Frankreich-Rundfahrt, die bei ihrer Wiederaufnahme 1947 durch Jean Robic, einem Franzosen also, erwartungs- und standesgemäß gewonnen wurde, aber dann folgten Siege für die Italiener Bartali und Coppi sowie die Schweizer Kübler und Koblet. Louison Bobet gewann die Tour Mitte der fünfziger Jahre dreimal, bevor 1957 zum erstenmal Jacques Anquetil das Podium bestieg. Er brauchte vier Jahre, um wieder zu gewinnen, aber dann in Folge bis zu seinem fünften Tour-Sieg 1964. Damit war er, mittlerweile leider und viel zu früh verstorben, der erste, dem dieses Kunststück gelang. Der zweite begann 1969 seine beispiellose Karriere. Eddy Merckx, der Kannibale, wie er genannt wird, gewann viermal hintereinander, bis er, krankheitsbedingt abwesend, 1973 dem jungen Spanier Luis Ocana den Sieg überlassen mußte. Eddy Merckx, der im Gegensatz zu Miguel Indurain oder auch dessen Vorgänger Bernard Hinault, als fünffacher Tour-Sieger nicht die Spezialisierung auf das wichtigste Rennen der Saison suchte, sondern so ganz nebenbei auch fünfmal den Giro d'Italia gewann sowie alle klassischen Straßenradrennen teilweise mehrmals, gilt gemeinhin als der größte Rennfahrer des 20. Jahrhunderts, aber die Frage sei gestellt: Wer weiß, wie oft sich Bartali und Coppi in die Siegerlisten eingetragen hätten, wenn nicht der

Abb. 12: Tour de France 1992.
Foto: Walter Schmitz, Bilderberg.

Zweite Weltkrieg ihre Karrieren so empfindlich gestört hätte. Es gibt noch einen anderen Namen, der sich anschickte, in den achtziger Jahren das Prädikat des größten Rennfahrers des Jahrhunderts zu erlangen: Greg Lemond aus dem sonnigen Kalifornien in den Vereinigten Staaten. 1983 wurde er vollkommen überraschend in Altenrhein Straßenweltmeister, ein Erfolg, den er 1989 in Chambéry wiederholte. Im gleichen Jahr gewann er auch die Tour de France zum zweitenmal nach 1986. Dazwischen lag eine groteske, tragische Begebenheit, die Lemonds Karriere nicht zu dem werden ließ, was sie zweifelsohne hätte werden können. Nach seinem Tour-Sieg 1986 wurde er bei einem Jagdunfall durch eine Schrotladung seines Schwagers so schwer verletzt, daß er zwei Jahre aussetzen mußte und von der Fachwelt bereits abgeschrieben war. Als er 1989 als Weltmeister und Tour-Sieger wiederkam und 1990 noch einmal in Paris gewann, mit zahllosen Bleikugeln im Körper, die durch seine Blutbahnen wanderten und enorme gesundheitliche Probleme bis hin zu Bleivergiftungen bereiteten, demonstrierte Lemond, wie seine Karriere unter normalen gesundheitlichen Umständen hätte verlaufen können. Er hätte der größte, der erfolgreichste werden können, so mußte er gesundheitlich schwer angeschlagen, dem Tod nur knapp entronnen, Miguel Indurain das Feld überlassen, der die Tour de

France von 1991 bis 1995 als erster Fahrer fünfmal hintereinander gewann.

Ein Versuch, die internationale Geschichte des Radsports in Verbindung mit der Entwicklung und den Erfolgen in Deutschland darzustellen, kann nie den Anspruch auf Vollständigkeit erheben, sondern nur versuchen, schlaglichtartig die verschiedenen Epochen zusammenzufügen, damit wenigstens ein grober Überblick möglich wird. Dabei darf natürlich unter keinen Umständen der Bahnradsport fehlen, der von den Ursprüngen an bis heute bei Weltmeisterschaften und Olympischen Spielen tragender Teil der Radsportveranstaltungen ist. Bei den Rennen um die engen Zement- oder Holzovale waren es vor allem zwei Kurpfälzer, die nach dem Zweiten Weltkrieg national und international Akzente setzten, Rudi Altig und Gregor Braun. Der Mannheimer Rudi Altig war bereits 1959 vollkommen überraschend Weltmeister in Amsterdam in der 4000 Meter Einzelverfolgung geworden und hatte diesen Erfolg zweimal bei den Profis wiederholt, bevor er seinen Schwerpunkt mehr auf die Straße verlegte, mit dem Höhepunkt des Gewinns der Straßenweltmeisterschaft 1966 und seiner Wahl zum Sportler des Jahres in Deutschland. Legendär bleiben auch die Erfolge des Bahnvierers unter Gustav Kilian mit den Olympiasiegen in Tokio 1964, München 1972 und Montreal 1976, wo Gregor Braun aus Neustadt nicht nur mit der Mannschaft siegte, sondern auch die Einzelverfolgung gewann.

Vergessen werden sollen in diesem kurzen Abriß über die Geschichte des Radsports aber auch nicht die düsteren Stunden, wie die Tour de France 1967 mit dem nachgewiesenen Dopingtod des Briten Tom Simpson. Dem Weltmeister von 1965 wurde die enorme Hitze auf dem Mont Ventoux in Südfrankreich zum Verhängnis. Doping war zu diesem Zeitpunkt bei der Tour de France und im Profiradsport nicht verboten; es gehörte dazu seit den Anfängen im 19. Jahrhundert. Simpson hatte sich mit Amphetaminen aufgeputscht und, wie es damals vor allem an heißen Tagen üblich war, mit den Kameraden mal kurz einen Stop bei einer Alimentation eingelegt, um sich mit Erfrischungsgetränken zu versorgen. Dabei soll der Überlieferung zufolge, Simpson einen Schluck Cognac getrunken haben, sozusagen als Gaudi. Dies muß dann in der extremen Belastung des Mont Ventoux, der bei einer Hitze von über 40 Grad, die an diesem Tag herrschte, als besonders sauerstoffarm gilt, zum Kollaps, zur Katastrophe geführt haben. Aber die Situation wäre noch in den Griff zu bekommen gewesen, wenn seine Betreuer schnell reagiert hätten. Aber anstatt nach dem Rettungshubschrauber zu rufen, der schon damals zur Verfügung stand, setzten sie ihn wieder aufs Fahrrad. Simpson fuhr mit weit aufgerissenen Augen und nach Luft schnappendem Mund die 16% Steigung bereits in Schlangenlinien und brach erneut zusammen. Wieder setzten sie ihn aufs Fahrrad und schoben ihn an. Nach etwa 20 Metern stürzte der Brite erneut vom Fahrrad und stand nie mehr auf. Der erste Dopingtote bei der Tour de France. Die Konsequenz war die Einführung von Kontrollen bei der Tour 1968, die bis heute konsequent bei allen Profi- und Amateurstraßenrennen durchgeführt werden.

Unter Fachleuten ist es seit langem unstrittig, daß das Radfahren zu den härtesten Sportarten der Welt gehört. Das Zurücklegen der langen Distanzen über oft Tausende von Höhenmetern erfordert einen ungeheuren Trainingsaufwand und eine asketische Lebensweise, und es ist nicht verwunderlich, daß der Wiener Arbeitsmediziner Prof. Prokop bei einer wissenschaftlichen Untersuchung in den siebziger Jahren zu der Erkenntnis kam, daß der härteste Arbeitsvorgang, der bisher in der Menschheitsgeschichte bekannt geworden ist, nicht die Errichtung der Chinesischen Mauer oder der Ägyptischen Pyramiden war, sondern bezogen auf den Zeitraum von 3 Wochen, die Tour de France. Sie ist ein mystisches Ereignis des Sports im Spiegelbild der jeweiligen Epochen, die Bühne für Heldengeschichten, Dramen und Tragödien, wie zuletzt der Tod des jungen Fabio Casartelli. Der Olympiasieger von Barcelona stürzte am 18. Juli 1995 zu Beginn der 15. Etappe von Saint Girons nach Cauterets so schwer, daß er kurz nach seiner Einlieferung ins Krankenhaus starb. Es bleibt ein unverständlicher Skandal und ein Makel in der glorreichen Geschichte der Tour, daß die Etappe nicht abgebrochen wurde. Erst am Tag danach verständigten sich die Mannschaftsleiter, daß der Abschnitt zwischen Tarbes und Pau demonstrativ im geschlossenen Feld gefahren werden sollte – zum Gedenken an Casartelli, dessen hoffnungsvolle Karriere so jäh endete. Es war einer der ergreifendsten Momente des Sports, als die Mannschaftskameraden Casartellis vor überfüllten Tribünen mit schweigenden Menschen weinend den Zielstrich in Pau überfuhren. Die Geschichte des Radsports zwischen der Glorie fast übermenschlicher Leistung und der Tragik um menschliche Schicksale, eine faszinierende Geschichte, deren letztes Kapitel noch lange nicht geschrieben ist.

Das Rad wird sich weiterdrehen, bis an das Ende der Geschichte.

Robert Nissler
**Noch Sport
oder nur Show?**
Automobil-
sport

Es war ein milder Spätsommertag, und der Graf De Valois, auf dem Weg nach Hause, war guter Dinge. Die Matinee beim Marquis Perigaux hatte ihm manch geistreiches Gespräch beschert, und auch der Champagner war von gutem Jahrgang gewesen. Vor allem aber hatte der Graf mit seinem neuen Dampfwagen von Cugnot im Mittelpunkt des Interesses gestanden und manch neugierige Fragen der Damen aufs galanteste beantworten können. Doch da, hinter ihm, noch etwas entfernt, war eine Staubwolke zu sehen, an deren Spitze unzweifelhaft ein anderer pferdeloser Wagen fuhr. Und wie es aussah, war es gar eines von diesen gefährlichen, hochexplosiven Benzin-Mobilen. Der Graf legte Kohle unter den Kessel und erhöhte den Dampfdruck. Diese Herausforderung wollte er gerne annehmen. Das Benzin-Wägelchen kam näher. Doch so leicht gibt ein De Valois nicht auf. Er steigerte erneut den Druck und erhöhte die Drehzahl der Maschine. Doch das Wägelchen kam immer näher, schickte sich gar an, ihn zu überholen. Der schwere Dampfwagen kam gefährlich ins Schlingern und schleuderte, und seine junge Begleiterin bat ihn flehentlich anzuhalten. Doch der Graf schob grimmig Kohle unter den Dampfkessel...

So könnte es gewesen sein, damals im Spätsommer 1893, als sich eher zufällig zwei Automobile auf der Landstraße trafen und das erste Autorennen der Geschichte gegeneinander ausfuhren. Wer die tollkühnen Fahrer waren, und wie das Rennen endete, ist nicht überliefert. Doch das Prinzip des Wettstreits ist im Kern klar und hat bis heute Gültigkeit.

Zwei Männer mit Sportgeist, beflügelt von der Lust an der Geschwindigkeit, beide Herrscher über ein technisches System, über eine Maschine, treten gegeneinander an. Es gilt herauszufinden, wer die bessere Maschine hat, wer sie am besten beherrscht, wer also der mutigere Fahrer ist. Und beide bringen sich dabei mit Leib und Leben in höchste Gefahr.

Ein gefährliches Spiel, möchte man annehmen, erwachsenen, klar denkenden Männern nicht angemessen. Warum tun sie es also, und warum können sie sich von Anbeginn eines großen und begeisterten Publikums sicher sein?

Die Lust am sportlichen Wettstreit, gemessen an der Überwindung eines bestimmten Raumes in möglichst kurzer Zeit, läßt sich mühelos zurückverfolgen zu den urzeitlichen Jägern, die im Wettlauf hinter einer Beute her waren, die dann auf den Rücken eines Pferdes stiegen, einen leichten Wagen anspannten oder sich auf Schiffe setzten. Doch bis zur Goethezeit bildeten diese natürlichen Kräfte das absolute Limit für die Geschwindigkeit der menschlichen Fortbewegung. Erst die Maschine, zunächst die Dampfmaschine und dann der Benzinmotor, hat diese Fesseln gesprengt. Die Lust an der Geschwindigkeit. Rührt daher die große Begeisterung für den Rennsport? Wie sagte schon Mephisto:

> »Wenn ich sechs Hengste zählen kann,
> sind ihre Kräfte nicht die meine?
> Ich renne zu und bin ein rechter Mann,
> Als hätt' ich vierundzwanzig Beine«

Und wie ist es erst, wenn man 180 Pferdestärken hat, komprimiert in einer Maschine? Die Faszination der Technik und die Beherrschung der Maschine durch den Menschen erscheint als Thema faustischer Dimension.

Nun ist Technik per se nichts Schlechtes, sie gehört zur menschlichen Natur seit der Benutzung des Faustkeils und der Erfindung des Rades. Technik definiert das intelligente menschliche Wesen, das im Zusammenspiel von Hand und Hirn, im tatsächlichen Be-greifen, die Grundlagen schuf für ein Überleben gegen die Übermacht der Natur. Die Benutzung der Technik hebt den Menschen vom Tierreich ab.

Die Übermacht der Natur ist inzwischen nahezu gebrochen, und Technik hat unser tägliches Leben allseits durchdrungen. Das fängt mit der Kaffeemaschine und dem Kugelschreiber an, mit dem Kühlschrank und dem Kochfeld, mit dem Staubsauger und dem Wäschetrockner. Was aber soll an einem Wäschetrockner faszinierend sein?

Da muß es mehr geben im Urgrund der Seele, das den Menschen beim Klang eines Zwölfzylinders berührt und beim Anblick zweier Autos, die im Zentimeterabstand bei Tempo 200 durch eine Kurve rasen.

Am 19. Dezember 1893 schrieb der Chefredakteur Pierre Giffard im Pariser *Petit Journal*:

»Haben nicht alle Menschen ein Recht teilzuhaben an den Freuden der Landstraße, an den Genüssen, die das Fahren auf ihr den Menschen bietet? Ein Gefährt, das ihnen diese Möglichkeit verschafft, verdient die Förderung unserer großen Nation. Es ist der mechanisch betriebene Wagen. Das *Petit Journal* hat es unternommen, diese neue, diese revolutionierende Art der menschlichen Fortbewegung, die Ausschaltung des Pferdes, mit allen Mitteln zu fördern. Zu diesem Zweck schreibt das *Petit Journal* einen Wettbewerb aus, der mit einem hohen Geldpreis dotiert ist. Er ist ausgeschrieben für Fahrzeuge aller und jeder Art. Im Frühjahr des Jahres 1894 wird diese Fahrt auf der Strecke Paris-Rouen stattfinden.«

Es war der erste automobile Wettbewerb, das erste Autorennen, das dann am 22. Juli 1894 gestartet wurde. Geschwindigkeit war noch nicht alles, als weitere Sieg-Kriterien galten die Ungefährlichkeit für die Insassen und die leichte Bedienbarkeit ebenso wie die Wirtschaftlichkeit im Unterhalt. Von den 102 Nennungen wurden 21 Wagen zugelassen. Wagen mit Dampfantrieb, mit Benzinmotoren, Elektromobile, Wagen mit Gas- und Preßluftmotoren. Nach 5 Stunden und 35 Minuten, das entspricht etwa einer Durchschnittsgeschwindigkeit von 20,5 km/h, und nach einer ausgedehnten Mittagsrast mit einem opulenten Menü auf halbem Wege, durchfuhr Graf Albert de Dion, genannt *Le Comte Mecanicien*, mit seinem de Dion-Bouton Dampfwagen als erster die Ziellinie, es folgten zwei Peugeot und zwei Panhard & Levassor mit Benzinmotoren. Da die Benzinwagen aber ohne Zweifel ungefährlicher, leichter zu bedienen und dazu wirtschaftlicher im Unterhalt waren, erhielten die beiden Peugeots nach Protest den Siegeslorbeer. Beide wurden von einem Motor nach dem System Daimler angetrieben. Den sechsten Platz belegte ein Benz *Vis-à-Vis-Wagen*, nicht unbedingt zum Vergnügen des Erfinders, denn der warnte schon kurze Zeit später:

»Zu den Gefahren für die Entwicklung des Automobilwesens rechne ich ganz besonders die neuerdings hervortretende Sucht, sich bei Wettfahrten in immer größerer Schnelligkeit zu überbieten, mit Blitzzügen zu wetteifern und dabei leichtfertig das Leben der Fahrenden wie der auf den Straßen verkehrenden Personen zu gefährden.«

Es half nichts. Ein Wettbewerb, ein Rennen nach dem anderen wurde gestartet. Nur in England kam die Automobilbewegung zunächst nicht so richtig voran, besagte doch der *Red Flag Act* von 1865, daß jedes von eigener Kraft bewegte Fahrzeug mit mindestens drei Personen besetzt sein mußte, von denen einer vorweg zu gehen hatte, um mit einer roten Flagge Greise, Kinder und Hunde vor der herannahenden Gefahr zu warnen. Keine guten Voraussetzungen also für Autorennen. In Italien wurde am 18. Mai 1895 eine Wettfahrt von Turin nach Asti ausgetragen, am 24. Mai 1898 schließlich fand auf der 54 km langen Strecke Berlin-Potsdam-Berlin die erste motorsportliche Veranstaltung in Deutschland statt. Bereits 1895 hatte in Chicago Frank Duryea auf einer Eigenkonstruktion das erste Autorennen in den USA gewonnen.

Dem Benzinwagen gehörte die Zukunft. Er war den schweren unbeweglichen Dampf- und den beschränkten Elektrogefährten deutlich überlegen. Der Wettbewerb hieß daher nicht mehr Dampfwagen gegen Benzinmotor, sondern Benzin- gegen Benzinwagen, also *Panhard* gegen *Benz*, gegen *Peugeot* und gegen *Daimler*. Denn die Konkurrenzfähigkeit und die permanente technische Weiterentwicklung konnte sich nur im direkten Vergleich erweisen – und der direkte Vergleich hieß Autorennen. Ohne Autorennen ist der Siegeszug des Automobils nicht denkbar. Den höchsten Werbewert hat der Siegerwagen – und das ist bis heute so geblieben.

Pferde und Kutschen als Insignien privilegierter Stellung waren schon obsolet geworden, als die Züge neben der Landstraße unter dem Hohngelächter des einfachen Volkes die Kutschen überholten.

Das Automobil gab den gehobenen Ständen die individuelle

Freiheit des Fortkommens wieder. Aus dem Herrenreiter wurde der Herrenfahrer, der die Technik unter seine Zügel nahm. Und noch in den 50er und 60er Jahren zügelten in Deutschland Fahrer wie Huschke von Hanstein oder Graf Berghe von Trips lieber die Pferdestärken von Porsche und Ferrari, als die Hengste der väterlichen Zucht.

Das Auto revolutionierte auch die Statussymbole des Besitzbürgertums. Denn mit dem Auto demonstrierten die neuen Herren des sozialen Gefüges, daß sie, auch ohne blaues Blut, Herren über Raum und Zeit waren. Und ihr neuer Held war der Autofahrer, der Sportfahrer, als Avantgarde: der Rennfahrer. Er wurde zum neuen Leitbild der motorisierten Gesellschaft.

Seit der ersten Wettfahrt Paris-Rouen 1894 mit einem Stundenmittel von 20,5 km/h, stieg die Durchschnittsgeschwindigkeit bis zur Jahrhundertwende bei der Fernfahrt Paris-Toulouse-Paris auf 64,5 km/h.

Louis Baudry de Sanier, anerkannte publizistische Autorität des anbrechenden Automobilzeitalters, formulierte die Forderung der Zeit:

»Wir leben in einem positiven, sozusagen mathematischen Jahrhundert, in welchem man nicht mit Gefühlen, sondern mit Gründen rechnet. Seit fünfzig Jahren macht sich nun ein Bedürfnis… immer mehr und mehr geltend…, dessen Befriedigung künftig hin eine Lebensfrage für eine Nation bedeutet: Die Geschwindigkeit.«

1899 durchbrach der belgische Rennfahrer Camille Jenatzy in einem luftbereiften, zigarrenähnlichen Elektromobil namens *Jamais Contente* – Die nie Zufriedene – als erster die Tempo-Hundert-Mauer. Und schon 1909 durchraste der 220 PS starke »Blitzen-Benz« die 200 km/h-Marke.

So entstand unter den Menschen die Liebe zur Geschwindigkeit.

Lange Zeit bedeutete der Begriff *Tempo* in »angemessenem Zeitmaß« und bezog sich hauptsächlich auf die Musik. Erst zur Jahrhundertwende wandelte sich der Begriff in der umgangssprachlichen Bedeutung und wurde zum Synonym für »hohe Geschwindigkeit«. Das Ideal der fortschreitenden Bewegung war also nicht mehr das angemessene Zeitmaß, sondern das der höchsten Geschwindigkeit.

Das war der Verlust der Langsamkeit.

Emil Jellinek, schillernder Geschäftsmann und Generalkonsular an der Cote d'Àzur, erkannte und verknüpfte als erster die Schlüsselargumente von Geschwindigkeit und Kommerz. Zur Rennwoche in Nizza 1900 bestellte er bei Daimler in Cannstatt einen Rennwagen, der 28 PS leistete und schon 80 km/h schnell war – ein Meilenstein in der Geschichte des Automobils. Er war das erste richtige Auto und der erste Rennwagen. Gegenüber den bisherigen kutschenähnlichen Gebilden aus Holz und Winkeleisen war der aus Stahlblech gepreßte Rahmen um ein Viertel leichter. Der 5,9 Liter Motor des Nachfolgemodells leistete unglaubliche 35 PS und machten den Wagen 85 km/h schnell. Jetzt entsprach er Jellineks Wünschen, der seinen Vorstellungen mit einer Sammelbestellung von 36 Exemplaren zum Preis von 550000 Goldmark den genügenden Nachdruck gegeben hatte. Der neue Wagen startete am 25. März 1901, schneeweiß lackiert, zum Rennen Nizza-Salon-Nizza und fuhr mit einem Schnitt von 51 km/h die gesamte Konkurrenz in Grund und Boden.

Der Name des Autos war *Mercedes*. So hieß die Tochter Emil Jellineks, es war seine Bedingung für den finanziellen Einstieg bei Daimler gewesen. Seiner Tochter hatte er damit ein kleines Stück Unsterblichkeit geschenkt und ganz nebenbei eines der erfolgreichsten Markenzeichen geschaffen. Denn die Kunde vom totalen Triumph des Mercedes-Wagens verbreitete sich schneller als ein Automobil fahren konnte.

1910 betrat ein Künstler die Bühne: Ettore Bugatti stellte mit seiner jungen Firma sein erstes Auto vor. Die Bugattis waren bis in die 30er Jahre in allen Renneinsätzen außerordentlich erfolgreich, vor allem durch ihr geringes Gewicht, ihre verhältnismäßig starken Maschinen und ihre technische Perfektion. Und was gut ist, muß auch schön sein, lautete das Credo von Ettore Bugatti. Seine Autos waren nicht nur sündhaft teuer, es waren auch Kunstwerke aus Chrom, Leder, Lack und Stahl. Bugatti baute seine Autos nicht nur nach den technischen Notwendigkeiten, sondern ebenso nach Schönheit und Ästhetik, er umgab sie mit einem Kleid: Bugatti schuf Design. Von seinem Meisterstück, dem *Bugatti Royale*, gebaut 1931, konnten allerdings nur noch sechs Exemplare abgesetzt werden. Denn selbst Könige und Potentaten, für die das schönste Auto aller Zeiten mit einem Radstand von über 4 Metern, 8 Zylindern und 300 PS aus 13 Liter Hubraum bestimmt sein sollte, schreckten vor dem horrenden

Preis zurück. Ohne Sonderwünsche kostete das königliche Gefährt damals 42 000 Dollar, das entsprach etwa dem Preis von zwei hochherrschaftlichen Villen.

Es wäre für die Könige eine gute Geldanlage gewesen. 1987 wurde einer der sechs noch existierenden *Royale* für 16 Mio. Dollar versteigert.

Bugatti macht süchtig. Die Gebrüder Schlumpf etwa, Textilkönige im Elsaß mit mehreren tausend Beschäftigten und 1972 noch unter den zehn reichsten Männern Frankreichs. 1976 waren sie pleite. Denn in aller Heimlichkeit und nur zu ihrem Privatvergnügen hatten sie die größte Bugatti-Sammlung der Welt zusammengetragen und ihre Fabriken verspielt.

Namen aus der Schar der Unbekannten: 1900 verunglückte beim La Turbie-Bergrennen oberhalb Monacos der Werkmeister der Daimler-Werke, Emil Bauer, tödlich. Drei Jahre später starb an der gleichen Stelle Österreichs bester Herrenfahrer, Graf Eliot Zborowski. Es war die Straße, die auch Anfang der 80er Jahre Fürstin Gracia Patricia von Monaco mit ihrem Auto zum Verhängnis werden sollte. 1903, beim Rennen Paris-Madrid rasten die Teilnehmer von einer Katastrophe in die andere. Bei Bordeaux wurde der Wettbewerb abgebrochen. Mehr als acht Tote, unter ihnen Marcel Renault, und zahlreiche Schwerverletzte blieben am Rande der nicht abgesperrten, schlechten und zu schmalen Straßen liegen. Der Sensenmann betritt die Rennstrecke und verläßt sie nicht mehr. Und er schafft einen neuen Mythos: Der Rennfahrer, der um des Sieges willen sein Leben riskiert und mutig dem Tod ins Auge blickt.

Dennoch: Die Fernfahrten wurden fortgesetzt, jetzt auch in Deutschland. Im Sommer 1899 hatte die Fernfahrt Innsbruck-München stattgefunden, gleichzeitig das erste Bergrennen, und der Chronist berichtete begeistert:

»Der unermüdliche Baron De Dietrich hatte seinen Wagen selbst gelenkt. Durch Abirrungen vom Wege verlor er etwa 45 Minuten, die er aber mit seinem 16 PS Rennwagen, System Dietrich-Bollee, wieder gutmachen konnte... Die Fahrer Tochtermann und Bleyer, die einen Gladiator fuhren, waren von der Polizei in Rattenburg wegen Schnellfahrens verhaftet worden und 1 1/2 Stunden im Arrest geblieben. Sie legten später einen Teil mit der Bahn zurück und wurden disqualifiziert. Grassl auf Benz schied nach dem Zusammenstoß mit einem Bierwagen aus.«

So lustig ging es nicht immer zu bei den Fernfahrten, deren legitime Nachfolger dann die *Rallyes* wurden. Über Jahrzehnte hinweg im Schatten der großen, glamourösen Rennereignisse der Formel-Eins-Meisterschaft, gab es nur über einige Jahre Publizität. Der Rallye-Wettbewerb ist weniger spektakulär, es entscheidet nicht nur Geschwindigkeit, sondern vor allem Zuverlässigkeit und in der Frühzeit des Wettbewerbs auch Komfort. Den legendärsten Ruf und die meiste Aufmerksamkeit genießt immer noch die *Rallye Monte Carlo*, schon 1910 initiiert, um reiselustige Herrenfahrer mit einer Sternfahrt ins Kasino zu locken. Und unvergessen sind in den 70er Jahren die Siege des kleinen Davids mit dem quergestellten Motor des *Mini Coopers*, der den Goliaths von Porsche und Lancia so um die Ohren fuhr, daß anschließend die Beatles und selbst Mitglieder des englischen Königshauses sich in das geniale Gefährt zwängten. Der *Mini* wurde zum Kultfahrzeug der Pop-Generation. Eine ähnlich überzeugende Vorstellung von avantgardistischer Technik gelang nur noch Audi mit seinem vierradgetriebenen *Quattro*, der bis Mitte der 80er Jahre kaum zu schlagen war.

Ein verändertes Umweltbewußtsein, das diese Art von Wettbewerb als extrem umweltfeindlich und anachronistisch geißelt, ist einer der Gründe für den Niedergang des Rallyesports. Der Werbewert für die Fahrzeuge ist damit entscheidend abgeschwächt, wird gar kontraproduktiv. Vor allem aber ist der Rallyesport nicht für das Fernsehen geeignet. Dazu sind die sternförmigen Anfahrten zu lang und die Sonderprüfungen für ein Massenpublikum nicht attraktiv genug. Wer will schon ein einzelnes Auto nach dem anderen durch den Dreck driften sehen? Kein Wunder also, daß sich seit Anfang der Neunziger kein namhaftes Werksteam mehr an den WM-Läufen beteiligt. Das gleiche gilt für die einst berühmt-berüchtigten Wüsten- und Safari-Rallyes. Auch hier gelten die gleichen Gründe für den Rückzug der großen Hersteller... Denn welcher Automobilproduzent läßt sich schon gerne vorwerfen, daß er siechende Aidskranke und afrikanisches Elend als pittoreske Kulisse für seine schnellen Autos mißbraucht?

So etwas machen vielleicht Pullover-Hersteller...

Frühzeitig schieden sich deshalb schon die Straßenfahrzeuge von den reinrassigen Rennwagen, die nun auf speziellen, abgesperrten Strecken fuhren und auch nur zu diesem Zwecke konstruiert wurden, das Beste vom Besten verkörpern sollten: Die technische Avantgarde im Automobilbau.

Um die Chancen für alle Beteiligten gleich groß zu machen, wurden schon kurz nach der Jahrhundertwende die ersten Rennformeln eingeführt. Immer wieder geändert und dem aktuellen technischen Stand angepaßt, waren und sind diese Einteilungen immer noch eine enorme Herausforderung für die Konstrukteure und Ingenieure, gilt es doch innerhalb von bestimmten technischen Vorgaben, das Maximum an Leistung aus dem Gerät herauszuholen.

Spezielle Rennstrecken wurden errichtet, auf denen regelmäßig Rennen ausgetragen werden: Monza, Nürburgring, Monthlery, Avus und Le Mans, das Rennen der Superlative mit den höchsten Geschwindigkeiten, den meisten Zuschauern und – den schwersten Unfällen.

Und immer wieder taucht ein Name in der Liste der Rennstrecken auf, ein Name, der einen ganz besonderen Klang hat: Indianapolis.

In den USA ist das Auto zum Vehikel des amerikanischen Traums von Freiheit und Abenteuer geworden, mit ins Unendliche weisenden Straßen, die immer wieder zum Aufbrechen auffordern. Straßen, um die sich Legenden ranken, wie die Route 66, wo Geschichten die Runde machen, von jungen Helden, die mit ihrem frisierten *Thunderbird*, den Kofferraum voll mit schwarz gebranntem Whiskey, dem Sheriff den Auspuff zeigen, Geschichten von nächtlichen Wettfahrten auf der Landstraße um ein Mädchen, Geschichten von illegalen Coast-to-Coast-Rennen. Die literarischen Helden bei Jack Kerouac, John Updike, Tom Wolfe oder Mark Childress leben auf und von der Straße, und Bruce Springsteen setzte ihnen die musikalische Hymne: *Born to run*. Der Held in Hollywood steigt nicht mehr aufs Pferd, sondern in seinen *Ford Mustang* und fährt in den Sonnenuntergang. Der Gute benutzt das Auto als Waffe und schießt den Bösewicht von der Bahn – selbst schon Legende: die Autojagd in *Bullit*. Und: Kein Mythos um James Dean ohne dessen Tod in den Trümmern seines schnellen Porsche in der Wüste.

Die ersten Rennen fanden in Turfstadien statt. Und pragmatisch wie die Amerikaner sind, behielten sie diese Ovalbahnen in der Regel bei. Abschätzig werden sie von den Europäern »Nudeltopfrennen« genannt – doch kommt diese Streckenführung nicht am ehesten dem Circus Maximus entgegen, mit den Wagenrennen, wie wir sie seit *Ben Hur* aus dem Kino kennen? Ist das Oval nicht Rennen pur? Brot und Spiele auf amerikanisch. *Hamburgers and Races.*

Die 500 Meilen von Indianapolis sind inzwischen das größte Sportereignis der Welt mit über 500000 Zuschauern an der Strecke und weltweit Millionen von Fernsehzuschauern. Aber Indy 500 ist eben nicht nur ein Rennen, es ist der gelebte American Way of Life, konzentriert auf ein wildes Wochenende. Mit Marching Bands, Cheer Leaders, Karneval im Mai, mit Eiskrem und massenhaft Dosenbier, mit Hamburger und Bar B-Q, einschließlich der unvermeidlichen Wahl der Miss Wet-T-Shirt.

Neben der einfachen Streckenführung im Oval sorgt das Reglement für Spannung. Die Autos – ob Stock-Cars oder Indy-Car Rennwagen – sind schnell und robust. Raum für High-Tech-Spielereien läßt das Reglement nicht zu. Bei Unfällen oder anderen Komplikationen fährt ein Pace Car, ein Sicherheitsfahrzeug, auf die Strecke, und das Feld hat Gelegenheit, wieder dicht aufzuschließen – die Spannung bleibt erhalten. Deswegen ist die amerikanische Konkurrenz zu Formel Eins, die Indy-Car-Serie, wie geschaffen für ein Fernsehspektakel. Ihr Erfolg liegt aber auch an der Verpflichtung von lateinamerikanischen Fahrern, die in der amerikanischen Bevölkerung neue Zielgruppen erschließen, und, in jüngster Zeit, am millionenschweren Engagement von europäischen und asiatischen Motorenherstellern, die den amerikanischen Automobilmarkt hart umwerben.

Der Sicherheitsstandard für Zuschauer und Fahrer ist in den USA vorbildlich. Regen oder ein schwerer Unfall führen zum sofortigen Rennabbruch. Bereits Ende der 20er Jahre gab es an den Autos Sturzbügel; Helme und Sicherheitsgurte waren Pflicht.

Daneben erstaunt doch immer wieder die Findigkeit der Ingenieure.

Schon 1965 beim 12-Stunden-Rennen von Sebring montierte Jim Hall einen großen Flügel auf seinen Chaparall und nutzte dessen aerodynamische Wirkung. Die Folge waren wesentlich höhere Kurvengeschwindigkeiten, im Oval bis zu 220 km/h. Jim Hall experimentierte noch mit seitlichen Gummischürzen, aerodynamischem Unterboden und separaten Motoren, die das Auto förmlich an die Straße saugten. Der aerodynamische Effekt der Flügel auf die Vorder- und Hinterachsen fand schnell Eingang in die Formel Eins, die Aerodynamik wurde bis heute immer raffinierter weiterentwickelt und mußte durch das Reglement immer wieder beschnitten werden. Trotzdem sind inzwischen Kurvengeschwindigkeiten möglich, die den Fahrer einer vierfachen Erdbeschleunigung aussetzen. Rennfahren ist zum Hochleistungssport geworden:

»Es ist so wie auf einen Trainingsfahrrad. Aber du hast dazu 7-Kilo-Gewichte an jeder Hand und an jedem Fuß. Dazu den Helm auf dem Kopf und du steckst in einem Schwitzanzug. Und nun bewegst du zwei Stunden lang ständig die Gewichte, strampelst dazu und dein Puls ist immer auf 85% des Maximalwertes. Und nicht genug, denn ständig haut dir einer mit dem Hammer auf den Kopf.«

Strömungsgünstige Unterböden, Windleitbleche und Spoiler sind im Rennsport selbstverständlich geworden, sind nützlich und sinnvoll, ein Formel-Eins-Renner ist ohne diese Hilfsmittel gar nicht mehr zu steuern.

Was aber bewegt Tausende von Autofahrern, die schneepflugähnliche Gebilde unter den Kühler ihres Autos schrauben und häßliche Bürzel oder kuchenblechähnliche Gebilde aus Kunststoff ans Heck ihrer Autos kleben, sich alljährlich mit Gleichgesinnten auf Messen treffen und eine florierende Zubehörindustrie am Leben zu erhalten?

Sieht doch gut aus – ist die klassische Antwort – und ist doch keine Antwort. Denn der Spoiler hat weniger technische, denn mystische Aspekte. Der Spoiler befriedigt die Sehnsucht nach Originalität – auch wenn sie von der Stange kommt. Im Spoiler nistet Erotik, er macht das Auto aggressiver. Der Spoiler ist das Pfauenrad am Autoheck und demonstriert Balzverhalten. Der Spoiler bringt seinen Besitzer wenigstens optisch in die Nähe zum Rennauto. Verspricht nicht der Verkaufsprospekt den hohen Imagegewinn durch einen »Frontspoiler mit integrierten Air-in-Takes im Super-Tourenwagen-Cup-Look«?

Die Rennklasse der Tourenwagen gewinnt folgerichtig zunehmend an Beliebtheit. Denn hier sieht man die Autos rennen, die dem eigenen wenigstens noch äußerlich ähnlich sind. Hier gibt es die leichteste Identifikationsmöglichkeit mit der eigenen Marke. Und es ist kein Zufall, daß die *Deutsche Tourenwagenmeister-*

schaft massiv Zuschauer gewonnen hat, seit neben den Nobel-marken Mercedes, Alfa Romeo und BMW auch Opel ins Renn-geschäft eingestiegen ist.

Wechselwirkungen zwischen Straße und Rennstrecke gibt es noch andere. Wer sie hautnah erleben will, soll einfach mal am Sonntag nach einem Formel-Eins-Rennen auf dem Hocken-heimring die vorbeiführende Autobahn benutzen. Und nach ei-nem Polizeibericht ist im Erftkreis um Kerpen seit 1995 die An-zahl der schweren Unfälle mit jugendlichen Teilnehmern signifi-kant gestiegen. Aus Kerpen kommt Michael Schumacher – der Landkreis ist Schumi-Land.

Autorennen als Nachahmungseffekt? Es scheint ja auch so einfach. Autofahren kann jeder. Und es sind keine besonderen Geistesgaben oder überragende körperliche Kräfte nötig, um ein Auto zu beschleunigen. Was hindert, sind die anderen Verkehrs-teilnehmer und die Straßenverkehrsordnung.

Autorennen waren schon immer Ersatzhandlungen, vor allem in der Hochzeit der klassischen Rennwagen, in den 20er und 30er Jahren. Es waren nationale Ersatzkriege, und die Rennwagen de-monstrierten die technische Überlegenheit der jeweiligen Na-tion. Zur besseren Unterscheidung bekamen die Rennwagen entsprechend ihrer nationalen Herkunft Farben zugewiesen. Ita-lienische Autos waren rot, belgische gelb, französische blau, eng-lische grün und deutsche Autos weiß lackiert.

Bis zu jenem 3. Juni 1934 auf dem Nürburgring, wo die neue 750 kg Formel ihre Premiere hatte. Der Mercedes W 25 wird auf die Waage geschoben und der Zeiger pendelt sich unerbittlich bei 751 kg ein. Jetzt ist guter Rat teuer. Da befiehlt der allgewaltige und schwergewichtige Mercedes-Rennleiter Alfred Neubauer: »Der Lack muß ab.«

Stunden später stehen die Mercedes-Wagen im blanken Alu-minium auf der Waage und bleiben mit 749 kg unter dem Limit – das war die Geburtsstunde der Silberpfeile, und deutsche Renn-wagen starteten künftig in Silberlackierung. In den 30er Jahren dominierten sie dann fast alle Rennstrecken.

»Dem Gegner so lange die Stirn bieten, bis unsere Überlegen-heit klar bewiesen ist«, hatte der ›Führer‹ befohlen – er wußte um den propagandistischen Erfolg im Ausland.

Jetzt war es vor allem die Auseinandersetzung zwischen dem Mercedes mit Frontmotor und dem Auto Union mit Heckmotor; es war das Duell zwischen dem Mercedes-Fahrer Rudolf Caracciola und dem jungen Idol Bernd Rosemeyer.

Bernd Rosemeyer war Jung-Siegfried, groß, blond, strahlendes Lächeln. Bernd Rosemeyer war der Liebling der Götter. Doch wen die Götter lieben, der stirbt jung. Bernd Rosemeyer zerschellte am 28. Januar 1938 auf der Autobahn bei Langen-Mörfelden auf einer Rekordfahrt bei mehr als 430 km/h. Seine Heirat mit der populären Rekord-Fliegerin Elly Beinhorn hatte 1936 die Nation bewegt, sogar der ›Führer‹ war unter den Gratulanten gewesen, ein Stück wie aus dem Märchen, ein deutsches Traumpaar und ein frühes Massenidol.

Fast 60 Jahre später heiratete wieder ein deutscher Rennfahrer. Michael Schumacher ehelichte seine Corinna – wieder ein nationales Ereignis, und der Kanzler gratulierte. Michael Schumacher ist inzwischen auch ein Nationalheld, der erste deutsche Formel-Eins-Weltmeister – und das gleich zweimal in Folge.

Seit der Einführung dieses Titels im Jahre 1950 waren deutsche Erfolge selten. Die glorreichen Silberpfeile hatten sich 1954 nach der Katastrophe in Le Mans mit über 80 Toten aus dem Rennsport zurückgezogen. Die große deutsche Hoffnung Wolfgang Graf Berghe von Trips starb 1961 in den Trümmern seines Ferraris in Monza. In den folgenden Jahren dominierten englische, italienische und französische Fahrer, Motoren und Teams auf den Rennstrecken. Noch ist die Formel Eins die technische Avantgarde, und die Massenproduktion profitiert von ihren Innovationen. Scheibenbremsen, Mehrventiltechnik, Einspritzung, Leichtbauweise, Turbolader oder neue Werkstoffe, wie Titan, Keramik und Kohlefaser, sind Techniken, die im Rennsport erprobt wurden. Noch waren es eher kleine Teams und geniale Konstrukteure, wie Colin Chapman bei Lotus, die Erfolg hatten.

Doch Anfang der 70er Jahre beginnt die technische Aufrüstung, die professionelle Vermarktung wird zur Kostendeckung nötig. Neben der obersten Motorsportbehörde FIA bestimmt zunehmend die Vereinigung der Konstrukteure FOCA die Regeln und das Geschäft.

Geburtshelfer dieser Entwicklung ist das Fernsehen. Die privaten, werbefinanzierten Sender erkennen den großen Unterhaltungswert der Autorennen, die nun mit der neuen Satellitentechnik weltweit übertragen werden. Als das Werbeverbot für Zigaretten und Alkohol im Fernsehen einen Erdteil nach dem anderen erfaßt, werden Getränke- und Tabakkonzerne zu einflußreichen Sponsoren.

Einer wehrt sich noch: »Meine Autos sollen nicht aussehen wie rollende Zigarettenschachteln«, befiehlt Enzo Ferrari, aber der Fiat Konzern kauft dann auch seinen Rennstall auf und sichert das Budget. Ferrari ist inzwischen der letzte Wagen, der in der traditionellen italienischen Rennfarbe Rot an den Start geht. Und Ferrari stellt inzwischen als einziges Team ein komplettes Rennfahrzeug, vom Motor bis zur letzten Schraube, auf die Räder. Alle anderen Autos tauchen in jeder neuen Saison frisch lackiert in der Farbe des Sponsors auf, und die Wechsel der Motorenlieferanten sind unterdessen fast so spannend wie die der Fahrer.

Autorennen: Ist es noch Sport oder ist es schon Show, die reine Fernseh-Unterhaltung? Eine Show schon, allerdings mit dem höchsten Kick, den das Genre zu bieten hat: der permanenten Todesgefahr der Protagonisten. Sind Autorennen deshalb Publikumsmagneten, oder sind es einfach zeitgemäße Inszenierungen für ein Massenpublikum?

Auf jeden Fall stimmt die Dramaturgie – ein bißchen nach den Regeln von Aristoteles, aber mehr nach denen der soap opera.

Es gibt den Hauptschauplatz, die Rennstrecke, inzwischen fernsehgerecht nach Art einer Arena gebaut, mit riesigen Tribünen für mehrere hunderttausend Zuschauer. Es gibt die Nebenschauplätze, die Pressekonferenzen und den Kleinkrieg gegen die Konkurrenz im Fernsehinterview, es gibt die Trainingsrunden zur taktischen Verunsicherung, und es gibt die Boxengasse mit Feuerauftritten, wo auch schon mal ein Rennen entschieden oder verspielt werden kann. Auch die Einheit der Zeit bleibt gewahrt. Immer ein Wochenende, mit der dramaturgischen Steigerung vom Training über Qualifying zum Rennen.

Und dann gibt es natürlich die Hauptfiguren, die Helden und die Schurken. Auftritt für den bösen Damon Hill – eine Paraderolle bei dem Vornamen –, der immer wieder versucht, »unseren guten Michael« Schumacher von der Piste zu schießen. Und im verborgenen wirken die häßlichen Intriganten, die Funktionäre, die unseren Helden auch noch der Schummelei bezichtigen. Schumi gegen den Rest der Welt.

Kein Einzelfall, ein paar Jahre vorher hieß der Böse noch Nigel Mansell.

Zur rechten Zeit erscheinen dann die strahlenden Helden, die kometengleich aus dem Nichts kommen und im Zenit verglühen: Ayrton Senna, Gilles Villeneuf oder Jim Clark und Graf Berghe von Trips.

Und schließlich kommen die tragischen Figuren, die ewigen Verlierer, wie der Belgier Willy Mairesse, der einzige Formel-Eins-Pilot, der nicht standesgemäß aus dem Leben schied, sondern sich 1969 das Leben nahm, weil er keinen Vertrag mehr bekam. Und es gibt die Statisten, ohne die nichts geht, die Geld mitbringen, um fahren zu dürfen, die die Bühne füllen und die Kulisse bilden, damit die Helden um so strahlender wirken.

Bestimmt wird das Ganze vom großen Regisseur: Bernie Ecclestone, in Personalunion Chef der Konstrukteursvereinigung und Vizepräsident des Internationalen Motorsportverbandes, ohne den im großen Formel-Eins-Zirkus nichts läuft. Er macht die Termine, bestimmt die Strecken. Er ändert die Regeln, wenn das Spiel langweilig zu werden droht. Als in den 80er Jahren die Eskalation der Leistung bei den Turbomotoren die Formel Eins in eine Krise stürzte, verordnete er Saugmotoren. Als Anfang der 90er Jahre der Computer die Traktion regelte, das Fahrwerk steuerte und den Fahrer zweitrangig machte, griff er ein. Da wurden kurzerhand alle elektronischen Steuerungssysteme verboten. Und zum ersten Mal war das Argument hinfällig, daß die Formel-Eins-Technik auch immer Innovationen zum Vorteil der Serie liefere.

Und über allem thront die große, dunkle Macht: Der Sponsor und der Motorenlieferant, die bei Mißerfolg mit dem Entzug ihrer Gunst drohen. Denn sie bezahlen schließlich die horrenden Summen – inzwischen für ein Top Team um die 190 Mio. DM pro Saison. Und dafür wollen sie Erfolge sehen. Zweiter sein ist nicht genug.

Und so rennen sie alle im Kreis und werden immer weiter rennen. Die Rennteams um Siege für ihre Fahrer, die Motorenhersteller um Erfolge für ihre Marke, die Sponsoren um Wirkung für ihre Produkte und das Fernsehen um die Gunst der Zuschauer.

Dorothea Friedrich
**»Ich war stolz
auf ihn,
also schrie ich«**
Jesse Owens

Hat Adolf Hitler Jesse Owens beleidigt? Dem schwarzen Sieger nicht persönlich gratuliert, während er die weißen Medaillengewinner vor aller Augen in seiner Loge empfing und ihnen die Hand schüttelte? Das Klischee des armen schwarzen Kämpfers, den der mächtige Diktatur mit seiner Verachtung düpierte, lebt mit der Legende von Jesse Owens unverdrossen fort. Jesse Owens wußte, wie es wirklich gewesen war, doch seine pragmatische Intelligenz ließ ihn schließlich mit den Wölfen heulen, heulten sie doch ihm zu Ehren. Der anstrengenden Richtigstellung überdrüssig, gab er seinen Interviewern recht: »Ja, Hitler hat mich links liegenlassen.« Bis er selbst daran glaubte. Und so wurde aus dem Goldmedaillengewinner, dem Mann aus dem Ghetto in Cleveland, der Mann, der Hitler wenigstens moralisch besiegt hatte. Denn mit der überwältigenden Vitalität der schwarzen Athleten, die den »arischen« Sportlern schlicht die Schau stahlen, hatte keiner gerechnet. Und im Grunde hatte Owens recht. Warum sollte er von dem hübschen Gerücht, das amerikanische Sportjournalisten in die Welt gesetzt hatten, nicht profitieren! Die Geschichte Deutschlands muß deswegen sicher nicht neu geschrieben werden.

Das deutsche Publikum liebte Owens. Kaum ging im olympischen Dorf, das nach dem Ende der Spiele zu einem Ausbildungslager für Infanteristen werden sollte, die Sonne auf, warfen schon die ersten Fans ihre Autogrammwünsche durchs Fenster.

Dem Star blieb nichts übrig, als von da an bei geschlossenem Fenster zu schlafen, obwohl er in seiner ersten Nacht nach anstrengender Überfahrt gerade die kühle Luft draußen vor Berlin so tief genossen hatte. Auf der MS Manhattan war er seekrank gewesen. Sein Glück. Andere Athleten überaßen sich am ungewohnt opulenten Buffet, setzten Fett an und versagten im Wettkampf.

Dabei war auch Jesse Owens üppig gedeckte Tische keineswegs gewohnt. Er wurde als dreizehntes Kind am 12. September 1913 in Oakville in Alabama geboren. Seine Eltern waren arme Farmpächter. Nur an Weihnachten gab es Fleisch, schreibt Jesse Owens in einer anrührenden Schilderung seiner Jugend, »Jesse Owens – The Man Who Outran Hitler«, einem von vier autobiographischen Büchern, die er zusammen mit seinem Ghostwriter Paul Neimark verfaßte. Doch tatsächlich vertraute er einem Freund an: »Ganz so schlimm ist meine Jugend auch wieder nicht gewesen. Wir hatten immer zu essen, wenn auch keine Steaks – wer hatte schon welche? –, aber Schinken, Rippchen und Bratensaft.«

Owens' schriftliche Ergüsse sind mit Vorsicht zu genießen. Er veröffentlichte sie zu einer Zeit, als er aus politischen Gründen daran interessiert war, seine Jugend als ganz besonders entbehrungsreich darzustellen, um seinem Aufstieg noch größeres Gewicht zu geben. Mündlich versicherte er: »Ich war das glücklichste Kind der Welt.« Wenn auch kränklich, von Lungenentzündungen geplagt und von seltsamen Wucherungen heimgesucht. Den schlimmsten dieser »Klumpen«, wie er sie nennt, schnitt ihm seine weinende Mutter mit einem Messer aus der Brust. Owens schildert ergreifend diese Operation ohne Narkose, an der er als Fünfjähriger beinahe verblutet wäre. Nach drei Tagen habe ihm sein Vater mit gemeinsamem, verzweifeltem Beten vor dem sicheren Tod gerettet.

Die neun Kinder der Familie Owens, die schließlich am Leben blieben, erlebten durchaus sorglose Sommer, schwammen mit anderen Kindern im Gemeindeteich, gingen mit ihnen auf Stinktierjagd oder spielten Baseball. Auch mit weißen Kindern. Denn Jesse Owens' sorgfältigster Biograph, William J. Baker, hat recherchiert, daß entgegen Owens' und Neimarks Darstellung jener Heerscharen von Schwarzen, die das Land der weißen Besitzer jahraus jahrein beackerten, zur damaligen Zeit lediglich ein

Sechstel der Landbevölkerung um Oakville schwarz war. Es gab unzählige weiße Kleinpächter, die unter ebenso schlechten wirtschaftlichen Bedingungen existieren mußten. Wenn sie auch nicht derselben behördlichen Willkür ausgesetzt waren wie ihre schwarzen Mitbürger.

So resolut und optimistisch Owens' Mutter war, so resigniert und mutlos wirkte sein Vater, der sich für sein hartes Leben täglicher Fron auf ausgelaugtem Boden selbst die Schuld gab. Seine einzige Form des Protests war sein aufreizendes Schneckentempo. Er bewegte sich so langsam, man bemerkte kaum, daß er es überhaupt tat, berichteten ehemalige Nachbarn. Auf Betreiben der Mutter verließ die Familie Oakville. Jesse Owens umgibt auch diesen Entschluß in der Rückschau mit tragischen Ereignissen: Sein Vater habe den Widerstand gegen den Plan der Mutter erst nach dem Selbstmord des Ehepaars Steppart aus der Nachbarschaft aufgegeben. Nach einer anderen Version Owens' brachte sich nur Herr Steppart um, während sie im Kindbett starb. Tatsächlich verließen von 1910 bis in die zwanziger Jahre knapp zwei Millionen Menschen den ländlichen Süden der Vereinigten Staaten. Insektenbefall und Überflutungen der Baumwollfelder hatten die Lage dort noch hoffnungsloser gemacht. Jesses Familie zog nach Cleveland in ein Ghetto, das die Vorstellung jedes Deutschen von einem »sozialen Brennpunkt« weit übertraf. Obwohl auch Weiße dort lebten – Italiener, Ungarn, Slovaken, Rumänen, Griechen und Syrer –, mied es selbst der Ku-Klux-Clan. Owens' erste Spielkameraden waren Polen; er ignorierte ihren Akzent, sie seine Hautfarbe. Das Viertel an der Eastside galt als Hort der Kriminalität, Drogenhandel und Prostitution waren normal. Ein Drittel aller Verhafteten in der Stadt war schwarz. Jesses Mutter wagte sich im ersten halben Jahr nicht vor die Tür und hielt die Läden ständig geschlossen. Dennoch ging es der Familie bald besser. Mutter und Töchter verdingten sich als Dienstmädchen, die Söhne nahmen alle möglichen Gelegenheitsjobs an.

Auf der Fairmount Junior High School begründete Owens zwei der dauerhaftesten Beziehungen seines Lebens: Er lernte Minnie Ruth Salomon und David Albritton kennen. Auch David Albritton war begeisterter Leichtathlet und gewann 1936 die Silbermedaille im Hochsprung. Ruth war hübsch und gefiel allen Jungen. Owens imponierte sie, weil sie immer adrett angezogen war. Kleidung spielte für ihn, der bis ungefähr zu seinem zehnten Lebensjahr nur eine Hose besessen hatte, eine riesige Rolle. Später, auf der Passage nach Bremerhaven, zerstreuten sich die Athleten am letzten Abend mit der Vergabe von Auszeichnungen: Bei der Wahl des »beliebtesten« Mannschaftskameraden kam Owens auf den zweiten Platz, doch haushoher Sieger wurde er in der Kategorie »bestgekleidet«.

Jesse Owens lief seit frühester Kindheit ausgesprochen gern: »Ich habe das Laufen immer geliebt. Ich konnte es nicht sehr gut, aber ich liebte es. Es war etwas, das man ganz allein tun konnte, worüber man die Kontrolle hatte. Man konnte in jede Richtung gehen, schnell oder langsam, wie man wollte, gegen den Wind kämpfen, wenn man Lust dazu hatte, und neue Ausblicke finden nur mit der Kraft seiner Füße und seiner Lungen.« Doch ohne den Mann, den er jetzt traf, hätte es bei aller Liebe zur Bewegung die Sportlegende Jesse Owens nie gegeben. Charles Riley, Sportlehrer an der Fairmount High, entdeckte Jesses Talent. Riley sah aus wie James Joyce, hatte eine scharfe irische Zunge und einen trockenen Humor. Wie alle amerikanischen Lehrer wurde auch er schlecht bezahlt und mußte sich in den Ferien in den üblichen Sommerlagern etwas dazuverdienen. Er hatte eine Tochter und zwei Söhne, die seinen athletischen Ehrgeiz nicht befriedigen konnten: der eine aus Desinteresse, der andere wegen einer angeborenen Behinderung. Riley war der geborene Trainer. Kurzfristige Erfolge oder Niederlagen waren ihm unwichtig. Sein Motto hieß: »Trainiere vom nächsten Freitag an vier Jahre lang.« Von der richtigen Körperhaltung beim Laufen hatte er eine ganz feste Vorstellung, und alle seine Schüler konnten bei Wettbewerben sofort unter all den anderen erkannt werden: der Kopf unbeirrt oben und niemals eine Drehung zur Seite. Um seinem Lieblingsschüler Jesse diese Botschaft verständlich zu machen, lud er ihn geheimnisvoll zu einem sonntäglichen Rennen ein. Es entpuppte sich als Pferderennen. »Was siehst du in ihren Gesichtern?« fragte er Owens. »Nichts«, sagte der wahrheitsgemäß. Am Tag zuvor hatte er ein Rennen knapp verloren. »Du hast versucht, deine Gegner niederzustarren, statt sie niederzurennen«, erklärte ihm Riley seine Niederlage. Er befahl ein Pokerface und untersagte jedes augenrollende Imponiergehabe auf der Aschenbahn.

So erfolgreich Jesse Owens auf der Bahn und in der Weitsprunggrube wurde, so sehr ließen seine schulischen Leistungen zu wünschen übrig. Es konnte gar nicht anders sein. In Oakville war die Schule für Schwarze nur geöffnet, wenn gerade nichts anderes los war. Zur Pflanzzeit und zur Erntezeit: schulfrei. Jesse lernte das Lernen nie. Es sollte sich als sein größtes Handicap erweisen. Abgesehen von Riley war die High School ein Flop. Die Lehrer sahen ihre Aufgabe nur im Drill der Eingewanderten und Zugezogenen. 1930 wechselte Jesse zur East Technical High School, an der zu diesem Zeitpunkt nur fünf Prozent der Schüler Schwarze waren. Riley blieb Owens' Trainer. Das Lesen machte Jesse immer noch Probleme, aber sein rhetorisches Geschick war unüberhörbar. Und es wurde nicht überhört. Die Mädchen flogen auf ihn. Er war athletisch, aber bescheiden, freundlich, aber scheu, arm, aber sauber: eine unwiderstehliche Mischung, befindet William Baker. Ruth blieb Jesses feste Freundin. Zu fest. Das manifestierte sich am 8. August 1932. Da brachte Ruth Salomon nämlich eine gesunde Tochter zur Welt und nannte sie Gloria Shirley, vorläufig Salomon. Für Jesse war Ruths Schwangerschaft ein Schock gewesen. Ein uneheliches Kind nahm damals niemand leicht. Noch in seinen Autobiographien bemühte sich Jesse Owens heftig, den Ablauf der Ereignisse zu vernebeln, und beschreibt minutiös eine romantische Hochzeit bei einem Friedensrichter am Rande einer Landstraße in Philadelphia, wohin David Albritton die beiden Minderjährigen in einem geliehenen Auto chauffiert haben sollte. Ihr Geld habe nach dem Tanken gerade noch für einen Hot Dog für drei gereicht. Erstunken und erlogen! Aber reine Notwehr gegen eine gesellschaftliche Moral, die mit Owens' sexuellem Appetit nicht Schritt halten konnte. Dieser Hunger blieb sein Leben lang. Seine Mannschaftskameraden fragten ihn einmal, weshalb er immer nur die zweithübschesten Mädchen von Partys abschleppe. »Ihr geht mit euren aus, ich gehe mit meinen ins Bett«, war seine entwaffnende Antwort. Was Ruth betraf, so wurde Owens von ihrem wütenden Vater aus der Familie verbannt. Ruth arbeitete weiter in einem Modesalon, und ihre Mutter zog Gloria auf. Jesse Owens lief weiter seine Rennen, gewann und verlor und gewann immer häufiger. Sein Laufstil trieb Sportjournalisten in poetische Ekstase, und daß er so elegant und schnelle renne wie eine Gazelle, war noch die sachlichste Umschreibung. Er hatte das gewisse Extra, einen Magnetismus, der die Zuschauer in den Stadien unweigerlich in seinen Bann zog. Sie konnten die Augen nicht von ihm lassen.

Den größten Triumph seiner Karriere an der East Tech High feierte Owens im Juni 1933 bei der National Interscholastic Championship: Beim Weitsprung gewann er mit einem Sprung von 7 Meter 56. Im 220-Yard-Lauf stellte er einen neuen Weltrekord auf mit 20,7 Sekunden, und im 100-Yard-Rennen stellten seine 9,4 Sekunden den Weltrekord ein. Während Ruth Salomon am folgenden Dienstag ihren Kundinnen im Beauty Parlor die Haare wusch, fuhr Jesse Owens von den Massen umjubelt mit seiner Familie und einigen Freunden im offenen Wagen durch Cleveland und wurde in der City Hall von den Stadtoberen feierlich empfangen.

Seine akademische Nicht-Karriere setzte Owens an der Ohio State University in Columbus fort, wo er für seine intellektuelle Fortbildung wieder die denkbar ungünstigsten Voraussetzungen vorfand. Die wirtschaftliche Depression zwang die Universitäten zum Sparen. Die Ohio State bot daher nur die Hälfte ihres üblichen Lehrprogramms an, während sich die Zahl der Studenten um nur zehn Prozent reduziert hatte. Überfüllte Seminare machten die enge Supervision unmöglich, die Jesse Owens dringend gebraucht hätte. Seine schwarzen Fans waren noch dazu von seiner Entscheidung für die Ohio State mehr als enttäuscht, denn diese Universität galt als rassistisch. Zu Recht. Jesse Owens hatte keine Chance, einen der wenigen Plätze im Schlaftrakt auf dem Campus zu bekommen und zog nach unangenehmer Suche mit einigen anderen schwarzen Athleten in eine Wohnung. Wo sie sich selbst bekochen mußten, denn nicht eins der Lokale an der Hauptstraße hätte sie über die Schwelle gelassen. Rassistisch wie in Mississippi, befanden seine Mitbewohner. Owens wurde Liftboy, wie es bei der Gewährung seines – stark reglementierten – Arbeitsstipendiums vorgesehen war. Liftboy im Lastenaufzug. Der Dienst in den Personenaufzügen war für seine weißen Kommilitonen reserviert. Doch der Gebäudeinspektor mochte Owens und erlaubte ihm Tisch und Stuhl im Aufzug, so daß er während der langen Halte lesen konnte, und gab sogar die Anweisung, das junge Talent bei der Nachtschicht nicht allzu sehr zu stören. Anderswo verdiente Owens mehr Geld: Der Hochschultrainer schickte ihn zu Schulveranstaltungen, wo er die Vorzüge der Ohio State pries. Owens lernte rasch, seine Grammatik zu verbessern und seine mangelnde Erfahrung mit Anekdoten, Charme und Witz wettzumachen, eine Überlebensstrategie, die er für alle Zukunft verinnerlichte. Für jeden Auftritt bekam er fünfzig Dollar.

Im Frühling 1934 erhielt er einen neuen Coach. Larry Snyder war kaum zehn Jahre älter als er und hatte wegen einer Verletzung eigene Olympiahoffnungen aufgeben müssen. Snyder war kein väterlicher Mentor wie Riley und änderte gleich Owens' Körperhaltung: Beim Sprint hatte sich Owens eine eigenartige Handbewegung angewöhnt. Snyders Einstellung zu Schwarzen war ambivalent. Tief in seinem Herzen war er von einem unterschiedlichen Zellenaufbau der weißen und der schwarzen Rasse überzeugt, auch wenn ein Clevelander Röntgenarzt, zu dem man Owens einst geschickt hatte, keinen Unterschied hatte feststellen können. Aber noch in den vierziger Jahren konnte der kalifornische Leichtathletiktrainer Dean Cromwell ungebremst von politischer Korrektheit erklären, die Schwarzen seien deshalb besser, weil für sie wie für alle Primitiven das Springen und Rennen vor nicht allzu langer Zeit im Dschungel lebenswichtig gewesen sei. William Baker zitiert den Trainer der Unimannschaft von Pennsylvania – »Owens hat die tadellosesten Beine, die ich je gesehen habe. Sie würden jeden Bildhauer inspirieren« – und findet, sogar ein solches Kompliment schmecke ungut nach Rassismus. Snyder erwartete Gehorsam. Jesse gehorchte. Snyder verstand es geschickt, das öffentliche Interesse an Owens anzuheizen und organisierte zu diesem Zweck immer wieder spektakuläre Rennen. Im Februar 1935 besiegte Owens endlich zum ersten Mal seinen starken Konkurrenten Ralph Metcalfe. Jesse Owens im Rückblick: »In Bewegung sein, mich bewegen, das war es, was mich ständig antrieb. Meine Lust an der Bewegung machte das Rennen so natürlich für mich in all diesen langen Stunden und Jahren des Trainings, die man da hineinsteckt. Ich haßte es ganz einfach, still zu sitzen oder zu stehen.«

Zu internationalem Ruhm gelangte der fast Zweiundzwanzigjährige am 25. Mai 1935 beim Big Ten Championship in Ann Arbor. Owens brach innerhalb einer einzigen Stunde drei Weltrekorde und stellte einen ein, sogar in seiner sonst schwächsten Disziplin, dem 220-Yard-Hürdenlauf. Die zwölftausend Zuschauer waren hingerissen. Zu seinen Siegen gehörte an diesem

Tag wie oft auch in Zukunft der dramatische Kitzel des Beinahe-Nicht-Auftreten-Könnens. Diesmal war es ein verletzter Rücken. Owens mußte verschiedene heiße Bäder und Massagen nehmen, bevor er in den Wettkampf gehen konnte. Doch einem Interviewer sagte er: »Nach dem Aufwärmen für den ersten Sprint habe ich den ganzen Tag keinen Schmerz mehr gespürt. Ich ging los wie ein Gewehr. Meine Knie arbeiteten perfekt, meine Arme gingen synchron mit meinen Füßen. Die Körperhaltung, für die wir so hart gearbeitet hatten, war einfach da.« Und er manipulierte schon klug die Erwartung der Zuschauer: Ein Freund möge doch bitte ein Taschentuch an die 26-Fuß-Marke legen. Ohne sichtbare Anstrengung sprang er ab und schwebte einige Zoll über dem Tuch. Das war der Weltrekord. Owens verzichtete auf eine Wiederholung, um seinen Rücken zu schonen.

Die Hysterie der Fans war noch steigerungsfähig. Wer kein Autogramm bekommen hatte, schwärmte davon, Owens wenigstens kurz berührt zu haben. Etwas länger berührte ihn die zu den oberen Zehntausend gehörende Quincella Nickerson in Los Angeles, Tochter eines reichen Vaters. Sie war schwarz, ausgesprochen schön, makellos angezogen und sehr verliebt. Die Paparazzi erwischten sie beim Juwelier, wo sie Eheringe betrachteten. Ruth war ganz und gar nicht amused. Ihren Brief mit der Androhung einer Klage wegen gebrochenen Eheversprechens nahm Owens noch leicht und zeigte ihn sogar seinen Freunden. Ein Telefongespräch mit der wütenden Mutter seiner Tochter irritierte ihn schon etwas mehr. Und am nächsten Morgen überzeugte ihn die Botschaft eines übernächtigten Journalisten aus Cleveland endgültig: Entweder er heirate Ruth – oder das Bild ihres gemeinsamen Kindes werde am Wochenende auf dem Titelblatt der Zeitung erscheinen. Jesse ging zitternd in den Kampf und verlor alle Wettbewerbe. Am 5. Juli 1935 heiratete er Ruth im Wohnzimmer ihrer Eltern. Gleich am nächsten Morgen reiste er wieder ab. In der Woche danach wurde er dreimal von seinem Rivalen Eulace Peacock geschlagen.

Dann drängten sich andere Probleme in den Vordergrund: Die Amateurunion der Athleten, AAU, machte ihm Probleme wegen seines Amateurstatus. Er hatte zu lange als Liftboy pausiert und trotzdem 159 Dollar erhalten, eine Nichtigkeit. Doch Owens hätte sie die Olympiateilnahme kosten können. Man ließ ihn schließlich laufen mit der bizarren Begründung: »Wir konnten nicht feststellen, daß Owens wegen seiner athletischen Fähigkeiten bezahlt wurde.«

Doch dann bewegte eine ganz andere Diskussion Amerika: Sollte man die Olympischen Spiele im Berlin der Nazis boykottieren? Das Olympische Komitee war nicht der Meinung und schickte Kontrolleure nach Deutschland, die nachsehen sollten, ob es mit der Judenverfolgung wirklich so schlimm sei. Einer von ihnen war Avery Brundage. Er empfahl die Teilnahme. Jüdische Organisationen beschuldigten ihn der politischen Naivität. Schwarze Athleten aber meinten: »Wir wollen die Nazis schlagen.« Der Boykott wurde aufgegeben, und Owens arbeitete weiter an seinem guten Ruf: Bei einem 50-Yard-Sprint zerbrach Eulace Peacocks Startblock, und er sah dem davoneilenden Owens nur noch frustriert hinterher. Owens kam zurück und bestand auf einer Wiederholung. Peacock gewann deutlich. Doch die Lorbeeren erntete Owens. Endlich gab es auch keinen Zweifel mehr an seiner Teilnahme an den Spielen in Berlin. Neunzehn schwarze Sportler hatte sich insgesamt qualifiziert. Und nachdem der Boxer und Publikumsliebling Joe Louis von Max Schmeling besiegt worden war, setzten die Schwarzen ihre ganze Hoffnung auf Owens. Am 15. Juli 1936 legte die M.S. Manhattan endlich in New York ab.

Unter den Linden wurden die Athleten von den Berlinern begeistert begrüßt: Larry Snyder hatte unnötig vor einem kalten Empfang gewarnt. Auf Owens konzentrierte sich von Anfang an das Interesse. Der sah im olympischen Dorf fünfzehn Meilen vor Berlin, wo die Männer wohnten, den ersten Fernseher seines Lebens. Am ersten Tag erwachte er bei schönstem Sonnenschein, doch vom zweiten Tag an regnete es ununterbrochen zwei Wochen lang. Da trösteten die Heiratsangebote, die ihm Frauen unter der Tür durchschoben, nur wenig.

Bei der Qualifikation zum Weitsprung gehorchte Owens wieder dem Gesetz der spannungsgeladenen Dramatik: Er lief nach amerikanischer Sitte durch die Grube, um sie für sich zu erobern – und mußte zu seinem Schrecken feststellen, daß dies als Fehlstart bewertet worden war. Nervös verpatzte er auch den zweiten Test (»Hitlers Herrenrassetheorien hatten mich plötzlich so wütend gemacht«). Da kommt Lutz Long, deus ex machina, groß und blond, nimmt den Schwarzen kollegial bei der Hand,

Abb. 13: James Cleveland (Jesse) Owens (1913-1980),
vierfacher Olympiasieger 1936 in Berlin.
Er gewinnt die Goldmedaille im Weitsprung
mit dem neuen olympischen Rekord von 8,06 m.
Ullstein Bilderdienst, Berlin.

verrät ihm einen kleinen Trick, Owens springt und hat sich qualifiziert. »Lutz Long wurde einer meiner besten Freunde«, behauptete Owens in der ihm typischen Übertreibung. Wenn das
wahr gewesen wäre, hätte er bei seiner angeblichen Begegnung
mit Lutz Longs kleinem Sohn nicht erst 1951 erfahren, daß Long
im Zweiten Weltkrieg gefallen war. Tatsächlich hat niemand eine
Annäherung der beiden Sportler während der Qualifikation beobachtet. Und doch ließ auch Berlin den faszinierenden Läufer
nicht aus den Augen, der eine unwiderstehliche Mischung aus
Zuversicht und Demut ausstrahlte. Regen und Kälte zum Trotz
waren immer mindestens 100 000 Zuschauer im Stadion und bewunderten die Läufer, die sich selbst mit kleinen Kellen die Startlöcher – Blocks gab es nicht – graben mußten, aber dann mit ihren von Wasser vollgesogenen Schuhen Rekorde liefen. Und
Jesse Owens' Berlinrekorde waren phänomenal.
    Am ersten Nachmittag der Spiele gratulierte Hitler persönlich
den beiden Deutschen Tilly Fleischer und Hans Woellke zu ih-

ren Medaillen, außerdem einem finnischen Sportler, nicht aber Cornelius Johnson, dem Hochspringer. Es hatte zu regnen begonnen, und Hitler verließ das Stadion. Erst am nächsten Tag gewann Owens seine erste Goldmedaille, und da hatte der Präsident des Internationalen Olympischen Komitees Henri de Baillet-Latour aus Belgien längst gegen Hitlers Alleingänge protestiert – alle oder keiner! Hitler gratulierte in der Öffentlichkeit gar keinem mehr.

Jesse Owens brauchte das Stadion nur zu betreten, und schon galten·ihm Ovationen. An Hitler wollte er gar nicht mehr denken. »Ich sah die Ziellinie und wußte, zehn Sekunden würden die Krönung von acht Jahren sein. Ein Fehler konnte acht lange Jahre ruinieren. Also, warum sich ausgerechnet um Hitler Gedanken machen?« Er lief hundert Meter in 10,3 Sekunden – das Stadion brach in Beifallsstürme aus, wie sie sogar in diesen applausfreudigen Tagen kaum zu hören waren, schrieb der schwarze Korrespondent des *Chicago Defender*. Auf dem Siegerpodest stand ein zutiefst gerührter Jesse Owens: »Meine Augen verschwammen, als ich die Nationalhymne hörte, erst leise und dann immer lauter, und dann wurde die amerikanische Flagge gehißt.« Bei der Rückkehr von einem Interview glaubt er Hitler zu sehen, wie der ihm winkt und zulächelt und winkt zurück – Owens, der Dichter, Dichtung und Wahrheit, jedesmal eine andere. Im gültigen Wettkampf sprang Jesse Owens acht Meter sechs, Lutz Long sieben Meter 87. Arm in Arm liefen sie dann zu den Umkleidekabinen. Das Publikum riß es von den Bänken. Abends unterhielten sich die beiden jungen Familienväter lange miteinander. Owens Jahre danach: »Wir waren einfach zwei verunsicherte junge Männer in einer unsicheren Welt.«

Wie stets vollkommen mit sich im reinen beobachtete auch Südstaatler Thomas Wolfe die Spiele. Als Owens den 200-Meter-Lauf in 21,1 Sekunden gewann, ließ Wolfe einen Begeisterungsschrei los, der angeblich sogar Hitler indigniert blicken ließ. Wolfe rechtfertigte sich – vor sich selbst? »Owens war schwarz wie Teer, aber was zum Teufel sollte es! Es war unsere Mannschaft, ich fand ihn wunderbar, ich war stolz auf ihn, also schrie ich.«

Das amerikanische Olympiakomitee vermarktete seine Gewinner, sobald der letzte das Siegertreppchen hinuntergeklettert war. Der reinste Wanderzirkus begann. Dresden, Köln, Prag, Bochum und schließlich London. Die müden Athleten wurden unter ärmlichen Umständen von Stadt zu Stadt gekarrt. Ob er viele Autogramme gegeben habe, wird Owens gefragt. »Wenn ich für jedes einen Penny bekommen hätte, bräuchte ich mein Leben lang nicht mehr zu arbeiten«, sagte Owens halb stolz, halb verbittert. In London beschloß er, die Truppe zu verlassen und nach Amerika zurückzufahren. Larry Snyder unterstützte ihn. Owens hatte lukrative Angebote bekommen, wie er meinte, vor allem aus dem Showbiz; alle sollten sich als Seifenblasen entpuppen. Vergeblich versuchten ihn die Verantwortlichen zum Bleiben zu bewegen. Jesse fuhr und eroberte auf der Rückfahrt eine englische Blondine. Das Komitee aber erkannte ihm sofort den Amateurstatus ab. Es gab kein Zurück mehr. In New York erwartete ihn seine Familie, die nur durch den Druck eines Clevelander Stadtrats in ein Hotel aufgenommen worden war. Owens unterschrieb beim Agenten des Entertainers Bill »Bojangles« Robinson, einem knapp sechzig Jahre alten Steptänzer und Nachtklubsänger, der seine Sportlichkeit erst wenige Jahre zuvor eindrucksvoll bei einem 100-Yard-Rückwärtslauf bewiesen hatte, wo er zwei von drei New York Yankees schlug. Unerwartet eisig der Empfang der Sieger in Harlem. Owens saß als einziger Schwarzer im ersten Wagen der Parade (während seine schwarzen Kameraden auf die letzten Wagen verteilt waren), neben dem weißen Boxer Jack Dempsey, der sich immer stur geweigert hatte, gegen einen Schwarzen zu boxen. Das konnten ihm die Harlemer nicht vergessen. Kein Beifall für Dempsey, kein Beifall für Owens. Auf den machte all das allerdings nicht den geringsten Eindruck. Von der Wilberforce Uni erhielt er das seriöseste Angebot, eine Stelle als Trainer, aber er verwarf es, denn er hätte selbst erst noch ein Jahr lang zur Uni gehen müssen. Der Job hätte eine solide Basis für die Zukunft bedeutet.

Die Gegenwart bröckelte. Ein potentieller Schaukampfgegner nach dem anderen beugte sich dem Druck des Olympischen Komitees und sagte ab. Owens kroch zu Kreuze, doch das Komitee stand seinem erfolgreichsten Gewinner unversöhnlich gegenüber. Es war alles in den Akten.

Owens beginnt das Leben, das er von nun an führen sollte: Er reiste im eigenen oder im fremden Auftrag durch die Lande, sprach über seine sportlichen Erfolge, über Hitler (»ein Mann von Würde«), über sich oder seine Auftraggeber. Der republikanische Präsidentschaftsanwärter Alf Landon engagierte ihn als

Wahlkampfhelfer, Sportjournalisten wählten ihn zum Sportler des Jahres. Einer von ihnen, Paul Gallico, formulierte die Wahrheit: »Der schwarze Sportler war durchaus ein mündiger Staatsbürger und wahrer Amerikaner, aber außerhalb des Sports blieb er eben nichts als ein Nigger, den man lieber nicht um sich hatte, denn er bedeutete ein Problem.« Seinem Entdecker Charles Riley schenkte er einen neuen Chevrolet. Dachte Riley, doch der Wagen war nur anbezahlt, und ein zutiefst trauriger alter Lehrer kämpfte jahrelang mit Enttäuschung und Ratenzahlung.

Owens lief gegen Pferde, gegen Boxer, veranstaltete Teenagerwettkämpfe, arbeitete als Modeverkäufer und als medizinischer Ratgeber – die ihn begleitende Krankenschwester wurde prompt schwanger, die Rundreise zu armen Frauen mit dem Thema »Geburt« schleunigst abgebrochen. Ford stellte ihn als PR-Mann ein, der auch Mittelsmann zu den schwarzen Arbeitern sein sollte. Republikanische Politiker verpflichteten ihn. Im Zweiten Weltkrieg – als dreifacher Familienvater wurde er nicht eingezogen – leitete er das nationale Fitneßprogramm für die Schwarzen; die Weißen hatten einen anderen Vorturner. Er war vollkommen abhängig von den Angeboten, die andere an ihn herantrugen, aber er verdiente gut und noch besser, sobald die amerikanische Gesellschaft seinen Nutzen als Vorzeigeneger erkannt hatte, der nicht nur als Gegengewicht zu den radikaler werdenden Schwarzen unersetzlich wurde. Sondern auch als Beweis für das überlegene System des Kapitalismus. Es herrschte Kalter Krieg. Und Owens kämpfte unermüdlich für sich und eine, seine bessere Zukunft. 1956 bat man ihn, als persönlicher Repräsentant des amerikanischen Präsidenten nach Melbourne zu fahren. Die Zeiten hatten sich wirklich geändert. Sein schlichtes Credo, dem auch heute Sozialwissenschaftler gerne folgen, die wie Owens einen Job an der Schnittstelle zwischen Sport und politischer Verwaltung suchen: »Treibt Sport, und ihr werdet nicht kriminell. Ihr lernt, euch an Regeln zu halten und die Rechte anderer zu achten.« Ihn selbst hinderte das nicht daran, Steuerschulden aufzuhäufen, die ihn beinahe ins Gefängnis gebracht hätten.

Wirklich ans Herz gewachsen waren ihm seine Rekorde, und er durchlebte den Abschied von jedem einzelnen von ihnen als absolut traumatisch. Erst 1975 geschah dies zum letzten Mal. »Das ist, als würde man ein Familienmitglied verlieren.« Die Wohlfahrtsprogramme Kennedys und Johnsons verachtete er:

»Niemand hat jemals Größe erreicht in der Athletik oder sonstwo, wenn ihm seine Gesellschaft und seine Regierung sagten: Hier kriegst du etwas für nichts.«

Auch die Spiele in Mexiko besuchte er in offizieller Funktion: Dort mußte er eine politische Demonstration miterleben, die den Konservativen tief schockierte. Die Sprinter Tommie Smith und John Carlos, die Gold und Bronze im 200-Meter-Lauf gewonnen hatten, nahmen die Ehrung ohne Schuhe, in schwarzen Strümpfen entgegen; Smith hatte einen schwarzen Schal um den Hals geschlungen. Als die amerikanische Nationalhymne gespielt wurde, senkten sie die Köpfe und hoben ihre schwarz behandschuhten Fäuste. Ein unvergeßliches Bild. In der Folge schrieb Owens mit seinem Ghostwriter Paul Neimark »Blackthink«: »Diese zornigen jungen Männer schwarzer Hautfarbe heizen das Klima an. Sie sind berufsmäßige Hasser, leben garantiert in teuren Apartments, speisen in teuren Restaurants und sondern sich auf dem Campus ab. Es reicht ihnen nicht, die besten Unis der Welt zu besuchen. Sie möchten sie auch leiten, ihre Lehrer selbst bestimmen, dem Präsidenten sagen, welche Kurse unterrichtet werden sollen. Wenn sie nicht ihren Willen kriegen, werfen sie Bomben auf den Campus oder brennen die Bibliotheken nieder.« Die Weißen lobten das Buch über alle Maßen, doch die Schwarzen verurteilten Owens' mangelndes Gespür für rassistische Tatsachen. Owens aber erhielt viele neue Aufträge zu Firmenrepräsentanzen: Sears, United Fruit, Ford, Johnson & Johnson und andere wollten ihn haben. 1972 in München mußte er sich erneut über aufmüpfige Schwarze auf dem Podest ärgern; Vincent Matthews und Wayne Collett standen desinteressiert herum, während ihre Hymne spielte, stemmten die Hände in die Hüften und plauderten. Owens als Vermittler erweckte nur ihren bitteren Hohn. Doch in den USA verlieh ihm ein Präsident nach dem anderen irgendwelche Auszeichnungen.

In den Siebzigern zog er nach Phoenix ins warme Arizona. 1973 empfahl er einem vielversprechenden Zwölfjährigen: »Hab Spaß dran, zu laufen und zu springen, aber nimm dir nicht zuviel vor.« Der Junge war Carl Lewis.

Gesundheitlich ging es ihm plötzlich schlecht. Man diagnostizierte Lungenkrebs. Auf dem Sterbebett mischte er sich in die neueste Boykottdiskussion ein – Moskau wegen Afghanistan, ja oder nein? »Der Weg zu den Olympischen Spielen führt nicht nach Moskau. Er führt in keine Stadt, kein Land, geht weit über Lake Placid hinaus oder Moskau, das alte Griechenland oder Nazideutschland. Der Weg zu den Olympischen Spielen führt letzten Endes zum Besten in uns selbst.« Am 31. März 1980 starb er. Arizona hielt einen Staatstrauertag ab.

Sabine Horst
**Vom Champion
zum Filmstar**
Johnny
Weissmuller

Das Bild von Johnny Weissmuller scheint so rückstandslos zur Ikone geronnen zu sein, wie kaum eines der Bilder, die Hollywood von seinen Stars dem Publikum überliefert hat: Der Mann und sein Image sind bis zur Ununterscheidbarkeit miteinander verschmolzen. Wer hinter der öffentlichen Person steckte, was den wirklichen Weissmuller bewegte, ist heute kaum noch herauszufinden. Es gibt keine Biographie, die seine Vita so vorbehaltlos sezierte wie etwa die Lebensläufe von Marilyn Monroe, Liz Taylor oder Rock Hudson beleuchtet worden sind. Der einzigen Chronik, 1964 von Narda Onyx in Zusammenarbeit mit Weissmuller verfaßt und unter dem hübschen Titel »Water, World and Weissmuller« erschienen, ist vor allem daran gelegen, die Vorstellung vom »all american boy« zu bestätigen. Über vierhundert Seiten hinweg firmiert der Protagonist des Buches immer nur als »Johnny«, und schon diese Verkleinerungsform seines Vornamens deutet die Tendenz an: Der immerhin sechsmal verheiratete Schwimmchampion und Schauspieler, der im Laufe seiner Karriere die ganze Welt bereist, diversen Staatsoberhäuptern die Hände geschüttelt und ein Vermögen durchgebracht hat, erscheint hier als ideale Verkörperung des aufrichtig-unschuldigen amerikanischen Kindmannes – ein »Forrest Gump« vor »Forrest Gump«, ein ingénue qua Charakter.

Wenn man sich nicht auf die autorisierte, geglättete Darstellung von Onyx verlassen will, so wird die Quellenlage noch uneindeutiger. Zeitungsartikel, Film- und Sportgeschichten bieten schon mindestens fünf Geburtsorte zur Auswahl an: Chicago, Windber/Pennsylvania, Windsor/Connecticut, Wien und sogar das seinerzeit ungarische Temesvar – wobei die europäischen Chronisten eine Neigung zeigen, Johnny als Janos rückwirkend wieder einzugemeinden. Die Zahl von Weissmullers Weltrekorden changiert zwischen 22 im Sport-Brockhaus und 67 laut Selbstdarstellung; der wievielte Film-»Tarzan« er war, scheint niemand recht zu wissen; und zumal die Berichterstattung hierzulande, die bis in die Achtziger hinein die deutsche Schreibweise seines Nachnamens der amerikanischen vorzog, strotzt von Ungereimtheiten. Johnny Weissmuller ist kein Teil der Geschichte, sondern der Populärkultur – und die zieht nun einmal das Hörensagen, das Ungefähr der Legende dem belegbaren Faktum vor.

Der Legendenbildung mag es entgegengekommen sein, daß die Jugend des 1904 geborenen Peter John Weissmuller einem klassischen Muster, dem des Aufstiegs »from rags to riches«, folgte. Seine Eltern gehörten zu jenen Immigranten, für die der amerikanische Traum sich nicht erfüllt hatte. Der Vater zog sich als Bergarbeiter in den Minen von Pennsylvania eine Tuberkulose zu, versuchte sich später in Chicago als Geschäftsmann, war aber bald kaum noch fähig, seine Familie zu ernähren. John, der älteste von zwei Söhnen, kein glänzender Schüler und beständig von plötzlichen Ohnmachtsanfällen geplagt, verbrachte seine Zeit im Kino oder auf der Straße und entging nur knapp einer Karriere als outdrop. So erinnerte sich der gealterte Star:

»Vor dem Schwimmen war nichts – nur Überleben... Ich mußte die Schule verlassen, nachdem mein Vater gestorben war. Wissen Sie, man bekommt Wut im Bauch, wenn man versucht, die Armut zu besiegen und ihre unvermeidliche Begleiterscheinung – die Unwissenheit. Ich sagte mir selbst, ich werde herauskommen aus dieser Nachbarschaft... Ich habe mir den Weg aus der Dunkelheit gekämpft. Vielleicht ist es dieser Drang, sich selbst und seine Umgebung zu bessern, der aus einem weniger glücklichen Jungen einen Champion macht – im Gegensatz zu dem, der, wie man so sagt, mit dem Silberlöffel im Mund geboren ist.«

Der Sport, der ihm wegen seiner schwächlichen Konstitution

von einem Arzt verordnet worden war, brachte für den jungen Weissmuller die Wende. Er habe sich, hieß es später, sofort in seinem Element gefühlt – niemand habe ihm das Schwimmen beibringen müssen. Und er selbst meinte, ganz im Einklang mit der Fama, es sei wohl ganz natürlich so gekommen.

Die Laufbahn des Sportlers ist in den USA bekanntermaßen zu einem der klassischen Aufstiegswege für ethnische Minderheiten, für Einwanderer und sozial Benachteiligte geworden. Seinerzeit, um die Jahrhundertwende und zwischen den Kriegen, waren das Leichtathleten wie A. E. Kraenzlein, Bob Cousy im Basketball, legendäre Baseballspieler wie Lou Gehrig oder Babe Ruth, der als Georg Hermann Ehrhardt in Baltimore zur Welt gekommen war. Und natürlich Johnny Weissmuller, der mit sechzehn Jahren, nach unzähligen Runden im Michigan-See, von dem Schwimmtrainer William Bachrach entdeckt und in den renommierten Illinois Athletic Club aufgenommen wurde.

In »Water, World and Weissmuller« taucht »Big Bill« Bachrach als eine jener väterlichen Trainerfiguren auf, wie sie später zahllose Sportlerfilme bevölkern sollten – lebensklug, von rauher Herzlichkeit und professionell. In Weissmuller erkannte er einen ungeschliffenen Diamanten: Der junge Mann war zwar schnell und hatte den schlanken Körperbau, den Bachrach bei seinen Schwimmern favorisierte, verfügte als Autodidakt aber, wie der Trainer bemerkte, über den »miesesten Schlag der Welt«. Nach dem Vorbild indianischer Schwimmer brachte Bachrach ihm jene Freistil-Technik bei, die schließlich als »american crawl« bei den Olympischen Spielen von 1924 so erfolgreich sein sollte. Die Schwerarbeit wird dabei von den Armen geleistet; die Beine, die – anders als bei dem damals gängigen australischen Schlag – aus der Hüfte heraus bewegt werden, dienen im wesentlichen dazu, den Körper in Position zu halten. »Alles, was schnell ist, schwimmt oben«, lautete Bachrachs Credo, und nie hatte ein Schwimmer so hoch im Wasser gelegen wie Weissmuller, das »menschliche Luftkissenboot«. Im übrigen scheint sich Bachrachs Programm durch eine gewisse Nonchalance ausgezeichnet zu haben. Er hielt eine entspannte Haltung im Wasser für wichtiger als strenge Diätvorschriften und glaubte, daß physische Fitneß mit einer normalen Lebensweise, der täglichen Routine seiner Schwimmer, durchaus vereinbar sei. Obwohl

Weissmuller bereits im Trainingsbecken Rekordzeiten geschwommen hatte, ließ Bachrach seine Karriere langsam angehen. 1921 absolvierte Weissmuller seinen ersten Wettkampf in einer Jugendausscheidung – den einzigen, den er je verlor –, gab sein offizielles Debüt im Duluth Boat Club und schwamm seinen ersten registrierten Weltrekord über 150 Yards in Brighton Beach, New York. 1922 dann setzte er in Alameda die Marke, die ihn berühmt gemacht hat; als erster Mensch schwamm er die hundert Meter Freistil in weniger als einer Minute. Genauer: in 58,6 Sekunden, was gar nicht so leicht zu ermitteln war, denn das Rennen fand in einem Hundert-Yards-Becken statt.

Die zwanziger Jahre, in denen Weissmuller seine Erfolge als Amateur feierte, hat man auch die goldenen Jahre des amerikanischen Sports genannt. Gert Raeithel schreibt in seiner »Geschichte der nordamerikanischen Kultur«:

»Nach dem Ende des Ersten Weltkriegs brach ein wahres Sportfieber aus. Viele waren in der Armee an sportliche Betätigung herangeführt worden. Sport konnte bei zunehmender Urbanisierung als eine Art Ersatzfrontier interpretiert werden. Verschiedene Sportarten wurden durch das Radio populär gemacht.«

Der amerikanische Schwimmsport war 1924, bei der Olympiade in Paris, auf seinem Höhepunkt. Das von Bachrach geführte und vom Illinois Athletic Club dominierte US-Team – darunter die hawaiianischen Kahanamoku-Brüder, Robert D. Skelton und Fred Lauer – rangierte mit dreizehn goldenen, neun Silber- und acht Bronzemedaillen an erster Stelle; es folgten, weit abgeschlagen, Großbritannien und Australien mit einem Medaillenspiegel von 1-2-1. Schwimmerinnen waren die ersten Athletinnen, die überhaupt zu Olympischen Spielen zugelassen wurden, und amerikanische Meisterinnen wie Sybil Bauer, Martha Norelius und Gertrude Ederle öffneten den Leistungssport für die Frauen. Weissmullers Siege haben Sportgeschichte gemacht. Er schwamm die hundert Meter Freistil in 59 Sekunden und verwies den voraufgegangenen zweifachen Olympiasieger Duke Kahanamoku mühelos auf den Rang; außerdem siegte er mit neuem olympischen Rekord über 400 Meter, führte als Schlußschwimmer die Staffel über 800 Meter zum Sieg und errang mit der Wasserballmannschaft eine Bronzemedaille. 1928 in Amsterdam zogen die anderen Nationen zwar nach, aber immer noch war Weissmuller der Star im Schwimmstadion: Er gewann erneut Gold über die 100 Meter und die 800-Meter-Staffel. Für die vierhundert Meter war er in diesem Jahr nicht angetreten – Bachrach hatte seine Meldung zurückgezogen, weil er ihn fürs Wasserballteam brauchte und nicht überfordern wollte. Daß es für Weissmuller 1924 praktisch keinen Gegner gegeben hatte, hing sicherlich noch damit zusammen, daß das Level insgesamt nicht sonderlich hoch war – sein Konkurrent Duke Kahanamoku etwa war damals bereits dreiunddreißig Jahre alt. Weissmullers Rekorde aber haben sich vergleichsweise lange gehalten, und seine Dominanz über die verschiedenen Strecken war bemerkenswert. Der amerikanische Nationaltrainer Robert Kiphuth erinnerte sich an ihn als einen Ausnahmeathleten:

»Ich habe die ausdauerndsten Sportler gesehen, von Nurmi im Laufen bis zu Cobb im Baseball, und ich muß sagen, daß Weissmuller die fantastischste Ausdauer unter allen Champions besaß.«

Zu dieser Zeit, in den Anfängen des modernen Leistungssports, muß den Olympischen Spielen ein gewisser nonchalanter Glamour angehaftet haben. Die Idee, daß sportliche Erfolge nur durch Drill und harte Arbeit am Körper erzielt werden, hatte sich noch nicht recht durchgesetzt. In England etwa galt es als ausgesprochen unfein, wenn man dem Champion die Anstrengung anmerkte, die es ihn gekostet hatte, Champion zu werden: Als etwa bekannt wurde, daß der britische Sprinter Harold Abrahams sich mit einem professionellen Berater eingelassen hatte, reagierten seine Tutoren in Cambridge mit offener Ablehnung. Schwimmer waren seinerzeit nicht so hoch spezialisiert wie heute; sie waren meist auch gute Springer und im offenen Wasser geübt. Gertrude Ederle etwa durchquerte 1926 als erste Frau den englischen Kanal. Weissmuller selbst bewies, daß man in der Moldau stromaufwärts schwimmen konnte, und gewann zweimal die »opens« in Chicago – in einem Fluß, in den kein moderner Schwimmer auch nur einen Zeh tauchen würde.

Mehr als alle anderen Athleten, so scheint es, hat Weissmuller die Lässigkeit und den Charme dieser Ära verkörpert. Er unterhielt das Publikum zwischen den Wettkämpfen mit einer komischen Routine, in der er seine eleganten Kopfsprünge vorführte – später zu sehen in den »Tarzan«-Filmen – und sich von einem

Abb. 14: Johnny Weissmuller (1904-1984),
starb im Olympiabecken in Los Angeles.
Von links: Ray Scott, Al Schwartz, Johnny Weismuller
und Manuel O. Kallili beim Training 1933.
Ullstein Bilderdienst, Berlin.

Clown nachahmen ließ. Seine lockeren Umgangsformen machten ihn zum Publikumsliebling, und seine Erfolge werden nicht
zuletzt seiner Fähigkeit zugeschrieben, sich auch unter Druck
physisch zu entspannen. Über den Start zum Vierhundert-Me-
ter-Freistil-Wettbewerb in Paris schreibt seine Biographin
Narda Onyx:

»Sie waren alle bereit und ungeduldig zu starten. Plötzlich
warf ein anderer Teilnehmer, der mit einer Gruppe nahebei gesprochen und gelacht hatte, seinen Bademantel ab und schlen-
derte in die Reihe... nur eine oder zwei Sekunden vor dem
Startschuß... Und dieser letzte Ankömmling war ungefähr so
angespannt wie ein loses Handtuch. Unmittelbar bevor der
Schuß fiel, drehte er sich um und sagte: ›Auf, Jungs, los geht's!‹
Und er tauchte ins Wasser mit dem gelöstesten Rumpf und den
lockersten Armen, die man sich vorstellen konnte... Weissmuller wußte, was für ein Rennen ihm bevorstand. Er wußte, daß er
einen weiteren Weltrekord brechen mußte, um zu gewinnen.
Und dennoch gab es nicht das geringste Anzeichen von nervli-

cher Belastung oder Anspannung oder physischer Steifheit in Armen und Leib.«

Ob Weissmullers populäre Auftritte damals bereits »inszeniert« waren oder einem unbekümmerten Gemüt entsprachen, ob es sich bei solchen Schilderungen um Tatsachenberichte oder nachträgliche Legendenbildung handelt, muß nicht entschieden werden. Was sich hier andeutet, ist in jedem Fall eine Verwandtschaft zwischen Sportkultur und Vergnügungsindustrie, wie sie für die heraufziehenden Jahrzehnte mit ihren Schwimmshows und Revuefilmen, Boxer-, Baseball- und Wrestling-Dramen charakteristisch werden sollte. Das Schwimmen nimmt unter den amerikanischen Sportarten allerdings eine Sonderstellung ein. Lieferten die Ball- und Kampfsportarten die Metaphern für den »struggle of life«, den Lebenskampf, so ist im Bild des Schwimmers noch etwas anderes aufgehoben: eine Erinnerung an die Idee des zweckfreien Spiels, vor allem aber die Freisetzung der erotischen Kräfte des Körpers.

Der englische Autor Charles Sprawson hat in »Haunts of the Black Masseur: The Swimmer as Hero«, einem außerordentlich anregenden, passionierten Buch, die kulturellen Konnotationen des Schwimmens ausgelotet. Über die Stimmung der zwanziger und dreißiger Jahre bemerkt er:

»In einer Zeit, in der sich die Mehrzahl der Schwimmchampions in Osteuropa konzentriert, blasse Figuren, die ihre Jugend über unzähligen Runden in sonnenlosen Becken aufgezehrt haben, ist es verführerisch, auf die goldene Ära des Schwimmens zwischen den Kriegen zurückzublicken, als dieser Sport die ›joie de vivre‹ des pazifischen Strandlebens und der Hollywood-Industrie auszudrücken schien.«

William Randolph Hearst und seine Frau, die Schauspielerin Marion Davies, luden Schwimmstars – darunter auch Esther Williams und Johnny Weissmuller – auf den luxuriösen Landsitz San Simeon ein; in Coral Gables, Miami und Palm Beach entstanden glitzernde, üppig dekorierte Wasserlandschaften, künstliche Paradiese für die Schönen und Reichen; Billy Rose und die Olympiasiegerin Eleanor Holm, die von *Time* zur »schönsten Sportlerin aller Zeiten« gekürt und von Salvadore Dali gemalt wurde, machten mit ihren »Aquacades« jene Schwimm-Shows populär, die das Vorbild für Busby Berkeleys spektakuläre Wasser-Musicals lieferten. Auffallend viele Schwimm-Champions dieser Ära gingen schließlich zum Film: So etwa Duke Kahana-moku, der Argentinier Alberto Zorilla, Herman Brix, Glenn Morris und natürlich Buster Crabbe, der 1932 in einem aufsehenerregenden Rennen den französischen Favoriten Jean Taris über 400 Meter Freistil schlug, als Weissmullers Konkurrent für RKO den Tarzan spielte und später mit den »Flash Gordon«- und »Buck Rogers«-Serien im Weltraum landete.

Vor diesem Hintergrund erscheint es keineswegs als Zufall, daß Johnny Weissmuller für den Film entdeckt wurde. Ende der Zwanziger, nach seiner zweiten Olympiade, heiratete er die Nachtclubsängerin Bobbe Arnst, gab seinen Amateurstatus auf und schloß einen Werbevertrag mit einer Bademodenfirma. Sein – längst vergessenes – Leinwanddebüt gab er in »Glorifying the American Girl«, einer Paramount-Produktion mit einem aufwendigen Finale, das die großen Liebespaare der Menschheitsgeschichte vor den Augen des Zuschauers Revue passieren ließ. Weissmuller fungierte in der ersten Episode als Adam im Paradies – ein Mann, der nichts zu verlieren hat als sein Feigenblatt, und ein Auftritt, der ein bezeichnendes Licht warf auf seine spätere Rolle in der Industrie. Der Anblick seines perfekten Körpers war es auch, der den Drehbuchautor Cyril Hume so beeindruckte, daß er Weissmuller bei MGM einführte. Die beiden waren einander im Hollywood Athletic Club auf dem Sunset Boulevard begegnet, wo Weissmuller nach seinem Umzug an die Westküste regelmäßig schwamm und Hume sich im Ringen übte. Hume, so überlieferte Narda Onyx das historische Zusammentreffen, habe den gutgebauten, hochgewachsenen Sportler vom Fleck weg gefragt, ob er Probeaufnahmen für den Film machen wolle; zu besetzen sei die Rolle des Tarzan. »Me? – Tarzan?«, habe Weissmuller erstaunt zurückgefragt, und so waren mit der Legende zugleich die »most famous words« geboren. Nachdem der angehende Star seinen Oberkörper noch einmal im Büro des Produzenten Bernard Hyman entblößt hatte, stand der Karriere nichts mehr im Wege. Der Schwimmchampion hatte einer ganzen Phalanx von Mitbewerbern den Rang abgelaufen und wurde der erste Tonfilm-Tarzan. Was freilich nicht viel heißen sollte, denn der Text, den er zu sprechen hatte, kam über fragmentarische Äußerungen wie »Tarzan schwimmen«, »weiße Männer mit Gewehren böse« und die rudimentäre Kenntnis einer Fremdsprache – »Hungawa« – nie hinaus.

Auf Weissmullers eigene sprachliche Kompetenz lassen die Drehbücher allerdings keine Rückschlüsse zu. Dem Skript, das Cyril Hume und Ivor Novello zu »Tarzan the Ape Man« schrieben, ist immer wieder vorgeworfen worden, es habe aus dem Helden, den sein Schöpfer Edgar Rice Burroughs als durchaus lernfähigen, später sogar ausgesprochen gebildeten, kosmopolitischen Abkömmling der britischen Aristokratie entworfen hatte, einen Idioten gemacht. Tatsächlich ist dieser Entwurf das Ergebnis einer kulturellen Strategie, einer Verschiebung in der Interpretation und Ausdeutung des Motivs. In der ersten – stummen – Filmversion mit Elmo Lincoln, die MGM 1917 produziert hatte, schien die Idee des wilden Dschungelmenschen noch keineswegs unvereinbar mit der der Literarizität: Lincolns Tarzan war näher am Original und paradoxerweise sehr viel sprachgewandter als die Affenmenschen der Tonfilm-Serien – etwas Aristokratisches haftete diesem Prinzen des Dschungels noch an. Weissmullers erster Tarzan-Film läßt sich dagegen als Versuch verstehen, die Merkmale des Britischen in der Figur zu tilgen und sie der populären US-Mythologie einzuverleiben: Es fehlt jeder Hinweis auf Tarzans vornehme Abstammung, er erscheint als Repräsentant eines amerikanischen Ideals – des Helden, der jenseits von Zivilisation, Kultur und Sprachlichkeit, im großen »outdoors«, zur Natürlichkeit gefunden hat. Der amerikanische Filmwissenschaftler Walt Morton beschreibt diesen Wandel in seinem Aufsatz »Tracking the Sign of Tarzan«:

»Die Popularität des Romans erklärt sich durch die emphatische Wirkung der Transformation, der Entwicklung vom Wilden zum Zivilisierten als Ergebnis des Lernens, im Verein mit der erregenden Idee, daß der Mensch die Natur besiegen kann. Tarzan wird zum Inbild der Veränderung, buchstäblich ein ›schwingender Signifikant‹. Jeder möchte gerne glauben, daß er seine Möglichkeiten ausschöpfen und Herr über seine Umwelt werden kann. Tarzan, so wie er im Roman vorgestellt wird, liefert ein extremes Beispiel sozialer Mobilität. Die Popularität des zweiten zeichenhaften Bildes, des Bildes vom wilden Dschungelmann, ist an die primitive Anziehungskraft des naturhaften Menschen (à la Rousseau) geknüpft und kombiniert mit der visuellen Attraktion männlicher Körperlichkeit... Weissmullers Tarzan ist ein ›amerikanischer Tarzan‹, klassenlos, auf rauhe Art individuell, stoisch: der optisch-akustische Tarzan. Die Aufmerksamkeit richtet sich auf Tarzans Erscheinung (geschmeidig-muskulös, ›natürlich‹), nicht auf das, was er sagt (›Hungawa!‹). Die visuelle Form erhebt sich über den verbalen Gehalt.«

»Tarzan the Ape Man« ist keineswegs ein B-Picture, wie man heute vielleicht annehmen könnte, sondern wurde von MGM, dem Studio, das seinerzeit als glamourösestes galt und die meisten »box office«-Stars unter seinem Zeichen vereinte, als Prestigefilm geplant. Louis B. Mayer und Irving Thalberg erteilten dem Regisseur William S. Van Dyke den Auftrag, »das größte, kolossalste Dschungel-Epos« zu drehen, das es bis dato gegeben hatte. In den Studios kamen echte Löwen und falsche Gorillas zum Einsatz, per Rückprojektion holte der Regisseur den Urwald in den Film, und die Schlußsequenzen, die auf einem Elefantenfriedhof, in einem grotesken, dramatisch ausgeleuchteten Beinhaus spielen, sprechen von einer unmittelbaren Lust am Exotischen, an der Bizarrerie, wie sie der moderne Abenteuerfilm nicht mehr kennt. »Tarzan the Ape Man« und die 1934 unter der Regie von Jack Conway und Cedric Gibbons gedrehte Fortsetzung »Tarzan and his Mate«, die als der gelungenste Film der Reihe gilt, wurden bei vergleichsweise hohen Budgets von je einer Million Dollar zu Kassenschlagern, und sie gehören noch heute zu den Klassikern des Abenteuerkinos. Zumindest die amerikanischen Filmhistoriker loben den handwerklichen Standard dieser Produktionen und ihre phantastischen Einfälle.

Weissmuller selbst verkörperte in dem archaischen Setting einen Gegenentwurf zu den »leading men« des zeitgenössischen Hollywood – einen Gegenentwurf, der seine Wirkung nicht zuletzt vor dem Hintergrund seiner sportlichen Karriere entfaltete. Zum einen war Weissmuller, der Champion, bereits als vorbildlicher Repräsentant amerikanischer Werte – der Fitneß, des Erfolgs – eingeführt. Zum andern aber verbindet sich die Erscheinung des Schwimmers mit dem antizivilisatorischen Aspekt der Filmerzählungen zu einem durchaus komplexen Subtext, der den amerikanischen Helden in einem ganz anderen Licht erscheinen läßt. Das Schlüsselgenre der frühen dreißiger Jahre, das Genre, in dem Hollywood sich technisch und visuell am modernsten präsentierte, war der Kriminalfilm, der den Mann als hartgesottenen Großstadtbewohner und Anzugträger zeigte: James Cagney und Edward G. Robinson waren ohne die Accessoires der urbanen Kultur, ohne Mantel und Fedora, kaum zu denken. Der Tarzan-Stoff und der Schwimmer als Held lieferten dagegen der Industrie einen Vorwand, den sonst vernachlässigten Männerkörper als erotisches Objekt ins Bild zu setzen. Die Spannung, die darin liegt, daß man zum Schwimmen nun einmal nackt sein muß, Nacktheit einem »gentleman« aber nicht gut ansteht, hat den kulturellen Umgang mit diesem Sport seit Jahrhunderten begleitet. In den literarischen Beschreibungen passionierter Schwimmer – von Lord Byron bis hin zu Tennessee Williams –, in der Malerei und Fotografie haftet dem Schwimmen oft genug etwas Dubioses, Abgründiges und Schwüles an, ein mühsam oder gar nicht camoufliertes autoerotisches, homosexuelles oder voyeuristisches Interesse.

Diese Konnotation des Sportes selbst ist in die Ikonographie von Weissmullers frühen »Tarzan«-Filmen eingegangen. Natürlich wurde jede Gelegenheit genutzt, den Champion bei der Tätigkeit zu zeigen, die er am besten beherrschte, und in den zahlreichen Unterwasserszenen scheinen sich die ohnehin knappen Lederflicken, die Tarzan and his mate – Maureen O'Sullivan als Jane – am Leib trugen, beinahe gänzlich zu verflüchtigen. Das Körperideal, das hier propagiert wird, ist eines der natürlichen Ausgewogenheit. Tarzans schlanke, langbeinige Schwimmerfigur mit den schwach definierten Muskeln war nicht dazu gemacht, im Fitneß-Studio bearbeitet oder im Krieg zerschlissen zu werden – wie der formierte Männerkörper des Bodybuilders, den heute Arnold Schwarzenegger emblematisch vorführt. Vielmehr ließen die »Tarzan«-Filme die verführerische Idee aufblitzen, daß man so einen Körper bekommt, wenn man mit einer hübschen Frau im Gras umherrollt und im Wasser planscht, wenn man sich also entspannt – wie »Big Bill« Bacharach es einmal dem jungen Schwimmtalent geraten hatte. Das erotische Potential dieses zur Schau gestellten, nackten Männerkörpers war allerdings so provozierend, daß es durch Konventionen gebändigt werden mußte, wie sie die Aktfotografie und Pornographie entwickelt hatten: Nach dem Vorbild zeitgenössischer männlicher Pin-ups lächelte Tarzan im Film praktisch nie. Schon gar nicht auf den glamourösen Publicityfotos, die Starfotografen wie Cecil Beaton und George Hoyningen-Huene aufnahmen – Porträts, die Weissmuller in entlarvend passiven, hingegossenen Posen, aber mit männlich-ernstem Gesichtsausdruck zeigen. Daß Tarzan in den MGM-Filmen als erotisches Objekt inszeniert werden konnte und dennoch keine Zweifel an seiner Virilität aufkamen, spricht im übrigen für das Hollywood der dreißiger Jahre – der Repressionsschub, der das Klischee von der prüden Traumfabrik geprägt hat, setzte tatsächlich erst später ein.

In den Beschreibungen gerade der deutschen Kritik figuriert der Schauspieler Johnny Weissmuller meist als etwas lächerliche Figur: einer, den man ausgesucht hatte, wie man einen Preisbullen ermittelt, ein »Idol der Oberflächlichkeit«, ein Mann, der darauf dressiert wurde, auf Bäume zu klettern und die weiße Frau zu retten. Nimmt man die Filme in ihrer zeitgenössischen Kodierung ernst, so muß man allerdings feststellen, daß er für den Männerkörper im Kino das leistete, was Jane Russell für trägerlose Büstenhalter getan hat: er verhalf ihm zum Durchbruch. Und daran ändert auch die Tatsache nichts, daß das Hays Office, die Freiwillige Selbstkontrolle der amerikanischen Filmindustrie, schließlich ins Schwitzen geriet, und die schöne Textilfreiheit, die spielerische Erotik der ersten beiden MGM-»Tarzans« einem gemäßigteren Konzept weichen mußten. Jane, die anfangs einen kessen, bauchfreien Zweiteiler getragen hatte, bekam in »Tarzan Escapes« ein züchtiges Kleid verpaßt. Unter Richard Thorpes Regie bezogen die beiden Unbehausten, die vordem ins Moos gesunken waren, wie es gerade kam, ein vollautomatisiertes, von Cheetah und dem Elefanten Emma bewirtschaftetes Eigenheim. Und schließlich besiegelte das Auftauchen eines ungeschlechtlich gezeugten Sohnes das Ende der paradiesischen Zügellosigkeit. Der Herr der Wildnis, der einmal unter dem verheißungsvollen Motto »Mothered by an ape – he knew the law of the jungle – to seize what he wanted!« angetreten war, wurde domestiziert. Eine berühmte Szene aus »Tarzan's New York Adventure«, dem letzten Film, den Weissmuller bei MGM machte, und dem letzten mit O'Sullivan als Jane, läßt sich als Kontrafaktur jenes Triebversprechens lesen, das im Bild des Schwimmers und Wilden beschlossen war: Da steht Tarzan im Zweireiher unter der Dusche eines New Yorker Hotelzimmers und läßt seinen berühmten Schrei von den sterilen, weißgekachelten Wänden widerhallen – gefangen in einer zu Tode zivilisierten Welt, der seine schiere Körperlichkeit unheimlich geworden ist.

Nachdem MGM die Rechte am »Tarzan«-Stoff wieder an ihren ursprünglichen Besitzer, den Produzenten Sol Lesser, abgetreten hatte und RKO die Serie übernahm, verloren die Geschichten viel von ihrem ursprünglichen Charme – selbst wenn die Routine gelegentlich noch Kuriosa wie den Feldzug gegen die Nazis in »Tarzan Triumphs« hervorbrachte. Nach achtzehn »Tarzan«-Filmen in zwanzig Jahren war Johnny Weissmuller mittelbar der erste Dollarmillionär der Sportgeschichte und eine amerikanische Ikone geworden. Als Privatmann aber mußte er als klassisches Opfer des Ruhms und der Studiopolitik erscheinen. Seine erste Ehe war schon Anfang der dreißiger Jahre unter dem Druck des MGM-Managements geschieden worden; seine zweite, mit der Schauspielerin Lupe Velez, die sich später umbrachte und in Kenneth Angers Skandalchronik »Hollywood Babylon« an prominenter Stelle wiederauftaucht, ähnelte einem Publicity-Gag: Das Paar küßte und schlug sich unter den Augen der Presse. Auch die dritte Ehe, aus der drei Kinder hervorgingen, scheiterte. Weissmullers schlecht angelegtes, durch Unterhaltszahlungen belastetes Vermögen schmolz dahin. Wenn MGM ihn teuer verlieh – etwa an Billy Roses einträgliche Schwimmshow –, dann floß der zusätzliche Gewinn in die Kassen des Studios. Weissmuller hatte seit dem Ende seiner Sportlerkarriere beständig Schwierigkeiten, sein Gewicht zu halten, und natürlich wurde auch »Tarzan« älter. Angebote anderer Studios, ihn in dramatischen Filmen einzusetzen, wurden von MGM konsequent abgelehnt: Die Metro wollte das Naturburschen-Image ihres Stars nicht beschädigen. Später gab es zwar zaghafte Versuche, ihn als seriösen Darsteller zu etablieren, doch schon die ersten Probeaufnahmen zu einem Melodram, das nie gedreht werden sollte, brachten eher ernüchternde Ergebnisse: im Anzug, mit Zigarette und Drink wirkte er nervös und unbeholfen. 1954, nach den Dreharbeiten zu »Jungle Jim«, einem Film, der eigentlich der Auftakt zu einer neuen Serie hätte sein sollen, beendete Weissmuller seine Hollywood-Karriere.

Als Idol der Sportgeschichte und der »populare cultur« ist er freilich ebensowenig in Vergessenheit geraten wie die Tarzan-Erzählungen, die in Comics, im Fernsehen und auf der Leinwand immer wieder neu aufgelegt wurden. Bis zu seinem Tod im Jahre 1977 – in Acapulco oder in der Nähe von Chicago, je nachdem, ob man deutsche Meldungen oder amerikanische Filmgeschichten zu Rate zieht – begleitete die Presse Weissmullers Schicksal mit emphatischen Berichten über seine Ehen und die Versuche, aus seiner illustren Laufbahn Kapital zu schlagen. Werbeträger für Swimmingpools und Badekleidung, Bademeister in Hollywood, Casino-Angestellter in Las Vegas, Schwimmlehrer gegen Kost und Logis, verarmt, gesundheitlich ruiniert, geistig umnachtet, schließlich entmündigt, weil er in seinem kalifornischen Haus immer wieder ohrenbetäubende Dschungelrufe ausgestoßen habe – es rankten sich viele mehr oder minder beglaubigte Anekdoten um die Legende. Und so, wie die Darstellungen seiner frühen Jahre von der Idee des Aufstiegs »aus der Gosse zu den Sternen« geprägt sind, steht hinter diesen Berichten die Vorstellung vom Niedergang und Fall: als ob einer, der sein Geld stets mit seinem Körper verdient hat, auf sein Leben nicht anders denn als gescheitertes zurückblicken dürfte.

Weissmuller selbst scheint das alles nie so tragisch gesehen zu haben. Bei einem Besuch in München, anläßlich der Olympiade, antwortete der 71jährige einem Interviewer auf die Frage, ob ihm sein Leben als »Tarzan« Spaß gemacht habe:

»Aber ja. Schau einmal – ich habe viel Erfolg gehabt. Ich wurde dafür bezahlt, daß ich auf den Bäumen herumkletterte. Jeder möchte doch gern auf Bäume klettern. Und dann mußte ich schwimmen, und das macht doch auch jeder gern. Zu sprechen gab es nicht viel für die Rolle. ›Ich Tarzan‹ oder ›Du böse‹ – das war einfach lustig!«

In einer Zeit, da das Amüsement selbst, nach einem Wort von Horkheimer und Adorno, nurmehr die »Verlängerung der Arbeit« darstellt, da Sport und Kino, die einträglichsten Zweige der Unterhaltungskultur, immer mehr nach Blut, Schweiß und Anstrengung riechen, müßte Weissmullers Nonchalance eigentlich Wehmut auslösen. Wenn seine Worte an einer Illusion festhalten, dann doch an dieser: daß der Weg zum Spiel nicht notwendig über den Kampf führt und hundert Prozent Leistung bei »mentaler Vollmotivation« für einen wie Tarzan nicht das Maß aller Dinge sind.

Ludwig Harig
Pelés Knie

Am Tag der Gruppenauslosung zur Fußballweltmeisterschaft in
Amerika war das Convention Center zu Las Vegas bis spät in die
Nacht hinein hell erleuchtet. Der Wind, der mit unverminderter
Schärfe von den Bergen herunter eine trockene Hitze in die Stadt
blies, flaute erst gegen zwei Uhr ab. Allmählich verlöschten auch
die Lichter im Convention Center. Nur die Empfangshalle war
noch um vier, als die Frühnachrichten über die Fernsehschirme
flimmerten, in einen gleißenden Schein getaucht.

Der schwarze Hotelgast im Penthouse gegenüber hatte sich
noch nicht schlafen gelegt. Er stand mit einer Pinzette vor dem
Badezimmerspiegel und zupfte sich ein paar graue Haare aus seinem gekräuselten Schopf. Aufmerksam wandte er den Kopf nach
beiden Seiten, schoß scharfe Blicke unter den leicht vorgewölb-
ten Lidern hervor, betastete die straff gespannte Haut seiner
Wangen und ließ dabei die blendend weißen Zähne blitzen. Danach zog er Hemd und Krawatte aus, legte sie sorgfältig zusam-
mengefaltet auf die mit exotischen Pflanzen buntgeblümte Bett-
decke und strich über die glatte, schwarze Haut seiner Brust und
seines flachen Bauchs, die trotz der stickigen Hitze kein einziger
Schweißtropfen näßte. Der muskulöse Körper des Mannes, der
schon die fünfzig überschritten hatte, war das Ergebnis sportlichen Trainings und strikter Enthaltsamkeit von Zigaretten und
harten Getränken. Nur das rechte Knie machte ihm zu schaffen,
seit er vor mehr als dreißig Jahren einen heftigen Tritt dagegen

bekommen hatte, dessen peinigende Folgen ihn nur noch selten schmerzfrei sein ließen. Von einem Augenblick auf den nächsten und ohne sich durch eine Reizung anzukündigen, zuckte unter der Kniescheibe ein stechender Schmerz, der zur absoluten Ruhe des ganzen Beines zwang. Es war ein plötzlich auftretender Stich, der längst kein organisches Leiden mehr zur Ursache, doch die nachwirkende Kraft hatte, ihn in eine kaum zu besänftigende Unruhe zu versetzen. Wie von einer spitzen Nadel durchbohrt, fuhr er zusammen, es schien, als litte er unter einem unergründlichen Phantomschmerz und sei das Opfer eines doppelten Unglücks. Es quälte ihn auch heute, und wieder bildete er sich ein, sein rechtes Knie sei in Luft aufgelöst und trotzdem werde er von Schmerzen in der nicht mehr vorhandenen Gliedmaße gepeinigt. Er legte sich aufs Bett, rieb und knetete das Knie, wie es ihn Mario Américo, sein alter Masseur, einst gelehrt hatte.

Auf der Mattscheibe des Fernsehapparats erschien das Gesicht eines Sportredakteurs, dessen Mund einen Schwall wohlklingender, doch mehr oder minder beliebiger Namen hervorsprudeln ließ. Der Mann auf dem Bett hörte nur flüchtig zu, bis plötzlich sein eigener Name fiel. Er erschrak. Seit seiner Kindheit hörte er den eigenen wie einen fremden Namen, und es grauste ihn. Vielleicht dessen unfreundliche Aussprache durch den Redakteur, vielleicht aber auch die lästige Erinnerung an den Tag, da er den Namen zum erstenmal gehört hatte, jagten ihm Schauer über den Rücken. Pelé! tönte es aus dem Apparat, in gleicher Schärfe und Betonung wie damals in der Rua Arruda von Baurú.

Ein Nachbarjunge, mit dem er im Straßenstaub liegt und sich prügelt, stößt dieses *Pelé* hervor. Je länger und wütender sie sich balgen, um so spitzer und stechender klingt dieses abscheuliche *Pelé*, dessen Wortbedeutung er kennt, nicht aber auf sich beziehen will. Warum nennt der Bengel ihn Pelé, was ist außergewöhnlich an ihm, daß er von diesem Streit an den Spitznamen *Haut* tragen soll? Ist seine Haut besonders auffällig, ist er vielleicht der schwärzeste aller Straßenjungen von Baurú? Ich heiße Edson! ruft er, ohne noch zu wissen, daß der Vater ihm den Nachnamen des berühmten Amerikaners Edison zum Vornamen gegeben hat, als hätte er geahnt, sein Sohn werde einst ein Fleisch und Blut gewordenes elektrisches Kraftwerk sein und ein gleißendes Leuchten über die ganze Erde verbreiten wie der Glühapparat des großen Erfinders –, aber die Mutter nennt mich

Dico! Edson Arantes de Nascimento, genannt Dico: Aus dem Verwirrspiel der Vor- und Rufnamen geht der Name Pelé hervor, sich zum schmeichlerischen Kosenamen fortspinnend, den die ganze Welt bald wie den Namen eines Erwählten aussprechen wird.

Von klein auf kümmert sich Vater Dondinho um ihn: Fußball muß er spielen lernen, doch dem kleinen Pelé soll's einmal besser gehen als ihm, einem schlechtbezahlten Berufsfußballspieler, den es im Hinterland von São Paulo von Städtchen zu Städtchen verschlägt; und doch kann er die kinderreiche Familie nicht ordentlich ernähren. Mit Mangofrüchten, Coca-Cola-Dosen und Wollbällen spielen die Kleinen auf der Straße, der Vater sieht's mit wohlwollender Freude, wie der schmächtige Pelé die Füße gebraucht, in den Hüften schwingt und den Oberkörper mit überraschenden Wendungen und Windungen bewegt. Wie die anderen Kinder spielt er barfuß, nur zur Sonntagsmesse trägt er leichte, billige Leinenslipper unter den hausgenähten schwarzen Hosen. An den Werktagen verläßt er früh das Haus, schwänzt die Schule, fährt mit einem Wägelchen durch das Viertel, sammelt Lumpen, Schrott und Altpapier, um es zu Geld zu machen, stiehlt Erdnüsse von einem Güterwaggon und verscherbelt sie, damit er sich Fußballschuhe und einen Ball kaufen kann. Bald bebt die Straße unter den wilden Spielen des Jungenclubs. Die Bälle fliegen, mal stramm, mal mit Effet getreten: Fensterscheiben zersplittern, Haustüren springen aus den Angeln, Telefondrähte reißen auseinander und hängen von den Masten herab. Fußballspielen, welch eine Lust! Ein unbezähmbarer Rausch überfällt den kleinen Pelé, jäh gedämpft von einer Schreckensmeldung aus Mineiro: Vater hat sich dort in einem Spiel gegen San Cristobal aus Rio de Janeiro verletzt. Er ist mit Augusto, dem späteren brasilianischen Nationalspieler, zusammengeprallt und hat einen schweren Meniskusschaden erlitten.

Meniskus, das Schreckenswort aller Fußballspieler! Fortan hörte der kleine Pelé es Tag für Tag: Wenn das Knie des Vaters anschwoll und Mutter Celeste mit brühheißen Umschlägen die Roßkur beginnt, stöhnt Dondinho und stößt gequält das Wort Meniskus zwischen den Zähnen hervor, als könnte er mit dem Wort auch das Leid aus dem Körper pressen. Tante Geraldine schlägt Großmutters Doktorbuch auf, und nach der empfohlenen Behandlungsmethode ordnet sie abwechselnd heiße Andampfungen und kalte Übergießungen des Knies an, drückt, reibt und knetet, bevor sie zum Entspannen des Gelenks vier Stunden lang Heublumenwickel verabreicht. Währenddessen stöhnt Dondinho das Wort Meniskus, und der kleine Pelé, aufgewühlt von den Schmerzen des Vaters, zitternd am Krankenbett sitzend, leidet Dondinhos Qualen mit, behält sie hellwach im Gedächtnis, als könnten sie jederzeit auch in seinem Knie aufbrechen. So hütet er sich fürderhin vor rohen Zweikämpfen, weicht den Tritten der Bolzer aus, springt über quergestellte Beine und lernt die Tricks, durch geschickte Ballbehandlung und Körpertäuschung den Gegenspieler auszumanövrieren. 1954, mit vierzehn, erklärte Valdemar de Brito, der berühmte *Tänzer von São Paulo* und Trainer der Jugendmannschaft von Baquinho, Pelés Spiel sei ausgereift, nur noch Feinschliff der Finten und Bewährung in härteren Gangarten lasse der geniale Junge vermissen.

Brito ging nach Santos, vergaß aber Pelé nicht und ließ ihn nachkommen. Die Mutter wollte sich widersetzen, der Junge sei noch nicht erwachsen und es könne schädlich für seine Entwicklung sein, ihn der Großstadt und ihren Gefahren auszusetzen. Doch Vater Dondinho kaufte einen Koffer, staffierte den Sohn mit Hose und Jacke und einem Paar schnittiger Schuhe aus und brachte ihn mit dem Zug in die Kaffeestadt. Brito empfing den Jungen neugierigen Blicks, er war hocherfreut, einen herangewachsenen, immer noch schlaksigen Pelé anzutreffen, dessen Beine sich zwar nicht so stämmig und muskulös herausgebildet hatten wie bei anderen Spielern seines Alters, doch sein Gliederspiel war noch beweglicher, sein Torschuß noch härter geworden. Pelés erstes Training in Santos verblüffte seine Mitspieler, die Täuschungsmanöver mit dem Körper und die Kabinettstückchen mit dem Ball machten sie sprachlos: Pepe und Zito, die beiden damals schon Berühmten, deren Mund niemals stillstand, klopften ihm stumm auf die Schulter und animierten ihn mit glänzenden Augen, seine Tricks zu wiederholen.

Im Clubhaus herrschte Hochstimmung, jeder kümmerte sich um ihn. Die Wirtin der Spielerkantine steckte ihm hin und wieder heimlich eine Dose Fliegerschokolade zu, damit er kräftiger würde und bald für die erste Mannschaft tauge. Im ersten Spiel erzielte er gleich drei Tore in einer Halbzeit, einen Hattrick, im zweiten schoß er vier Tore von insgesamt sechs, eins bewun-

Abb. 15: Edson Arantes do Nascimento (Pelé; geb. 1940)
im Trikot der brasilianischen Nationalelf am Ball, 1970.
Ullstein Bilderdienst, Berlin.

dernswerter als das andere. Gegen São Paulo kombinierte er mit
Vasco, als zaubere er im Traum, holte Bälle aus versteckten Ek-
ken, wo niemand sie vermutete, lupfte sie in freie Räume, wo
Vasco sie unbedrängt erlief. Er tat, wonach das Publikum verlangte: Es erwartete Flanken, erwartete Pässe, erwartete Tore.
Da prallte Vasco mit Mauro zusammen, beide stürzten, Vasco
brach sich ein Bein und, was schlimmer war, er überdehnte die
Kreuzbänder im Knie. Sie zerfetzten in der abrupten Drehbewe-
gung und rissen ab.

· Wer je sich Gedanken gemacht hat über die komplizierten
rückgekoppelten Wechselbeziehungen aller Knochen-, Sehnen-
und Faserteile bei der in sich geschlossenen Bewegungskette im
Knie, erschrickt vor jeder Störung dieses ineinandergreifenden
Gefüges, das der Kreuzbandapparat zusammenhält. Ein Ver-

hängnis, wenn dieses Gefüge zertrümmert wird! Pelé hat sich Gedanken gemacht, seit sein Vater an seinem Knieschaden herumlaborierte. Des Nachts, wenn er nicht einschlafen kann, schaut er mit geschlossenen Augen wie durch einen künstlichen Röntgenschirm ins Innere seines Knies und sieht die riesenförmigen Bänder sich in einem verwickelten kinetischen Getriebe auf und ab und hin und her bewegen. Er versteht nichts von diesen Abläufen, doch das Elend des verehrten Vasco, das sich in den kommenden Monaten nur allmählich mildert, aber nie mehr gänzlich verschwindet, mahnt ihn zu noch größerer Vorsicht. Noch aufmerksamer beobachtet er die Bewegungen seiner Gegner, noch eifriger übt er die Finessen des körperlosen Spiels, und als er mit siebzehn in die brasilianische Nationalmannschaft berufen wird, bewundert ihn ganz Südamerika seines Fleißes wegen, die natürliche Begabung zur Vollkommenheit entwickelt zu haben.

Noch nicht achtzehn, wurde er in das brasilianische Aufgebot berufen, das bei der Weltmeisterschaft in Schweden spielen sollte. Pelé, mit fliegenden Pulsen vor Glück, aber auch ängstlich in der Sorge, im letzten Spiel vor der Abreise noch verletzt zu werden, trat gegen die *Corinthians* mit übergroßer Vorsicht und der Erwartung auf: Wen würde der Nationaltrainer vorziehen, ihn von F. C. Santos oder Luisinho von den *Conrinthians*? Pelé mußte sich gegen Ari durchsetzen wie Luisinho gegen Orlando. Die Konflikte körperlicher und die Zwiespälte seelischer Art, in die er dabei geriet, überstand er nicht schadlos. Bei diesem hektischen Prestigeauftritt konnte sich Luisinho nicht entfalten, dafür trumpfte Pelé mit glänzendem Spiel auf, bis ihn ein Tritt gegen das rechte Knie außer Gefecht setzte.

Pelé lag am Boden, preßte beide Hände um das Knie und spürte den gleichen stechenden Schmerz, der ihn dreißig Jahre später auf dem Hotelbett in Las Vegas immer noch peinigt. Ihm scheint, als verfolge ihn diese Blessur wie ein unausheilbares Trauma, dessen Ursache gewiß nicht hinter der Kniescheibe zu finden sei. Irgendwo tief innen spürt er, wie der fortwährende Drang, sein magisches Spiel mit dem Ball auszuüben, von Verwundungen gebremst und gehemmt wird – und er fragt sich, ob es nicht ein ganz anderer Schmerz sein müsse, den er über all die Jahre nicht besänftigen konnte. Hier aber, auf dem Bett der Hotelsuite von Las Vegas, will er endlich Klarheit über sich selbst gewinnen! Er erhebt sich vom Bett, tritt ans Fenster, schiebt den Vorhang 'einen Spaltbreit beiseite und schaut hinab auf die Straße. Im Eingang des stockdunklen Convention Centers brennt Licht. Ein Scheinwerfer ist auf sein Ebenbild aus Pappe gerichtet, das lebensgroß in der Eingangshalle steht, durch die er selbst nicht eintreten darf: FIFA-Präsident Havelange hat ihn von allen Gästelisten gestrichen. Pelé ist tief verletzt, auch diese Wunde ist kein Kratzer, keine Schramme, kein harmloser Ritz –, und doch nicht so brennend wie das Malheur im rechten Knie.

Er ist überempfindlich, das weiß er seit seiner Kindheit, nur die Härte des Berufs, der er manche Regung des Zartgefühls opfert, hält ihn davon ab, in Wehleidigkeit zu fallen. Bei jenem Leidensgang gegen die Corinthians, im Kampf mit dem unbarmherzigen Treter Ari, war er nahe daran aufzugeben –, er hätte sich, wäre es durch das Regelwerk möglich gewesen, frühzeitig auswechseln lassen, so hart und böswillig waren die Tritte seines Gegenspielers. Denn nicht nur das Unvermögen, Pelés Ballführung zu stören, sondern der Vorsatz, mit unfairen Fußtritten und Kniestößen den Gegner zu verletzen, bestimmten Aris ungezügeltes Spiel.

Pelé hüpfte, sprang, tanzte Ballett, den Schlägen und Knüffen zu entgehen, doch im Augenblick des Entrinnens hakte der Treter nach und säbelte ihn um. Es war ein brutaler Akt, Rache für Orlandos Beschatten, Sühne für Luisinhos Ausbooten.

Die mächtigen Männer des brasilianischen Fußballverbandes hatten begriffen, wie alle Filigranfußballer unter der Schreckensvorstellung leiden, ihre Knie, die Werkzeuge ihrer magischen Handlungen, unwiederherstellbar zu verschleißen –, und zur Betreuung ihrer Ballkünstler reisten sie mit einem Psychiater nach Schweden. Die Fachleute des brasilianischen Trosses kannten sich aus in den geheimnisvollen Zwischenwelten von Körper und Seele, von Zufallshandlungen und Wiederholungszwängen, von Initiationsriten und hipp, hipp, hurra. Sie arbeiteten Hand in Hand, und Pelé genas rasch. Mannschaftsarzt und Masseur hatten eine Meniskusreizung, Trainer und Psychiater einen Kniekomplex diagnostiziert; in der Therapie griffen Andampfungen und Massagen, leichtes Zureden und tiefgreifende Traumdeutungen heilsam ineinander. Der Psychiater, wohl wissend um das Verlangen Pelés, endlich zu spielen, riet den Herren des Begleiterteams, ihn nicht vorschnell einzusetzen. Pelé habe natürlich ein großartiges Zutrauen zur Macht seiner Wünsche, erklärte er João Havelange und Dr. de Carvalho, den obersten Männern des Verbands, doch motorisch noch nicht leistungsfähig, befriedige er seine Wünsche zunächst halluzinatorisch, indem er die befriedigende Situation durch die zentrifugalen Erregungen seiner Sinnesorgane herstelle. Die Herren nickten anerkennend zu den Auslegungen des Freudschülers, der allerdings auch eine Phalanx halbindianischer Schamanen und Zeremonienmeister beschäftigte, die in der brasilianischen Kabine mit Exorzismen und kathartischen Besprechungen operierten.

Pelé ist der Magier über allen Magiern, der Mantiker über den Mantikern, er sieht die Situation voraus, antipiziert die Lage, ahnt den Ausgang –, und in seiner Schlußfolgerung verstieg sich der Psychiater schwärmerisch in die Freudsche These: An seinem Wunsch hängt ein motorischer Impuls, der Wille, und diesen – der später im Dienste der Wunschbefriedigung das Antlitz der Erde verändern wird – setzt er dazu ein, die eigene Befriedigung zu erlangen im Sieg über alle Widersacher. Im Endspiel gegen Schweden schoß Pelé zwei Tore: Unvergeßlich sein Jonglieren mit dem Ball, den er über seinen Gegenspieler lupfte, ihn noch beim Herunterkommen in der Luft mit dem Fuß aufnahm und volley unter Torwart Svensson versenkte. Nach dem Schlußpfiff tanzte er auf dem Rasen, brach in Tränen aus, küßte den Pokal. Masseur und Mannschaftsarzt stürmten dem Trainer hinterher aufs Spielfeld, doch als Zahnarzt Trigo seine Hand um die Schulter des schwedischen Königs legte, eilte der brasilianische Psychiater herbei, führte Mario Trigo zum Spielfeldrand zurück und rief die Spieler zum heidnischen Dankopfer in die Kabine. Garrincha, Didi, Vava, Pelé, Zagallo: Die fünf Wunderstürmer saßen sich auf schmalen Holzbänken gegenüber, ein magisches Pentagramm, in dem der Psychiater umherging und gnostische Formeln murmelte. Die beschwörenden Wortlaute hoben Pelé hervor, der sich bei allen Mitspielern bedankte für ihre Bereitschaft, mit ihm in dieser kryptischen Choreographie aufgetreten zu sein, die kein Europäer je durchschauen konnte. Pelé war der Unbezwingbare. In einem Spiel gegen den Hamburger Sportverein, umringt von drei Abwehrspielern auf einem Raum von nur einem Quadratmeter, erspäht er die Lücke, durch die er seinen Widersachern entschlüpft. Von einem rätselhaften Fußdruck in rotierende Bewegung gesetzt, klettert der Ball wie eine flinke

Maus an seiner der winzigen Lücke zugewandten Körperseite empor, und unbehelligt spaziert er ins Freie, als sei weit und breit kein Bein, kein Fuß, kein Zeh, es ihm zu verwehren. Der Mensch zweifle sein Leben lang, ob es das Unbezwingbare wirklich gebe, erzählt Jürgen Werner vom HSV, der damals als Manndecker gegen Pelé eingesetzt war, in diesem Spiel habe er es leibhaftig kennengelernt. Traumwandlerisch nennt er Pelés Spiel, aus trägster Geistesabwesenheit, so als sei er in tiefen Schlaf gefallen, erwache er urplötzlich und vollstrecke das über den Gegner gefällte Urteil.

Nun floß das Geld. Zum erstenmal in seinem Leben besaß er mehr als er brauchte, sein tägliches Bedürfnis zu befriedigen. Er besaß Geld, ohne damit in Berührung zu kommen. Dieser Überfluß rief ein anderes Gefühl hervor als einst das Klimpern der Münzen in der Tasche und das Knistern der Scheine zwischen den Fingern. Nach der Siegfeier im Weltpokal von 1962 hagelte es hochdotierte Angebote von südamerikanischen und europäischen Vereinen; im Übermaß der Freude drohte ihm eine Ohnmacht: Vom Festsaal des Grand Hotels von Lissabon schleppte er sich auf sein Zimmer, barg den Kopf in die Hände und stieß, einem Ersticken vorzubeugen, den Atem aus dem geöffneten Mund. Erst nachdem er einen Gedanken gefaßt hatte, der für ein paar Augenblicke sein Alpdrücken vertrieb, rappelte er sich wieder auf. Schon morgen will ich dem Vater eine große Summe Geldes schicken, beschloß er, ihn bitten, das Haus in Baurú zu erwerben, für Mutter und Geschwister einen Schrank voller Kleider und Schuhe zu kaufen und sich selbst endlich die fällige Meniskusoperation zu gönnen. Dann wirst Du wieder frei von Schmerzen sein und wieder unbesorgt spielen können, kritzelte er auf ein Blatt Papier, das er schon seit einigen Tagen bei sich trug, ratlos, es zu beschreiben.

Doch kaum notiert, spürte er den eigenen Schmerz. Alles Geld der Welt, ob er es nun verschwende oder den Armen gäbe, würde sein Weh nicht vertreiben! Dr. Gosling und der indianische Medizinmann hatten vergebens gezaubert: Jeder Gedanke folgte dem fließenden Schmerz, der von der Kniescheibe ausging und sich in Unter- und Oberschenkel ergoß. Er bildete sich den Schmerz nicht ein, obwohl die Ärzte und Schamanen ihm weismachen wollten, nach ihren Ein- und Übergriffen dürfe der Meniskus keinen Mucks mehr geben. Was aber hat mein Knie mit den Geschäften zu tun? fragte er sich gequält. Ist das Knie die Basis der Geschäfte? Drehen sie sich gewissermaßen auf seiner Scheibe wie sonstwo die großen Geschäfte auf weniger empfindlicher Unterlage? Dein Knie ist anfälliger als der Magen des Markts, an dessen nachlassender Verdauungskraft es sich erfolgreicher laborieren läßt, warnte der Psychiater und beschwor Pelés neuralgischen Punkt.

1970, als Pelé mit Brasilien Weltmeister in Mexiko wurde, florierten seine Geschäfte. An die Stelle von Psychiatern waren Philosophen und Soziologen getreten, Freuds Schüler mußten Adornos Jüngern die Klinke in die Hand drücken, heilsüchtigen Zeremonien waren veränderungswütige Tiraden gefolgt. Ein kurioser Wertwechsel war im Gang. Während deutsche Analytiker ihren wohlhabenden Landsleuten einredeten, die Tore auf dem Fußballfeld seien die Selbsttore der Beherrschten, jubelten bettelarme Brasilianer über ihre befreienden Siegtore. Pelé, der Millionär, Repräsentant und Aktieninhaber, strahlte von Zahnpastatuben und Haarwasserflaschen, schmückte Kaffeetüten und Automobilprospekte. Auf dem Spielfeld gerempelt, gestoßen, getreten, trat er, von arm und reich gehätschelt, aufs gesellschaftliche Hochparkett. Er heiratete, zeugte Kinder, ließ sich scheiden, lief noch einmal als Fußballspieler bei Cosmos New York auf den Rasen und zauberte mit Beckenbauer: Sein Kniekomplex löste sich nie.

In Las Vegas ging die Sonne auf. Fahlgelb stand sie über den Wüstenbergen der Rocky Montains, stieg rasch über den Horizont hinaus und gewann an Leuchtkraft, die das Scheinwerferlicht in der Eingangshalle des Convention Centers zum Verlöschen brachte. Pelé, immer noch am Fenster der Hotelsuite stehend, beobachtet reglos, wie sein Ebenbild aus Pappe mehr und mehr verblaßt. Seit Havelange ihm die Teilnahme an der Auslosungszeremonie verweigert hat, fühlt er sich zurückgedrängt, aber stark. Er hat sich geweigert, zum Erwerb der Übertragungsrechte an der brasilianischen Fußballmeisterschaft der Saison 1993 eine Million Dollar Schmiergeld an Ricardo Teixeira, den Präsidenten des brasilianischen Fußballverbands, zu zahlen –, nun steht er einer Schlachtenreihe mächtiger Geschäftsleute gegenüber und wird kämpfen. Unverdrossen, wie er die hartnäckige Blessur im Knie angeht, nimmt er den Kampf gegen die Korruption auf. Was hätte sein Vater gesagt, wäre der Sohn einer

Bande korrupter Ganoven ins Garn gegangen? Dem Vater, der stets zu ihm gehalten hat, ist er alles schuldig, für ihn wird er die Strapazen der Schlammschlacht durchstehen, wie er das früh erlittene Trauma des Vaters im Knie als sein eigenes erduldet hat. Pelé tritt vom Fenster zurück, streift das Hemd über, bindet die Krawatte und schaltet den Fernsehapparat aus. Er hört seinen Namen nicht mehr, es ist mucksmäuschenstill. Erst jetzt spürt er einen Hauch von Linderung im Knie, eine Idee von Erleichterung in der Seele.

Jan Philipp Reemtsma
**Der Weltmeister
im Schwergewicht**
Muhammad Ali

Telephonklingeln, leiser werdend, die Zitatstimme lauter werdend hinein:

C: ...Mein Bruder Rahaman hatte mir inzwischen das Telephon gereicht und sagte: »Das Fernamt – ein Mister Bertrand Russel möchte Mr. Muhammad Ali sprechen.« Ich meldete mich und hörte seinen exakten englischen Akzent. »Spricht dort Muhammad Ali?« Als ich ihm das bestätigte, fragte er mich, ob meine Äußerungen über den Krieg in Vietnam korrekt zitiert worden seien. Auch das bestätigte ich ihm, fügte aber die erstaunte Frage an: »Warum interessiert sich alle Welt dafür, wie ich über Vietnam denke? Ich bin doch kein Politiker und Diplomat, sondern nur Sportler.« – »Nun«, sagte er, »dieser Krieg ist viel barbarischer als alle anderen, und um jeden Boxmeister entsteht eine geheimnisvolle Aura. Deshalb finde ich es gar nicht so abwegig, wenn alle Welt wissen möchte, was so ein Weltmeister denkt. Für gewöhnlich heult er mit den Wölfen. Sie haben die Leute überrascht.«

A: Und diese Äußerung über den Vietnamkrieg, die den Philosophen und Pazifisten Bertrand Russel dazu brachte, zum Telephonhörer zu greifen...

B: ... und ihm später noch zu schreiben:

C: In den nächsten Monaten werden die Männer, die in Washington regieren, zweifellos versuchen, Ihnen auf jede erdenkliche Weise zu schaden. Aber Sie wissen sicher, daß Sie Ihre

Stimme für Ihr Volk und für die Unterdrückten auf der ganzen Welt erhoben haben.

A: ... lautete, im Grunde ganz unpolitisch:

C: »Ain't got no quarrel with the Vietcong.«

A: »Ich habe keinen Streit mit dem Vietcong.« Der Satz kostete ihn letztlich den Weltmeistertitel. Muhammad Ali verweigerte den Kriegsdienst – aus religiösen Gründen übrigens: er sei Priester des Islam. Und obwohl das ganz legal war, wurde ihm der Weltmeistertitel aberkannt. Drei Jahre lang erhielt er keine Boxlinzenz in den Vereinigten Staaten.

B: Geboren wurde Muhammad Ali unter dem Namen Cassius Clay am 17. Januar 1942 in Louisville, Kentucky, als Sohn eines Schildermalers. Mit 12 beginnt er zu boxen, mit 18 gewinnt er bei den Olympischen Spielen in Rom die Goldmedaille im Halbschwergewicht. Eine Gruppe von elf – weißen – Geschäftsleuten aus Louisville nimmt sich seiner an und »sponsort« ihn.

A: Es folgt eine Reihe erfolgreicher Kämpfe, die allerdings weniger ihrer sportliche Qualität wegen, die zunächst übersehen wird, auf sich aufmerksam machen, als vielmehr deshalb, weil Clay immer die Runde voraussagt, in der sein Gegner zu Boden gehen wird.

B: Und fast immer recht behält dabei. Ferner benimmt er sich auf eine Weise, die für einen Sportler, einen Boxer, und vor allem: einen schwarzen Boxer nicht nur ungewöhnlich ist, sondern als ungeheuerliche Frechheit empfunden wird. Er nennt sich »der Größte«, schlimmer noch, »der Schönste«. Noch schlimmer: er zeigt keinerlei Respekt, weder vor seinen Gegnern, noch vor den – weißen – Sportreportern, die ihn interviewen. »Loudmouth« – »Großmaul« ist noch die harmloseste der Bezeichnungen, die ihm anhaften.

A: Einmal spricht er eine Dame an, die ihm schon bei früheren Kämpfen in den Zuschauerreihen wegen ihres grünen Samtkostüms aufgefallen war:

C: »Waren Sie auch hier, als ich gegen Cleveland Williams kämpfte?« fragte ich. »Ich sehe alle Ihre Kämpfe«, sagte sie ruhig. »Danke Madam«, entgegnete ich, »beehren Sie mich bald wieder.« – »Ich werde kommen, bis man Sie einmal auf einer Bahre hinaustragen wird. Ich werde dabei sein, wenn einer Ihnen die Fresse poliert und reintritt. Falls es einen Gott gibt, wird das einmal passieren, und dann möchte ich dasein.«

A: Aber das war, nachdem er Weltmeister geworden, seinen Namen geändert und zum Islam übergetreten war. Doch den Weltmeistertitel mußte er erst mal gewinnen, und das traute ihm kaum einer zu. Der amtierende Weltmeister Sonny Liston galt als der schlagkräftigste Weltmeister aller Zeiten und hatte eine beachtliche kriminelle Karriere hinter sich. Er war der 7:1-Favorit, denn Muhammad Alis Kampfstil – er bezeichnete ihn so:

C: Float like a butterfly, sting like a bee.

A: Also: »Schwebe wie ein Schmetterling, stich wie eine Biene«, schien nicht das zu sein, womit man gegen einen Sonny Liston würde bestehen können.

B: Der Kampf fand am 25. Februar 1964 in Miami Beach statt und dauerte sechs Runden. Zur siebenten trat Liston nicht mehr an. Böse und frustriert vor sich hinblickend, blieb er in seiner Ecke sitzen. In den ersten beiden Runden hatte Clay Liston getestet und festgestellt, daß er Listons Schlägen würde ausweichen können. Dann wurde er offensiver:

C: »Dritte Runde. Zwei Schläge von Liston, zu langsam. Clay schlägt zurück. Dann gerät Liston plötzlich in ein wahres Schlaggewitter. Eine Linke, eine Rechte, Liston bückt sich tief unter den Schlägen weg, kommt hoch, wird von einem linken Haken erwischt, Clay springt zurück in die Distanz, springt wieder vor, eine linke Gerade, ein rechter Haken zu dem wieder wegtauchenden Liston, dann ist Clay über ihm, zwei linke Haken nacheinander, noch einer – noch drei, vier weitere Schläge treffen, Liston taumelt für einen Moment, kommt hoch, läßt sich in die Seile fallen, wird von einer rechten Geraden getroffen, auf die eine Linke folgt, will jetzt zurückschlagen, aber Clay ist außer Reichweite, eine Linke gerät um gut zwanzig Zentimeter zu kurz, und Clay ruft ihm irgend etwas Höhnisches zu. Dann ist Clay wieder am Gegner, ein-zwei, eins-zwei-drei, eins-zwei, und einmal wird Liston dabei schwer am Kinnwinkel getroffen.

B: Ein Schlag reißt eine Wunde unter dem linken Auge. Clay nach dem Kampf:

C: Das Blut sprudelte nur so heraus. Ich sah sein Gesicht ganz nahe. Er wischte mit dem Handschuh über die Schramme und sah das Blut. In diesem Moment, und das könnt ihr mir glauben, sah er aus, wie er von jetzt an in zwanzig Jahren aussehen wird.

B: Die Wunde wurde in der Ringpause behandelt, und etwas

von dem dazu verwendeten Medikament scheint Cassius Clay ins Auge gekommen zu sein. Was genau passiert war, weiß man nicht, jedenfalls konnte er am Ende der vierten Runde nichts mehr sehen und wollte den Kampf aufgeben. Sein Trainer Angelo Dundee schubste ihn in letzter Minute in den Ring und Clay kämpfte die fünfte Runde nahezu blind. Muhammad Alis früherer Ringarzt Ferdie Pacheco rückblickend:

C: Überhaupt noch zur fünften Runde anzutreten, war unglaublich tapfer. Liston galt als ebenso vernichtend wie Mike Tyson heute. Es war so, als wenn man jemanden geblendet und ihn gegen Mike Tyson in den Ring geschickt hätte.

B: In der sechsten Runde boxte Clay wieder vollkommen überlegen, und die Aufzeichnung des Kampfes zeigt, daß Sonny Liston, dieser bärenstarke, finstere Mann buchstäblich Angst hat vor dem Jüngeren, der ihn dort Schlag um Schlag besiegt, vor aller Augen deklassiert. Nach dem Kampf wandte sich Clay an die anwesenden Presseleute:

C: Ihr habt alle gesagt, daß Sonny Liston mich umbringen wird. Ihr habt gesagt, daß er besser ist als Jack Johnson oder Jack Dempsey oder sogar Joe Louis, und die habt ihr als die besten Schwergewichtler aller Zeiten eingestuft. Während jetzt die Kameras auf uns gerichtet sind, will ich, daß ihr der ganzen Welt sagt, daß ich der Größte bin.

A: Und die Presseleute schwiegen.

C: Zum letztenmal! Wer ist der Größte?

A: Und der Chor der Presseleute antwortete unwillig:

C: Du bist es.

B: Na ja, jedenfalls steht es so in Muhammad Alis Autobiographie. Es gibt einen Rückkampf. Clay schlägt Liston in der ersten Runde k. o. Da einige Reporter den Schlag nicht gesehen haben, und Liston mit dem Rücken zur Kamera steht, während er getroffen wird, wird der Schlag als »phantom punch« berühmt. Aber wer die Aufzeichnungen genau ansieht, erkennt, daß alles mit rechten Dingen zugegangen ist.

A: Nach dem Kampf erfolgt die Trennung von der Sponsorengruppe aus Louisville, Clays Übertritt zum Islam und die Namensänderung. Als die Sklaverei in den USA aufgehoben wurde, erhielten die nachnamenlosen Freigelassenen häufig die Familiennamen ihrer ehemaligen Besitzer – Clay legte seinen »Sklavennamen« ab und erhielt von der religiösen Gruppe, der er beigetreten war, den Namen »Muhammad Ali«. Die Gruppe nannte sich »The Nation of Islam«, vulgo »Black Muslims«, und propagierte Rassentrennung und die Errichtung eines separaten Staates für alle Amerikaner schwarzer Hautfarbe. Das prominenteste Mitglied war zur Zeit von Clays Eintritt Malcolm X, der kurze Zeit später die Black Muslims verließ und – wahrscheinlich in ihrem Auftrag – erschossen wurde.

B: Es hatte schon einmal, zu Beginn des Jahrhunderts, einen schwarzen Weltmeister im Schwergewicht gegeben, der die weiße Majorität unendlich provoziert hatte: Jack Johnson. Auch er hatte sich als »schön« bezeichnet – das war tatsächlich politische Provokation genug gewesen, außerdem ließ er sich mit weißen Frauen sehen. Gegen ihn wurde ein weißer Boxer nach dem andern aufgeboten, und Jack London prägte das Wort von der »Großen weißen Hoffnung«. Im Falle Alis aber war die einzige »Große weiße Hoffnung«, die zur Hand war, zwar schwarz, immerhin aber christlich und patriotisch und wollte den Titel »zurück nach Amerika holen«: der ehemalige, von Sonny Liston entthronte Floyd Patterson, der sich außerdem noch weigerte, Muhammad Ali anders als »Cassius Clay« zu nennen.

A: Der Kampf wurde nach der zwölften Runde abgebrochen. Manche meinten, Muhammad Ali habe Patterson, dem er während des ganzen Kampfes immer wieder zurief:

C: Wie heiße ich?!

A: ... absichtlich so lange stehen gelassen, um ihn zu »bestrafen«. Es folgen Kämpfe gegen Henry Cooper, Karl Mildenberger, Cleveland Williams, Ernie Terrell, Zora Folley – und der Verlust seines Titels wegen seiner Weigerung, in Vietnam zu kämpfen.

B: Drei Jahre Zwangspause – dann erhält Muhammad Ali wieder eine Boxlizenz. Den Weltmeistertitel trägt inzwischen Joe Frazier. Muhammad Ali muß sich sein Recht zur Herausforderung erkämpfen. Er besiegt Jerry Quarry in der dritten, den Argentinier Oscar Bonavena in der fünfzehnten Runde. Aber er ist älter geworden. Nicht mehr so schnell. Man zweifelt, ob er an seine früheren Erfolge wird anknüpfen können. Den Kampf gegen Joe Frazier verliert er nach Punkten und einem Niederschlag in der fünfzehnten Runde. Ein linker Haken Fraziers schleudert ihn buchstäblich zu Boden, aber obwohl er sofort wieder auf den Beinen ist, ist die Entscheidung eindeutig.

A: Weitere Kämpfe. Einer davon gegen Ken Norton, der ihm den Kiefer bricht. Ferdie Pacheco erinnert sich:

C: Der Unterkiefer wurde in der zweiten Runde gebrochen. Er konnte mit der Zunge den Knochen bewegen, ich spürte nach der zweiten Runde die Bruchstelle mit den Fingerspitzen. Da bekam das Gewinnenwollen den Vorrang vor der ärztlichen Behandlung. Wir alle – und ich muß mich einschließen – waren besessen von der Idee, diesen Kampf gewinnen zu müssen. Norton war einer, den Ali angeblich mit verbundenen Augen schlagen müßte, und Ali konnte sich an diesem Punkt seiner Karriere eine Niederlage nicht leisten. Als wir Ali sagten, sein Kiefer sei wohl gebrochen, sagte er, »ich will keinen Abbruch«. Der Schmerz muß gräßlich gewesen sein. Mein Gott war der Bursche hart. Manchmal haben die Leute das nicht kapiert, wegen seiner netten, großzügigen Art; aber unter dieser gefälligen Oberfläche tat einer seine Arbeit – sturer als der härteste Trucker auf seinem Dreißigtonner.

A: Ali verlor nach Punkten. Einen Rückkampf gegen Norton gewann er – knapp.

B: Es war zu dieser Zeit, als Ali seine Zuschauer (und nicht zuletzt die Ringrichter!) zu täuschen begann. Wenn er in Schwierigkeiten geriet, oder wenn er fühlte, gegen Ende des Kampfes nach Punkten zurückzuliegen, begann er so zu boxen, wie die Zuschauer meinten, daß Ali eigentlich boxen müsse – also so, wie sie den jungen Clay/Ali in Erinnerung hatten: leichtfüßig um den Gegner herumtanzend, immer wieder linke Gerade, sogenannte »jabs« auf ihn abschießend. So hatte er gegen Liston gewonnen – meinte man sich zu erinnern. Gewiß hatte es solche Szenen gegeben, aber entscheidend für den Sieg waren immer die plötzlichen Angriffe und harten Schlagkombinationen gewesen.

A: Aber wie dem auch immer sei, der Trick gelang, die Zuschauer jubelten, die Ringrichter punkteten zu seinen Gunsten, jedenfalls dann, wenn sich sein Gegner von dem Theater auch beeindrucken ließ, was oft genug der Fall war. Und beeindruckend war auf jeden Fall eines: in der dreizehnten, vierzehnten, fünfzehnten Runde, wo die meisten Boxer ihre letzten Kraftreserven mobilisieren müssen, um überhaupt noch ordentlich kämpfen zu können, erhöhte Ali sein Tempo und seine Schlagfrequenz.

B: Den zweiten Kampf gegen Joe Frazier gewann Muhammad Ali, nach Punkten aber eindeutig – nur war Joe Frazier nicht

Abb. 16: Muhammad Ali (Cassius Marcellus Clay; geb. 1942), im Boxkampf
gegen Joe Frazier im Madison Square Garden, New York, 28. Januar 1974:
Szene aus der ersten Runde.
Ullstein Bilderdienst, Berlin.

mehr Weltmeister. Er hatte kurz zuvor den Titel an den jungen
George Foreman verloren, und mit dem schien ein jüngerer,
noch schlagkräftigerer Sonny Liston auf den Plan getreten zu
sein. Der Kampf Muhammad Ali / George Foreman fand am 30.
Oktober 1974 in Kinshasa, Zaire statt, und wurde einer der – stilistisch gesehen – merkwürdigsten der Boxgeschichte.

A: Der nur oberflächlich beobachtende Zuschauer sah einen
Muhammad Ali, der große Teile jeder Runde an den Ringseilen
verbrachte, weit zurückgelehnt, die Fäuste zur Doppeldeckung
erhoben, und einen George Foreman, der wuchtige, wütende
Schläge gegen diese Deckung führte und sie manchmal durchbrach. Konnte sich Ali gegen Foreman nicht mehr zur Wehr setzen?

B: Aber am Ende jeder Runde traf Muhammad Ali George
Foreman mit schweren rechten und linken Geraden, und während Foremans Betreuer noch vor dem Kampf ernstlich befürch-

tet hatten, Foreman könnte Ali im Ring umbringen, merkten sie, wie ihr Schützling von Runde zu Runde in größere Schwierigkeiten geriet. Auch Foreman merkte, daß seine Kräfte nachzulassen begannen, anders als die Alis, so schwer er ihn auch getroffen hatte.

C: Und so beschloß er, in der fünften Runde mit Ali fertig zu werden. Für den Zuschauer sah es so aus, als würde ihm das möglicherweise gelingen. Ali stand an den Seilen, weit zurückgelehnt, den Kopf in der Doppeldeckung, und wurde von Foremans Schlägen buchstäblich hin und her geschleudert. Niemand hätte sich gewundert, wenn am Ende dieser Runde Alis Widerstandskraft gebrochen gewesen wäre. Tatsache war, daß Ali am Ende der fünften Runde einen der besten Angriffe des ganzen Kampfes setzte. Zunächst schlägt er eine linke Gerade, einen rechten Cross, noch eine Linke und eine Rechte, fast versuchsweise, wie um Foremans Reaktion zu testen, dann läßt er sich wieder in die Seile fallen. Foreman greift an, aber unkonzentriert, Ali schlägt aus den Seilen heraus eine Linke und eine Rechte, greift nach vorne an, vier schwere Treffer bringen Foremans Verteidigung durcheinander, Ali tritt einen Schritt zurück, Foreman geht vor, wieder zwei Treffer, wieder zwei, davon eine krachende Rechte an Foremans Kiefer, geschlagen von keiner geringeren Wucht als irgendeiner der Schläge Foremans in dieser Runde.

B: Und einer der Kommentatoren am Ring sagt entgeistert:

C: Es ist wirklich nicht zu fassen. Ich hatte gedacht, er wäre schwer angeschlagen. Ich hatte gedacht, die Treffer hätten ihn fertiggemacht. Und dann ist er plötzlich wieder da. Und macht Foreman fertig.

B: In der achten Runde, nach einer ganz ähnlichen Szene, schlägt Ali Foreman k. o.:

C: Ein rechter Haken, ein verheerender linker Haken, der Foremans Kopf herumreißt, eine rechte Gerade mitten ins Gesicht, Foreman beginnt zu fallen, er fällt langsam, mit den Armen Halt in der Luft suchend, an Ali vorbei, der folgt schlagbereit der Bewegung, zwei Sekunden lang fällt Foreman. Dann liegt er am Boden und wird ausgezählt.

B: Und der Kommentator schreit ins Mikrophon:

C: That was no phantom-punch! That was no phantompunch. And he is down and out.

A: Ein Jahr später kommt es zum dritten Kampf Muhammad Ali / Joe Frazier in Manila auf den Philippinen. In den ersten Runden versucht Ali seine Überlegenheit auszuspielen, er schlägt schnell und hart, aber Frazier zeigt sich unbeeindruckt, holt auf, und im Mittelteil des Kampfes erlebt man einen Ali, der nur mit äußerster Anstrengung diesen Kampf noch durchzuhalten scheint. Und das ist auch so. Frazier läßt sich nicht ausmanövrieren wie Foreman. In der elften und zwölften Runde deutet sich eine Veränderung an. Irgendwoher hat Ali Kräfte mobilisiert, aber er benutzt sie nicht für eine publikumswirksame Inszenierung des Mythos vom »alten« bzw. »jungen Ali«, sondern greift Frazier direkt an. In der dreizehnten und vierzehnten Runde jagt Ali Frazier durch den Ring – er konnte das tun, weil Frazier erschöpft war, aber im Grunde hätte Ali weit erschöpfter sein müssen. Zwischen der zehnten und elften Runde hatte er zu seinem Trainer Angelo Dundee gesagt:

C: Das hier, das ist wie sterben.

B: Aber er jagt Frazier durch den Ring, trifft ihn wieder und wieder mit schweren Geraden am Kopf. Zur fünfzehnten Runde tritt Frazier nicht mehr an. Seine Augen sind fast zugeschwollen, mit dem linken kann er nichts mehr sehen und ist Alis rechten Geraden wehrlos ausgeliefert. Sein Trainer stoppt den Kampf. Als Ali sieht, daß der Kampf vorbei ist, bricht er ohnmächtig zusammen.

A: Nach dem Kampf wiederholt er:

C: Ich werde zurücktreten. Die Schmerzen sind zu groß. Das ist zuviel.

A: Fraziers Kommentar:

C: In Manila habe ich ihm Schläge verpaßt, mit denen hätte man ein Haus einreißen können. Und er hat sie eingesteckt. Er steckte sie ein, und er schlug zurück, und davor bekam ich Respekt. Er war ein Fighter – und er hat gewonnen.

A: Das war der letzte große Kampf Muhammad Alis. Er boxte noch einmal gegen Ken Norton – und gewann wieder nur knapp nach Punkten, eine umstrittene Entscheidung.

B: Er leistete sich Mätzchen, wie einen Schaukampf gegen einen japanischen Ringer – eine fünfzehnrundige Peinlichkeit, per Satellit in alle Welt übertragen. Er boxte gegen Niemande weit unter seinem Niveau.

A: Er verlor seinen Titel im Februar 1978 gegen einen jungen

Olympiasieger, Leon Spinks. Ali hatte seiner Routine vertraut, Spinks seiner Jugend und Kraft, und Spinks hatte recht behalten. Auch die nunmehr längst typische Inszenierung des Ali-Stils half nicht mehr. Doch ein halbes Jahr später besiegte Ali Spinks. Er hatte, wie er sagte, härter trainiert als jemals zuvor, und es gelang ihm, Selbstinszenierung und das, was in dem Kampf tatsächlich geschah, so zu verschmelzen, daß selbst sein Gegner es nicht auseinanderzuhalten vermochte. Nach dem Kampf sagte Spinks verwundert:

C: Bei unserem zweiten Kampf war er nicht besser.

A: Und das stimmte, was zum Beispiel die Schlagkraft und die Schnelligkeit anging. Ali brachte Spinks niemals an den Rand eines knockouts. Aber Spinks sah entsetzlich viel schlechter aus als beim ersten Mal. Ali ließ Spinks als den Dilettanten im Ring erscheinen, der er war, und zeigte sich als der Profi, der er war, zudem als hartgesottener Fighter, der es verschmäht, sich in den Kampfpausen zu setzen. Das wäre pures Theater gewesen, wenn es nicht andererseits eben tatsächlich Kräfte gekostet hätte und Ali erstaunlicherweise stark genug war, bis in die fünfzehnte Runde nicht nachzulassen. Er gewann den Kampf, und das letzte Bild der Aufzeichnung ist ein – wie soll man sagen?: ein ebenso anrührend-melancholischer wie ironischer Handkuß in Richtung Kamera und Publikum.

B: Nach diesem Kampf tritt Muhammad Ali zurück. Er hätte es spätestens nach dem dritten Kampf gegen Frazier tun sollen. Aber es kommt schlimmer. Der nächste Weltmeister im Schwergewicht wird Larry Holmes, der ehemalige Sparringspartner von Ali, und gegen den will er noch einmal antreten.

A: Er muß sich einer ärztlichen Untersuchung unterziehen, weil sich Symptome einer gesundheitlichen Schädigung mehren: leichtes Händezittern, schleppende Sprechweise. Die Mayo-Klinik stellt fest: Schwierigkeiten, mit geschlossenen Augen die eigene Nasenspitze zu berühren, zuweilen schwerfälliger Gang – aber das alles nur bei Ermüdung. Zu ergänzen wäre: also während eines Kampfes. Auch ein Loch in der Membrane, die Ventrikel trennt, kurz: ein Hirnschaden, vielleicht in Folge zu vieler und zu schwerer Kopftreffer, hält die Ärzte nicht davon ab, Ali kampftauglich zu schreiben. Ferdie Pacheco, sein langjähriger Ringarzt, lehnt jede Verantwortung ab und weigert sich, bei diesem Kampf dabeizusein.

B: Ali hat Schwierigkeiten, auf sein Kampfgewicht zu kommen. Man verabreicht ihm harntreibende Medikamente, und er verliert in wenigen Tagen einige Kilogramm. Als er den Ring betritt, ist er schlank wie seit seinem Kampf gegen George Foreman nicht mehr. Aber er ist auch kampfunfähig.

A: Ein plötzlicher Wasserverlust schwächt den Körper nicht nur extrem, sondern setzt auch die Wärmeregulierung außer Kraft: der Körper kann nicht mehr zureichend schwitzen. Ali hätte während des Kampfes gegen Larry Holmes an einem Hitzschlag sterben können.

B: Der Ringrichter merkt nichts. Alis Ecke ohne Pacheco merkt nichts, nicht einmal sein erfahrener Trainer Dundee. Nur sein Gegner, Larry Holmes, erkennt schließlich, daß Ali nicht taktiert, nicht fintiert, nicht inszeniert, sondern wie eine ausgestopfte Puppe im Ring steht und die Arme hochhält. Er weiß nicht, was er machen soll. Seine Ecke rät, kurzen Prozeß zu machen. Holmes tut das nicht. Seine Ehre als Sportler und seine Verehrung für Muhammad Ali lassen das nicht zu.

A: Der Kampf schleppt sich zehn Runden lang hin. Dann wirft Angelo Dundee das Handtuch. Larry Holmes:

C: Nach dem Kampf ging ich zu Ali auf sein Zimmer im Hotel und sagte zu ihm, »du bist immer noch der Größte, ich liebe dich«. Ich meinte, was ich sagte; und mir war gräßlich zumute. Ich fühlte mich schon erbärmlich, bevor ich in sein Zimmer ging, und als ich da war, fühlte ich mich noch schlechter. Obwohl ich gewonnen hatte, war ich niedergeschlagen. Die Leute sollen wissen, daß ich stolz darauf bin, mein Handwerk bei Ali gelernt zu haben. Auf mein Sparring mit dem jungen Ali bin ich stolzer als auf meinen Sieg über den alten.

B: Heute ist Muhammad Ali ein freundlicher, leicht geistesabwesender Herr, der spricht wie ein schläfriger Betrunkener. Von seinem Vermögen ist wenig geblieben, betreut wird er von einer ehemaligen Köchin. Er ist immer noch Mitglied der Black Muslims, die am meisten von seinen Kampfbörsen profitiert haben dürften. Neulich bekam er einen Ehrendoktortitel einer amerikanischen Universität für seine Verdienste um die Emanzipation der Afro-Amerikaner in den USA.

A: Was bleibt? Wer vorschnell sagt, also habe sich – man sehe Ali heute doch nur an – das Ganze nicht gelohnt, sollte noch einmal nachdenken. In keinem anderen Beruf der Welt hätte der

Junge aus Louisville solche Triumphe feiern können. Keine andere Sportart der Welt hätte sein Bild an die Wand der letzten afrikanischen Kneipe gebracht. Bertrand Russel schrieb und Martin Luther King saß bei seinen Kämpfen in der ersten Reihe. Und was uns angeht – wer, wenn nicht Muhammad Ali, hätte zeigen können, daß sogar eine ganz ordinäre Prügelei eine eigene Spannung und Ästhetik haben kann? Wessen Leben hätte solche Dramatik gehabt und Millionen in den Bann geschlagen?

B: Und er ist der erste gewesen, dessen Triumphe, wie seltsam das auch immer anmuten mag, politische Symbole gewesen sind. Für die Emanzipation der Schwarzen. Für die Weigerung, in einem grausamen und ungerechten Krieg den Soldaten abzugeben.

A: Na ja – was die politische Symbolkraft angeht, hatte er zwei Vorläufer, die allerdings, weit vor dem Zeitalter der Satellitenübertragung, weniger bekannt geworden sind. Den einen, Jack Johnson, hatten wir schon erwähnt. Der andere hieß Max Baer. Auch er Weltmeister im Schwergewicht. 1933 kämpfte er gegen Nazi-Deutschlands Vorzeigeboxer Max Schmeling, und zwar mit einem Davidstern auf der Hose, nicht mit einem »J« darauf, sondern mit einem »M« für »Max« – Baer, nicht Schmeling. »Kill that Nazi, Jewboy«, riefen die Leute am Ring. – In den Tagebüchern von Victor Klemperer finden wir im Eintrag vom 15. Juni 1934:

C: Seit gestern bedrückt mich die Zusammenkunft Hitlers mit Mussolini in Venedig. Wenn er einen außenpolitischen Erfolg hat, *bleibt* er. – Komisch: welches Vergnügen es mir macht, daß heute gemeldet wird, der Kalifornier Baer habe gegen den italienischen Riesen Carnera die Boxweltmeisterschaft gewonnen. Baer, der neulich Schmeling schlug, ist Jude. Unsere Zeitung riß ihn gestern herunter und gab alle Gewinnchancen dem Italiener. So geht jetzt das Gefühl.

Dieter Hildebrandt
**Magisches Datum,
Heiliger Rasen**
Boris Becker
und Steffi Graf

Den Tag wissen die meisten noch so genau, als wäre es das entscheidende Datum in einem Krimi gewesen, nach dem die Herren Kommissare immer wieder gefragt hätten: Was taten Sie am 7. Juli 1985? Wo hielten Sie sich auf? Was haben Sie wann gemacht? In der Zeit von 15.00 bis 18.17 Uhr? Denken Sie genau nach! – Die meisten von uns müssen nicht einmal groß nachdenken, so lebhaft steht dieser sonnenheiße Nachmittag noch immer vor Augen. Und selbstverständlich waren wir alle Tatbeteiligte, Beteiligte an der Entstehung eines modernen Mythos, an der Erweckung eines erst nationalen, dann globalen Idols, von dem es bald darauf heißen sollte:

»Boris Nationale ist kein normaler Topspieler; an seinen Nerven zerrt nicht nur der Gegner, sondern die Bundesregierung und die ganze Nation. Bei jedem Aufschlag steht das deutsche Bruttosozialprodukt, die Auflage der BILD-Zeitung, die Zukunft der Union und das Schicksal von Puma auf dem Spiel.« *(FAZ-Magazin)*

Der 7. Juli 1985 ist der Geburtstag einer Legende. Früher einmal waren Legenden Heiligengeschichten, heute sind sie Ausdruck unseres Verehrungsbedürfnisses, unserer Idealisierungsgier und unseres zum Staunen bereiten Altruismus. Sensation ist, wenn man seinen Augen nicht traut. Sensation ist, wenn etwas gar nicht wahr sein darf. Sensation ist das Außerordentliche, das man einfach nicht fassen kann. Aber wenn alle diese Sensationen zusammenkommen, wenn die allgemeine Fassungslosigkeit sich bündelt – dann wird das Legende. Am 7. Juli 1985 wurde die Legende Boris Becker geboren.

Die Becker-Legende bewahrt noch etwas vom alten frommen Ursprung eines liber acta sanctorum: Denn sie wurde in Wimbledon geboren, im Tennis-»Mekka«, auf dem »heiligen« Rasen, der im Finale immer selbst schon Glaubenssache ist: denn *sehen* kann man ihn dann vor lauter Abgewetztheit nicht mehr. Kein Zweifel, daß der Centre Court eine Art Sakralraum ist, wo noch ein regelrechter Ritus zelebriert wird mit Hofknicksen und Verbeugungen und wo noch vor wenigen Jahren ein jungfräulich-priesterliches Weiß als sportives Ornat vorgeschrieben war.

Mein eigener minimaler Beitrag zur Legende ist mir noch völlig präsent. Dieser 7. Juli 1985 war ein gleichsam magischer Tag, nach einer Woche aufregender Komplizenschaft. In den ersten Juli-Tagen schrieb ich die allerletzten Seiten eines Buches zu Ende, hin- und hergerissen zwischen Schreibtisch und Bildschirm, von den gewonnenen Sätzen des unbekannten, unscheinbaren, unerschütterlichen jungen Mannes zwar abgelenkt, aber doch auch zu eigenen Sätzen animiert, von seinem Durchhaltewillen immer wieder angespornt, auch bei der eigenen Arbeit nicht schlappzumachen, und so das Schicksal des künftigen Buches gewissermaßen mit dem Geschick dieses Siebzehnjährigen koppelnd, so daß sich nicht nur ein synchroner Arbeitsvorgang, sondern eine Art allegorischer Parallele ergab, ein zuversichtliches Hand-in-Hand. Am 6. Juli hatte ich meinen Teil geschafft, wollte es geschafft haben, um in voller Konzentration das Endspiel sehen zu können, war vormittags noch aus Berlin weg ins Fichtelgebirge gefahren, in ein vertrautes Quartier, kam dort gerade noch rechtzeitig zum Matchbeginn an und erlebte einen Schock: Das Fernsehzimmer war gerade renoviert, und der Apparat stand irgendwo in einem Gerümpelraum mit Malerutensilien, Sperrmüll, Teppichen, Wäschestapeln. Aber ich bestand auf meinem Fernseher, und so, inmitten eines Tohuwabohus, erlebte ich die Erschaffung einer neuen Tenniswelt... Aber ach, ich erlebte sie gar nicht wirklich. Ich hielt dem Vorgang nicht stand. Als der herkulische Endspielgegner, Kevin Curren, den zweiten Satz im Tiebreak mit 7:4 gewann, hatte ich nicht mehr die Nerven zuzusehen; wie ein Vater, der im Kreißsaal seiner Frau bei der Entbindung beistehen möchte und bei den Preßwehen doch die Flucht ergreift. Ich machte eine lange Wanderung, und als ich heimkehrte, hatte Boris Becker in vier Sätzen, mit 21 Assen, 16 gelungenen Returns und acht Schmetterbällen, gewonnen.

»Die Minuten nach dem Sieg. Benommen. Man kann sich nicht hinsetzen. Nicht die Beine von sich strecken, nicht sagen: Mensch, ich hab gewonnen. Man hat keine Zeit zu überlegen, was man geschafft hat. Man muß soviel tun: Den Pokal von der Herzogin und dem Herzog von Kent entgegennehmen. Ein paar Worte sagen. Mit dem Pokal zu allen vier Tribünen laufen und den Zuschauern zeigen. Sich mit dem Pokal den Fotografen stellen.«

Beckers unbedingter Siegeswille zeigte sich damals in Wimbledon vor allem in einem bis dahin auf Tennisplätzen unerhörten, nie gesehenen Vorgang, dem Becker-Hecht, wie er von nun an genannt wurde. Dieses riskante Sich-Werfen nach einem sonst unerreichbaren Ball, dieses tollkühne Überfliegertum war eine neue Kreation auf den Courts dieser Welt. Schön war das nicht eigentlich anzusehen, wenn dieser massige junge Mann da über den Boden rutschte und flutschte, aber es signalisierte: Dieser da wurde geradezu magnetisch vom Ball angezogen. Er riskierte Hautabschürfungen, Prellungen, vielleicht sogar Brüche, vor allem, als er später fortfuhr, dergleichen Bodenrollen auch auf anderen Plätzen als dem Rest-Rasen von Wimbledon zu versuchen. Der Becker-Hecht: das Ding der Unmöglichkeit. Und ein deutliches Paradox: Becker siegte, indem er fiel. Er lag am Boden und war doch am Ball. Er warf sich hin, um sich über den Gegner zu erheben. Klingt nicht auch das nach den märtyrerhaften Seiten einer Heiligenlegende?

»Ich benutze Tennis für mein Leben. Ich mache durch die extremen Erlebnisse auf dem Platz Erfahrungen, die für mich als Mensch wichtig sind... Je älter ich werde, desto entschlossener werde ich. Die Zeit ist ja nicht endlos. Tennis gibt mir für kurze Augenblicke den perfekten Moment.«

Das ist zwar die Stimme des gereiften Boris Becker, aber sie beschreibt auch die Haltung des ganz jungen. Den man zunächst vor allem als Ball-Drescher sah, als den Bumm-Bumm-Becker glossierte, einen schießwütigen Deutschen. Aber aus dem Bumm ist längst der Boom geworden, den er einem ganzen Sport, dem Tennis, beschert hat. Zu Beckers frühem Ruhm gehört, daß er zwei andere Weltberühmtheiten beerbte und um ein Namenskürzel brachte. Wer von nun an von B. B. sprach, sprach nicht mehr von Bertolt Brecht, auch nicht mehr von Brigitte Bardot, der meinte nur noch Boris Becker.

Becker hatte ein Anrecht auf diese Abbreviatur, denn er schrieb die Erfolgsgeschichten seiner Vorgänger weiter und steigerte sie noch. Denn nicht, daß er damals in Wimbledon gewonnen hat, macht schon die Legende Becker aus; sondern daß er diesen frühen dreifachen Triumph (der erste Deutsche, der erste Ungesetzte, und der jüngste aller Sieger) verkraftet, aufgearbeitet, existentiell verdaut und zur Biographie ausgestaltet hat. Es gibt ja viele Erfolge, an denen einer zerbricht, Siege, die das fernere Leben zur Niederlage machen. In unserm sich dauernd aufputschenden Jahrhundert, in dem Erfolg die Droge Nummer eins ist, sind solche Fatalitäten eher die Regel.

Becker berauschte sich nicht am Wimbledon-Pokal. Nicht nur, daß er weiter gut Tennis spielte, er bewies auch die Kraft zum Charakter. Er schlug auch im normalen Leben auf wie kaum ein zweiter. Er hechtete seinen Chancen robust hinterher. Er bewies seine Zähigkeit auch auf dem Kampfplatz des Geschäftslebens. Und er beherzigte, ohne ihn zu kennen, einen Satz, den der englische Romancier George Meredith etwa in jenen Jahren schrieb, als Wimbledon sich etablierte: »Ein stattlicher Baum wächst nur durch den Gebrauch des Messers.« Beckers Service-Qualitäten zeigten sich auch bald darin, wie er erst seinen ihm dauernd in den Arm fallenden Trainer Günther Bosch, später dann sogar seinen Manager Ion Tiriac abservierte – und wie alle diese Brüche, Trennungen, Verwerfungen und Vorwürfe und die öffentlichen Echos darauf, nicht etwa dem, was nun sein Image war, schadeten, sondern es weiter konturierten: Ein Mann nicht mehr nur mit dem Willen zum Sieg, sondern dem provokanten Mut zu sich selbst. Nicht nur ein Prominenter, sondern nahezu ein Prometheus: »Hat nicht mich zum Manne geschmiedet die allmächtige Zeit und das ewige Schicksal?«

In den Legenden-Texten liest sich der erste Emanzipationsversuch von den Vormündern Bosch und Tiriac folgendermaßen:

»...ich muß probieren, Spaß am Leben zu haben. Ich muß mein Leben selbst entscheiden. Und in den nächsten beiden Tagen habe ich nur Dinge gemacht, die ich wollte. Ich hab gesagt, daß ich euch nicht sehen will, dich (Günther Bosch) und Ion (Tiriac)… Es ist dieses Leben. Ich lebe ohne jedes Problem, ich muß nichts selbst lösen. Eigentlich habe ich das Traumleben, nirgendwo Schwierigkeiten. Nur – wenn dann auf dem Platz ein Problem entsteht, kann ich es nicht lösen. Und ich hab mir gedacht: He, jetzt gehst du einmal ohne die zwei weg. Jetzt willst du sie mal zwei Tage lang nicht sehen… Sie hatten mir verboten, in Paris Auto zu fahren. Ich hab mir einfach das Auto geschnappt, bin zum Flughafen. Airport. Bin dem Schild nachgefahren. Hingekommen bin ich gut, zurück habe ich zwei Stunden gebraucht, wo man normalerweise eine halbe Stunde braucht. Ich bin in einen Stau gekommen. Noch nie war ich allein in einem Stau. Nach zweieinhalb Stunden zurück im Hotel. Hab mich ganz toll gefühlt.«

Legenden werden um so schöner, je mehr sie nach dem Muster per aspera ad astra, durch Nacht zum Licht, vom häßlichen jungen Entlein zum schönsten Schwan, gebaut sind. Auch die Bekker-Biographik hat dieses Muster zu bedienen gewußt. Der Schwan von Wimbledon mußte auf den ersten Tennisplätzen seines Lebens eine eher lahme Ente gewesen sein. Und das große und grobe Verspotten, das der Märchenerzähler Andersen so rührend und melodramatisch auszubreiten versteht, fehlt auch in der Geschichte vom kleinen Boris Becker nicht, wie sie sein getreuer Günther Bosch zu erzählen beliebt:

»Er war die Lachnummer. Boris war in seinem Jahrgang lediglich gut genug, um mit den Mädchen zu spielen. Schickten die ihn zum Cola-Holen, mußte er das tun. Seine schwere Jugend hat seinen Willen geschürt, besser zu werden als alle die andern.«

So erkennen wir, daß der 7. Juli 85 nicht nur eine grandiose Unverhofftheit war, sondern auch eine langerwartete Revanche an den »Gespielen« der Jugend, an diesen Carl Uwe Steeb und Udo Riglewski, die ihn jahrelang gehänselt und belächelt hatten: Wie sah denn der überhaupt aus! Rothaarig, glubschäugig, gelbbewimpert und insgesamt ungeschlacht.

Die Legende Becker hätte ihre Wirkung so nicht haben können, wenn sie nicht ihr eigenes Medium so kräftig mitgeschaffen hätte. Selbstverständlich gab es Tennis »vor Becker«, aber seit jenem 7. Juli 85 ist es ein anderer Sport geworden, zumindest in Deutschland. Was bis dahin doch immer noch eine eher elitäre Freizeitbeschäftigung gewesen war, wurde nun Volks-, Mode-, Trendsport. Es war, als habe Boris Becker eine zweite Raketenstufe des Interesses angezündet, eine allgemeine Leidenschaft entfacht, es ihm nachzutun: Seither quälen sich überall in deutschen Landen die Youngsters und Kids, und wie sie sonst noch heißen, an Tenniswänden und auf Betonplätzen. Das sachte, aber für Unbeteiligte auch reichlich nervtötende Plop der Tennisbälle ist zum Naturlaut überall in der Landschaft geworden. Eine ganze Nation ist quasi nicht nur auf den Platz, sondern »in den Ball« gegangen, wie eine der innigsten Formeln des neudeutschen Tennis lautet.

Ganz naiv besehen ist Tennis ja ein sublimiertes Duell, und es ist auch zum erstenmal nicht etwa in Wimbledon, sondern im Mittelalter, an französischen Höfen gespielt worden, als jeu de paume, eine Art Federball; aus welcher sportiven Vergangenheit uns noch das »deuce«, damals wohl »döhs« gesprochen, überliefert ist. Was aber das Tennis so modern macht und telegen, ja geradezu zum Spiegelbild der freien Marktwirtschaft, zu einer Allegorie des Kapitalismus, ist nicht sein immer schneller, barbarischer werdendes Hin und Her, sondern sein Winkelspiel. Tennis ist die reine Choreographie des Austricksens geworden; ein Tanz, den die Lust an der List mit der Kraftmeierei tanzt. Und wie herrlich ist mittlerweile die Kunst entwickelt, den Gegner bei diesem Tanz auf dem falschen Fuß zu erwischen, ihn ins Leere laufen oder schlichtweg erstarren zu lassen, weil der Ball just in jene Ecke kommt, aus der der andere gerade wegstürzt. Welch eine Wonne noch für den Zuschauer zu sehen, wie da Ohnmacht zelebriert wird, wie die Filzkugel zu einer Art Bannstrahl wird, der den andern lahmlegt. Unser Wirtschaftssystem hat sich mit dem Tennis sein adäquates Überlistungsmodell geschaffen bis hin zu der Entschlossenheit, direkt »auf den Mann«, auf den Körper des Gegners zu schlagen.

Aber Tennis bietet mehr als solchen Anschauungsunterricht; es liefert nicht nur die reine »Widerspiegelungstheorie«. Tennis ist auch eine Art Therapie, weil es uns hilft, uns unser eigenes Verhalten bewußt zu machen, anschaulich und damit überschaubar. Tennis lehrt uns, neue Strategien aufzubauen, unsere Gewohnheiten zu überdenken. Tennis ist nicht zuletzt deshalb so populär geworden, weil es auch eine fortwährende Lektion am eigenen Leib ist und an der eigenen Psyche. Wer im Boris-Bekker-Jahrzehnt öfter mal »Tennis geguckt« hat, weiß nicht nur mehr von diesem Sport, weiß nicht nur mehr von den »Spielregeln« unserer Gesellschaft, er weiß mit Sicherheit auch mehr von sich selbst. Er hat einen Dauerkurs in Psychologie absolviert. Er weiß mehr von der Kunst der Fermate, von Ablenkungsmanövern und kleinen verstörenden Gesten. Er hat auch eine Ahnung davon, wie wichtig es sein kann, einen nervösen Streit vom Zaun, von der Linie, vom Ballabdruck zu brechen. Der hat erlebt, wie ärgerlich es ist, wenn einer richtig tickt, nämlich immer wieder mit dem Ball vor dem Aufschlag. Wie ein winziges Wartenlassen dem andern am Geduldsfaden zerrt. Wie sich Autorität nicht aus Schrecksekunden, sondern aus Irritationsmomenten aufbaut.

Den genauen Text liefert auch diesmal wieder Boris Becker selbst: in Erwartung eines Aufschlags von Ivan Lendl:

»Ich guck ihn nur an. Wenn er sich auf den Aufschlag vorbereitet, wenn er den Ball zum ersten Mal auftippt, bin ich in seinen Augen... Ich stelle mich links, seh ihn an und warte ab. Er tippt weiter. Ich bleibe links, gebe ihm die rechte Ecke frei. Kurz bevor er sich entschieden hat, rochiere ich, wechsele die Seiten. Ich wechsele sie nicht mit Sidesteps, pendle mit dem Oberkörper hin und her. Es kann sein, daß er seine Entscheidung längst getroffen hat. Aber ich beeinflusse sie... Wenn ich überhaupt eine Chance haben will, dann muß ich nach mir gehen. Das ist manchmal wie ein heller Gedanke, es durchfährt dich und du weißt es... Normalerweise kriegt kein Mensch den Ball, wenn er es nicht vorher spürt.«

Und jeder, auch der lässigste Zuschauer, muß die wichtigste Vokabel im modernen Tennis begriffen haben, weil sie auch die wichtigste in seinem eigenen Leben ist: die Sache mit den »big points«. Big points – das sind die Entscheidungsklippen eines Matches. Die ganz großen Gelegenheiten, die man vielleicht nur einmal hat. Big points – das sind die tollsten Chancen, das ist das Jetzt-oder-Nie. Es sind, im Alltag, die wichtigen Termine, auf die es ankommt. Auf die es sich zu konzentrieren lohnt. Die, von denen Kierkegaard sprach, als er sagte: »Es kommt im Leben viel darauf an, daß wir aufpassen, wenn unser Stichwort fällt.« Ein Plädoyer für die Big points ist nicht unbedingt eins für die Leistungsgesellschaft, schon gar nicht eins für Karrierismus um jeden Preis –: Es ist die Aufforderung, am Tennis abzulesen, daß wir alle in gewissen Momenten uns anders motivieren, mobilisieren können als wir meinen; daß wir noch einen Extratank an Geistesgegenwart und Gesellschaftsspielwitz mit uns führen: Wir müssen nur am Ball bleiben wollen.

Aber konnte das »Deutsche Tenniswunder« denn vollkommen, vollendet sein, wenn es den Helden mit seinen Siegen und Niederlagen alleinließ, als einsame Spitze, Einzelkämpfer, Eigensinner? Der moderne Mythos, die breite Öffentlichkeit, sprich: unser aller Harmoniebedürfnis verlangte nach Paarung, nach einem weiblichen Pendant. Ein Mädchen oder Weibchen wünschte sich, wie Papageno, nicht etwa Boris Becker, sondern unsere Mediengesellschaft, und siehe, eines Tages war es zur Stelle. Nicht schaumgeboren oder aus einer Rippe geschnitzt, sondern gewissermaßen handgearbeitet. Der deutsche Hobbykeller, dieser Orkus der Nützlichkeit, diese Nebenhöhle des Fetischismus mußte dem Idol Becker eine Art allegorischer Gefährtin gebären, und er gebar sie: Ein ehrgeiziger Vater, Versicherungsvertreter und Gebrauchtwagenhändler, stellte in seinem Keller ein paar Kisten auf, drückte seiner vierjährigen Tochter Steffi einen abgesägten Tennisschläger in die Hand und spielte ihr die ersten Bälle zu. Zitieren wir aus einem Buch, das uns den Dressurakt gewiß nicht in ironischer oder kritischer Absicht beschreibt:

»Um das Trainieren für Steffi noch interessanter zu machen, und damit sein Kind noch glücklicher wurde, hatte sich der engagierte Vater folgendes ausgedacht: Immer, wenn Steffi den Ball 25 Mal ohne Fehler zurückschlagen konnte, gab es eine Salzstange. Als die Salzstangen nicht mehr richtig schmeckten, gab es für 50 Ballwechsel eine »Flambage«, ein Vanilleeis mit heißen Himbeeren. Und als die beiden dann mit fünf Jahren auf dem richtigen Tennisplatz spielten, gab es für gute Leistungen jeweils eine Barbie-Puppe...«

Steffi, Stefanie Graf, ist am 14. Juni 1969 geboren, also anderthalb Jahre jünger als Boris Becker; und mit eben dieser Phasenverschiebung setzen denn auch ihre internationalen Triumphe ein: Zwei Jahre nach Becker stand sie im Finale in Wimbledon, mußte sich allerdings noch der routinierten Martina Navratilova in zwei Sätzen mit 7:5 und 6:3 geschlagen geben. Doch schon im Monat darauf, am 16. August 1987, konnte sie sich mit einem Sieg über Chris Evert im Manhattan Beach Club von Los Angeles an die Spitze der Damen-Weltrang-Liste setzen; dreieinhalb Jahre lang, bis zum 11. März 1991, war sie die Nr. 1.

Was der Vorsprung und Vorrang Boris Beckers für ihre Karriere bedeutete, hat sie selber einmal so charakterisiert:

»Durch Boris war am Anfang alles viel leichter für mich. Ihn gab's vor mir. Der ganze Rummel konzentrierte sich auf ihn. Mich ließ man da in Ruhe. Ich fühlte mich nicht ständig beobachtet. Heute sagt doch jeder: ›Oh, unser Boris hat verloren. Aber wir haben ja noch Steffi ...‹ Man gestattet ihm einfach keine Niederlagen. Mein Aufstieg war gleichmäßiger. Jetzt hat die Presse begonnen, uns zu vergleichen. Wer ist populärer, sympathischer? Das gefällt mir nicht. Was zählt, ist, daß wir beide Spitzentennis spielen. Das ist doch super für das deutsche Tennis. Aber der Boris wird immer berühmter bleiben als ich.«

Wohl wahr. Denn immer haftet der Spielerin Graf das Unspielerische an, immer etwas von der Kunstfigur aus dem Hobbykeller, von der Verfertigung eines Leistungsträgers aus dem Ehrgeiz eines Vaters. Der Psychotherapeut Ulrich Sollmann hat sie kürzlich eine nur »virtuelle Person« genannt:

»Sie hat auf die Entwicklung ihrer eigenen Persönlichkeit verzichten müssen. Aus bedingungsloser Liebe zum Vater und aus Abhängigkeit von ihm opferte sie ihr Selbstgefühl und lebte das falsche Selbst der perfekten Tennisspielerin.«

Man sah und sieht es ihrem Tennisspiel an. Sie ist, bei allem Siegeswillen, die verkörperte Lustlosigkeit. Sie wirkt in allen ihren Aktionen so ungeduldig, als sei Tennis für sie eine Arbeit wie Aschenputtels Erbsenlesen, ein ärgerlicher Auftrag, den man möglichst schnell hinter sich bringen müsse. Sie ist für ihre Gegnerinnen bei allen Seitenwechseln und Aufschlägen geradezu peinigend schnell bereit, wie wenn sie es auf dem Platz nur höchst ungern aushielte. Sie ist ein Energiebündel mit nur gelegentlichem Anflug von Charme. Von all den inneren Dramen, die das Tennis bei Boris Becker für uns Zuschauer so aufwühlend, so mitreißend machen, gibt es bei ihr nur einen blassen Abklatsch: Mürrischkeit, Hektik und ein Gesicht wie: noch eine Schüssel Erbsen. »Steffi Graf steht für Perfektion, Boris Becker für Emotion«, hat der Trainer Damir Keretic gesagt. Keine Frage, was wir lieber sehen.

Gelegentlich, wenn sie zur gleichen Zeit ein Turnier gewonnen hatten, mußten Steffi und Boris sich gemeinsam zeigen, wohl auch miteinander tanzen, wurden von den Fotografen zusammengekoppelt und von der Regenbogenpresse verkuppelt; aber die reklameträchtige Riesenromanze, das Liebesspiel der liebsten Spieler, fand (soweit das ein Außenstehender beurteilen kann) nie statt. Die beiden blieben das bloße Wunschtraumpaar der Medien.

Dafür bekam Boris nicht nur eine richtige Frau (die nun er wiederum seine »Traumfrau« nennt und die auf den Tennistribünen der Welt sichtbar mit ihm lebt und leidet), sondern auch einen richtigen einheimischen Rivalen, einen, der hübscher aussieht und gelegentlich eleganter spielt und insgesamt viel sympathischer wirkt: Michael Stich. Denn nichts stärkt eine Legende mehr, als wenn sie sich in der Konkurrenz bewähren muß, in einem ausdauernden Zweikampf behaupten. Daß Michael Stich Boris Becker 1991 ausgerechnet in Wimbledon schlug (das Bekker längst libidinös besetzt hat und sein »Wohnzimmer« nennt), und ausgerechnet in dem Augenblick, als Becker zum zweitenmal für ein paar Wochen auf den Weltranglistenplatz Nr. 1 vorgestoßen war, schien zunächst das Duell zu entscheiden und die Becker-Legende in einen Stich-Entscheid zu verwandeln. Aber der Sympathieträger Stich konnte es mit dem Leistungsträger Becker nie ganz aufnehmen, der Élégant konnte in der öffentlichen Gunst nie mit dem Kämpfer Schritt halten, und der Moderator Stich, der immer noch seinen Gegnern nach einem besonders virtuosen Schlag zu applaudieren pflegt, wirkte eher blaß gegenüber dem Störenfried Becker, der mit ruppigen Absagen ans Daviscup-Team und mit eher unkollegialen Sprüchen immer wieder Medienfurore und Publikumsleidenschaften zu entfachen weiß. Das Widerspenstige, Widerständige, manchmal auch das Widerwärtige sind Komponenten des Beckerschen Ruhms. Hier ist einer, der, wie wenige Menschen, von sich sagen kann: »Ich bin immer authentisch.«

Überhaupt: Sagen. Überhaupt: reden und immer wieder zur Rede gestellt werden. Man muß sich einmal vorstellen, daß einer, seit er siebzehn ist, immer wieder Auskunft gegeben hat. Das Schicksal einer Legende ist das einer permanenten Medienbelästigung, einer fortgesetzten Interview-Situation. Seit jenem 7. Juli 1985 hat Boris Becker keine ruhige Minute mehr gehabt, war er nicht nur gefragt, sondern wurde auch immer wieder gefragt, und eben nicht nur nach Tennis, sondern auch nach Gott und der Welt, nach Philosophie und Kunst. Er äußerte sich zum Beispiel über die Idolisierungsfunktion des Sports:

»Auch im Sport sollten wir wieder ein bißchen demütiger werden, bescheidener sein. Heute zählt nur noch der Weltmeister, als Halbfinalist bist du der Idiot der Nation… Oder sie erschießen einen Fußballer, weil er ein Eigentor fabriziert hat. Wo sind wir denn im Sport hingekommen? … Aber irgendwie spiegelt diese unfaßbare Tat unsere gesellschaftliche Situation wider. Der Sport ist manchen wichtiger als der Beruf, ja wichtiger als das Leben. Da braucht man sich nicht zu wundern, wenn die Sportstars zumachen, zum Schutz ihrer Familie hinter einer Mauer der Skepsis und des Schweigens leben.«

Der äußerste Ruhm wird mit der äußersten Abschottung bezahlt. Der von allen Erkannte, Anerkannte muß sich in einer Burg verschanzen. Das Leben als Legende ist eine ständige Flucht vor der Öffentlichkeit, der sie sich verdankt:

»Wir haben inzwischen gelernt, damit umzugehen, 24 Stunden am Tag bewacht zu sein. Außerdem haben wir es geschafft, trotz aller Öffentlichkeit große Teile des Becker-Lebens hinter dem Vorhang zu halten. Ich hätte das doch nie alles ausgehalten, wenn man immer an den Kern herangekommen wäre, wenn ich immer offen für alle gewesen wäre. Man braucht seine Zufluchtsorte und Notlügen, um in unserer Situation zu überleben.«

War der junge Becker der Prototyp des Kämpfers, so ist der Mann der späten Tennistage das Modell des oft tragischen Helden. In fast allen Hymnen, die ihm in den letzten Jahren gewidmet worden sind, wird der Künstler Becker hervorgehoben. Er selbst nennt sich neuerdings einen »Darsteller« und sagt:

»Die Kunst, die ich ausübe, kommt an. Es ist schön, das zu spüren.« Der deutsche Tennispräsident Stauder gibt sich ebenfalls theaterbegeistert:

»Seine Matches sind Inszenierungen.«

Zum Beispiel nach jener Dramaturgie, die Günther Bosch einmal so beschrieben hat:

»Erst will Boris Becker allen Zuschauern beweisen, daß er dieses Match verlieren will. Wenn er alle davon überzeugt hat, das Match ist verloren, dann fängt er an, es zu gewinnen.«

Beckers Spiele wären aber langweilig, wenn sie wirklich nach solcher Dramaturgie abliefen, wenn er sie in der Tat selbst zu inszenieren wüßte. Nein, eher sind es Dramen, in denen er zunächst nur mitspielt, die ihm aber schon bald selbst existentiell mitspielen. Die großen Becker-Matches sind solche, in die er sich verstrickt wie in eine griechische Tragödie. The best of five – das ist der moderne Titel für die fünf Akte des antiken Theaters, für die Schuldkatastrophen, in die sich der Mensch selbst hineinbegibt: Wobei sich die Peripetie am aufwühlendsten nach zwei verlorenen ersten Sätzen, im Tiebreak des vierten vollzieht, wenn der Held sich mit einem knappen 7:5 die Möglichkeit der Erlösung, des Sieges, des Triumphes im fünften Satz erwirkt.

Becker am Rande der Niederlage – dieses Phänomen hat die Legende des Sportlers erst wirklich entstehen lassen. McEnroe am Rande der Niederlage – ein bizarrer Neurotiker. Lendl am Rande der Niederlage – ein abgesägter Buchhalter. Edberg am Rande der Niederlage – vor lauter tänzelnder Fairneß ist sie gar keine. Aber bei Becker wird dieser Rand wirklich sichtbar wie ein Krater des Unheils, wie eine Mördergrube, wie ein Orkus des Unzumutbaren: Der Anblick steht ihm als Grauen, als kreatürliches Widerstreben ins Gesicht geschrieben.

Da nämlich ist er in seinem Element, da auch sind *wir* ihm am nächsten: Wenn die Schläge des Gegners zu Schicksalsschlägen werden – und Schicksalsschläge verstehen wir alle –, wenn die Passierbälle zu einer Schmach werden, wie sie uns selbst immer wieder auf ganz anderen Spielfeldern des Lebens passiert, wenn die Lobs so ironisch daherkommen, wie das Lob, das uns im Alltag in falscher Gewißheit wiegt –, dann eben bietet Boris Becker dieses einzigartige Schauspiel von Auflehnung. Nein: eine unvergleichliche mimische Mobilmachung, eine rabiate Resistenz gegen das Verlieren, eine konzentrierte Wut auf den Gegner, der er sich selbst geworden ist. Es sind solche Augenblicke, seine wie die unsern, die Beckers Legende ausmachen und ihn gelegentlich mit einer Aura von Antike umgeben, fast als wäre er der Adressat von Gottfried Benns Gedicht »Eine Hymne«, in dem es heißt:

> »Mit jener Eigenschaft der großen Puncher:
> Schläge hinnehmen können
> stehn...
>
> nicht sagen: Wiederkehr
> nicht denken: halb und halb,
> Maulwurfshügel freigeben
> wenn Zwerge sich vergrößern wollen,

allroundgetafelt bei sich selbst
unteilbar
und auch den Sieg verschenken können –

eine Hymne solchem Mann.«

Wie lange wird er uns als aktiver Spieler noch erhalten bleiben?
Oder wird er weiter von Turnier zu Turnier ziehen, bis er selbst
seine Legende zerstört? Er hat es ganz nüchtern beantwortet:
»Ich habe für mich noch einige gute Jahre geplant. Aber wenn
es eines Tages zu peinlich aussehen wird, in kurzen Hosen rum-
zulaufen, hat mir meine Frau versprochen, mich vom Platz zu
holen.«
Vielleicht ist es aber auch nur eine einfache Strecksehne, die
Hand an seine Karriere legt.

Franz Josef Görtz
**»Dichter, übt euch
im Weitsprung«**
Sport und
Literatur im
20. Jahrhundert

Der Sport sei zur gleichen Zeit und übrigens aus dem gleichen Grund Mode geworden wie die große Hornbrille, schreibt Robert Musil: »Die Hornbrille ist kleidsam, hat dadurch Unzähligen den Mut zu ihrer Kurz- und Weitsichtigkeit gegeben und verleiht ihren Trägern eine gewisse Liebe zur Intelligenz, was nach Platon der erste Schritt zu deren Erwerb ist.«

Vergleichbarer Vorzüge wegen redet der Dichter auch dem Sport das Wort. Denn wer vorzuführen versteht, wie man Schlittschuhe schultert oder die Golfschläger gegen Regen schützt, weist sich unzweifelhaft als Dynamiker aus, darf als gesund und munter gelten und sich vital und verwegen fühlen. »Als Papa Tennis lernte«, erinnert sich Musil, »reichte das Kleid Mamas bis zu den Fußknöcheln. Es bestand aus einem Glockenrock, einem Gürtel und einer Bluse, die einen hohen, engen Umlegekragen hatte als Zeichen einer Gesinnung, die bereits anfing, sich von den Fesseln zu befreien, die dem Weibe auferlegt sind. Denn auch Papa trug an seinem Tennishemd einen solchen Kragen, der ihn am Atmen hinderte. An den Füßen schleppten beide nicht selten hohe braune Lederschuhe mit zolldicken Gummisohlen, und ob Mama außerdem noch ein Korsett zu tragen hätte, das bis zu den Achselhöhlen reichte, oder sich mit einem kürzeren begnügen dürfte, war damals eine umstrittene Frage.«

Endgültig entschieden wurde sie erst in den fortgeschrittenen zwanziger Jahren – als das enge Mieder geräumigen Jumpers

Platz machte, wie sie in Norwegen die Seeleute und in England die Telefonistinnen zu tragen pflegten. Das war eine Revolution. Angezettelt hatte sie eine forsche Französin namens Susanne Lenglen, die übrigens nicht nur das Stirnband erfand, sondern schon 1919 im aufreizenden Faltenrock, ohne den von der Spielmoral verbindlich vorgeschriebenen Unterrock, und in weißen Kniestrümpfen aufgetreten war: der Gipfel der Frivolität. Da machten sich endlich auch die Herren ein wenig frei, banden die Krawatte an den Nagel und tauschten der Reihe nach den seit dem allerersten Wimbledon-Turnier im Jahre 1877 obligatorischen Panamahut gegen flotte Schirmmützen, die unbequemen langen Hosen gegen wendige Shirts, die gestärkten Hemden gegen T-Shirts oder Sweaters. Und niemand nahm Anstoß.

Denn der Sport war mittlerweile Mode geworden, Volksbewegung und Bewegung für die trägen Massen. Längst beugten alle den Rumpf, warfen Hammer und Speer, liefen durch Wälder und Auen miteinander um die Wette, stiegen aufs Pferd, turnten am Reck, drehten Pirouetten auf dem Eis, lernten Ballspiel und Faustkampf, das Fechten mit Säbel und Florett, zunehmend vor Publikum und gegen Geld. Die Auswüchse seien abzusehen, mahnten die Verständigen früh, doch allemal vergeblich. Robert Musil noch einmal, im zornigen Originalton von 1931: »Wozu noch länger vom Geist des Sportsmanns reden, besteht doch das ganze Geheimnis darin, daß der Geist des Sports nicht aus der Ausübung, sondern aus dem Zusehen entstanden ist. Jahrelang haben sich in England Männer vor einem kleinen Kreis von Liebhabern mit der nackten Faust Knochen gebrochen, aber das war so lange kein Sport, bis der Boxhandschuh erfunden worden ist, der es gestattete, dieses Schauspiel bis auf fünfzehn Runden zu verlängern und dadurch marktfähig zu gestalten.«

Fürs erste wurde Anstoß genommen, argwöhnisch die Nase gerümpft und spöttisch die Stirn gerunzelt. Für die Dichter der Neuzeit scheint der Sport, wenn er denn von Berufs wegen und als Massenspektakel betrieben wurde, eine Angelegenheit niederen Ranges – mit bemerkenswert atavistischem Gepräge: »Die Skiläufer kämpfen gegen die Uhr. Die Schwimmer kämpfen gegeneinander. Die Stabhochspringer kämpfen nacheinander. Beim Fußball kämpft man in Rudeln. Die Boxer kämpfen Fuß bei Fuß. Nur die Tennisspieler duellieren sich auf Distanz.« Verkündete zum Beispiel Erich Kästner, ein Menschenalter liegt es schon zurück. Und weil ein martialischer Vergleich die Sache sofort viel anschaulicher macht, bemühte er sich gern auch ein zweites Mal: »Tennis ist ein Duell auf Distanz, insofern gleicht es, auf anderer Ebene, der Forderung nach Pistolen. Der wesentliche Unterschied besteht darin, daß man sich nicht abmüht, dahin zu schießen, wo der Gegner steht, sondern möglichst dorthin, wo er nicht steht.«

Wer so unmißverständlich mit den Augen zu zwinkern vermag, weiß Pointen genug. Und hält damit natürlich nicht hinter dem Berg: »Da der beste Schuß jener ist, der am weitesten danebentrifft, und da der Gegner mit der gleichen Kugel und derselben Absicht zurückschießt, lautet der wichtigste Tennislehrsatz: Laufenkönnen ist die Hauptsache.« Und wie es Dichter gebe, so Kästner, die ihre besten Einfälle dem Alkohol verdanken, seien auch unter Tenniskünstlern einige anzutreffen, deren Meisterschaft auf solche Ursprünge verweise. Zum Beweis erzählt er einen Witz, der damals noch ziemlich unerhört klang: »Nachdem im Endspiel eines internationalen Turniers wieder einmal die bekannten Matadoren X. und Y. aufeinandergetroffen waren und X. wieder einmal gewonnen hatte, sagte Y.: Zugegeben, daß du gewonnen hast –, aber mußtest du dich gestern nacht so betrinken, daß du im ersten Satz kaum geradestehen konntest? Ich mußte, antwortete X. Wenn ich weniger trinke, sehe ich den Ball doppelt, und dann treffe ich, das ist eine klare Rechnung, den richtigen nur in fünfzig von hundert Fällen. Trinke ich aber gründlich, so sehe ich drei Bälle. – Und? – Dann schlage ich den in der Mitte!«

Mag sein, daß andere Sportarten es leichter hatten als Cricket, Golf oder Dressurreiten, die angeblich feinen und vermögenden Leute vorbehalten waren und schon aus Gründen der notwendigen Ausstattung mit beträchtlichen Kosten verbunden sind. Das Fußballspiel zum Beispiel galt stets als erfrischend ordinär: eine proletarische Disziplin, die unter Kinderreichen besonders willkommen schien. Denn nicht mehr als einen einzigen Ball und ein einigermaßen ebenes Wiesenstück braucht es, zwei Dutzend Menschen zwei Stunden lang in ausdauernde Bewegung zu versetzen. Das eine ein Luxus wie die große Hornbrille, Freizeitvergnügen der Reichen, das sie gern mit ihresgleichen teilen; das andere, aus dem Blickwinkel des proletarisch-revolutionären Poeten, das Vorspiel der Arbeiterkinder zum Klassenkampf:

»Kommend aus den vollen Hinterhäusern
Finstern Straßen der umkämpften Städte
Findet ihr euch zusammen
Um gemeinsam zu kämpfen.
Und lernt zu siegen.

Von den Pfennigen der Entbehrung
Habt ihr die Boote gekauft

Und vom Mund abgespart ist das Fahrgeld.
Lernt zu siegen!

Aus den zermürbenden Kämpfen um
das Notwendigste
Für wenige Stunden
Findet ihr euch zusammen
Um gemeinsam zu kämpfen.
Und lernt zu siegen!«

So das »Sportlied« von Bertolt Brecht aus den frühen dreißiger
Jahren.

Ernst Busch hat es, in einer geringfügig abweichenden Fassung, zu der Hanns Eisler die Melodie schrieb, im Film »Kuhle Wampe« gesungen: mit pathetischer Kraft in der Kehle und solidarisch befeuerndem Augenaufschlag.

Der Rhetoriker Brecht liebte die emphatische Girlande, wo es galt, öffentlichen Eindruck zu machen. Der Dialektiker dagegen pflegte zwischen dem politischen Ziel und seinem persönlichen Weg dorthin sehr genau zu unterscheiden. »Ich muß gestehen«, schreibt er in seiner Antwort auf eine Rundfrage zum Thema »Sport und geistiges Schaffen«, »daß ich die These, Körperkultur sei die Voraussetzung geistigen Schaffens, nicht für sehr glücklich halte. Es gibt wirklich, allen Turnlehrern zum Trotz, eine beachtliche Anzahl von Geistesprodukten, die von kränklichen oder zumindest körperlich stark verwahrlosten Leuten hervorgebracht wurden, von betrüblich anzusehenden menschlichen Wracks, die gerade aus dem Kampf mit einem widerstrebenden Körper einen ganzen Haufen Gesundheit in Form von Musik, Philosophie oder Literatur gewonnen haben. Freilich wäre der größte Teil der kulturellen Produktion der letzten Jahrzehnte durch einfaches Turnen und zweckmäßige Bewegung im Freien mit großer Leichtigkeit zu verhindern gewesen.«

Brecht besaß einen Punchingball, auf den er eindrosch, wenn der Whiskey in der Flasche, die genau darunter stand, ausgetrunken war. Auf die gleiche Weise verschaffte er sich Erleichterung, gesteht er, sobald er die Kritiken zu den Aufführungen seiner Stücke gelesen hatte – und sich vorstellte, anstelle des Punchingballs womöglich einen der Rezensenten an die Wand zu donnern. Seine Begeisterung für das Boxen ist durchaus nicht frei von milder Selbstironie. Das schmächtige Kerlchen, das im Lauf seines wechselvollen Lebens einmal sogar bedrohlicher Unterernährung wegen in die Berliner Charité eingeliefert wurde, wäre selbst mit Sicherheit niemals in den Ring geklettert – auch wenn er sich oft mit Boxern fotografieren ließ. Ein Bild zeigt ihn mit Paul Samson-Körner, der in den zwanziger Jahren Deutscher Meister im Schwergewicht war. Samson-Körner trägt Schlips und Kragen und ballt die Rechte zur Faust, während Brecht beide Hände vergnügt in seinen Hosentaschen vergräbt, um den Sachverständigen zu spielen: eine Rolle, in der er sich so gut gefiel wie Daniel Defoe und Jonathan Swift, George Grosz und Jean Cocteau, Ernest Hemingway und Ezra Pound – oder wie Norman Mailer und Wolf Wondratschek, die für Sonny Liston, Muhammad Ali und George Foreman in die Harfe griffen.

»Ich habe Pound Boxen beigebracht, ohne großen Erfolg«, berichtet Hemingway im März 1922 seinem literarischen Mentor Sherwood Anderson aus Paris. »Er greift gewöhnlich mit verschobenem Kinn an und besitzt etwa die Grazie eines Panzerkrebses. Er ist willig, aber kurzatmig. Heute nachmittag gehe ich wieder rüber zum Training, aber es bringt nicht viel, weil ich zwischen den Runden noch Schattenboxen muß, um überhaupt ins Schwitzen zu kommen. Pound schwitzt allerdings gut, muß ich zu seinen Gunsten sagen. Außerdem ist es recht sportlich von ihm, daß er seine Würde und seinen Ruf als Kritiker für etwas aufs Spiel setzt, von dem er nicht das geringste versteht.« Dafür mußte Pound, Hemingway hat es nie verschwiegen, dessen Manuskripte durchsehen und Hand anlegen, wo immer es ihm nötig schien. Die Liebe zum Boxen ist unter Schriftstellern auffallend heftig ausgeprägt, und unter den weiblichen nur wenig schwächer als unter den männlichen, wie das Beispiel von Joyce Carol Oates demonstriert. Sie weiß »Über Boxen«, wie sie eines ihrer

Bücher genannt hat, solch anschauliche Dinge zu erzählen, daß man denken muß, die Recherchen dazu habe sie als Sparringspartnerin absolviert: unter einem verläßlich gepolsterten Helm versteckt, damit niemand sie erkennt. Als der Essay 1988 ins Deutsche übersetzt wurde, war der Literaturkritiker Max Schmeling der erste, ihr ein »ehrlich gemeintes, stürmisches Kompliment« zu machen.

Natürlich hat das Boxen etwas Theatralisches, sagt die Oates: in Gestik und Mimik, Szenario und Dramaturgie. Und natürlich, sagt Brecht, sagen Regisseure wie Peter Brook und Schauspieler wie Bernhard Minetti, hat auch das Theater viel von einem Boxkampf: »Das Kino ist was für die armen Teufel, die ihren Hunger nach Handlung und Romantik stillen wollen, rasch im Vorbeigehn, drei Selbstmorde für achtzig Pfennige, eingewickelt in Lehren, wie man sich im Salon benimmt, dazu Harmonium und schöne Landschaften«, doziert Brecht aus den Höhen des Olymps, »das Kino, das ist eine Speiseanstalt, ein Automat, ein Asyl für geistig Obdachlose – aber das Theater ist für die feineren Genießer. Wenn man ins Theater geht wie in die Kirche oder in den Gerichtssaal, oder in die Schule, das ist schon falsch. Man muß ins Theater gehen wie zu einem Sportfest. Es handelt sich hier nicht um Ringkämpfe mit den Bizeps. Es sind feinere Raufereien. Sie gehen mit Worten vor sich. Es sind immer mindestens zwei Leute auf der Bühne, und es handelt sich meistens um einen Kampf.«

Das Theater, schwärmt er an einer anderen Stelle, müsse werden wie der Berliner Sportpalast. Der faßte, wenn die Sitzreihen die Arena in die Mitte nahmen, mehr als zehntausend Menschen. Lücken blieben da nicht, wenn die Meister aller Klassen die Fäuste gegeneinander schwangen. Und Stimmung war genug. Warum nicht das Theater von dieser Atmosphäre zehren lassen, die Bühne wie einen Boxring ausstaffieren und das theatralische Geschehen wie einen Kampf arrangieren, dessen Ausgang völlig unentschieden ist?

Brecht hat es versucht, bei der Uraufführung seiner »Kleinbürgerhochzeit« ebenso wie der Neubearbeitung des Stücks »Im Dickicht«, das dann den Titel »Im Dickicht der Städte« bekam und, der Empfehlung des Autors zufolge, am besten als »Ringkampf zweier Menschen« in Szene zu setzen war. »Beurteilen Sie unparteiisch die Kampfform des Gegners«, riet er den

Zuschauern im Parkett, »und lenken Sie Ihr Interesse auf das Finish.«

Denselben Rat wird man den Lesern des Gedichts geben dürfen, das Joachim Ringelnatz dem »Boxkampf« gewidmet hat. Es geht so:

> »Bums! Kock, Canada: – Bums!
> Käsow aus Moskau: Puff! Puff!
> Kock der Canadier: Plumps!
> Richtet sich abermals uff.
> Ob dann der Käsow den Kock haut,
> Oder ob er das vollzieht,
> Ob es im Bauchstoß, im Knock-out
> Oder von seitwärts geschieht –
> Kurz: Es verlaufen die heit'ren
> Stunden wie Kinderpipi.
> Sparen wir daher die weit'ren
> Termini technici.
> Und es endet zuletzt
> Reizvoll, wie es beginnt:
> Kock wird tödlich verletzt.
> Käsow aber gewinnt.
> Leiche von Kock wird bedeckt.
> Saal wird langsam geräumt.
> Käsow bespült sich mit Sekt.
> Leiche aus Canada träumt:
>> Boxkampf –
>> Boxer –
>> Boxen –
>> Boxtel –
>> Boxkalf –
>> Boxtrott –
>> Boxtail –
>> Boxbeutel.«

Im Finish findet die grob hemdsärmelige Sottise dann doch noch überraschend ins Poetische, spielt mit Buchstaben und Worten und setzt den Silbenwechsel wie einen Schlagabtausch in Szene, bei dem auch der Verlierer kräftig Punkte machen darf.

Anders als mit Witz und Satire, Spott und Ironie ist der dumpfen Feierlichkeit, die der Sport unter seinen Anhängern verbreitet, sobald es um Tore und Treffer, Platz und Sieg, Aufstieg und Meisterschaft geht, offenbar schwer Einhalt zu gebieten. Da wir von der Dichtkunst reden wollen, meinen wir natürlich die poetische Ironie und die equilibristischen Spielarten der Satire. Und geben eine Kostprobe aus dem exemplarischen Werk von Ror Wolf, dem – nach Auskunft von Fachleuten, die sich seit den ersten Tagen der Bundesliga samstags in der Nordkurve treffen – führenden Fußballexperten unter den Dichtern aller Zeiten und Völker: »Eine halbe Stunde war vergangen. Im düsteren Schneeregen war nichts passiert. Ein lustloses Geschiebe auf klebrigem Boden. Es wollte nicht klappen. Der Dicke rackerte, aber er fand keine Lücke, er stand nicht richtig, Lotte langte kurz hin, aber er schaffte es nicht, er blieb hängen, eingeklemmt von mehreren Beinen. Das ging eine Weile so weiter. Paul nahm die Hand zu Hilfe. Lutz stocherte unter der Dunstdecke auf der anderen Seite herum. Keiner traute sich. Keiner biß zu. Keiner wußte, wie es gemacht wird. Das Feuer fehlte. Aber plötzlich machte sich Emma frei auf diesem schlüpfrigen Boden, das war eine gute Gelegenheit, also fackelte Friedrich nicht lange und schob ihn gemächlich hinein. Emma bot sich noch einmal an, da war Paul nicht mehr zu halten. Emma wurde gelegt, und Paul bohrte unermüdlich. Jetzt kam auch der Dicke durch, vorne war alles offen, Lutz war eingedrungen, er hatte endlich das Loch gefunden, denn Hertha zeigte auf einmal erschreckende Blößen, Emma wälzte sich auf der Linie im Schlamm, doch in diesem Moment befreite sich Hertha aus der Umklammerung, Lotte schüttelte Friedrich ab, Emma zog sich zurück, aber der Dicke stieß nach in die Tiefe, die unerhört schnellen Mönche hetzten die blauweiße Hertha über den Rasen, bis ihre Abwehr erschlaffte, sie drückten und drückten, zweimal rutschte Bernard das glitschige nasse Ding aus den Händen, schon sprang Friedrich dazu und schob ihn lächelnd hinein in die untere Hälfte, als er das klaffende Loch sah, preßte er ihn mit unheimlicher Wucht hinein, strohtrocken, jetzt stand er richtig, Lutz ließ nicht locker, der Dicke ackerte wie verrückt, er war voll bei der Sache, der wuchtige Mann, und Paul bediente Emma mit einer Kerze.«

Sie hörten Ror Wolf aus dem Stadion am Betzenberg. Es spielten, in der Reihenfolge ihres Auftretens, Uwe Seeler (»der Dicke«), Lothar Ulsaß (»Lotte«), Wolfgang Paul (»Paul«), Friedel Lutz (»Lutz«), Lothar Emmerich (»Emma«), Jürgen Friedrich (»Friedrich«) und Günter Bernard (»Bernard«) sowie Hertha BSC Berlin (»Hertha«) und Borussia Mönchengladbach (»die Mönche«). Der guten Ordnung wegen wollen wir erwähnen, daß Emma damals, in den frühen Siebzigern, für Borussia Dortmund gestürmt hat, Lotte für Eintracht Braunschweig und der Dicke für den HSV. Friedrich lief für den 1. FC Kaiserslautern durchs Mittelfeld, Bernard stand im Tor von Werder Bremen und sowohl Lutz wie Paul waren als Verteidiger eingesetzt – der eine im Trikot der Frankfurter Eintracht, der andere im schwarzgelben Dress der Dortmunder Borussen. Am Ende ist alles noch einmal gutgegangen. Oder, mit Ror Wolfs Worten: »Ein letztes Aufbäumen, und im Liegen vollendet der Dicke mit einem Rückzieher.«

Auch ein klassischer Satz. Er steht, mit einer Menge anderer klassischer Sätze zusammen, in der wichtigsten, schönsten und übrigens auch vergnüglichsten von Ror Wolfs Textsammlungen zum Fußballsport, die längst zum Kultbuch aufgestiegen ist: »Das nächste Spiel ist immer das schwerste«. So lautet der Titel. Geprägt hat ihn Sepp Herberger, von dem auch der Hinweis stammt, daß der Ball rund und die Saison lang sei. Kein Wunder, daß von den 24,3 Millionen Deutschen, die Mitglied eines Sportvereins sind, nicht weniger als 5,7 Millionen einem Fußballverein angehören: »Der Fußball hat eine Seele«, raunt Peter Handke. »Er kann für eine Zeit der Schwerkraft der Erde widerstehen. (...) Wie alles, was rund ist, ist auch der Fußball ein Sinnbild für das Ungewisse, für das Glück und die Zukunft. Und da die Ungewißheit zum Begriff des Spiels gehört, ist der Fußball, wie alles, was rund ist, zum Spiel geschaffen. (...) Das Rundsein ist sozusagen die Idealvoraussetzung für die Bewegung auf der Erde.«

Das gilt ohne Frage auch für den Tennisball – weshalb mehr als zwei Millionen Deutsche in einem Tennisverein registriert sind, dagegen nur 215 000 in einem Badminton-Verein und nicht ganz 43 000 in einem Billard-Club. Dem Federball fehlt, was auch der Billardkugel nicht fehlt, besitzt: die Aura des beseelten Sportgeräts. Sporttaucher mit Vereinswimpel am Boot gibt es fünfzigtausend, an eingeschriebenen Karate-Kämpfern zählte der Deutsche Sportbund am Ende des vergangenen Jahres sogar 155 000, während die Zahl der organisierten Golfer seit 1990 um achtzig Prozent zugenommen hat und nach den neuesten Erhebungen auf

eine Viertelmillion zustrebt. Zwar ist der Golfball so erden-
schwer wie die Billardkugel, vermag aber deutlich länger in der
Luft zu bleiben. Peanuts, sagen die Turner, tauchen ihre Hände
in Kreide und strecken zwei Finger in die Höhe. Annähernd 4,6
Millionen Deutsche gehören einem Turnverein an, melden sie
und nehmen Haltung dann. Mit durchgedrückten Knien und
vorgestreckten Armen bahnen sie der Lyrik eine Gasse:

> »Turnen ist ein köstlich Spiel,
> Turnen hat ein hohes Ziel;
> Turne drum, wer mag und kann.
> Turne Knabe, Mädchen, Mann!
> Turnen reißt von Trägheit los,
> Turnen zieht die Kräfte groß,
> Turnen fördert Schick und Schwung,
> Turnen schafft Begeisterung!«

So reimte es anno 1808 der Schweizer Sportsfreund Hans Georg
Nägeli, der sich mit frohgemuten Liedern und Rundgesängen
einen Namen machte und den Turnern zweifellos angenehmer
im Ohr klingt als Joachim Ringelnatz, der ihn aufs schönste par-
odiert hat:

> »Deutsche Frau, dich ruft der Barrn,
> Denn dies trauliche Geländer
> Fördert nicht nur Hirn und Harn,
> Sondern auch die Muskelbänder,
> Unterleib und Oberlippe.
> Sollst, das Hüftgelenk zu stählen,
> Dich im Knickstütz ihm vermählen.
> Deutsches Weib, komm: Kippe, Kippe!«

Den anarchisch witzigen Funken schlagen die poetischen Par-
odien auf alle Arten von Sport stets aus der gravitätischen
Würde, der selbstgewissen Förmlichkeit, mit der Aktive wie
Funktionäre und Schlachtenbummler sich gern in Szene setzen,
als gehe es ums nationale Ganze, und aus dem sauren Mief, den
sie um sich verbreiten, weil es ihnen so ungeheuer ernst damit ist.
Günter Grass hat diesen unverwechselbaren Dunst, mit Blick auf
die turnväterliche Verkniffenheit der zum Volkswohl verordne-
ten Leibeserziehung, den »Leder-, Kreide-, Turnermief« ge-

nannt. Wer in der Sportstunde zur Hocke übers Langpferd antreten oder in der Schlußgrätsche die Reckstange überqueren mußte, wird sich deutlich und umfassend erinnern.

Beachvolleyballer und Bungeespringer, Drachenflieger und Surfer, Streetsoccer und Mountainbiker, Skateboarder und Snowboarder sind von solchen Verschattungen nicht betroffen – so wenig wie die Anhänger von Freeclimbing und Rafting, Tauchen und Taekwondo. Unvorstellbar, daß den Bungeespringern oder den Surfern in den Sinn käme, sich in Vereinigungen und Verbänden zu organisieren, Schriftführer und Kassenwarte zu wählen und einmal im Jahr zur Vollversammlung einzuladen. Damit wird vermutlich erst am Anfang des nächsten Jahrtausends zu rechnen sein: wenn ausreichend Lawinendämme, Felsnasen und Unterwasserparks für die Bandenwerbung zur Verfügung stehen und die Einsamkeit des Bungeespringers sich den Medien-Markt erschließt.

Zumindest die Buchhändler sind gerüstet. Sie haben die Statistiken und Umfragen unter Zwölf- bis Einundzwanzigjährigen ausgewertet und die Marktforscher des Börsenvereins ermitteln lassen, welche Sportarten besonders »in« und welche gänzlich »out« sind. Damit die Verleger und Lektoren wissen, was gefragt wird, und Autoren wie Herausgeber entsprechende Angebote zu formulieren vermögen. Das *Börsenblatt* spricht von »interessanten Orientierungshilfen für die gezielte Ansprache jugendlicher Sportfans und für die image-orientierte Positionierung im Trendfeld Sport«. Außerordentlich beliebt unter Jugendlichen waren im ersten Halbjahr 1996 demnach Basketball und Streetball, Snowboard und Bungeespringen, völlig außen vor dagegen lagen Bodybuilding und Ski alpin, Badminton und Billard.

Übers Radfahren redet niemand mehr. Auch nicht über Stars wie Täve Schur und Rudi Altig, wie Eddy Merckx und wie Achim, den Helden in Uwe Johnsons Rennfahrer-Roman »Das dritte Buch über Achim«. Rudern war populär, solange der Ratzeburger Achter Schlagzeilen machte. Doch richtig literaturfähig war es eigentlich nie – das eine oder andere Gedicht Bertolt Brechts, die eine oder andere Erzählung Mark Helprins ausgenommen. Die Langstreckenläufer verweisen auf Alan Silitoes Roman über das Gefühlsleben des Langstreckenläufers und auf die Parallelen im Werk Günter Herburgers; die Schwimmer rezitieren Friedrich Georg Jünger und erinnern sich, einen Brief von Robert Musil über die Kunst und die Moral des Crawlens gelesen zu haben; allen Fußballern ist Peter Handkes »Angst des Tormanns« geläufig, allen Skihaserln das »Wintersportlegendchen« Ödön von Horváths und allen Seglern dessen »Regatta«. Oder etwa nicht? Die »Regatta« ist nicht lang, die geht folgendermaßen:

> »Tausend Fähnlein flattern im Wind:
> regettete regattata
>
> In hundert Segeln speit der Wind:
> Huuuu –
>
> Einer wird Erster, einer wird Letzter:
> Regatta!
>
> Einer ist munter:
> regattattatataaraaa!!
>
> Einer geht unter:
> r.«

Es sind solche poetischen Anekdoten, die man sich einprägt, um im passenden Rahmen Eindruck damit zu schinden. Wie schön, wenn das persönliche Freizeitvergnügen Gegenstand der Dichtkunst geworden ist. Mit der Literatur nämlich verhält es sich ähnlich wie mit der Hornbrille: Man schmückt sich gern mit ihr, weil sie eine gewisse Nähe zu Bildung und Kultur verrät – was nach Platon als der erste Schritt zu deren Erwerb gelten darf.

Und welchen Sport treiben die Dichter? Welcher Romancier ist denn als Kugelstoßer berühmt geworden, welcher Dramatiker als Radrennfahrer, welcher Lyriker als Abfahrtsläufer? Wie halten die Rezensenten, die Lektoren, Verleger, Buchhändlerinnen und Übersetzerinnen sich fit? Ein weites Feld, über das außer den Golfern niemand offen spricht. Deutsche Intellektuelle rechnen den Sport zur Intimsphäre und schwören auf den Geist Olympias im Medien-Zeitalter: Dabeisein ist nicht wichtig, Zuschauen genügt. Es ist also noch viel zu tun. Der Dichter

Johannes R. Becher hat es seinen Kollegen in die Arbeitskladde
geschrieben:

»Das Motorrad
wartet auf ein Gedicht,
und die Jolle hat
in euern Liedern
noch nicht Platz gefunden.

Wo bleibt euer Gesang
auf die Fußballelf
und auf den Sieger
im Hundertmeterlauf,
auch des Schiflugs
kühner Meister
will gefeiert sein...

Wollt ihr es
Pindar für alle Zeiten
überlassen,
die Hymne geschrieben zu haben
auf die Sieger
in den Wettkämpfen?

Dichter,
trainiert euch im Schwimmen,
übt euch im Weitsprung,
im Kugelstoßen!

Laßt eure Verse teilnehmen
am Sportfest,
bekränzt mit ihnen
den Sieger,
der Weltmeister
zeige sich
im Glanz
eurer Strophen!

So werdet ihr selber
umgeformt,
und in neuer Gestalt
erscheint das Gedicht

Athletisch-schön
harmonischer Wuchs.«

Christian
Graf von Krockow
»Sieg oder Tod«
Über Sport
und Politik

»Wir sind der Auffassung, daß ein Spitzensportler für unseren Arbeiter- und Bauernstaat mehr leistet und dessen Ansehen mehr hebt, wenn er sich mit der Hilfe der Förderung durch Partei und Staat auf hohe sportliche Leistungen vorbereiten kann, als wenn er an seinem Arbeitsplatz einer von vielen ist.«

Dieser Satz stammt aus dem Jahre 1966 und aus der DDR, vom damals allmächtigen Staatsratsvorsitzenden und Generalsekretär der SED Walter Ulbricht. Klarer kann man kaum sagen, worauf es ankommt: Erfolge bei großen internationalen Sportwettkämpfen, bei Weltmeisterschaften oder Olympischen Spielen, schaffen tatsächlich Ansehen für den Staat, aus dem die Athleten stammen – auch oder vielleicht gerade dann, wenn sich sonst dieser Staat sehr unansehnlich darstellt. Und wie nach außen, so nach innen: Die Menschen identifizieren sich mit »ihren« Siegern; es entsteht ein Stolz, ein »Wir«-Gefühl, als hätte jedermann selbst den Rekord erbracht, den man dann feiert.

Die konsequente Befolgung des Ulbricht-Prinzips hat zu einer Spielart von deutschem »Wunder« geführt: Die DDR rückte neben – nicht hinter – den Vereinigten Staaten und der Sowjetunion zur dritten olympischen Weltmacht auf, und das auf ihrer vergleichsweise winzigen Bevölkerungsbasis von kaum 17 Millionen Menschen.

Indessen sollten wir, die Westdeutschen, uns nicht allzu erhaben dünken. Man erinnere sich an das »Wunder von Bern«, den

Gewinn der Fußballweltmeisterschaft 1954. Nach allem, nicht nur materiellen, sondern auch moralischen Elend seit 1945 handelte es sich um einen Wendepunkt unserer Nachkriegsgeschichte, eine Neugeburt des Selbstbewußtseins: »Wir sind wieder wer!« Später war man auf sportliche Spitzenleistungen nur darum etwas weniger angewiesen, weil man sich im Glanz des »Wirtschaftswunders« sonnte. Aber gesamtdeutsch galt, mit den Schwerpunkten auf die Bundesrepublik und die DDR verteilt, was der Historiker Rudolf von Thadden in den sarkastischen Satz gefaßt hat: »D-Mark und Goldmedaillen bilden den Kern des deutschen Nationalbewußtseins.«

Sieht man sich weiter um, so erkennt man überall ähnliches. Die Militär- oder Zivilregime in Brasilien oder Argentinien wissen, was sie an ihren Fußballmannschaften haben, wenn die als Weltmeister heimkehren, und wie prächtig man die Massen mit der Siegesberauschung von ihrem Alltagselend ablenken kann. Umgekehrt reden Staatspräsidenten – wie Charles de Gaulle nach dem schlechten Abschneiden Frankreichs bei den Olympischen Spielen von Rom – von »nationaler Schande« und fordern die sportliche Aufrüstung fast so dringend, wie die mit Atomwaffen. »Sieg *oder Tod!*« telegrafierte ein afrikanischer Staatspräsident anläßlich der Fußballweltmeisterschaft 1974 seiner Mannschaft. Der Reporter, der das damals berichtete, fügte hinzu, es wäre einem wohler, wenn man ganz sicher sein könnte, daß dies *nicht* wörtlich gemeint sei. Und wer weiß denn, was uns noch bevorsteht? Nach der letzten Fußballweltmeisterschaft wurde ein Spieler ermordet, weil er mit einem unglücklichen Eigentor zur Niederlage seiner Mannschaft beigetragen hatte.

Folgerichtig werden die sportlichen Großereignisse zum Objekt der politischen Auseinandersetzungen. Man denke an den Streit um eine gesamtdeutsche Olympiamannschaft oder zwei getrennte Mannschaften in den sechziger Jahren. Boykottmaßnahmen werden mit guten oder mehr noch mit unguten Gründen angedroht und durchgeführt; der Terrorismus wirft mit dem »Schwarzen September« von München 1972 einen Schatten und verwandelt seither die Stadien und die Quartiere der Athleten in Festungen.

Blickt man weiter zurück in die Geschichte, so erkennt man: Es handelt sich keineswegs um neue Entwicklungen. Schon 1936 nutzten die Machthaber des »Dritten Reiches« die Olympischen Spiele von Berlin zu einer großangelegten Propagandaschau. Dabei hatte man ein Jahr zuvor, 1935, mit den »Nürnberger Gesetzen« den Juden die Bürgerrechte genommen, in krasser Verletzung auch der olympischen Prinzipien von der Gleichheit aller Teilnehmer ohne Ansehen ihrer Herkunft, ihrer Nation, ihres Glaubens, ihrer Hautfarbe oder sogenannten Rasse. Doch die Welt kam zu Gast und ließ sich blenden. Andererseits sind nach beiden Weltkriegen und wiederum in Verletzung der Regeln deutsche Athleten erst einmal ausgeschlossen worden.

Und wie eigentlich war es in der Antike? Mit dem Baron de Coubertin vorweg haben die Begründer der modernen Olympischen Spiele sich ihre Legende von hohen und reinen Idealen geschaffen – zu Unrecht. Das politische Prestige hat seit jeher ebenso seine Bedeutung gehabt wie das schnöde Geld. Denn einst war man nicht dümmer als heute; so gut wie Walter Ulbricht wußten die Machthaber griechischer Stadtstaaten, was sie ihren Wettkämpfern verdankten. Darum wurden die Athleten gefördert und, falls sie als Sieger zurückkehrten, keineswegs nur mit Lorbeer bekränzt. Sie wurden umjubelt, mit Geschenken überhäuft, mit Staatspensionen versehen, so daß sie lebenslang ausgesorgt hatten – der Jugend zum Ansporn, es ihnen nachzutun.

Fast beliebig könnte man diese knappe Skizze weiter ausmalen, vielleicht sogar noch eine Faustregel hinzufügen: Je schlechter es jeweils um die innere Ordnung eines Landes, um Armut und Wohlstand, um die Stabilität eines politischen Regimes bestellt ist, desto dringender braucht man den Ersatz, die Ablenkung durch den sportlichen Erfolg. Die DDR liefert bloß ein Beispiel. Nie waren die Machthaber ihrer selbst wirklich sicher, immer wurden sie vom Mißtrauen gegenüber der eigenen Bevölkerung geplagt. Und immer weiter blieb man im wirtschaftlichen Wettbewerb hinter dem Konkurrenten Bundesrepublik zurück. Daher gewann der Aufstieg zur olympischen Weltmacht eine überragende Bedeutung.

Entsprechend könnte man Vorhersagen machen. In Schwarzafrika ist das Elend zu Hause wie kaum irgendwo sonst; fast überall gibt es korrupte und gewalttätige Machthaber, und wenig Hoffnung auf eine bessere Zukunft zeichnet sich ab. Genau darum darf man mit sportlichen Höhenflügen rechnen, und schon jetzt lehren die Läufer aus Kenia und Äthiopien, die Fußballspieler aus Nigeria ihre Konkurrenten das Fürchten.

Ein Gegenbeispiel liefern die Vereinigten Staaten. Als alte Demokratie und führende Weltmacht müssen sie sich nicht erst auf Nebenschauplätzen beweisen. Daher haben für sie die Olympischen Spiele oder Fußballweltmeisterschaften wenig Bedeutung, selbst wenn sie im eigenen Lande stattfinden; das ganz überwiegende Interesse gilt vom American Football bis zum Baseball oder Basketball den nur national wichtigen Sportarten. Wenn allerdings die Farbigen – politisch korrekt ausgedrückt: die »Afro-Amerikaner« – unter den Spitzenathleten eine überragende Rolle spielen, dann erkennt man die inneramerikanischen Probleme, die Benachteiligung, die es noch immer gibt: Mit schnellen Beinen oder harten Fäusten kann man aus dem Getto zum Geld und zum Ansehen hinauslaufen oder sich emporboxen.

Ein vorläufiges Fazit, eine Folgerung drängt sich nach dem bisher Gesagten beinahe zwingend auf: Der Sport, jedenfalls der national und international prestigeträchtige Spitzensport, ist politisch bedeutsam. Oder mehr noch: Er ist seinem Wesen nach politisch. Nicht von ungefähr und ganz im Sinne des Ulbricht-Prinzips wird so oft und wohl mit Recht gesagt, daß Vorzeigeathleten – sei es ein Boxer wie Max Schmeling, ein Tennisspieler wie Boris Becker oder ein Fußballer wie Jürgen Klinsmann – für das Ansehen ihres Landes im Ausland mehr leisten als alle diplomatischen Bemühungen. Mit einer Neigung zur Bosheit müßte man freilich unterstellen: Je schlimmer die wirtschaftlichen Verhältnisse sich darstellen, je ungerechter die Gesellschaft und je gewalttätiger die Herrschaftsordnung, desto deutlicher tritt der politische Charakter des Sports hervor.

Aber ist das alles denn richtig? Kann man nicht auch das Gegenteil behaupten und sagen: Der Sport, sogar oder gerade der moderne Spitzen- und Wettkampfsport, ist seinem Wesen nach unpolitisch? Allerdings, und für diese Behauptung gibt es gute und stichhaltige Gründe.

Zunächst: Jede Sportart hat ihr exaktes Regelwerk. Nichts sonst zählt, und innerhalb dieses Regelwerks wird genau gemessen. Wer die meisten Tore schoß, schneller lief, weiter oder höher sprang als alle anderen Wettbewerber, der ist der Sieger. Und wer regelgerecht weiter sprang als jemals ein anderer, der stellt einen Weltrekord auf. Nur darauf kommt es an; es gibt keinen »sozialistischen«, keinen »kapitalistischen« oder sonstwie politisch und weltanschaulich bestimmten Sprung, sondern einzig den sportlichen, nach Zentimetern vermessenen. Darum kann eine Heike Drechsler heute für das wiedervereinigte Deutschland ebenso problemlos antreten wie früher für die DDR. Ebenso spricht der Jahrhundertsprung des Bob Beamon bei den Olympischen Spielen von Mexiko weder für noch gegen die Vereinigten Staaten. Er sagt auch nichts über die Lage der Farbigen in Amerika; er sagt nur, daß dieser Athlet eine Traumgrenze durchbrach.

Entsprechend überall. Die Boxkunst eines Henry Maske wurde einst in der DDR mit der schnellen Offizierskarriere vergolten; jetzt wird sie mit viel Geld belohnt. Darin natürlich zeigt sich der Unterschied der Systeme. Was uns aber interessiert und in den Bann der Bewunderung, der Faszination zieht, ist der Sieger im Wettkampf, der zum Weltmeister aufsteigt.

Um den Sachverhalt noch etwas anders auszudrücken: Ein sportlicher Wettkampf ist der bessere Krimi. Es gibt Helden und Schurken, »unsere« Athleten oder Mannschaften und »die anderen«. Aber wer gewinnt, ist mit der Rollenverteilung nicht schon vorgezeichnet, sondern eine offene Frage. Der Ausgang wird von der Tagesleistung und vielleicht noch einem Zuschuß von Glück oder Unglück bestimmt. Eben damit entsteht die Spannung, die unsere Identifikation einklinken läßt.

Übrigens stellt sich diese Identifikation nicht nur national, sondern auch oder noch stärker lokalpatriotisch her: Ob Bayern München oder Borussia Dortmund oder sonst ein Verein Deutscher Fußballmeister wird, das ist die Frage, die die Fans fiebern läßt und sie in die Stadien zieht. Mitunter geschieht es auch, daß die Identifikation wechselt, zum Beispiel wenn die eigene Mannschaft miserabel und die fremde mitreißend spielt. Bei den Olympischen Spielen 1936 begingen die Berliner Zuschauer sozusagen Rassenschande, als sie sich zum Ärger des Führers und des Reichspropagandaministers für Jesse Owens, den farbigen Amerikaner, begeisterten. Mit der politischen Überzeugung hatte das wenig oder nichts zu tun; die große Mehrheit der Deutschen hat damals auf Hitler geschworen. Doch nicht darum handelte es sich, sondern um den alle seine Mitbewerber fast spielerisch übertreffenden Athleten.

Spannung als das zentrale Stichwort unserer Faszination: Zwar zeigt jede »Tagesschau« die politischen Spannungsherde dieser Welt. Unheil droht, und Katastrophen ereignen sich, wohin man auch blickt. Aber unser eigenes Leben bleibt davon seltsam unberührt, spannungsarm. Es gibt eine mittlere, schon statistisch vorausberechnete Lebenserwartung und Karriere; die Risiken des Daseins werden vom beinahe allumfassenden Sozialstaat abgefangen. Keine Hexen oder Drachen lauern uns noch auf, wie einst im Märchen; keine Südseeinsel wartet darauf, entdeckt zu werden; alle Urwälder hat man erforscht und vermessen.

Als Ersatz bietet uns das Fernsehen seine Abenteuerfilme in vielerlei, oft auch in fragwürdig gewaltsüchtiger Form an. Doch wir wissen: Es handelt sich um Phantasiegeschichten. Dagegen ist der sportliche Wettkampf real. Er ereignet sich wirklich, hier und jetzt, vor unseren Augen. Darum läßt das Tennisspiel von Boris Becker unser Herz schneller schlagen, weil es – wieder einmal – bis zum letzten Ballwechsel auf des Messers Schneide steht.

Um die Spannung herzustellen, braucht man dreierlei. Zunächst einmal kommt es auf das exakte, im voraus festgelegte Regelwerk der jeweiligen Sportart an. Alle Beteiligten und Unbeteiligten, die Athleten wie die Zuschauer, müssen wissen, nach welchen Maßstäben über Sieg oder Niederlage entschieden wird. Wenn das Regelwerk undurchschaubar bleibt – wie für die meisten Europäer amerikanische Baseball- oder Footballspiele –, entsteht statt der Spannung bloß Langeweile.

Das Regelwerk schafft einen magischen Eigenbezirk, eine Abgrenzung von den sonstigen Lebensbezügen, mögen sie nun politischer, religiöser, nationaler oder welcher Art auch immer sein. Was gilt, sind eben die jeweiligen Regeln und nichts außerdem. Und weil beim modernen Sport typischerweise die Quantifizierung im Vordergrund steht, das Messen nach Zentimetern und Sekundenbruchteilen, nach Spielpunkten oder der Zahl der Tore, ergibt sich eine Art von Technizität. Aus ihr folgt wiederum die universelle Übertragbarkeit – beinahe wie beim Penicillin oder wie bei Maschinengewehren. Einmal erfunden, treten Sportspiele ihren Siegeszug um die Welt an und dokumentieren damit nochmals die Ablösung von allen politischen oder kulturellen Zusammenhängen. Was immer die Christen von Atheisten oder von Moslems, die Hessen von Hanseaten, die Deutschen von Franzosen und Polen, die Europäer von Amerikanern, Afrikanern oder Asiaten unterscheiden mag: Im technisch bestimmten Regelwerk des modernen Sports können sie mit- und gegeneinander Wettkämpfe veranstalten.

Um eine Geschichte zu erzählen, die den Sachverhalt anschaulich macht: Vor etwa einem Vierteljahrhundert, im spät-maoistischen China der sogenannten »Viererbande«, war alles Ausländische streng verpönt. Sogar gegen die Musik Beethovens wurde ein strenger Verdrängungsfeldzug geführt, so als sei sie des Teufels. Aber überall im Lande sah man Basketballanlagen, besonders auf den Schulhöfen und sogar schon – in Miniaturform – in den Kindergärten. Überall wurden diese Anlagen eifrig benutzt, und niemand störte sich daran. Dabei handelte es sich doch um eine Erfindung des imperialistischen Erzfeindes, die amerikanische Missionsschulen einst nach China importiert hatten. Die Ausgrenzung des Sports aus allen politischen Bezügen, die er mit seinem technischen bestimmten Regelwerk vollzieht, läßt sich drastischer wohl kaum demonstrieren.

Fragwürdig wird damit allerdings, was die Gralshüter des olympischen Feuers behaupten: daß nämlich die Spiele, die sie veranstalten, zum Frieden und zur Völkerverständigung beitragen. Weil die Wettkämpfe mit ihrem Regelwerk sich einen Eigenbezirk schaffen, bewirken sie politisch wenig oder nichts. Sie können überhaupt nur stattfinden, wenn ihre Ausgrenzung aus den Spannungsfeldern politischer Konflikte gelingt und durchgehalten wird. Schon die althellenischen Spiele haben nicht verhindert, daß die griechischen Stadtstaaten sich immerfort und bis zur Selbstzerstörung bekriegten. So ist es in unserem 20. Jahrhundert leider geblieben, und so wird es wohl bleiben.

Das Zweite versteht sich nach dem Gesagten beinahe schon von selbst: Wenn ein Wettkampf spannend sein soll, muß man wirkliche Konkurrenz herstellen, und der Ausgang muß ungewiß sein. Falls Bayern München gegen Hintertupfingen spielt und mit 18:0 siegt, reißt uns das nicht von den Sitzen. Erst recht darf keine Weltanschauung, kein noch so mächtiger Herrscher eine Vorentscheidung treffen, die die Konkurrenz beschränkt oder vernichtet. Zum Vergleich: Moderne Gewaltregime haben Massenkulte von ganz eigener Art entwickelt. Man denke an die Reichsparteitage des »Dritten Reiches« zu Nürnberg oder an stalinistische Aufmärsche, auch an Turnvorführungen in riesigen Stadien. Je nach dem Standpunkt mögen diese Massen-Choreographien uns begeistern oder abstoßen. Aber Spannung erzeugen sie schwerlich.

Sie entsteht tatsächlich erst durch die Konkurrenz, in dem Wettkampf mit offenem Ausgang. Unwillkürlich klinkt dann unsere Identifikation ein. Das geschieht übrigens auch in den Fällen, in denen »wir« gar nicht beteiligt sind. Und oft, fast instinkthaft, schlägt man sich auf die Seite des als schwächer Eingeschätzten. Die Verherrlicher des Sports rühmen in solchen Fällen die »Fairneß« des Publikums. Aber die sollte man wohl niedriger hängen. Wie schon die Bibel in der Geschichte von David und Goliath erzählt, wie die Kinder, die Märchen und Walt Disney wissen, bereitet es Vergnügen, wenn die Kleinen triumphieren und die Großen ausrutschen und hinschlagen.

Schließlich drittens: Wettkampfsport setzt das Gleichheitsprinzip voraus. Jeder muß teilnehmen können, der die entsprechenden Vorleistungen erbringt, ungeachtet seiner Weltanschauung, Nationalität, Hautfarbe oder sonstigen Merkmale. Denn sonst würden regelwidrig unsportliche, zum Beispiel politische Maßstäbe, Urteile oder Vorurteile eingeführt. Und wenn man erst einmal Gruppen von Menschen willkürlich ausschließt, ist keine Feststellung von Bestleistungen, von Weltmeistern und Rekorden mehr möglich, weil niemand sagen kann, ob man unter den Ausgeschlossenen nicht bessere Athleten hätte finden können. Einmal mehr erkennt man, wie wichtig, ja schlechthin entscheidend die Ausgrenzung der Unterschiede, nicht zuletzt der politischen Überzeugungen und Konflikte sind, die es im übrigen doch gibt.

Vielleicht kann man das Prinzip noch an einer Nebensache verdeutlichen, die inzwischen zu einem Hauptproblem geworden ist: am Doping. Oft wird gesagt, daß es bekämpft werden müsse, um die Gesundheit der Athleten zu schützen. Ob allerdings der am Wettkampf orientierte Hochleistungssport überhaupt als gesund anzusehen ist, steht dahin. Kaum jemand zeigt sich als so verletzungsanfällig wie der hochtrainierte Spitzensportler; immerfort hören wir von den Muskelfaser- und Sehnenrissen, von den Fuß- oder Kniegelenken, den Rückenwirbeln, die die Überlastungen nicht mehr ertragen. Schon Bertolt Brecht hat über diejenigen gehöhnt, die uns den Leistungs- und Wettkampfsport als gesundheitsfördernd empfehlen. Er sagte:

»Diese Sorte von Leuten arbeitet mit Vorliebe unter der Devise, Sport sei gesund, und versucht damit, in den Schulen und auch durch populäre Literatur das, was an wirklichem Sportgeist in den jüngeren Leuten steckt, für alle Zeiten zu ruinieren. Selbstverständlich ist Sport, nämlich wirklicher passionierter Sport, Wettkampfsport, riskanter Sport, nicht gesund. Da, wo er wirklich etwas mit Kampf, Rekord und Risiko zu tun hat, bedarf es sogar außerordentlicher Anstrengungen des ihn Ausübenden, seine Gesundheit einigermaßen auf der Höhe zu halten. Ich glaube nicht, daß Lindbergh sein Leben durch seinen Ozeanflug um zehn Jahre verlängert hat. Boxen zu dem Zweck, den Stuhlgang zu heben, ist kein Sport.«

Um zum Doping zurückzukehren: Was es so kraß unsportlich macht und den überführten Athleten mit Recht von weiteren Wettkämpfen ausschließt, ist die Zerstörung des Gleichheitsprinzips. Wer heimlich, mit unerlaubten Mitteln seine Muskeln schwellen läßt oder sich aufpuscht, verrät und zerstört den Wettbewerb, bei dem alle unter gleichen Bedingungen antreten sollen.

Leider nicht selten handelt es sich auch um den politischen Mißbrauch. Immer wieder sind zum Beispiel die siegesgewohnten Schwimmerinnen der DDR in den Verdacht geraten, daß ihre Leistungen mit Hormonpräparaten erkauft wurden, die sich nur nicht nachweisen ließen. Eine bezeichnende Geschichte wird von den Olympischen Spielen in Montreal berichtet. Als der Schwimmtrainer der DDR gefragt wurde, warum denn seine Mädchen so tiefe Stimmlagen hätten, wehrte er den in der Frage enthaltenen Verdacht mit den Worten ab: »Sie sind ja nicht zum Singen hier, sondern zum Schwimmen.« Das mochte eine schlagfertige Antwort sein, aber eine heiter stimmende gewiß nicht. Denn wenn aus politischem Ehrgeiz der vom Regelwerk bestimmte Eigenraum des Sports nicht mehr geachtet wird und wenn man mit der Chancengleichheit auch das Prinzip der im Ausgang offenen Konkurrenz angreift, dann kann es am Ende den großen und weltweit faszinierenden Wettkampfsport überhaupt nicht mehr geben.

Das Ergebnis unserer Überlegungen nimmt sich höchst verwirrend und kraß widersprüchlich aus. Erst hieß es: Der Sport, jedenfalls der »große« Wettkampfsport, wird durch und durch politisch geprägt. Mit vielen, beinahe beliebig zu vermehrenden Beispielen ließ sich das belegen. Und danach haben wir festgestellt: Es kann diesen Sport nur geben, wenn er in seinem Eigenbezirk unpolitisch ist und das bleibt.

Was ist nun richtig? Kann man zwischen den gegensätzlichen Standpunkten überhaupt eine Verbindung, einen Ausgleich herstellen? Oder muß man in der einen oder anderen Richtung eine Entscheidung treffen? Der Sachverhalt erinnert an eine Lieblingsanekdote von Theodor Fontane: In ihrem Kasino streiten sich Offiziere über die Frage, ob es Gott gibt oder nicht gibt. Schließlich fällt der Regimentskommandeur eine weise Entscheidung: »Meine Herren, es hat zu allen Zeiten Menschen gegeben, die an einen Gott glauben. Und es hat zu allen Zeiten Menschen gegeben, die nicht an Gott glauben. Meine Herren, die Wahrheit wird wie immer in der Mitte liegen.«

Zwar hilft uns diese Weisheit zum Gelächter, aber leider nicht weiter. Den Ausweg finden wir nur, wenn wir die dialektische Pointe erkennen, die in der Sache angelegt ist. Als These formuliert: Der große Wettkampfsport wird gerade darum und gerade für fragwürdige Regime politisch interessant, weil er unpolitisch ist – und solange er es ist.

Kehren wir noch einmal an den Ausgangspunkt zurück, zum Ulbricht-Prinzip: »Wir sind der Auffassung, daß ein Spitzensportler für unseren Arbeiter-und-Bauernstaat mehr leistet und dessen Ansehen mehr hebt, wenn er sich mit der Hilfe der Förderung durch Partei und Staat auf hohe sportliche Leistungen vorbereiten kann, als wenn er an seinem Arbeitsplatz einer von vielen ist.« Das traf zu – und zwar deshalb, weil es sich um den Wettbewerb auf einem Felde handelte, das aus dem sonstigen Kampf der Systeme, von Ost und West, von Sozialismus und Kapitalismus streng ausgegrenzt blieb.

Diese dialektische Pointe wird sofort sichtbar, wenn man nach Alternativen fragt. Man stelle sich nur einmal vor, daß die Athleten ihre Bestleistungen innerhalb eines irgendwie von der Ideologie und der Parteilichkeit bestimmten Wettbewerbs erbracht hätten, etwa so, wie im Bereich der Wirtschaft immer wieder vom »sozialistischen« Wettbewerb der einzelnen oder der Arbeitsbrigaden die Rede war. Niemanden außerhalb der DDR hätte das interessiert, und auch innerhalb des Arbeiter-und-Bauernstaates wußten die Menschen, daß es sich mehr um Propaganda und um Schaueffekte als um eine irgendwie spürbare Steigerung der Produktivität handelte. Im Wettkampf der Athleten dagegen, in dem es eben keinen sozialistischen oder kapitalistischen Weitsprung gibt, sondern einzig den sportlichen, fand man Beachtung und durfte den Erfolg bejubeln: Seht her, *unsere* Mädchen leisten mehr, *unsere* Heike Drechsler springt weiter als ihre Konkurrentinnen aus der Bundesrepublik oder aus Amerika!

Ähnlich überall. 1936, bei den Olympischen Spielen von Berlin, errangen deutsche Athleten die meisten Goldmedaillen und erstmals mehr als die Amerikaner. Das ließ die ausländischen Beobachter staunen: Etwas muß doch dran sein an diesem nationalsozialistischen Regime, wenn es solche Leistungen möglich macht. Und entsprechend die Wirkung nach innen: Unser Führer und seine Bewegung haben Deutschland aus seinen Niederungen zu neuer Leistungstüchtigkeit emporgerissen; im friedlichen Wettbewerb haben wir die westlichen Demokratien besiegt. Diese Propagandawirkung wäre verdorben worden, wenn auch nur der Verdacht hätte aufkommen können, daß es sportlich nicht mit rechten Dingen zugegangen sei.

Doch kehren wir noch einmal zum Beispiel der DDR zurück. Bei näherer Betrachtung wird erkennbar, daß alle Beteiligten vom Sport-»Wunder« profitierten. Das galt zunächst natürlich für die Athlethen. Sie wurden nicht nur umhegt und materiell abgesichert, sondern sie gewannen ein kostbares Privileg. Als junge Leute durften sie ins Ausland, in den Westen reisen, wie sonst allenfalls die Rentner. Das bewirkte einen Motivationsschub zu Spitzenleistungen, der den westlichen Altersgenossen fremd blieb. Denn wer das Grundrecht auf Reisefreiheit selbstverständlich in Anspruch nimmt, weiß gar nicht, was es bedeutet, eingesperrt zu sein – und dann einen Ausweg zu finden.

Aber auch das Regime profitierte. Es konnte für sich in Anspruch nehmen, durch seine Fürsorge und systematische Förderung die Spitzenleistungen erst ermöglicht zu haben. Und wenn man mehr Medaillen errang als der Klassenfeind in der Bundesrepublik mit seiner viel größeren Bevölkerungsbasis, konnte man daraus einen »Beweis« für die Überlegenheit des Sozialismus gegenüber dem Kapitalismus schmieden.

Wahrscheinlich am wichtigsten, jedenfalls am interessantesten war die Wirkung auf die eigene Bevölkerung – auch oder gerade auf die Menschen, die dem Regime kritisch gegenüberstanden. Niemand vermag auf die Dauer nur gegen die herrschenden Verhältnisse zu leben; irgendwo muß es etwas geben, worauf man stolz sein und womit man sich identifizieren kann. Dafür lieferte der Sport eine Möglichkeit – und zwar ohne daß man sich dem SED-Staat ausliefern mußte. Denn eine Heike Drechsler siegte ja eben nicht »sozialistisch«, sondern beim Weitsprung, und ein Henry Maske kämpfte nicht für die Nationale Volksarmee, sondern als ein vorbildlicher Sportsmann und Boxkünstler.

Vielleicht sollte man zweierlei noch hinzufügen. Erstens: Über dem Alltagsleben in der DDR lag ein Grauschleier der Langeweile, weit schwerer und undurchdringlicher als über dem Westen. Der sportliche Wettkampf aber lebt von dem Spannungsgehalt, den er vermittelt. Darum brachten die sportlichen Erfolge, um die man mitfieberte, zumindest einige Farbtupfer in das Einerlei hinein.

Zweitens: Gemäß der sozialistischen Ideologie war jeder Konkurrenzkampf verpönt und tatsächlich weitgehend abgeschafft. Er galt als das »Wolfsgesetz« des Kapitalismus, das man glücklich überwunden hatte. Aber »der alte Adam« ließ sich so einfach nicht abschaffen. Steckt nicht in allen und besonders in jungen Menschen ein Drang dazu, sich durch andere herausfordern zu lassen und an ihnen die eigenen Kräfte zu erproben? Hier sorgte einmal mehr der Sport für den Ausweg. Denn in ihm und eigentlich nur in ihm durfte man ein Wettkampfverhalten einüben, ausleben und miterleben, ohne daß jemand Anstoß nahm. So half in einem System, in dem alles politisch und parteiisch sein sollte, die Systemwidrigkeit des Sports den Menschen dazu, dieses System zu ertragen.

Um zusammenzufügen, was dem ersten Anschein nach so wenig zusammengehört: Der große Wettkampfsport, wie er in Weltmeisterschaften oder Olympischen Spielen sich darstellt, ist seinem Wesen nach unpolitisch. Er stellt sich dar als ein Eigenraum, der von seinem Regelwerk und von den Prinzipien der Konkurrenz und der Gleichheit abgesteckt wird. Doch gerade dieser unpolitische Charakter des Sports schafft die Voraussetzung dafür, ihn politisch zu benutzen.

Wer will, mag vom Mißbrauch reden. Aber erst in einer Welt ließe er sich abstellen, in der es keine politischen Gegensätze und Konflikte mehr gäbe. Solch eine Welt dürften wir kaum mehr erleben, und auch unsere Kinder und Kindeskinder nicht. Ob wir sie uns überhaupt herbeiwünschen sollten, bleibt ungewiß. Denn in einer sonst durchgehend spannungsfreien Ordnung würde der Spannungssuche im Sport wohl derart viel aufgeladen, daß er sich radikal verändern müßte, womöglich in eine Brutalität hinein, in der es dann nicht mehr im Symbol-, sondern im Wortsinne um Sieg oder Tod ginge.

Hans Joachim Teichler
Sport und
Nationalismus
Die internationale
Diskussion über
die Olympischen
Spiele 1936

Die Erinnerung an Berlin 1936 ist mit Mythen beladen. Kaum eine der Neuerscheinungen zu den Olympischen Spielen von 1936 verzichtet auf den »Mythos«-Begriff im Titel. Entgegen ihrem ideologiekritischen Anspruch werden in vielen dieser Publikationen dabei aber neue Mythen produziert: Diese reichen vom angeblich präfaschistischen Coubertin über den Nazi-Charakter eines bestimmten, repräsentativ-banalen und weltweit verbreiteten Bau- und Skulpturenstils in den dreißiger Jahren bis hin zu der von den gleichgeschalteten Medien des Deutschen Reiches verbreiteten Legende vom außenpolitischen Erfolg der 36er Spiele – letzteres erneut ungeprüft übernommen von Hilmar Hoffmann in »Mythos Olympia« (1993).

Dabei drohten die 1931 an Berlin vergebenen Spiele schon kurz nach der Machtergreifung 1933 zu scheitern. Wie 60 Jahre später bei der Berlin-Bewerbung des Jahres 1993 formierte sich auch 1933 eine akademisch-studentisch dominierte Protestbewegung, die Unruhe beim IOC auslöste. Während die 93er »No-Olympics-Bewegung« eher im links-alternativen Spektrum angesiedelt war, kamen die 33er Olympiagegner aus dem völkisch-nationalen Lager der Turner, das die Machtergreifung Hitlers bejubelt hatte. Trotzdem gleichen sich zunächst die Argumentationsmuster: Die Olympiagegner wiesen 1933 wie 1993 auf die wirtschaftlichen Schwierigkeiten bzw. die Notlage Deutschlands hin, sie kritisierten den bloßen Sensationscharakter der

Spiele und attackierten die Gewinnsucht von Geschäftswelt und Industrie. Man ließ sich 1933 sogar zu – allerdings eher symbolischen – Sachbeschädigungen hinreißen, indem man in die Aschenbahn des Berliner Stadions junge Eichenbäume einpflanzte. Während es sich aber 1933 um völkisch und turnerisch inspirierte Olympiagegner handelte, die sich bald von der neuen Staatsführung mit dem Argument in die Pflicht nehmen ließen, es ginge bei der Erfüllung des 1931 übernommenen olympischen Auftrages um die Ehre und Weltgeltung des »neuen Deutschland«, kann der 93er Berliner Protestbewegung zwar ebenfalls ein kritisches Verhältnis zum Spitzensport und zur olympischen Bewegung unterstellt werden, nicht aber eine Orientierung an den Wehr- und Volkstumsidealen ihrer historischen Vorgänger im Umfeld des »Akademischen Turner Bundes« und des radikalvölkischen Zweiges der »Deutschen Turnerschaft«. Im Gegenteil: Es sind gerade die Orientierungspunkte der damaligen Protestbewegung, die um Deutschtum und deutsche Weltgeltung kreisen, deren Wiedergeburt von der 93er Protestbewegung befürchtet wurden.

Diese Töne waren im Aufruf des »Kampfbundes gegen die Olympischen Spiele in Berlin 1936« nicht zu überhören:

Wir rufen auf!

Von den Litfaß-Säulen, von Briefmarken, aus jeder Zeitung schreit es überlaut: *Winterhilfe!* An den Straßenecken steht die deutsche Not! *Ein Volk darbt und hungert.*

Die Jugend beginnt bereits allenthalben ihr Schicksal selbst in die Hand zu nehmen. Freiwillige rücken zum Arbeitsdienst, Studenten, Handwerker, Arbeiter ergreifen die Schaufel, Offiziere der Reichswehr schulen Wehrwillige; weil Deutschland im Innern erstickt und an den Grenzen lichterloh brennt. Die Not ist groß, der Wille, sie zu besiegen, sollte größer sein. Ein Volk im Dienst sollte aufstehen.

Was geschieht?

Deutsche Sportführer fordern Millionen für die Organisation und Propaganda Olympischer Spiele. Es gilt nicht, deutsche Jugend auf Festen deutscher Art, in Schlichtheit und heiligem Eifer zu gestalten, es soll auf dem Rücken des deutschen Sports ein Sensationsschauspiel stattfinden, wie es die Welt noch nicht ge-

sehen hat. Während die junge deutsche Mannschaft sich durch-
hungert und verkümmert, sollen Völker aller Farben und Rassen, Völker, die uns am Boden halten, Völker, die uns in Wehrlo-
sigkeit knebeln, in der von deutschem Gelde zu erbauenden
Arena mit uns um die Ehre (lies olympische Medaille) um die
Wette laufen. Deutschlands Ehre, vertreten von einigen schnellen Beinen und starken Bizepsen! In jedem Arbeitsfreiwilligen
steckt mehr Gefühl für deutsche Ehre, als in jenen Spitzenkön-
nern, die sich Meister nennen.

Es wird behauptet, der deutschen Jugend gelte dieses Fest. Es
ist nicht wahr. Sie weiß, wo ihr Einsatz ist. *Sie weiß, daß die
deutsche Ehre durch Arbeit und Wehrwilligkeit wiedergewon-
nen werden kann.* Sie verbittet es sich, daß Geschäfte und Industrie, selbst wenn sie sich hinter Kunst und Kultur vertarnen, die
Leibesübungen ausnutzen zu ihrem Gewinn.

*Die junge Mannschaft in Deutschland fordert eine gesunde,
deutschwesensgemäße Leibesübung,* die sie hart macht und gesund, nicht für den einzelnen, sondern für die Gesamtheit: das
Volk. Die wenigen Spitzenkönner, die im Beifallsrausche der
ganzen Welt ihre Runden laufen, erscheinen ihr gleichgültig. Sie
fordert von allen einsichtigen Deutschen, dem Ausland zu erklären: *Deutschland hat mit sich selbst genug zu tun.* Es baut aus
eigenen Kräften auf. Deutsche Jugend hat zu arbeiten und nicht
glänzende, von Repräsentanten und Komitees, die kaum eine ihrer Aufgabe bewußte Jugend hinter sich haben, organisierte Feste zu feiern.

*Über Deutschlands Zukunft wird nicht im Stadion, sondern in
den Arbeitslagern, auf den Siedlungshöfen und an der Grenze
entschieden.*

Die deutsche Jugend, die Frontgeneration, das am Aufstieg
schaffende Deutschland, fordert:

*Die Olympischen Spiele 1936 dürfen in Deutschland nicht
stattfinden!*

> Deutscher Kampfring
> gegen die Olympischen Spiele.

Die paradoxe Situation des Jahres 1933, daß ausgerechnet bei den
überzeugtesten Parteigängern Hitlers die Gegnerschaft zu den
Olympischen Spielen am stärksten ausgeprägt war, resultiert aus
der anti-internationalistischen, anti-pazifistischen und rassisti-

schen Grundhaltung der oppositionellen NSDAP, in deren Parteiorgan – dem *Völkischen Beobachter* – die Olympischen Spiele 1928 als »rasselos« und damit als »ein mit der Idee des verpönten Völkerbundes vergleichbares Verbrechen« verunglimpft worden waren. Allerdings ließ Hitlers Kanzlei bereits im Oktober 1932 das IOC auf Anfrage wissen, daß eine von Hitler geführte Regierung der Durchführung von Olympischen Spielen in Berlin mit »großem Interesse« entgegensehen würde. Die Nachfrage war mehr als berechtigt, hatte doch der *Völkische Beobachter* noch während der Olympischen Spiele von 1932 gegen die Teilnahme von »Negern« polemisiert. Aktenkundig wurde der olympische Schwenk der NSDAP, als sich im Januar 1933 die NSDAP-Fraktion im bayerischen Landtag für Garmisch-Partenkirchen als Ort der Winterspiele einsetzte; spätestens aber nach der proolympischen Erklärung Hitlers am 16. 3. 33 gegenüber dem deutschen IOC-Mitglied Theodor Lewald. Die völkisch, turnerisch und rassistisch motivierte Olympiakritik der deutschen Olympia-Opposition des Frühjahrs 1933 blieb daher eine Episode, ihre Protagonisten beugten sich rasch dem staatspolitisch vorgegebenen Schwenk. Daß die anti-olympischen Beschlüsse der 18 Hochschulämter für Leibesübungen im Ausland und beim IOC überhaupt Beachtung fanden, dazu bedurfte es der von der Staatspartei organisierten und von den Staatsorganen unterstützten antisemitischen Boykottaktionen vom 1. April 1933. Jetzt erst, und nachdem deutsche Sportverbände und Vereine dazu übergingen, ihre jüdischen Mitglieder auszuschließen – prominentestes Opfer war 1933 der jüdische Weltklasse-Tennisspieler Daniel Prenn, womit das Daviscupdoppel von Cramm/Prenn platzte –, wurde die internationale Sportwelt auf den Umstand bzw. Widerspruch aufmerksam, daß der Ausrichter der nächsten Olympischen Spiele bei der Neuorganisation seines Sports gegen eines der fundamentalen Prinzipien der olympischen Bewegung, die konfessionelle und rassische Gleichberechtigung, verstieß. Besonders kritisch war die Berichterstattung in Schweden und Dänemark. So schrieb die Kopenhagener Zeitung *Politiken*:

»Die Nationalsozialisten rührten nach den Olympischen Spielen in Los Angeles die Trommel dafür, daß farbige Sportsleute von der kommenden Olympiade ausgeschlossen werden sollten. Jetzt kommt die Reihe an die Juden. Kein Wunder, daß Länder wie England, Frankreich und die Vereinigten Staaten mit ihren vielen Kolonien und anderen Anschauungen sich selbst fragen, ob die Olympischen Spiele nicht nach Rom verlegt werden sollten.«

Henri de Baillet-Latour, der belgische IOC-Präsident, zog sich zunächst auf das bequeme und formale Prinzip der Nichteinmischung zurück und erklärte, nach den Bestimmungen des IOC müsse »... jedes Volk und jede Rasse in voller Gleichberechtigung an den Spielen teilnehmen können ... Wenn Deutschland aber seinerseits keine jüdischen Sportler mit seiner Vertretung beauftrage, sei das ganz seine Sache« (*Vossische Zeitung*, Abendausgabe, 21. 4. 1933).

Festzuhalten gilt schon jetzt die Konzentration der bürgerlichen Presse des Auslandes auf die »Judenfrage«. Das ebenfalls im Frühjahr 1933 erfolgte Verbot der Arbeitersportbewegung, mit zusammen 1,2 Mio. Mitgliedern die größte der Welt, fand aufgrund der traditionell anti-bürgerlichen und anti-olympischen Einstellung des Arbeitersports kaum Resonanz. Dies gilt zu großen Teilen auch für die Linkspresse, die sich auf die Verfolgung der Arbeiterparteien und Gewerkschaften konzentrierte. Die Regelung sportorganisatorischer Fragen – und als solche versuchte der Reichssportführer die Gleichschaltungswelle im deutschen Sport, die im übrigen großteils eine Selbstgleichschaltung war, darzustellen – galt als innere Angelegenheit Deutschlands.

Erst als der frisch ernannte Reichssportkommissar, SA-Gruppenführer Hans von Tschammer und Osten, im Elan des Neuanfangs – und vermutlich in völliger Unkenntnis der olympischen Charta – sich auch für die olympische Vorbereitung zuständig erklärte und personelle Änderungen im Bereich des Organisationskomitees ankündigte, verlangte der IOC-Präsident eine schriftliche Garantieerklärung der Reichsregierung, daß alle olympischen Regeln eingehalten würden. Der Reichskanzler solle vor Abgabe dieser Erklärung über die Einzelheiten des Protokolls, der Organisation und vor allem über den Grundsatz der politischen, konfessionellen und rassemäßigen Neutralität unterrichtet werden. Hitler wies dieses Ansinnen empört zurück. Die Intervention des belgischen Grafen hatte immerhin zur Folge, daß das Organisationskomitee der 36er Spiele formal in seiner Unabhängigkeit unter der Führung des deutschen IOC-Mitgliedes Theodor Lewald bestätigt und Reichssportführer

Tschammer und Osten mit der Präsidentschaft des Deutschen Olympischen Ausschusses, der die Aufgaben eines NOK wahrnahm, abgefunden wurde. Und – was kaum jemand für möglich gehalten hatte – die Deutschen präsentierten am 5. 6. 1933 dem IOC in Wien eine vom Reichsminister des Innern autorisierte schriftliche Erklärung, wonach nicht nur die peinliche Beachtung der olympischen Regeln, sondern auch die Beteiligung deutscher Juden in der deutschen Mannschaft zugesagt wurden.

»1. Das Deutsche Olympische Comitee hat das ihm anvertraute Mandat einem besonderen Organisationsausschuß übertragen, der wie folgt zusammengesetzt ist: Präsident: Dr. Th. Lewald, Mitglieder: Herzog Adolf Friedrich von Mecklenburg, Dr. von Halt, H. v. Tschammer und Osten als Präsident des Deutschen Olympischen Ausschusses, Oberbürgermeister Dr. Sahm und Dr. Diem als Generalsekretär.

2. Alle olympischen Vorschriften auf das genaueste beachtet werden.

3. Die deutschen Juden werden aus der deutschen Mannschaft für die XI. Olympischen Spiele nicht ausgeschlossen sein.«

Auf die Frage der Gleichbehandlung der deutschen Juden hatte sich – vor allem in den USA – das öffentliche Interesse konzentriert. In den Leitartikeln der US-Presse wurde die Wiener-Erklärung als »Rückkehr zur Vernunft« und als Sieg der unnachgiebigen amerikanischen IOC-Mitglieder gefeiert. Das Nachgeben der Deutschen sei zwar offensichtlich von wirtschaftlichen Beweggründen diktiert, sei aber als Omen dafür zu werten, »... daß die Naziführer in einer so wichtigen Frage wie dem Antisemitismus zur Vernunft zurückkehrten« *(New York Herald Tribune)*. Die Wiener Erklärung hatte also zunächst den Erfolg, den sie haben sollte. Nach einer kurzen Phase der Irritationen, so kam es im April und noch im Mai 1933 zu einigen wenigen internationalen Spielabsagen im Fußball, war nach der Zusicherung des Deutschen Reiches, alle Olympiateilnehmer und Gäste, unabhängig von Rasse, Religion und Hautfarbe herzlich willkommen zu heißen und deutschen Juden prinzipiell die Teilnahme zu gestatten, die Welt scheinbar wieder in Ordnung. Die Zerschlagung der proletarischen, das Verbot der konfessionellen und die Separierung der jüdischen Sportverbände wurde entweder überhaupt nicht registriert oder als innere Angelegenheit Deutschlands betrachtet. Dies beweist ein Überblick über die internationalen Sportbewegungen auf Länderkampfebene, die ab 1934 die Intensität der Sportbeziehungen in der Weimarer Republik übertrafen und sich in den folgenden Jahren (mit der natürlichen Ausnahme des Olympiajahrs) verdoppelten und verdreifachten.

Dabei machten die gewachsenen Sportbeziehungen zu den demokratischen Nachbarn im Westen (Benelux und Frankreich), zu den nordischen Staaten (Dänemark, Norwegen, Finnland) und zu den neutralen Staaten (Schweden und Schweiz) den Hauptanteil aller internationalen Sportkontakte aus. Der Umfang der traditionellen Beziehungen, der von 1920-1930 60% ausmachte, steigerte sich sogar über 72% 1935 auf 80% aller internationalen Kontakte im Jahr 1938. Das Jahr 1933 markiert also keine Zäsur – im Gegenteil: Deutschland als wettkampfstarke Sportnation im Herzen Europas blieb aus sportlichen und kommerziellen Gründen ein gesuchter Partner. Pragmatismus und Opportunismus bestimmten das Handeln des internationalen Sports, der keinen Grund sah, die von staatlichem Terror und offener Gewalt begleitete Umwälzung in Deutschland zum Anlaß zu nehmen, den Verkehr mit dem gleichgeschalteten deutschen Sport einzuschränken oder gar abzubrechen. Allenfalls wurde über die Gefährdung der internationalen Chancengleichheit durch den beginnenden Staatsamateurismus des »Dritten Reiches« lamentiert.

Dieser statistische Überblick zeigt, daß die Olympischen Spiele 1936 im Rahmen der sportlichen Außenbeziehungen des Dritten Reiches keinen Sonderfall darstellen und viele der mit den Olympischen Spielen verbundenen Schlußfolgerungen und Mythenbildungen durch eine nüchternere Betrachtung abgelöst werden sollten. Olympia 1936 war nicht der Höhepunkt der internationalen Anerkennung des NS-Regimes, allenfalls hervorgehobener Kristallisationspunkt überraschend normaler Beziehungen. Frankreich – und nicht etwa Italien – war der Länderkampfpartner Nr. 1 in den Jahren 1933 und 1937. Erst 1939 überflügelte Italien Frankreich – und das nur aufgrund der fünf Kriegsländerkämpfe nach dem 1. 9. 39. Bis dahin hatte es im Jahr 1939 mit beiden Ländern jeweils 9 Länderkämpfe gegeben. Die französischen Leichtathleten traten – unter Mißbilligung ihrer Regierung – noch im Juli 1939 in München an, und kaum ein Historiker hat registriert, daß noch am 22. August 1939 in Köln ein Leichtathletik-Länderkampf gegen England stattfand. Der organisierte Sport des Auslandes (zumindest seine konservativ-reaktionären Führerschaft) vermied es, auf die innenpolitischen Vorgänge im Dritten Reich zu reagieren.

Dies galt auch für die Olmypischen Sommerspiele 1936: Bis zum Sommer 1934 hatten 30 Nationale Olympische Komitees ihre Teilnahme zugesagt, zum Schluß waren es 49 Nationen mit über 4000 Sportlern, die in Berlin teilnahmen und für einen neuen olympischen Teilnahmerekord sorgten.

Die Führung des IOC stand in der Auseinandersetzung um die amerikanische Teilnahme, die einzige, die ernsthaft und bis zum Dez. 1935 in Frage stand, auf der Seite der deutschen Organisatoren. So stammt z. B. die Idee, die vor allem von jüdischen Organisationen getragene Protestbewegung gegen die Spiele in Nazideutschland durch die demonstrative frühzeitige Nominierung eines bekannten jüdischen Sportlers, also durch einen »Alibijuden«, zu unterlaufen, vom IOC-Präsidenten Baillet-Latour. Das daraufhin gestartete Manöver mit der Nominierung der Fechterin Helene Mayer und dem Eishockeyspieler Rudi Ball, beide im NS-Jargon »Halbjuden«, ist inzwischen ebenso bekannt, wie der schändliche Betrug an der einzigen volljüdischen Sportlerin – um in dem Sprachgebrauch der Nürnberger Gesetze zu bleiben –, die im Olympiajahr mit der Einstellung des deutschen Hochsprungrekordes sogar eine medaillenverdächtige Leistung gezeigt hatte. Die Stuttgarterin Gretel Bergmann – um sie handelte es sich – wurde mit der fadenscheinigen Begründung unzureichend konstanter Leistungen nicht nominiert. Das Ausrichterland ließ also den möglichen 3. Platz im Damenhochsprung unbesetzt, um den Start einer Jüdin zu verhindern. Dies geschah allerdings erst, nachdem die Amerikaner in See gestochen waren. Noch im November 1935 – also vor der Entscheidung der Amerikaner – war ihre offizielle Berufung in den deutschen Olympiakader neben der Berufung von Helene Mayer und Rudi Ball als Beleg der korrekten Einhaltung der Zusage von Wien 1933 und Athen 1934, auch deutsche Juden antreten zu lassen, über die diplomatischen Vertretungen aller Welt mitgeteilt worden. Dem IOC muß – juristisch ausgedrückt – billigende Mitwisserschaft an diesem Betrugsmanöver vorgeworfen werden. Spätestens seit der Audienz des amerikanischen IOC-Mitgliedes General Sherrill bei Hitler im August 1935 wußte das IOC, daß Hitler die Teilnahme von Juden in der deutschen Mannschaft nie dulden würde. IOC-Präsident Baillet-Latour, der von Sherrill über das deutsche Doppelspiel informiert worden war, erhielt bei seinem Treffen mit Hitler im November 1935 folgerichtig auch nur die Zusage, man werde Tafeln und Plakate, welche die Gefühle der *ausländischen* Gäste verletzen könnten, entfernen. Daß er diese Minimalzusage als Erfolg interpretierte – von der Nominierung deutscher Juden war nicht mehr die Rede –, war eine klare Mißachtung der IOC-Beschlußlage von Wien und Athen. Das Rassendogma Hitlers auf die Probe zu stellen, hätte zu diesem Zeitpunkt – eine Verlegung war nicht mehr möglich – allerdings die Gefahr einer Absage der Spiele provoziert. Man darf bezweifeln, daß solche Überlegungen überhaupt angestellt worden sind. Sie hätten sowohl dem institutionellen Interesse des IOC als auch der politischen Überzeugung der Mehrheit seiner Mitglieder, die mehr oder minder offen mit den antikommunistischen und antisemitischen Ansichten des Nationalsozialismus sympathisierten, widersprochen.

In der zeitgenössischen Sicht des IOC waren die Berliner Spiele einwandfrei sportliche Spiele, Olympische Spiele, bei denen der Sport über die Politik siegte.

Was hatte man auch nicht alles getan, um in der Reichshauptstadt im Sommer 1936 eine friedvolle, heitere Atmosphäre zu ermöglichen, die – vor allem im Kulturleben – an die glanzvollen 20er Jahre erinnerte und erinnern sollte. Im Obergeschoß des Kronprinzenpalais konnte man eine nur geringfügig »entschärfte«, aber immer noch repräsentative Darstellung wichtiger Werke der Moderne sehen, darunter zum letzten Mal van Goghs »Kornfeld mit Mäher« und Franz Marcs »Turm der blauen Pferde«. Auf den Straßen und Plätzen benahmen sich Schutzpolizisten wie Schutzengel, der Ku'damm erlebte einen Nachklapp der 20er Jahre, erinnert sich der Autor Dieter Anders. Besonderes Augenmerk galt einer betont friedlich-zivilen Selbstdarstellung: Wenige Monate nach dem Einmarsch deutscher Truppen in das entmilitarisierte Rheinland sollte dem Ausland gegenüber der Eindruck eines friedliebenden Deutschlands erzeugt werden. Nachdem das Organisationskomitee noch am Anfang des olympischen Jahres mit dem Gedanken gespielt hatte, das Reichssportfeld mit »wehrsportlichen Kämpfen« einzuweihen, was am

Abb. 17: Olympische Spiele 1936, Berlin, Eröffnung auf dem Reichssport-
feld am 1. August. Die Ehrentribüne während der Eröffnungsveranstaltung;
von links: Reichskriegsminister Generalfeldmarschall Werner v. Blomberg,
Rudolf Hess, Reichsinnenminister Wilhelm Frick, Henri Graf de Baillet-
Latour, Präsident des Internationalen Olympischen Komitees, Adolf Hitler,
Kronprinz Umberto von Italien, Theodor Lewald, Präsident des deutschen
Organisationskomitees, Josef Goebbels, Hermann Göring; an der Kamera
rechts: die Filmregisseurin Leni Riefenstahl mit einem Mitarbeiter.
Ullstein Bilderdienst, Berlin.

Veto Hitlers gescheitert war, sollte nun auf Geheiß des Reichsin-
nenministeriums das militärische Element aus dem öffentlichen
Erscheinungsbild weitgehend verschwinden: Den Angehörigen
der uniformierten Parteiformationen wurde befohlen, »in den
olympischen Kampfstätten nach Möglichkeit sportliche Kleidung und nicht Uniform (zu) tragen«. Die Leibstandarte durfte
auf Befehl Himmlers »bei Eintreffen des Führers nicht mit aufge-
pflanztem Seitengewehr absperren« und in einer Besprechung
über das Rundfunkprogramm während der Olympischen Spiele
wurde befohlen, »...unter allen Umständen wegen der im Reich
zu Besuch weilenden Ausländer Marschmusik zu vermeiden«.
Das Angebot der italienischen Regierung, eine militärische
Kunstfliegerstaffel nach Berlin zu entsenden, wurde aus gleichen
Gründen dankend abgelehnt.

Die gute Stimmung sollte, wie den geheimen Presseanweisungen zu entnehmen ist, weder durch Nachrichten über Versorgungsengpässe, Bierpreiserhöhungen oder über Kapitalverbrechen gestört werden. Andere Maßnahmen, die ein negatives Auslandsecho befürchten ließen, wie die bereits beschlossene Ausbürgerung Thomas Manns oder die Prozesse wegen sogenannter Rassenschande, wurden bis zur Beendigung der Spiele zurückgestellt.

Als die völkische Wochenschrift *Die Stimme* gegen die zahlreichen kirchlichen Veranstaltungen während der Spiele – eine Konzession an die Adresse der amerikanischen Kirchen, die lange Zeit einen Boykott der Spiele befürwortet hatten – zu polemisieren begann, wurde sie kurzerhand verboten. Gegenüber den Amerikanern ließ man besondere Vorsicht walten: Die deutsche Presse wurde mehrfach strikt angewiesen, insbesondere nach dem der *Angriff* den Fauxpas begangen hatte, die farbigen Olympiasieger als »Hilfstruppen« zu bezeichnen, was natürlich, wie z. B. den Tagebüchern Goebbels zu entnehmen ist, vorherrschende Auffassung der NS-Führung war, in der Rassenfrage strikte Neutralität zu wahren.

Zurückhaltung sollte auch beim Jubel über die deutschen Siege gewahrt werden. Nach der überschwenglichen Reaktion einiger Blätter auf die ersten deutschen Leichtathletiksiege mahnte das Propagandaministerium zur Zurückhaltung: »Wir dürften uns… nicht nur mit den deutschen Siegen beschäftigen, sondern müßten auch den anderen Ländern Gerechtigkeit widerfahren lassen«, notierte der Berliner Korrespondent der *Frankfurter Zeitung* am 4. 8. 36.

Kleine Olympiamannschaften sollten von der Presse so gut behandelt werden wie große.

»Berlin war wie ein Rausch«, erinnert sich der deutsche Olympiasieger im Hammerwerfen Erwin Blask. Diesen Eindruck nahmen auch viele ausländische Besucher mit nach Hause, die sich zum Teil in Leserbriefen darüber beschwerten, man habe das Ausmaß der Verfolgungen und Drangsalierungen, z. B. der jüdischen Bevölkerung, maßlos übertrieben. Und tatsächlich hat der Umstand, daß in Berlin, wie schon in Garmisch-Partenkirchen, die *Stürmer*kästen und die antijüdischen Parolen im Umfeld der olympischen Sportstätten entfernt worden waren und daß der deutschen Presse strikt untersagt wurde, »über Auseinanderset-

zungen mit Juden« zu berichten, zu dem Eindruck einer vorübergehend gezähmten Radikalität der nationalsozialistischen
Rassenpolitik vor und während der Olympischen Spiele beigetragen. Retardierende Momente in der Judenverfolgung sind
nicht zu übersehen. Sie beschränkten sich aber auf die Olympia-
orte und die Duldung eines kulturellen Eigenlebens der jüdischen Gemeinden, das dann 1938 zerschlagen wurde. Es ist fast
ein Treppenwitz der Geschichte, daß bei den hartnäckigen Bayern sogar die SS eingesetzt werden mußte, um die Olym-
piastraße München–Garmisch von antijüdischen Schildern zu
säubern. Der vor allem in der Memoirenliteratur weit- und wei-
terverbreitete Eindruck einer vorübergehend gezähmten Radikalität der NS-Rassenpolitik verdankt seine Entstehung diesen
primitiven Täuschungsmanövern und der manipulierten Berichterstattung in der gleichgeschalteten deutschen Presse. Dieser Eindruck ist gleichsam ein Langzeiterfolg der Goebbelschen
Presselenkung, die am 27. 1. 36 folgende Anweisung an die deutsche Presse erlassen hatte: »Mit Rücksicht auf die Winterolympiade wird es strengstens untersagt, in Zukunft über Zusammen-
stöße mit Ausländern und tatsächlichen Auseinandersetzungen
mit Juden zu berichten. Bis in die lokalen Teile hinein sollen derartige Dinge unter allen Umständen vermieden werden, um nicht
noch in letzter Minute der Auslandspropaganda Material gegen
die Winterolympiade in die Hand zu geben.«

Trotzdem hält das IOC bis heute an der Legende vom Sieg des
Sports über die Politik fest.

Diese offiziöse IOC-Sicht der Sportgeschichte ist vor allem
Avery Brundage zu verdanken, der 1936 als Nachfolger des einzigen IOC-Dissidenten Ernest Lee Jahncke – der deutschstäm-
mige US-Politiker hatte sich überraschend als Fürsprecher der
Protestbewegung gegen Spiele unter dem Hakenkreuz profi-
liert – in das IOC einrückte und bis 1972 an maßgeblicher Stelle
die Geschicke des IOC bestimmte. Seine Maxime – »The Games
must go on« – galt 36 wie 72. Für Avery Brundage, dessen Chica-
goer Club keine Juden und Farbigen als Mitglieder akzeptierte,
war die Protestbewegung in den USA nur ein geschicktes Propa-
gandamanöver von Juden und Gewerkschaftlern, welche den
Publizitätswert des Sports für ihre Zwecke ausnutzten. Sein unterlegener Gegenspieler im IOC und in den USA, Ernest Lee
Jahncke, legte in einem Schreiben an den IOC-Präsidenten Bail-

let-Latour, der ihn zur Unterstützung der Teilnahme aufgefordert hatte, noch einmal seine politischen und »olympischen« Ablehnungsgründe dar:

»Mein lieber Kollege!

Ich erhielt Ihren letzten Brief, in dem Sie schreiben, meine Hingabe an die olympische Idee und meine Pflicht als IOC-Mitglied würden mich sicher dazu veranlassen, alles in meiner Kraft Stehende zu tun, um die amerikanische Teilnahme an den Olympischen Spielen von 1936 sicherzustellen, und in dem Sie mir weiterhin einige Argumente an die Hand geben, wie ich dabei zu verfahren habe. (...)

Ich werde meine Mitbürger bitten, daß sie sich nicht an den Spielen in Nazi-Deutschland beteiligen, denn m. E. hat die Nazi-Regierung und die deutschen Sportbehörden jede Voraussetzung für Fair play in Deutschland verletzt und verletzt sie noch immer, in der Weise wie Sport in Deutschland betrieben wird, wie Mannschaften aufgestellt werden. Außerdem mißbraucht das Nazi-Regime die Spiele für sich, um politischen und finanziellen Profit zu gewinnen. (...)

Außerdem bin ich davon überzeugt, daß es einen schweren Schlag für die olympische Bewegung darstellen wird, wenn man die Spiele in Nazi-Deutschland abhalten wird. Und tragischerweise wird dieser Schlag von eben dem Internationalen Olympischen Komitee geführt werden, dem es vor einer Generation in treue Obhut gegeben wurde. Wenn unser Komitee es gestattet, daß die Spiele in Nazi-Deutschland stattfinden, dann werden sie nicht mehr die Einheit von körperlicher Kraft und Fair play versinnbildlichen, denn nichts wird sie mehr von dem Nazi-Ideal der brutalen Kraft unterscheiden. Es wird dann viele Jahre dauern, bis das Prestige und das Vertrauen der Welt in die Spiele wiederhergestellt sind. Der Sport wird seine Schönheit und Ritterlichkeit verlieren und wird, wie es schon in Nazi-Deutschland der Fall ist, zu einer häßlichen brutalen Sache. (...)

Sie erinnern mich an meine Pflicht als IOC-Mitglied. Deshalb werden Sie mich sicher nicht für anmaßend halten, wenn ich Sie an Ihre Pflicht als IOC-Präsident erinnere. Es ist nämlich Ihre Pflicht, die Nazi-Sportverbände für ihre gebrochenen Versprechen zur Verantwortung zu ziehen. Ich kann einfach nicht verstehen, wie Sie statt dessen sich bemühen, Argumente zu verbreiten, weshalb diejenigen von uns, die noch an das olympische Ideal glauben, auch an den Spielen in Nazi-Deutschland teilnehmen sollen. (…)

Das Argument, daß die Ablehnung der Olympiateilnahme aus politischen Motiven geschieht, wird gern von den Befürwortern der amerikanischen Teilnahme ins Feld geführt. Sport, so sagen sie und so sagen ja auch Sie, sollte nicht mit Politik vermischt werden, und Sportler sollten sich nicht an den Verfolgungen von Juden und Katholiken stören, selbst wenn sie im Sport geschehen.

Lassen Sie mich zum Abschluß an Sie, mein lieber Graf, eine ernste Bitte richten. Es ist noch nicht zu spät, die olympische Idee zu retten und die Olympischen Spiele als ›Schule der moralischen Integrität und der Ritterlichkeit‹, wie sie de Coubertin geplant hat, zu bewahren. Noch ist Zeit, dafür zu sorgen, daß die Spiele woanders als in Nazi-Deutschland abgehalten werden.«

(New York *Times* v. 27. 11. 1935)

Die deutsche Öffentlichkeit der Jahre 1935/1936 erfuhr von der amerikanischen Kritik an den Spielen unter dem Hakenkreuz ebensowenig wie von den Aktivitäten des in Paris gegründeten »Internationalen Komitees für die Verteidigung des olympischen Gedankens«, das am 6. und 7. Juni 1936 eine internationale Konferenz organisierte, an die Heinrich Mann folgenden Appell richtete:

»Im Namen der antifaschistischen deutschen Opposition danke ich Ihnen herzlich für Ihre großartigen Bemühungen. Die freien Völker dürfen die Berliner Olympiade nicht unterstützen und dies aus mehreren Gründen. Vor allem ist es nicht die Aufgabe der Bürger freier Nationen, eine menschenfeindliche Diktatur zu glorifizieren, was sie zweifellos tun, wenn Sie an der Hitlerolympiade teilnehmen. Zweitens handeln die Sportler, denen die Fragen der Politik gleichgültig sind und die nach Berlin gehen, ohne darüber nachzudenken, keineswegs im Sinne der olympischen Idee. Das Ansehen des Sports muß darunter leiden, wenn Sportler den schlimmsten Feinden des Fair play zu Hilfe kommen. (…) Glauben Sie mir, diejenigen der internationalen Sportler, die nach Berlin gehen, werden dort nichts anderes sein als Gladiatoren, Gefangene und Spaßmacher eines Diktators, der sich bereits als Herr der Welt fühlt. Schließlich möchte ich erklären, daß der Erfolg der Olympiade die Existenz des Hitlerregimes für einige Zeit verlängern hilft. Es würde ihm neue Kräfte und Mittel zuführen. Es würde sein Prestige verstärken. Die deutsche Opposition wäre gezwungen, noch länger zu warten. Sie werde nicht die Ursache dafür sein wollen. Sie verstehen, daß dies nicht zum Wohle der zivilisierten Welt und der Menschen, die Sie schätzen, sein würde. Ich beschwöre das Komitee für Fair play, seine großartigen Anstrengungen fortzusetzen.«

Während die Pariser Aktivitäten – getragen von Arbeitersportlern, Gewerkschaftlern und Linksparteien – zu spät kamen und weitgehend folgenlos blieben, gelang es in den USA einem Bündnis von Gewerkschaftlern, Emigranten sowie jüdischen und christlichen Organisationen eine breite innenpolitische Debatte über die Verhältnisse in Deutschland zu entfachen. 1935 traten über 200 Presseorgane, die über ein Viertel der US-Bevölkerung erreichten, für einen Boykott der Spiele unter dem Hakenkreuz ein. Bei dem traditionellen Desinteresse des amerikanischen Publikums für außenpolitische Themen war dies ein außergewöhnlicher Erfolg der Protestbewegung. Ihr war es durch die Verknüpfung sportethischer und demokratischer Werte gelungen, eine lebhafte Diskussion auf den Sportseiten der Presse in Gang zu bringen, die mehr Kenntnisse über NS-Deutschland vermittelte als alle außenpolitischen Kommentare zuvor. Die Agitation des »Committee on Fair Play in Sport« – vor allem mit ihrer Broschüre »Preserve the Olympic Ideal« – stieß allerdings bei den politischen Redaktionen auf eine größere Resonanz als bei den Sportredaktionen. Als größtes Manko sollte sich schließlich erweisen, daß sich in den USA kein einziger aktiver Sportler, der Chancen für das Olympiaaufgebot hatte, in die Protestbewegung einreihte. Dies erleichterte die Gegenargumentation des teilnehmefreundlichen Lagers, es handele sich bei diesem Streit um einen sportfremden, auf Kosten des Sports ausgetragenen Konflikt, der eigentlich von der Politik gelöst hätte werden müssen. Die Regierungen der USA, Großbritanniens und selbst die des von einer Volksfront regierten Frankreichs vermieden jede Einmischung. Sport habe nichts mit Politik zu tun, war die regierungsoffizielle Position der demokratischen Länder, die das Wesen der NS-Diktatur verkannten.

Nachdem im Dezember 1935 die umstrittene und knappe US-Entscheidung für die Teilnahme gefallen war, für die natürlich neben der strukturellen Resistenz des Sports ein breites Spektrum von Aktionen und Täuschungsmanövern deutscher und amerikanischer Akteure verantwortlich gemacht werden kann, verstummten die Proteste, und Politiker, die vorher gegen eine Teilnahme votiert hatten, präsentierten sich an der Seite aussichtsreicher Olympiakandidaten der Öffentlichkeit. Gegen die Popularität des Sports und der Olympischen Spiele kam die Protestbewegung in den USA ebensowenig an wie die antifaschistischen Aktionsbündnisse in Frankreich und England, denen es z. B. nicht gelang, die Auftritte der deutschen Fußballnationalmannschaft in Paris und London im Jahr 1935 zu Protestaktionen zu nutzen. Beide Länderspiele fanden in einwandfrei sportlichem Rahmen statt, was nicht ausschließt, daß die auf den Sportseiten der Massenpresse ausgetragene Diskussion das Wissen über die politischen Mißstände in »Nazideutschland« erheblich vergrößert hat. Zumindest in den USA, wo entsprechende Meinungsumfragen vorliegen, kann dies nachgewiesen werden.

Das in der gleichgeschalteten deutschen Presse unterdrückte kritische Echo in der ausländischen Presse nach den 36er Spielen dürfte allerdings von der Boykottdebatte, die stets auf die politischen Implikationen und Propagandaabsichten aufmerksam gemacht hatte, wesentlich beeinflußt worden sein. Viele Kommentatoren reagierten denn auch übersensibel, denn die bewußt unpolitisch ausgerichteten Spiele gaben eigentlich wenig Anlaß für eine fundierte Kritik. So wurden Randerscheinungen, wie der angeblich verweigerte Hitler-Händedruck für Jesse Owens – eine der offensichtlich unsterblichen Legenden der 36er Spiele – zu Staatsaffären hochgespielt. Dagegen wurden die teils subtilen, teils offenkundigen Umdeutungen des olympischen Gedankens durch die Gastgeber zum Kampfes- und Totenkult – sei es in der olympischen Hymne, im olympischen Festspiel oder durch die Langemarck-Halle – in der ausländischen Presse nicht registriert. Man stieß sich am pompösen Rahmen, an der übertriebenen Art der Deutschen, ihren Führer und ihre Siege zu feiern. Besonders in der französischen Sportpresse häuften sich nach den Spielen die Chauvinismus-Vorwürfe: »Zu oft haben wir das ›Deutschland über alles‹ und das ›Hitlerlied‹ brüllen hören, nicht mehr der Sportler wurde gefeiert, sondern die ganze Nation, der

Sieg der Rasse, der Regierung, des Heeres. (...) Keine Nation soll sich mehr der Spiele bedienen dürfen, um sein Volk zu fanatisieren und um zu versuchen, den Ausländer zu demütigen« *(Paris Soir,* 20. 8. 36). Diese Vorwürfe provozierten allerdings eine harsche Entgegnung Coubertins, der die Berliner Spiele verteidigte, den Mißbrauchsvorwurf zurückwies und die Franzosen aufforderte, im Sport dem deutschen Beispiel nachzueifern. Dabei war es sicher kein Zufall, daß Coubertin dieses Interview einem eher rechten Blatt gab (*Le Journal* stand der Admiralität nahe). Besonders in Frankreich fällt auf, daß sich Lob und Tadel der Spiele – mit Ausnahme des größten Sportblattes *L'Auto* und von *Paris Soir,* die beide von anfänglich überschwenglichen Lobeshymnen zu beißender Kritik umschwenkten – in ein simples Rechts/Links-Schema einordnen lassen, wobei die sonst Deutschland gegenüber reservierten Rechtsblätter sich durchweg anerkennend äußerten. Für die englische Presse, die sich insgesamt sehr zurückhaltend zeigte, d. h. nur sehr wenig berichtete, schien der propagandistische Charakter der Spiele von vornherein festzustehen. Sie sah sich nach den Spielen allerdings mit einer Vielzahl von Leserbriefen konfrontiert, in denen englische Berlinbesucher ihre positiven Eindrücke referierten. (Auf diese Schere zwischen journalistischen und privaten Olympiaeindrücken hat Aigner in seiner Studie über die deutschen Propagandabemühungen gegenüber Großbritannien aufmerksam gemacht.) Trotz der publizistischen Zurückhaltung – die zweite Woche der Spiele in Berlin wurde von der englischen Presse kaum beachtet – nahm man in Großbritannien die sportlichen Erfolge der Deutschen ernst. Noch im Herbst 1936 inspizierte eine hochkarätige Sportkommission von Fachleuten die verschiedenen Bildungseinrichtungen des Dritten Reiches. Sportliche Auseinandersetzungen mit Deutschland wurden ernster genommen, wie z. B. die sorgfältige Vorbereitung des Fußball-Länderspiels im Berliner Olympiastadion im Mai 1938 bewies. Botschafter Sir Nevill Henderson hatte nach London gemeldet: »Die Nazis streben nach Siegen, um Reklame für ihr Regime zu machen. Das ist ihr Weg, sich als Superrasse auszuweisen.« Er nahm damit eine Formulierung des Generalsekretärs des Organisationskomitees, Carl Diem, vorweg, der den NS-Machthabern auf dem Höhepunkt des militärischen Erfolges im Jahr 1940 die Beibehaltung der Olympischen Spiele nach dem Krieg mit dem Hinweis auf die alle vier Jahre wiederkehrende Gelegenheit, »der Welt die Überlegenheit des Dritten Reiches auch auf dem Gebiet des Sports zu beweisen«, schmackhaft machen wollte. Denn – so Diem in seiner adressatengerechten Formulierung aus dem Jahr 1940: Die Herrenrasse müsse sich immer wieder »im körperlichen Kampf ihrer Rasse mit primitiveren Rassen« beweisen.

Im Internationalen Presseecho, das im Reich peinlich genau registriert wurde und welches natürlich auch Begeisterung und Lob verzeichnete, dominierten in den Schlußbetrachtungen aber die kritischen Stimmen, die vor dem Gigantismus der Spiele, vor zuviel Nationalstolz und nationaler Begeisterung warnten. Die damit verbundene Kritik an der Politisierung des Sports fand sich vor allem in der Presse der kleineren Nachbarländer Schweiz, Belgien und den Niederlanden. Anders sah natürlich die Reaktion in Italien aus: *La Tribuna* faßte die Medaillenbilanz in der Schlagzeile zusammen: »Berlin – die Niederlage der sportlichen Demokratie«.

Global betrachtet fielen die publizistischen Reaktionen auf die Spiele eher zwiespältig aus, meist jedoch kritisch: Für die *New York Times* war Berlin schlicht: »The greatest propaganda stunt in history«. Oftmals klafften auch politischer Kommentar und Sportberichterstattung in ein und derselben Zeitung in ihrer Bewertung auseinander. Von einem uneingeschränkten außenpolitischen Erfolg der 36er Spiele kann daher auf keinem Fall gesprochen werden. Wenn, dann hatten die Spiele vor allem innenpolitische Folgen: Die mit der Teilnahme von 49 Nationen dokumentierte internationale Anerkennung des Regimes mußte Opposition und Widerstand entmutigen; der sportliche Erfolg suggerierte vor allem der Jugend das Gefühl deutscher Stärke und Überlegenheit. Im Ensemble der politisch-propagandistischen Beeinflussungsstrategien sollte diese Ausstrahlung des Sports nicht unterschätzt werden. Dies schließt sogar Rückwirkungen auf die Propagandisten und Hitler selbst nicht aus.

Die 36er Spiele haben als erste die Verbindung von Sport und Politik aller Welt offensichtlich gemacht. Nur das IOC verschloß sich dieser Einsicht. Es hielt an der Fiktion eines unpolitischen Sports fest und weigert sich bis heute anzuerkennen, wie politisch es in diesen Jahren agierte: z. B. als es die Winterspiele 1940 im Juni 1939 noch einmal – nach den Judenpogromen des November 1938 und nach der Besetzung Prags durch deutsche

Truppen im März 1939 – an Garmisch-Partenkirchen vergab, als es die Nationalsozialistische Gemeinschaft »Kraft durch Freude« 1938 mit dem olympischen Pokal auszeichnete und 1939 dem im Protektorat Böhmen und Mähren unterdrückten Sokol die gleiche Auszeichnung verweigerte. Die Liste ließe sich noch lange fortsetzen – Coubertin als Gegenkandidat zu Ossietzky um den Friedensnobelpreis 1936 wäre eines der weniger bekannten Beispiele in dieser Liste der Zusammenarbeit des IOC mit Diktaturen (in die dann auch die olympischen Ordensverleihungen an den rumänischen Conductator Ceaucescu und Erich Honnecker in den späten 80er Jahren aufgenommen werden müssen) – aber dies ist ein anderes Thema.

In der Geschichte des Nationalsozialismus nehmen die Olympischen Spiele von 1936 einen besonderen Rang ein.

Hitler hatte bereits 1933 sein langfristiges Ziel, die »Eroberung neuen Lebensraums im Osten und dessen rücksichtslose Germanisierung« (Befehlshaberbesprechung am 3. 2. 1933), vor allem durch die Möglichkeit eines Präventivschlages seitens Frankreichs als gefährdet angesehen. In dieser »Risikozone unterlegener Eigenrüstung« (Goebbels vor Propagandisten des Gaus Berlin am 22. 11. 38) sollte im Ausland der Eindruck eines friedliebenden Landes erweckt werden, natürlich bei gleichzeitiger heimlicher Aufrüstung. Die Olympischen Spiele eigneten sich in hohem Maße, Friedensliebe und Verständigungsbereitschaft zu dokumentieren. Als sie dann stattfanden, waren die entscheidenden Schläge zur »Freisetzung von den Fesseln von Versailles« (Wehrpflicht, Aufstellung der Luftwaffe, Wiederbesetzung des Rheinlandes – letzteres zwischen Winter- und Sommerspielen) bereits erfolgt und hatten den außenpolitischen Durchbruch gebracht. Die Olympischen Spiele waren der Höhe- aber auch der Abschlußpunkt der NS-Friedenspropaganda. Im unmittelbaren zeitlichen Zusammenhang mit den Olympischen Sommerspielen erfolgten die entscheidenden Weichenstellungen für den Krieg: Während die nur zwei Wochen nach Abschluß der Spiele von Göring im Ministerrat verlesene Denkschrift zum Vierjahresplan, die in der Aufgabenstellung gipfelte: »1. Die deutsche Armee muß in vier Jahren einsatzfähig sein. 2. Die deutsche Wirtschaft muß in vier Jahren kriegsfähig sein«, inzwischen Eingang in die Schulbücher gefunden hat, ist noch niemandem aufgefallen, daß die entsprechende Planung des Heeresamtes für den

Oberbefehlshaber des Heeres, die von einem Kriegsbeginn am
1. 10. 1939, von jährlichen Rüstungskosten von 9 Milliarden
Reichsmark und von einem prognostizierten Verlust von 2¹/₄
Millionen Mann pro Kriegsjahr ausging, ausgerechnet am 1. 8.
1936, dem Tag der feierlichen Eröffnung der Spiele, vorgelegt
worden ist. Mit Mommsen muß daher im Zusammenhang mit
den IX. Olympischen Sommerspielen 1936 von einer gigantischen Camouflage mit zynischen Elementen gesprochen werden. Parallel zur Weichenstellung in den Krieg erfolgte 1936 der
forcierte Ausbau zum Polizei- und Konzentrationslagerstaat.
Berlin-Marzahn, Oranienburg-Sachsenhausen sind ebenso Produkte der Spiele wie das Reichssportfeld und das Stadion. Allein
in Preußen wurde die Polizei im Haushaltsjahr 1936 um 1400
Mann aufgestockt.

Die kurze Abfolge der politischen Höhepunkte des Jahres
1936, Winterspiele, Rheinlandbesetzung, Wahlen, Sommerspiele (und dies alles verbunden mit dem erstmals spürbaren
wirtschaftlichen Aufschwung), stärkte das Selbstbewußtsein
Hitlers. Diese Ereignisse des Jahres 1936, darauf macht Kershaw
aufmerksam, waren erste Kulminationspunkte des immer stärker werdenden Hitlerkults. Der Aufbruch des 3. Reiches in die
Maßlosigkeit – man denke nur an die Flut der Feiern und Emp-
fänge – ist mit den Olympischen Spielen verbunden.

Von den beteiligten Organisatoren der Spiele, deren Olympia-
begeisterung und deren internationale Reputation erst den Erfolg der Spiele möglich machten, sind diese hier nur knapp skiz-
zierten Zusammenhänge stets geleugnet worden. Sie haben sich
nie eingestanden, Mitbeteiligte eines gigantischen Betrugsmanö-
vers gewesen zu sein. Sie haben stets an der Fiktion des unpolitischen Festes festgehalten. Andere Beteiligte waren da selbstkri-
tischer. Ich darf zum Abschluß den Pastor i. R. Fritz Ullrich
zitieren, der im Vorfeld der Spiele mitgeholfen hatte, die Amerikaner davon zu überzeugen, »daß die über das 3. Reich verbreiteten Nachrichten über Christenverfolgungen Lügen wären«. Er
berichtete am 22. 1. 1980 dem Vorsitzenden der EKD über die
damalige Verstrickung des evangelischen Jungmännerwerkes
und resümierte:

»Und nun noch einmal die Frage: Was war der Erfolg? Der Erfolg war, daß wenige Tage nach der Rückkehr der Athleten und
der Zuschauer in ihre Heimatländer die ›Stürmerkästen‹ wieder

rot gestrichen waren und die widerlichsten antijüdischen Pamphlete enthielten, daß ›Schwarze Korps‹ in verstärktem Maße seinen Kampf gegen die Kirchen wieder aufnahm, daß die Maßregelungen und Bespitzelungen der Kirchen in Gottesdiensten, Gemeindeveranstaltungen und in der Jugendarbeit verstärkt wurden. Hitler hatte seinen Triumph als Friedenskanzler vor aller Welt dokumentiert, und wir hatten ihm dazu mit verholfen. Mich, der ich einem stark nationalen, nicht nationalsozialistischen Hause entstamme, hat das seit damals, es sind 44 Jahre her (!), nicht zur Ruhe kommen lassen, daß wir, die wir in diese Vorbereitungen und Ausführungen in bester Absicht eingestiegen waren, dem Schwindel aufgesessen sind.« Ein ähnliches Zeugnis, wie das dieses Kirchenmannes, ist mir aus dem Bereich des Sports oder der Olympischen Bewegung nicht bekannt.

Arnd Krüger
**Sport,
Kommerzialisierung
und Postmoderne**
am Beispiel
der IOC, Inc.

»Stellen Sie sich vor, dies ist die Zentrale des globalsten Unternehmens der Welt...«[1] So wirbt der United Parcel Service und zeigt das Hauptquartier des Internationalen Olympischen Komitees in Lausanne. Natürlich bedient sich die modernste Sportorganisation des zuverlässigsten Transporteurs – zumal da er die Transportleistung von UPI kostenlos als Sponsoringmaßnahme gestellt bekommt.[2]

Avery Brundage, von 1952 bis 1972 der letzte IOC-Präsident, der die Amateurideale hochhielt, würde sich im Grabe umdrehen... und Coubertin erst einmal... würden sie wirklich? Nehmen wir doch einmal die UPI-Reklame ernst und sehen uns das IOC als einen weltweiten Konzern an, der wie Coca-Cola[3] oder McDonald's[4] nach dem Franchisingsystem arbeitet.[5] Betrachten wir das wirtschaftliche Phänomen der Olympischen Spiele oder präziser: die ökonomischen Chancen, die die Olympische Idee bietet. Der an sie gebundene jährliche Umsatz, der grob geschätzt heute etwa drei Milliarden DM beträgt, reizt, die Frage nach dem Lebenszyklus und der Geburtsstunde des Marktproduktes *Olympismus* zu stellen.[6] Zweitens kann man die Hypothese aufstellen, daß die Olympischen Spiele heute alle Erscheinungen der Postmoderne aufweisen: Die Entdifferenzierung ist so weit fortgeschritten, daß bei der durch die Medien inszenierten Feier der Spiele nicht mehr zwischen den Teilnehmern und den Zuschauern unterschieden werden kann. Das eigentliche Ereignis – bestes Beispiel sind hier die Olympischen Winterspiele in Lillehammer zum Jahresanfang 1994 gewesen – sind die Zuschauer. Ihnen wird von den Medien hofiert, sie erhalten den *Fair play* Preis. Viele Phänomene des modernen Spitzensports lassen sich der Postmoderne besser zuordnen als der Moderne, da heute häufig die Verpackung mehr gilt als das Produkt.[7] Die Hyperrealität des Fernsehsports, bei dem der Zuschauer zu Hause besser Entscheidungen treffen kann als der Zuschauer oder der Schiedsrichter im Stadion, ist nur ein Beispiel dafür, daß das Äußere selbst bereits die Botschaft ist.[8]

Hat – und dieses wird die dritte Fragestellung sein – es in der Geschichte des Olympismus einen Paradigmenwechsel – etwa von der Moderne zur Postmoderne[9] – gegeben oder sind nicht vielmehr alle Elemente, die wir heute als *postmodern* identifizieren, bereits bei Coubertin angelegt gewesen? Die Verknüpfung des wirtschaftlichen Verständnisses und der kulturellen Identität der Olympischen Spiele soll helfen, diese Frage zu beantworten.[10]

Der Begriff *Kommerzialisierung*, der bei solchen Gelegenheiten im Zusammenhang mit Olympischen Spielen gern abwertend benutzt wird, soll hier völlig wertneutral verstanden werden als der Prozeß, innerhalb dessen Phänomene immer intensiver unter wirtschaftlichen Gesichtspunkten ausgereizt werden.[11] Wir müssen uns darüber im klaren sein, daß immer dann, wenn zu einem kulturellen Ereignis – und Sport ist Kultur – Zuschauer kommen oder auch nur die verschiedensten Personen für eine bestimmte Zeit beschäftigt sind, sich dieses Ereignis unter kommerziellen Gesichtspunkten interpretieren läßt. Ob es sich nun um eine Profit-Organisation oder um eine non-profit Organisation handelt[12], die ein solches Ereignis veranstaltet, ob die Zuschauer die entstehenden Kosten tragen[13], die Teilnehmer selbst, ein Mäzen, Sponsoren[14] oder der Staat[15], in jedem Fall kann man die Erscheinungsformen diskutieren, die Geldströme untersuchen und die Motive hinterfragen, aufgrund derer Geld in eine entsprechende Richtung in Bewegung gesetzt wurde. Wenn man die *Kommerzialisierung* beklagt, geht man implizit von der Annahme aus, daß die Olympischen Spiele irgendwann einmal nicht kommerziell gewesen seien. Eine solche Sichtweise läßt sich leicht der Moderne zuordnen, da sie die Erscheinungsformen einer Idee als problematisch ansieht, hier aber soll mit der Postmoderne die Realität selbst problematisiert werden.[16]

Daß man Spitzenfußball um des Geldes willen spielt und daß dies immer so gewesen ist, weiß jedes Kind. Beim Berufsboxen ist das nicht anders. Die Olympischen Spiele haben aber das Image, daß es hier um den »wahren« Sport gehe. Oder geht es doch nur um die »Ware« Sport? Wenn man die Olympischen Spiele zunächst als ein wirtschaftliches Phänomen ansieht, dann wäre es die absolute Ausnahme gewesen, wenn sie sich zu Zeiten nationalsozialistischer Herrschaft nicht auch faschistisch verhalten hätten. *Schindlers Liste* ist doch die Ausnahme und ist eben nicht die Liste der international verflochtenen Konzerne wie der I.G. Farben, der Deutschen Bank oder Daimler Benz gewesen.[17] Wie sollte man dann vom IOC als einem Wirtschaftsunternehmen erwarten, daß es sich anders verhält, obwohl die Mitbestimmung nur in ganz wenigen Branchen weiter fortgeschritten ist als in der Olympischen. Der *Gigantismus* kann auch nicht als ein unabhängiges Phänomen gesehen werden, sondern allenfalls im Zusammenhang mit *Marktsaturierung*. Schließlich stellt sich noch die Frage nach dem Kern der olympischen Idee – der olympischen Realität, für die die Olympischen Spiele der lebende Ausdruck sind – anders, wenn sie im postmodernen Sinne gar keinen eigenen definierbaren Kern hat – wenn die Verpackung schon die Botschaft ist.

Der finanzielle Umbruch der olympischen Bewegung wird gern im Zusammenhang mit dem olympischen Kongreß 1981 in Baden-Baden[18] und den Olympischen Spielen von 1984 in Los Angeles gesehen.[19] In Baden-Baden wurde die Freigabe der Einnahmemöglichkeiten der Sportler beschlossen und im Zusammenhang mit den Olympischen Sommerspielen von 1984 den privatwirtschaftlichen Vermarktungsformen Grünes Licht gegeben. Peter Ueberroth, der Organisator der Olympischen Spiele von Los Angeles, kann vielleicht stärker noch als Samaranch als der angesehen werden, der die neue Ära eingeläutet hat.

Die Olympischen Spiele von 1896 hatten noch keinen Mäzen, aber Corporate Sponsorship gibt es bei den Olympischen Spielen seit spätestens 1912, als das schwedische Organisationskomitee die Fotorechte an den Olympischen Spielen sowie die Rechte an den Memorabilia exklusiv verkaufte. 1924 gab es zum ersten und einzigen Mal bei den Olympischen Spielen Bandenwerbung, da der Pariser Veranstalter die Einnahmen benötigte. 1928 verkaufte Amsterdam die Exklusivrechte für Getränke- und Essenskonzessionen. Coca-Cola ist seit 1928 ununterbrochen Sponsor der Olympischen Sommerspiele. Für die Olympischen Winterspiele 1952 in Oslo wurden bereits 135 Verträge unterschrieben, die Werberechte gegen Geld oder Ausstattung tauschten. In Montreal bei den Olympischen Spielen 1976 waren es 628 solcher Verträge – und trotzdem gingen diese Spiele als die in die Geschichte ein, bei der der Veranstalter auf mehr als einer halben Milliarde Mark Schulden sitzen blieb, weil er sich gewaltig verspekuliert hatte. Die Sponsoren zahlten nämlich nur 4,18 Mio $. Ueberroth ging für Los Angeles 1984 vom Prinzip der Exklusivität aus und davon, daß weniger mehr ist. Er hatte nur noch 32 Sponsoren, die jedoch jeweils für einen bestimmten Bereich die Exklusivrechte erwarben und dafür zwischen 4 und 13 Millionen Dollar zahlen mußten. Da er außerdem kaum neue Gebäude brauchte und selbst von den Läufern, die die Flamme von Olympia nach Los Angeles trugen, noch ein stattliches Kilometergeld verlangte, brachten seine Olympischen Spiele 222 Mio. $ Gewinn – von dem das IOC nichts abbekam –, als das Modell, wie man Olympische Spiele vernünftig vermarktet.[20]

Während Avery Brundage, als der damals vorletzte Präsident der Olympischen Spiele, den alpinen Skiläufer Karl Schranz noch wegen der Vermarktung seines sportlichen Erfolges vor den Olympischen Winterspielen von 1972 disqualifiziert und von der Teilnahme als Profi ausgeschlossen hatte[21], kam mit dem neugewählten IOC-Präsidenten Juan Antonio Samaranch in seinem 1. Olympischen Kongreß die Ehrlichkeit zum Durchbruch.[22] Nicht nur Spitzenfunktionäre im Sport erhielten durch diese nunmehr ein Spitzeneinkommen (Aufwandsentschädigung pro Jahr des IOC-Präsidenten steuerfrei US $ 500000, dagegen sind die DM 100000/Jahr steuerfrei von Franz Beckenbauer als Präsident von Bayern München vom Umsatz her überbezahlt), sondern auch Spitzensportler. Avery Brundage hatte als IOC-Präsident sogar noch eine Sekretärin lange selbst bezahlt.

Der Architekt und Bauunternehmer Brundage war mit manchen Formen der Finanzierung wenig erfolgreich gewesen. Als die Olympischen Spiele von 1932 trotz Weltwirtschaftskrise eine Million Dollar Gewinn abwarfen, wollte er als Präsident des

Amerikanischen Olympischen Komitees davon profitieren –
und verlor vor Gericht, da er sich an den Investitionen nicht beteiligt und auch vorher – aus Furcht vor Verlust – keinen entsprechenden Vertrag geschlossen hatte. Bill Henry, der Ueberroth
von 1932, hatte die Eintrittspreise ganz drastisch reduziert und
so das 100000-Zuschauer-Stadion gefüllt.[23] 1956 als Präsident
des IOC verspekulierte sich Brundage wieder: Er wollte die exklusiven Film- und Fernsehrechte der Olympischen Spiele in
Melbourne verkaufen: Keiner wollte sie zu dem von ihm gefor-
derten Preis. Überhaupt, warum sollte man für etwas bezahlen,
was man bis dahin umsonst bekommen hatte?

Als Beginn der neueren Entwicklung der Sportmedien kann
die Auseinandersetzung zwischen den Rundfunkketten NBC
und CBS in den späten 1930er Jahren angesehen werden. Dies
verfolgte Brundage danach hautnah mit, denn bis 1936 war er mit
kurzen Unterbrechungen der Präsident des Verbandes. Bezahlt
wurde aber erst, als er schon weg war. Damals hatte NBC
10000 $ für die exklusiven Übertragungsrechte »aus dem Sta-
dion« für fünf Jahre an die AAU für die amerikanischen Leicht-
athletikmeisterschaften gezahlt – und CBS übertrug die Meisterschaft *live* von einem nahegelegenen Kirchendach. Der
Boxkampf zwischen Max Schmeling und Jim Braddock in New
York sorgte dann für rechtliche Klärung, da der New Yorker
Staatsgerichtshof Exklusivrechte eindeutig definierte und z. B.
durchsetzte, daß auf Eintrittskarten ausdrücklich auf die gesetzlich geschützten Urheberrechte an der Veranstaltung hingewiesen werden muß.[24]

1981 waren diese Regeln alle festgeklopft. Der internationale
Spitzensport hing im erheblichen Umfang am Tropf des Staates.
In Ost wie in West war man jedoch bereit, im Interesse der nationalen Repräsentation und des Systemvergleichs die Kosten zu
tragen. Die vom deutschen IOC-Mitglied und Präsidenten des
Nationalen Olympischen Komitees (NOK) Willi Daume ange-
führte Kommission wand sich zwar noch etwas, um mit Regeln,
wie und wann ein Amateur über seine Einnahmen frei verfügen
könnte, den Eindruck zu vermitteln, als handele es sich noch um
Amateure im herkömmlichen Sinne, aber die Entscheidung war
in Baden-Baden klar dafür gefallen, daß nun auch im Westen der
Spitzensportler im Spitzensport nicht nur eine Erwerbschance
haben sollte, sondern wie im Osten auch eine Versorgungs-

chance[25], daß es dem Spitzensportler möglich sein sollte, am Ende seiner sportlichen Laufbahn auch für den Rest des Lebens weitgehend ausgesorgt zu haben.

Dies war in der Tat eine mutige Entscheidung, denn im Rahmen der Bildung der *corporate identity*[26] des IOC und der Olympischen Spiele war es zu erheblichen Spannungen gekommen: Einerseits war die Lauterkeit der olympischen Bewegung seit dem 19. Jahrhundert mit dem Amateurideal verbunden gewesen[27] – andererseits war es in zuschauerträchtigen Sportarten immer möglich, ein wirtschaftliches Auskommen zu haben.[28] Je mehr Zuschauer nun zu sportlichen Ereignissen kamen und je mehr die Industrie im Rahmen von Sponsoringmaßnahmen bereit war, diese Einnahmen aufgrund der Medienwirksamkeit noch durch entsprechende Gelder zu steigern, um so mehr stellte sich die Frage, wer nun diesen Überschuß bekommen sollte. Sollten ihn die Sportler weiter teilweise über Kanäle am Rande der steuerlichen Legalität oder mit Hilfskonstruktionen wie Mittelsmännern[29] sowie Vorschalt- und Beschäftigungsgesellschaften bekommen oder sollten diese Gelder in die Taschen der Sportfunktionäre fließen?[30] Auch stellte sich in den verschiedenen Sportarten die Frage, ob eigentlich wirklich der Anspruch der Olympischen Spiele, ein Treffen der Besten der Besten zu sein, erfüllt würde, wenn die Besten eben Profis waren.

In Baden-Baden entschied sich das IOC für die Ehrlichkeit und dafür, daß bei den Olympischen Spielen die Besten der Welt des Sports starten sollten. Daß 1988 in Seoul dann auch die Tennis-Profis antraten, das *Dream Team* in Barcelona die besten Basketballprofis der Welt vereinte, die Teilnahme der Formel 1 an den Olympischen Spielen diskutiert wurde, ist eine logische Konsequenz. Nach dem im Westen verständlichen Motto, daß sich Leistung auch lohnen muß, wurde der Amateurismus als hinderlich in der gegenwärtigen Phase von IOC, Inc. abgestreift.

Im Sinne der *corporate identity* und der *corporate culture*[31] war dies zweifellos die richtige Entscheidung. Das Logo *citius-altius-fortius* vom Firmengründer Coubertin als Wahlspruch über die olympische Bewegung gehängt, beinhaltete nichts vom Amateurismus, sondern forderte, daß die Besten an den Olympischen Spielen teilnehmen sollten.[32] Auch Wappen, Fahne, Hymne, Medaillen – nichts des äußeren Bildes des IOC sagt etwas darüber aus, daß es sich bei den Teilnehmern um Amateure handeln muß.[33] Dies ist durch das ohnehin nur von wenigen überschaubare Regelwerk – hier den Zulassungsregeln – organisiert. Aber auch hier hat sich seit dem 19. Jahrhundert wenig geändert. Wer eine Teilnahmeberechtigung erhält, entscheidet das IOC in Abstimmung mit den nationalen Olympischen Komitees und den jeweils für eine Sportart zuständigen Fachverbänden. Streng genommen ist der Amateurismus eine Ideologie des 19. Jahrhunderts, mit der sich die englische Oberschicht gerade im Sport von der Mittel- und vor allem der Unterschicht abgrenzen wollte. Coubertin hätte sich auch leichten Herzens von dieser Definition getrennt.

Auch für die *corporate culture* war der Amateurismus längst hinderlich geworden. Nur noch in wenigen nicht telegenen Sportarten in freier Natur – also mit wenigen zahlenden Zuschauern – waren die Sportler nicht in der Lage, sich über den Sport gut zu finanzieren.[34] Die Olympischen Spiele als das eine Sportfest, bei dem man nicht durch den Veranstalter verdient, sondern durch den eigenen nationalen Verband, erinnert etwas an die Wettkämpfe der griechischen Antike, wo auch die Wettkämpfer von Fest zu Fest zogen, davon glänzend leben konnten, am Ende einer athletischen Karriere ausgesorgt hatten – und nur bei den Olympischen und den anderen klassischen Spielen nichts vom Veranstalter, aber dafür – im Falle des Erfolges – um so mehr von ihrem Heimatstaat an geldwerter Entschädigung bekamen.[35]

Das IOC erkannte richtig, daß es für die *corporate culture* besser ist, der Ehrlichkeit zum Durchbruch zu verhelfen und gute Leistung gut zu honorieren, statt die Schere zwischen Ost und West hier immer weiter auseinanderklaffen zu lassen. Die Überlegenheit des kapitalistischen Systems als Wirtschaftsform gegenüber dem sozialistischen hat sich ja nicht in seiner idealistischen oder ideologischen Komponente gezeigt, sondern in seiner wirtschaftlichen. Was lag somit näher, als dieser nun auch gerade bei dem so symbolträchtigen[36] Wirtschaftsunternehmen IOC, Inc. zum Durchbruch zu verhelfen?

Auch in dem mit der Krise des internationalen Spitzensports in Verbindung gebrachten Dopings[37] hat sich IOC, Inc. richtig im Sinne des Managements der Marke verhalten. Mit dem symbolischen Opfer des Olympiasiegers von Seoul, Ben Johnson,[38] wurde für alle verdeutlicht, daß es riskant ist, einzelne Sportler zu sponsern, da ihr Image jederzeit abstürzen kann, daß es viel sicherer für einen Sponsor ist, wenn er sich bei den Veranstaltern von Sportfesten selbst finanziell engagiert.[39]

Wenn man nach dem Ende der olympischen Bewegung fragt, fragt man nach dem Lebenszyklus von Produkten. Die Olympischen Spiele haben erfolgreich zwei Weltkriege, die verschiedenen geplanten und realen Boykottbewegungen überstanden, haben wirtschaftliche Krisen wie die Weltwirtschaftskrise bei den Olympischen Spielen 1932 in Los Angeles oder den Bankrott des Veranstalters 1976 in Montreal überstanden[40], ohne selbst hineingezogen zu werden. Dies liegt an der eleganten Konstruktion des Firmengründers, der eine krisensichere Form wählte, die einem *Franchise*-System nahekommt.[41] Erst unter seinem 7. Präsidenten Samaranch hat die Zentrale angefangen, selbst in größerem Umfang Kapital zu akkumulieren, während es vorher die *Franchises* waren, die sowohl das Risiko trugen als auch den Gewinn – falls welcher vorhanden war – erhielten. Das IOC gab – wie nicht anders bei McDonald's oder den Coca-Cola-Abfüllbetrieben – die Identität, das *Know-how* und die Tradition. Es ist dem IOC und den nationalen Olympischen Verbänden gelungen, durch Markenschutz das eigene Produkt unverwechselbar zu halten. IOC und die Olympischen Ringe sind heute ein eingetragenes Warenzeichen.

Das IOC hat ganz systematisch den Markenschutz betrieben. In den USA, dem zunächst größten Markt, wurde dies 1978 mit dem Amateur Sports Act erreicht. Daß der amerikanische Präsident Carter dieses Gesetz nur zwei Jahre später gegen den olympischen Sport wenden und das amerikanische Olympische Komitee damit erpressen konnte, den exklusiven Schutz der Olympischen Ringe und des Warenzeichens nicht länger zu gewähren – und damit die Chance der privatwirtschaftlichen Vermarktung zu beenden –, liegt in der Natur der Sache.[42]

Ein besonderes Problem in der Geschichte der olympischen Bewegung ist, daß das olympische Produkt nur alle vier Jahre angeboten werden kann. Da man sich bei der Vorlage an dem klassischen Produkt orientiert hat, war dies unvermeidbar.[43] Dies führte nun aber dank der zusätzlich im selben Jahr seit 1916 geplanten und seit 1924 durchgeführten Winterspiele zu einer überschäumenden Nachfrage in jedem vierten Jahr[44], während dazwischen die Nachfrage nach olympischen Produkten und

Dienstleistungen eher gering war. Dies stellte die Frage nach der erfundenen Tradition der Olympischen Winterspiele, die es in der Antike nicht gegeben hat.[45] Auch hier verhielt sich das IOC, Inc. mutig. Immerhin war man das Risiko eingegangen, daß die Öffentlichkeit, die für das Produkt als unverwechselbaren Markenartikel zahlen sollte, den fiktiven Charakter der olympischen Tradition durchschaute.[46] Die vorübergehende Verkürzung des olympischen Rhythmus auf zwei Jahre wurde aber von der Öffentlichkeit auch dank des phantastischen Publikums in Lillehammer problemlos akzeptiert.

Die Entscheidung des IOC, den Rhythmus der Winterspiele von denen der Sommerspiele abzukoppeln, ist wirtschaftlich nur konsequent, da so die Nachfrage besser verteilt werden kann und auch die Fernseheinnahmen gesteigert werden können, da das Zuschauerinteresse nicht in einem Jahr gebündelt zu werden braucht. Daß dies erst zu den Olympischen Spielen von 1994 erfolgte und nicht bereits früher, hing im wesentlichen mit den relativ langen Vorlaufzeiten bei der Vergabe Olympischer Spiele – inzwischen sind dies sieben Jahre, während 1894 die ersten Spiele für 1896 vergeben wurden, man sich jedoch dann sehr bald aus praktischen Gründen um eine Vorlaufzeit von vier Jahren bemühte – sowie von der Entwicklung des Marktes der Fernseheinnahmen[47] (*Tab. 1*) ab. Inzwischen hat das IOC einen langfristigen Vertrag mit der Europäischen Fernsehunion geschlossen, um das Produkt längerfristig allgemein zugänglich zu halten. Es lehnte dabei lukrativere Angebote, die allerdings über Pay per view refinanziert worden wären, ab. Diese populäre Entscheidung ist in Europa sehr begrüßt worden. Da dies aber eine Entscheidung gegen das optimale Ausreizen des Marktes ist, haben die australischen Veranstalter der Olympischen Spiele von 2000 dagegen bereits protestiert. Immerhin ist es auch ihr Geld, auf das das IOC im Interesse der europäischen Zuschauer verzichtet hat.

Es ist aber auch das Ergebnis der Sponsorverträge, die nach dem TOP-Programm abgeschlossen werden. Nachdem Samaranch gesehen hatte, wie gut sich die olympischen Warenzeichen vermarkten lassen, ergriff er die Initiative und vertrieb die Warenzeichen zentral für jeweils eine Olympiade, den Zeitraum von vier Jahren zwischen den Spielen. Hierzu wurde ISL, eine internationale Werbeagentur gegründet, an der der größte ehemals

Tab. 1:

Jahr	Austragungs-ort	Amerik. Sender	U.S.-Rechte in Mill. $
1960	Squaw Valley	CBS	0,05
1960	Rom	CBS	0,66
1964	Innsbruck	ABC	1,0
1964	Tokio	NBC	1,0
1968	Grenoble	ABC	1,8
1968	Mexico	ABC	4,5
1972	Sapporo	NBC	6,5
1972	München	ABC	7,5
1976	Innsbruck	ABC	10,0
1976	Montreal	ABC	25,0
1980	Lake Placid	ABC	15,5
1980	Moskau	NBC	85,0
1984	Sarajewo	ABC	91,5
1984	Los Angeles	ABC	225,0
1988	Calgary	ABC	309,0
1988	Seoul	NBC	308,0
1992	Albertville	CBS	243,0
1992	Barcelona	NBC	401,0
1994	Lillehammer	CBS	300,0
1996	Atlanta	NBC	456,0
1998	Nagano	CBS	375,0

deutsche Sport-Multi Adidas zu 50% beteiligt ist. Diese Agentur hat für 25% Provision das Produkt entwickelt und die ersten drei TOP-Programme abgewickelt. Für TOP IV, den Zeitraum von 1996 bis 2000, nach Atlanta bis einschließlich Sydney, hat nun das IOC genug Know-how erworben und vermarktet sich nun selbst. Die Agentur hat für das IOC erhebliche Umsätze getätigt. Das TOP III brachte 530 Mio $ ein. Davon konnte ISL 130 Mio $ einbehalten, das IOC jedoch nur 10% des Netto-Überschusses, somit bekam es 40 Mio $. Verständlich, daß man die Verhandlungen nun selbst führen will. 70% (280 Mio $ in Geld und Dienstleistungen) bekamen die Organisationskomitees in Lillehammer und Atlanta aus dem Programm, 20% (80 Mio $) die Nationalen Olympischen Komitees in aller Welt.[48]

Wenn man abschließend die Vitalität des olympischen Produkts beurteilen soll, so läßt sich in der gegenwärtigen Firmenpolitik kein Makel erkennen. Die Marke ist hervorragend gemanagt. Durch das Olympische Museum und die Pflege der olympischen Traditionen wird Markentreue auch in den Jahren zwischen den Olympischen Spielen garantiert. Das Produkt ist hinreichend variabel durch die Politik des Firmengründers des *All Games all Nations*, um sich veränderten Teil-Nachfragen anzupassen. Auch die Entscheidungen der Aktionärsversammlung von 1994 – die im olympischen Sprachgebrauch Olympische Kongresse heißen [49] – künftig bei allen Werbemaßnahmen die Individualität der einzelnen Athletin und des einzelnen Athleten in den Vordergrund zu stellen und das Management, die Funktionäre, Ärzte, Trainer, Technologen, Biomechaniker, Biochemiker, Psychologen – und wer sonst noch zu einem erfolgreichen Team gehört – stärker im Hintergrund zu lassen, ist im Hinblick auf die aktuelle Vermarktungsstrategie, die man im Marketingjargon ein *Surfen auf dem Zeitgeist* der Individualisierung nennen könnte, zukunftsweisend und zweckmäßig. [50]

Aus den Ausführungen wird deutlich, daß mit den wirtschaftlichen Entscheidungen seit 1981 eine Bestätigung der führenden Marktposition verbunden war und sich kein Ende des Höhenfluges der Marke abschätzen läßt. Auch die Entscheidungen für die nächsten *Franchises* in Sydney und Nagano sprechen für eine vernünftige Firmenpolitik, die nur kalkulierbare Risiken eingeht. Konkurrenten auf dem Markt sind zwar sichtbar, etwa mit den Weltmeisterschaften der Spitzenverbände oder dem Versuch der Ted Turner Fernsehgruppe, mit den Goodwill Games ein eigenes Produkt zu schaffen, aber diese Wettbewerbe haben der Marke nicht geschadet.

Eine besondere Frage in diesem Zusammenhang ist die nach Sinn und Zweck des Sponsoring. Während zunächst die Sponsoren des Sports alle aus sportnahen Branchen kamen, hat sich dies Bild inzwischen deutlich verändert. Die Branche ist verunsichert. Auf die Frage Stipps »Wirkt die Fernsehwerbung noch?« kommen ganz uneinheitliche Antworten. [51] Während *sales promotion* zwar kurzfristige Erfolge verbuchen können, soll langfristig doch richtig angelegte Werbung am erfolgreichsten sein. Amerikanische Untersuchungen mit Scanner am *point of sale* scheinen dies zu bestätigen. Damit verschieben sich mitten in der Rezession die Grundannahmen und Gewichtungen der Werbekampagnen, die gerade in den USA auf die Verkaufsdaten im Quartal geschielt haben und damit längerfristige Werbewirkungen unterschätzten. Betont wird bei der Werbung jedoch *richtig angelegt,* und das bedeutet, daß Sponsoringmaßnahmen durchaus ihre Berechtigung haben können, daß es aber auch hier auf das richtige Marketing-Mix ankommt, um einen Erfolg zu verbuchen.[52] Die Konsequenzen dieses Umdenkens bekommt auch der Sport zu spüren. Die Zeit des kostenlosen Abgebens von Sportartikeln im Rahmen von Ausrüsterverträgen, damit nicht nur sponsorwürdige Spitzenmannschaften, sondern generell alle vorzeigbaren Sportler das entsprechende Produkt tragen, ist vorbei.

Viel spricht dafür, sich des Sports als Werbemedium zu bedienen. Die Symbiose von Sport und Medien ist ungebrochen. Die Medien sind die Voraussetzung für eine gut plazierte Werbung mit genügend Personen, die in einem emotionsgeladenen Umfeld genügend Blickkontakte zur Werbebotschaft bekommen und diese auch über das geschriebene und gesprochene Wort verinnerlichen. Blödorn spricht daher auch vom Magischen Dreieck *Sport-Fernsehen-Kommerz.*[53]

Keine einzelne Begebenheit zieht inzwischen so viele Journalisten an wie der Sport. Dies wird besonders bei den Olympischen Spielen deutlich. Noch nie versammelten sich bis dahin so viele Journalisten auf einmal zu einem Ereignis wie 1992 zu den Olympischen Sommerspielen von Barcelona. Die 19 200 Journalisten und Techniker kamen zu 16,6% aus Spanien, 41% aus dem übrigen Europa, 26% aus Nord- bzw. Südamerika, 11% aus Asien und 2,6% aus Afrika. *Tab. 2* zeigt das Wachstum bei der Akkreditierung von Journalisten bei den Olympischen Spielen seit 1960.[54]

Will man sich der Wachstumsbranche *Sport* als Medium bedienen, so sind einerseits Insiderkenntnisse des Sports erforderlich, um treffende und zündende Werbung darin und damit zu machen, und andererseits genaue Marktkenntnisse, um diese Werbung richtig plazieren zu können.[55] Immer mehr Zuschauer definieren sich heute als Sportexperten, so daß manche Form von Werbung mit sportlichen Motiven unglaubwürdig und damit beim *Experten* kontraproduktiv wirkt. Knapp zwei Drittel der Bevölkerung der Bundesrepublik versteht sich als sportlich aktiv und kann durchaus ein gestelltes Sportfoto von einem echten un-

Ort	Gesamt	Printmedien
Rom '60	1 442	943
Tokio '64	3 984	1 268
München '72	8 000	3 300
Los Angeles '84	8 200	4 000
Seoul '88	15 740	5 380
Barcelona '92	19 312	8 072

terscheiden, da die Dynamik eine andere ist, wenn man keine richtigen Sportler, sondern hausbackene Fotomodelle für die Aufnahme verwendet.[56]

Wodurch wird der Sport in den Medien so interessant für die werbende Wirtschaft und das Fernsehen? Es gibt kaum Beispiele außerhalb großer nationaler oder internationaler Krisen, die mit mehr Intensität über einen längeren Zeitraum vom Zuschauer verfolgt werden. Hier wird ein Drama *live* produziert. Auch wenn dies von außen befremdlich erscheint, das Verhalten von Sportlern mit dem von Schauspielern zu vergleichen, so gibt es doch nur wenige Bereiche, die sich leichter verkaufen lassen, da Spitzensport schon seit langem ein gut organisierter Teil des durch Agenten regulierten Showbusiness geworden ist[57], ein »gut verpacktes Spektakel, das auf dem Unterhaltungsmarkt verkauft wird«[58]. Für Bertrand gibt es neben dem Sport keinen anderen Bereich in der amerikanischen Gesellschaft, der so klar durch die Medienlogik dominiert wird wie der Sport.[59]

Man muß allerdings auch sehen, daß diese Art von vorgefertigter Unterhaltung schon seit der altrömischen Redensart von Brot und Spielen als eine Methode angesehen wird[60], die es ermöglichen soll, daß sich das Gros der Bevölkerung mit den Pseudoproblemen des Sports befaßt.[61] Auch verleitet die Konsumentenkultur des Sports dazu, sich nicht mehr mit der Manipulation auseinanderzusetzen, der man ausgesetzt ist, sondern sich über das Vergnügen mit Verhaltensweisen identifizieren zu lernen, die eher an Frühformen des Kapitalismus erinnern.[62] In kaum einem Bereich des gesellschaftlichen Lebens haben wir uns so leicht daran gewöhnt, daß Krankheit sofort mit verringerten Einnahmen verbunden ist, daß man sich fitspritzen läßt, um möglichst umgehend wieder an seinem Arbeitsplatz zu erscheinen. Die gesellschaftliche Diskussion um die Lohnnebenkosten hat im Profifußball längst stattgefunden, auch hier werden die Problemfälle auf Kosten der Gesellschaft frühzeitig in Rente geschickt. Durch die positive Bewertung des Sports an sich werden unsoziale Verhaltensweisen, wie z. B. das *hire and fire* der Trainer, nicht negativ bewertet.

Das geradezu einzige Beruhigende sind die Fans, die zwar einerseits die für sie geschaffene Kosumentenkultur aufsaugen, die aber noch immer genügend Kreativität haben, um nicht nur die vorgefertigten Vereinsutensilien zu verwenden – Merchandising bringt sehr hohe Einnahmen –, sondern denen außerdem eben doch noch ihre eigene Subkultur geblieben ist und die sich nicht vereinnahmen lassen.[63]

Vom Image her sind es natürlich andere Sponsoren für das IOC als für die Fußballbundesliga, aber man darf nicht vergessen, daß sie ähnliche Interessen verfolgen: Die zehn TOP III Sponsoren sind:

1. Coca-Cola
2. Kodak
3. Visa
4. Time/Sports Illustrated
5. Bausch & Lomb (Kontaktlinsen)
6. Xerox
7. Matsushita (Panasonic)
8. IBM
9. John Hancock Versicherungen
10. United Parcel Service

Man darf gespannt sein, ob diese Firmen entsprechende Erfolge nach den Olympischen Spielen vermelden können.[64]

Schwierig ist die Frage zu beantworten, ob es früher einmal eine olympische Realität gegeben hat, jenseits von Vermarktungsstrategien im Interesse der Ausbreitung und der Stabilisierung der Marke. Daß ein Dienstleistungsunternehmen nach dem Franchisingsystem zunächst nur Investitionen erfordert und für die Zentrale mehr Verlust als Gewinn bringt, ist kein Beweis dafür, daß es sich nicht um ein Dienstleistungsunternehmen handelt. Ein Markenartikler zu sein, wenn Marken sich noch nicht schützen lassen, ist eine geniale Leistung. Es ist nicht als eine Abwertung Coubertins und seiner Aufsichtsräte sowie deren Nachfolger gedacht, wenn man für ihre Kreativität und Weitsicht als Wirtschaftsführer höchste Wertschätzung empfindet.[65] Was aber ist dann die olympische Idee? Eine Ideologie, wie sie häufig abfällig bezeichnet wurde? Mitnichten – sondern der Kern des Markenprodukts, ohne den es sich nicht so trefflich verkaufen ließe.

Die Anfänge der Kommerzialisierung kann man schon bei Coubertin finden, der sich in der Ausgestaltung des olympischen Rituals an John Ruskin orientierte. Coubertins Ästhetisierung der Olympischen Spiele, mit der er diese von den übrigen Sportereignissen seiner Zeit abgrenzen und aufwerten wollte, seine bewußte Abwertung des Turnens, das mit seinem grauen Gleichklang sowohl dem Streben nach individueller Spitzenleistung als auch dessen bunter Hervorhebung ablehnend gegenüberstand, ist Coubertins bewußtem Ruskianismus zuzuschreiben.[66] Der britische Theoretiker der Ästhetik John Ruskin, Slade Professor für Kunstkritik in Oxford[67], hatte sich in seinem Spätwerk dem Zusammenhang von Kunst und Geld zugewandt und die Ästhetisierung der Objekte gefordert, um diese als reproduzierbare Kunst besser verkaufen zu können.[68] Ruskins Vater war einer der ersten Markenartikler Großbritanniens gewesen, der im Sherryhandel ein Vermögen verdient hatte.[69] Das Werk des Sohnes beeinflußte Coubertin, der über ihn publizierte und in der Folge, Flagge, Hymne, Medaillen entwarf und überlegte, wie man mit den olympischen Feiern Feuerwerk verbinden könnte, um den ästhetischen Eindruck zu verstärken.[70] Es kann im Zusammenhang mit der Geschichte der Olympischen Spiele durchaus Sinn machen, sich mit der Geschichte der Ästhetik zu beschäftigen, denn ähnliche Entwicklungen wie Ruskin in England hat es z. B. auch später mit dem Bauhaus in Deutschland gegeben. Die Olympischen Spiele von 1900 waren mit der Weltausstellung verbunden und sind durch deren Bauten (u. a. Eiffel-Turm) bis heute lebendig.[71] Die Verbindung von Sport und Kultur lag durch die Ankopplung an die Weltausstellungen nahe, zumal am Anfang teilweise dieselben Personen für beide Veranstaltungen zuständig waren. Der deutsche Kommissar für die Weltausstellung 1893 und 1904 wurde später Präsident des Deutschen Olympischen Komitees und Mitglied des Exekutivkomitees des IOC. Er organisierte aber auch für das Deutsche Reich die internationale Konferenz, die am Vorabend des Ersten Weltkrieges die künftigen Weltausstellungen koordinierte[72]: Ein völkerrechtlich gültiger Vertrag, auf dessen Grundlage sich heute die Bundesregierung nicht aus der Finanzierung der Weltausstellung von Hannover verabschieden konnte.

Coubertin hat sein Leben lang an der Ästhetisierung der Olympischen Spiele gearbeitet, den Kern fand er selbst kaum ausgeprägt. Ästhetik und Stil werden gegenüber Inhalt und Substanz in der Postmoderne betont. Man kann von der totalen Verwandlung in marktfähige Produkte sprechen. Für Coubertin waren die Olympischen Spiele eine *unvollendete Symphonie*, da sie ihr pädagogisches Ziel noch nicht erreicht hatten, als er 1925 reichlich desillusioniert den Vorsitz abgab.[73] Kann man postmoderner argumentieren als Coubertin?

Nach seinem Rücktritt hat Coubertin keine Olympischen Spiele mehr besucht und u. a. das *Internationale Büro für Sportpädagogik* gegründet, da er die Hoffnung aufgegeben hatte, seine pädagogischen Ziele im Rahmen Olympischer Spiele weiter verfolgen zu können. Coubertin hat sich zur *religio athletae*, die er selbst als den Kern der Olympischen Spiele ansah, selten geäußert.[74] Das quasi-religiöse Streben der Sportler nach Perfektion steht für ihn dahinter. Hier sah er die Einheit mit der Antike. Braucht man hierzu aber die Olympischen Spiele? Ist dies nicht auch bei einem Volkslauf erzielt, bei jedem kleinen Wettkampf, bei dem der einzelne versucht, über sich selbst hinauszuwachsen? Die strikte Trennung zwischen Kultur und volkstümlichen Gebräuchen, *culture* und *popular culture,* ist in der Postmoderne weitgehend aufgehoben. War dies nicht bei den Olympischen Spielen von vornherein der Fall?[75]

Welche Olympischen Spiele sind uns heute am besten bekannt? Neben denen, die wir selbst als Teilnehmer oder Zuschauer erlebt haben, sind es die Olympischen Spiele von 1920 durch den Film *Chariots of Fire,* dem Oskarpreisträger für den besten Film des Jahres 1981, und die von 1936 durch die Filme Leni Riefenstahls. *Chariots of Fire,* durch den wir den Geist der frühen Olympischen Spiele eingefangen glauben, ist aber selbst ein Produkt der Postmoderne, da hier eine Vielzahl alternativer Ideologien miteinander konkurriert.[76] Die Postmoderne ist durch den Niedergang der metanarrativen Perspektive gekennzeichnet, wie sie hier ihren Ausdruck findet. Auch beim Werk Riefenstahls, die durch ihr Epos Hitler und den Nationalsozialismus in die Tradition der griechischen Antike stellte, fragt man sich natürlich nach Auschwitz, ob man in ihr etwas anderes als ein Verpackungsgenie sehen darf.[77]

Die Konstruktion des Begriffsystems der Postmoderne schreitet weiter fort. Es ist erstaunlich, daß die Diskussion um die Postmoderne bisher kaum das Sportsystem erreicht hat[78], obwohl doch die Ästhetisierung und Vermarktung des Sports, die allgemeine Verbreitung von Bewegungsformen, die früher fast ausschließlich einer Elite zuzurechnen waren, geradezu typisch für postmoderne Erscheinungsformen ist.[79] Was macht die Postmoderne in einem solchen Bereich der Kultur – wie es die Olympischen Spiele darstellen – aus, und wie wirkt sie sich aus?[80]

Wenn man wie UPI sich die olympische Bewegung in der Tat wie ein Wirtschaftsunternehmen vorstellt, werden auch die Aussagen dieses Kapitels weniger dramatisch, denn dann wird wirtschaftliches Handeln verständlich. Nur wirtschaftliches Denken schützt das IOC vor der Krämerei der Verbandsfunktionäre, wie wir sie in der Vergangenheit zu häufig gesehen haben. Die Olympischen Spiele sind ein globales Dienstleistungsunternehmen, das man auch wie ein solches führen muß.[81] Vor dem Hintergrund der Marketingstrategie des IOC wird deutlich, daß durch Coubertin schon wesentliche Trends festgelegt worden sind, so daß es heute für die postmoderne Werbestrategie leicht ist, jedem Produkt eine Legende zu verpassen (eine mächtigere als die der Tradition der antiken Helden und Halbgötter gibt es nicht).[82] Somit stellen die Olympischen Spiele ein wertvolles Werbemedium dar, dessen Botschaft – wir sind die Weltbesten, wir stehen für die Einheit der Welt und einen positiv verstandenen Fortschritt – durch einfache Formen der nonverbalen Kommunikation seit langem verstanden wird und inzwischen einen Umsatz von Milliarden in jedem Jahr erzeugt.

Bernd Wedemeyer
Körperkult
als Lebenskonzept
Bodybuilding
und Fitneßboom

Im Frühsommer 1995 eröffnete der Turnschuhkonzern ›Reebok‹ in New York das bis zu diesem Zeitpunkt größte Fitneß-Center der Welt. Die Journalistin Michaela Haas besuchte den Körpertempel und berichtete am 20. September 1995 über ihre Eindrücke in der *Süddeutschen Zeitung:*

»Es ist eine auf sechs Etagen und 13 000 Quadratmetern perfekt gestylte Kathedrale der Schönheit und Gesundheit..., einem Simulationscenter, in dem man Skifahren, Surfen und Golf spielen kann, ohne sich Sonnenbrand zu holen, einem Busineßcenter mit Fax und Computer, damit der Wall-Street-Banker auch vom Trimmrad aus Verträge abschließen kann, 250 Angestellten, 58 Trainern (und) 14 Diätberatern... Das ›Immer-höher-schneller-weiter‹-Credo des sportlichen Wettkampfes hat hier eine vorläufige Meßlatte übersprungen... Jeder Körperteil hat einen eigenen Raum. Den Armen etwa gehört der fünfte Stock, wo sie silberglänzende Hanteln stemmen dürfen. Die Beine treten im lichtdurchfluteten vierten Stock gegen die Schwerkraft an, der Bauch bildet im Nebenzimmer seine Muskeln aus.«[1]

In den USA sind etwa 20 Millionen Amerikaner Mitglied in einem Fitneß-Studio, allein 200 dieser Clubs befinden sich in New York. In der Bundesrepublik wird die Zahl der Fitneß-Studios mittlerweile auf über 5000 geschätzt; in ihnen trainieren zwischen drei und vier Millionen Menschen.[2]

In der Regel wurde in diesen Studios bis vor kurzem fast ausschließlich Fitneß, Kraftsport und Bodybuilding betrieben, also ein Krafttraining mit Gewichten und Widerstandsapparaten absolviert. Dabei werden einzelne Muskelgruppen gezielt belastet, um so die Regeneration nach Muskelverletzungen, die Kräftigung bei nicht ausreichender und schwacher Muskulatur oder den Aufbau von Muskelmasse anzuregen.

Die drei Begriffe Fitneß, Kraftsport und Bodybuilding meinen hinsichtlich ihrer Grundfunktion bzw. ihrer Bewegungsmechanik mehr oder weniger dasselbe: progressives Widerstandstraining. Je nach individueller Absicht des Sportlers unterscheiden sie sich aber in ihrer Zielsetzung: Leistungssportler betreiben Krafttraining zur Unterstützung ihrer eigentlichen Sportart, Fitneß-Sportler wollen ihren Körper kräftigen oder Übergewicht verlieren bzw. den Körper einfach in Maßen verändern, und Bodybuilder trainieren und formen ihren Körper, um unter anderem auch an Bodybuilding-Wettkämpfen teilzunehmen. Auch bei diesem Sport ließe sich, genau wie bei anderen Sportarten auch, eine Unterscheidung in Breiten- bzw. Amateursport und Spitzen- bzw. Leistungssport vornehmen.[3]

Bis vor etwa einem Jahrzehnt waren die Studios – zumindest in der Bundesrepublik – hauptsächlich mit Kraftsportlern und Bodybuildern beiderlei Geschlechts bevölkert. Heute dürften diese Sportler, die den Fitneß-Boom im Grunde mitinitiierten, eher in der Minderheit sein: In Fitneß-Studios werden schon längst nicht mehr nur Bodybuilding und Kraftsport betrieben, sondern viel eher Fitneß-Lebenskonzepte verkauft, die Erfolg, Gesundheit, Attraktivität und Lebensglück anbieten.[4]

Die modernen Sport-Studios sind die Werkstätten für die Zurichtung von Idealkörpern geworden, deren scheinbare Nützlichkeit, Multifunktionalität und Ästhetik allmählich weite Teile der Gesellschaft und auch der Wirtschaft zu erfassen scheinen: Krankenkassen finanzieren schmerzgeplagten Studio-Besuchern Rückenschulungskurse, eigens instruierte Trainer bieten den Fitneß-Ersteinsteigern Schmerzprophylaxe-Übungen an, und geschultes Personal begleitet die Fitneß-Interessierten nicht nur beim Kraftsport, sondern auch beim Ausdauertraining.[5] Häufig werden Kurse in verschiedenen – kaum noch überschaubaren – Formen von Bewegungsgymnastik angeboten, von ›Callanethics‹ über ›Aerobic‹ bis hin zu ›Rebounding‹. Mit Entspannungsübungen, Yoga, Meditation, autogenem Training und anderen, beinahe schon esoterischen Körperkonzepten bemüht man sich um eine zumeist nicht näher definierte und auch häufig kaum definierbare Einheit von Körper und Geist.[6]

Fitneß-Zeitschriften verkaufen Körperkonzepte, Bodybuilder und Fitneß-Sportler bieten Trainingsanleitungsbücher an, Insider-Firmen werben für Nahrungszusatzpräparate, Trainingsgeräte und Sportkleidung. Werbestrategen arbeiten bevorzugt mit athletischen und muskulösen Männer- und Frauengestalten, und Kino- oder Fernsehfilme kommen ohne durchtrainierte ästhetische Körper kaum noch aus. Die moderne Industriegesellschaft scheint von einem Körperkult erobert worden zu sein, der Maßstäbe setzt für eine körperbetonte athletische Welt.

Mit dieser Entwicklung, die bereits in der zweiten Hälfte des vorigen Jahrhunderts einsetzte und heute einen vorläufigen Höhepunkt erreicht hat, veränderte sich die Funktion des muskulösen Körpers in einer radikalen Weise. Da der muskulöse Körper in der automatisierten Industriegesellschaft seine Aufgabe als nützliches und funktionierendes ›Arbeitswerkzeug‹ weitgehend verloren hatte, wandelte sich eine Funktion allmählich zu einem Symbol für Ästhetik, Gesundheit und Identität. Man könnte sagen, daß die Funktion des muskulösen Körpers nunmehr weniger in seiner Verwendung zu suchen ist, sondern eher in seiner Präsentation.

Damit änderte sich zugleich sein sozialer Stellenwert: Ein muskulöser Körper war früher das Nebenprodukt eines von Schwerstarbeit bestimmten Lebens unterer sozialer Klassen und mithin ein Zeichen für die vom Bildungsbürgertum verpönte körperliche harte Arbeit. Heute dagegen gilt er häufig als Zeichen für die Ausübung einer teilweise kostspieligen Sport- und Freizeitkultur. Dabei trifft diese angedeutete Entwicklung nicht unbedingt für die gesamte Periode der Industrialisierung zu, sondern gilt, wie noch gezeigt wird, vor allem für ganz bestimmte Zeitabschnitte.

Wie der Soziologe Pierre Bourdieu in seinem Buch »Die feinen Unterschiede« gezeigt hat, kam Bodybuilding, das in den sechziger und siebziger Jahren zumindest in Frankreich eher ein Sport unterer sozialer Schichten war, zunächst für wohlhabendere Kreise nicht in Frage. Heute ist ein muskulöser Körper nicht nur, aber auch, zu einem Zeichen für die sogenannten »feinen Leute« geworden, die sich den Luxus einer ausgedehnten Freizeit in einem exquisiten Rahmen leisten können. So jedenfalls drückt sich der Soziologe Roland Girtler in seiner 1989 veröffentlichten Untersuchung »Die feinen Leute« aus.[7]

Der muskulöse Körper fungiert in der heutigen Industriegesellschaft als sichtbares Zeichen positiver Identität; er vermittelt gesellschaftlich angesehene Werte wie Kraft, Gesundheit, Ausdauer und Attraktivität. Der muskulöse Körper, und hier ist sein gewandelter sozialer Status besonders gut zu erkennen, funktioniert aber auch als Lesefläche für Werte, die am Körper eigentlich gar nicht wahrnehmbar sind. Für viele ›verkörpert‹ er nämlich inzwischen auch *innere* Eigenschaften: Zuverlässigkeit, Leistung, Erfolg und Disziplin, aber auch Individualität, Selbstbeherrschung, Selbstbewußtsein oder erfüllte Sexualität sind nur einige der sozial anerkannten Eigenschaften, die in muskulöse Körper hineingelesen werden.[8] Deutlich wird dieser Wertewandel anhand der Argumente, die die Verfasser der Bodybuilding-Trainingsbücher verwenden, um den Leser den sogenannten »ganzheitlichen« Nutzen dieses Sportes deutlich zu machen. In seinem Buch »Bodybuilding für Frauen« aus dem Jahre 1982 schreibt Arnold Schwarzenegger:

»Selbst das Gehirn profitiert. Eine verbesserte Sauerstoffversorgung der Gehirnzellen (durch das Training, B. W.) macht Sie leistungsfähiger, so daß Sie aufnahmefähiger sind und rationeller denken können. Regelmäßiges Training ist geeignet, schädlichen Streß und Angstgefühle abzubauen, die sonst zu Ermüdungserscheinungen und vorzeitigem Altern führen. Damit sind Sie auf allen Gebieten voll leistungsfähig.«[9]

Dieser vorläufige Befund zeigt bereits, daß Bodybuilding nicht einfach nur als eine aus dem Rahmen fallende Ausnahmesportart betrachtet werden kann. Bodybuilding bzw. Fitneß weist im Gegenteil Merkmale und Strukturen auf, die als Äquivalent einer auf entsprechenden Werten aufgebauten Gesellschaft gesehen werden muß. Die Zielsetzung der Fitneß-Ideologie – egal ob körperlicher oder geistiger Art – entspricht genau den Normen der Leistungsgesellschaft, der es ebenfalls auf Erfolg, Disziplin und reibungslosen Funktionieren ankommt, in der aber auch Werte wie Gesundheit, Ausgeglichenheit, Spiritualität, Individualität und Attraktivität hoch geschätzt werden. Die Menschen der modernen Leistungsgesellschaft träumen den Traum einer harmonischen Einheit von muskulösem Körper und transzendentem Geist, und die Ideologie des Bodybuildings hebt auf genau diesem Traum ab, der nichts anderes ist als ein selbstgezimmertes künstliches Konstrukt einer bürgerlichen Gesellschaft, die ihre Identität und ihre Unschuld verloren zu haben glaubt.[10]

Auch auf einer sehr viel profaneren Ebene konnte sich das moderne Bodybuilding nur in einer vollautomatisierten Gesellschaft entwickeln: Die im Fitneß-Studio verwendeten Maschinen, Geräte und Hanteln sind Instrumente, die nur in einer fortgeschrittenen Industriekultur hergestellt werden können. Ja mehr noch, die physiologisch durchstrukturierten Trainingsabläufe sind überhaupt erst möglich aufgrund der Bewegungsanalyse einer fortgeschrittenen modernen Wissenschaft. Bodybuilding entspricht daher den Prinzipien maschineller und technologischer Rationalisierung und zugleich menschlicher und körperlicher Disziplinierung.[11]

Es ist daher kein Wunder, daß die Geräteparks in den Fitneß-Studios oft mit Maschinen moderner Fabriken assoziiert werden. Und es erscheint zwingend logisch, daß angesichts dieser Parallelität, Bodybuilding oft als Arbeit, ja als Körperarbeit bezeichnet wird. Die Übereinstimmung dieser Prinzipien liegt auf der Hand. Bodybuilding, Kraftsport und Fitneß bedienen sich damit den Errungenschaften der Industriegesellschaft genauso, wie die Industriegesellschaft den muskulösen Körper nach den Prinzipien der Moderne umwertet.[12]

Der Körper, und zwar der durchtrainierte, muskulöse und ästhetische Körper ist so zu einem Wert, zu einem Status an sich geworden. Dabei wird die Art und Weise der körperlichen Zurichtung, also Bodybuilding und Fitneß-Sport, sowie dessen Endprodukt, also der muskulöse Körper, zunehmend als Ersatzphilosophie und als sinnstiftende Lebenswelt empfunden, dessen Regeln Halt geben sollen in einer »entzauberten« Gesellschaft, in der sinngebende Instanzen wie Religion oder Familie angeblich im Schwinden begriffen sind.[13] Deutlich wird dies in dem 1983 erschienenen Trainingsbuch der ehemaligen Bodybuilding-Weltmeisterin Lisa Lyon:

»(Mit Gewichtstraining) steuern Sie auf ein ganz anderes Leben zu. Ihre Gefühlswelt verändert sich; ihre Beziehungen zu anderen Menschen werden positiver; Sie werden attraktiver, produktiver im Beruf, im Bereich der Kunst und in der Liebe. Kurz, Sie legen den Grundstock für ein vollkommen neues Leben.«[14]

In dem Trainingsbuch des Bodybuilders Reinhard Smolana, der 1960 der erste ›Mr. Germany‹ der Bundesrepublik war, erscheint die konstruierte Definition von Bodybuilding als Religionsersatz besonders deutlich:

»Über eine 25jährige Erfahrung verfüge ich, und ich habe Tausende von Menschen schon den Weg zu einem glücklichen Leben gezeigt. Ich bin der Meinung, daß man durch Bodybuilding seelisch ausgeglichener wird, seine Aggressionen abbaut und wirklich glücklicher wird.«[15]

Und Joe Weider, der Präsident der ›International Federation of Bodybuilders‹, des größten Bodybuilding-Verbandes der Welt, bringt diese Ideologie in einem 1994 geschriebenen Vorwort für seine weltweit vertriebene Zeitschrift ›Muscle and Fitness‹ noch einmal auf den Punkt, wenn er sagt: »(Bodybuilding) gibt uns einen Sinn der Existenz.«[16]

Ganz deutlich erscheint in diesen Rechtfertigungsversuchen die Strategie, den muskulösen Körper in eine neue, beinahe metaphysische Funktion zu überführen und als sinnstiftenden Lebensratgeber zu deuten. Wie andere, argumentativ ähnlich einseitige Pseudo-Philosophien, glauben die Initiatoren des Bodybuildings daran, daß sich, überspitzt gesagt, sämtliche persönlichen Probleme und dazu noch die der Welt ganz einfach durch die konsequente Ausübung einer einzigen Handlung lösen lassen: in diesem Fall durch Bodybuilding, Kraftsport und Fitneß.

Auf der anderen Seite hat diese Pseudoreligion aber auch eine praktische Seite: Genauso wie andere Profisportler müssen sich auch Bodybuilder eine positive durchstrukturierte Welt schaffen, um überhaupt an die Leistungsspitze zu kommen. Sie müssen ihren Tagesablauf, ihr Training und ihre Ernährung genauestens planen, und sie benötigen darüber hinaus ein psychisches Instrumentarium, das motivierende Elemente im Sinne einer ständigen positiven Autosuggestion enthält. Dadurch entstehen zwangsläufig neue Menschenbilder und Weltanschauungen.

Die Bodybuildingphilosophie wird heute vor allem über Trainingsbücher, Fachzeitschriften mit z. T. sechsstelliger Auflagenzahl und Werbebroschüren der Sport-Studios transportiert. Inwieweit die Funktion des Bodybuildings als Lebensratgeber tatsächlich den Konsumenten dieses Sportes erreicht, kann aber kaum beantwortet werden. Die Printmedien, von *Psychologie heute* über *Stern* bis *Focus*, weisen jedenfalls ebenso auf die Idee der Körper-Geist-Einheit im Bodybuilding und auf die These vom ganzheitlich-positiven Lebenssinn von Fitneß hin wie die Initiatoren des Bodybuildings selbst. Allerdings sind die Töne bisweilen erheblich kritischer. So schrieb das Nachrichtenmagazin *Focus* im Mai 1993:

»In einem Jahrzehnt, das sich durch die große Sinnsuche charakterisiert, in dem jede noch so abstruse esoterische oder okkultistische Therapie ihre Anhänger findet und Sekten mit ihrem Angebot an Identifikationsmöglichkeit und Zusammengehörigkeitsgefühl Massenzulauf verbuchen können, wird auch die Formung des Körpers dankbar als Lebensziel angenommen.«[17]

Jedenfalls, und dies ist das Zwischenfazit, werden Bodybuilding und Fitneß nicht nur als elitäre Lebenswelt mit eigenen Regeln und Werten verstanden, sondern darüber hinaus als Lebensphilosophie aufgefaßt, die stark pseudoreligiöse Züge trägt. Der Unterschied zur echten Religion liegt auf der Hand. Die Religion sucht die Erfüllung im Jenseits, die Weltanschauung, jedenfalls die des Körpers, sucht ihr Heil im profanen Diesseits.

Diese sogenannten ›verkappten Religionen‹, zu denen die moderne Fitneß-Bewegung aufgrund ihrer Neigung zur Ausbildung einer umfassenden Weltanschauung gehört, beeinflussen die Gesellschaft besonders stark in Perioden sozialer und gesellschaftlicher Unsicherheit. Die moderne westliche Industriegesellschaft durchlebt inzwischen bereits die zweite dieser kritischen Perioden. Die erste läßt sich etwa auf die Zeit zwischen 1890 und 1930 datieren, die zweite setzte allmählich nach 1968/1970 ein und dauert bis heute an. Während dieser Zeitabschnitte erlebten und erleben Sekten, Heilsucher und Lebensratgeber jeder Couleur Hochkonjunktur. Sie bemühen sich, den Sinnsuchern vermeintlich haltgebende Werte und Normen zu vermitteln und auch zu verkaufen.

Der Schriftsteller Carl Christian Bry, ein Pseudonym für den Kulturkritiker Karl Decke (1892-1926), hat sich 1924, also genau in der Zeit der ersten Krise, in seinem Buch »Verkappte Religionen« mit dieser typischen Erscheinung der modernen Industriegesellschaft auseinandergesetzt:

»Der Anhänger der verkappten Religion glaubt an etwas hinter der Welt. Man kann ihn kurzweg den Hinterweltler nennen.

Der Fromme glaubt an ein unvorstellbares Reich jenseits der Wolken, der Hinterweltler an eine neue Wirklichkeit hinter der Tapete.... (Er) stellt einen Gedanken in die Mitte und (sucht) von ihm aus und durch ihn den Menschen zu formen... Es gibt Hinterweltler, die z. B. die körperliche Kraft anbeten.«[18]

Diese Pseudoreligionen – und dazu gehört auch der Fitneß-Kult – sind demnach ein fester Bestandteil zumindest der modernen Industriegesellschaft.

Auf der anderen Seite aber haben die angesprochenen Krisen der Industriegesellschaft immer wieder verschiedene Gruppen dazu veranlaßt, neue soziale Utopien und alternative Menschenbilder zu entwerfen, die als Gegentypus zur Gesellschaft propagiert wurden. Zu diesen Gruppen, die in den letzten knapp anderthalb Jahrhunderten unter dem Slogan »Der neue Mensch« eine stattliche Anzahl sozialer Utopien entworfen – und kräftig kommerzialisiert haben –, gehören auch zahlreiche Körperkulturbewegungen. Unter diesen sind vor allem die sozialen Utopien innerhalb der Freikörperkultur, der Rhythmischen Gymnastik und eben auch des Bodybuildings stark hervorgetreten.[19] Einige Schlaglichter auf die Ideengeschichte des Bodybuildings, die interessanterweise oft eine merkwürdige Mischung aus Zivilisationskritik und Industriekulturbejahung darstellte, sollen die angesprochenen Aspekte verdeutlichen.

Die erste große Fitneß- und Bodybuildingbewegung der modernen westlichen Industriegesellschaft fiel in die Zeit zwischen 1890 und 1930, und zwar genau in eine Periode, in der eine ähnliche kulturelle und gesellschaftliche Verunsicherung herrschte wie heute. Die Industrialisierung und die Moderne hatten enorme technische und gesellschaftliche Veränderungen, aber auch die Umwertungen sozialer Konventionen mitverursacht. Dies löste bei vielen Menschen eine Orientierungslosigkeit hinsichtlich gültiger Werte und Normen aus. Die moderne Gesellschaft war für viele – auch konservative – Bürger weder lebbar noch zukunftsträchtig. So suchten die einen ihr Heil im Ausstieg aus der Gesellschaft. Sie begründeten die bis dahin größte »Zurück zur Natur«-Bewegung, die sogenannte Lebensreformbewegung, die ein antiindustrielles und rückwärtsgewandtes Gesellschaftsbild entwarf, dessen Ziel der ganzheitliche gesunde, spirituell bewußte und körperlich harmonische Mensch war. Man vermied Alkohol und Tabak, kleidete sich in möglichst natürliche Stoffe, lebte vegetarisch und praktizierte esoterische und gymnastische Körperübungen. Viele von ihnen versuchten, alternative Siedlungen auf dem Land zu gründen.[20]

Andere blieben stärker in der bürgerlichen Gesellschaft verankert. Aber auch sie erinnerten sich ihres Körpers als eines festen Bezugspunktes, der ihnen eine selbstbestimmte Identität in einer sich vermeintlich auflösenden Welt geben konnte. Und so beteiligten sie sich an der neu aufkommenden Fitneß-Bewegung, die ihnen – genau wie Jahrzehnte später – versprach, daß der Körper und eine körperlich orientierte Lebensweise der einzige sichere Weg zur Identität und zum Erfolg seien. So schrieb der Bodybuilder George Hackenschmidt (1878-1968) in seinem 1909 auf deutsch erschienenen Buch »Der Weg zur Kraft«:

»Das Bewußtsein der eigenen Kraft verleiht einem vollkommene Herrschaft über sich selbst; es erzieht Energie und Mut, hilft die schwierigsten Lebensfragen zu lösen und gibt Zufriedenheit und echte Lebensfreude. Wer möchte also noch in Untätigkeit und Schwäche verharren?«[21]

Genau wie der heutige Körperkult war die Fitneß-Bewegung jener Zeit, trotz inhaltlicher Nähe zur Lebensreform, kommerziell ausgerichtet und kommerziell organisiert; mit Vereinssport hatte die Bewegung wenig zu tun, obwohl an ihrer Entstehung ursprünglich auch die vereinsorganisierten Gewichtheber beteiligt gewesen waren. Die eigentlichen Initiatoren des damaligen Körperkultes aber rekrutierten sich aus den starken Männern und Frauen des Zirkusses, jenen gesellschaftlichen Außenseitern, die zwar ob ihrer Kraft und Muskelformung angestaunt wurden, aber aufgrund ihres Berufes jenseits jeder bürgerlichen Existenz standen.[22]

Ähnlich wie die Bodybuilder der siebziger Jahre unseres Jahrhunderts versuchten viele Kraftmenschen, sich in der Gesellschaft kommerziell zu etablieren, indem sie den beginnenden Körperboom unterstützten und ihn sich zu eigen machten. Auch sie begannen, Trainingsbücher zu verfassen, Trainingskurse zu geben und kommerzielle Sportcenter zu eröffnen. Sie verkauften Hanteln und Trainingsgeräte, initiierten Muskel- und Kraftwettbewerbe, vertrieben Photos, auf denen sie sich nackt in Muskelpose warfen und verlegten eine Vielzahl von Fitneß-Zeitschriften.

Es ist schwer, hier konkrete Zahlen zu nennen, da die Auflagen und die Anzahl der Publikationen kaum bekannt sind und sich die meist nur wenige Seiten umfassenden Fitneß-Broschüren oft nicht mehr erhalten haben. Aber allein im deutschsprachigen Raum dürften im ersten Drittel des 20. Jahrhunderts mehrere hundert Fißneß- und Bodybuildingbroschüren vertrieben worden sein. Viele von ihnen erreichten mehrere Auflagen; bei den bekanntesten dieser Bücher lassen sich verkaufte Stückzahlen in fünfstelliger Höhe nachweisen. Das erfolgreichste Fitneß-Programm, das aber in der Regel ohne Hanteln genutzt wurde, war die 1904 erschienene Broschüre »Mein System« des Dänen J. P. Müller. Innerhalb von zwanzig Jahren kauften allein in Deutschland etwa eine Million Menschen dieses Buch. Sein System, eine Abfolge von knapp zwei Dutzend Freiübungen, war so berühmt, daß man beinahe drei Jahrzehnte lang schlicht vom »Müllern« sprach, wenn man seine Übungen meinte.[23]

Es entstand also rasch ein kommerzieller Fitneß-Markt, der aufgrund der Internationalität der Körperkulturwelle sowohl in Europa als auch in Nordamerika gleichermaßen florierte. Zudem waren viele Bücher nicht nur für Männer, sondern auch für Frauen und teilweise sogar für Kinder konzipiert, so daß sich beinahe jeder am Fitneß-Boom beteiligen konnte.[24]

Einer der bekanntesten Fitneß-Sportler dieser Zeit war der ehemalige Zirkusathlet Eugen Sandow (1867-1925), der mit seinen Trainingssystemen und seinen Sport-Studios ein Vermögen verdiente und nebenbei auch noch den Begriff ›Bodybuilding‹ etablierte, als er 1905 ein englischsprachiges Buch mit dem Titel »Bodybuilding or Man in the Making« herausbrachte. Die oberflächliche Gesellschaftskritik, die Sandow anführte, um den Nutzen des Bodybuilding zu erläutern, unterschied sich in keinster Weise von der seiner Kollegen:

»Der Druck und der Kampf des modernen Lebens haben gesunde Gewohnheiten ziemlich erheblich unterdrückt. Es gibt Tausende und Abertausende unserer Bevölkerung, welche nachts müde zu Bett gehen und morgens müde wieder aufwachen. Ein vielleicht noch größerer Teil weiß, was es heißt, Tag und Nacht unter nervösen Anspannungen zu leiden, welche durch die übermäßige Konkurrenz verursacht worden sind… Das ist ein Leben, in welchem das körperliche Element nicht existiert und welches absolut sicher mit vollständigem körperlichen Ruin endigen wird.«[25]

Sandow und seine Mitstreiter empfahlen dem nervlich zerrütteten modernen Menschen ein effektives Gegenmittel: Bodybuilding, um den Körper, und damit auch den Geist zu kräftigen. Darüber hinaus propagierten sie ein weitgespanntes, beinahe alternativ zu nennendes Lebensprogramm, das dem der Lebensreformbewegung recht nahe kam. Die Bodybuilder sollten möglichst in frischer Luft leben, sich vegetarisch ernähren, natürliche Stoffe und keine Synthetik tragen, intensive Haut- und Körperpflege betreiben und bewußtes Atmen, Yoga und Tiefenentspannung praktizieren. Alkohol, Tabak, Drogen und sexuelle Ausschweifungen wurden dagegen als Symbole für Dekadenz und Industriekultur gebrandmarkt; Krankheit als selbstverschuldet und vermeidbar eingestuft.

Hier wird noch einmal die Ambivalenz der Fitneß-Bewegung deutlich: Auf der einen Seite übt man oberflächliche Zivilisationskritik und entwirft eine bessere Gesellschaft. Auf der anderen Seite jedoch verdient der Körperkult an den von ihm gegeißelten Verhältnissen. Ohne Haltungsschäden und ungesunde Lebensweisen, ohne psychische Orientierungslosigkeit und Erfolgsdruck gäbe es vermutlich auch keine Fitneß-Bewegung.

Denn mit dem Rundum-Fitneß-Programm der Bodybuilder war keineswegs der Ausstieg aus der modernen Gesellschaft geplant. Vielmehr sollten die nun gestärkten Fitneß-Sportler und Bodybuilder als neue Menschen in eben dieser Gesellschaft die Elite bilden. Der Kraftsportler Bernhard Leitner (1865-1959) formulierte dies im Jahre 1897 so:

»Eine Erhöhung der Kraft steht im Zusammenhang mit der Erhöhung der allgemeinen Leistungsfähigkeit, also auch in Beziehung zur Erwerbstätigkeit.«[26]

Und auch Eugen Sandow war derselben Meinung:

»So können Sie auf alle Fälle... zu einem solchen Zustand gelangen, der Ihnen ein gesundfröhliches Leben erlaubt und Sie befähigt, Ihre Arbeit ohne Schwierigkeiten zu erledigen.«[27]

Dabei wurde der muskulöse Körper, ebenso wie heute, als Möglichkeit zur Identitätsfindung eingesetzt, mit dem bereits bekannten Argument, mit einem muskulösen Körper stelle sich automatisch auch Erfolg und Glück ein. Der international kommerziell erfolgreiche Bodybuilder Lionel Strongfort, mit bürgerlichem Namen Max Unger (1876-1967), macht dies in seinen Trainingsanleitungen aus den zwanziger Jahren sehr deutlich:

»Bedenken Sie, daß die Welt Sie so bewerten wird, wie Sie sich selbst einschätzen. Es ist einleuchtend, daß Menschen, welche ihren Körper geringschätzen, einer entsprechenden Bewertung bei anderen begegnen, da die Vermutung naheliegt, daß ihre Vernachlässigung des Körpers eine Nachlässigkeit ihres ganzen Wesens offenbart.«[28]

Strongfort schlägt daher vor, sich für Kraft und Energie und für sein Hantelsystem »Strongfortismus« zu entscheiden, das er über 40 Jahre hinweg mit Erfolg verkaufen konnte:

»Ihre Kraft und Energie zu verdoppeln, bedeutet für Sie... Ihre Möglichkeiten zum Erfolg hundert- und tausendfach zu verfielfältigen. ... Jedermann hat die Möglichkeit zum Erfolg in irgendeiner Richtung, wenn man nur den Willen dazu hat, diese Möglichkeiten zu verwirklichen.«[29]

Strongfort spricht damit den egalitären, fast schon amerikanisch-demokratischen Zug der Kraftsport-Ideologie an. Der Weg zum Erfolg sei eben nicht mehr, wie etwa in der vordemokratischen Ständegesellschaft, allein vom Geburtsstand oder vom Vermögen abhängig, sondern vom eigenen Willen: »Es ist keine Frage, ob Sie in guten Verhältnissen geboren sind«, fügt Strongfort hinzu und bedient sich hier eines typischen Arguments der modernen Leistungsgesellschaft.

Der muskulöse, gesunde Körper fungierte also auch in dieser Zeit als Symbol für Identität und Erfolg. Die meisten dieser Broschüren waren dementsprechend ebenso Lebensratgeber wie Trainingsbuch. Das zeigt ein Blick auf ein paar typische Titel der Zeit: »Gesund und froh! Körperübungen und Lebensgestaltung«, heißt es da etwa, oder: »Hantel-System. Eine Methode zur harmonischen Ausbildung der Körpermuskulatur nach schönheitlichen Prinzipien als Quelle wahrer Jugend und Lebensfreude«, oder: »Der vollendete Mensch. Die Kunst, in sechs Monaten harmonische Leibesbildung, gesunden Organismus, sympathisches Äußeres und körperliche Kraft zu entwickeln und dauernd zu erhalten.«[30] ›Selbst ist der Mann‹, so lautet das optimistische Motto dieser Körperkultur.

Abgesehen davon, wie man den Befund dieser kurz gefaßten Geschichte des Bodybuildings im einzelnen werten möchte, ließe sich als Abschlußthese vielleicht folgendes formulieren: Die Technik, Idee und Funktion des Bodybuildings entspricht den Prinzipien, Werten und Krisen der Leistungsgesellschaft in einem hohen Maße. So gesehen, kann Bodybuilding als die körperliche Entsprechung der Industriekultur und seiner Ideologie aufgefaßt werden. Die Technik, die Funktion und die Weltanschauung des Bodybuildings zeigen, daß der muskulöse Körper ein Mikrokosmos ist, der sich im Makrokosmos der modernen Leistungsgesellschaft fortsetzt.

Karl Heinrich Bette
Uwe Schimank
**Anpassung
durch Abweichung**
Doping im
Hochleistungs-
sport

Doping ist ein Thema, das sich trefflich für die Inszenierung von
Sportskandalen eignet. Es bietet genau die Art von dunklen Ge-
heimnissen, die ein Millionenpublikum faszinieren, wenn sie ans
Licht gebracht werden, siehe nur die Fälle Ben Johnson und Katrin Krabbe. Allerdings neigt die Behandlung des Themas in den
Massenmedien zu *Moralisierung* und *Personalisierung*. Doping
wird zumeist noch immer als individueller Fehltritt charakter-
schwacher, erfolgsbesessener Athleten, Trainer, Sportärzte und
Funktionäre angesehen. Doch wenn man einzelne Akteure erwischt, bestraft und des Feldes verweist, ändert man noch nichts
an den Verhältnissen, die Doping hervorgebracht haben. Eine
Personalisierung des Problems lenkt den Blick nur auf Symptome und nicht auf deren tieferliegende gesellschaftliche Ursa-
chen. Und eine Moralisierung nährt die Illusion, daß alle Beteiligten lediglich bessere Menschen werden müßten, um Doping
aus der Welt zu schaffen. Zudem führt jegliche Moralisierung er-
fahrungsgemäß zu einer Polarisierung aller Beteiligten in »Gute«
und »Böse«, was einer konstruktiven Auseinandersetzung nur
im Wege steht.

Eine *soziologische* Betrachtung des Problems setzt demgegenüber auf *Analyse* statt auf Moralisierung und betont die *sozial-
strukturellen* Bedingungen, die individuelles Handeln prägen.
Gerade eine solche Sichtweise hilft die Zwänge des Handlungs-
feldes Leistungssport und damit auch die subjektiven Nöte der

Athleten zu verstehen. Ben Johnson und Katrin Krabbe beispielsweise verweisen als Individuen auf einen komplexen Problemzusammenhang, der keineswegs nur sie betrifft, sondern, wie man mittlerweile weiß, zahllose andere Athleten ebenso in seinen Bann schlägt. Doping ist – und dies gilt es gleich am Anfang festzuhalten – nicht als ein plötzlicher Fluch über den Leistungssport gekommen, sondern muß geradezu als eine zwingende Folgeerscheinung der Sportentwicklung eingestuft werden.

Die soziologische Betrachtung kann damit ansetzen, eine typische *Athletenbiographie* in den Blick zu nehmen. Denn in ihr bündeln sich letztlich die mannigfachen sozialen Einflußgrößen, die den Spitzensport heute prägen. In der Regel fängt es ganz harmlos an. Ein Kind oder Jugendlicher beginnt, intensiver Sport zu treiben: aus spielerischem Spaß und aus Bewegungsfreude, um unter Freunden zu sein, oder aus Verpflichtungsgefühlen gegenüber einem sportfördernden Elternhaus. In dem Maße, wie sich dabei eigene sportliche Erfolge einstellen und Anerkennung finden, verschaffen sie soziale Bestätigung und ein positives Selbstwertgefühl. Sofern der jugendliche Sportler durch wiederholte Erfolgserlebnisse lernt, fortan seine Selbstverwirklichung primär auf diesem Weg zu finden, ist der *erste* Schritt in eine *biographische Falle* hinein getan. Seine Individualität reduziert sich dann schnell auf eine einzige Ausdrucksform: besser zu sein als die Mitkonkurrenten. Daß Spitzensportler ihre individuelle Identität nahezu ausschließlich über eigene sportliche Leistungen definieren, ist also das nicht beabsichtigte Ergebnis zunächst völlig unscheinbarer Anfangsmotive.

Dieser *Leistungsindividualismus* paßt zur mittlerweile fest inthronisierten dominanten Logik des Spitzensports: Siege zu erringen und Niederlagen zu vermeiden. Darum dreht sich letztlich alles. Die Spannung, die aus der Leistungskonkurrenz entspringt, fasziniert die Zuschauer, findet das Interesse der Massenmedien und zieht deshalb auch die Aufmerksamkeit und Zuwendung wirtschaftlicher und politischer Sponsoren an. Der Spitzensport hat dadurch eine neue Qualität bekommen. Der in der Konkurrenz der Athleten angelegte sportliche Leistungsdruck wird so durch diese gesellschaftlichen Einflüsse vollends entfesselt. In dem Maße, wie das große Geld, Einschaltquoten und politische Interessen ins Spiel gekommen sind, gilt für die Athleten immer weniger: »Dabeisein ist alles!« Sondern Siegen wird zum Muß – aber es kann immer nur einer gewinnen. Was für den Zuschauer spannend ist, stellt sich dem Sportler ganz anders dar. Denn der Zweite ist bereits der erste Verlierer. Das ist die brutale Konsequenz des im sportlichen Wettkampf sich auslebenden Leistungsindividualismus.

Schon diese Erweiterung des Blicks über den einzelnen Athleten hinaus macht klar: Das Dopingproblem des Spitzensports ist nicht allein ein hausgemachtes, sondern geht in hohem Maße auf Einflüsse aus Wirtschaft, Politik und Massenmedien sowie auf die Publikumserwartungen zurück. Eine zwiespältige Situation ist die Folge: Der Spitzensport profitiert in vielerlei Hinsichten von seiner gesellschaftlichen Attraktivität. Mittlerweile könnte er gar nicht mehr ohne die zahlreichen Unterstützungsleistungen von außen fortbestehen. Die Kehrseite der Medaille ist aber, daß die traditionelle Sportmoral sich zunehmend verflüchtigt hat und die Wettkämpfe entsprechend rabiater geworden sind.

Die außerpolitischen Einflüsse auf den Spitzensport haben die biographische Falle der Athleten immer unausweichlicher gemacht. Der Spitzensport ist zu einer Vollzeit-Beschäftigung geworden. Man kann heute nur nostalgisch auf zwei deutsche Ruderer zurückblicken, die 1936 Olympiasieger wurden: »Waren das noch Zeiten, als sich Willy Eichhorn und Hugo Strauß auf Olympia 1936 vorbereiteten! Im Geschäft bis abends um sechs, samstags bis Mittag, erst dann ins Boot, im Winter mehr gefühlsmäßig ein paar Kilometer auf dem Rhein, einmal wöchentlich Waldlaufen. Kurz vor den Spielen dann als an Luxus grenzende Zusatzmaßnahme hin und wieder eine Massage. Das reichte – mußte reichen! –, um in Grünau umjubelte Olympiasieger im Zweier-ohne zu werden.« Seitdem ist der Zeitaufwand für Wettkämpfe, Training, sportärztliche Betreuung und Regeneration immens gewachsen. Generell wird geschätzt, daß der zeitliche Trainingsaufwand eines Leistungssportlers im Jahr 1980 etwa viermal so hoch war wie 1950. Für Schwimmer z. B. wurde schon Anfang der siebziger Jahre eine zeitliche Gesamtbelastung durch den Sport von 34-42 Stunden pro Woche ermittelt. Und inzwischen reicht auch das nicht mehr, um international mithalten zu können.

Infolgedessen findet eine eindeutige Prioritätensetzung zugunsten des Sports und zu Lasten von Freizeitaktivitäten, Beruf,

Familie, Freunden und Bekannten statt. Wer sich durch anderes – wozu auch die schulische und berufliche Ausbildung gehört – zu sehr ablenken läßt, kommt als Spitzensportler meist nicht sehr weit. Ganz auf dieser Linie skizzierte der neue Leitende Direktor des Bereichs Leistungssport im Deutschen Sportbund, Armin Baumert, bei seinem Amtsantritt seine Vision von der Zukunft der Spitzensportlerrolle. Er forderte einen »Abschied von der sogenannten doppelten Karriereplanung« und eine ausschließliche Konzentration auf den Sport, »weil es die, die das Niveau bestimmen, genauso machen. Alle Versuche mit paralleler Berufsausbildung sind in trainingsintensiven Disziplinen nur halbe Wahrheiten«.

In sozialer Hinsicht gewinnt damit das auf sportlichen Erfolg ausgerichtete Unterstützungsmilieu von Trainer, Verein, Verband und Sponsoren tendenziell ein immer größeres Gewicht und wird zu einer verschworenen Gemeinschaft. Andere soziale Bezüge werden entsprechend vernachlässigt und relativiert. Nachdenkliche oder mahnende Worte z. B. von Lehrern oder Freunden prallen dann ab. »Was wissen die schon!« sagt sich der Athlet und wird darin von seinem sportlichen Umfeld bestätigt.

Diese *biographischen Engführungen* vollziehen sich schleichend. Irgendwann merkt der Leistungssportler, daß sein gesamtes Leben um den Sport zentriert ist. Wenn ihm das klar wird, hat er die Wahl, ob er diesen Weg weitergehen oder verlassen will. Er kann sich zu einem Ausstieg entschließen – aber um einen hohen Preis. All die bisherigen biographischen Investitionen in seine Sportkarriere würden mit einem Schlag entwertet. Er müßte fortan mit dem Bewußtsein leben, Jahre seines Lebens verschenkt zu haben. Kein Wunder, daß viele angesichts dieser trüben Aussichten die Flucht nach vorn antreten, sich nunmehr ganz bewußt für ihre Sportkarriere entscheiden, um die bereits getätigten biographischen Investitionen noch amortisieren zu können. Immerhin zwei Drittel der befragten Leistungssportler stimmten Mitte der siebziger Jahre folgender Antwortvorgabe zu: »Manchmal habe ich einfach keine Lust mehr... Dann möchte ich alles hinschmeißen und irgendwo hingehen zum Tanzen. Aber dann überlegt man es sich doch wieder. Ich habe so viele Jahre für den Leistungssport geopfert, daß ich nicht alles Hals über Kopf aufgeben kann. Ich habe mich für den Leistungssport entschieden und muß so leben, wie es von mir verlangt wird.«

Das ist der *zweite* und *entscheidende* Schritt in die biographische Falle. Dem Sportler wird bewußt, daß er sich für eine Karriere entschieden hat, die keine lebenslange, vor allem beruflich abgesicherte Perspektive eröffnet. Mit Mitte Dreißig, in manchen Sportarten schon sehr viel früher, ist in der Regel Schluß. Ursprüngliche Verheißungen entpuppen sich so als Verstrickungen. Der Athlet muß in begrenzter Zeit Erfolge erringen, die ihm dann auch den Sprung aus der Sportkarriere heraus ermöglichen, ohne daß er anschließend ins Nichts fällt. Damit beginnen materielle Motive das sportliche Leistungsstreben zu überformen. Nicht mehr nur zur Selbstbestätigung müssen Erfolge her. Weit wichtiger werden sie nun zur späteren Daseinsabsicherung. Aber Siege sind schwieriger und deshalb unwahrscheinlicher als zuvor, weil alle anderen, die jetzt noch im Rennen sind, genauso existentiell davon abhängen.

Diese biographische Zuspitzung findet vor dem Hintergrund der hochgradigen *Körperabhängigkeit* sportlichen Handelns statt – ein Charakteristikum, das bei den meisten beruflichen Tätigkeiten heutzutage nicht mehr anzutreffen ist. Jeder Sportler unterliegt damit dem ständigen Risiko des Scheiterns durch Verletzungen, Krankheit und körperlichen Leistungsabbau.

Diese Unsicherheitsfaktoren können alle Karriereplanungen von heute auf morgen über den Haufen werfen. Wer z. B. jahrelang auf die Teilnahme an Olympischen Spielen hin trainiert hat, erfährt eine Verletzung im Vorfeld als persönliche Katastrophe. Der spitzensportliche Leistungsindividualismus wird so zum biographischen Vabanque-Spiel. Für jeden Athleten ergibt sich eine Situation, in der er einerseits einem übermächtigen Erfolgsdruck unterliegt. Er hat permanent unter extremen Konkurrenzbedingungen Höchstleistungen zu erbringen, die niemand so einfach am laufenden Band abspulen kann. Andererseits hätte ein Ausstieg aus dieser unerträglichen Drucksituation einen enorm hohen Preis. Davor zurückschreckend versuchen Athleten, irgendwie mit den Zwängen ihrer Lage fertig zu werden.

Doping bietet sich vielen als ein naheliegender Fluchtweg aus dieser biographischen Falle an. Ob das Talent reicht, Körper und Willenskraft mitspielen, die Konkurrenz eine Durchsetzung der eigenen Erfolgsambitionen zuläßt: All das bleibt höchst unsicher. Angesichts dieses Zusammentreffens bedrohlicher Unwägbarkeiten stellt Doping eine Handlungsstrategie dar, die die Erfolgschancen zu erhöhen verspricht. Mit Hilfe naturwissenschaftlicher Technologien soll der »return of investment« verläßlicher werden. Pillen und Spritzen signalisieren einfache Handhabung und treffsichere Ergebnisse. Die oftmals enormen gesundheitlichen Risiken dieser Praktiken werden teils verdrängt, teils auch in einer Art von Kamikaze-Mentalität in Kauf genommen.

Angesichts der geschilderten biographischen Situation begannen irgendwann zunächst einzelne Athleten ein *offensives Doping*. Sie versuchten, sich Vorteile gegenüber den ungedopten Mitkonkurrenten zu verschaffen. Diese Strategie barg freilich den Keim ihres Scheiterns schon in sich. Der einzelne Dopingverwender mußte sich zunehmend in einer Gemeinschaft Gleichgesinnter wähnen: Denn warum sollten die anderen dümmer oder skrupulöser als er selbst sein! Jede Entlarvung eines Dopingsünders bestätigt diese Einschätzung zusätzlich, wirkt also keineswegs automatisch als Abschreckung. Seit längerem gibt es daher fast nur noch *defensives Doping*. Man dopt sich, um eigene Nachteile zu vermeiden: weil man davon auszugehen hat, daß viele Konkurrenten sich dopen. »Ich weiß nie, ob die anderen sauber sind.« So drückte die deutsche Sprinterin Melanie Paschke die Undurchschaubarkeit der Situation aus; und aufgrund einer solchen Einschätzung haben sich viele Athleten vorsichtshalber zum Doping entschlossen.

Doping kann so buchstäblich *aus dem Nichts* entstehen: als eine sich selbst erfüllende Prophezeiung. Die Athleten brauchen nur wechselseitig voneinander zu *meinen*, daß ihre Mitstreiter sich dopen, um rationalerweise auch selbst zum Doping zu greifen. Die sowohl für die Gesamtheit der Athleten als auch für jeden einzelnen von ihnen höchst unerwünschte Konsequenz ist eine *unaufhaltsame Eskalation* des Dopingeinsatzes und der hiermit verbundenen Risiken. Präparate aus der Kälbermast, gentechnologisch hergestellte Wachstumshormone, in extremen Überdosen eingenommene Alltagsstimulanzien wie Kaffee oder Eigenblutinjektionen: Nichts wird unversucht gelassen. Immer abenteuerlichere Praktiken, Dosierungen und Mittelkombinationen werden eingesetzt, mit immer schwerwiegenderen gesundheitlichen Folgen. In der Wohnung von Birgit Dressel, der

1987 an Doping verstorbenen deutschen Siebenkämpferin, fand man mehr als einhundert verschiedene Medikamente. Ihr Tod ist leider kein abschreckendes Beispiel geworden.

Die Athleten zwingen einander nach wie vor gegenseitig in eine *Dopingspirale* hinein. Zwar gilt, wie bei der militärischen Aufrüstung: Wenn Doping sowieso keinen Vorteil mehr bringt, weil viele es tun, könnten eigentlich genauso gut alle damit aufhören. Allerdings gilt eben auch: Sofern alle anderen damit aufhörten, könnte ein Sportler sich selbst den vielleicht entscheidenden Vorteil verschaffen, wenn er sich als einziger weiterhin heimlich dopte. Und weil alle von dieser Möglichkeit wissen, trauen sie einander sogar und gerade dann nicht über den Weg, wenn zum allseitigen Dopingverzicht aufgerufen wird. Denn das Befolgen entspechender Appelle liefe auf eine freiwillige Selbstbenachteiligung hinaus, wenn nicht alle gleichzeitig mitziehen.

Damit zeigt sich ein ernüchternder Tatbestand: Doping ist weniger ein Problem individueller Charakterschwäche als vielmehr Ausdruck eines Zusammentreffens gesellschaftlicher Wirkungsfaktoren, die den heutigen Spitzensport prägen. Der Sportsoziologe Günter Pilz spricht in diesem Zusammenhang davon, daß sich auch im Spitzensport die »Avantgarde eines neuen Identitätstyps« herausgeschält habe. Athleten werden in der Tat durch ihre geschilderte Situation dazu gedrängt, Vor- und Nachteile regelrechten Handelns kühl abzuwägen und sich über moralische Standards gegebenenfalls kaltschnäuzig hinwegzusetzen. Hierin stehen die Spitzensportler im übrigen keineswegs allein. Auch beispielsweise Banker und Börsianer, die Insider-Kenntnisse illegal zur eigenen Bereicherung nutzen, oder bestechliche Spitzenpolitiker wären in diesem Zusammenhang zu nennen. Nicht zu vergessen sind aber auch jene Vergehen, die sich beinahe jeder selbst zubilligt, wie der alljährliche Betrug des Finanzamtes oder das alltägliche Überschreiten von Geschwindigkeitsbeschränkungen im Straßenverkehr. Es geht bei all diesen Phänomenen um eine *Anpassung durch klammheimliche Abweichung:* Man fügt sich rational kalkulierend der Forderungen des jeweiligen gesellschaftlichen Kontextes, indem man dort anerkannte und hochgeschätzte Ziele nötigenfalls ohne größere Gewissensbisse auch mit unerlaubten Mitteln verfolgt.

Da die Identität von Spitzensportlern offensichtlich in zunehmender Weise gegenüber moralischen Anforderungen gleichgültig geworden ist, sind allen Bemühungen, dem Dopingproblem durch *pädagogische* Maßnahmen zu Leibe zu rücken, äußerst enge Wirkungsgrenzen gesetzt. Insbesondere nach der Entlarvung Ben Johnsons bei der Olympiade 1988 setzten in vielen Sportverbänden umfangreiche Fair-play-Initiativen ein. Aber diese Appelle mußten weitgehend wirkungslos verpuffen, weil die Karrierebedingungen der Spitzensportler parallel dazu nicht nur nicht entschärft, sondern ganz im Gegenteil noch weiter verschärft worden sind. Den strukturell unter Dopingzwang gesetzten Athleten durch moralische Appelle saubere Leistungen abzuverlangen, heißt angesichts dessen nichts anderes, als die Opfer des Erfolgsdrucks noch zusätzlich zu verhöhnen. Eine solche Ethisierung des Problems ist also, genau besehen, hochgradig unethisch und muß wohl eher als symbolische Strategie gewertet werden, mit der Sportverbände publikumswirksam und ohne größeren Aufwand energisches Handeln demonstrieren wollen.

Man könnte vielleicht annehmen, daß zumindest künftige Generationen von Spitzensportlern durch eine pädagogische Vermittlung des Fair-play-Gedankens noch moralisch imprägniert werden könnten. Aber selbst diese Hoffnung erscheint trügerisch. Empirische Untersuchungen über die Einstellung zu Regelverstößen zeigen: Bereits vierzehnjährige Breitensportler haben das Siegenwollen so stark verinnerlicht, daß Fairneß für sie ein hohles Wort ist. So die durchaus repräsentative Aussage eines Jugendfußballers: »Ich finde alles fair, was für mich von Vorteil ist. Unfairneß gehört zum Geschäft. Ich werde lieber unfair Meister als fair Letzter.« Bemerkenswerterweise verfestigt sich diese Haltung, je länger die Kinder und Jugendlichen bereits Mitglieder eines Sportvereins sind. Was auch immer der Vereinssport pädagogisch beabsichtigen mag: weil offenbar vielerorts der Leistungsgedanke unkontrolliert die Oberhand gewonnen hat, scheint untergründig Unfairneß gefördert zu werden. Und damit entfällt eine moralische Hemmschwelle, die auch gegen Doping wirksam sein könnte.

Wenn Pädagogisierung also das Dopingproblem wohl nicht aus der Welt schaffen kann: Was bleibt dann noch an möglichen Maßnahmen übrig? Man denkt dabei natürlich zunächst daran, was einige Verbände seit noch nicht allzulanger Zeit zu praktizieren beginnen: eine Intensivierung von *Dopingkontrollen.*

Aber auch diese stößt auf mannigfache Schwierigkeiten, die hier nur stichwortartig erwähnt werden können. Erstens gibt es schwierige rechtliche Probleme einer klaren Dopingdefinition. Zweitens werden wirksame Kontrollen durch den Schutz der individuellen Privatsphäre erschwert. Drittens erforderte ein weltweit lückenloses und hinreichend dichtes Kontrollsystem einen hohen logistischen Aufwand. Denn es müßten insbesondere auch durch Trainingskontrollen gleichsam »gläserne Sportler« geschaffen werden.

Die entsprechenden Aufwendungen überschreiten die Möglichkeiten vieler Verbände bei weitem. Schließlich ist viertens nicht zu vergessen, daß die sich dopenden Athleten durch ihr engeres Unterstützungsumfeld von Trainern, Medizinern und Funktionären sowie teilweise auch durch ihre nationalen Verbände wirksam gegen Kontrollen abgeschottet werden können.

Die Situation der *Verbände* verdient ohnehin eine nähere Betrachtung. Auf der internationalen Wettkampfbühne konkurrieren ja nicht nur die Athleten gegeneinander. Wenn die deutschen Sportler keine internationalen Erfolge mehr erringen, büßen nicht nur sie als Individuen Förder- und Sponsorengelder sowie die Aufmerksamkeit der Massenmedien ein: Dasselbe widerfährt auch den jeweiligen Verbänden. Können die nationalen Sportverbände dann eigentlich eine effektive Dopingbekämpfung überhaupt wollen? Das offiziell auf Sauberkeit getrimmte Bild der Verbände gerät angesichts ihrer Abhängigkeit von den Erfolgen der eigenen Athleten ins Zwielicht.

Aber auch hier gilt es festzuhalten: Es geht nicht um die Charakterschwäche einzelner Funktionäre. Die Verbände als Organisationen werden vielmehr durch das Sportpublikum und ihre Bezugsakteure in Wirtschaft, Politik und Massenmedien in eine *Zwickmühle* gebracht, mit unauflösbar widersprüchlichen Erwartungshaltungen konfrontiert. Die Athleten sollen *einerseits sauber* sein bzw. es wieder werden, *andererseits* aber nichtsdestoweniger *international erfolgreich* sein und bleiben. Damit wird den Verbänden ausdrücklich abverlangt, das Doping ihrer Sportler zu beseitigen. Die unausgesprochene Kommentierung dieser Aufforderung warnt die Verbände allerdings: »Tut nichts, was den Erfolg eurer Athleten gefährdet! Denn ansonsten reduzieren wir unsere Zuwendung an Aufmerksamkeit und Ressourcen.« Da dieselbe Reaktion aber auch für aufgedecktes Doping angedroht wird, lautet die Botschaft letztlich: »Verzichtet auf Sauberkeit, soweit diese den Erfolg gefährdet, aber laßt euch nicht erwischen!« Vor diesem Hintergrund wäre eine konsequente öffentliche Entlarvung der eigenen Dopingsünder durch einen Verband geradezu selbstmörderisch.

Angesichts dieser Beziehungsfalle ist es nur zu verständlich, daß viele Verbände allenfalls sporadisch, wenn überhaupt, ernsthafte Dopingkontrollen betreiben, und es im übrigen bei einer *Vortäuschung von Kontrollen* belassen. Dies schließt das gelegentliche, publikumswirksam inszenierte Opfern entlarvter Athleten ein, die dann als individuelle Sündenböcke die energische Dopingbekämpfung vorspielen sollen. Ansonsten aber wird das Doping der eigenen Athleten in nicht wenigen Fällen von Verbandsseite stillschweigend weiterhin geduldet, gefördert oder sogar erzwungen. Schließlich wissen die zuständigen Verbandsfunktionäre sehr wohl, daß die von ihnen gesetzten oder mitgetragenen Leistungsnormen – etwa für die Förderung durch die Sporthilfe oder für die Teilnahme an Olympischen Spielen und Weltmeisterschaften – oftmals so hoch sind, daß man diesen Standards ohne Doping kaum gerecht werden kann. Schon allein dieser Tatbestand läßt sich nur als unausgesprochene – daher leider nicht rechtlich belangbare – Dopingnötigung einstufen.

Die sportbegeisterten *Zuschauer* könnten angesichts dessen meinen, sie hätten mit all dem nichts zu tun und würden vielmehr systematisch betrogen. Weit gefehlt: Selbst die erklärten Dopinggegner unter ihnen sind allein durch ihr Interesse am Sport entscheidend mit im Spiel, auch wenn sie dies nur allzugern vor sich selbst verheimlichen. Es sind die Sportzuschauer, von denen die gerade erläuterten widersprüchlichen Erwartungen an die Athleten und Verbände ausgehen. Bei aller gelegentlichen Sympathie für unglückliche Verlierer wollen die Zuschauer auf Dauer Erfolge ihrer Athleten sehen. Souffliert wird dem Publikum dabei von entsprechend gehaltenen Kommentaren der Sportreporter und Sportpolitiker, daß knappe Fördergelder nicht in den Sand gesetzt werden dürfen und kein »Sporttourismus« subventioniert werden solle.

Aber warum verzichtet das Publikum dann nicht konsequenterweise auf Sauberkeit? Offensichtlich bedient ein sauberer bzw. ein zumindest dafür gehaltener Spitzensportler schwer aufgebbare Publikumsmotive. Nach wie vor ist das Sportgeschehen für viele Zuschauer eine moralische Gegenwelt zur rauhen Wirklichkeit der heutigen Gesellschaft: ein Refugium, wo ehrlich erbrachte Leistung ihren gerechten Lohn finden soll. Dies zeigt sich in besonderer Weise in der Verehrung von Sporthelden. Der Sportheld führt vor, daß individueller Einsatz den entscheidenden Unterschied zwischen Sieg und Niederlage ausmacht. Das widerlegt punktuell all die kafkaesken Erfahrungen, die die Zuschauer tagtäglich am eigenen Leib mit den scheinbar unbeeinflußbaren Zwängen der industriellen Arbeitswelt, der bürokratischen Verwaltung, der Massendemokratie oder der Technokratie machen. Weiterhin will jeder Sportzuschauer auch unmittelbar mit eigenen Augen sehen können, wer aufgrund seiner körperlichen Fähigkeiten, technischen Fertigkeiten und taktischen Raffinessen in einem Wettkampf erfolgreich ist. Das Publikumsinteresse am Sport ist immer auch ein Interesse daran, in einer ansonsten immer abstrakter und undurchschaubarer werdenden Welt den Wirkungszusammenhang zwischen körperlichem Einsatz und sportlichem Erfolg nachvollziehen zu können.

Als Regelabweichung, die in den Tiefen des Körpers verborgen wird, hintertreibt Doping all diese Zuschauermotive. Aber zugleich wird es offensichtlich international immer erfolgsnotwendiger. Entscheidend ist nun, daß das Publikum, wenn es gewissermaßen einen Schritt hinter sich träte, zu folgendem Schluß kommen müßte: »Da wir einerseits Erfolge wollen, müssen wir auch Doping wollen. Aber da wir andererseits kein Doping wollen, ist es für uns am besten, wenn wir vom tatsächlich stattfindenden Doping nicht allzuviel mitbekommen.« Ganz unverblümt formuliert: Das Publikum *will* offensichtlich *betrogen* werden.

Die explizite Aufforderung, betrogen zu werden, ist allerdings paradox und unerfüllbar. Denn wer anweist, daß man ihn betrüge, weiß eben, daß er betrogen werden soll, und kann es genau deshalb nicht werden. Als *implizite* und so vor sich selbst zu verheimlichende Haltung ist ein derartiger Selbstbetrug jedoch durchaus realisierbar. Erstens braucht jemand lediglich immer dann wegzuschauen, wenn die Möglichkeit besteht, daß er das sehen könnte, was er nicht sehen will. Er kann zweitens denen, die ihn auf das hinweisen könnten, was er nicht sehen will, signalisieren, daß eine Aufklärung dieser Art unerwünscht ist. Und er kann drittens zugleich damit auch deutlich machen, daß er auf dieses Verhaltensmuster insgesamt nicht aufmerksam gemacht werden möchte. Wer so wegschaut, nicht zum Hinschauen und auch nicht zum Hinschauen auf sein Wegschauen bewegt wird, kann sich sehr wohl mit Unterstützung durch eine ihn betrügende Umwelt dauerhaft selbst betrügen. Sogar wenn er es nicht vermeiden kann, mit vereinzelten »Indizien« konfrontiert zu werden, kann er immer noch darauf verzichten, sie miteinander in Beziehung zu setzen und daraus seine Schlüsse zu ziehen. Die räumliche und soziale Distanz des Zuschauers zum Trainings- und Wettkampfgeschehen erleichtert ein solches Nichtwahrhabenwollen. So kann der Sportzuschauer sogar bekannt werdende Dopingfälle weiterhin individualisieren. Eine entsprechende Medienberichterstattung fördert diese Haltung. Denn welcher Kommentator möchte die Sportzuschauer dauerhaft düpieren. Einfache Lösungen des Dopingproblems sind nach alledem nicht in Sicht. Die Bestrafung einzelner Athleten kuriert nur Symptome. Worauf es ankäme, wären weitreichende Veränderungen der aufgezeigten strukturellen Bedingungen spitzensportlichen Handelns. In dieser Richtung hat das Nachdenken gerade erst begonnen.

Hans Lenk
Gegen die Doppelmoral
Fünfzehn Thesen
für eine neue
Fairneßkultur

Fairneß ist die ureigenste Tochter des Sports. Sie wird in Zukunft
nicht nur im Sport, sondern auch in der Gesellschaft, in der Wirtschaft und in anderen Bereichen geregelter wirtschaftlicher Konkurrenz nach wie vor eine bedeutsame, ja, immer wichtiger
werdende Rolle spielen. Fairneß ist der Wert, die Regel fairen
Umgangs, die Norm, das »Fair play«, jenes Prinzip, das der
Sport der allgemeinen Kultur der individualistischen und plurali-
stischen Wettbewerbsgesellschaft vererbt hat. Der Wert der
Fairneß ergänzt die traditionellen Nahwerte in einer ursprünglich von Regeln und Normen beherrschten individualistischen
Konkurrenzgesellschaft. Aber wir dürfen uns nichts vormachen:
Wir müssen offen und realistisch über dieses Prinzip »Fairneß«
sprechen. Das bloße Bekenntnis zur Fairneß löst nicht alle Pro-
bleme – weder im Sport noch sonstwo.

In Hochleistungssystemen, die den Erfolg absolut setzen, unbedingt und unnachgiebig anstreben, entwickeln sich zwangsläufig zumindest Tendenzen zu rücksichtslosen und auch betrü-
gerischen Strategien, um zum Erfolg zu gelangen. Dabei bildet
sich das sog. »Elfte Gebot« – »Du sollst Dich nicht erwischen
lassen« – als heimliche Obernorm aus. Es folgt eine Spaltung der
Moral in eine zum Teil heimliche Erfolgs- und eine öffentliche
Compliance-Moral bei Akteuren, unter Umständen aber auch
bei Organisatoren, Managern und Betreuern, damit gehen typischerweise Verwischungs- und Abschiebungsstrategien, Alibi-

und Ablenkungstaktiken bezüglich der Verantwortlichkeit einher. Das »Elfte Gebot« dominiert offensichtlich auch im Spitzensport – wie auf der Autobahn und bei Steuererklärungen. Regelverletzungen gelten nur als Kavaliersdelikte.

Rücksichtslosigkeit und Verhärtung der Konkurrenz scheinen zudem das Rezept zum siegreichen Bestehen in wirtschaftlichen, politischen und zumal sportlichen Auseinandersetzungen zu sein. Der zunehmende Konkurrenzdruck in allen Bereichen symbolischer und realer Wettkämpfe könnte wohl nur durch bessere Beachtung der Regeln zur Zähmung der Auseinandersetzung, durch Verschärfung der Kontrollen und durch eine Verbreitung echter Fairneßgesinnung bzw. durch wirksame Anreize – incentives – zur Wahl fairen Verhaltens, des »Sich-Fairhalten« sozusagen, aufgefangen werden. Doch hieran mangelt es überall. Ist die Druckverschärfung in das System eingebaut, ist der Erfolg allzu gewichtig, ja existenzentscheidend, der Sieg zur Hauptsache geworden, so wirken Vereinbarungen und Appelle kaum noch, solange Umgehungsmöglichkeiten, verdeckte Manipulationen der Erfolgsbedingungen, unentdeckte Tricks, taktische Vorteilsnutzungen, verheimlichte Regelverletzungen möglich sind. Regeln und Verträge werden immer wieder mißachtet und verletzt – selbst von denen, die sie lautstark propagieren. Wie lange hielt man sich an sogenannte Fairneßabsprachen in politischen Parlamenten und bei Wahlkämpfen?

Es ist natürlich die Frage, ob etwa im Sport solche Deeskalierungsmaßnahmen wie Fairneßinitiativen ausreichend sind, wenn z. B. der Hochleistungssport generell eine Widerspiegelung der jetzigen Verhältnisse und Strukturen einer sich verhärtenden Ellenbogengesellschaft darstellt. Das Herunterschrauben des ökonomischen Drucks ist sicherlich ein notwendiger und wichtiger Teilaspekt, kann aber das Problem allein nicht lösen; denn die Verschärfung, Zuspitzung und Brutalisierung findet ja auch in Sportarten statt, die keine besonderen Prämien und Verdienstmöglichkeiten versprechen. Und wie kann und wie sollte man den Sport wieder zu seiner »heilen Welt« des gentlemanartigen Wohlverhaltens zurückführen können, wenn doch allenthalben Einigkeit herrscht – selbst bei Wirtschaftsvertretern –, daß der Sport »eben auch ein ›Spiegel der Gesellschaft‹, mit ihrem Leistungs- und Konkurrenzprinzip« sei.

Verlangt man nicht das Unmögliche, wenn man nun im Sport

gleichzeitig rücksichtsvolle Fairneß einfordert und den Ernst der Konkurrenz zu existentiell (sprich: finanziell) gewichteter Verschärfung der Konkurrenz eskaliert? Vor allem auf solche Fragen möchte ich im folgenden eingehen. »You cannot have a pudding and eat it – at the same time!«, lehrt das englische Sprichwort. Die angestrebte Remobilisierung des Fair play, die Demobilisierung der Unfairneß kann nur Hand in Hand mit der Teilabrüstung der kompromißlosen »Gesetze« und Mentalitäten der Ellenbogengesellschaft erfolgen – oder durch eine allgegenwärtige, unbestechliche, ihrerseits wiederum der Kontrolle unterworfenen Kontrolle der Regeleinhaltung (eine solche Kontrolle wäre aber nur durch drastische und wirksame Aktionsmaßnahmen und deren unbestechliche Handhabung erreichbar).

Schon 1964 hatte ich versucht vorzuschlagen, eine Trennung zwischen dem informellen und dem formellen Fair play vorzunehmen.[1] Diese Trennung ist 1964 relativ wenig zur Kenntnis genommen worden. Unterschieden wurde damals zwischen dem »formellen Fair play« als der zwingend vorgeschriebenen Normforderung, die Spielregeln einzuhalten, und dem »informellen Fair play«, das nicht durch Sanktionen erzwungen werden kann, sondern eine Einstellung der Achtung aus ritterlichem Geiste gegenüber dem Gegner und auch gegenüber dem Schiedsrichter zum Ausdruck bringen soll. Diese Überlegung, in dem Buch über die Olympischen Spiele von 1964, entwickelt, orientierte sich damals an der Idee von Coubertin, daß eine »Ritterschaft der Athleten« bestehe(n sollte) und entsprechend eine Art von ritterlichem Geist den Athleten zu lehren sei. Die Grundgesetze der Olympischen Spiele im Geist der Sportlichkeit fordern »faire und gleiche Wettkämpfe«; diese stellen eine Art Pflicht im Sinne einer Muß-Norm dar, einer Norm, der man sich unterwerfen muß. Wer diese Normen übertritt, und das ist die Bedingung dieses formellen Fair play, soll bestraft oder negativ sanktioniert werden – bis hin zum Ausschluß vom Wettkampf. Sozial wirksam ist die formelle Norm eher als ein Verbot denn als ein appellatorisches Fairneßgebot. Die Wettkampfbestimmungen dürfen nicht verletzt werden, um sich mit unzulässigen Mitteln Vorteile zu verschaffen oder den Gegner zu schädigen. Hier knüpft das Fair play an das Ziel an, allen Wettkämpfern gleiche Erfolgsmöglichkeiten zu bieten. Coubertins Fair-play-Begriff aber geht weit über Verbote hinaus. Er fordert eine Einstellung, die die informelle Idee mitumfaßt und die der Athlet ebenfalls befolgen soll. Diese Soll-Norm fordert, ritterlich zu kämpfen, über das Maß hinaus, das die Spielregeln fordern und den Gegner als Partner, ja, als Mitmenschen zu achten und keine unziemlichen Vorteile zu erlangen suchen. Das informelle Fair-play-Gebot selbst ist verbunden mit dem formellen Gesetz; letzteres enthält ja unter anderem, daß man sich im ritterlichen Geiste eben an die Spielregeln halten soll, aber ersteres geht eben weit darüber hinaus. Das formelle Fair play soll sozusagen durch das informelle, das geistlich-ritterliche (nach Coubertin) ausgefüllt werden – wenigstens im allgemeinen.

Nun hat es tatsächlich Fälle gegeben, in denen diesem ins »Ritterliche« überschießenden Prinzip besonders auffällig entsprochen wurde. Man denke etwa an das dynamische Florettfinale von 1928: Der getroffene Gaudin sprang, nachdem der Kampfrichter »Kein Treffer« geurteilt hatte, mit dem Ruf: »Je suis touché« vor, und dieser Treffer wurde seinem Gegner zugesprochen. Gaudin war allerdings glücklich genug oder gut genug, um dann doch noch zu gewinnen. Ist das heute im olympischen Endkampf und in einer entsprechenden Atmosphäre denkbar? Der Fall der amerikanischen Eiskunstläuferin, die in eine Aktion verwickelt war, bei der ihrer Hauptkonkurrentin aus dem eigenen Land vor den Olympischen Winterspielen 1994 mit einer Eisenstange die Beine malträtiert wurden, um sie außer Gefecht und Konkurrenz zu setzen, ist nur eine weitere, nunmehr echt kriminell gewordene Eskalation der totalen Erfolgs- und Siegorientierung um fast jeden Preis, die besonders in jenen Ländern, wo »to be No. 1« geradezu imperativ gilt, aber fast ebenso anderswo, auch bei uns, angereizt und z. T. gefördert wird.

Eine Frage in diesem Zusammenhang ist nun, ob es sich bei der Sportmoral um eine beschränkte Gruppenmoral oder um generelle universalmoralische Verhaltensnormen handelt. Natürlich können sich einzelne Verhaltensnormen, die im Sport beachtet werden, als spezifische Gruppenregeln, andere dagegen als universalmoralische Verhaltenserwartung erweisen. Die Frage in bezug auf das Prinzip Fairneß wäre nun, ob dieses gruppenmoralisch oder universalmoralisch zu verstehen ist oder ob es spezifischere Bedeutungsteile gibt, die im einen oder im anderen Sinne aufgefaßt werden müßten.

Der Gehalt und die Deutung der Fairneßidee im Sinne der Wettkampf-Fairneß hat sich im Laufe der Geschichte gewandelt und ist abhängig von sozialen Gruppen, von den Sportarten usw. Vom aristokratischen Verhaltenskodex der Ritter und Gentlemen wandelten sich Idee, Inhalt, Funktion der Fairneßnormen und des Fairneßbegriffs zu einer eher bürgerlichen Verhaltensregelung ohne aristokratischen Kern, welche die Chancengleichheit und die geordnete, geregelte Durchführung des Wettkampfes garantieren und kontrollieren sollte. Standesgebundenheit wich umfassender formaler Gleichberechtigung für beliebige Mitspieler, Gegner und potentielle Partner. Es entstand daraus sogar eine besondere Regel zur Abwehr von sozialen Unterschieden und darauf beruhenden Diskriminierungen. Eine Minimaldefinition der (Wettkampf-)Fairneß, die sich im wesentlichen auf fünf Bedingungen stützt, soll im folgenden skizziert werden[2]:

1. Das Gebot der Wettkampf-Fairneß umfaßt das Moment, die wesentlichen Spielregeln einzuhalten – man spricht von konstitutiven (definitorischen) Spielregeln, die nicht verletzt werden dürfen. Andernfalls würde man das jeweilige Spiel nicht mehr spielen. Wer immer Hand spielt im Fußball, spielt nicht Fußball.

2. Die Einhaltung regulativer Spielregeln und Vorschriften ist innerhalb des Spiels geboten. Boxhiebe sind im Fußballspiel nicht erlaubt. Wer einen Mitspieler im Fußballspiel ›boxt‹, spielt trotzdem noch Fußball, wenn er dies allerdings mehrfach bzw. dauernd macht, ist es natürlich kein Fußballspiel mehr. – Es gibt also durchaus fließende Übergangsfälle.

3. Die strikte Beachtung des Schiedsrichterurteiles ist gefordert und wird normalerweise als unverzichtbarer Bestandteil des Fairneßgebotes aufgefaßt.

4. Die Idee der Chancengleichberechtigung und der formalen Gleichheit der Startchancen wird gefordert und dadurch zu erreichen gesucht, daß Regeln diese Chancengleichheit nach Möglichkeit realisieren und garantieren sollen.

5. Gefordert ist auch die Achtung und Beachtung des Gegners als eines Spielpartners. Das ist die Restidee der informellen Fairneß, die weiterhin üblicherweise in den Auffassungen der Fairneß vorhanden ist.

Das Bluffen muß als Finte sogleich (oder wenigstens bald – wie im Schach) erkennbar und im Rahmen der Regeln des Spiels erlaubt sein. Bluffvorteile durch Verletzung von *konstitutiven* Spielregeln sind im Sport nicht erlaubt. Es bestehen aber Tendenzen, den Fairneßgrundsatz im unkontrollierten Bereich durch Tricks ebenfalls zur Imagemanipulation verkommen zu lassen – desto mehr, je stärker Erfolgsdruck, Kommerzialisierungstendenzen und finanzielle Vorteile sowie existentieller Ernst die Athleten an die Kandare oder gar in die Mangel nehmen. Je weniger es nur um symbolische, je mehr es um existentielle Dominanz im Sport geht, desto mehr wird Fairneß tendenziell erodieren, desto mehr werden taktische Fouls, unredliche Tricks und das »elfte Gebot« auch im Hochleistungssport zunehmen oder gar vorherrschen.

Ein besonders schönes Beispiel über den »Stand der ›Kunst‹ des Bluffens« im Professionalsport berichtete der erfolgreiche Radrennfahrer Klaus-Peter Thaler. Immerhin noch unter dem Motto: »Spielregeln akzeptieren und sich durchbeißen!« enthüllte er reale Tricks, aber auch Mentalitäten und Hintergründe von Straßenrennen, die man nicht in der Tageszeitung nachlesen kann:

»In diesem Herbst ist der Klassiker Paris-Brüssel gefahren worden. Da gab es eine Spitzengruppe, in der zum Schluß, glaube ich, noch zwei oder drei Fahrer drin waren – es waren zwei Fahrer. Der eine dieser beiden Fahrer war körperlich so weit am Ende, daß er ganz einfach nur noch am Hinterrad mitfahren konnte. Der Fachmann weiß, daß man da ungefähr vielleicht 60 oder 70% der Kraft braucht, die der führende Fahrer vorne aufzuwenden hat. Und dieser schwächere Fahrer hat gesagt: »Nimm mich mit bis ins Ziel, ich will nur Zweiter werden, du gewinnst das Rennen.« Das ist eine legitime Abmachung, das hat nichts mit Manipulation zu tun, sondern gehört ganz einfach zu diesem Sport dazu. Man muß sich erst mal zusammenraufen, man muß sich die Kräfte einteilen; es müssen beide arbeiten, um einen Vorsprung herauszufahren; und wenn es hinterher dann kritisch wird und der eine nicht mehr mitführen kann, dann gut, dann muß man eben das Abkommen treffen: Entweder er fährt auf Platz zwei dann nur noch mit, denn wenn er sagt, daß er hinterher trotzdem mitsprinten wolle, dann würde der andere sicherlich nicht die Arbeit für ihn machen.

Diese Absprache wurde getroffen – der eine wollte Zweiter werden, der andere machte die Arbeit weiter –, dann kam es zum Spurt, und kurz bevor der, der die meiste Arbeit gemacht hatte, antreten wollte, um halt eben auch optisch, für die Zuschauer, zu zeigen, daß er der Stärkere war, da ist der andere ganz einfach vorbeigefahren; er hatte sich geschont, das Feld war hinten auf ein paar Sekunden herangefahren, der Stärkere hatte sich bis zum Anschlag ausgegeben, und der andere fuhr an ihm vorbei« (zit. n. Ortner).

Man könnte allgemein argumentieren, das Bluffen sei im Sport zulässig, stelle eine weit verbreitete Praxis und Strategie dar. Dies ist richtig – jedoch nur in eingeschränktem Sinne: Auf dem Spielfeld darf natürlich ein Fußballspieler mit Finten und Vortäuschungen arbeiten (im Rahmen der zulässigen, grundsätzlich Chancengleichheit garantierenden Spielregeln). Er darf aber nicht Vorteile dadurch erlangen, daß er insgeheim die Regeln selber bricht und die von diesen garantierte, formelle Chancengleichheit manipulativ zu seinem Vorteil unterminiert, wie etwa durch Doping oder andere nicht erlaubte systematische oder fallweise Verzerrungen der Chancengleichheit.

Grundsätzlich könnte man dem natürlich entgegenhalten, auch im Höchstleistungssport seien die einzelnen Sportler und Mannschaften nicht mehr (etwa vergleichend oder zeitlich gemeint) an einer echten, »fairen« Chancengleichheit des gegnerischen Konkurrenten interessiert, sondern nur noch am Sieg – und sei es um fast jeden Preis. Eine solche Argumentation würde aber gerade die Rechtfertigungszielsetzung im Sinne eines Standardarguments verdrehen: Dem Sinn des sportlichen Vergleichs liegen die Chancengleichheit und die formelle Fairneß unaufgebbar zugrunde. Institutionen, Intentionen sowohl der Initiatoren als auch der beteiligten Individuen stimmen hier insoweit mit dem Ideal (noch) überein. Es geht gerade darum, zu fragen, inwieweit der Sport im Zuge einer zunehmenden Konkurrenzorientierung nach dem Muster der kommerzialisierten Wettbewerbe und existentiellen Ellenbogengesellschaft dieses ursprüngliche Ideal verlassen hat. Der Status quo weitgehender Fairneßverletzungen kann nicht in ein Rechtfertigungsargument bzw. zur Begründung der Vergleichbarkeit beider Bereiche angebracht werden. Es sei denn, der Sport hätte bereits seinen »technischen Bankrott« oder – um im Bild des Sports zu bleiben – seinen »technischen K. o.« erlebt und eingestanden.

Generell müßten im Hochleistungssport die institutionelle Einbettung und verfahrensmäßige Kontrollen dazu führen, daß die Doppelmoral der Fairneßbeschwörung nach außen und der erwarteten, insgeheimen unfairen Manipulation oder Regelübertretungen außer Kraft gesetzt wird. Appelle und Beschwörungen allein helfen hier ebensowenig wie bloße Werbeaktionen zugunsten der Idee. Man muß mit der Fairneß wirklich Ernst machen, darf aber die Gesichtspunkte der Durchsetzbarkeit und der Institutionalisierung nicht außer acht lassen. Verfahrensgestützte Kontrollen, Abänderungen, Varianten und Umorganisationen sind unerläßlich.

Was kann hierzu als Möglichkeiten für den Sport empfohlen werden? Wenigstens einige Vorschläge lassen sich aufgreifen – zum Teil in Übernahme und Erweiterung der institutionellen Maßnahmen aus anderen Bereichen der geregelten Konkurrenz – etwa in Wissenschaft und Wirtschaft. Einige Alternativen und Abänderungsmöglichkeiten zur Sicherung der sportlichen Fairneß werden im folgenden aufgelistet. Sie sind als Diskussions- und Denkvorschläge zu verstehen. Die Aufzählung bedarf natürlich weiterer Systematisierung und Ergänzung.

1. Am nächsten läge natürlich eine verschärfte Regelanweisung und -kontrolle durch die Schiedsrichter, Ehrengerichte, Dopingkommissionen und alle Arten internationaler Sportverbände. Diese hätten zu einer verschärften Regelformulierung und -überwachung wirksame institutionelle Maßnahmen, Kontrollen und Sanktionen zu entwerfen und wirklich anzuwenden, um nationalistische oder durch andere Sonderinteressen geleitete Mißbräuche sportlicher Doppelmoral – etwa beim Dopingproblem – auszuschalten.

Unangemeldete Dopingkontrollen im Training hatte ich schon vor genau zwanzig Jahren gefordert – damals ohne Resonanz, es wurde eher mitleidig über die Blauäugigkeit des Gelehrten gelächelt. Inzwischen haben wir den Salat – oder Dopingsumpf in aller Öffentlichkeit. Was für die internationalen Kontrollorgane gilt, müßte für nationale Verbände und Kontrollverfahren ebenfalls eingerichtet werden. Generell müßte dringlich die institutionelle Sportethik weiterentwickelt werden.

2. Eine besser ausgebildete wirklich unabhängige Sondergerichtsbarkeit unter Beteiligung von externen Gutachtern, sozusagen Schöffen oder Laienrichtern, könnte evtl. die zur Doppelmoral verführende Interessengebundenheit in ihrer Wirksamkeit beschränken. Nationale Entscheidungsgremien sollten durch internationale Kontrollexperten ergänzt werden. In Dopingfragen erweist sich dies als besonders dringlich. Erste internationale Absprachen und Kontrollansätze werden initiiert.

3. Nicht nur einzelne Athlet(inn)en sollten zur Verantwortung gezogen werden, sondern auch verantwortliche Betreuer, Trainer, Ärzte und Verbandsoffiziale, die für die strukturellen Zwänge zur Unfairneß und die Spaltung der Moral mitverantwortlich sind. (Auch das habe ich vor 20 Jahren schon gefordert.) In der Dopingproblematik zeichnen sich derzeit bereits Schritte ab, obwohl der »Sumpf« z. Z. erst einmal immer tiefer wird und keineswegs leicht trocken zu legen ist. Auch in Fällen von in Unfairneß involvierten Funktionären müßten unabhängige, interessenungebundene, zum Teil ausländische Gutachter und ehrenamtliche Entscheider mitwirken. (Aber auch diese Regelungsform ist nicht stets »idiotensicher«.) Wiederum: die institutionelle Ethik samt Verfahren und Kontrollen ist auszubauen.

4. Um Athlet(inn)en davor zu schützen, einzeln als Sündenböcke abgestempelt zu werden, wodurch geradezu privatistisch die allgemeine Aufmerksamkeit vom strukturellen Zusammenhang abgelenkt wird, sollte man eine Art Ombudsmann für Athleten einführen – neben der zum Teil in deutschen Verbänden nunmehr verwirklichten Rolle des Aktivensprechers der Athleten, dessen Einrichtung auf meine vor mehr als zwei Jahrzehnten vorgeschlagene Leitkonzeption des »mündigen Athleten« zurückgeht. Man könnte also ähnlich wie beim Wehrbeauftragten des Bundestages oder wie bei Naturschutzbeauftragten an einen Fairneßbeauftragten für die Verbände denken, der jeweils Bericht zu erstatten hat und in den entsprechenden Entscheidungs- und Beurteilungsgremien aktiv mitwirkt.

5. Publizistische und institutionelle Möglichkeiten müssen weitgehend genutzt werden, um die Doppelmoral des »Fair nach außen und oberhalb der Sichtbarkeitslinie; Unfair unten« (Wasserballermoral) zu brandmarken und Appelle zu deren Bekämpfung in die Öffentlichkeit zu tragen und nachdrücklich zu verbreiten. Solange in unserer Gesellschaft der Ehrliche generell der

Dumme ist, so lange gilt leider auch der Satz »Fair (respectively nice) guys finish last«.

6. Auch Aktionen zur Bekämpfung der sekundären Unfairneß, die durch manche sensationsgierigen Reporter und Journalisten – meist der Boulevard-, nicht der Fachpresse – gefördert wird, sollten in Verbindung mit den genannten Gutachtergremien, dem Ombudsmann und den verantwortlichen Verbänden ergriffen werden. Die Beurteilung und Bewertung durch den deutschen Presserat erwiesen sich als bemerkenswert unwirksam.

7. Appelle, Fairneßinitiativen, Marketingaktionen, wie sie nach dem Vorbild des Schweizer Sports auch vom deutschen Sport in den letzten Jahren ergriffen worden sind, sind in der Tat wichtig und nötig, wenn sie auch nicht ausreichend zur Lösung der Probleme sind, sondern derzeit eher noch die Symptome zu kurieren versuchen. Man sollte sie nicht als Allheilmittel verkaufen – noch bloß als Ablenkungsmanöver drapieren.

8. Auch Erziehung zum Fairneßgedanken, zum fairen Verhalten ist nach wie vor unverzichtbar, förderungswürdig, ja, dringlich in einer Gesellschaft, die vielfach zu einer rüden Erfolgs- und Ellenbogengesellschaft zu verkommen droht. Schulwettbewerbe hierzu – nicht nur im Bildermalen und Kurzgeschichtenschreiben – sind phantasiereicher auszugestalten und zu verbreiten. Die Hoffnung freilich, daß allein durch sportliche Fairneßinitiativen und Fairneßerziehung die Unfairneß in der Ellenbogengesellschaft wirksam bekämpft oder gar geheilt werden könne, ist unrealistisch. »Wir sind kein Reparaturbetrieb der kaputten Gesellschaft« kommentierte grimmig Reinhard Rawe, ein Abteilungsleiter für Sportpolitik und Öffentlichkeitsarbeit beim Landessportbund Niedersachsen. Gerade in Erziehung und Schule kann man Fairneßverhalten auch lohnend gestalten. Nicht nur Erfolg und Leistung, sondern auch »Fairneß muß sich wieder lohnen!« Eine Symbolwirkung positiver Art mag grundsätzlich auch vom Fair play des Sports ausgehen – wie derzeit eher eine negative von exemplarisch wirkender Unfairneß und Brutalität im Überlebenskampf des Ernstsports. »Der Sport kann und soll ein Beispiel dafür geben, daß Fairneß kein leerer Wahn ist – und doch kann der Sport dies nur demonstrieren, aber nicht erzwingen« (Kurt Sontheimer). Heute dokumentiert er eher das Gegenteil – jedenfalls auf dem Fußballfeld.

9. Es ist öffentlich sowie im Umgang mit Athleten und Verantwortlichen immer wieder auf die Wichtigkeit, den Wert und die Wirksamkeit der Fairneßidee und der Regeleinhaltung hinzuweisen, darauf, daß der strukturelle Systemzwang zur Unfairneß in erster Linie nur in kleinen spektakulären Teilbereichen des Sports notorisch wurde, daß viele Bereiche des Normal- und Erholungs- sowie Breitensports noch weitestgehend dem Ideal und der Regel des Fair play verpflichtet sind. Freilich ist den Anfängen in der systembedingten Verführung zur Unfairneß schon im Jugendwettkampfsport – besonders im Fußball – Beachtung zu schenken. Fairneßerziehung ergibt sich nicht von selbst – ebensowenig wie durch bloßes Predigen und Appellieren! Negativbeispiele wirken leider oft ansteckender als positive, wenn sie mit eigenen Erfolgsinteressen zusammengehen.

10. Es könnte auf den grundsätzlichen Unterschied zwischen Normalwettkampfsport und Höchstleistungs- oder Spitzensport nachdrücklich aufmerksam gemacht werden und eine entsprechende unterschiedliche Bewertung angeregt werden – gerade auch öffentlich. Vielleicht wären die Teilbereiche des professionalisierten oder halbprofessionalisierten Höchstleistungs- und Spitzensports auch stärker organisatorisch von denen des Normal- und Breitensports abzutrennen, wie es sich ohnehin in manchen Ländern und Verbänden sowie bei manchen Theoretikern (z. B. bei dem Philosophen James Keating in seinen Aufsätzen zur Fairneß im Sport) abzuzeichnen beginnt. Eine Spaltung der Organisation könnte als Alternative der Spaltung der Moral folgen und die Ehrlichkeit, Glaubwürdigkeit, Lenkbarkeit und Kontrollierbarkeit sowohl im Normalwettkampfsport als auch im artistischen Höchstleistungssport vergrößern. Vielleicht sollte man tatsächlich eine differenzierte Vielfalt von unterschiedlichen bereichsspezifischen »Sportmoralen« (Meinberg) bewußt ausformulieren, die sich in ihrem Pluralismus dennoch abgestuft um eine Kernnorm (etwa um das formelle Fairneßgebot der Regelbeachtung) herumgruppieren können.

11. Für den Spitzen- und Höchstleistungssport könnte man u. U. an eine abgestufte schwächere Sanktionierung oder gar partielle Legalisierung des sog. taktischen Fouls ohne Verletzungsfolgen denken, indem man die weitverbreitete, vom Publikum erwartete, von Spielern und Trainern anerkannte Praxis – etwa der sog. »Notbremse« im Fußball – differenzierter durch Regeln

zu erfassen und zu kontrollieren sucht, indem man etwa verlet-
zungsgefährliche Fouls (z. B. Wegsäbeln der Beine) schärfer als
bisher (etwa stets durch rote Karte!) ahndet, ungefährliche taktische Fouls (wie Festhalten am Trikot) jedoch in differenzierter
Abstufung, aber in geregelter Form der Sanktionierungsver-
schärfung ahndet oder gar teilweise zuläßt. Dies würde nur eine
alle Tage geübte Praxis z. T. kontrolliert legalisieren und den
meisten Scheinstrategien, Vortäuschungsversuchen, Schauspie-
lereien, Tricks und Finten den Wind aus den Segeln nehmen.
(Tendenziell wurde im Fußball eine vielleicht noch zu einfache
Sanktionendifferenzierung durch das Zeigen der ›gelben‹ oder
der ›roten Karte‹ erzeugt; offenbar reichte diese Unterscheidung
noch nicht aus: eine gelb-rote Karte gibt es ja bereits.) Generell
gilt: Sollte der strukturelle Zwang zur Unfairneß im Höchstlei-
stungsspitzensport mit professioneller und existenzieller Be-
deutsamkeit nicht abzuändern sein, so sollte man ihn wenigstens
handhabbarer, d. h. kontrollierbar(er), machen.

12. Von entscheidender Wichtigkeit scheint eine Herabmilde-
rung der Überbetonung des Sieges und der Wichtigkeit des
sportlichen Erfolgs, also der »Singulärsiegerorientierung«, wie
ich dies vor Jahren schon gefordert habe. Ob dies durch Appelle
an Medien und Öffentlichkeit zu erreichen ist, ist freilich eine
andere Frage. Zumindest sollten alle Anstrengungen in dieser
Richtung unternommen werden. Die Verbände und Sponsoren
des Sports haben hier eine besondere Verantwortlichkeit, indem
sie nicht einseitig forcierte Erfolgsabhängigkeiten bei Trainern
und Athleten erzeugen und verschärfen – sondern einer huma-
nen Einschätzung nachordnen. Immerhin war es ein Karl Adam,
der berühmte Rudertrainer der großen Achtermannschaft der
50er und 60er Jahre, ein oft als »Leistungsfetischist« verschrie-
ner Trainer, der uns als begeisterter Pädagoge, der er wirklich war –
ins Stammbuch schrieb: »Nichtgewinnen ist kein Scheitern!«
Sachlich gesprochen, sind die Leistungsunterschiede im Spitzen-
bereich oft so minimal, daß Glücks- und Zufallsfaktoren häufig
den Ausschlag geben für einen Olympiasieg in der Konkurrenz
gleich starker und gleich gut trainierter Sportler(innen). Freilich erscheint es etwas utopisch, angesichts der finanziellen
Nutzungsmöglichkeiten, die heutzutage mit olympischen
Siegen (aber doch auch mit Silber- und Bronzemedaillen!) verbunden sind, auf eine sachgerechtere öffentliche Beurteilung und

Anerkennung der zweiten und dritten oder gar vierten Plätze zu hoffen.

13. Nicht nur Wettkampf führt zur Eigenleistung. Vielleicht muß der gesamte Sport sich neuen Herausforderungen stellen, wie sie sich in der neuen Spielbewegung (»New Games«) schon abzeichnen, und sich mehr freizeitorientierten Natursportarten, kreativen Varianten und spielerischen Möglichkeiten des Trainings sowie des Breitensports öffnen. Die Welle des Superspitzensports scheint sich allmählich – übrigens auch was die Telegenität der Einschaltquoten angeht – zu überschlagen und künftig z. T. einer geänderten Interesseneinstellung für das sportliche »Do it yourself!«, für das »Olympia des kleinen Mannes« in Gestalt von Eigenaktivitäten, Volksläufen, -radfahrten usw. zu weichen. Fairneß scheint besonders in nichtprofessionellen und nichtolympischen Sportarten nach wie vor en vogue. Wandert(e) die einstige olympische Idee in die nichtolympischen Freizeitsportarten aus? Werden etwa die World Games nichtolympischer Sportarten – wie auch der Breitensport – zur neuen Heimat des Fair play?

14. Uns Deutschen scheint es besonders nötig zu sein, mehr Gelassenheit und Lockerheit zu lernen und auf diese Weise gleichsam automatisch zurückhaltendes Fairneßverhalten zu üben. Wenn der offiziell organisierte Sport nicht den Kontakt mit und die Glaubwürdigkeit bei der jungen Generation verlieren will, wird er sich schnellstens und nachhaltig auf solche derzeit expandierenden Einstellungsänderungen einlassen und die mit ihnen verbundenen Werte ernstnehmen müssen. Sonst sitzt er eines Tages im Abseits und verwaltet nur den artistischen Hochleistungszirkus von vielfach manipulierten Spitzenleistungsprofessionals und konkurrenzneurotischen Durchsetzungstypen (die es natürlich auch im Normalsport gibt – besonders etwa im ranglistenneurotischen Tennisbetrieb, gerade auch auf Vereinsebene – selbst unter Hausfrauen und Jugendlichen).

15. Fairneß und Fair play sind zu wichtige ethische Orientierungswerte, als daß man sie mit marktschreierischen Alibi-Anpreisungen im Ausverkaufsbetrieb der Ellenbogengesellschaft verramschen dürfte. Im Gegenteil könnten die Ideen und das Prinzip Fairneß unter geeigneten Regelungs- und Kontrollbedingungen, bei gelassenerer Einstellung und insbesondere angesichts

der eigenständigen, erlebnisorientierten Aufbruchstimmung der jungen Generation auch künftig noch zu einem Leitwert und zu einer Leitnorm für andere gesellschaftliche Bereiche werden. Also doch noch kein Schwanengesang für die Fairneßidee? Ideen sind notwendig immer utopisch – ethische zumal. Man wird aber nicht die Zehn Gebote deswegen abschaffen wollen, weil sie oft gebrochen werden. Man muß freilich realistisch bleiben und die Kontrollen wirksamer machen und vielleicht auch die Extremforderungen herunterschrauben. Realistische utopische Forderungen – ein hölzernes Eisen? In der Tat – in gewissem Sinne. Ideen dürfen und müssen utopisch sein, sollten dies aber mit Blick auf die Realistik tun und auf Anwendungsbedingungen bezogen werden. Deren Kontrolle und Institutionalisierung (durch Anreize auch, nicht nur durch Sanktionen!) ist nötig, um aus Sonntagspredigten realistische Normen zu machen, wie für die Geschwindigkeitsbeschränkungen auf den Autobahnen gilt das auch für Fairneßregelungen in Sport, Wirtschaft und Gesellschaft. Die Gesellschaft lebt von der (allgemeinen) Fairneßbeachtung und -mentalität, die sie (als extreme Konkurrenzgesellschaft etwa) nicht erzwingen kann. Können wir zu einer Moderierung der Konkurrenzgesellschaft im Sinne einer wirklichen Fairneßgesellschaft kommen? Wir müssen es hoffen, wünschen und dafür arbeiten. Entscheidend sind nicht nur Ideen und dauernde Appelle, sondern auch Kontrollen und wirksame Anreize, Fairneß-Incentives! Incentives statt der Beschränkung auf Predigen und Appelle! Der Fairneß eine Gasse!

Matthias Beltz
**Warum
ich kein Sieger
sein will**

Darf man nach Tschernobyl noch am Barren turnen? Ist es nach den Massakern gegen den Rinderwahnsinn erlaubt, Pferde zu barren? Darf man nach den Vorkommnissen auf dem Balkan noch kleine Mädchen auf dem Turn-Balken quälen? Müssen Kinder von hechelnden Altlüstlingen sexuell belästigt und geschlagen werden, nur damit das Deutsche Reich auch Medaillen im Eiskunstlauf der Damen gewinnt? Diese Sätze sind geschmacklos, aber auch ernst, also wie das wirkliche Leben. Damit sind wir bei der zentralen Frage, die die Zukunft Europas mitbestimmen wird: Verträgt sich der Sport mit den Menschenrechten?

Seit langer Zeit beschäftigt mich diese streitkulturelle Problemstellung. Schon in der Schule nahm ich dazu öffentlich Stellung. In unserer Abiturzeitung der Oberprima Eins der Herderschule in Gießen habe ich im Februar 1964 eine kritische Position veröffentlicht. Der kleine Aufsatz hieß:

»Ein Tag aus dem Leben des Elevow Pupilowitsch. Ein Bericht eines Geplagten.

Die Schelle schnarrte. Wir mußten uns aufstellen. Zwölf Mann. Seimow war unser Bewacher. Auch heute mußte er uns wieder rannehmen.

Zuerst zählte er uns. Es waren alle da. Dann bestimmte er zwei Mithäftlinge, die ›sogenannte Hilfestellung‹ leisten sollten. In Wirklichkeit machten sie sich zu Handlangern des grausamen allwöchentlichen Rituals. Jeden Dienstag standen wir in der Halle. ›An die Stangen!‹, brüllte Seimow. Geplagte Kreaturen, die wir waren, schlichen wir an das ›Gerät‹. Die beiden Hilfeleistenden lächelten schon hämisch, während der erste von uns sich an die Stange schwang. Laute Schmerzensschreie durchdrangen die Luft, die meist stickig war.

Alle mußten an die Stange. Böse wurden wir zugerichtet. Doch noch lange war nicht Schluß. Es folgte die Doppel-Stange, auch Barren genannt. Seelisch und körperlich zugrunde gerichtet verließen wir dieses Foltergerät. Knochenbrüche, offene Fleischwunden waren normal, schlimmer und seltener kamen Verrenkungen der Wirbelsäule und Auseinanderbrechen des Rückgrats vor. Am Boden erhielten wir die vorläufig letzten Schläge. Rollen, vorwärts und rückwärts, wurden wie Daumenschrauben angesetzt. Die Sanitäter hatten am Nachmittag noch viel zu tun...«

Dieser Bericht aus dem damaligen Landesinnern der bundesrepublikanischen Nachkriegszeit läßt noch einmal die Vergangenheit lebendig werden. Eine Vergangenheit, die geprägt war von Krieg und Zerstörung. Meine Generation ist auf Lehrer getroffen, die nur ein Thema hatten: den Krieg und ihr Soldatsein. Nun muß man wissen, daß der Krieg der Vater aller Dinge ist, betont sei hier: *aller* Dinge. Und das zeigte sich besonders bei denen, die ihn sechs Jahre mitgemacht hatten, die also die schlechteste Ausbildung besaßen, die ein Mensch erleiden muß: Krieg. Diese pädagogisch unterentwickelten Studienräte wurden auf uns losgelassen und haben unsere Generation zerstört und sind verantwortlich für all die Schandtaten, die wir angerichtet haben, wir zwischen 1940 und 1950 Geborenen:

Wir haben als 68er die Familie zerstört, den Respekt vorm Alter und die Disziplin kaputt gemacht, und andererseits stellen wir als Nicht-Rebellen die langweiligsten und unfähigsten Politiker und Wirtschaftsführer, die je auf deutschem Boden das Vaterland in den Ruin führten.

All dieses Elend ist ein Produkt der Lehrer und besonders der damaligen Sportlehrer. Denn die versuchten immer, die Schlacht um Stalingrad in der Turnhalle doch noch zu gewinnen, die Ehre Rommels, des Wüstenfuchses, auf der staubigen Aschenbahn wiederherzustellen. Sie haben uns – ihrer eigenen, schmählichen Vergangenheitsbewältigung zuliebe – sinnlos geschleift und fertig gemacht. So aber entstehen keine Helden für den Alltag, sondern Mitläufer – im besten Falle Drückeberger, mit denen kein Staat zu machen ist.

Nun mag dem einen oder der anderen dies politisch zu hoch gegriffen scheinen. Da will einer aus der Ungemütlichkeit der schulischen Leibeserziehung gleich die großen Zusammenhänge aus Kulturkampf und Gegenwartskrise herstellen. Doch so abwegig ist der Gedanke nicht, der Krieg und Sport miteinander verbindet. Im Gegenteil, bei vernünftiger Betrachtung der Geschichte des 20. Jahrhunderts kommt man sehr schnell zu dem Ergebnis, daß hier ein grundlegendes Mißverständnis geherrscht haben muß – nämlich die ständige Verwechslung von Sport und Politik.

Schon die Wiedererweckung der Olympischen Spiele im Jahre 1896 hätte hellhörig machen sollen: Es ging dabei nämlich nicht um den friedlichen Wettstreit der Jugend der Völker, nein, das war die Gründung des ersten internationalen Fronttheaters zur Beglückung der Menschen in den Gefechtspausen. Es war nämlich am Ende des 19. Jahrhunderts wohlbekannt, was kommen werde.

Friedrich Engels hatte im Dezember 1887 eine Einleitung zu einer Schrift eines gewissen Borkheim verfaßt, die den Titel trug »Zur Erinnerung für die deutschen Mordspatrioten«. Hier schrieb der Fabrikant und Sozialist Engels die folgenden prophetischen Worte:

»Deutschland wird Verbündete haben, aber Deutschland wird seine Verbündeten und diese werden Deutschland bei erster Gelegenheit im Stich lassen. Und endlich ist kein andrer Krieg für Preußen-Deutschland mehr möglich als ein Weltkrieg, und zwar ein Weltkrieg von einer bisher nie geahnten Ausdehnung und Heftigkeit. Acht bis zehn Millionen Soldaten werden sich untereinander abwürgen und dabei ganz Europa so kahlfressen, wie noch nie ein Heuschreckenschwarm. Die Verwüstungen des Dreißigjährigen Krieges zusammengedrängt in drei bis vier Jahre und über den ganzen Kontinent verbreitet.« (MEW 21, 350 f.)

Der Weltkrieg kam im Jahre 1914, und es war Franz Kafka, der am 2. August dieses Schicksalsjahres in sein Tagebuch notierte und dabei vielleicht nur unbewußt einen großen Zusammenhang analysierte: »Deutschland hat Rußland den Krieg erklärt. – Nachmittags Schwimmschule.«

Und als Ergebnis dieses Krieges ergriff der Totalitarismus die

Macht: Kommunismus und Faschismus bestimmten die Welt. Und wieder stand der Sport im Zentrum des Interesses. Ossip Mandelstam, der große russische Dichter, der später selbst Opfer des Stalinismus wurde, schrieb in seiner Anfangsbegeisterung für den Aufbau des Sozialismus:

»Was hat der Staat mit Frauen und Kindern gemein, die rhythmische Übungen ausführen; was haben die strengen Schranken, die das rauhe Leben uns setzt, mit jener Seidenschnur gemein, die während dieser graziösen Übungen straff gespannt ist? Hier werden Sieger herangebildet – darin liegt die Gemeinsamkeit. Kinder, die es geschafft haben, über die Kordel hinwegzuspringen, werden keinerlei Angst vor sozialen Schranken haben. Sie sind die Herren ihres Bemühens. Sie haben es verstanden, die Anspannung ihrer Muskeln im Laufen auf die Schwierigkeit der Hindernisse abzustimmen. Die Schwierigkeit der Aufgabe kann maßlos anwachsen. Das durch die rhythmische Erziehung erworbene Können wird bleiben. Es ist fest eingewurzelt, ist präsent in friedlichen Verhältnissen staatsbürgerlichen Zusammenlebens und auch im Krieg, es ist überall, wo die menschliche Anstrengung Widerstand überwindet, es ist überall, wo es Sieger braucht.«

Soweit Ossip Mandelstam im Jahre 1920. Und dieses Zitat rechtfertigt auch im Nachhinein die zunächst leichtfertig erscheinende Anlehnung meines kurzen Schulsportartikels an Alexander Solchenizyn. Dessen Buch »Ein Tag im Leben des Iwan Denissowitsch« war damals gerade erstmals auf Deutsch erschienen und hatte Einblick gewährt in den Alltag des Gulagbetriebes in der Sowjetunion.

Ja, das 20. Jahrhundert ist die Epoche, in der die großen Träume des 19. Jahrhunderts in die Wirklichkeit umgesetzt werden und dort als Alpträume eine unbegreifliche barbarische Realität erzeugen.

Der Gedanke der Aufklärung wird zu einer furchtbaren Praxis, der Gedanke, daß letztlich auch der Mensch eine Maschine ist. »L'homme machine« hieß das einflußreiche Werk von Lamettrie. In diesem Jahrhundert, in dem der alte Adam anscheinend abgewirtschaftet hat, soll der Neue Mensch entstehen. Und er wird geboren aus Leid und Schmerz, durch Sport, durch Züchtung und Züchtigung.

Adolf Hitler schrieb in »Mein Kampf«: »Die übermäßige Betonung des rein geistigen Unterrichts und die Vernachlässigung der körperlichen Ausbildung fördern aber auch in viel zu früher Jugend die Entstehung sexueller Vorstellungen. Der Junge, der in Sport und Turnen zu einer eisernen Abhärtung gebracht wird, unterliegt dem Bedürfnis sinnlicher Befriedigung weniger als der ausschließlich mit geistiger Kost gefütterte Stubenhocker…

So muß die ganze Erziehung darauf eingestellt werden, die freie Zeit des Jungen zu einer nützlichen Ertüchtigung seines Körpers zu verwenden. Er hat kein Recht, in diesen Jahren müßig herumzulungern, Straßen und Kinos unsicher zu machen, sondern soll nach seinem sonstigen Tagewerk den jungen Leib stählen und hart machen, auf daß ihn dereinst auch das Leben nicht zu weich finden möge.« (Mein Kampf, S. 277f.).

Dieser Gedanke des ehemaligen obersten Reichssportführers findet sich heute noch in dem despektierlichen Reden vom »Weichei«, das man sogar Spitzenfußballern wie Andreas Möller oder auch Uwe Bein nachgesagt hat. Auch in Talkshows hört man schon einmal, daß eine Frau einen richtigen Mann wolle und kein »Weichei«. Das aber ist nicht einfach eine private Träumerei, hier wird gefährlich auf mythischem Boden phantasiert.

So hat denn auch folgerichtig die argentinische Schriftstellerin Victoria Ocampo die Schädlichkeit des Sports für die Weltgeschichte offen angeklagt. Bei ihrem Deutschlandbesuch im Juni 1946 beobachtete sie den Nürnberger Prozeß und erkannte:

»Alles in diesem Saal beweist mir, daß es sich um eine Angelegenheit handelt, die nur zwischen Männern ausgemacht wird. Der Prozeß von Nürnberg ähnelt meiner Dakota, die ausschließlich für den Truppentransport eingerichtet ist. Man hat in beiden Fällen nicht mit der Anwesenheit von Frauen gerechnet. Dieses Tribunal, jenes Flugzeug, sahen keine Frauen an Bord vor. Beide wurden gebaut und eingrichtet mit der Absicht, ohne sie auszukommen.

Die Frauen sind bei diesem männlichen Sport, unter dessen Folgen sie leiden, ohne Nutzen.« (*Freibeuter* 66, November 1995, S. 98).

Der Schulsport war eine solche Männersache, die ich, obwohl doch selbst ein Knabe, immer gehaßt habe. Ohne Wissen um die nahezu kosmische Verstrickung des Sports in die großen Tragödien der Menschheit war mir das Schuldhafte und gleichsam Barbarische des Sports immer intuitiv gegenwärtig.

Vollkommen konsequent habe ich darum auch zu Beginn der sechziger Jahre den Kriegsdienst mit der Waffe verweigert. Ich glaube heute nicht, daß dies aus tiefstem Gesinnungspazifismus geschah. Der Pazifismus ist eine moralische Grundüberzeugung und dadurch sehr subjektiv. Moral ist ja oft auch eine Frage der Tagesstimmung und der Gelegenheit.

Ich kann mir sehr wohl vorstellen, auch mal vom Tötungswillen durchdrungen zu sein. Und ich hätte heute keine Freude daran, daß ausgeflippte Soldaten aus schwer erkennbaren östlichen Staatengebilden Deutschland überrennen und besetzen. Nein, eine Verteidigung des Vater- oder Mutterlandes halte ich nicht mehr per se für kriminell. Meine Verweigerung des Dienstes bei der Bundeswehr rührte daher auch nicht aus einem gefestigten Pazifismus, sondern aus der fundamentalen Abscheu vor männerbündlerischem Sportsgeist.

Kasernen, dachte ich mir, riechen wie Turnhallen. Und da soll ich sogar übernachten? Mit Kameraden auf einer Stube liegen, die nichts anderes im Sinne haben, als sportlichen Spaß auf Kosten der Schwächeren zu haben?

Mich vor diesem Leid zu schützen, kam mir das Grundgesetz entgegen und erlaubte mir, mein Gewissen nicht durch unappetitliche Unterwerfung unter Sportzwänge zu belasten. Diese Zwänge sind heute, nach dem Sieg des Kapitalismus, nicht mehr militärisch allein begründet, sondern warenästhetisch.

Was heißt das?

Das bedeutet: Wir leben in einem Zeitalter der anthropologischen Revolution. Der Mensch schreitet zurück an den Anfang: Survival of the fitest heißt das Evangelium. Statt Nächstenliebe regiert Eigenliebe, und die kann nur einem sportlichen Körper gelten. Der Neue Mensch marschiert nicht als kommunistischer Lottogewinn auf oder als nationalsozialistisch-arischer Blondinenwitz – der Neue Mensch ist eine Ware in der Marktwirtschaft, der Neue Mensch ist eine Sex-, Arbeits- und Freizeitmaschine. Die muß funktionieren. Dadurch wird der Sport zum neuen Totalitarismus – er erfaßt und regiert den Neuen Menschen, der sich selber herstellen muß, um lecker und attraktiv und verkäuflich zu sein.

Statt Stasi und Gestapo haben wir Fitneß-Studios und Solarien – das Schwimmbad wird zum Volksgericht, in dem johlend über den Schuldigen der Stab gebrochen wird, der seinen Body nicht zeitgerecht gestylt hat. Sport ist – und das ist die Pointe jeder hedonistischen Konsequenz – nicht Spaß und Spiel – sondern Folter und Masochismus, Askese und Selbstzerstörung.

Das gilt für Männer und Frauen, denn auch die Kriege der Zukunft kennen keinen Geschlechtsunterschied mehr. Die berühmte Schauspielerin Pamela Anderson, bekannt durch Busen, Schmollmund und Knackarsch aus der Fernsehserie »Baywatch« wird von der BILD-Zeitung eine »fleischgewordene Barbie-Puppe« genannt. Um diese Stufe menschlichen Verschwindens erreichen zu können, arbeitet die Frau sehr hart an sich. BILD vom 14. März 1996 berichtet davon unter dem Titel »Wenn Körper-Kult zum Wahn wird« und läßt Anderson über ihre Frankenstein-Experimente, die sie mit sich selbst anstellt, offen reden. Hier werden Dr. Frankenstein und das Monster zu einer Person, besser: zu einem Apparat. »Meine Implantate (Silikon in der Brust) schmerzen gelegentlich, aber das ist ganz normal. Ich plane sogar, mein Kind zu stillen...

Momentan beschäftige ich mich sehr mit den Hüften, weil die mein ganzes Erscheinungsbild beeinflussen. Als Frau, die langsam auf die Dreißig zugeht, muß ich daran besonders hart arbeiten...

Ich stehe morgens um sechs auf und wasche mich mit Bürste und Kernseife. Dann holt mich mein ›personal trainer‹ ab, und wir gehen ins Studio oder an den Strand. Danach frühstücke ich mit meiner Kosmetikerin. Momentan widme ich mich einer ganz auf mich ausgerichteten Schönheitspflege:

Ich unterziehe mich einer vorbeugenden Elektro-Lipolyse und einer vorbeugenden Elektro-Ridopunktur gegen Falten. Dazu gehören einmal pro Woche das Bioface-lifting, Farb- und Aromatherapie und eine Frischzellenkur.«

Wenn also das neue soziale Ideal unserer Gesellschaft der terminator-artig gestylte Körperinhaber ist, der Mensch der Zukunft einen Kraftkörperschein mit sich führen muß, auf dem die Termine für Ersatzteilwechsel und TÜV vermerkt sind, dann ist es heute nicht verwunderlich, daß junge Menschen vom Cyber-Space und Internet träumen. Da geht es nicht ganz so herzlos zu.

Ohne jammern zu wollen, denn mir geht es ja auch als einem Sportverweigerer aus Gewissensgründen immer noch gut, also ohne Klage und Lamento möchte ich hier bloß auf die fatalen Auswirkungen dessen aufmerksam machen, was im 19. Jahrhundert sich als Sport, Turnen und Leibesübungen entwickelt hat und heute Terror ausübt.

Der Terror findet auch und gerade in der Reklame statt. Die Werbung ist das Herz der kapitalistischen Marktwirtschaft, kein Wunder, daß hier der Sport wieder an vorderster Front zu finden ist. Unternehmen schaffen sich eine saubere corporate identity, wenn sie beliebte Athleten sponsern. Gegen das Vergessen hilft hier die Erinnerung an den Chef der Kräuterlikörfirma »Jägermeister«, der über die Unterstützung des Fußballvereins Eintracht Braunschweig unbehelligt für diese jugendverderbliche Droge werben durfte. Heute läßt sich feststellen, daß der Wert eines Sportlers danach zu bemessen ist, wieviel er durch Werbeverträge verdient. Ja, es ist alles Wert geworden in dieser Zeit des Werteverfalls, der Mensch wird zum Tauschwert. Und der Sportler geht als erster durchs Ziel bei diesem Wettlauf in den Abgrund. Und auch vor Kindern wird nicht halt gemacht. Ein Beispiel finden wir dafür bei der Werbung der Dresdner Bank für Investments: Zwei Jungen im Boxer-Dreß stehen sich grimmig gegenüber und schauen mit hocherhobenen Fäusten in die Kamera. Dazu gehört der Spruch: »Nur wenn man weiß, wo man den richtigen Treffer landet, kann man mit guten Renditen punkten.« Ein Beschwerdeführer fand, daß diese Reklame auf »die Fortentwicklung der Ellenbogengesellschaft gerichtet« und »gewaltverharmlosend« sei. Die Bank zog die Anzeige zurück, der Deutsche Werberat mußte nicht einschreiten. Wenn man sich mit der Materie noch genauer beschäftigen will, wird man in einem Labyrinth der Verstrickungen eintauchen und überall auf Sport treffen, wenn es um Gewalt und Geschäft geht.

Genau dies aber macht mich stutzig, und zwar mir selber gegenüber. Bin ich nicht selbst durchaus geldgierig, latent gewaltbereit und schaue mir sogar mit Vergnügen Kunstwerke und Kitschstoffe an, bei denen es um das Böse geht? Liegt meine Abneigung gegen jede Art des Sportes vielleicht gar außerhalb des Sportes?

Schließlich gehe ich gern spazieren, bewege mich gern da und dort, habe in meiner Jugend viel demonstriert, was oft der Leibesertüchtigung diente. Auf Parties zu tanzen, schien mir immer eher der Sinn eines Festes zu sein als dort die ewig gleichen Gespräche zu führen. So frage ich mich, ob in mir nicht auch ein Sportler steckt und die ganze, wenn auch wohlbegründete Kritik am Sport, ja seine Verachtung, vielleicht aus Selbstverachtung und Sich-selbst-mies-Machen rührt.

Das aber darf nicht sein, denn dafür bin ich viel zu gesund. Dann beruht meine tiefe Abneigung gegen jede Art von sportlicher Betätigung möglicherweise gar nicht auf dem Sport selbst. Man darf eben nicht von sich alleine ausgehen, sondern muß das Ganze im Weltzusammenhang schauen.

Betrachtet man die Welt, wie es ihr gebührt, als miese Comedy-show, deren Erfinder und Regisseur schon längst tot ist, dann gilt es, auf Komik zu achten.

Was aber ist Komik? Sie ist nicht das Gegenteil von Ernst; Komik ist das Gegenteil von gutgelaunt. Darum entsteht wirkliche Komik dort am schönsten, wo es jemand sehr ernst meint und scheitert. Hier bietet sich das weite Feld des Sportes an, der bekanntlich die ernsteste Hauptsache in der Welt ist, zumindest für die, die ihn betreiben. Sport ist spannend oder komisch. Darum verweigere ich seit Kindesbeinen den Dienst am Sport. Ich möchte selbst darüber bestimmen, wann und wo ich mich blamiere. Ich fordere Selbstbestimmungsrecht für mich über den Zeitpunkt öffentlicher Peinlichkeit. Schauen Sie sich am Samstag die Fernsehübertragungen der Fußballspiele der Bundesliga an. Betrachten Sie einen Tormann, der falsch reagiert hat und einen Ball durchlassen mußte. Achten Sie auf die Zeitlupenwiederholung seiner komischen Körperhaltung und seines verdutzten Gesichtes. Da entsteht Schadenfreude und der Genuß, nicht selber als solch ein schlapper Kicker erwischt worden zu sein.

Erinnern Sie sich an Jürgen Hingsen, unseren großen Zehnkämpfer, der bei den Olympischen Spielen drei Fehlstarts hinlegte und sich dadurch disqualifizierte? Oder an den Hürdenläufer, der die Hürden umwarf und – auf dem Boden liegend – traurig in Richtung Ziel schaute? Wer wird das Eislaufpaar vergessen und diesen furchtbaren Moment, als *sie* mit dem Kinn während des Laufes voll auf das Eis knallte? Es ließen sich unzählige Beispiele bringen für Komik im Sport. Die Komik überwiegt sogar, denn Verlieren ist komisch, Scheitern ist komisch. Siegen ist schön, aber es kann nicht jeder Sieger sein, sonst gäbe es keine Verlierer.

Lassen wir einen Soziologen sprechen: »Sport und Politik verbindet neben dem beiden zugrundeliegenden Leistungsprinzip das Vorhandensein von Regeln. Das Ziel beider ist die Erfüllung der Regel. Der Torschuß, das ist das regelrechte Einbringen des Balls in den Raum hinter der Torlinie, der Torschuß setzt weitere Regeln in Kraft, nämlich die Punkteregelung, die letztlich den Tabellenstand regelt. Das Verhältnis eines Menschen zum Sport wird also bestimmt von dem Verhältnis, das er zu Regeln hat.«

Regeln einhalten und trotzdem verlieren können – das ist zuviel für mich. Also werde ich nie Sieger sein, aber immer Spaziergänger und Liebhaber der angenehmen Bewegung im Freien und in schönen Räumen. Mein Vorbild ist dabei ein alter Bergsteiger, der alles Wesentliche zum Thema Mensch und Sport gesagt hat.

Luis Trenker beschrieb in seinen 10 Bergsteigergeboten (1931) eine wertvolle Grundeinstellung zum menschlichen Dasein:

»1. Du sollst keine Bergfahrt unternehmen, der du nicht gewachsen bist; du mußt dem Berg überlegen sein und nicht der Berg dir...!

4. Du sollst die Gegend, die du durchwanderst, nicht verunehren, und sollst Gottes große Natur nicht mit Flaschenscherben, Eierschalen, Obstabfällen, Papierfetzen, Sardinenbüchsen und Unrat verschönern. ... Du sollst die Wegweiser nicht als Wurfziele mißbrauchen und sollst umgefallene Wegzeichen nicht ›zum Spaß‹ in die falsche Richtung stellen. Du sollst kein ›Gatter‹ offenstehen lassen... Du sollst endlich an begangenen Wegen und auf viel besuchten Gipfeln nicht Nackt- und Halbnacktkultur treiben, sollst aber Luft und Sonne genießen, wo es nur immer geht...

6. Du sollst die Schutzhütte würdigen, als wäre es dein Haus und Heim. Du sollst dich bescheiden und keine Ansprüche stellen, die nur ein Hotel befriedigen kann. ... Du sollst Grammophone und Kellnerinnen in Ruhe lassen und auch die Gitarre nur dann berühren, wenn du etwas davon verstehst...

10. Du sollst die Berge nicht durch Rekordsucht entweihen, Du sollst ihre Seele suchen.«

K. Dzionara: Sport in den frühen Hochkulturen

C. Blunden und M. Elvin, Weltatlas der alten Kulturen. China, München 1992.

W. Decker, Die physische Leistung Pharaos. Untersuchungen zu Heldentum, Jagd und Leibesübungen der ägyptischen Könige, Köln 1971.

W. Decker, Sport und Spiel im Alten Ägypten, München 1987.

W. Decker, Quellentexte zu Sport und Körperkultur im alten Ägypten, Sankt Augustin 1975.

C. Diem, Weltgeschichte des Sports und der Leibeserziehung, Stuttgart 1960.

K. Dzionara, Wie der Stier nach Ägypten kam. Hildesheimer Symposium führt neue Funde vor, in: Hannoversche Allgemeine Zeitung vom 16. 7. 1993, Bericht über aktuelle, bisher unveröffentlichte Grabungsergebnisse des Österreichischen Archäologischen Instituts unter der Leitung von Manfred Bietak im östlichen Nildelta aus Anlaß des Symposiums »Ägyptisch-minoische Beziehungen« im Hildesheimer Roemer- und Pelizaeus-Museum.

V. Haas, Kompositbogen und Bogenschießen als Wettkampf im Alten Orient, in: Nikephoros 2, 1989, 27-41.

J. Herrmann (Hg.), Kulturgeschichte des alten Vorderasien, Veröffentlichung des Zentralinstituts für Alte Geschichte und Archäologie der Akademie der Wissenschaften der DDR, Berlin 1989.

J. Huizinga, Homo ludens. Vom Ursprung der Kultur im Spiel, Reinbek b. Hamburg 1994.

B. Hrouda, Der Alte Orient. Geschichte und Kultur des alten Vorderasiens, München 1991.

M. Korfmann, Schleuder und Bogen in Südwestasien. Von den frühesten Belegen bis zum Beginn der historischen Stadtstaaten, Bonn 1972.

L. Trümpelmann, Jagd B. Archäologisch, in: RIA Bd. 5, 1976-1980, 236-238.

H. Ueberhorst (Hg.), Geschichte der Leibesübungen, Bd. 1 und 2, Berlin 1972 u. 1978.

I. Weiler, Langzeitperspektiven zur Genese des Sports, in: Nikephoros 2, 1989, 7-26.

I. Weiler, Der Sport bei den Völkern der alten Welt, Darmstadt 1981.

J. G. Younger, Bronze age representations of aegean bull-games, III, in: Politeia. Society and state in the aegean bronze age, hg. von R. Lafineur und W.-D. Niemeier, 1995.

Katalog, Das alte China. Menschen und Götter im Reich der Mitte, Kulturstiftung Ruhr Essen, Villa Hügel, 2. Juni bis 5. November 1995.

Art. Sport, in: Meyers Enzyklopädisches Lexikon, Mannheim/Wien/Zürich
1978.

W. Decker: Die Anfänge der Olympischen Spiele

Seit 1989 erscheint in der Zeitschrift Nikephoros jährlich eine Bibliographie,
die das internationale wissenschaftliche Schrifttum zum Sport im Altertum
nachweist.

Allgemeine Literatur zum griechischen Sport

W. Decker, Sport in der griechischen Antike, München 1995.
E. N. Gardiner, Athletics of the Ancient World, Oxford 1930, Nachdr. Chi-
cago 1987.
H. A. Harris, Greek Athletes and Athletics, Ithaca, N. Y. 1972.
D. G. Kyle, Athletics in Ancient Athens, Leiden 1987.
S. G. Miller, Arete. Greek Sports from Ancient Sources, Berkeley/Los Ange-
les/Oxford ²1991.
R. Patrucco, Lo sport nella Grecia antica, Florenz 1972.
O. Tsachou-Alexandri (Hg.)m, Mind and Body. Athletic Contestis in An-
cient Greece, Athen 1989.
D. Vanhove (Hg.), Le sport dans la Grèce antique, Brüssel 1992.
I. Weiler, Der Sport bei den Völkern der Alten Welt, Darmstadt ²1988.

Literatur zur Einleitung

J. Burckhardt, Griechische Kulturgeschichte (hg. von R. Marx), 3 Bde. Stuttgart 1941.
W. Decker, Das sogenannte Agonale und der Sport im Alten Ägypten, in: M.
Görg/E. Pusch (Hg.), Festschrift Elmar Edel 12. März 1979, Bamberg
1979, 90-104.
I. Weiler, Aien Apicteyein. Ideologiekritische Bemerkungen zu einem viel-
zitierten Homerwort, in: Stadion 1, 1975, 199-227.

Sport bei Homer (und Beziehungen zum Orient)

C. Auffahrt, Der drohende Untergang, Berlin/New York 1991.
W. Burkert, Die orientalisierende Epoche in der griechischen Religion und
Literatur, Heidelberg 1984.
W. Burkert, Von Amenophis II, zur Bogenprobe des Odysseus, in: Grazer
Beiträge 1, 1973, 69-78.
W. Decker, Sport und Spiel im Alten Ägypten, München 1987.
W. Decker, Zum Ursprung des Diskuswerfens, in: Stadion 2, 1976, 196-212.
W. Decker/M. Herb, Bildatlas zum Sport im Alten Ägypten, 2 Bde., Leiden/
Köln/New York 1994.
J. Latacz, Homer. Eine Einführung, München/Zürich ²1992.

K. Meuli, Der griechische Agon, 1926, Köln 1968.

S. Morenz, Die Begegnung Europas mit Ägypten, Berlin 1968.

L. Roller, Funeral Games for Historical Persons, in: Stadion 7, 1981, 1-18.

R. Rollinger, Aspekte des Sports im Alten Sumer, in: Nikephoros 7, 1994, 7-64.

Die Olympischen Spiele

a) allgemein

H. Bengtson, Die olympischen Spiele in der Antike, Zürich/Stuttgart ³1984.

J. Ebert e.a., Olympia, Leipzig 1980.

H.-V. Herrmann, Olympia, München 1972.

M. J. Finley/H. W. Pleket, Die Olympischen Spiele der Antike, Tübingen 1976.

W. Coulson/H. Kyrieleis (Hg.), Proceedings of an International Symposium on the Olympic Games, 5.-9. September 1988, Athen 1992.

A. Mallwitz, Olympia und seine Bauten, Darmstadt 1972.

W. Raschke (Hg.), The Archaeology of the Olympics, Madison/London 1988.

N. Yalouris e.a., The Olympic Games in Ancient Greece, Athen 1982.

b) spezielle Themen

Amateurismus – Professionalismus

D. C. Young, The Olympic Myth of Greek Amateur Athletics, Chicago 1984.

H. W. Pleket, Zur Soziologie des antiken Sports, in: Mededelingen van het Nederlands Instituut te Rome 36, 1974, 57-87.

Disziplinen

Allgemein sei auf die von I. Weiler herausgegebene Serie Quellendokumentation zur Gymnastik und Agonistik im Altertum hingewiesen, in der bereits Faszikel für Diskuswerfen (1991), Weitsprung (1992), Speerwerfen (1993) sowie Boxen (1995) vorliegen.

Lauf

J. Jüthner/F. Brein, Die athletischen Leibesübungen der Griechen II. Einzelne Sportarten, Lauf-, Sprung- und Wurfwettbewerbe, Wien 1968.

Kampfsportarten

M. B. Poliakoff, Kampfsport in der Antike, Zürich/München 1989.

Pentathlon

J. Ebert, Zum Pentathlon der Antike, Berlin 1963.

Wagenrennen

W. Decker, Zum Wagenrennen in Olympia, in: Coulson/Kyrieleis, Olympic
    Games, 129-139.
J. Ebert, Neues zum Hippodrom und zu den hippischen Konkurrenzen in
    Olympia, in: Nikephoros 2, 1989, 89-107.

Festfrieden

G. Rougemont, La hiéroménie des Pythia et les ›trêves sacrées‹ d'Eleusis, de
    Delphes et d'Olympie, in: Bulletin de Correspondance Hellénique 97,
    1973, 75-106.

Gymnasion

J. Delorme, Gymnasion, Paris 1960.
J. Delorme/W. Speyer, Gymnasion, in: Reallexikon für Antike und Chri-
    stentum XIII, 1986, 155-176.
A. Mehl, Erziehung zum Hellenen – Erziehung zum Weltbürger, Bemer-
    kungen zum Gymnasion im hellenistischen Osten, in: Nikephoros 5,
    1992, 43-73.

Orakel

C. Morgan, Athletes and Oracles, Cambridge e.a. 1990.
U. Sinn, Olympia. Die Stellung der Wettkämpfe im Kult des Zeus Olympios,
    in: Nikephoros 4, 1991, 31-54.

Periodoniken

R. Knab, Die Periodoniken, Gießen 1934, Nachdr. Chicago 1980.
P. Frisch, Der erste vollkommene Periodonike, in: Epigraphica Anatolica 18,
    1991, 71-73.

Sieg, Sieger, Siegerinschriften, Siegerstatuen

H. Buhmann, Der Sieg in Olympia und in den anderen panhellenischen Spie-
    len, München 1972.
J. Ebert, Epigramme auf Sieger an gymnischen und hippischen Agonen, Ber-
    lin 1972.
H.-V. Herrmann, Die Siegerstatuen von Olympia, in: Nikephoros 1, 1988,
    119-183.
L. Moretti, Iscrizioni agonistiche greche, Rom 1953.
L. Moretti, Olympionikai, i vincitori negli antichi agoni olimpici, Rom 1957.
L. Moretti, Nuovo supplemento al catalogo degli olympionikai, in: Miscella-
    nea greca e romana 12, 1987, 67-91.
F. Raussa, L'immagine del vincitore, Treviso/Rom 1994.

Todesfälle

R. H. Brophy, Death at the Panhellenic Games. Arrhichion and Creugas, in:
    American Journal of Philology 99, 1978, 363-390.

Training

J. Jüthner, Philostratos, Über Gymnastik, Leipzig/Berlin 1909, Nachdr. Amsterdam 1969.

Ursprung

Ch. Ulf/I. Weiler, Der Ursprung der antiken Olympischen Spiele in der Forschung, in: Stadion 6, 1980, 1-38.

A. Mallwitz, Cult and Competition Locations at Olympia, in: Raschke (Hg.), Archaeology of Olympics, 79-109.

Zur 1994 gefundenen Athleteninschrift in Olympia siehe vorläufig J. Ebert, in: Nikephoros 7, 1994, 238-241; U. Sinn, ebenda 313 f., sowie in: Antike Welt 26, 1995, 155 f.

I. Weiler: Sport bei den Römern

Literaturübersichten bieten:

W. Decker, Jahresbibliographie zum Sport im Altertum, mit dem Stichwort Rom und der Unterteilung: 1. Etrusker und frühes Rom, 2. Republik und Kaiserzeit, 3. Ludi, 4. Sportarten und Sportgeräte, 5. Spiel, Tanz, Jagd, Hippik, 6. Circus und Wagenrennen, 7. Amphitheater und Gladiatorenwesen, 8. Thermen und Badekultur, 9. Sport und Kunst, 10. Römische Autoren zum Sport, 11. Allgemeines, Übergreifendes, Verschiedenes, in den einzelnen Nikephoros-Bänden, zuletzt 7, 1994, 263-68, die Nummern 93-141.

E. Marótie, Bibliographie zum antiken Sport und Agonistik, Szeged 1980 (Acta universitatis de Attila József nominatae. Acta antiqua et archaeologica, Band 22).

Th. F. Scanlon, Greek and Roman Athletics. A Bibliography. With Introduction, Commentary and Index, Chicago 1984.

J.-M. André, Griechische Feste, römische Spiele. Die Freizeitkultur der Antike, Stuttgart 1994.

R. Auguet, Cruauté et civilisation: Les jeux romains, Paris 1970.

D. Balsdon, Life and leisure in ancient Rome, London 2. Aufl. 1974.

E. Baltrusch, Die Verstaatlichung der Gladiatorenspiele, in: Hermes 116, 1988, 324-329.

E. Brödner, Die römischen Thermen und das antike Badewesen, Darmstadt 2. Auflage 1992.

W. Burkert, Heros, Tod und Sport. Ritual und Mythos der Olympischen Spiele in der Antike, in: G. Gebauer (Hg.), Körper- und Einbildungskraft. Inszenierungen des Helden im Sport, Berlin 1988, 31-43.

M. L. Caldelli, L'Agon Capitolinus, Rom 1993.

A. Cameron, Bread and circuses, The Roman emperor and his people, Oxford 1974.

A. Cameron, Circus factions. Blues and Greens at Rome and Byzantium, Oxford 1976.

S. Cerutti, The seven eggs of the Circus Maximus, in: Nikephoros 6, 1993, 167-176.

Ph. de. Charbonnières, Olympie. La victoire pour les dieux, Paris 1995.

W. Decker, Sport in der griechischen Antike. Vom minoischen Wettkampf bis zu den Olympischen Spielen, München 1995.

J. Deininger, Brot und Spiele. Tacitus und die Entpolitisierung der plebs urbana, in: Gymnasium 86, 1979, 278-303.

J. Ebert, Griechische Epigramme auf Sieger an gymnischen und hippischen Agonen, Berlin 1972, Abhandlungen der Sächsischen Akademie der Wissenschaften, Band 63,2.

J. Ebert, Jahrtausendfeiern für Rom und die Olympischen Spiele, in: Nikephoros 6, 1993, 159-165.

S. Facchini, I. Luoghi dello Sport nella Roma antica e moderna, Rom 1990.

R. W. Fortuin, Der Sport im augusteischen Rom, Stuttgart 1996, Palingenesia, Band 57.

L. Friedlaender, Darstellungen aus der Sittengeschichte Roms in der Zeit von Augustus bis zum Ausgang der Antonine, Leipzig 10. Auflage 1922, Band 2.

P. Frisch, Zehn agonistische Papyri, Opladen 1986, Abhandlungen der Rheinisch-Westfälischen Akademie der Wissenschaften. Papyrologica Coloniensia, Band 13.

E. N. Gardiner, Athletics in the Ancient World, Oxford 1930, Neudruck 1987.

J.-Cl. Golvin, L'amphithéâtre romain. Essai sur la théorisation de sa forme et de ses fonctions, Paris 1988, 2 Bände.

G. Gori, Etruscan Sports and Festivals, in: Stadion 12/13, 1986/87, 9-16.

R. Graefe, Vela erunt. Die Zeltdächer der römischen Theater und ähnlicher Anlagen, Mainz 1979, 2 Bände.

M. Grant, Die Gladiatoren, Stuttgart 1970.

H. A. Harris, Sports in Greece and Rome, London 1972.

H. Heinz, Römische Thermen. Badewesen und Badeluxus im Römischen Reich, München 1983.

A. Henze, Die antike Architektur vollendete sich im römischen Sportbau, in: Antike Welt 1,2, 1970, 30-35.

M. Herrmann, Zur Frau als Zuschauerin bei Wettkämpfen in römischer Zeit, in: Nikephoros 5, 1992, 85-102.

A. Hönle und A. Henze, Römische Amphitheater und Stadien. Gladiatorenkämpfe und Cirucusspiele, Zürich 1981.

G. Horsmann, Die Bescholtenheit der Berufssportler im römischen Recht, in: Nikephoros 7, 1994, 207-227.

J. Huizinga, Homo ludens. Vom Ursprung der Kultur im Spiel, Hamburg 1938, 1991.

J. Humphrey, Roman circuses. Arenas for chariot racing, Berkeley/Los Angeles 1986.

J. Jüthner (Hg. F. Brein), Die athletischen Leibesübungen der Griechen. Erster Teil, Geschichte der Leibesübungen; Wien 1965; Zweiter Teil/1. Hälfte, Die einzelnen Sportarten. Lauf-, Sprung- und Wurfbewerbe; Wien 1968, Österreichische Akademie der Wissenschaften, philosoph.-histor. Klasse, Sitzungsberichte, 249. Band, 1. und 2. Abhandlung.

J. Jüthner, Philostratos. Über Gymnastik, Leipzig/Berlin 1909, Sammlung Wissenschaftlicher Kommentare, Band 7.

I. und A. König, Der römische Festkalender der Republik. Feste, Organisation und Priesterschaften, Stuttgart 1991.

D. G. Kyle, Animal spectacles in ancient Rome, meat and meaning, in: Nikephoros 7, 1994, 181-205.

M. Lämmer, Die Aktischen Spiele von Nikopolis, in: Stadion 12/13, 1986/87, 27-38.

Ch. Landes (Hg.), avec la participation de Véronique Kramérovskis, Véronique Fuentes et de Antoine Chéné, Philippe Foliot, Le cirque et les courses de chars Rome – Byzance, Lattes 1990.

H. Langenfeld, Artemidors Traumbuch als sporthistorische Quelle, in: Stadion 17, 1991, 1-26.

H. Langenfeld, Die Politik des Augustus und die griechische Agonistik, in: E. Lefèvre (Hg.), Monumentum Chiloniense. Kieler Festschrift für Erich Burck zum 70. Geburtstag, Amsterdam 1975, 228-259.

H. Langenfeld, Griechische Athletinnen in der römischen Kaiserzeit, in: M.-R. Renson, P. Nayer de Pierre, M. Ostyn (Hg.), The History, the Evolution and Diffusion of Sports and Games in Different Cultures, Brüssel 1976, 116-125.

H. M. Lee, The sport fan and team loyalty in ancient Rome, in: Arete 1, 1983, 139-145.

G. Lukas, Sport im alten Rom, Berlin 1982.

E. Mähl, Gymnastik und Athletik im Denken der Römer, Amsterdam 1974.

D. Mancioli, Giochi e spettacoli, Rom 1987.

H. I. Marrou, Geschichte der Erziehung im klassischen Altertum, München 7. Auflage 1977.

S. Müller, Das Volk der Athleten. Untersuchungen zur Ideologie und Kritik des Sports in der griechisch-römischen Antike, Trier 1995, Bochumer altertumswissenschaftliches Colloquium, Band 21.

D. Nardoni, I gladiatori Romani, Rom 1989.

I. Nielsen, Thermae et balnea. The architecture and cultural history of Roman public baths, Aarhus 1990, 2 Bände.

H. W. Pleket, Zur Soziologie des antiken Sports, in: Mededelingen Nederlands Instituut te Rome 36, 1974, 57-87.

M. B. Poliakoff, Kampfsport in der Antike. Das Spiel um Leben und Tod, Zürich/München 1989.

M. B. Poliakoff, Stadium and arena, Reflections on Greek, Roman, and contemporary social history, in: Olympika 2, 1993, 67-78.

M. Reis, Sport bei Horaz, Hildesheim 1994 (Nikephoros Beihefte, Band 2).

L. Robert, Les épigrammes satiriques de Lucillius sur les athlètes, parodie et réalités, dans L'Epigramme grecque. Entretiens sur l'Antiquité classique, Genf 1967, 181-291 (Fondation Hardt, Band 14).

L. Robert, Les gladiateurs dans l'Orient grec, Paris 1940.

W. Rudolph, Olympischer Kampfsport in der Antike. Faustkampf, Ringkampf und Pankration, Berlin 1965 (Deutsche Akademie der Wissenschaften zu Berlin. Schriften der Sektion für Altertumswissenschaft, Band 47).

W. Rudolph, Sportverletzungen und Sportschäden in der Antike, in: Altertum 22, 1976, 21-26.

P. Sabbatini Tumolesi, Gladiatorum paria. Annunci di spettacoli gladiatori a Pompei, Rom 1986.

P. Sabbatini Tumolesi, Epigrafia anfiteatrale dell'Occidente romano, Rom 1988.

A. Scobie, Spectator security and comfort at gladiatorial games, in: Nikephoros 1, 1988, 191-243.

U. Sinn, Bericht über das Forschungsprojekt Olympia während der römischen Kaiserzeit, in: Nikephoros 5, 1992, 75-84 (weitere Berichte in den folgenden Bänden).

U. Sinn, Olympia. Kult, Sport und Fest in der Antike, München 1996 (Wissen in der Beck'schen Reihe 2039).

J.-P. Thuillier (Hg.), Spectacles sportifs et scéniques dans le monde étrusque-italique, Rom 1993.

J.-P. Thuillier, Le sport dans la Rome antique, Paris 1996.

J.-P. Thuillier, Les jeux athlétiques dans la civilisation étrusque, Rome 1985 (Bibliothèque des Écoles Françaises d'Athènes et de Rome, Band 256).

H. Ueberhorst (Hg.), Geschichte der Leibesübungen, Berlin 1972, Band 1.

J. Väterlein, Roma ludens. Kinder und Erwachsene beim Spiel im antiken Rom, Amsterdam 1976.

P. Veyne, Brot und Spiele. Gesellschaftliche Macht und politische Herrschaft in der Antike, Frankfurt a. M./New York 1988 (Theorie und Gesellschaft, Band 11).

G. Ville, La gladiature en Occident des origines à la mort de Domitien, Rom 1981.

A. Wacke, Athleten als Darlehensnehmer nach römischem Recht, in: Gymnasium 86, 1979, 149-164.

I. Weber-Hiden, Wettkampfdarstellungen auf Terra Sigillata, in: Nikephoros 5, 1992, 103-117.

K.-W. Weeber, Panem et circenses. Massenunterhaltung als Politik im antiken Rom, Mainz 1994 (Zaberns Bildbände zur Archäologie, Band 15).

I. Weiler (Hg.), in Verbindung mit G. Doblhofer, M. Lavrencic, P. Mauritsch, U. Schachinger, Quellendokumentation zur Gymnastik und Agonistik im Altertum, bisher Bände 1-5, Wien/Köln/Weimar 1991-1996 (Diskus, Weitsprung, Speer, Boxen, Pankration).

I. Weiler, Der Niedergang und das Ende der antiken Olympischen Spiele in der Forschung, in: Grazer Beiträge 12/13, 235-263.

I. Weiler, Der Sport bei den Völkern der Alten Welt, Darmstadt 2. Auflage 1989.

I. Weiler, Zu Krise und Niedergang der Agonistik im 3. nachchristlichen Jahrhundert, in: Krise-Krisenbewußtsein-Krisenbewältigung, Halle/Saale 1988 (Konferenzvorträge. Wiss. Beiträge der Martin-Luther-Universität Halle/Wittenberg), 112-119.

W. Weismann, Kirche und Schauspiele. Die Schauspiele im Urteil der lateinischen Kirchenväter unter besonderer Berücksichtigung von Augustin, Würzburg 1972 (Cassisiacum, Band 27).

Th. Wiedemann, Emperors & Gladiators, London/New York 1992.

H. Linden: Sport bei den Ureinwohnern Amerikas

S. Culin, Games of North American Indians, New York 1975.

F. D. Duran, Historia de las Indias de Nueva-España y Islas de Tierra Firme, Mexiko 1964.

Garcilaso de la Vega, Wahrhaftige Kommentare zum Reich der Inka, Berlin 1986.

H. A. Jaramillo, El Deporte Indígena de América, Pereira 1977.

G. Kutscher, Nordperuanische Keramik. Figürlich verzierte Gefäße der Früh-Chimu. Monumenta Americana I. Berlin 1954.

H. Linden, Das Ballspiel in Kult und Mythologie der mesoamerikanischen Völker. Nikephoros Beiträge zu Sport und Kultur im Altertum I. Hildesheim 1993.

T. Leyenaar und L. Parsons, Ulama. The ballgame of the Mayas and the Aztecs, Leiden 1988.

P. Nabokov, Indian Running. Native American History and Tradition. Santa Fe 1981.

M. E. Opler, The Jicarilla-Apache Ceremonial Relay Race, in: American Anthropologist 46, 1944, 75-97.

V. D. Stähle, Klotzrennen brasilianischer Indianer. Phil. Diss., Frankfurt am Main 1969.

E. Taladoire, Les terrains de jeu de balle. Mesoamériques et Sud-ouest des Etats-Unis. Mexiko 1981.

H. Trimborn und A. Kelm (Hg.), Francisco de Avila. Quellenwerke zur Alten Geschichte Amerikas VIII, Berlin 1967.

J. J. von Tschudi, Culturhistorische und sprachliche Beiträge zur Kenntnis des Alten Perú. Denkschriften der Kaiserlichen Akademie der Wissenschaften, Philosophisch-Historische Classe 39. Wien 1891.

P. Moraw: Sport im Mittelalter

O. Borst, Alltagsleben im Mittelalter, Frankfurt a. M. 1983.

J. Bumke, Höfische Kultur, 2 Bde., München 1986.

N. Elias, Über den Prozeß der Zivilisation, 2. Aufl. Frankfurt a. M. 1977.

W. Endrei, Spiele und Unterhaltung im alten Europa, Hanau 1988.

Feste und Feiern im Mittelalter, hg. v. D. Altenburg u. a., Sigmaringen 1991.

Geschichte der Leibesübungen, hg. v. H. Ueberhorst, Bd. 3, 1, Berlin usw. 1980.

J. Huizinga, Homo ludens, Hamburg 1956.

P. F. Kopp, Spiel und Kurzweil im alten Zürich, Zürich 1979.

Das Leben in der Stadt des Spätmittelalters, 2. Aufl. Wien 1980.

K. Militzer, Turniere in Köln, in: Jahrbuch des Kölnischen Geschichtsvereins 64, 1993, 37-59.

A. Nitschke, Körper in Bewegung, Stuttgart 1989.

W. Paravicini, Die ritterlich-höfische Kultur des Mittelalters, München 1994.

Stadt und Fest, hg. v. P. Hugger, Unterägeri/Stuttgart 1987.

J. Strut, The Sports and Pastimes of the People of England, New Edition by J. Charles Fox, London 1903.

Das ritterliche Turnier im Mittelalter, hg. v. J. Fleckenstein, Göttingen 1986.

A. Krüger: Auf dem Weg zur Sportleistungsgesellschaft

G. Bardi, Discorso sopra il giuoco des calcio fiorentino, Florenz 1580.

C. Bascetta (Hg.), Sport e Giuochi: Trattati et scritti dal XV al XVIII secolo, Mailand 1978, 2 Bände.

J. M. Carter und A. Krüger (Hg.), Ritual and Record. Sport in Pre-Industrial Societies. Westport, Conn., Greenwood 1990.

G. Clerici, 500 Jahre Tennis. Berlin, Ullstein 1979.

E. Digby, De arte natandi libri duo. London, Dawson 1587.

H. Eichberg, Der Weg des Sports in die industrielle Zivilisation. Baden-Baden, Nomos 1979.

N. Elias und E. Dunning, Quest for Excitement. Sport and Leisure in the Civilizing Process, Oxford, Basil Blackwell 1986.

M. Featherstone, Undoing Culture. Globalization, Postmodernism and Identity. o. O. o. J.

J. Fleckenstein (Hg.), Da ritterliche Turnier im Mittelalter. Göttingen, Vandenhoek & Ruprecht 1985.

M. M. Fontaine, Libertés et savoirs du corps à la Renaissance. Caen, Paradigme 1993.

A. Guttmann, From Ritual to Record. The Nature of Modern Sport. New York, Columbia 1978.

R. W. Henderson, Ball, Bat, and Bishop. The Origin of Ball Games. New York, Rockport 1947.

W. Körbs, Vom Sinn der Leibesübungen zur Zeit der italienischen Renaissance. Berlin, Weidmann 1938.

A. Krüger und H. Langenfeld (Hg.), Sport in Hannover – von der Stadtgründung bis heute. Göttingen, Die Werkstadt 1991.

A. Krüger und J. McClelland (Hg.), Die Anfänge des modernen Sports in der Renaissance. (= Beiträge und Quellen zu Sport und Gesellschaft, Bd. 2) London, Arena 1984.

A. Krüger, Geschichte der Bewegungstherapie, in: M. Bühring & F. M. Kemper (Hg.), Naturheilverfahren und unkonventionelle medizinische Richtungen. Lose Blatt Sammlung 8. Nachlieferung. Heidelberg, Springer 1995, 04.03, 1-20.

A. Krüger, Kulturgeschichte des Sports: Vom Baden zum Schwimmen, in: Damals 25, 1993, 8, 58-61.

A. Krüger, Neo-Olympismus zwischen Nationalismus und Internationalismus, in: H. Ueberhorst (Hg.), Geschichte der Leibesübungen, Bd. 3/1, Berlin, Bartels & Wernitz 1980, 522-568.

A. Krüger, Ritual und Rekord, in: A. Luh/E. Beckers (Hg.), Umbruch und Kontinuität im Sport – Reflexionen im Umfeld der Sportgeschichte. Festschrift für Horst Ueberhorst. Bochum, Brockmeyer 1991, 84-97.

A. Krüger, Schwimmen. Der Wandel in der Einstellung zu einer Form der Leibesübungen, in: Krüger/McClelland (Hg.), Die Anfänge des modernen Sports in der Renaissance, a.a.O., 1984, 19-42.

A. Krüger, Sport und Politik. Von Turnvater Jahn zum Staatsamateur. Hannover, Fackelträger 1975.

H. Lenk, Eigenleistung. Plädoyer für eine positive Leistungskultur. Osnabrück 1983.

H. Lenk, Leistung im Brennpunkt. Frankfurt/M. DSB 1987.

J. Lindroth, Idrottens väg till folkrörelse. Uppsala, Acta Universitatis 1974.

J. A. Lucas, Pedestrianism and the Struggle for the Sir J. A. Belt, 1878-1879, in: Research Quarterly for Health and Exercise 39, 1968, 587-594.

Ministère de l'enseignement supèrieur et de la Recherche (Hg.), Jeux, sports et divertissement au moyen âge et à l'âge classique. Paris CTHS 1993.

J. K. Rühl, Wesen und Bedeutung von Kampfansagen und Trefferskizzen für die Geschichte des spätmittelalterlichen Turniers, in: G. Spitzer & D. Schmidt (Hg.), Sport zwischen Eigenständigkeit und Fremdbestimmung. Bonn, Wegener 1986, 86-112.

P. Parlebas, Éléments de sociologie du sport. Paris, PUF 1986.

J. K. Rühl, Zur Leistungsquantifizieurng im spätmittelalterlichen Turnier, in: Brennpunkte der Sportwissenschaft 2, 1988, 97-111.

J. K. Rühl, Sport Quantification in Tudor and Elizabethan Tournaments, in: Carter & Krüger, Ritual and Record, a.a.O., 1990, 66-86.

A. Scaino, Trattato del giuoco della palla. Venezia, Ferrari 1555.

Th. Schnitzler, Zur Leistungsquantifizierung im spätmittelalterlichen Schützenwesen, in: Brennpunkte der Sportwissenschaft 4, 1990, 243-256.

Th. Schnitzler, Die Kölner Schützenfeste des 15. und 16. Jahrhunderts. Zum Sportfest in vormoderner Zeit, in: Jb. des Kölnischen Geschichtsvereins 63, 1992, 127-142.

H. Strohmeyer, Grundzüge der adeligen Leibeserziehung in Österreich vom 13. bis zum 18. Jahrhundert, in: Ders. (Hg.), Beiträge zur Geschichte von Leibeserziehung und Sport in Österreich. Wien: Wiss. Ges. 1980, 8-77.

M. Thévenaut, L'art de nager, démontré par figures, avec des avis pour se baigner utilement. Paris, Moette 1696.

E. Trangbæk, Mellen leg og disciplin. Gymnastikken i Danmark i 1800-tallet. Aabybro: Duo 1987.

A. Tuccaro, Trois dialogues de l'exercise de sauter et voltiger en l'air. Paris, De Monstr'oeil 1599.

J. Ulmann, De la gymnastique aux sports modernes. Paris, Vrin 1971.

N. Wynmann, Colymbetes, sive de arte natandi. Augsburg, Steyner 1538.

A. Young, Tudor and Jacobean Tournaments. London, Philip 1987.

K. Zieschang, Vom Schützenfest zum Turnfest. Ahrensburg, Czwalina 1977.

H. Ueberhorst: Die Olympischen Spiele der Neuzeit

H. Ueberhorst, Von Athen bis München, Die modernen Olympischen Spiele. Der olympische Gedanke. Der deutsche Beitrag, Berlin 1971.

H. Ueberhorst, Spiele unterm Hakenkreuz, Die Olympischen Spiele von Garmisch-Partenkirchen und Berlin 1936 und ihre politischen Implikationen, in: Aus Politik und Zeitgeschichte, Beilage zur Wochenzeitschrift Das Parlament 2. 8. 1986.

P. Graham und H. Ueberhorst (Hg.), The Modern Olympics, West Point 1976.

H. Ueberhorst u. a., Olympia, Das Fest und seine Bedrohung, Sporthistorische Ausstellung anläßlich der Woche des Sports der Ruhrfestspiele in Recklinghausen 1984, Katalog.

H. Ueberhorst, Stockholm 1912. The Games of the V.th Olympiad, in: Historical Dictionary of the Modern Olympic Movement, hg. v. J. E. Findling und K. D. Pelle, Press. Westport, 1996.

H. Heckmann: Boxen

Lord G. N. G. Byron, Poetry, hg. v. E. H. Coleridge, 7 Bände, 1898-1904.

N. S. Fleischer, Black Dynamite, 7 Bände, 1938-1947.

N. S. Fleischer, Ring Record Book and Boxing Encyclopedia 1960.

J. G. Frazer, Pausanias' Descriptions of Greece, 5 Bände, 1898.

J. Jüthner, Philistratos – Über Gymnastik, 1909.

L. Bohun, The Prize Ring, 1925.

Sport in unserer Welt – Chancen und Probleme, hg. v. Ommo Grupe, o. O. 1973.

M. Gross: Schwimmen

E. Bäumer, Geschichte des Badewesens, Breslau 1903.

M. Bitz, Badewesen in Südwestdeutschland 1550-1840, Zum Wandel von Gesellschaft und Architektur, Idstein 1989.

B. Blaschke, Die Bader und Scherer als Vorfahren von Chirurgen und Orthopäden, Diss. Univ. Heidelberg 1990.

H. Brendicke, Zur Geschichte des Schwimmsports und des Badewesens, Hof 2. Aufl. 1930.

E. Brödner, Die römischen Thermen und das antike Badewesen, Darmstadt, 2. verb. Auflage 1992.

Dies. Zur Entwicklungsgeschichte des Bades, in: Antike Welt, 1977, Heft 4; 1978, Heft 1.

E. Eder, Bade- und Schwimmkultur in Wien. Sozialhistorische und kulturanthropologische Untersuchungen, Wien 1995.

H. Grotzfeld, Das Bad im arabisch-islamischen Mittelalter. Eine kulturgeschichtliche Studie, Münster 1970.

W. Heinz und E. Riha, Baden, Salben und Heilen in der römischen Antike, Augst (Römermuseum) 1993.

Ders. Römische Thermen, Badewesen und Badeluxus im römischen Reich, München 1983.

K. Jacobi, Die schönen Schwimmkünste, Synchronisiertes Schwimmen, Grünwald 1948.

U. Kiby, Bäder und Badekultur in Orient und Okzident. Antike bis Spätbarock, Köln 1995.

H. M. Lins, Geschichte und Geschichten um Wasser-Ärzte-Bäder vom Altertum bis zum Mittelalter, Frankfurt a. Main 1995.

A. Mallwitz, Olympia und seine Bauten, Darmstadt 1972.

H. Manderscheid, Bibliographie zum römischen Badewesen unter besonderer Berücksichtigung der öffentlichen Thermen, Berlin 1988.

J. Marcuse, Bäder und Badewesen in Vergangenheit und Gegenwart, Stuttgart 1903.

A. Martin, Deutsches Badewesen in vergangenen Tagen, München 1989 (Nachdruck der 1. Aufl. Jena 1906).

M. Ninck, Die Bedeutung des Wassers im Kult und Leben der Alten, Darmstadt 2. Aufl. 1960.

W. Pflesser, Die Entwicklung des Sportschwimmens, Celle 1980.

H. Prignitz, Wasserkur und Badelust. Eine Badereise in die Vergangenheit, Leipzig 1986.

M. Ruhlender, Büketubben, Geschichte der Badekultur in Braunschweig von 1671-1993, hg. v. W.-D. Schuegraf im Auftrag der Stadt Braunschweig, Braunschweig 1994.

Schwimmsport und Sportgeschichte, hg. v. H. Breuer und R. Naul, Festschrift f. H.-G. John zum 65. Geburtstag, o. O. 1994.

P. Silmon, Der Bikini, Kehl a. Rhein 1986.

L. Vetter, Das Bad in der Neuzeit und seine historische Entwicklung, Stuttgart/Leipzig 1904.

M. Weber, Antike Badekultur, München 1996.

I. Weiler, Der Sport bei den Völkern der alten Welt, Darmstadt 1981.

Zehn Jahre Deutsche Gesellschaft für das Badewesen. 50 Jahre Dt. Gesellschaft für Volksbäder 1899-1959, Gladbeck 1959.

A. Furler: Pferdesport

M. Otte, Die Geschichte der Reitkunst, Warendorf 1994.

F. Tesio, Das Vollblut, Köln 1948.

A. Furler und F. Klein, In Sattel und Sulky, Oldenburg 1976.

W. Kuchler: Skilauf

W. Kuchler, Superski – radikal radial. Skilehrplan von SPORTS, Köln 1995, 2. Auflage 1996.

W. Kuchler, Skimagie – Neue Ski, neue Technik, neuer Zauber, Köln 1996.

C. J. Luther, Das Bilderbuch der alten Schneeläufer, Erfurt 1942.

E. Mehl, Grundriß der Weltgeschichte des Schifahrens (Schigeschichte) (Beiträge zur Lehre und Forschung der Leibeserziehung Bd. 10), Schorndorf b. Stuttgart 1964.

A. Obholzer, Geschichte des Skis und des Skistockes. Beiträge zur Lehre und Forschung der Leibeserziehung, Bd. 53, Schorndorf bei Stuttgart 1964.

A. Obholzer, 5000 Jahre Ski in Bildern, Innsbruck 1975.

H. Polednik, Weltwunder Skisport, Wels 1969.

H.-J. Zeume: Turnen

H. Bantz, So weit war mein Weg, Frankfurt a. M. 1959.

W. Eichel, Illustrierte Geschichte der Körperkultur, Berlin 1983.

K. Friedrich und H.-R. Vollbrecht, Faszinierendes Turnen, Berlin 1970.

E. Gienger, Das Abenteuer der Turnkunst, Karlsruhe 1978.

A. Götze und E. Herholz, Das Turnjahrhundert der Deutschen, Berlin 1992.

A. Götze und J. Uhr, Mondsalto. Die großen Erfinder, Nördlingen 1994.

A. Götze und H.-J. Zeume, Flickflack. Weltbühne des Turnens, Berlin 1986.

A. Huguenin, 100 Years of the International Gymnastics Federation 1881-1991, Lyss 1992.

Kleine Enzyklopädie Körperkultur und Sport, Leipzig 1963, 1974.

W. Pahncke, Geräteturnen einst und jetzt, Berlin 1983.

H. Gillmeister: Tennis

E. D. Baltzel, Sporting Gentlemen, Men's Tennis from the Age of Honor to the Cult of the Superstar, New York 1995.

J. Bolland, Hamburgische Burspraken 1346 bis 1594 (Veröffentlichungen aus dem Staatsarchiv der Freien und Hansestadt Hamburg, 6), 2 Teile, Hamburg 1960.

H. Gillmeister, Kulturgeschichte des Tennis. München, W. Fink Verlag, 1990.

R. Hessen, Technik und Taktik. Ein Anleitungsbuch für Lawn-Tennis-Spieler, Baden-Baden, E. Sommermeyer, 1904.

H. Kühr, Die Geschichte der Ballhäuser in Frankreich und Österreich, Typoskript, Hausarbeit am Institut für Turnlehrerausbildung der Universität Wien, 1938.

E. Mehl, Das Ballhaus-Spiel, für Vieht 1795 eine vergessene Antiquität der Gymnastik, in: Die Leibeserziehung, Heft 6, Juni 1957, 169-171.

E. Mehl, Prager und Wiener Erinnerungen an das Ballhausspiel. Vom ›Spiel der Könige‹ und vom ›König der Spiele‹ (frz. Version: Souvenirs des salles de jeu de paume à Prague et à Vienne. Quelques mots sur le ›jeu des rois‹ et le ›roi des jeux‹), in: Olympische Rundschau 12, 1941, Heft 15, Oktober 1941, 12-23 (18-23).

A. W. Myers, Captain Anthony Wilding, London, Hodder & Stoughton, 1916.

E. Steinkamp, Gottfried von Cramm. Der Tennisbaron. München, F. A. Herbig Verlagsbuchhandlung, 1990.

Über alles geliebt, Der gute Mensch von Wimbledon... Gottfried von Cramm, in: Der Spiegel, Nr. 33, 1990, 167-169.

›Wie Wilding starb‹, in: Lawn-Tennis und Golf 12, 1915, Nr. 11/12, Oktober 1915, 37.

J. Arlott (Hg.), The Oxford Companion to Sports and Games, London 1975.

G. Bahr (Hg.), Fußball-Weltmeisterschaft 1954, Das offizielle Erinnerungs-
werk, Offenburg, Nürnberg 1954.

Chr. Bausenwein, Geheimnis Fußball. Auf den Spuren eines Phänomens,
Göttingen 1995.

A. Behrens, Die Fernsehliga, Spielberichte vom Fußballgeschäft der Zukunft, Berlin 1974.

U. Bornemeier (Hg.), Lob der Bundesliga – Bekenntnisse und Ansichten
über die wichtigste Sache der Welt, Essen 1988.

H. Bredekamp, Fußball als letztes Gesamtkunstwerk, in: Konkret Sonder-
heft Sport 1982.

Ders., Florentiner Fußball, Die Renaissance der Spiele, Frankfurt/M. 1994.

B. Butler, The Football League 1888-1988, The Official Illustrated History,
London 1987.

E. Dunning/K. Sheard, Barbarians, Gentlemen and Players: A Sociological
Study of the Development of Rugby Football, Oxford 1979.

N. Elias/E. Dunning, Sport im Zivilisationsprozeß, Studien zur Figurations-
soziologie (hg. v. W. Hopf), Münster 1983.

Fußballer, Die 100 des Jahrhunderts, Reinbek 1996.

S. Gehrmann, Fußballsport und Gesellschaft in historischer Perspektive. Ein
Bericht zur Forschungslage in Großbritannien, in: Sozial- und Zeitgeschichte des Sports 7, 1993, Heft 2.

H. Gillmeister, The Origin of European Ball Games, in: Stadion 1/81, 19 ff.

B. Glanville, A Book of Soccer, New York 1979.

W. Gloede/H.-J. Nesslinger (Hg.), Fußball-Weltmeisterschaft 1982, Spie-
gel-Buch, Reinbek 1982.

K. Hansen (Hg.), Verkaufte Faszination, 30 Jahre Bundesliga, Essen 1993.

Ph. Heineken, Das Fußballspiel, Association und Rugby, 1896, Hannover
1993.

Z. Hollander, The American Encyclopedia of Soccer, New York 1980.

A. Hopcraft, The Football Man, People and Passions in Soccer, London
1990.

W. Hopf (Hg.), Fußball – Soziologie und Sozialgeschichte einer populären
Sportart, Bensheim 1979.

R. Horak/W. Reiter (Hgs.), Die Kanten des runden Leders, Wien 1991.

G. Hortleder, Die Faszination des Fußballspiels. Soziologische Anmerkungen zum Sport als Freizeit und Beruf, Frankfurt/M. 1974.

K.-H. Huba (Hg.), Fußball-Weltgeschichte, München 1994.

Ders., Sternstunden des Fußballs, München 1991.

K. Koch, Geschichte des Fußballs im Altertum und in der Neuzeit, Berlin
1895.

C. Koppehel, Geschichte des deutschen Fußballsports, Frankfurt/M. 1954.

R. Lindner (Hg.), Der Satz ›Der Ball ist rund‹ hat eine gewisse philosophische Tiefe, Berlin 1983.

R. Lindner/H. Th. Breuer, Sind doch nicht alles Beckenbauers, Frankfurt/M. 1978.

St. Lottermann, Fußballsport in Deutschland. Trainingswissenschaftliche Analyse der Entwicklung im Hochleistungsbereich. Diss. Frankfurt 1988.

F. P. Magoun, History of Football from the Beginnings to 1871 (Kölner anglistische Arbeiten 31), Bochum-Langendreer 1938.

M. Marples, A History of Football, London 1954.

T. Mason, Association Football and English Society 1863-1915, Brighton 1980.

W. Pieper, Der Ball gehört uns allen. Der Grüne Zweig 153, Löhrbach 1993.

K. Planck, Fußlümmelei. Über Stauchballspiel und englische Krankheit 1898, Münster 1982.

D. Reiber, Jahrhundert-Fußball im Fußball-Jahrhundert, Schwaig 1989.

D. Schulze-Marmeling, Der gezähmte Fußball. Zur Geschichte eines subversiven Sports, Göttingen 1992.

J. Stark/K. Farin, Daß Fußball-Lesebuch, Reinbek 1990.

H.-J. Teichler/G. Hauk (Hg.), Illustrierte Geschichte des Arbeitersports, Berlin 1987.

St. Tischler, Footballers and Businessmen. The Origins of Professional Soccer in England, New York/London 1981.

A. Tomlinson/G. Whannel, Off the Ball. The Football World Cup, London 1986.

H. Väth, Profifußball. Zur Soziologie der Bundesliga, Frankfurt/M. 1994.

W. Vamplew, Pay up and play the game. Professional Sport in Britain 1875-1914, Cambridge/New York 1988.

St. Wagg, The Football World: A Contemporary Social History, London 1984.

Ders., Giving the Game Away. Association Football on Different Continents, Leicester 1994.

St. Wagg/J. Williams (Hg.), British Football and Social Change, Leicester 1991.

J. Walvin, The People's Game: A Social History of British Football, London 1975.

P. M. Young, A History of British Football, London 1968.

M. Zöller u. a., Fußball in Vergangenheit und Gegenwart, Bd. 1 und 2, Berlin 1976.

U. Kaiser: Golf

J. H. van Hengel, Wie der Golfball fliegen lernte, Starnberg. o.J.

D. Steel, Golf Facts & Feats, Enfield, Middlesex. o.J.

U. Kaiser, Golf Know-How von A-Z, München. o.J.

L. T. Stanley, St. Andrews, London. o.J.

H. Warren Wind, The Complete Golfer, London. o.J.

W. Joch: Leichtathletik

1 G. Negel, Hier Stumpfsinn – dort Askese. Die Kehrseite der Medaillen. In:
Der Spiegel vom 07. 09. 1960. Vgl. dazu auch H. Lenk, Werte, Ziele,
Wirklichkeit der modernen Olympischen Spiele, Schorndorf 1964, 1-2.

2 Vgl. dazu: H. H. Sievert, Es gibt keinen Rekordsport. In: Leichtathletik
1953, Nr. 43, 3.

3 So der offizielle Text, der am Vortag der 50. Deutschen Meisterschaften
1950 in Stuttgart vom DLV-Vorstand verabschiedet wurde.

4 Dompert erreichte 1950 seine dritte Deutsche Meisterschaft auf der
3000-m-Hindernisstrecke; er war 1935 schon Deutscher Juniorenmei-
ster im 1500-m-Lauf geworden. Dompert verstarb am 11. 08. 1991 im
Alter von 77 Jahren.

5 Am 20. 09. 1959 in Köln beim Länderkampf Deutschland gegen Polen. Interessant ist, daß Kaufmann mit 45,8 einen neuen Europarekord über
400 m lief und damit ebenfalls den alten Rekord von Harbig verbesserte.
Vgl. dazu auch: H. Vogel, R. Harbig wäre 75 Jahre alt geworden. In:
DLV-Jahrbuch 1988/89. Darmstadt 1988, 149-150.

6 Vgl. dazu: zur E. Megede, …und dann trennten wir uns. Läufer, Lorbeer
und Legenden. Berlin/München 1966, 65-72.

7 R. Harbig erreichte bei den Olympischen Spielen 1936 in der 4 × 400-m-
Staffel den 3. Platz und damit eine Bronzemedaille.

8 Vgl. Olympische Spiele in Montreal 1976, Juantorena lief am 25. 07. 1976
über 800-m in 1:43,50 Weltrekord und errang am 29. 07. 1976 in 44,26
über 400-m die Goldmedaille.

9 Vgl. H. Beger, Tot ist nur, wer vergessen ist. In: Leichtathletik 1963, Nr.
45, 1236-1238.

10 Vgl. dazu F. Steinmetz, Seit 1993 gibt es einen ICE-Zug mit Namen R.
Harbig. In: DLV-Jahrbuch 1992/93. Darmstadt 1992, 176-178.

11 Zur Lebensgeschichte von O. Peltzer vgl. u. a. H. Bernett, Leichtathletik
im geschichtlichen Wandel. Schorndorf 1987, 279-280. Außerdem: O.
Peltzer, Umkämpftes Leben. Berlin 1955 und O. Peltzer, Sport und Erziehung, Wiesbaden 1947.

12 Der Hanns-Braun-Gedächtnis-Preis wurde zunächst vom Süddeutschen
Leichtathletik-Verband gestiftet und bis 1935 nur als Auszeichnung in
seinem Bereich verliehen. Er wurde dann 1936 (bis 1939) vom damaligen Reichsfachamt Leichtathletik übernommen und vergeben. 1951
wurde er vom DLV neu gestiftet, für besondere Leistungen und außerordentliche Verdienste in Führungspositionen. 1951 erhielt M. Danz
diese Auszeichnung.

13 W. Wülbeck ist am 18. 12. 1954 geboren.

14 Sein indianischer Name war Wa-Tho-Thuck, d. h. Schöner Pfad. Die Großmutter väterlicherseits war Indianerin, der Großvater Ire. J. Thorpe ist 1953 gestorben.

15 Der Deutsche Leichtathletik-Verband (DSBfA) gehörte zu den 17 IAAF-Gründungsmitgliedern. Das eigentliche Gründungsdatum ist das Jahr 1913; 1912 wurde nur ein Ausschuß gegründet, der die offizielle Gründung vorbereiten sollte. Dennoch wird als offizielles Gründungsdatum immer 1912 angegeben.

16 Diese Formulierung ist entnommen, E. zur Megede, Die Geschichte der olympischen Leichtathletik. Bd. 1. München/Berlin/Frankfurt 1968, 95.

17 Zitiert bei E. zur Megede, a.a.O. 1968, 125.

18 Der Schwede Wieslander wurde 2. und nach der Disqualifizierung von J. Thorpe nachträglich zum Sieger erklärt.

19 E. zur Megede, ... und dann trennten wir uns. Läufer, Lorbeer und Legenden. Berlin/München 1966, 119-120; vgl. dazu auch W. Wünsche, Athleten, Duelle, Rekorde. Illustrierte Geschichte der Leichtathletik. München 1971, 224-225.

20 Kratschmer erreichte am 14. 06. 1980 in Bernhausen mit 8667 Punkten Weltrekord; in Moskau bei den Olympischen Spielen wurde D. Thompson am 26. 07. 1980 Olympiasieger mit 8495 Punkten. Thompson wiederholte den Olympiasieg 1984 in Los Angeles mit 8797 Punkten, Kratschmer wurde mit 8326 Punkten nur 4. hinter Hingsen (2.) und Wentz (3.), Hingsen hatte zwischen 1982 und 1984 dreimal den Weltrekord verbessert.

21 D. Thompson war Olympiasieger 1980 und 1984 und damit der zweite (nach B. Matthias), der seinen Olympiasieg wiederholen konnte.

22 B. Matthias war 1952 mit seiner Helsinki-Leistung (7887 Punkte) gleichzeitig Weltrekordler und verbesserte damit seinen eigenen Weltrekord, den er am 1./2. 7. 1952 in Tulare (7829 Punkte), also gut 3 Wochen vorher aufgestellt hatte (nach heutiger Wertung 7542 Punkte).

23 Vgl. dazu zur E. Megede, a.a.O. 1968, 121-126.

24 Diesen Begriff hat A. Krüger Anfang der 70er Jahre in die Diskussion gebracht. A. Krüger war selbst international erfolgreicher Mittelstreckler (800-m, 1500-m, Olympiateilnehmer 1968 und ist seit Ende der 70er Jahre Professor für Sportwissenschaft an der Universität Göttingen.

25 K. Ritter von Halt, Internationale Athletik. In: Athletik. Ein Handbuch der lebenswichtigen Leibesübungen, herausgegeben von C. Krümmel, München 1930, 489-499.

26 L. Skorning, (Red.), Leichtathletik in Vergangenheit und Gegenwart. Berlin (DDR) 1976, Band 1, 126-129.

27 Die Wiederaufnahme des Deutschen Leichtathletik-Verbandes in den Internationalen Leichtathletik-Verband (IAAF) erfolgte im Jahre 1950.

28 F. Steinmetz, 1963 trugen 138 den Nationaldress bei 19 Länderkämpfen, in: Leichtathletik, 1963, Nr. 53, 1458-1459.
29 Vgl. dazu ausführlich K.-H. Emmerich, Es begann um das Jahr 1880. Ein Beitrag zur Geschichte der Deutschen Leichtathletik. In: Leichtathletik 16, 1968, 2-7, 8,10, 11.
30 Dem Internationalen Olympischen Komitee (IOC) sind z. Zt. 197 nationale NOK's angeschlossen, die ebensoviele Länder repräsentieren; bei den Weltmeisterschaften 1987 gehörten dem Internationalen Leichtathletikverband (IAAF) insgesamt 181 Mitgliedverbände an.
31 N. Müller, Von Paris bis Baden-Baden. Niedernhausen 1981, 151.
32 R. Hartmann, Sich irgendwie gesucht. In: Leichtathletik Europameisterschaften 90. Offizielle Dokumentation des Deutschen Leichtathletik-Verbandes, hg. von. R. Hartmann, München 1990, 6-7.
33 Vgl. dazu u. a. L. Skorning (Gesamtred.), Leichtathletik in Vergangenheit und Gegenwart. 2 Bände, Berlin (DDR) 1976. Hier insbesondere die Zeit von 1963 bis 1971, 73-159.
34 Zitiert in: DLV-Jahrbuch 1988/89, 132.
35 Vgl. dazu K. A. Scherer, Chronik 1986/87. Griff in die Zeitgeschichte. In: Sporthöhepunkte 1987, hg. von W. P. Knecht (Red.), München 1987, 37-41.
36 C. Diem, J. Waitzer 75 Jahre. In: Die Leibeserziehung 9, 1960, 6, 196-197.
37 W. Joch/H. Hommel, Ehrenring für Toni Nett. In: Leichtathletik 44, 1993, Nr. 6, 19.
38 Vgl. dazu u. a. H. Bernett, Leichtathletik in historischen Bilddokumenten. München 1986, 133-136; vgl. dazu u. a. auch F. Steinmetz, a.a.O., 1984, 206 (Tandem).
39 Als bedeutsamste Veranstaltung dieser Art ist Potsdam – Berlin zu nennen, u. a. dokumentiert in F. Steinmetz, 80 Jahre Leichtathletik SCC Berlin, hg. vom Sport-Club-Charlottenburg e. V., Berlin 1984, 113-118.
40 Vgl. dazu die DLV-Breitensport-Fibel, Darmstadt 1974.
41 Vgl. dazu insbesondere H. Bernett, a.a.O., 1987, 190-199.
42 Die Zahlen sind entnommen den DLV-Jahrbüchern 1990 bis 1994 und H. Bernett, a.a.O., 1987, 199.
43 Vgl. dazu u. a. J. Baur/W.-D. Breitschneider, Der Sportverein und seine Jugendlichen, Aachen 1994.
44 Vgl. dazu insbesondere F. v. Cube/D. Alshuth, Fordern statt Verwöhnen. München/Zürich 1986.

J. Emig: Radsport

H. Allers, Bibliographie aktueller Fahrradliteratur, hg. v. Arbeitsgruppe Fahrradforschung im Fachbereich 8 (Physik) d. Univ. Oldenbourg, Oldenbourg, 2, akt. Aufl. 1988.

Katalog der Monographien zum Radsport, Köln (Bibliothek der Dt. Sporthochschule) 1984.

Radsport. Alphabetisches Verzeichnis d. Radsportliteratur, Köln (Bibliothek der Dt. Sporthochschule) 1985.

Fahrradpatente, Erfindungen aus zwei Jahrhunderten, hg. v. U. Herzog, Kiel
1984.

Fahrradzukunft, Kultur, Planung, Technik. Tagungsberichte eines Symposi-
ons a. d. Techn. Univ. Berlin, hg. v. A. K. Müller, Berlin 1988.

J. Franke, Illustrierte Fahrradgeschichte, Berlin 1987.

K. Graunke, W. Lemke, W. Rupprecht, Giganten von einst bis heute. Die
Geschichte der deutschen Straßenradfahrer. Namen, Erfolge, Anekdoten, München 1993.

W. Gronen, W. Lemke, Geschichte des Radsports und des Fahrrads, Haus-
ham 1987.

A. Hochmuth, Kommt Zeit, kommt Rad. Eine Kulturgeschichte des Radfah-
rens, Wien 1991.

R. Rabenstein, Radsport und Gesellschaft. Ihre sozialgeschichtlichen Zusammenhänge in der Zeit von 1867 bis 1914, Hildesheim u. a. 1991.

Die großen Radsport-Stars, hg. v. W. Rottiers, München 1991.

M. J. B. Rauck, Mit dem Fahrrad durch zwei Jahrhunderte. Das Fahrrad und
seine Geschichte, Aarau, 4. neubearb. Aufl. 1988.

G. Rudolf, Das Rad erobert die Welt. Geschichte der Erfindung des Fahrrades, Freiburg i. Brsg. 1952.

R. Nissler: Automobilsport

auto motor und sport – EXTRA Formel 1 1996, Stuttgart 1996.

L. Boschen, Das Jahrhundert des Motorsports, München 1987.

E. Eckermann, Vom Dampfwagen zum Auto, Reinbek 1981.

Fachkunde Kraftfahrtechnik, Holland und Josenhans, Stuttgart 1984.

J. Th. Födisch, Formel 1 WM-Michael Schumacher und die Geschichte des
Grand Prix, Wien 1993.

F. Klemm, Geschichte der Technik, Reinbek 1983.

U. Koll/M. Schoemann, Die Geschichte des Automobils, München 1986.

R. Raestrup und Th. Weymar, Von der Motorkutsche zum Massenverkehrs-
mittel – zum 150. Geburtstag von G. Daimler, Manuskript einer Sendung im Sender Freies Berlin vom 10. 03. 1984.

W. Sachs, Die Liebe zum Automobil, Reinbek 1984.

D. Friedrich: Jesse Owens

P. Arnold u. H. Jendral, Olympische Spiele. Geschichte und Höhepunkte
von 1896 bis heute, München 1983.

W. J. Baker, Jesse Owens. An American Life. New York 1986.

T. Gentry, Jesse Owens. Olympic Superstar. Los Angeles 1990.

C. C. Graham, Leni Riefenstahl and Olympia. Metuchen 1986.

H. Hoffmann, Mythos Olympia. Autonomie und Unterwerfung von Sport und Kultur. Berlin 1993.

R. Köppel, Für mehr als eine Handvoll Dollar. Von Jesse Owens zu Carl Lewis. Neue Zürcher Zeitung, Juli 1992.

P. and F. McKissack, Jesse Owens. Olympic Star. Springfield 1992.

E. zur Megede: Die Geschichte der olympischen Leichtathletik. München.

J. Owens with P. Neimark, Jesse. The Man Who Outran Hitler. New York 1978.

R. Rennert, Jesse Owens. Champion Athlete. New York 1992.

F. Sabin, Jesse Owens. Olmypic Hero. 1992.

S. Horst: Johnny Weissmuller

100 Jahre Olympische Spiele der Neuzeit, Redaktion: W. Ph. Knecht, Olympische Sportbibliothek, München 1991.

Freunde der deutschen Kinemathek (Hg.), Sport, Körper, Bewegung, Katalog zur Filmretrospektive der Internationalen Sportfilmtage Berlin '93, Berlin 1993.

W. Morton, Tracking the Sign of Tarzan: Trans-media Representation of a Pop-culture Icon, in: You Tarzan. Masculinity, Movies and Men, hg. von P. Kirkham und Janet Thumim, New York 1993, 106-125.

Narda Onyx, Water, World & Weissmuller, Los Angeles 1964.

G. Raeithel, Geschichte der nordamerikanischen Kultur, 3 Bände, hier Bd. 3, Vom New Deal bis zur Gegenwart 1930-1988, Weinheim/Berlin 1989.

M. Schwarze, Johnny Weissmuller. Der Mann, der Tarzan war, in: Weihnachten ohne Fernsehen. Kulturpolitische Essays, Glossen, Porträts, Frankfurt a. M. 1984, 194-198.

Ch. Sprawson, Haunts of the Black Masseur. The swimmer as hero, London 1993.

F. J. Görtz: Sport und Literatur

B. Brecht, Der Kinnhaken und andere Box- und Sportgeschichten. Hg. v. G. Berg, Frankfurt a. M. 1995.

V. Caysa (Hg.), Sport ist Mord. Texte zur Abwehr körperlicher Betätigung, Leipzig 1996.

B. Goldmann/B. Schwank (Hg.), Sportgeschichten. Von sportlichen Anstrengungen fast aller Disziplinen. Frankfurt a. M. 1993, Insel Taschenbuch Verlag.

G. Haffmans (Hg.), Der Rabe. Magazin für jede Art von Literatur. Nr. 28. Zürich 1990, Haffmans Verlag.

R. Moritz (Hg.), Doppelpaß und Abseitsfalle. Ein Fußball-Lesebuch. Stuttgart 1995, Reclam Verlag.

H. Perleberg (Hg.), Siegen und Verlieren. Sportgeschichten. München 1995, Deutscher Taschenbuch Verlag.

U. Wittstock (Hg.), Sport-Stories. Ein literarischer Zehnkampf samt Training, Halbzeitpause, Verlängerung, einem Bericht aus der Fan-Kurve und einem ruhigen Heimweg. Frankfurt a. M. 1993, Fischer Taschenbuch Verlag.

R. Wolf, Das nächste Spiel ist immer das schwerste. Königstein/Ts. 1982, Athenäum Verlag.

Chr. v. Krockow: Sport und Politik

Chr. v. Krockow, Sport, Gesellschaft, Politik – Eine Einführung, München 1980.

H. J. Teichler: Sport und Nationalismus

Th. Alkenmeyer, Vom Wettstreit der Nationen zum Kampf der Völker, Aneignung und Umdeutung der Olympischen Idee im deutschen Faschismus; der Olypismus Pierre de Coupertins und die Olympischen Spiele von 1936 in Berlin/vorgelegt von Th. Alkenmeyer. – (Mikrofiche-Ausg.), Berlin, Freie Univ., Diss. 1994.

H. Bernett, Sportpolitik im Dritten Reich (=Beiträge zur Lehre und Forschung der Leibeserziehung, Bd. 39), Schorndorf 1971.

H. Hoffmann, Mythos Olympia, Autonomie und Unterwerfung von Sport und Kultur, Hitlers Olympiade, Olympische Kultur, Riefenstahls Olympia-Film/H. Hoffmann. 1. Aufl. Berlin (u. a.) 1993.

A. Krüger, Die Olympischen Spiele 1936 und die Weltmeinung. Ihre außenpolitische Bedeutung unter besonderer Berücksichtigung der USA. Berlin/München/Frankfurt a. M. 1972.

A. Krüger, Th. Lewald. Sportführer ins Dritte Reich (=Turn- und Sportführer im Dritten Reich, Bd. 3). Berlin/München/Frankfurt a. M. 1975.

R. Mandel, The Nazi Olympics. New York 1971.

H. J. Teichler, Berlin 1936 – ein Sieg der NS-Propaganda? Institutionen, Methoden und Ziele der Olympiapropaganda Berlin 1936. In: Stadion 2 1976, 265-306.

H. J. Teichler, 1936 – ein olympisches Trauma. Als die Spiele ihre Unschuld verloren. In M. Blödorn (Hg.), Sport und Olympische Spiele. Reinbek 1984, 47-76.

H. J. Teichler, Internationale Sportpolitik im Dritten Reich. Schondorf, Hofmann, 1991.

H. Ueberhorst, Spiele unterm Hakenkreuz. Die Olympischen Spiele von Garmisch-Partenkirchen und Berlin 1936 und ihre politischen Implikationen. In: Aus Politik und Zeitgeschichte, Beilage zur Wochenzeitung Das Parlament Bd. 31/86, 3-15.

A. Krüger: Sport und Kommerzialisierung

1 Sowohl in der Fernsehwerbung als auch in der Presse, z. B. FAZ v. 12. 3. 96.

2 UPI ist als TOP III einer der zehn Hauptsponsoren des IOC mit Exklusivrechten für den Zeitraum 1992 (nach Barcelona) bis 1996 (incl. Atlanta), vgl. Skip Rozin, Olympic Partnership, in: Sports Illustrated 83, 24. 7. 1995, 4, 40-85.

3 S. Bryn, Coca-Cola Co. and the Olympic Movement – Sharing the same Global Vision?, in: Roel Puijk (Red.), OL-94 og Forskningen III, Lillehammer 1993, 81-93; Flora S. Palazzini, Coca-Cola Super Star. New York 1988.

4 Für G. Ritzer, The McDonaldization of Society. London 1993 ist McDonald's der Inbegriff der Postmoderne. McDonald's ® ist eine Registered Trademark der McDonald's Corporation.

5 Vgl. A. Krüger, Hundert Jahre und kein Ende? Eine postmoderne Betrachtung der Olympischen Idee, in: 36. Jahrestagung der Gesellschaft für Geistesgeschichte. Königswinter 1994 (im Druck).

6 Vgl. für die Geschichte der Olympischen Spiele A. Krüger, Neo-Olympismus zwischen Nationalismus und Internationalismus, in: H. Ueberhorst, Geschichte der Leibesübungen, Bd. 3/1, Berlin 1980, 522-568; ders., Deutschland und die Olympische Bewegung 1918-1945, in: ebenda, Bd. 3/2, 1982, 1026-1047; ders., Deutschland und die Olympische Bewegung 1945-1980, in: ebenda, 1048-1081.

7 J. Colins, Uncommon Cultures. Popular Culture and Post-Modernism, London 1989; P. Kondylis, Der Niedergang der bürgerlichen Denk- und Lebensform. Die liberale Moderne und die massendemokratische Postmoderne, Weinheim 1991.

8 A. Krüger, Cui bono? Zur Wirkung des Sportjournalismus, in: Ders. & S. Scharenberg (Hg.), Wie die Medien den Sport aufbereiten – Ausgewählte Aspekte der Sportpublizistik. Berlin 1993, 24-65.

9 D. Harvey, The Condition of Postmodernity. An Enquiry into the Origins of Cultural Change. Oxford 1989, 3-120.

10 Für die breite Möglichkeit der Diskussion um die wirtschaftliche Bedeutung vgl. W. Andreff (Hg.), Économie Politique du Sport. Paris 1989; G. Anders, E. Strähl & A. Moor (Hg.), Sport und Wirtschaft. Magglingen 1988; A. Krüger, How Big is the West German Sports Market? In: P. J. Graham (Hg.), Sports Business. Operational and Theoretical As-

pects. Madison, WI 1994, 262-275; W. Weber u. a., Die wirtschaftliche Bedeutung des Sports. Schorndorf 1994.

11 Vgl. z. B. R. Horak & O. Penz (Hg.), Sport, Kult & Kommerz. Wien 1992.

12 Vgl. Ph. Kotler, Marketing für Nonprofit Organisationen. Stuttgart 1978.

13 Über den Berufssport zur Zeit der Gründung der Olympischen Spiele ist noch immer unübertroffen: W. Vamplew, Pay up and Play the Game. Professional Sport in Britain, 1875-1914. Cambridge 1988.

14 Vgl. M. Bruhn (Hg.), Sport-Sponsoring. Strategische Verklammerung in die Unternehmenskommunikation. Bonn 1988; N. Drees, Sportsponsoring. Wiesbaden 1989; A. Krüger & Chr. Damm-Volk (Hg.), Sportsponsoring. Theorie – Praxis – Fallbeispiele. Berlin 1994.

15 A. Krüger, Buying victories is positively degrading. The European origins of Government Pursuit of National Prestige through Sports, in: International Journal of the History of Sport 12, 1995, 2, 201-218.

16 S. Lash, Sociology of Postmodernism. London 1990, 13.

17 Über die Chrakterisierung als Kriegsverbrecher des letzten Reichssportführers und ersten Präsidenten des Nationalen Olympischen Komitees für Deutschland nach 1949, vgl. OMGUS (Hg.), Ermittlungen gegen die Deutsche Bank 1946/1947. Nördlingen 1985, 57-59; für die übrige Industrie vgl.: Trials of War Criminals before the Nuremberg Military Tribunal under Control Concil Law. Washington 1950-1953. 15 Bände.

18 N. Müller, Von Paris bis Baden-Baden. Die Olympischen Kongresse 1894-1981. Niederhausen 1983, 2. Aufl.

19 P. Ueberroth, Made in America. New York 1985; B. Shaikin, Sport and Politics. The Olympics and the Los Angeles Games. New York 1988.

20 Rozin, 1995, a.a.O., 42.

21 A. Guttmann, The Games must go on. Avery Brundage and the Olympic Movement. New York 1984.

22 Konsequenterweise hat sich Samaranch 1994 mit Schranz getroffen und ihn rehabilitiert.

23 J. A. Lucas & R. A. Smith, The Saga of American Sport. Philadelphia, PA 1978, 406 ff.

24 Vgl. für die jüngere Entwicklung der Urheberrechte im Sport: Ph. R. Hochberg, Property Rights in Sports Broadcasting, The Fundamental Issue, in: A. T. Johnson & J. H. Frey (Hg.), Government and Sport: Public Policy Issues. Totowa, NJ 1985, 162-170.

25 Diese Unterscheidung nach M. Weber hat für die Professionalisierung des Sports H. Fischer, Sport und Geschäft. Berlin 1986 eingeführt. P. Pöttinger, Wirtschaftliche und soziale Grundlagen der Professionalisierung im Sport. Bad Homburg 1989.

26 Vgl. P. Schwarz, Management in Nonprofit Organisationen. Bern 1992, 543 ff.; E. Thiel, Sport und Sportler-Image und Marktwert. Einsatzmöglichkeiten im Marketing. Landsberg/Lech 1991.

27 Für die Entwicklung der Amateurreglungen vgl. E. A. Glader, Amateur-
ism and Ahtletics. West Point, NY 1978.

28 Vgl. A. Krüger, Der Leistungssportler als Kleinunternehmer. Eine neue
sozio-ökonomische Interpretation von Sport und Arbeit, in: Leistungssport 2, 1972, 3, 211-216; ders., Von Unternehmertum und Leistungssport, in: ebenda 5, 386-390.

29 L. Steinberg, The Role of Sports Agents, in: P. D. Staudohar & J. A. Mangan (Hg.), The Business of Professional Sports. Urbana, IL 1991,
247-263.

30 Die hiermit verbundene Ausbeutung schwarzer Amateursportler für
weiße Sportfunktionäre ist eine verdeckte Form des Rassismus, vgl. R.
E. Lapchick (Hg.), Fractured Focus. Sport as a Reflection of Society.
Lexington, Mass. 1986; für den Kontext gerade des größten Geldgebers
vgl. R. Roberts & J. Olson, Winning is the only Thing. Sports in America since 1945; Baltimore 1989. Vgl. auch, A. Krüger (Hg.), Sport in
Amerika. Münster 1996 (im Druck).

31 Vgl. E. H. Schein, Organizational Culture and Leadership. San Francisco, CA 1985; T. E. Deal & A. A. Kennedy; Corporate Cultures. The
Rites and Rituals of Corporate Life. Reading, MA 1982.

32 Y.-P. Boulogne, La vie et l'œvre pédagogique de Pierre de Coubertin.
Ottawa 1976.

33 Für Coubertins Verhältnis zum Amaterismus vgl. M. Krüger, Zur Geschichte und Bedeutung des Amateurismus, in: Sozial- u. Zeitges. des
Sports 2, 1988, 1, 85-94.

34 Für die Probleme dieser Sportveranstaltung vgl. D. G. Wilkinson, The
Event Management and Marketing Encyclopedia. Willowdale, Ont.
1988.

35 M. J. Finley & H. W. Pleket, Die Olympischen Spiele der Antike. Tübingen 1976.

36 Für die symbolische Bedeutung vgl. J. MacAloon, This Great Symbol. P.
de Coubertin and the Origins of the Modern Olympics. Chicago 1981;
A. Krüger, The Ritual in Modern Sport, in: J. M. Carter & A. Krüger
(Hg.), Ritual and Record. Westport, Conn. 1990, 135-152; A. Krüger,
Ritual und Rekord in Sport, in: A. Luh & E. Beckers (Hg.), Umbruch
und Kontinuität im Sport. Reflexionen im Umfeld der Sportgeschichte.
Festschrift für Prof. H. Ueberhorst. Bochum 1991, 84-97.

37 Für die Entwicklung vgl. J. Hoberman, Mortal Engines. The Science of
Performance and the Dehumanization of Sport. New York 1992.

38 R. Voy, Drugs, Sport, and Politics. Champaign, IL 1991; Ch. Francis,
Speed Trap, Inside the Biggest Scandal in Olympic History. New York
1990; Ch. L. Dubin (Hg.), Commission of the Inquiry into the Use of
Drugs and Banned Practices Intended to Increase Altlhetic Performance. Ottawa 1990.

39 Vgl. A. Krüger, Postmoderne Anmerkungen zur Ethik im Spitzensport,

in: A. Hotz (Hg.), Handeln im Sport in ethischer Verantwortung (= Schriftenreihe der ESSM Bd. 62). Magglingen, ESSM 1995, 292-317.

40 Gesamtdefizit 304 Mio. U.S. $; vgl. Citius, Altius, Fortius 2, 1994, 3, 58.

41 M. J. Elis, The Business of Physical Education. Future of the Profession. Champaign, IL 1985, 33.

42 J. Hutslar, Das Sportgesetz der USA von 1978 und seine Auswirkungen, in: Leistungssport 9, 1979, 6, 525-530; A. Krüger, Der amerikanische Sport zwischen Isolationismus und Internationalismus, in: Leistungssport 18, 1988, 1, 43-47; 2, 47-50.

43 A. Krüger, War John Astley Cooper der Erfinder der modernen Olympischen Spiele? In: Louis Burgener u. a. (Hg.), Sport und Kultur, Bd. 6, Bern 1986, 72-81.

44 Ph. Kotler, Marketing-Management. Analyse – Planung und Kontrolle. Stuttgart 1989 (4. Aufl.).

45 A. Krüger, History of the Olympic Winter Games. The Invention of a Tradition. 2. Int. ISHPES Seminar. Oslo 1996 (im Druck).

46 Für die Problematik vgl. E. Hobsbawm & T. Ranger, The Invention of Tradition. Cambridge 1983; A. Huyssen, After the Great Divide. Modernism, Mass Culture, Postmodernism. New York 1986, bes. 160ff.

47 Für die Entwicklung der Fernseheinnahmen (Tab. 1) vgl. A. Krüger, Cui bono? A.a.O., 30, M. de Moragas Spà, Los juegos de la communication. Madrid 1992, 76ff.

48 Rozin, a.a.O., 44.

49 Vgl. N. Müller, Idee und Geschichte der Olympischen Kongresse, in: Stadion 6, 1980, 129-156.

50 R. Schwem, Der Imagetransfer im Sportsponsoring. Braunschweig 1993; H. J. VanderZwaag, Policy Development in Sports Management. Indianapolis, Ind. 1988.

51 H. Stipp, Wirkt die Fernsehwerbung noch? Neue Entwicklungen in der Werbewirkungsforschung in den USA, in: Media Perspektiven 1992, 12, 782-793.

52 A. Krüger & Chr. Damm-Volk, Sportsponsoring. Theorie – Praxis – Fallstudien. Berlin 1994.

53 M. Blödorn, Das magische Dreieck, Sport – Fernsehen – Kommerz, in: W. Hoffmann-Riem (Hg.), Neue Medienstrukturen – neue Sportberichterstattung? Baden-Baden 1988, 100-129.

54 Moragas Spa, a.a.O., 1992.

55 S. Hofacre & Th. K. Burman, Demographic Changes in the U.S. Into the 21st Century: Their Impact on Sports Marketing, in: Sport Marketing Q 1, 1992, 1, 31-36.

56 E. Oehmichen, Sport im Alltag – Sport im Fernsehen, in: Media Perspektiven 1991, 11, 744-758.

57 K. L. Shropshire, Agents of Oportunity. Sport Agents and the Corruption of College Sports. Philadelphia 1990; L. Steinberg, The Role of

Sports Agents, in: P. D. Staudohar & J. A. Mangan (Hg.), The Business of Professional Sports. Urbana, IL 1991.

58 J. L. Sewart, The Commodification of Sport, in: S. J. Ball-Rokeach & M. G. Cantor (Hg.), Media, Audience, and Social Structure. London 1986, 174-188.

59 C.-J. Bertrand, Sports et médias aux Etats-Unis, in: Esprit April 1987, Nr. 125, 213-229.

60 P. Brantlinger, Bread & Circuses. Theories of Mass Culture as Social Decay. Cornell 1983, 249-277.

61 D. Boorstin, The Image: A Guide to Pseudo-Events in America. New York 1971.

62 G. Cross, Time and Money. The Making of Consumer Culture. London 1993; R. Butsch, Leisure and Hegemony in America, in: Ders. (Hg.), For Fun and Profit. The Transformation of Leisure into Consumption. Philadelphia, PA 1990, 3-27.

63 Vgl. U. Pramann, Das Bisschen Freiheit. Die fremde Welt der Fußballfans. Hamburg 1980; E. Dunning, P. Murphy & J. Williams (Hg.), The Roots of Football Hooliganism. An Historical and Sociological Study. London 1988; R. Giulianotti, N. Boney & M. Hepworth (Hg.), Football, Violence and Social Identity. London 1994.

64 Für die Erwartungen, die die Firmen an das Sponsoring der Olympischen Spiele und den positiven Imagetransfer stellen, vgl. Rozin 1995, a.a.O., 48 ff.

65 G. B. Madison, The Hermeneutics of Postmodernity. Figures and Themes. Bloomington, IN 1988, bes. 178 ff.

66 P. d. Coubertin: Décoration, Pyrotechnie, Cortèges. Essai de Ruskianism sportif, in: Revue Olympique 11, 1911, 54-59; 71-76; 106-110; 122-124; 149-153. Neudruck in: N. Müller (Hg.), P. de. Coubertin. Textes Choisis. Bd. 2, Zürich 1986, 516-535. Im einleitenden Text bestätigt Müller zwar, daß Coubertin durch Ruskin eine »inspiration principale« erhalten habe, er hat sich jedoch nicht hinreichend mit dem Werk Ruskins auseinandergesetzt, um die Wirkung richtig einzuschätzen, vgl. ebenda, 13.

67 K. Clarke, Ruskin at Oxford. Oxford 1947.

68 Vgl. L. M. Austin, The Practical Ruskin. Economics and Audience in the late Work. Baltimore 1991; P. D. Anthony, Ruskin's Labour. A Study in Ruskin's Social Theory. Cambridge 1983; J. C. Sherburne, J. Ruskin, or the Ambiguity of Abundance. Cambridge 1983.

69 Die beste Biographie ist noch immer von E. T. Cook, The Life of John Ruskin. 2 Bände. 1911. Reprint New York 1968.

70 Vgl. G. Reitlinger, The Economics of Taste. London 1961.

71 R. D. Mandell, The First Modern Olympics. Berkeley, CA 1976; ders.: Paris 1900, The Great World's Fair. Toronto, Ont. 1967.

72 R. Pfeiffer & A. Krüger, Th. Lewald, Eine Karriere im Dienste des Vater-

lands oder die vergebliche Suche nach der jüdischen Identität eines Halbjuden, in: Menora. Jahrbuch für deutsch-jüdische Geschichte 1995, München 1995, 233-265.

73 Boulogne, La vie et l'œvre, a.a.O., 199; 462ff.

74 A. Krüger, The Origins of Pierre de Coubertin's Religio Athletae, a.a.O.

75 Vgl. D. Rowe, Popular Cultures. Rock Music, Sport and the Politics of Pleasure. London 1995.

76 Collins, Uncommon Cultures, a.a.O., 92ff.

77 C. C. Graham, Leni Riefenstahl and Olympia. New York 1986.

78 Vgl. G. Jarvie & J. Maguire, Sport and Leisure in Social Thought. London 1994, bes. 211ff.

79 J. Collins, Uncommon Cultures. Popular Culture and Post-Modernism. New York 1989.

80 Vgl. Dominic Strinati, Postmodernism an Popular Culture, in: J. Storey (Hg.), Cultural Theory and Popular Culture. Hemal Hempstead 1994, 428-438.

81 J. Friedman, Cultural Identity and Global Process. London 1994; Mike Featherstone, Undoing Culture. Globalization, Postmodernism and Identity. London 1995, weist allerdings auf die Probleme hin, die mit der Globalisierung für lokale Kultur verbunden sind.

82 S. S. Slowikowski, Ancient Sport Symbols and Postmodern Tradition, in: R. Renson u. a. (Hg.), The Olympics Games Through the Ages: Greek Antiquity and its Impact on Modern Sport. Athen 1991, 401-408.

B. Wedemeyer: Körperkult

1 M. Haas, Der gnadenlose Kampf gegen das Schwabbeln, in: Süddeutsche Zeitung vom 20. 8. 1995, 3.

2 Vgl. ›Alle gute Bodys hier‹. In: Der Spiegel 17/1996, 126-137; hier 127. Genaue Zahlenwerte lassen sich nicht ermitteln, da die Angaben nach Art bzw. Herkunft der Quelle und nach Interessenslage der Verfasser unterschiedlich sind. Dabei liegen die Schätzungen von Funktionären der Fitneß-Branche stets höher als die Zahlen der Kritiker. Der Spiegel stützte sich bei seinen Angaben auf den DSSV, den »Deutschen Sport-Studio Verband«, dem aber nicht alle Studios in Deutschland angehören.

3 Vgl. G. Würzberg, Muskelmänner. In den Maschinenhallen der neuen Körperkultur. Reinbek 1987, 128ff.; J. Bednarek, Bodybuilding als Freizeitaktivität und Lebensinhalt. In: M. Klein (Hg.), Sport und Körper. Reinbek 1984, 50-64; J. Bednarek, Körperbewußtsein und Selbstdarstellung, Aachen, Diss., 1985, 59ff.

4 Vgl. B. Wedemeyer, Starke Männer, starke Frauen. Eine Kulturgeschichte des Bodybuildings. München 1995, besonders 141-153; A. Hacke,

Muskuläre Aufrüstung. In: Kursbuch 88, 1987, 69-78; E. Britsch, Jogging in der Endlos-Schleife. Über die kalifornische Vorhut. In: Kursbuch 88, 1987, 79-92.

5 Vgl. K. Kindler, Die Gesundheitsindustrie, Krankenkassen und Fitness. In: A. Krüger/B. Wedemeyer (Hg.), Kraftkörper-Körperkraft. Zum Verständnis von Körperkultur und Fitness gestern und heute. Göttingen 1995, 93-103.

6 Vgl. R. Shusterman, Die Sorge um den Körper in der heutigen Kultur. In: A. Kuhlmann (Hg.), Philosophische Ansichten der Kultur der Moderne. Frankfurt a. M. 1994, 241-277; A. Eckhardt, Im Krieg mit dem Körper. Autoaggression als Krankheit. Reinbek 1994, besonders 26-40.

7 Vgl. P. Bourdieu, Die feinen Unterschiede. Kritik der gesellschaftlichen Urteilskraft. Frankfurt a. M. 1982, hier 332ff; R. Girtler, Die feinen Leute, Von der vornehmen Art, durchs Leben zu gehen. Frankfurt a. M./Linz 1989, hier 367-368.

8 Vgl. A. Müller, Der inszenierte Körper und seine Bedeutung. In: A. Krüger/B. Wedemeyer (Hg.), Kraftkörper-Körperkraft. Zum Verständnis von Körperkultur und Fitness gestern und heute. Göttingen 1995, 104-121.

9 Vgl. A. Schwarzenegger, Bodybuilding für Frauen. Das perfekte Programm für körperliche Fitness und Schönheit von dem erfolgreichsten Bodybuilder der Welt. München 1982, 36.

10 Vgl. z. B. U. Linse, Asien als Alternative? Die Alternativkulturen der Weimarer Zeit. Reform des Lebens durch Rückwendung zu asiatischer Religiosität. In: H. Kippenberg/B. Luchesi (Hg.), Religionswissenschaft und Kulturkritik. Marburg 1991, 325-364.

11 Vgl. Ph. Sarasin, Die Rationalisierung des Körpers. Über »Scientific Management« und »biologische Rationalisierung«. In: M. Jeismann (Hg.), Obsessionen. Beherrschende Gedanken im wissenschaftlichen Zeitalter. Frankfurt a. M. 1995, 78-115, besonders 96ff.

12 W. Borgers, Von der Motionsmaschine zum Fitness-Studio. Aspekte des apparativen Zugriffs auf den Körper. In: H. Allmer/N. Schulz (Hg.), Fitness-Studios. Anspruch und Wirklichkeit. St. Augustin 1988, 130-152.

13 Vgl. E. Emrich, Historisch-soziologische Aspekte der Körperformung mit bzw. an Maschinen. In: Ders. (Hg.), Bodybuilding aus Athletensicht. Analysen, Interpretationen und Assoziationen. Witten 1992, 9-15; A. Honer, Bodybuilding als Sinnprovinz der Lebenswelt. Prinzipielle und praktische Bemerkungen. In: J. Winkler/K. Weis (Hg.), Soziologie des Sports, Theorieansätze, Forschungsergebnisse und forschungsperspektiven. Opladen 1995, 181-186; D. Hoffmann, Leibesübung. Ein Streitbuch über die neuen Moden in der Körperkultur. Darmstadt 1984, besonders 78ff.

14 L. Lyon, L. Lyon's Bodybuilding. München 1983, 23; vgl. auch die in-

haltlich ähnlichen Aussagen in A. Schwarzenegger, Karriere eines Bodybuilders. München 1982: »Die wichtigsten Dinge, die ich durch das Bodybuilding entwickelt habe, waren wohl meine Persönlichkeit, mein Selbstbewußtsein und mein Charakter.« (121) und: »Auf die gleiche Weise, wie ich meinen Körper aufgebaut habe, wollte ich jetzt ein Imperium schaffen« (120).

15 R. Smolana, Bodybuilding. Anleitung zum Muskel- und Konditionstraining für sie und ihn. Niedernhausen 1982, 27.

16 J. Weider, Editorial. Super-Fitness. In: Muscle and Fitness 9/1994, 8.

17 Focus 22/1993, 114-118, hier 115 f.; vgl. auch Stern 10/1994, 40-48 oder Psychologie heute 10/1991, 20-26; vgl. auch zusammenfassend B. Wedemeyer, Starke Männer, starke Frauen. Eine Kulturgeschichte des Bodybuildings. München 1996, besonders 129-140.

18 C. Chr. Bry, Verkappte Religionen. Gotha 1924, Zitate aus 17, 19 und 22.

19 Vgl. dazu etwa M. Andritzky/Th. Rautenberg (Hg.), Wir sind nackt und nennen uns Du. Eine Geschichte der Freikörperkultur. Gießen 1989; G. Klein, FrauenKörperTanz. Eine Zivilisationsgeschichte des Tanzes. München 1992, bsonders 133 ff.; B. Wedemeyer, Die Bodybuilding-Ideologie um 1900 als Gegenentwurf zum industrialisierten Menschen. In: M. Dauskardt/H. Gerndt (Hg.), Der industrialisierte Mensch. Kongreßband der Vorträge des 28. Deutschen Volkskunde-Kongresses in Hagen 1991. Hagen 1993, 183-190.

20 Vgl. W. Krabbe, Gesellschaftsveränderung durch Lebensreform. Göttingen 1974; R. P. Sieferle, Fortschrittsfeinde? Opposition gegen Technik und Industrie von der Romantik bis zur Gegenwart. München 1984; K. Vondung (Hg.), Das Wilhelminische Bildungsbürgertum. Zur Sozialgeschichte seiner Ideen. Göttingen 1976.

21 G. Hackenschmidt, Der Weg zur Kraft. Leipzig 1909, 18.

22 Vgl. L. Groth, Die starken Männer. Eine Geschichte der Kraftakrobatik. Berlin (Ost) 1985; H. Bürger/K. Weidt, Starke Männer einst und jetzt. Berlin (Ost) 1985; D. Webster, Barbells and Beefcake. An illustrated History of Bodybuilding. Irvine 1979.

23 Vgl. J. P. Müller, Mein System. 15 Minuten täglicher Arbeit für die Gesundheit. Leipzig 1905; vgl. auch H. Bonde, J. P. Müller, Danish Apostle of Health. In: The International Journal of the History of Sport 3/1991, S. 347-369.

24 Vgl. B. Wedemeyer, Body-building or Man in the Making, Aspects of the German Bodybuilding Movement in the Kaiserreich and Weimar Republic. In: The International Journal of the History of Sport 3/1994, 472-484.

25 E. Sandow, Kraft und wie man sie erlangt. Berlin 1904, 21 f., vgl. auch, D. Chapman, Sandow the Magnificent. E. Sandow and the Beginnings of Bodybuilding. Chicago 1994.

26 B. Leitner, Wie wurde ich stark? Düsseldorf 1897, 2.

27 E. Sandow, Kraft und wie man sie erlangt. Berlin 1904, Einleitung.

28 L. Strongfort, Lebensenergie durch Körperkultur. Newark 1928, 26.

29 ebenda, 17.

30 Die Titel sind – in der Reihenfolge der Zitate – geschrieben und veröffentlicht von, H. Sippel, Wittenberg o. J.; R. Fay, Leipzig 1906 und R. Ger-
   ling, Berlin 1905; vgl. zum Problem der Lebensratgeber und besonders
   auch zur Person Gerlings, W. F. Haug, Die Faschisierung des Subjekts.
   Berlin 1987, 107 ff.

K. H. Bette/U. Schimank: Doping

K. Bette u. F. Neidhardt, Förderungseinrichtungen im Hochleistungssport.
   Strukturen und Probleme, Schorndorf 1985.

K.-H. Bette und U. Schimank, Doping im Hochleistungssport. Anpassung
   durch Abweichung. Frankfurt a. M., Suhrkamp 1995.

K.-H. Bette und U. Schimank, Coping mit Doping: Die Sportverbände im
   Organisationsstreß. In: Sportwissenschaft, H. 2 (im Druck) 1996.

H. Lenk und G. A. Pilz, Das Prinzip Fairneß. Zürich, Edition Interfrom
   1989.

G. A. Pilz, Dopingsünder – die Avantgarde eines neuen Identitätstyps? In:
   K.-H. Bette (Hg.), Doping im Leistungssport – sozialwissenschaftlich
   beobachtet. Stuttgart, Naglschmid, 1994, 49-66.

H.-E. Ulrich, Leistungssport – zwischen Idealisierung und Professionalisierung. Eine Analyse der sozialen Situation des Hochleistungssportlers
   aus der Sicht der verhaltenstheoretischen Soziologie. Köln: Dissertation
   an der Deutschen Sporthochschule Köln 1977.

H. Lenk: Fairneßkultur

V. Gerhardt u. M. Lämmer (Hg.), Fairneß und Fair Play. Sankt Augustin
   [2]1995.

E. Jost, Die Fairneß. Ahrensburg 1973.

J. W. Keating, Sportmanship as a Moral Category 1965. Wiederabgedr. in J.
   W. Keating, Competition and Playfull Activities. Washington, University Press of America 1978.

H. Lenk, Werte, Ziele und Wirklichkeit der modernen Olympischen Spiele.
   Schorndorf 1964, [2]1972.

Ders., Die achte Kunst. Osnabrück/Zürich 1985.

Ders., Der Fairneß keine Chance? In: Civis 25, Nr. 2 1992, 4-11.

Ders., Aspekte einer Pragmatisierung der Ethik – auch für die Sportethik, in:
   K. Cachay, H. Digel, G. Drexel, (Red.), Sport und Ethik. Clausthal-
   Zellerfeld 1985 (DVS-Protokoll Nr. 16), 1-20.

H. Lenk, u. G. A. Pilz, Das Prinzip Fairneß. Osnabrück – Zürich 1989.

H. Lenk, Fairneß und Fair Play. In: V. Gerhardt/M. Lämmer, (Hg.), Fairneß und Fair Play. Eine Ringvorlesung der Deutschen Sporthochschule Köln. Academia Verlag, Sankt Augustin ²1995.

P. Lippert, Fairneß. Studia Moralia 17 (1979, 231-266.

W. Maier, Taktisches Foul und Fairneß – ein ethisches Dilemma. Leibeserziehung und Leibesübungen 1985, 74-76.

P. Mc Intosh, Fair play, Ethics in Sport and Education. London 1979.

R. L. Simon, Sports and Social Values. Englewood Cliffs N.J. 1985.

H. Strotzka, Fairness, Verantwortung, Fantasie. Wien 1983.

E. F. Ziegler, Ethics in Morality an Sport and Physical Education. Champaign, IL, Stipes 1984.

Christoph Bausenwein, geboren 1959. Lebt als freier Autor in Nürnberg. Als Philosoph, Historiker und Fußballfan befaßt er sich seit Jahren mit der »schönsten Nebensache der Welt«. Letzte Buchveröffentlichungen zum Thema: Geheimnis Fußball – Auf den Spuren eines Phänomens 1995, 1. FC Nürnberg – die Legende vom Club (Co-Autor, 1996).

Matthias Beltz, geboren 1945. Lebt als Kabarettist in Frankfurt am Main. Nach Jurastudium und sechs Jahren am Fließband bei Opel in Rüsselsheim gründete er mit anderen 1976 Karl Napps Chaos Theater und 1982 das Vorläufige Frankfurter Fronttheater. Erhielt u. a. den Deutschen Kabarett-Preis 1991, den Adolf-Grimme-Preis in Gold 1993 und den Deutschen Kleinkunstpreis 1993. Zuletzt erschien: Schlambeißers Weltgefühl. Von der Aufdringlichkeit der Gegenwart, 1995.

Karl-Heinrich Bette, geboren 1952. Studierte Soziologie, Philosophie und Sport in Köln, Aachen und Urbana-Champaign/USA. Promotion 1982, Habilitation 1988 an der Deutschen Sporthochschule in Köln. Seit 1992 Professor für Sportwissenschaft an der Universität Heidelberg. Mitherausgeber der Reihe Sozialwissenschaften des Sports. Letzte Buchveröffentlichungen: Theorie als Herausforderung. Beiträge zur systemtheoretischen Reflexion der Sportwissenschaft, 1992; Doping im Hochleistungssport. Anpassung durch Abweichung (zus. m. Uwe Schimank, 1995).

Wolfgang Decker, geboren 1941. Studierte Sportwissenschaften, Ägyptologie und klassische Philologie in Köln und Bonn. Diplom-Sportlehrer 1963. Promotion 1970, Habilitation 1975 für Geschichte des Sport und der Leibeserziehung. Professor für Sportgeschichte an der Deutschen Sporthochschule Köln. Ehrendoktor der Aristoteles Universität Thessaloniki. Gastprofessor an der Universität Graz sowie der Internationalen Olympischen Akademie, Olympia. Mitherausgeber der Zeitschrift für Sport und Kultur im Altertum: Nikephoros. Letzte Buchveröffentlichungen: Bildatlas zum Sport im Alten Ägypten (zus. m. M. Herb, 1994); Sport in der griechischen Antike, 1995.

Karin Dzionara-Derda, geboren 1960. Lebt als Journalistin in Hildesheim. Studierte Germanistik, Geschichte, Philosophie und Romanistik. Volontariat bei der Hannoverschen Allgemeinen Zeitung, im Anschluß daran Paris-Stipendium vom französischen Außenministerium. Seit 1990 ständige Mitarbeiterin im Redaktionsteam des Feuilletons der Hannoverschen Allgemeinen Zeitung. Vielfältige publizistische Tätigkeit, u. a. für diverse Hörfunkprogramme. Arbeitsschwerpunkte, Kulturgeschichte, Archäologie.

Jürgen Emig, geboren 1945. Studierte Diplomsport und Informationswissenschaft in Saarbrücken. Promotion 1986 über Barrieren eines investigativen Sportjournalismus. Sportchef Radio + TV des Hessischen Runfunks. Vielfacher Berichterstatter von der Tour de France, dem Giro d'Italia, der Spanienrundfahrt und anderen Radsportgroßereignissen. NOK-Medienpreis für die beste Fernsehreportage der Olympiade 1984. Zahlreiche Fernsehfeatures...

Dorothea Friedrich. Studium der Germanistik und Anglistik in Heidelberg, Freiburg, Durham und München. Promotion in München. Zwei Jahre Redakteurin beim Südwestfunk, seit 1987 freie Autorin bei Hörfunk, Fernsehen und Zeitschriften. Lebt in Wiesbaden. Regelmäßige Mitarbeit beim FAZ-Magazin seit 1984.

Adolf (Addi) Furler, geboren 1933. 1950/51 erste Reportagen für die Berliner Fußball-Woche. 1953 Sport- und Programmsprecher bei RIAS Berlin. 1959 Programm- und Nachrichtensprecher beim WDR. 1961 Gründungs-Mitarbeiter und Moderator der Sportschau, seitdem Reporter und Moderator des ARD-Sport-Fernsehens. 1963-1966 Chefsprecher der Deutschen Welle. Amateur-Trabrennfahrer (39 Siege), Züchter und Besitzer von Rennpferden, Auktionator. Viele Ehrungen, darunter das Bundesverdienstkreuz 1. Klasse. Buchveröffentlichung: Im Sattel und Sulky (zus. m. Fritz Klein, 1976).

Heiner Gillmeister, geboren 1939. Studierte Anglistik, Germanistik und Sprachwissenschaften in Köln und Bonn; Dr. phil.; Akademischer Oberrat am Englischen Seminar der Universität Bonn; Lehrstuhlvertretungen an der Universität Düsseldorf und Lehrauftrag an der Deutschen Sporthochschule Köln im Fach Sportgeschichte; 1994 einziger keynote speaker aus Europa beim wiss. Begleitkongreß der 12. Asienspiele in Hiroshima. Letzte Buchveröffentlichungen: Kulturgeschichte des Tennis, 1990 (japanisch als: Tenisu no bunka-shi, 1993; englische Ausgabe in Vorbereitung); Olympisches Tennis. Die Geschichte der olympischen Tennisturniere 1896-1992 (1993).

Franz Josef Görtz, geboren 1947. Studierte Germanistik und Philosophie, promovierte mit einer empirischen Untersuchung über die Literaturkritik in den Medien. Seit 1980 ist er Redakteur der Frankfurter Allgemeinen Zeitung und lebt in der Nähe von Frankfurt. Herausgeber der Gesammelten Werke Friedrich Dürrenmatts in sieben Bänden. Letzte Buchveröffentlichungen: Stiefelknechte und Pantoffelhelden – Poetisches Schuhwerk, Frankfurt am Main 1995; Glatze, Zopf und Dauerwelle – Ein haariges Lesebuch, Leipzig 1996 (zus. m. Kim Bagus).

Michael Gross, geboren 1964. Studierte Germanistik, Politik und Medienwissenschaften in Frankfurt. Promotion über Ästhetik und Öffentlichkeit 1993. Freiberuflicher Journalist, Geschäftsführer einer PR-Agentur in Frankfurt. Fünfmaliger Schwimmweltmeister, dreimaliger Olympiasieger, 13 Europameister-Titel, 12 Weltrekorde, 24 Europarekorde, 26 Deutsche Meisterschaften und 68 Rekorde für den Deutschen Schwimmverband. Sportler des Jahres 1982, 1983, 1984 und 1988.

Ludwig Harig, geboren 1927. Nach Volksschule und Lehrerbildungsanstalt Besuch eines Lehrerseminars (1946-1949). Von 1950 bis 1970 Volksschullehrer im Saarland. Seit 1974 freier Schriftsteller. Fußballfan. Ehrendoktor der Universität des Saarlandes. Zahlreiche Literaturpreise. Veröffentlicht seit 1955 und ist einer der wichtigsten Vertreter der experimentellen Literatur und des Neuen Hörspiels. In seinem bisherigen Hauptwerk: Ordnung ist das ganze Leben (1986) schildert Harig den Besuch seines 82jährigen Vaters auf den ehemaligen Schlachtfeldern von Verdun. Zuletzt erschien der Roman: Wer mit den Wölfen heult, wird Wolf (1996).

Herbert Heckmann, geboren 1930. Studierte Philosophie und Germanistik in Frankfurt. Promotion über das barocke Trauerspiel (1957). Seit 1967 freier Schriftsteller und Rundfunkautor. 1980 übernahm er die Professur für Sprach- und Literaturwissenschaft an der Hochschule für Gestaltung in Offenbach. Seit 1984 ist er Präsident der Deutschen Akademie für Sprache und Dichtung in Darmstadt. Zahlreiche Literaturpreise. Zuletzt veröffentlichte er unter dem Titel: Die Trauer meines Großvaters (1994) Erinnerungen an seine Kindheit im nationalsozialistischen Frankfurt.

Dieter Hildebrandt, geboren 1932. Nach Studienjahren in Amerika, in Bonn, Berlin und München (Promotion bei Artur Kutscher) ein Jahrzehnt lang bei der Frankfurter Allgemeinen Zeitung (die meiste Zeit als Kulturkorrespondent in Berlin), dann Lektor im Suhrkamp Verlag und Dramaturg am Schillertheater in Berlin. Lebt als freier Schriftsteller im Spessart. Zuletzt erschienen: Saulus-Paulus – ein Doppelleben (1989), Berliner Enzyklopädie (1991). Tennisspieler der ersten Nachkriegsgeneration, als es noch keinen Top-Spin, keinen Tie-Break und keinen Service-Winner gab.

Sabine Horst, geboren 1960, studierte Germanistik, lebt in Frankfurt, arbeitet als Filmkritikerin unter anderem für die Frankfurter Rundschau und epd film. Zur Zeit leitet sie das Feuilleton der Stadtillustrierten Journal Frankfurt und betreut die Seite Audiovisionen in der Wochenendbeilage der Frankfurter Rundschau.

Winfried Joch, geboren 1935. Dr. phil. Prof. für Sportwissenschaft an der Westfälischen Wilhelms-Universität in Münster. Im Hochschuldienst seit

1964 (Frankfurt, Berlin, Siegen, Münster). Mitglied des Präsidiums des Deutschen Leichtathletik-Verbandes (1985-1993). Letzte Veröffentlichungen: Ausdauerleistung im Kindes- und Jugendalter (1983), Jugend-Leichtathletik (zus. mit Dieter Augustin 1988), Das Sportliche Talent (1992, 2. Aufl. 1994), Bewegung und Gesundheit (zus. m. Josef Wiemeyer, 1995).

Ulrich Kaiser, geboren 1934, arbeitet als freier Autor in Gröbenzell bei München. Zahlreiche Veröffentlichungen zu Sport-Themen, u. a. Bücher: Es ist nicht alles Golf, was glänzt, Golf Know-how von A-Z, Sternstunden des Golf, Tausend miese Tennis-Tricks; Kinderbücher, Kabarett-Texte (Lach- und Schießgesellschaft), Kurzgeschichten, Kolumnist vieler Tageszeitungen, Film-Autor. Chefredakteur vom Golf Journal.

Christian Graf von Krockow, geboren 1927. Studium der Soziologie, der Philosophie und des Staatsrechts in Göttingen, Promotion 1954. 1961 Ruf als Professor an die Pädagogische Hochschule in Göttingen. Später lehrte er in Saarbrücken und Frankfurt. Seit 1969 arbeitet er als freier Wissenschaftler und Schriftsteller. Thematische Schwerpunkte seiner Buchpublikationen sind die Entwicklung Preußens und die ehemaligen deutschen Ostgebiete. Daneben hat er mit: Die Deutschen in ihrem Jahrhundert (1990) eine umfassende Analyse der letzten einhundert Jahre deutscher Geschichte vorgelegt. 1980 erschien sein Essay: Sport, Gesellschaft, Politik. Zuletzt veröffentlichte er den Band: Die preußischen Brüder. Prinz Heinrich und Friedrich der Große (1996).

Arnd Krüger, geboren 1944. Nach dem Studium von Geschichte, Englisch, Philosophie und Sport an den Universitäten in Mainz, der University of California at Los Angeles (BA 1967) und Köln (Dr. phil. 1971) arbeitete er beim Deutschen Sportbund (1971-1974), als Wiss. Assistent am Seminar für Leibeserziehung der PH Berlin (1974-1978), als Professor für Trainings- und Bewegungslehre in Hamburg, ehe er 1980 auf den Lehrstuhl für Sportwissenschaft nach Göttingen berufen wurde. Leitet den Arbeitsbereich Sport und Gesellschaft des Instituts für Sportwissenschaften der Georg-August-Universität Göttingen. Präsident des Europäischen Komitees für Sportgeschichte (CESH) und International Fellow der American Academy of Kinesiology and Physical Education, Mitherausgeber des International Journal of the History of Sport (London), von Olympika (London, Ont.) sowie im Editorial Board von sechs weiteren nationalen und internationalen Fachzeitschriften. Er hat über 30 Monographien und Sammelbände sowie über 200 Fachbeiträge verfaßt, die sich überwiegend mit Sportgeschichte von der Renaissance bis in die jüngste Gegenwart, mit Trainingslehre und Fragen des Sportmanagements befassen.

Walter Kuchler, geboren 1932. Studierte Philosophie, Pädagogik und Theologie. Staatlich geprüfter Skilehrer. Wissenschaftspreis (Carl-Diem-Preis) für die Arbeit: Sportethos. Ehemaliger Institutsdirektor am Sportinstitut der Universität Dortmund. Autor von acht Skibüchern. Zuletzt erschienen: Superski – radikal radikal. Skilehrplan von SPORTS (1995, 2. Auflage 1996), Skimagie – Neue Ski, neue Technik, neuer Zauber)1996).

Hans Lenk, geboren 1935. Studierte Mathematik, Philosophie, Soziologie, Sportwissenschaft und Psychologie in Freiburg und Kiel sowie Kybernetik in Berlin. 1960 Olymiasieg im Achter, vorher mehrfacher Deutscher und zweimaliger Europameister im Vierer ohne und im Achter. Promotion 1961. Habilitation für Philosophie (1966) und Soziologie (1969). Professor für Philosophie an der TU Berlin und seit 1969 an der Universität Karlsruhe. Gastprofessuren an zahlreichen Universitäten. Ehrendoktor der Deutschen Sporthochschule Köln sowie der Universitäten Córdoba, Budapest, Pécs und Moskau. Wissenschaftliche Carl-Diem-Plakette. Ehrenmitglied der Internationalen Olympischen Akademie. Zuletzt erschienen: Schemaspiele. Über Schemainterpretationen und Interpretationskonstrukte (1995), Konkrete Humanität. Vorlesungen über Verantwortung und Menschlichkeit (1996).

Heidi Linden, geboren 1963. Studierte Sport und Spanisch in Köln und Ethnologie in Bonn. Zahlreiche Studienreisen führten sie in den lateinamerikanischen Raum und die USA. Nach ihrer ersten Monographie: Das Ballspiel in Kult und Mythologie der mesoamerikanischen Völker, verfaßt sie zur Zeit ihre Dissertation zum Thema Lauf bei den Indianerkulturen im Süd-Westen der USA am Institut für Sportgeschichte der Deutschen Sporthochschule Köln. Toyota-Förderpreis 1991. 1996 Post-Graduierten Programm der Internationalen Olympischen Akademie.

Peter Moraw, geboren 1935. Studierte Geschichte, Germanistik und Lateinische Philologie in Heidelberg. Promotion 1961, Habilitation 1971. Lehre in Darmstadt, Bielefeld und Gießen; Professor für mittelalterliche Geschichte, Deutsche Landesgeschichte, Wirtschafts- und Sozialgeschichte an der Justus-Liebig-Universität Gießen. Veröffentlichungen zur europäischen, deutschen und hessischen Geschichte des Mittelalters und der Neuzeit. Vorsitzender des Konstanzer Arbeitskreises für mittelalterliche Geschichte. Mitherausgeber der Zeitschrift für historische Forschung und mehrerer Buchreihen. Mitglied der Academia Europea, der Berlin-Brandenburgischen Akademie der Wissenschaften und einiger anderer gelehrter Gesellschaften. Zuletzt erschienen: König und Reich. Aufsätze zur deutschen Verfassungsgeschichte des späten Mittelalters (1995).

Robert C. Nissler, geboren 1951. Studierte Germanistik, Politische Wissenschaften und Geschichte an der FU Berlin. Staatsexamen. Langjährige Tätigkeit als Redakteur in der ARD und als Producer für private Filmproduktionen. Jetzt Autor für Hörfunk und Fernsehen.

Jan Philipp Reemtsma, geboren 1952. Studierte Neuere deutsche Literaturwissenschaft und Philosophie in Hamburg. Promotion zum Dr. phil. Gründer der Arno-Schmidt-Stiftung (1981) und des Hamburger Instituts für Sozialforschung (1984), das zuletzt mit der Ausstellung: Vernichtungskrieg, Verbrechen der Wehrmacht 1941 bis 1944, für Aufsehen sorgte. Lehrbeauftragter an der Universität Hamburg. Aufsichtsrat des Adorno-Archivs. Letzte Buchveröffentlichungen: Das Buch vom ich. Christoph Martin Wielands Aristipp und einige seiner Zeitgenossen (1933) und: Mehr als ein Champion. Über den Stil des Boxers Muhammad Ali (1995).

Uwe Schimank, geboren 1955. Studierte Soziologie in Bielefeld. Promotion 1981, Habilitation 1994. Seit 1985 wissenschaftlicher Mitarbeiter am Max-Planck-Institut für Gesellschaftsforschung in Köln. Letzt Buchveröffentlichungen: Hochschulforschung im Schatten der Lehre (1995), Doping im Hochleistungssport. Anpassung durch Abweichung (zus. m. Karl-Heinrich Bette, 1995), Theorien gesellschaftlicher Differenzierung (1996).

Hans Joachim Teichler, geboren 1946. Studierte Leibeserziehung und Sozialwissenschaften in Bonn. Arbeitete danach als Lehrer im Schul- und Hochschuldienst. Promotion 1990. Sportreferent in der SPD-Bundestagsfraktion (1990-1993). 1986-1990 und seit 1995 Vorstandsmitglied in der Sektion Sportgeschichte der Deutschen Vereinigung für Sportwissenschaft; 1987 Mitbegründer der Zeitschrift: Sozial- und Zeitgeschichte des Sports. Seit 1994 Professor an der Universität Potsdam, Leiter des Arbeitsbereiches: Zeitgeschichte des Sports. Letzte Veröffentlichungen: Illustrierte Geschichte des Arbeitersports (zus. m. Gerhard Hauk, 1987), Internationale Sportpolitik im Dritten Reich (1991).

Horst Ueberhorst, geboren 1925. Studierte Geschichte, Germanistik und Leibeserziehung. Promotion 1953. Lehrstuhl für Sportwissenschaft/Sportgeschichte an der Ruhr Universität Bochum, seit 1965 Leiter bzw. Direktor des Instituts für Sportwissenschaft. 1990 emeritiert. Mitglied der Internationalen Olympischen Akademie und der American Acad. of Physical Education. Ausgezeichnet im 1. Internationalen Carl-Diem-Wettbewerb (1972). U. a. Herausgeber der siebenbändigen Geschichte der Leibesübungen (1972-1988). Zuletzt erschienen: Vergangen, nicht vergessen – Sportkultur im deutschen Osten und im Sudetenland (1992).

Bernd Wedemeyer, geboren 1961. Studierte Volkskunde in Göttingen, Magister 1988, Promotion 1992; seit 1994 Lehrbeauftragter des Instituts für Sportwissenschaften der Universität Göttingen mit Schwerpunkt Sport- und Körpergeschichte; historisch orientierte Forschungen zu Schwerathletik, Bodybuilding, Gymnastik, Freikörperkultur, Lebensreform, völkische Körperkultur; momentan Arbeit an sporthistorischer Habilitation zur Theorie und Praxis der Körperkulturbewegungen im Kaiserreich und der Weimarer Republik. Letzte Veröffentlichung: Starke Männer – starke Frauen. Eine Kulturgeschichte des Bodybuildings (1996).

Ingomar Weiler, geboren 1938. Habilitation an der Universität Innsbruck (1972), seit 1976 o. Professor am Institut für Alte Geschichte und Altertumskunde der Karl-Franzens-Universität in Graz. Forschungsschwerpunkte: Antike Sozialgeschichte, Sport im Altertum. Herausgeber bzw. Mitherausgeber: Kritische und vergleichende Studien zur Alten Geschichte und Universalgeschichte (1974), Vergleichende Geschichtswissenschaft (1978), Soziale Randgruppen und Außenseiter im Altertum (1988), Nikephoros. Zeitschrift für Sport und Kultur im Altertum (1989 ff.) Alltag und Kultur im Altertum (1992 ff.), Grundzüge der politischen Geschichte des Altertums (2. Auflage 1995).

Hans-Jürgen Zeume, geboren 1944. Turner an der Kinder- und Jugendsportschule Frankfurt/Oder. Abitur 1963, Diplomjournalist (Universität Leipzig), Redakteur bei der DDR-Sportzeitung Deutsches Sportecho von 1965-1991), heute freier Journalist in Berlin, Autor des Bild-Text-Bandes: Flickflack. Weltbühne des Turnens (1987).

Der Herausgeber:
Hans Sarkowicz, geboren 1955. Studierte Germanistik und Geschichte. Seit 1979 beim Hessischen Rundfunk. Leitet den Hörfunk-Programmbereich Kultur und Wissenschaft. Zuletzt erschienen von ihm im Insel Verlag: Die großen Frankfurter (1994), Als der Krieg zu Ende war (1995) und: Die großen Hessen (zus. m. Ulrich Sonnenschein, 1996).

Zu dieser Ausgabe:
Die Beiträge der vorliegenden Ausgabe beruhen auf einer Sendereihe des Hessischen Rundfunks (Programmbereich »Kultur und Wissenschaft«), die in der Zeit vom 2. Juni 1996 bis 29. Dezember 1996 in hr 1 und hr 2 ausgestrahlt wurde. Die Beiträge wurden für die Buchausgabe überarbeitet.